Mensch & Computer 2009

9. fachübergreifende Konferenz für interaktive und kooperative Medien

Grenzenlos frei!?

von
Prof. Dr. Hartmut Wandke,
Dipl.-Psych. Saskia Kain und
Dipl.-Psych. Doreen Struve

Oldenbourg Verlag München

Bibliografische Information der Deutschen Nationalbibliothek

Die Deutsche Nationalbibliothek verzeichnet diese Publikation in der Deutschen Nationalbibliografie; detaillierte bibliografische Daten sind im Internet über <http://dnb.d-nb.de> abrufbar.

Rosenheimer Straße 145, D-81671 München
Telefon: (089) 45051-0
oldenbourg.de

Lektorat: Kristin Berber-Nerlinger
Herstellung: Anna Grosser
Gedruckt auf säure- und chlorfreiem Papier
Gesamtherstellung: Druckhaus „Thomas Müntzer“ GmbH, Bad Langensalza

ISBN 978-3-486-59222-1

Programmkomiteevorsitz

Hartmut Wandke, Humboldt-Universität zu Berlin

Programmkomiteemitglieder

Udo Arend, SAP AG, Walldorf
Mathias Bauer, mineway GmbH, Saarbrücken
Astrid Beck, FHT Esslingen
Wolfgang Beinhauer, Fraunhofer IAO, Stuttgart
Werner Beuschel, Fachhochschule Brandenburg
Udo Bleimann, Hochschule Darmstadt
Birgit Bomsdorf, FernUniversität Hagen
Jan Borchers, RWTH Aachen
Ahmet Cakir, ERGONOMIC Institut, Berlin
Wolfgang Coy, Humboldt-Universität zu Berlin
Markus Dahm, Fachhochschule Düsseldorf
Jochen Denzinger, ma ma Interactive System Design, Frankfurt am Main
Anke Dittmar, Universität Rostock
Wolfgang Dzida, UEP Usability Engineering Projects, Berlin
Maximilian Eibl, TU Chemnitz
Peter Forbig, Universität Rostock
Andreas Gadatsch, Fachhochschule Bonn-Rhein-Sieg, St. Augustin
Thomas Geis, ProContext GmbH, Köln
Hartmut Ginnow-Merkert, Kunsthochschule Berlin-Weißensee
Stefan Göbel, Zentrum für Graphische Datenverarbeitung, Darmstadt
Tom Gross, Bauhaus-Universitaet Weimar
Kai-Christoph Hamborg, Universität Osnabrück
Marc Hassenzahl, Universität Koblenz-Landau
Rainer, Heers, Visteon Deutschland GmbH, Kerpen
Frank Heidmann, Fachhochschule Potsdam
Andreas M. Heinecke, Fachhochschule Gelsenkirchen
Nicola Henze, Universität Hannover
Michael Herczeg, Universität zu Lübeck
Thomas Herrmann, Ruhr-Universität Bochum
Reinhard Keil, Universität Paderborn
Martin Christof Kindsmüller, Universität zu Lübeck
Michael Koch, Universität der Bundeswehr München
Jochen Koubeck, Humboldt-Universität zu Berlin
Jürgen Krause, GESIS-IZ Sozialwissenschaften, Bonn
Josef Krems, TU Chemnitz
Heidi Krömker, TU Ilmenau
Ulrich Leiner, Fraunhofer Institut für Telekommunikation, Berlin
Sandro Leuchter, Fraunhofer IITB, Karlsruhe
Susanne Maaß, Universität Bremen
Peter Mambrey, Fraunhofer FIT, St. Augustin

Christoph Meinel, Hasso-Plattner-Institut Potsdam
Herbert Meyer, artop Berlin
Sebastian Möller, Deutsche Telekom Laboratories, TU Berlin
Kathrin Möslein, Universität Erlangen-Nürnberg
Jan Mühling, Relevantive AG, Berlin
Jasminko Novak, Universität Zürich, Schweiz
Horst Oberquelle, Universität Hamburg
Reinhard Oppermann, Fraunhofer FIT, St. Augustin
Hansjürgen Paul, Institut für Arbeit und Technik, Fachhochschule Gelsenkirchen
Stephan Peter, Hochschule für Medien Köln
Roland Petrasch, Technische Fachhochschule Berlin
Volkmar Pipek, Universität Siegen
Bernhard Preim, Universität Magdeburg
Wolfgang Prinz, Fraunhofer FIT und RWTH Aachen
Jochen Prümper, FH Technik und Wirtschaft Berlin
Matthias Rauterberg, Technical University Eindhoven, Niederlande
Harald Reiterer, Universität Konstanz
Joerg Roth, Fachhochschule Nürnberg
Volker Roth, Freie Universität Berlin,
Christiane Rudlof, Fachhochschule Oldenburg
Herbert Rüsseler, Fraunhofer Institut FIRST, Berlin
Gabriele Schade, Fachhochschule Erfurt
Heidi Schelhowe, Universität Bremen
Johann Schlichter, Technische Universität München
Albrecht Schmidt, Universität Duisburg-Essen
Mareike Schoop, Universität Hohenheim
Andreas Schrader, ISNM, Lübeck
Silke Seehusen, Fachhochschule Lübeck
Marcus Specht, Open Universiteit Nederland, Heerlen, Niederlande
Sarah Spiekermann, Humboldt-Universität Berlin
Christian Stary, Universität Linz, Österreich
Markus Stolze, HSR Hochschule für Technik Rapperswil, Schweiz
Friedrich Strauß, sd&m AG, München
Gerd Szwillus, Universität Paderborn
Manfred Thüring, TU Berlin
Manfred Tscheligi, Universität Salzburg, Österreich
Rainer Unland, Universität Duisburg-Essen
Leon Urbas, TU Dresden
Michael Weber, Universität Ulm
Martin Wessner, Fraunhofer IESE, Kaiserslautern
Christa Womser-Hacker, Universität Hildesheim
Volker Wulf, Universität Siegen und Fraunhofer FIT
Jürgen Ziegler, Universität Duisburg-Essen
Klaus Zühlke-Robinet, Deutsches Zentrum für Luft- und Raumfahrt, Bonn

Organisation

Veranstalter

Die Tagung Mensch & Computer 2009 findet unter dem Motto „Grenzenlos frei!?“ gemeinsam mit der Tagung der Usability Professionals 2009 statt.

Veranstalter der Tagung sind die Gesellschaft für Informatik (GI) sowie das German Chapter of the ACM (GACM).

Lokaler Ausrichter der Tagung ist die Humboldt-Universität zu Berlin.

Organisationskomitee

Hartmut Wandke (Humboldt-Universität zu Berlin)
Saskia Kain (Humboldt-Universität zu Berlin/ Technische Universität Berlin)
Doreen Struve (Humboldt-Universität zu Berlin)

Kontakt

Humboldt-Universität zu Berlin
Institut für Psychologie
Ingenieurpsychologie und Kognitive Ergonomie
Rudower Chaussee 18
D-12489 Berlin

Tel.: +49 (0) 30 - 2093 9340
Fax: +49 (0) 30 - 2093 9342
mc2009@mensch-und-computer.de
http://www.mensch-und-computer.de

Inhaltsverzeichnis

Beiträge

Barrierefreiheit

Design for all

Interaktion in Echtzeit

Kooperationswerkzeuge

Methoden der Benutzerunterstützung

Methoden des Usability Engineering

Modellierung und Design

Multimodalität I

Multimodalität II

Visualisierung, Aufmerksamkeit und Ästhetik

Systemdemonstrationen

Design-Präsentation

Poster

Vorwort

Traditionell findet die jährliche „Mensch & Computer"-Tagung unter einem Motto statt. Zählt man die Vorgänger-Tagungsreihe „Software-Ergonomie" hinzu, so ist über die Jahre eine Vielzahl an Mottos entstanden. Diese beziehen sich stets auf aktuelle gesellschaftliche und fachliche Entwicklungen und nehmen gleichzeitig Bezug auf das umfangreiche Tagungsangebot. Wir haben uns in diesem Jahr für das Thema „Grenzenlos frei!?" entschieden. Es weckt viele Assoziationen. Begriffe wie Ubiquitous Computing, Seamless Interaction oder auch Everyware versprechen, dass die Anwendungsmöglichkeiten für Computer grenzenlos werden. Ebenso wird der Zugang zu computerbasierten Dienstleistungen zukünftig immer und überall möglich sein.

Die Open Source Bewegung begründete den freien Austausch von Software und Online-Systemen. Dieser offene Zugang trug maßgeblich zum Erfolg des Web 2.0 bei. Wir streben eine barrierefreie Nutzung interaktiver Systeme an, so dass auch Menschen mit Behinderung, ältere Personen ohne Computerexpertise oder Menschen aus einem anderen Kulturraum diese ohne großen Aufwand bedienen können. Flexibilität, Transparenz, Adaptierbarkeit und Personalisierbarkeit sind Prinzipien der Interaktionsgestaltung, die mit Freiheit assoziiert werden.

Dennoch ist es wichtig, der Freiheit Grenzen zu setzen. Die aktuelle Diskussion zur Speicherung, Verarbeitung und Weiterleitung individueller Benutzungsdaten, etwa durch Suchmaschinen, zeigt die Brisanz des Themas. Problematisch ist vor allem die Preisgabe und Zugänglichkeit persönlicher Daten bei automatischen Anpassungen an persönliche Nutzerprofile. Um Datensicherheit zu gewährleisten, wäre in mancher Hinsicht eine Begrenzung bezüglich der Freiheitsgrade von Vorteil. Ebenso ist bei der Gestaltung von Dialogen und Oberflächen eine Balance zwischen innovativ-kreativem Design und der Einhaltung von Konventionen, Standards und Richtlinien gefragt.

Neben der Freiheit in der Interaktion, benötigen Nutzer auch Kontrolle und Vertrauen im Umgang mit neuen Technologien. Hiermit verbunden ist auch das Bedürfnis nach Sicherheit, das bei der Gestaltung technischer Produkte berücksichtigt werden muss. So können Einschränkungen in der Interaktion ein Gefühl von Sicherheit erzeugen. Erwartungskonformität, Selbstbeschreibungsfähigkeit und in Teilen auch Fehlertoleranz sind Prinzipien der Gestaltung, die eher Grenzen aufzeigen und weniger Freiheit als Leitgedanken beinhalten.

Zusammenfassend lässt sich festhalten, dass die optimale Beziehung zwischen Mensch & Computer zwar frei gestaltet, jedoch nicht grenzenlos sein darf, um die Bedürfnisse nach Vertrauen, Kontrolle, Sicherheit und Zuverlässigkeit zu erfüllen.

Das diesjährige Motto „Grenzenlos frei!?" gilt natürlich auch für die Tagung selbst: Sie soll eine Plattform für den freien Austausch von Erkenntnissen, Meinungen und Erfahrungen auf dem Gebiet der Mensch-Computer-Interaktion bieten. Gleichzeitig wird sie jedoch durch wissenschaftliche Qualitätsstandards reguliert und begrenzt. Und schließlich bezieht sich dieser Slogan auf ein bedeutsames Jubiläum des Tagungsortes. Im Herbst 2009 feiern wir den 20. Jahrestag des Mauerfalls – grenzenloses Berlin.

Ein Tagungsband lebt von den vielfältigen Beiträgen der Autoren. Die Herausgeber möchten sich sehr herzlich bei allen Verfassern bedanken, die ihre Beiträge pünktlich und in Übereinstimmung mit den Vorgaben [sic!] der Manuskriptrichtlinien abgeliefert haben und natürlich auch bei denen, die dafür mehrere Iterationen benötigten. Gleichzeitig hängt das Gelingen der Tagung selbst in hohem Maße von den Mitgliedern des Programmkomitees ab. Ihnen gilt besonderer Dank für die Auswahl der geeigneten Beiträge aus der Vielzahl an Einreichungen. Darüber hinaus geht ein großes Dankeschön an die verschiedenen Organisationen und Personen, die an der erfolgreichen Vorbereitung Mensch & Computer 2009 beteiligt waren. Als erstes ist der Fachbereich Mensch-Computer-Interaktion der Gesellschaft für Informatik e.V. sowie das German Chapter of the Association of Computing Machinery zu nennen, die erneut als Veranstalter fungieren. Zudem bedanken wir uns ausdrücklich beim Vorstandsmitglied des Fachbereichs Mensch und Computer Interaktion, Herrn Prof. Oberquelle. Er stellte uns das von ihm erstmals konzipierte Organisationshandbuch für die Mensch & Computer Tagung zur Verfügung. Ebenso möchten wir der German Usability Professionals Association danken, die in bewährter Weise einen eigenen Track unter dem Titel „Usability Professionals 09" zu der Tagung beisteuert und somit einen wesentlichen Beitrag zur Vielfältigkeit der Themen leistet. Auch der Geschäftsstelle der Gesellschaft für Informatik möchten wir unseren Dank aussprechen. Sie ermöglichte eine effektive und effiziente Abwicklung der administrativen und finanztechnischen Vorgänge. Ein herzlicher Dank geht weiterhin an die Organisatoren der Mensch & Computer 2008, Herrn Prof. Herczeg und Herrn Dr. Kindsmüller, die uns bereitwillig mit Informationen und Ratschlägen bei der Erstellung dieses Tagungsbandes unterstützten. Dem Oldenbourg-Verlag sei wiederum gedankt, dass er in bewährter Weise die Möglichkeit der Publikation des vorliegenden Bandes geboten hat.

Als Mitveranstalter stellte die Humboldt-Universität zu Berlin die Räumlichkeiten. In diesem Zusammenhang danken wir vor allem Frau Kolb aus dem Bereich Öffentlichkeitsarbeit, die uns auf vielfältige Weise bei der Vorbereitung der Veranstaltung, insbesondere bei der Auswahl und Reservierung der Räume sowie der technischen Koordinierung zur Seite stand. Die Vorbereitung und Organisation der Tagung wurde in großen Teilen auch von den Mitarbeitern, Promotionsstudenten und studentischen Mitarbeitern der Professur Ingenieurpsychologie am Psychologischen Institut der Humboldt-Universität zu Berlin getragen. Besonders danken wir hier Frau Grit Scholz, die schon kurz nach ihrem Dienstantritt mit der Tagungsorganisation betraut wurde und die die Koordinationsarbeit übernahm. Weiterer Dank gilt: Jens Nachtwei, Knut Polkehn, Michael Sengpiel, Malte Sönksen und Melanie Stade. Diese Mitarbeiter der Professur werden sich auch bis zum Beginn und während der Mensch & Computer 2009 für ein erfolgreiches Gelingen einsetzen. Ein weiterer Dank geht an die Kolleginnen und Kollegen der Usabiliy-Abteilung des An-Instituts artop, die vor einiger Zeit anregten, die Mensch & Computer nach Berlin einzuladen und einen Beitrag zum Gelingen der Tagung leisteten.

Wegen der schwerwiegenden Auswirkungen der Finanz- und Wirtschaftskrise konnten zwar weniger Aussteller und Sponsoren als im Vorjahr geworben werden. Es ist jedoch erfreulich, dass viele Startups und kleine Firmen der Mensch & Computer die Treue gehalten haben. Wir nehmen dies als Zeichen, dass Usability nicht länger ein konjunkturelles Schönwetter-Thema ist, das man sich leistet, wenn die Wirtschaft boomt. Vielmehr scheinen die Themen unserer Tagung verstärkt in der Entwicklung von Produkten und im Dienstleistungssektor berücksichtigt zu werden. Eine Übersicht aller Sponsoren finden Sie auf unserer Website http://www2.hu-berlin.de/mc2009 sowie auf der Website der Konferenzserie: http://www.mensch-und-computer.de.

Wir hoffen, dieser Tagungsband bietet allen Teilnehmern der Mensch & Computer 2009 eine gute Basis zur Auswahl der für sie interessanten und relevanten Veranstaltungen. Ebenso wünschen wir uns, dass Sie ihn nach der Tagung gern erneut in die Hand nehmen, um gehörte oder verpasste Beiträge nachzulesen. Wir glauben fest daran, dass die vorgestellten Themen des Tagungsbandes Anregungen und Informationen für neue Forschungsthemen und -projekte bieten. Nun wünschen wir Ihnen viel Freude beim Lesen.

Berlin, im Juli 2009

Hartmut Wandke Saskia Kain Doreen Struve

Beiträge

H. Wandke, S. Kain & D. Struve (Hrsg.): Mensch & Computer 2009: Grenzenlos frei!?
München: Oldenbourg Verlag, 2009, S. 3-12

Barrierefreiheit von Behörden Websites – Anspruch und Realität

Manfred Pils, Martina Ganglberger, Johann Höller

Institut für Datenverarbeitung in den Sozial- und Wirtschaftswissenschaften, JKU Linz

Zusammenfassung

Seit 1. März 2004 gilt in Österreich das E-GovG, das behördliche Webseiten ab 1. Januar 2008 dazu verpflichtet, die Informationen im Netz barrierefrei anzubieten. Als barrierefrei gelten jene Webseiten, die nach den WAI-Richtlinien WCAG 2.0, mindestens Level A erfüllen. Die Evaluierung von behördlichen Webseiten aus Oberösterreich erbrachte ein unbefriedigendes Ergebnis: Von 32 Seiten erfüllte keine einzige die geforderten Mindestkriterien. Die Bandbreite des Erfüllungsgrades reichte dabei von 81% (Leonding) bis hin zu 26% (Bezirksschulrat). Von den evaluierten Seiten erreichten lediglich vier die Gesamtnote "Gut". Da eine Seite nur dann als barrierefrei eingestuft werden kann, wenn sie sämtliche Kriterien für Level A erfüllt (was einen Erfüllungsgrad von 100% bedeuten würde), entspricht keine der untersuchten Seiten den gesetzlichen Anforderungen.

1 Einleitung

Dass der Zugang zu computerbasierten Dienstleistungen barrierefrei und für alle Menschen möglich sein soll, gilt als anerkannter Grundsatz. Betrachtet man die Realität, so bemerkt man, dass – trotz vielfältiger Bemühungen – nach wie vor Defizite bei der Umsetzung der einschlägigen Richtlinien und Standards bestehen.

Eine im Januar 2009 in Oberösterreich durchgeführte Untersuchung beschäftigt sich mit der Umsetzung des Grundsatzes eines barrierefreien Zugangs zu Informationen von Behörden. Dieser Betrag hinterfragt nicht die Sinnhaftigkeit, Zweckmäßigkeit oder generell die Usability behördlicher Webseiten, sondern untersucht allein die Frage, ob in Österreich geltende Rechtsvorschriften für barrierefreien Zugang von Behörden in Oberösterreich eingehalten werden – oder ob dies nicht der Fall ist.

2 Allgemeines

Der Artikel 7 des österreichischen B-VG ist die Basis: „Alle Staatsbürger sind vor dem Gesetz gleich. Vorrechte der Geburt, des Geschlechtes, des Standes, der Klasse und des Bekenntnisses sind ausgeschlossen. Niemand darf wegen seiner Behinderung benachteiligt werden. Die Republik (Bund, Länder und Gemeinden) bekennt sich dazu, die Gleichbehandlung von behinderten und nichtbehinderten Menschen in allen Bereichen des täglichen Lebens zu gewährleisten." Als diese Verfassungsbestimmung erlassen wurde, war das WWW noch kein Thema für die Allgemeinheit und der Gesetzgeber dachte damals noch nicht an Web-Accesibility.

2005 wurde das „Bundes-Behindertengleichstellungsgesetz- BGStG" erlassen; dort wurden „Systeme der Informationsverarbeitung" bereits explizit als Gegenstand genannt (vgl. § 6 Abs. 5 BGStG). Seit damals war klar, dass das Kriterium der Barrierefreiheit auch für Webseiten anwendbar ist.

Eine konkrete Verpflichtung, diese Anforderungen verpflichtend zu implementieren, normierte allerdings erst das E-Government-Gesetz, das die europäischen Vorgaben des eEurope 2002-Aktionsplans in Österreich umsetzen soll: Es „ist Vorsorge dafür zu treffen, dass behördliche Internetauftritte, die Informationen anbieten oder Verfahren elektronisch unterstützen, so gestaltet sind, dass internationale Standards über die Web-Zugänglichkeit auch hinsichtlich des barrierefreien Zugangs für behinderte Menschen eingehalten werden." (§ 1 Abs. 3 E-GovG)

In der Gesetzesbestimmung wird nicht festgelegt, was diese internationales Standards sind. Dennoch dürfte kaum zweifelhaft sein, dass damit die vom WWW Consortium veröffentlichten Web Content Accessibility Guidelines (WCAG) gemeint sind – und zwar in Form einer dynamischen Verweisung[1] und daher in der seit 11. 12. 2008 geltenden Fassung WCAG 2.0. Es werden als „WCAG 2.0 Layers of Guidance" *Principles, Guidelines, Success Criteria* sowie *Sufficient and Advisory Techniques* festgelegt. Als Principles werden definiert: [2]

1. Perceivable - Information and user interface components must be presentable to users in ways they can perceive.
2. Operable - User interface components and navigation must be operable.
3. Understandable - Information and the operation of user interface must be understandable.
4. Robust - Content must be robust enough that it can be interpreted reliably by a wide variety of user agents, including assistive technologies.

Zu diesen Prinzipien wurden jeweils Guidelines formuliert:

---

[1] Vgl. Digitales Österreich 2009

[2] W3C 2008

"The 12 guidelines provide the basic goals that authors should work toward in order to make content more accessible to users with different disabilities. The guidelines are not testable, but provide the framework and overall objectives to help authors understand the success criteria and better implement the techniques." [3]

Ergänzend wurden drei Levels of Conformance definiert:

"A (lowest), AA, and AAA (highest)."[4]

Eine in der österreichischen Bundesverwaltung im Jahre 2007 durchgeführte Erhebung der Barrierefreiheit nach WCAG 1.0 ergab für die einzelnen Prüfpunkte einen Erfüllungsgrad zwischen 83% und 100% (WAI A Kriterien), zwischen 74% und 100% (WAI AA) sowie zwischen 53% und 100% (WAI AAA).[5]

3 Methodik und Ablauf der Untersuchung

3.1 Auswahl der Stichprobe

Das österreichische E-Government-Gesetz gilt für „behördliche Internetauftritte". Behörden sind nach der juristischen Begriffsbildung jene Organe bzw. Organisationseinheiten, die mit Hoheitsaufgaben betraut sind.[6] Klassische Beispiele sind die auch schon im Bundes-Verfassungsgesetz genannten Gebietskörperschaften Bund, Länder und Gemeinden. Behörden sind aber auch etwa der Landesschulrat, der Landesrechnungshof, die Umweltanwaltschaft und in Teilen etwa die Sozialversicherungsanstaltungen sowie Schulen und Universitäten.

Um Unklarheiten über den Umfang der Verpflichtung auszuschließen, wurde nur Seiten in die Untersuchung aufgenommen, die eindeutig „behördliche" Information enthielten und die damit der Anwendbarkeit des E-Government-Gesetzes unterliegen. Berücksichtigt wurden nur Webauftritte von Behörden, die einen eigenen Webauftritt für Ihre Tätigkeit in Oberösterreich unterhalten; die Informationen über das Finanzamt Linz sind daher ausgeschlossen, weil dieser nur eine Subsite der österreichweit einheitlichen Webpräsenz des BMF darstellt.

Grundlage der Auswahl waren Behörden, die für das gesamte Bundesland Oberösterreich zuständig sind. Somit waren die Websites des Landes OÖ, des Unabhängigen Verwaltungssenat (UVS), der Umweltanwaltschaft OÖ, des Landesrechnungshofes und des Landesschulrates in der Stichprobe. Hinzu kamen die Websites der Sozialversicherungsanstalt (z. B. OÖGKK), des bfi OÖ und des Bezirksschulrates (3 Webseiten).

---

[3] W3C 2008

[4] W3C 2008

[5] Vgl. Eibl & Wagner-Leimbach 2007, 19ff.

[6] Walter & Mayer 2000, RZ 549

Weiter wurden die Seiten der 10 größten Gemeinden ausgewählt, wobei als Maßstab die Anzahl der Einwohner herangezogen wurde. Innerhalb dieser 10 größten Gemeinden sind auch die Magistrate der Statutarstädte Linz, Wels und Steyr zu finden. Im nächsten Schritt wurde pro Bezirk eine Gemeindeseite ausgewählt, was die Auswahl um weitere 15 Seiten erhöhte. Abgerundet wurde die Stichprobenauswahl durch die Aufnahme von 8 ausgewählten Schulen (unterschiedliche Schultypen) und Universitäten.

Wenn unterschiedliche Angebote mit einem einheitlichen Content Management System gestaltet waren, so wurden bei der Auswahl der Stichprobe primär jene Websites in die Stichprobe aufgenommen, die *nicht* dasselbe CMS verwendet haben – was auch zur Reduktion der Stichprobe von ursprünglich 40 auf 32 Websites führte.

3.2 Der Testplan

Nach den Richtlinien der WCAG ist eine Website dann barrierefrei zugänglich, wenn jede Seite zumindest Level A erreicht. Von jeder Behörde wurde eine Unterseite ausgewählt, die eindeutig „behördliche Information“ enthielt und auf die Einhaltung der success criteria überprüft, wobei die entsprechenden Webseiten zwischen 11. und 19. Januar 2009 abgerufen wurden. Somit wurden auf den Gemeindeseiten Pages zu den Themen Staatsbürgerschaftsnachweis, Geburtsurkunde, Heiratsurkunde, Bauverordnung, Bescheid, Flächenwidmungsplan etc. ausgewählt. Bei Schulen wurde die Auswahl auf Seiten gelegt, die sich mit dem Lehrplan oder der Anmeldung befassten. Bei den Universitäten handelten die überprüften Seiten von Prüfungsanerkennung bzw. von der Zulassung zum Studium.

Die Beurteilung erfolgt anhand der WCAG 2.0 Richtlinien, wobei nur Kriterien für Level A berücksichtigt wurden; die einzelnen Kriterien sind dabei entsprechend WCAG bezeichnet. Nachfolgend ein Ausschnitt aus dem Testplan für den Bereich Wahrnehmbarkeit / Text Alternativen:

- Gibt es für alle Nicht-Text Elemente (Bilder, Audio, Video, Image-Maps, Captcha ...) eine sinnvolle, textliche Alternative und wird auch Text der innerhalb eines Bildes zu finden ist angegeben?
- Gibt es - wenn nötig - sinnvolle Long-Descriptions (als Link neben dem Nicht-Text-Element) und ist ein Hinweis darauf im Short-Desc vorhanden?
- Sind alle Eingabefelder ordentlich bezeichnet?
- <label for> = <input id> (Label für input tpye="text, checkbox, radio, file, password", textarea, select. Kein Label für input type="submit, reset, image, hidden", button;) Bezeichnung immer VOR <input>!
- Sind Radiobuttons und Checkboxen richtig bezeichnet? (Sprechender Name + Beschriftung danach!)
- Sind Designbilder mit alt="" bezeichnet?
- Kommen Hintergrundbilder aus dem CSS?

- Haben Bilder, die für <input> benötigt werden, ihre Funktion im ALT-Tag beschrieben?
- Sind Bilder in Verbindung mit Links richtig codiert und haben keine redundante Information?

3.3 Ergebnisse - Übersicht

Die Abbildungen 1 und 2 zeigen Ausschnitte aus den Ergebnistabellen des Bereiches *Wahrnehmbarkeit* sowie des Bereiches *Verständlichkeit.* Um einen Überblick über die Ergebnisse der Evaluierung zu erhalten, wurde das Testergebnis auf die folgenden 3 Punkte reduziert. Ein Feld, beschriftet mit der Ziffer "1" steht für "erfüllt", ein Feld, beschriftet mit der Ziffer "9" steht für "nicht erfüllt" und ein Feld mit dem Wert "N" lässt erkennen, dass das Element, welches nötig gewesen wäre um die Frage zu beantworten, "nicht verfügbar" war.

Für jede Seite war somit klar ersichtlich welchen der drei Werte sie für jede der insgesamt 51 Fragen erhalten hat. Betrachtet man die Gesamttabelle für alle Beurteilungskriterien, so kann die detaillierte Interpretation sowohl spalten- als auch zeilenweise erfolgen. Spaltenweise erhält man Informationen zu den einzelnen Webseiten und dem Erfüllungsgrad je untersuchtem Punkt. Es kann abgelesen werden, wie oft auf jeder Seite eine der 3 Antwortmöglichkeiten ermittelt wurde. Zeilenweise können Informationen zu den einzelnen Punkten ermittelt werden, die Aussagen darüber machen, wie hoch der Grad der Erfüllung jedes einzelnen, überprüften Punktes auf den gesamten Webseiten war.

	Steyr	Traun	St. Veit	Altmünster	Halbach	Weyregg	Natternbach	Wolfern	OÖ Lreg	Umweltanwalt	Landestechn.	BFI OÖ	UVS	Landesschulrat	Bezirksschulrat	OÖ GKK	Linz	Engerwitzdorf	Leonding	Wels	Vöcklabruck	Mauthausen	Ried	St. Pantaleon	Kunstuni	Pädak	HTL Braunau	HBLW Landw.	HAK Linz	Gym Linz	Borg Bad L.	JKU
WAHRNEHMBARKEIT																																
1.1 **Text Alternativen**																																
Text-Alternativen	9	9	9	9	9	1	9	9	1	9	9	9	1	9	9	1	1	9	1	9	1	9	1	9	9	1	1	9	9	9	9	9
Long-Description	9	N	N	N	N	N	N	N	N	N	N	N	N	N	N	N	N	N	N	N	N	N	N	N	N	N	N	N	N	N	N	N
Bezeichnung Eingabefelder	1	1	9	9	9	9	9	N	1	9	N	N	9	9	9	9	1	9	9	N	N	N	N	N	9	9	9	N	N	N	N	1
Bezeichnung Radiobuttons & Checkboxen	N	N	N	N	1	N	N	N	N	N	N	N	N	1	N	N	1	N	N	N	N	N	N	N	N	N	N	N	N	N	N	9
Designbilder	9	1	1	N	N	9	9	N	N	N	9	9	N	N	9	N	1	9	1	9	1	N	N	N	1	N	9	1	1	9	N	9
Bilder aus dem CSS	9	1	1	1	9	9	9	9	9	1	1	1	1	9	9	1	9	9	9	9	1	1	1	1	1	1	1	1	1	9	1	1
Bilder als Input	N	N	1	1	9	9	N	9	1	N	N	N	N	N	N	1	1	N	1	N	N	N	N	N	9	N	N	N	N	N	N	N
Bilder als Link	1	1	N	9	9	9	9	9	9	N	9	1	9	N	9	1	1	1	1	9	N	N	1	1	1	1	9	1	1	N	1	1

Abbildung 1: Ausschnitt aus der Ergebnistabelle Wahrnehmbarkeit/ Text Alternativen

VERSTÄNDLICHKEIT																																
3.1 **Lesbarkeit**																																
„lang" und/oder xml:lang Attribut	1	1	1	1	9	9	9	9	1	1	9	9	1	9	9	1	1	9	1	9	1	9	9	9	1	9	1	9	9	1	9	1
3.2 **Voraussagbarkeit**																																
Submit	1	1	1	1	9	9	9	9	1	1	N	N	1	1	9	1	1	1	1	N	N	N	N	N	1	1	1	N	N	N	N	1
Auswahl bei onFocus	1	1	1	1	9	9	9	9	1	1	1	1	1	1	9	1	1	1	1	1	1	1	1	1	1	1	1	1	1	1	1	9

Abbildung 2: Ausschnitt aus der Ergebnistabelle Verständlichkeit/ Lesbarkeit und Voraussagbarkeit

3.4 Hauptfehler

Da die Behandlung einzelner Kriterien den Rahmen dieser Arbeit sprengen würde, wird hier eine Auswertung nach dem Erfüllungsgrad einzelner Kriterien gezeigt.

Basis dieser Auswertung sind die Ergebnisse von Webseiten, die das jeweilige Kriterium erfüllt haben im Verhältnis zu jenen, bei denen das nicht zutrifft, wobei nur solche Kriterien berücksichtigt wurden, bei denen zumindest 5 inhaltliche Bewertungen vorlagen. Die Abbildung 3 zeigt die häufigsten Fehler („Hauptfehler").

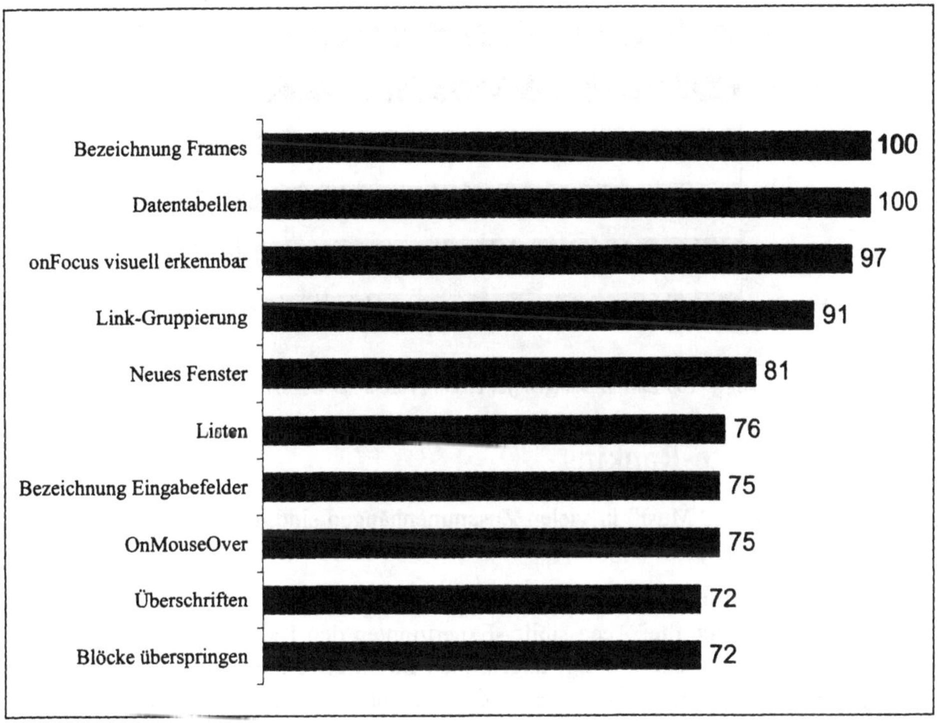

Abbildung 3: Hauptfehler (jeweils in Prozent der Webseiten angegeben)

3.5 Top Entsprechungen

Dieselbe Auswertung wurde auch für erfolgreich getestete Kriterien durchgeführt. Zu 100% erfüllt waren die Punkt "Vermeidung von Tabfallen" sowie die Platzierung der gleichen Blöcke in den selben Frames, gefolgt von der richtigen Beschriftung von Designtabellen, mit 95%. Abbildung 4 gibt einen Überblick über die Top Entsprechungen.

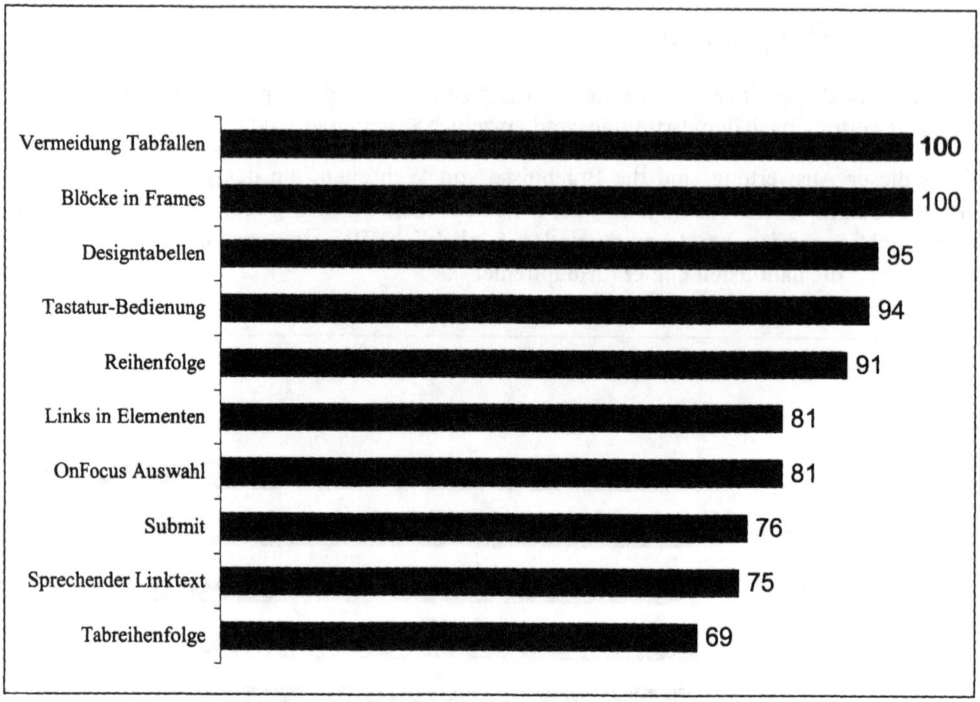

Abbildung 4: Top-Entsprechungen (jeweils in Prozent der Webseiten angegeben)

3.6 Website-Ranking

Nachdem Rankings ein "Must" in vielen Zusammenhängen sind, darf zum Abschluss auch hier ein solches nicht fehlen.

Nachdem nicht alle Kriterien für die tatsächliche Nutzung gleich wichtig sind, wurden die einzelnen Kriterien durch drei Accessibilty-Expert/inn/en den Kategorien 1 (weniger wichtig), 2 (wichtig) oder 3 (sehr wichtig) zugeordnet. So ist etwa die fehlerhafte Beschriftung von Designtabellen weniger wichtig als etwa die Trennung von Format und Inhalt.

Abbildung 5 zeigt eine Übersicht dieser gewichteten Erfüllungsgrade (in %) und damit ein Ranking der überprüften Seiten, das in einem Bereich von 26% und 81% schwankt.

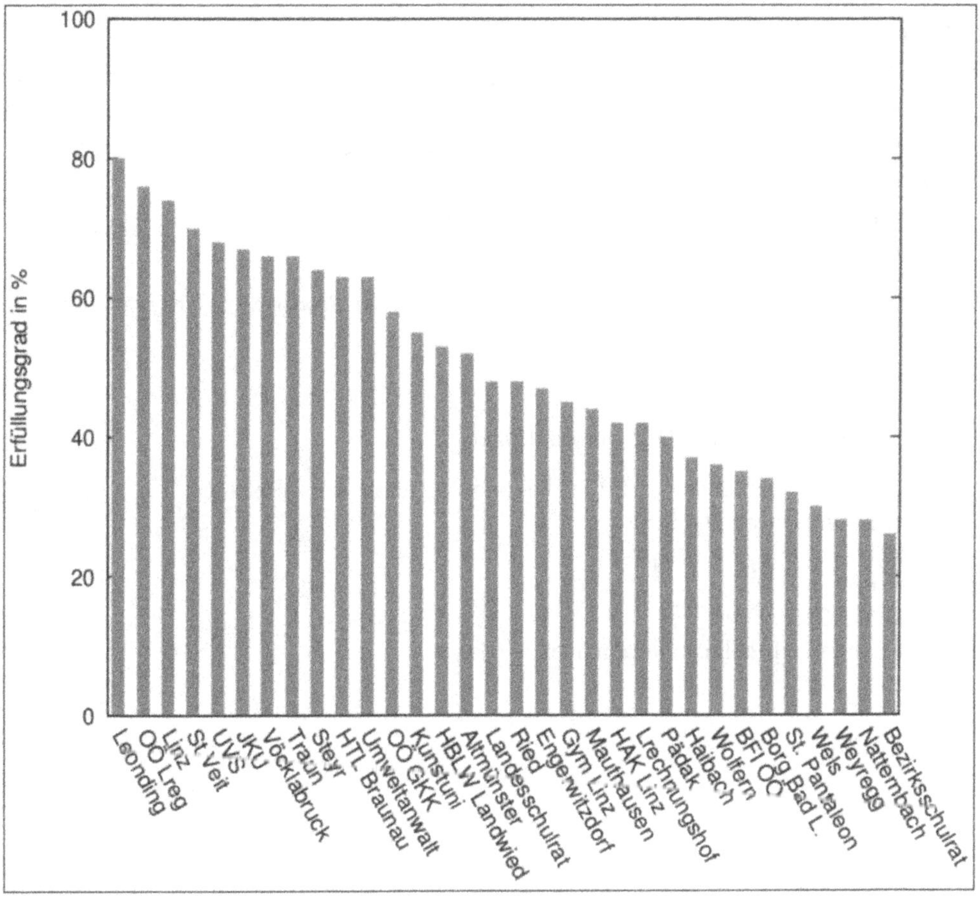

Abbildung 5: Website Ranking

4 Conclusio

Keine einzige der untersuchten Websites der oberösterreichischen Behörden erfüllte die gesetzlichen Anforderungen. Dieses Ergebnis ist ernüchternd; es wäre zu erwarten, dass gerade Behörden, die von anderen die Einhaltung von Gesetzen erwarten, sich auch selbst an ihre gesetzlichen Vorschriften halten.

Trotz dieses negativen Ergebnisses gibt es auch positive Trends zu vermelden: Einige der untersuchten Webseiten könnten mit relativ wenig Aufwand einen höheren Grad an Barrierefreiheit erlangen, insbesondere durch den sinnvollen Einsatz validierter CSS-Files.

Der Trend zu CMS erleichtert die Anpassung an WCAG 2.0 – doch er enthebt die Anwender nicht, die angebotenen Funktionen auch zweckmäßig anzuwenden; eine entsprechende Schulung der mit der Pflege von behördlichem Web-Content betrauten Mitarbeiter/innen erscheint notwendig.

Literaturverzeichnis

Eibl, G. & Wagner-Leimbach, H. (2007). *Erhebung Barrierefreiheit 2007*, Version 1.3. Wien: Bundeskanzleramt.

Digitales Österreich (2009). http://www.digitales.oesterreich.gv.at/site/5566/default.aspx#a4, abgerufen am 6.3.2009.

W3C (2008). Web Content Accessibility Guidelines (WCAG) 2.0. W3C Recommendation 11 December 2008, http://www.w3.org/TR/WCAG20/. Abgerufen am 6.3.2009.

Walter,R. & Mayer, H. (2000). *Grundriß des österreichischen Bundesverfassungsrechts*, RZ 549. Wien: Manz.

Kontaktinformationen

Prof. Dr. Manfred Pils, Prof. DDr. Johann Höller

Institut für Datenverarbeitung in den Sozial- und Wirtschaftswissenschaften
Johannes Kepler Universität Linz
Altenberger Str. 69
A-4040 Linz
Tel.: +43 732-2468 9346
E-Mail: manfred.pils@jku.at; johann.hoeller@jku.at

H. Wandke, S. Kain & D. Struve (Hrsg.): Mensch & Computer 2009: Grenzenlos frei!?
München: Oldenbourg Verlag, 2009, S. 13-22

Multidimensionale Klassifizierung von Barrieren in Webanwendungen

Diana Ruth-Janneck

Privat-Dozentur Angewandte Informatik, Technische Universität Dresden

Zusammenfassung

Im Beitrag werden von den in der Studie zur Nutzung von Web2.0-Anwendungen durch Menschen mit Behinderungen aufgenommenen Barrieren im Umgang mit interaktiven Webangeboten für verschiedene Dimensionen Klassen definiert und zueinander in Beziehung gesetzt. Entscheidungsträger, Webentwickler und Redakteure können daraus erstmalig ableiten, welche Barrieren entstehen und wie diese abgebaut werden können. Mit den Klassifizierungen wird ein Beitrag zur Konzipierung, Gestaltung und Bewertung von barrierefreien Webanwendungen geleistet, in dem Dimensionen und Kriterien für deren Entwicklung und Bewertung hinsichtlich der Barrierefreiheit erstellt werden. Ein großer Praxisbezug wird dabei durch die Einbeziehung der Daten der Studie zur Nutzung des Web2.0 durch Menschen mit Behinderungen (Cornelssen & Schmitz 2008; Trump 2008) erreicht, in der erstmals verschiedenste Behinderungsgruppen und deren Nutzungsverhalten von Internetanwendungen erfasst wurden.

1 Einleitung

Für eine umfassende Teilhabe an der Gesellschaft ist es im jetzigen Computerzeitalter unverzichtbar, auch Webangebote barrierefrei zu gestalten, so dass Menschen mit verschiedensten Bedürfnissen, Voraussetzungen und Einschränkungen die Interaktions- und Kommunikationsfunktionen vollständig nutzen können. Die im Jahr 2008 von „Aktion Mensch" durchgeführte Studie zur Nutzung von Web2.0-Anwendungen durch Menschen mit Behinderungen (im weiteren kurz: Studie), an deren Auswertung die Autorin wesentlich mitwirkte, bietet erstmalig verlässliche statistische Daten zur Nutzung von Webangeboten von Menschen mit Behinderungen sowie dabei auftretenden Barrieren und Nutzungsprobleme und bildet für den vorliegenden Beitrag die statistische und qualitative Grundlage für die getroffenen Aussagen und Klassifizierungen. Damit anhand der erarbeiteten Klassifizierungen sowohl die Entwicklung als auch die Bewertung der barrierefreien Webangebote vorgenommen werden kann, werden die aufgenommenen Daten in verschiedene Dimensionen von Barrieren und Anwendungen eingeordnet und den davon betroffenen Nutzergruppen gegenübergestellt. Damit ist es erstmals möglich, genau zu entscheiden, welche Barrieren in welchen Anwendungen auftreten könnten, welche Nutzergruppen vorrangig davon betroffen sein könnten und welche Mitwirkenden diese zu verantworten und zu bearbeiten haben. Im Kontext von zunehmender Digitalisierung sowie wachsenden Möglichkeiten und Angeboten im E-Government-Bereich bieten die folgenden Klassifizierungen Ansatzpunkte für die Berücksichtigung von Maßnahmen zur Steigerung der Barrierefreiheit zu jedem Zeitpunkt im Lebenszyklus einer Webanwendung, so dass insbesondere Menschen mit Behinderungen und ältere Menschen von den Vorteilen des Internets umfassend profitieren können.

2 Dimensionen

Barrieren in der Nutzung von Webangeboten können aufgrund von diversen Faktoren verursacht werden und dabei verschiedene Nutzergruppen bzw. Nutzer mit unterschiedlichen Eigenschaften betreffen. Ausgehend von der Definition des Begriffs „Dimension" aus physikalischer Sicht, in der die Dimension einer Größe deren qualitativen Eigenschaften ausdrückt, kann auch im vorliegenden Kontext von Dimensionen gesprochen werden. Die verschiedenen Einflussfaktoren, die die Barrierefreiheit eines Webangebots für einen bestimmten Nutzer beeinflussen, sollen dabei als Dimension angesehen und mit jeweiligen Items untersetzt werden. Die Dimensionen sind die Nutzergruppen bzw. Behinderungsarten der Nutzer, die Anwendungen bzw. Anwendungsklassen sowie die Verantwortungsbereiche im Entwicklungs- und Betriebsprozess von Webanwendungen in Verbindung mit den dadurch verursachten Barrieren.

Diese Dimensionen werden im Folgenden weiter in Items untergliedert und anschließend wechselseitig gegenübergestellt, so dass aus den so entstandenen Klassifizierungen der Barrieren abgeleitet werden kann, in welcher Anwendung und durch welchen Verantwortungsbereich die aufgenommenen Barrieren für die einzelnen Nutzergruppen bestehen. Bei allen Dimensionen sind die aufgestellten Items nicht endgültig abzugrenzen, da die Übergänge zwischen den Items fließen können (bspw. durch Mehrfachbehinderungen, Medien in formularbasierten Anwendungen). Die folgenden Klassifizierungen führen vom Allgemeinen zum Speziellen, d.h. von zuerst genannten Barrieren sind alle, von denen im weiteren Verlauf gelisteten speziell die entsprechende Behinderungs- bzw. Anwendungsart, betroffen.

2.1 Behinderungsgruppen und assistive Technologien

Die zu unterscheidenden Nutzergruppen ergeben sich aus den in der Studie aufgenommenen Behinderungsgruppen und werden für die folgenden Betrachtungen in Gruppen zusammengefasst, da das Internet aufgrund der jeweiligen behinderungsbedingten Einschränkungen mit ähnlichen assistiven Technologien oder Nutzungsstrategien genutzt wird. Auf eine Definition und Abgrenzung der Behinderungsformen muss an dieser Stelle verzichtet werden. Im Folgenden sind für die Gruppen die am meisten genutzten assistiven Technologien angegeben. Insgesamt auffällig ist, dass Vergrößerungssoftware in allen befragten Nutzergruppen mit signifikantem Nutzungsanteil angegeben wurde, was vermutlich auf Mehrfachbehinderungen oder Erleichterung der Inhaltsaufnahme zurückzuführen ist.

- Sehbehinderung und Blindheit: Screenreader, Sprachausgabe, Braillezeile
- Schwerhörigkeit und Gehörlosigkeit: Sprachausgabe
- Motorische Behinderungen: Spezialmaus, Spezial-/Bildschirmtastatur, Spracheingabe
- Lese-Rechtschreibschwäche, Lernbehinderung und geistige Behinderung (im weiteren kurz: LRS und LB/GB): Sprachaus- und -eingabe, Screenreader.

2.2 Anwendungen

Die Studie erfragte u.a. Bekanntheit, Nutzung und Probleme beim Umgang mit verschiedenen Web2.0-Anwendungen und Funktionen dieser Anwendungen. Daher erscheint die folgende Gruppierung der Anwendungen anhand des Typs der Interaktionen sinnvoll und wird im Weiteren benutzt:

- formularbasierte Anwendungen: Benutzerregistrierung, Bearbeitung von Nutzerprofilen, Kommentarfunktionen, Wiki-Anwendungen und Weblogs
- erweiterte formular- oder editorbasierte Anwendungen: Schreiben in Wiki-Anwendungen und Weblogs
- Medienintensive Nutzungen: Fotos, Videos & Podcasts ansehen, veröffentlichen & einbetten.

2.3 Verantwortungsbereiche und Barrieren

Für die Entstehung von Barrieren sind verschiedene Verantwortungsbereiche bzw. Mitwirkende im Entwicklungs- und Betriebsprozess einer Webanwendung zu eruieren, die in ihrem jeweiligen Handlungsfeld für die Sicherstellung der Barrierefreiheit einstehen sollten. Diese Mitwirkenden finden sich zugleich in den Klassen der Barrieren wieder, da diese Barrieren unmittelbar mit dem dafür Verantwortlichen zusammenhängen bzw. zugeordnet werden können.

Die Dimension „Barrieren“ ist in vier Items untergliedert, aus denen abzuleiten ist, wie die Barrieren für Nutzer entstehen und welcher Verantwortungsbereich in den meisten Fällen dafür zuständig ist. Außerdem werden jeweils Ursachen, Beispiele und Richtlinien für deren barrierefreie Umsetzung angegeben.

Barrieren	Technische Barrieren	Redaktionelle & inhaltliche Barrieren	Design-Barrieren	Organisatorische Barrieren
Ursachen	verwendete Techniken oder Programmierungen, Hard- u. Softwareeinschränkungen durch assistive Technologien (AT)	unzureichende redaktionelle oder strukturelle Aufbereitung des Inhalts und Umsetzung für das Internet	unzureichende barrierefreie Gestaltung der Benutzungsschnittstellen	organisatorische Umstände und das Umfeld, mangelnde Sensibilisierung für Barrierefreiheit
Beispiele	Captchas (nicht-maschinenlesbare Grafikcodes), Bedienbarkeit von Flash-Playern, fehlende Auszeichnung von Formularen	schwierige Sprache, fehlende Textstrukturen, fehlende Auszeichnung von Medien	zu geringe Kontraste, Hintergrundbilder, zu kleine Schriftgrößen	fehlendes Budget für DGS[1]-Videos und alternative Aufbereitung
Verantwortungsbereich	Web-Programmierer und -Dienstleister, Hersteller von Hilfsmitteln und AT	Web-Redakteure	Web-Designer	Auftraggeber und Kunde
Richtlinien	BITV[2], WCAG[3], UAAG[4], ATAG[5]	Europäische Richtlinien für leichte Lesbarkeit[6], WCAG	WCAG	BGG[7], BITV

Tabelle 1: Dimension der Barrieren

3 Klassifizierungen

Auf Basis der definierten Dimensionen und deren Items sowie den in der Studie erfassten Anwendungsproblemen werden im Folgenden drei denkbare Klassifizierungen vorgenommen.

[1] DGS steht für Deutsche Gebärdensprache

[2] Barrierefreie Informationstechnik-Verordnung, § 11 Abs. 1 Satz 2 des Behindertengleichstellungsgesetzes vom 27. April 2002 (BGBl. I S. 1467), BGBl. I 2002, 2655 – 2662, http://www.gesetze-im-internet.de/bitv/index.html

[3] Web Content Accessibility Guidelines (WCAG) 2.0; W3C Recommendation 11 December 2008: http://www.w3.org/TR/WCAG20/

[4] User Agent Accessibility Guidelines 1.0; W3C Recommendation 17 December 2002: http://www.w3.org/TR/2002/REC-UAAG10-20021217/

[5] Authoring Tool Accessibility Guidelines 2.0; W3C Working Draft 24 November 2008: http://www.w3.org/TR/ATAG20/

[6] Europäische Vereinigung der ILSMH (1998): „Sag es einfach! Europäische Richtlinien für die Erstellung von leicht lesbaren Informationen für Menschen mit geistiger Behinderung", Brüssel, ISBN 2-930078-12-X

[7] Behindertengleichstellungsgesetz vom 27. April 2002 (BGBl. I S. 1467, 1468), zuletzt geändert durch Artikel 12 des Gesetzes vom 19. Dezember 2007 (BGBl. I S. 3024), http://www.gesetze-im-internet.de/bgg/index.html

3.1 Barrieren und Behinderungen

In der Tabelle 2 sind die in der Studie erfassten Barrieren bei der Nutzung von Webangeboten mit den verursachenden Verantwortungsbereichen und den von ihr betroffenen Nutzergruppen in Beziehung gesetzt. Daraus ist abzulesen, welche Nutzergruppen mit speziellen Einschränkungen auf welche Barrieren stoßen könnten und welche mitwirkende Stelle im Lebenszyklus der Webanwendung diese Barrieren abbauen könnte.

Auffallend in dieser Gegenüberstellung ist die Verteilung der Nutzungsbarrieren in den verschiedenen Behinderungsarten. So bemerken besonders sehbehinderte, blinde und motorisch behinderte Personen technische Barrieren, die zum größten Teil durch unzureichende Bedienbarkeit der Anwendungen mit assistiven Technologien hervorgerufen werden. Hörbehinderte und gehörlose Internetnutzer stoßen vordergründig auf Verständnisprobleme aufgrund unzureichender Aufbereitung der Inhalte und Medien in für sie verständliche Formate, z.B. Videos in Gebärdensprache oder mit Untertitelung, so dass also vornehmlich organisatorische und redaktionelle Barrieren empfunden werden. Auch Nutzer mit Lese-Rechtschreib-Schwäche sowie lern- und geistigen Behinderungen sind von redaktionellen Barrieren betroffen, so dass Einschränkungen aufgrund der Sprachkompetenz erlebt werden.

Orientierung und Übersichtlichkeit sowie Probleme mit Qualität, Größe und Kontrast der Medien sind sowohl auf redaktionelle als auch auf Design-Barrieren zurückzuführen, da zum einen das Design entsprechende Formatvorlagen und Platzhalter vorsehen sollte und zum anderen die Redaktion Inhalte und Medien für das Internet aufbereiten und entsprechend mit den Formatvorlagen integrieren muss. Navigation und Inhalte müssen für die Orientierung und Übersichtlichkeit gut und erkennbar strukturiert (Absätze, Überschriften) und mit ausreichender Schriftgröße angeboten werden. Bei Medien wie Fotos und Videos ist die Aufbereitung für das Internet hinsichtlich Größe, Qualität und Kontrast der Medien (Erkennbarkeit, Übertragungszeiten) sehr wichtig, da die Inhalte sonst aufgrund zu kleiner Bilder bzw. Videofenster oder schlechter Auflösung nicht erkennbar, die Audiodaten zu verrauscht oder mit Hintergrundgeräuschen versetzt und keine Untertitel oder DGS-Alternativen vorhanden sind, so dass sehgeschädigte Nutzer vorrangig Probleme im visuellen Anteil und hörgeschädigte Nutzer Probleme im auditiven Anteil von Webanwendungen erfahren.

Behinderungsart	**Technische Barrieren**	**Redaktionelle & inhaltliche Barrieren**	**Design-Barrieren**	**Organisatorische Barrieren**
Alle	Bedienbarkeit, Auszeichnung von Eingabeformularen & Schaltflächen, Fehlermeldungen, Beschreibungen & Auszeichnungen der Medien, bedienbare oder verfügbare Player	Verständlichkeit: Schwierige Sprache & Fremdwörter, Textaufbereitung & Struktur, Erläuterungen, erwartete Eingaben, Fehlermeldungen, Orientierung & Übersichtlichkeit, Qualität, Größe & Kontrast der Medien, Beschreibungen & Auszeichnungen der Medien, Linkbezeichnungen	Wahrnehmbarkeit, Orientierung & Übersichtlichkeit, Gestaltung der Formulare, Schriftgrößen & Kontraste, Bedienbarkeit & Wahrnehmbarkeit der Player & Editorfunktionen, Qualität, Größe & Kontrast der Medien	Hilfe bei Sprachproblemen, Qualität & Transparenz der Angebote, Aktualität
Blind und sehbehindert	Abfotografierte oder gescannte PDF-Dokumente, PDF-Formulare, Captchas, Grafische Editoren, Schriftgrößen in Editoren, Probleme mit Screenreadern, JavaScript & Flash, nicht-barrierefreie Ajax-Anwendungen, Bedienbarkeit ohne Maus	große Anzahl der Links (gestörter Lesefluss im Screenreader)	Bilderdarstellung, Optimierung auf bestimmte Auflösungen, Große Schaltflächen	
Gehörlos und schwerhörig	Upload-Möglichkeiten für eigene DGS-Videos, Download & Steuerung von Podcasts	Fehlende DGS-Videos, qualitativ schlechte Podcasts, fehlende Untertitel		DGS-Videos (zur Erläuterung) & Untertitel, Upload-Möglichkeiten für eigene DGS-Videos, Pflichtangaben in Formularen, Qualität der Podcasts
LRS und LB/GB		Generelle Probleme im Sprachverständnis		Hilfe bei Sprachproblemen
Motorische Behinderungen	Bedienbarkeit: Formulare & Schaltflächen, Aufklappmenüs, Player, Ansteuerung von Links mit AT, ohne Maus		eng beieinander liegende Links	

Tabelle 2: mögliche Barrieren und betroffene Nutzergruppen nach Behinderungsart

3.2 Barrieren und Anwendungen

Eine ähnliche Gegenüberstellung ist auch für Barrieren und Anwendungen möglich, die aussagt, welche Aspekte der Anwendungen zu Barrieren führen können und erleichtert damit in der Entwicklung und Evaluation einer Webanwendung die Sensibilisierung für Barrieren.

Anwendungsklassen	**Technische Barrieren**	**Redaktionelle & inhaltliche Barrieren**	**Design-Barrieren**	**Organisatorische Barrieren**
Alle	Bedienbarkeit, Probleme mit Screenreadern, JavaScript & Flash, Pop-Up-Fenster,	Verständlichkeit: Sprache & Fremdwörter, Textaufbereitung & Struktur, Erläuterungen, Orientierung & Übersichtlichkeit, Beschreibungen & Auszeichnungen der Medien	Wahrnehmbarkeit, Orientierung & Übersichtlichkeit, Schriftgrößen & Kontraste, Optimierung für bestimmte Auflösungen	Qualität, Transparenz & Aktualität der Angebote
formularbasiert	Captchas, Auszeichnung der Eingabeformulare & Schaltflächen, Probleme mit Ajax	Verständlichkeit von Erläuterungstexten, erwarteten Eingaben & Fehlermeldungen	Gestaltung der Formulare	DGS-Videos zur Erläuterung
erweitert formular- oder editorbasiert	Upload-Möglichkeiten für eigene DGS-Videos, Grafische Editoren, Schriftgrößen in Editoren		Gestaltung der Formulare, Wahrnehmbarkeit der Editorfunktionen	Upload-Möglichkeiten für eigene DGS-Videos
medienintensiv	bedienbare & verfügbare Player, abfotografierte oder gescannte PDF-Dokumente, Download & Steuerung von Podcasts & Videos	Qualität, Größe & Kontrast der Medien, DGS-Videos, Podcasts	Wahrnehmbarkeit der Playerfunk-tionen, Qualität, Größe & Kontrast der Medien	Untertitel, DGS-Videos, Qualität der Podcasts

Tabelle 3: mögliche Barrieren in den Anwendungklassen

Die Beachtung dieser Klassifizierungen kann in allen Phasen der Anwendungsentwicklung dazu beitragen, dass Barrieren von vornherein vermieden werden. Insbesondere in der Anforderungsanalyse sowie im Design und im Prototyping kann der Fokus bereits auf die kritischen Aspekte der Webanwendung gelenkt werden. In der Evaluation können die Klassifizierungen z.B. checklistenartig von Accessibility-Experten angewendet werden und in Nutzertests den Blick auf kritische Anwendungsfälle lenken, so dass z.B. insbesondere die Bedienbarkeit von Playern durch verschiedene Nutzergruppen und assistive Technologien überprüft werden kann.

3.3 Anwendungen und Nutzergruppen

In der Studie wurden neben den Barrieren u.a. auch Nutzungsanteile und Problemquoten verschiedener Nutzungsgruppen in den Anwendungen ermittelt. Die signifikantesten Nutzungsanteile mit über 60% Nutzung und höchsten Problemquoten von über 20% sollen in der folgenden Gegenüberstellung den Stellenwert bestimmter Anwendungsklassen für die einzelnen Nutzergruppen aufzeigen, so dass abgeleitet werden kann, welche Anwendungen besonders häufig genutzt und bei welchen Probleme gehäuft angemerkt werden.

Anwendungen mit hohen Nutzungsraten und Problemquoten sollten die Bemühungen um Barrierefreiheit verstärken. Die Nutzungsanteile in der Tabelle wurden im quantitativen Teil der Studie durch die Online-Befragung ermittelt und gibt den Anteil derer an, die die Anwendung genutzt oder versucht haben zu nutzen. Die Problemquote wird aus dem Quotienten der Probleme und Nutzung/versuchter Nutzung errechnet und stellt eine Hochrechnung der zu erwartenden Probleme bei der Nutzung der Anwendung durch die Nutzergruppe dar.

	Sehbehindert	**Blind**	**Schwerhörig**	**Gehörlos**	**Motorisch behindert**
Nutzungsanteile > 60%	Wikis lesen, Als Benutzer registrieren, Fotos ansehen, Videos ansehen	Wikis lesen, Als Benutzer registrieren, Kommentare schreiben, Podcasts hören	Wikis lesen, Fotos ansehen	Wikis lesen, Fotos ansehen	Als Benutzer registrieren, Fotos ansehen
Problemquoten > 20%	Als Benutzer registrieren (41%), Nutzerprofil bearbeiten, Videos ansehen, Kommentare schreiben, Weblogs lesen, Fotos ansehen, Podcasts hören	Als Benutzer registrieren (69%), Nutzerprofil bearbeiten (58%), Videos ansehen, Kommentare schreiben	Videos ansehen	Wikis lesen, Videos ansehen, Kommentare schreiben	Kommentare schreiben, Nutzerprofil bearbeiten

Tabelle 4: höchste Nutzungsanteile und Problemquoten

Über alle befragten Nutzergruppen sind die höchsten Nutzungsanteile für das Lesen von Wikis zu verzeichnen. Für gehörlose Nutzer sind diese textlastigen Anwendungen aufgrund des Sprachproblems schwierig, so dass in der Studie mehrfach durch Teilnehmer angeregt wurde, z.B. Möglichkeiten für den Upload von selbst erstellten Gebärdenvideos einzurichten.

Abzulesen ist außerdem, dass sehbehinderte und blinde Anwender Probleme bei der Nutzung von vorrangig visuellen Medien wie Fotos und Videos angeben. Auffallend sind weiterhin die besonders hohen Problemquoten für die Benutzerregistrierung und Bearbeitung des Nutzerprofils bei sehgeschädigten und blinden Nutzern, da hier Formulare und insbesondere Captchas die eigenständige Nutzung einschränken. Ähnliches gilt auch für formularbasierte Anwendungen wie z.B. Kommentare schreiben. Die hohen Nutzungsanteile für dieser Anwender deuten auf starke Nutzungsmotivationen hin, so dass der Barrierefreiheit besonders von Formularen ein hoher Stellenwert eingeräumt werden sollte. Diese Maßnahmen sind allen Nutzergruppen zuträglich, da die Verständlichkeit und Bedienbarkeit der Formularelemente gesteigert wird.

Der Umgang mit und die Rezeption von visuellen Medien scheint für hörgeschädigte und gehörlose Nutzer ein maßgebliches Nutzungsziel im Internet zu sein. Probleme werden dabei durch unzureichende Medienqualität und die Bedien- und Verfügbarkeit entsprechender Medienplayer hervorgerufen. Bei gehörlosen Nutzern kommt des Weiteren die Sprachbarriere beim Lesen und Schreiben, z.B. von Kommentaren, zum Tragen, da sich die Deutsche Gebärdensprache wesentlich von der Laut- und Schriftsprache unterscheidet und Gehörlose daher einen erschwerten Zugang zur Schriftsprache erleben.

4 Fazit

Erstmals konnten aus den praxisnahen statistischen und qualitativen Daten der Studie zur Nutzung des Web2.0 durch Menschen mit Behinderungen klar Verantwortungsbereiche und Barrieren für Webanwendungen extrahiert, aufgestellt und klassifiziert werden. Aus den erarbeiteten Klassifizierungen von Barrieren, betroffenen Nutzergruppen und Anwendungen ist es für Entscheidungsträger und Mitwirkende im Entwicklungs- und Lebensprozess einer Webanwendung möglich, potentielle Barrieren für Nutzer zu identifizieren, Verantwortungsbereiche abzugrenzen und frühzeitig Gegenmaßnahmen einzuleiten. Die folgende Tabelle erfasst in Kürze mögliche Zielanwendungen der obigen Systematisierungen, so dass ersichtlich wird, für welche Stadien im Entwicklungsprozess einer Webanwendung die erarbeiteten Ergebnisse eingesetzt werden können.

Ergebnis	**Zielanwendung im Entwicklungsprozess**
Tab. 2: Barrieren & Behinderungen	Sensibilisierung, Anforderungsanalyse, Nutzermodellierung & -analyse, Evaluation
Tab. 3: Barrieren & Anwendungen	Sensibilisierung, Anforderungsanalyse, Design & Entwurf, Prototyping, Implementierung, Evaluation
Tab. 4: Anwend. & Nutzergruppen	Planung & Konzipierung

Tabelle 5: empfohlene Anwendung der Ergebnisse

Die Aufstellungen können also sowohl in der Konzipierung als auch in der Gestaltung und Bewertung von Webanwendungen hinsichtlich der Barrierefreiheit genutzt werden und sollten in Verbindung mit den angegebenen Richtlinien und vorhandenen Checklisten einen wesentlichen Beitrag zur Steigerung der Barrierefreiheit von Webanwendungen leisten. Die ergriffenen Maßnahmen sollten anschließend mit diversen assistiven Technologien und Nutzern mit verschiedensten Behinderungen getestet werden.

Literaturverzeichnis

Cornelssen, I. & Schmitz, C. (2008). *Vorstellung der Ergebnisse der Studie „Chancen und Risiken des Internets der Zukunft aus Sicht von Menschen mit Behinderungen" auf der Aktion Mensch-Fachtagung „Einfach für Alle – Konzepte und Zukunftsbilder für ein Barrierefreies Internet".* http://www.einfach-fuer-alle.de/studie/. (Zugriff: 16.03.2009)

Trump, T. (2008). *Barrieren im „Web 2.0", Online-Befragung für Aktion Mensch: Menschen mit Behinderung und „Web 2.0".* Köln: result GmbH (nicht veröffentlicht)

Danksagung

Ich danke „Aktion Mensch" und der „Stiftung Digitale Chancen" für die Bereitstellung der Studiendaten und die Möglichkeit, diese so umfassend auszuwerten.

Kontaktinformationen

Diana Ruth-Janneck

Privat-Dozentur Angewandte Informatik
Technische Universität Dresden
01062 Dresden
Tel.: +49 (0) 351 463 37 897
E-Mail: diana.ruth-janneck@pdai.de

H. Wandke, S. Kain & D. Struve (Hrsg.): Mensch & Computer 2009: Grenzenlos frei!?
München: Oldenbourg Verlag, 2009, S. 23-32

Benutzungsorientierte Entwicklung barrierefreier Benutzungsschnittstellen

Sabina Jeschke[1], Olivier Pfeiffer[2] & Helmut Vieritz[3]

Zentrum für Lern- und Wissensmanagement[1]; RWTH Aachen, Multimediazentrum für Lehre und Forschung, TU Berlin[2]; Rechenzentrum Universität Stuttgart[3]

Zusammenfassung

Konzeption und Design von barrierefreien[1] Benutzungsschnittstellen stellen komplexe Herausforderungen an Softwarearchitekten und Entwickler. Neben individuellen Beeinträchtigungen eines Menschen (z.B. Behinderungen des Nutzers) können Störungen durch Umgebungseinflüsse (z.B. Lärm, helles Licht) sowie Einschränkungen, die sich durch die Technologie der Benutzungsschnittstelle (z.B. kleiner Bildschirm, fehlende Maus oder Tastatur) ergeben, die Benutzung erschweren. Der hier vorgestellte Ansatz untersucht und demonstriert, dass modell- und benutzungsorientierten Vorgehensweisen zur einfacheren Entwicklung zugänglicher Benutzungsschnittstellen geeignet sind. Ausgangspunkt ist dabei die Bedarfsanalyse aus Sicht des Benutzers und die Modellierung der Arbeitsprozesse, die die Applikation unterstützen soll. Mit Hilfe der Modellierung der Mensch-Maschine Kommunikation können multimodale Bedienkonzepte in den Schnittstellenentwurf integriert werden.

1 Einleitung

Gesetzliche Vorgaben und technische Richtlinien für die barrierefreie Gestaltung von Webangeboten existieren seit geraumer Zeit und konnten dennoch einer allgemeinen Barrierefreiheit noch nicht zum Durchbruch verhelfen. Die Entwicklung zugänglicher Internet-Anwendungen gilt als aufwändig. Zwar existieren die Empfehlungen des World Wide Web Konsortiums (W3C) – u.a. *Web Content Accessibility Guidelines* (WCAG 1999) – bereits seit 1999 sowie zahlreiche weitere Empfehlungen (z.B. IN EN ISO 9241-171 2008) und populäre Auszeichnungen wie der Biene-Award demonstrieren immer wieder, dass barrierefreies Webdesign ohne Abstriche möglich ist. Dennoch sind zugängliche Webseiten in der

---

[1] *Barrierefrei, zugänglich* bzw. *accessible* sind in diesem Beitrag synonym zu verstehen und bezeichnen die freie Zugänglichkeit von Informationen für jeden Benutzer. Insbesondere bezieht sich das auf den freien Zugang zu Informationen für Menschen mit Behinderung in computerbasierten Anwendungen.

Minderzahl und die derzeitige Situation kann nicht allein mit dem Unwillen der Verantwortlichen erklärt werden. Die Erleichterung der Entwicklung barrierefreier Informationstechnologien ist deshalb – neben der Forschung an geeigneten assistiven Technologien[2] – ein wichtiges Forschungsfeld.

Die Herausforderung liegt in der Komplexität der Anforderungen barrierefreier Webangebote. Hinzu kommt, dass diese Anforderungen bereits in den frühen Phasen der Anwendungsentwicklung beachtet werden müssen, denn obwohl Barrierefreiheit eine Qualität der Benutzungsschnittstelle ist, stellt sie Anforderungen an das Gesamtkonzept der Applikation. Ohne detaillierte Fachkenntnisse ist dies nicht zu bewältigen.

Ein Beispiel: Für die barrierefreie Integration von Grafiken und Abbildungen in die Anwendung müssen unter anderem textbasierte Informationen über Zweck und Funktion der Bilder angeboten werden, die assistive Technologien wie bspw. Screenreader nutzen können. Wird diese Anforderung nicht bereits im Datenmodell komplexerer Anwendungen beachtet und fehlen die erforderlichen Datenobjekte, dann kann sie im Design der Benutzungsschnittstelle auch nicht umgesetzt werden.

Die Barrierefreiheit der Oberfläche ist dementsprechend als Anforderung an das Gesamtkonzept der Applikation zu sehen und von Beginn an zu beachten. Die übliche Konsequenz ist, dass das notwendige Expertenwissen bereits früh im Entwicklungsprozess involviert wird. Eine Lösung, die nur in größeren Projekten umgesetzt werden kann.

Hier wird ein alternativer Lösungsansatz verfolgt. Dazu wird erstens der Konzeptionsprozess der Anwendung mit der Benutzungsschnittstelle selbst begonnen, und es wird zweitens eine Vorgehensweise für die Entwicklung gewählt, die das Gesamtkonzept der Applikation in den Vordergrund stellt. Für die erste Idee hat sich bereits der Begriff *benutzer-* bzw. *benutzungsorientierte Entwicklung*[3] (DIN EN ISO 13407 1999) etabliert. Eine geeignete Vorgehensweise für die zweite Idee ist die *modellzentrierte* bzw. *-getriebene Entwicklung*. Die Kombination aus beidem – die benutzer- bzw. benutzungszentrierte Modellierung (z.B. Reuther 2003) – ist ein geeignetes Vorgehen für die gestellten Ziele.

Herkömmlicherweise stehen am Beginn der Applikationsentwicklung Funktionalität und Architektur der Applikation im Fokus und die Benutzungsschnittstelle wird dann an diesen Funktionalitäten ausgerichtet. Ohne besondere Beachtung der Anforderungen der Benutzer entstehen so schnell unübersichtliche Benutzungsschnittstellen. Dieses an den Sichtweisen der Entwickler und Softwarearchitekten orientierte Vorgehen wird mit zunehmenden Applikationsfunktionalitäten problematischer. Heutzutage umfasst Konzeption und Design der Applikationsoberfläche oft bereits den überwiegenden Anteil an Arbeitszeit in der Software-

---

[2] Der Begriff *Assistive Technology* bezeichnet im Englischen Technologien, die Menschen mit Behinderungen in der alltäglichen Lebensführung unterstützen. Im Bereich der IT-Technologien zählen dazu unter anderem Screenreader, Braillezeilen, Bildschirmlupen, Speechsynthesizer, Spracheingabelösungen, alternative Keyboards und Zeigegeräte (WCAG 1999).

[3] Bei der benutzer- bzw. benutzungsorientierten Methode ist der Entwicklungsprozess auf die Anforderungen der Benutzer hin ausgerichtet, mit dem Ziel, das Design benutzungsfreundlicher Produkte zu unterstützen.

entwicklung und der Schwerpunkt der Projektarbeit verschiebt sich von der Entwicklung weg von den Funktionalitäten hin zur Gestaltung ihrer Bedienung. Die logische Konsequenz ist die Forderung, den gesamten Entwicklungsprozess bei den Anforderungen des Benutzers zu beginnen und daraus geeignete Bedienkonzepte abzuleiten.

Die grundlegende Idee der modellzentrierten Entwicklung – dass zuerst Modelle der Anwendung entwickelt werden, aus denen danach durch einen Modellcompiler halb- bzw. vollautomatisch der Anwendungscode erzeugt wird – verschiebt den Schwerpunkt der Arbeit des Entwicklers. Wird durch einen benutzungsorientierten Ansatz die Mensch-Maschine-Schnittstelle in diesen Prozess integriert und an die erste Stelle gesetzt, ergibt sich die Möglichkeit, die Gestaltung zugänglicher Anwendungen zu vereinfachen. Ausgangspunkt des Designs sind dann die Interessen des Benutzers und die Analyse der Arbeitsprozesse, die die zukünftige Applikation unterstützen soll. Die Modellierung erfolgt unabhängig von den technischen Gegebenheiten des verwendeten Systems und den zu seiner Bedienung notwendigen physischen Operationen. Werden neben den allgemeinen Anforderungen der Benutzer auch spezifische beachtet, die sich aus vorliegenden sensorischen, motorischen oder auch technischen Einschränkungen heraus ergeben, können schwerwiegende Designfehler bzgl. der Barrierefreiheit und Zugänglichkeit von Beginn an vermieden werden. Voraussetzung dafür ist die Integration der Anforderungen barrierefreier Anwendungen in den Modellierungsprozess. Entsprechende Ansätze in der Forschung sind bisher selten, zeigen aber das Potenzial dieser Vorgehensweise (z.B. Goble et. al. 2005). Durch die entsprechende Werkzeugunterstützung werden Softwarearchitekten und Entwickler entlastet und die Barrierefreiheit der Benutzungsschnittstelle ergibt sich als Qualität eines integrierten Entwicklungsprozesses.

Der Gewinn dieses Vorgehensmodells sind zum einen die allgemeinen Vorteile der modellzentrierten Entwicklung – Trennung von Funktionalität und Technik, Wiederverwendung etc. – und zum anderen eine adäquate Herangehensweise an die beschriebene Problemstellung und die sich daraus ergebende Vereinfachung der Entwicklung barrierefreier Benutzungsschnittstellen.

2 Das Vorgehensmodell

Ausgangspunkt des benutzungszentrierten Designs sind nach Normans *Activity-Centered Design* (Norman 1989; Norman 1998) die Ziele und Aktivitäten des Benutzers. In Form von Anwendungsfällen lassen sich dann in grober Perspektive typische Nutzungssituationen beschreiben. Als Notationssprache werden Anwendungsfalldiagramme der *Unifying Modeling Language* in ihrer zweiten Version (UML 2) genutzt. Für die grafische Notation ist derzeit UML 2 das Mittel der Wahl. Da eine rein grafische Notation visuell nicht zugänglich wäre, ist eine korrespondierende textbasierte Notation notwendig, die von UML in Form der *Human-Usable Textual Notation* (HUTN 2004) unterstützt wird. Die Vorteile von UML sind die breite Verwendung in der Softwareentwicklung, die flexible Anpassungsmöglichkeiten (z.B. Stereotypen oder Profile) und die textbasierte Notation.

Beispielhaft wird hier das Vorgehen an Hand der Modellierung der Benutzungsschnittstelle einer einfachen eLearning-Plattform demonstriert. Typischerweise haben die Benutzer der eLearning-Plattform folgende Ziele: Der Student will sich zu einer bestimmten Vorlesung informieren sowie sie besuchen und der Dozent will eine bestimmte Vorlesung erstellen sowie verwalten. Abbildung 1 zeigt das Anwendungsfalldiagramm mit fünf Anwendungsfällen.

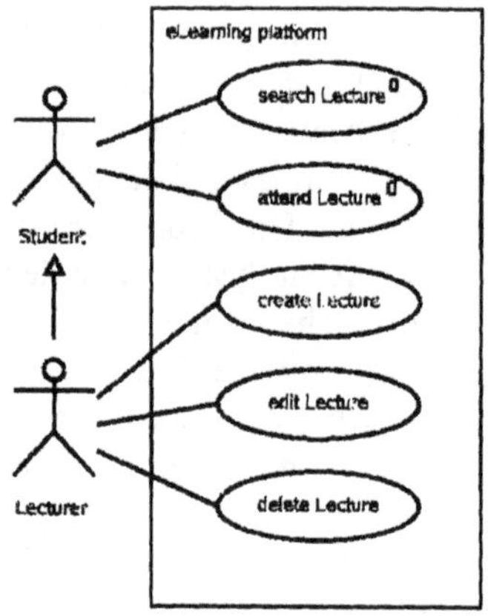

Abbildung 1: Anwendungsfalldiagramm für die eLearning-Plattform

2.1 Aufgabenanalyse und Mensch-Maschine Dialog

Die Analyse und Modellierung der Arbeitsprozesse[4] (Aufgabenanalyse) dient der Detaillierung der Anwendungsfälle. Für die Analyse besonders geeignet sind Strukturlegepläne (Reuther 2003) – ergänzt um strukturierte Interviews und teilnehmende Beobachtung. Für die Notation eignen sich die Aktivitätsdiagramme der UML 2. Die Aufgabenanalyse untersucht und beschreibt die Arbeitsabläufe, die der Benutzer mit Hilfe der Anwendung umsetzen will. Die Arbeitsprozesse lassen sich auf diversen hierarchischen Niveaus in Einzelschritte zerlegen. Die Namensgebung für die Teilprozesse variiert und orientiert sich hier am Modell der UML 2: Use Case (Task), Activity und Action (siehe Abbildung 2). Tasks lassen sich in Aktivitäten und weiterhin in Aktionen zerlegen. Die unterste Ebene der physischen Operationen wird dabei abstrahiert und es wird in der Beschreibung eine weitgehende Unabhängigkeit von den Ein- und Ausgabegeräten erreicht.

---

[4] Unter *Arbeitsprozessen* oder *Workflow* werden hier die Tätigkeiten des Benutzers zur Bedienung der Applikation verstanden.

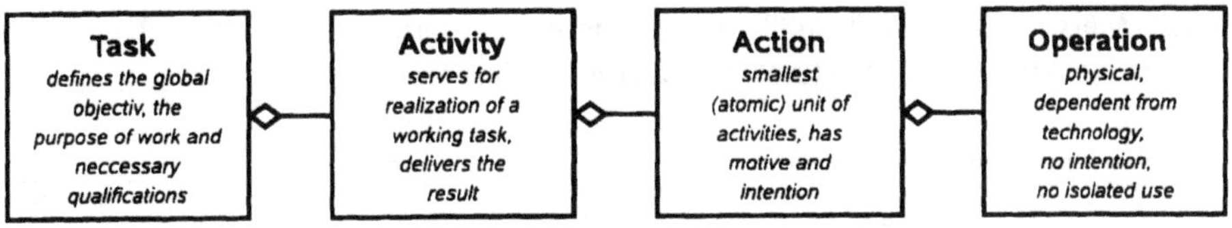

Abbildung 2: Hierarchische Zerlegung von Arbeitsprozessen in UML-Notation

Die konkreten Arbeitsabläufe variieren von Benutzer zu Benutzer und der Mensch-Maschine-Dialog sollte idealerweise die unterschiedlichen Abläufe unterstützen. In die Analyse und Modellierung muss mit einfließen, wie sich die Arbeitsabläufe bei Vorliegen bestimmter Behinderungen des Benutzers gestalten und ob dadurch spezifische Anforderungen entstehen. Da die relevanten Analyseebenen Task, Activity und Action unabhängig von den physischen Operationen des Benutzers beschrieben werden, fallen dort die behinderungsspezifischen Differenzen gering aus. Spezielle Untersuchungen zu dieser Problematik stehen jedoch ganz allgemein noch aus.

Im Bereich des Useware Engineerings[5] fand der von Reuther vorgestellte useML-Ansatz (*Use*ware *M*arkup *L*anguage, Reuther 2003)in den letzten Jahren große Resonanz, da er ein Problem der Aufgabenanalyse löste: ihre Komplexität. Durch die Verwendung von fünf Basiselementen in useML – den sogenannten elementaren Benutzungsobjekten – lassen sich Analyse und Modellierung bedeutend vereinfachen (siehe Abbildung 3). Ausgehend von der XML-basierten Notation in useML verwendet der hier vorgestellte Ansatz UML 2 als Notationssprache, da es komplexere Zusammenhänge anschaulicher darstellen kann und derzeit die Lingua franca in der Softwaremodellierung ist.

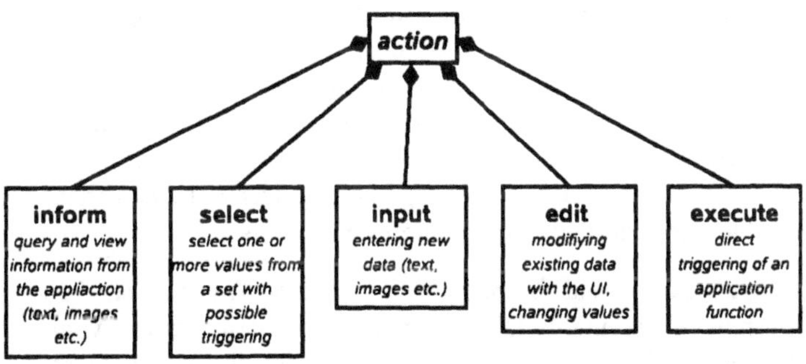

Abbildung 3: Elementare Benutzungsobjekte in useML

Dazu zählen die Elemente informieren (inform), auswählen (select), eingeben (input), editieren (edit) und auslösen (execute). Die durch die Einfachheit entstehenden Restriktionen sind

[5] *Useware* umfasst alle zur Bedienung eines technischen Systems notwendigen Hard- und Softwarekomponenten und wurde 1998 von GfA, VDI/VDE-GMA, GI und VDE-ITG als neuer Sammelbegriff vorgeschlagen.

auflösbar (Meixner & Görlich 2008). Abbildung 4 zeigt das UML-Aktivitätsdiagramm für den Anwendungsfall „create Lecture“ der eLearning-Plattform.

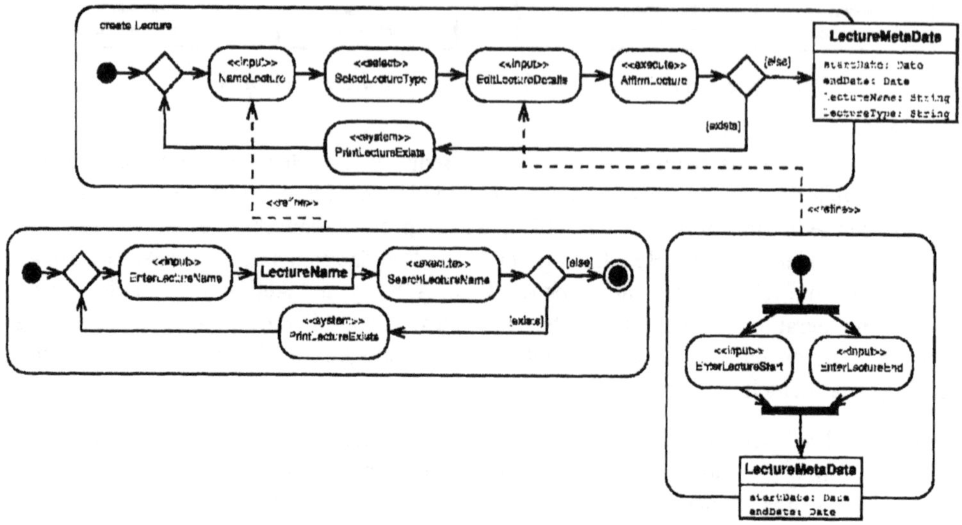

Abbildung 4: Aktivitätsdiagramm für den Anwendungsfall „create Lecture"

Der Dozent sucht, ob es eine bestimmte Vorlesung bereits gibt. Anderenfalls werden Metainformationen zur Vorlesung (Titel und Zeitraum) erzeugt. Die fünf elementaren Benutzungsobjekte werden als UML-Stereotypen markiert. So wird eine einfache Klassifizierung der Benutzeraktionen integriert, die die spätere Auswahl und Zuordnung von Interfacekomponenten erleichtert. Aktivitäten sind eine Zusammenfassung von Aktionen und werden über die *refine*-Assoziation in die Gesamtdarstellung eingebunden. Wie bereits erwähnt, wird davon ausgegangen, dass der Ablauf der Aktivitäten unabhängig von einer sensorischen oder motorischen Behinderung des Benutzers – hier der Dozent – ist. Unabhängig davon ob ein Bildschirm oder ein Screenreader bzw. Maus, Tastatur oder Spracherkennung genutzt werden, gestaltet sich der Arbeitsablauf auf die dargestellte Weise.

Nach Luyten (Luyten 2004) sind für benutzungszentrierte Ansätze das Task-, Dialog- und das Präsentationsmodell essentiell. Dialog- und Taskmodell werden vom useML-Ansatz nicht mehr unterstützt und werden hier ergänzend entwickelt. Das Dialogmodell beschreibt die Interaktion zwischen Benutzer und Benutzungsschnittstelle und vermittelt zwischen dem Task- und dem Präsentationsmodell. In Abbildung 4 sind die Reaktionen der Applikation mit dem Stereotyp *system* kenntlich gemacht. Detaillierter lassen sie sich mit Hilfe von Zustandsdiagrammen (state charts) in UML beschreiben und modellieren (Traetteberg 2002). Zur Unterstützung der Entwicklung barrierefreier Anwendungen sind multimodale Dialogmodelle besonders geeignet. Sie beschreiben die Mensch-Maschine Kommunikation unabhängig von den technischen und physischen Bedingungen der Benutzung und sind auf die Verwendung verschiedener Ein- und Ausgabegeräte hin ausgerichtet.

2.2 Das Abstrakte Präsentationsmodell

Der nächste Schritt in der Modellierung ist die Beschreibung des *Abstrakten Präsentationsmodells* (APM) der Benutzungsschnittstelle. Aktivitäten und Zustände werden auf abstrakte Interfaceobjekte abgebildet und deren logische Eigenschaften beschrieben. Für die Notation eignen sich Klassendiagramme der UML 2, die einzelne Interfaceobjekte als Klassen abbilden. Die für den Benutzer wichtigen Informationen über Bedeutung und Funktion der Interfacekomponenten werden als logische Eigenschaften semantisch vollständig dokumentiert. Beispielsweise werden die Metainformationen von Interfaceobjekten (Name, Titel etc.) beschrieben. Eventhandler beschreiben die Ereignisse, auf die die Benutzungsschnittstelle reagiert. Sie spielen eine wichtige Rolle bei der Gestaltung der Mensch-Maschine Kommunikation, z.B. bei der Verwendung von Javaskript in HTML-Dokumenten. Geräte- und technologieunabhängige Eventhandler unterstützen die Gestaltung einer barrierefreien Kommunikation.

Abbildung 5 zeigt das APM für die eLearning-Plattform. Die Struktur der Interfacekomponenten wird dargestellt.

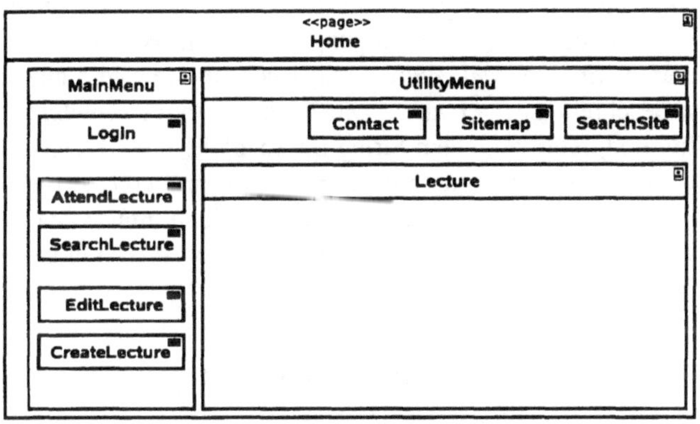

Abbildung 5: Abstraktes Präsentationsmodell für die eLearning-Plattform

Die Notation entspricht dem UWE-Ansatz (*UML-based Web Engineering*) (Knapp et al. 2007) aus dem Bereich des Web Engineerings. Der Stereotyp *page* bezeichnet den Gesamtcontainer einer Website. Die Methoden der Objekte lassen sich über die zugeordneten Eventhandler aufrufen. Die Anforderungen der Barrierefreiheit schließen dabei andere Anforderungen wie z.B. die der Usability nicht aus.

Abbildung 6 zeigt das detaillierte Klassendiagramm für die Interface-Komponente *SearchLecture*. Dabei handelt es sich um eine Suchfunktion für Vorlesungen mit Texteingabe. Der Stereotyp *form* weist die Komponente als Formularfeld aus.

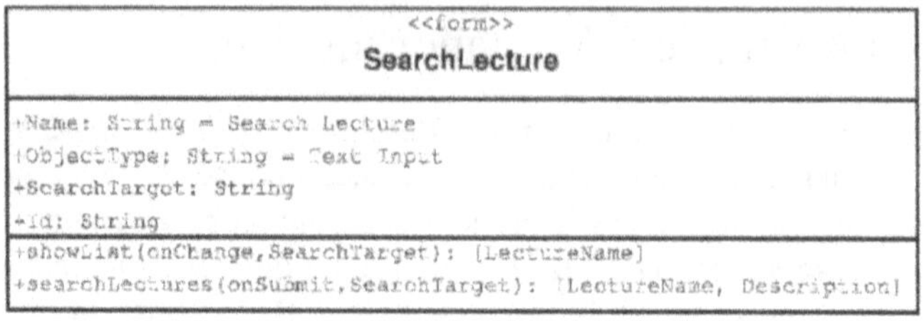

Abbildung 6: Interface-Komponente: Suchfeld für Vorlesung

Eine typische Barriere bei der Nutzung von Formularfeldern in Webseiten ist die fehlende Kennzeichnung des Feldes, die in HTML nicht direkt vorgesehen ist. Screenreader können dann dem Formularfeld keinen Namen zuweisen. Die zugängliche Lösung besteht in der Zuweisung eines Labels mit einem *label*-Element:

```
<label for="Search">Name</label><input type="text" id="Search" />
```

Damit der Modellcompiler diesen Code erzeugen kann, benötigt er das Name-Attribut *Search Lecture* der Interface-Komponente. Das Attribut *ObjectType* deklariert die Komponente als Texteingabefeld. *SearchTarget* ist der Suchstring selbst. Die beiden angegebenen Methoden deklarieren einmal, dass bei Betätigung des Submit-Buttons die Suchfunktion der Applikation aufgerufen wird (*searchLectures*). Als Rückgabewert wird eine Liste von Vorlesungen mit kurzen Beschreibungen erwartet. Die zweite Methode *showList* dient zur Verbesserung der Usability und liefert zu jedem String im Suchfeld eine Liste passender Vorlesungen. Sie kann über AJAX-Technologien integriert werden und ergänzt die Funktionalitäten. Für den Interface-Modellierer gestaltet sich die Situation dann intuitiv, da es selbsterklärend ist, dass die Interfacekomponente ein Label bekommt und es ist für ihn transparent, dass der Modellcompiler daraus barrierefreien Quellcode erzeugt.

2.3 Konkretes Design und Layout der Benutzungsschnittstelle

Den Abschluss des Modellierungsprozesses bildet das Modell des konkreten Layouts. Die physischen Präsentationsparameter – bspw. Größe und Farbe der Objekte – werden beschrieben. Das Klassendiagramm des APM kann entsprechend erweitert werden. Das abstrakte Präsentationsmodell liefert bspw. für den grafischen Entwurf der Oberfläche die strukturellen Vorgaben. Es benennt die Objekte, die integriert werden müssen und welche Eigenschaften und Funktionalitäten sie besitzen.

Design und Layout von Webanwendungen sind in hohem Maße kreative Prozesse und lassen sich nur schwer in die abstrakte Beschreibung von Modellen einbinden. Das betrifft die Gestaltung grafischer Oberflächen ebenso wie die Produktion von akustischen Inhalten wie Sounds oder Musik. UML bietet keine Unterstützung als Notationssprache für Layoutaspekte. Es scheint auch nicht zwangsweise notwendig, das Layout selbst zu formalisieren. Vielmehr ist es notwendig, dass die verwendete Technologie es gestattet, die semantischen Informationen der Modelle mit dem Layout der Oberfläche zu verknüpfen. Zahlreiche Technologien, die heute bereits im Gebrauch sind, unterstützen diese Verbindung. Zu nennen sind hier XHTML+HTML, SVG oder VoiceXML, aber auch Flash oder JavaScript. Die Zukunft wird mit der Durchsetzung von WCAG 2.0 (WCAG 2008) und WAI-Accessible Rich Internet Applications (WAI-ARIA 2009) weitere Verbesserungen bringen. Die WAI-ARIA beschreiben die Anforderungen barrierefreier, dynamisch erzeugter Webinhalte und ergänzen die WCAG.

3 Schlussteil

Der hier exemplarisch vorgestellte Ansatz demonstriert Möglichkeiten und Probleme der modell- und benutzungsorientierten Vorgehensweise für die Entwicklung barrierefreier Benutzungsschnittstellen. Die modellzentrierte Vorgehensweise bietet den Vorteil, dass die semantischen Bedeutungen und Beziehungen der Interaktionskomponenten bereits im Modell beschrieben und dieses Wissen damit explizit formuliert wird. Dadurch kann es dann auch dem Benutzer zugänglich gemacht werden. Der benutzungszentrierte Ansatz ergänzt dieses Vorgehen um eine an den Zielen und Vorstellungen des Benutzers ausgerichtete Vorgehensweise. Zur Notation bietet sich UML an, da es auch textbasiert dargestellt werden kann und somit das Vorgehensmodell selbst barrierefrei gestaltet werden kann.

Es wurde die Eignung der Vorgehensweise demonstriert, barrierefreie Benutzungsschnittstellen zu entwickeln. Existierende Ansätze wie useML und UWE sind dazu entsprechend zu ergänzen. Das Verfahren ist insbesondere geeignet, Softwarearchitekten und Entwickler mit geringen Fachkenntnissen bzgl. der Zugänglichkeit von Benutzungsschnittstellen zu unterstützen. Des weiteren lässt sich diese Vorgehensweise auf weitere Anwendungsfelder – Benutzungsschnittstellen von Webanwendungen, von Desktop-basierten Anwendungen, von Automatisierungssystemen etc. – ausdehnen und stellt damit einen allgemeinen, geeigneten Ansatz dar, um den aktuellen Problemen der Entwicklung barrierefreier Benutzungsschnittstellen zu begegnen. Weiterhin lässt sich das Verfahren in ein nach der ISO 13407 empfohlenes partizipatives, iteratives und prototypbasiertes Vorgehen einbinden. Detaillierte Analysen dazu stehen noch aus.

Literaturverzeichnis

DIN EN ISO 13407 (1999). Benutzer-orientierte Gestaltung interaktiver Systeme. DIN Deutsches Institut für Normung. Berlin: Beuth.

DIN EN ISO 9241-171 (2008). Leitlinien für die Zugänglichkeit von Software. Ergonomie der Mensch-System-Interaktion. DIN Deutsches Institut für Normung. Berlin: Beuth.

Goble, C., Harper, S., Stevens, R. & Yesilada, Y. (2005). DANTE – Mobility Support for Visually Impaired Web Travellers. University of Manchester (UK): School of Computer Science, http://dante.man.ac.uk, Abgerufen: 1.6.2009.

HUTN (2004). Human-usable Textual Notation Specification V 1.0. Needham (MA): OMG Object Management Group, http://www.omg.org/technology/documents/formal/hutn.htm, Abgerufen: 1. 6.2009.

Knapp, A., Koch, N., Wirsing, M. & Zhang, G. (2007). UWE – Ein Ansatz zur modellgetriebenen Entwicklung von Webanwendungen. i-com, 3, 5-12.

Luyten, K. (2004). Dynamic User Interface Generation for Mobile and Embedded Systems with Model-based User Interface Development. Transnational University Limburg: School of Information Technology.

Meixner, G. & Görlich, D. (2008). Aufgabenmodellierung als Kernelement eines nutzerorientierten Entwicklungsprozesses für Bedienoberflächen. Berlin: Workshop "Verhaltensmodellierung: Best Practices und neue Erkenntnisse", Fachtagung Modellierung.

Norman, D. (1989). The Design of Everyday Things. New York: Currency Doubleday.

Norman, D. (1998). The Invisible Computer. Cambridge (MA): The MIT Press.

Reuther, A. (2003). useML – systematische Entwicklung von Maschinenbediensystemen mit XML. Universität Kaiserslautern.

Trætteberg, H. (2002). Model-based User Interface Design. Trondheim: Norwegian University of Science and Technology, Department of Computer and Information Sciences.

WAI-ARIA (2008): WAI-Accessible Rich Internet Applications. Cambridge (MA): World Wide Web Consortium, http://www.w3.org/TR/wai-aria, Abgerufen: 1.6.2009.

WCAG 1.0 (1999). Web Content Accessibility Guidelines 1.0. Cambridge (MA): World Wide Web Consortium, http://www.w3.org/TR/WCAG10, Abgerufen: 1.6.2009.

WCAG 2.0 (2008). Web Content Accessibility Guidelines 2.0. Cambridge (MA): World Wide Web Consortium, http://www.w3.org/TR/WCAG20, Abgerufen: 1.6.2009.

Kontaktinformationen

Wenn Sie Fragen zum Beitrag haben, wenden Sie sich an:

Helmut Vieritz

Abteilung Neue Medien in Forschung und Lehre
Rechenzentrum Universität Stuttgart
D-70550 Stuttgart, Allmandring 30a
Tel.: +49 (0) 711-685-63835
E-Mail: helmut.vieritz@rus.uni-stuttgart.de

H. Wandke, S. Kain & D. Struve (Hrsg.): Mensch & Computer 2009: Grenzenlos frei!?
München: Oldenbourg Verlag, 2009, S. 33-42

Benutzerprofile von Menschen mit Beeinträchtigungen/ Fähigkeiten

Arkadiusz M. Frydyada de Piotrowski[1], Michael J. Tauber [2]

Institut für Informatik, AG Mensch-Computer-Interaktion und Softwaretechnologie, Universität Paderborn

Zusammenfassung

Für Menschen mit besonderen Bedürfnissen ist der standardmäßige Zugang zum Computer oft versperrt. Auf der anderen Seite zeigen sich jedoch bei den Betroffenen in der Regel bestimmte Fähigkeiten, die bei einer alternativen Gestaltung der Mensch-Computer-Interaktion die Interaktion mit dem Computer erleichtern bzw. erst ermöglichen können. Basierend auf empirischen Beobachtungen, einer Analyse von Forschungsergebnissen sowie Befragungen von Experten wurde eine Klassifikation von für die Mensch-Computer-Interaktion relevanten Fähigkeiten / Beeinträchtigungen entwickelt, die eine systematische Erstellung von Benutzerprofilen von Menschen mit Beeinträchtigungen erlaubt. Somit können Anforderungen von Assistierenden Technologien an Fähigkeiten des Benutzers mit einem konkreten Benutzerprofil verglichen und deren Angemessenheit in einem konkreten Fall bewertet werden.

1 Einleitung

Der Computer eröffnet Menschen mit unterschiedlichsten Beeinträchtigungen Chancen, die sie ohne diesen nicht wahrnehmen könnten. Er ist ein „kognitives Werkzeug" (Tauber & Tausch 2008), das, z. B. im Falle der Unmöglichkeit mit der Hand zu schreiben, es erlaubt, Gedanken zu externalisieren, zu reflektieren und inkrementell Repräsentationen zu erarbeiten. Damit können kognitive Fähigkeiten entwickelt werden, die ohne Verwendung des Computers als kognitives Werkzeug nicht angebahnt werden können. Gleiches gilt für die

[1] Ab 01.05.2009: Bauhaus Universität Weimar, Fakultät Medien, Professur CSCW. Die Arbeit wurde von Arkadiusz M. Frydyada de Piotrowski an der Universität Paderborn in der AG Mensch-Computer-Interaktion und Softwaretechnologie angefertigt.

[2] Ab 01.05.2009: Bauhaus Universität Weimar, Fakultät Medien, Professur CSCW. Die Arbeit wurde von Arkadiusz M. Frydyada de Piotrowski an der Universität Paderborn in der AG Mensch-Computer-Interaktion und Softwaretechnologie angefertigt.

vielfältigsten Formen der zwischenmenschlichen Kommunikation sowie der Interaktion mit der physikalischen oder virtuellen Umgebung.

Erfahrungen aus modellhaften Projekten, wie zum Beispiel aus dem Projekt „Virtual Office" (Tauber & Tausch 2008), einer dreijährigen intensiven Förderung von Jugendlichen mit motorischen, visuellen und motorischen Einschränkungen, bestätigen die besondere Bedeutung des Computers als kognitives Werkzeug sowie die Eröffnung von neuen Chancen, Entwicklungsmöglichkeiten und neuen Potentialen für Menschen mit Beeinträchtigungen. So viele Chancen und Möglichkeiten der Computer im Speziellen und die verschiedensten digitalen Artefakte für Betroffene im Prinzip eröffnen können, die Interaktion mit denselben verlangt Fähigkeiten, die oft auf Grund der Einschränkungen nicht vorhanden sind und bietet entweder keine oder keine effektiven Alternativen, bei denen bestehende Fähigkeiten Berücksichtigung finden.

„Der Zugang zu interaktiven Systemen sollte für alle Benutzer frei von Barrieren sein."[3] – eine idealistische Vision, von der zumindest die gegenwärtigen Formen und Möglichkeiten der Mensch-Computer-Interaktion noch weit entfernt sind. Es sind vielfältige Barrieren vorhanden – bei den meisten Computersystemen und für sehr viele Benutzer. Benutzungsoberflächen können nur ansatzweise oder überhaupt nicht an spezielle Bedürfnisse adaptiert werden. Der gegenwärtige Stand der Assistierenden Technologien eröffnet zwar für einige spezifische Einschränkungen gewisse verbesserte Möglichkeiten, doch werden auf der einen Seite Barrieren beseitigt, auf der anderen jedoch durch die Komplexität der Sekundäraufgabe neue Barrieren im Sinne erhöhter kognitiver Anforderungen geschaffen.

Schließlich liegt bis dato keiner Lösung für eine Assistierende Technologie eine systematische Analyse der Anforderungen für deren Benutzung bzw. der Einschränkungen, für die diese spezielle Lösung als Ersatz gedacht ist, zugrunde. Die Interaktion zwischen einem Menschen mit Beeinträchtigungen und dem Artefakt wird in der Regel immer aus dem Kontext einer medizinischen Diagnose betrachtet und nicht aus einem technisch / funktionalen, so dass mit den bisherigen Forschungsergebnissen nur wenige Aussagen darüber gemacht werden können, welche speziellen Anforderungen technische Systeme an die Fähigkeiten von behinderten Benutzern stellen und für welche Personen sie Möglichkeiten eröffnen. Aussagen, wie etwa „diese Lösung ist für Spastiker gedacht", gehen an der Notwendigkeit einer detaillierten Beschreibung relevanter Anforderungen an den Benutzer vorbei. Generell mangelt es im Bereich Assistierender Technologien an systematischen Methoden der benutzerorientierten Gestaltung und Bewertung von Systemen.

Als Anstoß in dieser Richtung wurde im Rahmen einer Studie eine Heuristik entwickelt, die für eine Vielzahl von für die Interaktion mit Artefakten relevanten Einschränkungen / Fähigkeiten eine passende Auswahl an Ein- und Ausgabegeräten, Softwareprodukten sowie Einstellungen vorschlägt, um Betroffenen den Zugang zum Computer oder einem ähnlichen digitalen Artefakt zu ermöglichen. Teil dieser Arbeit ist eine Klassifikation von motorischen und perzeptuellen Fähigkeiten, die es erlaubt, Benutzerprofile von Menschen mit Einschrän-

[3] Zitat aus http://www2.hu-berlin.de/mc2009/callforpapers.html

kungen zu erstellen. Zusätzlich wurden eine Vielzahl von Ein- und Ausgabetechnologien auf ihre Anforderungen hin untersucht und die Zusammenhänge zwischen Technologieanforderungen und Benutzerfähigkeiten systematisch untersucht und dokumentiert. In einer Arbeit von McMillan et al. (McMillan et al. 1994) wurde bereits mit einem regelbasierten System ein ähnlicher Ansatz verfolgt. Dieses weist aber einen sehr geringen Umfang und Detailgrad auf.

Die folgende Erweiterung des Modells der „Seven Stages of User Actions" (Norman 1988; Tauber 2008) verdeutlicht als Überblick in grafischer Form, welche Fähigkeiten des Benutzers bei welchem Interaktionsschritt – abhängig vom Design – erwartet werden, also beeinträchtigt sein können bzw. welche Fähigkeiten alternativ berücksichtigt werden können.

Beispielweise kann als Alternative bei schwerer Beeinträchtigung der Funktionalität der Arme / Hände / Finger, aber hinreichender Motorik der Kopfbewegungen, eine Kopfmaus in Betracht gezogen werden (Execution).

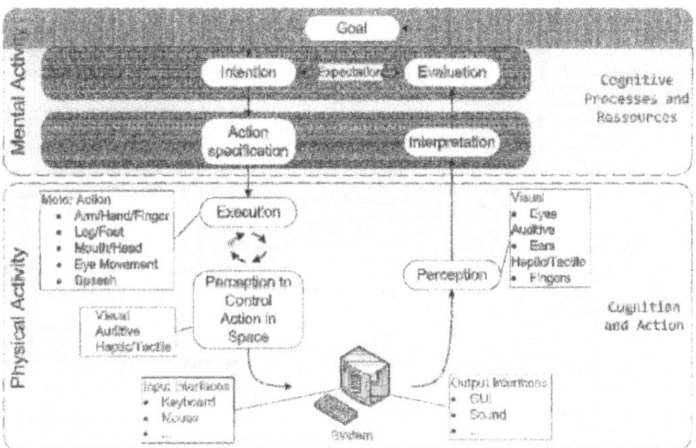

Abbildung 1: Erweitertes Modell der Seven Stages of User Action (Vgl. Tauber 2008)

Die Zugänglichkeit zum Computer sowie die Effektivität seiner Benutzung ist demnach von zwei Aspekten abhängig: den Fähigkeiten des Benutzers und den angebotenen Schnittstellen. Nur durch eine passende Kombination von Ein-, Ausgabegeräten und Benutzungsschnittstelle kann Barrierefreiheit erreicht werden.

Doch welche einschränkenden Faktoren bei Menschen sind für die Mensch-Computer-Interaktion von Bedeutung? Wie können sie klassifiziert, systematisch ermittelt und quantifiziert werden?

2 Benutzerprofile von Menschen mit Beeinträchtigungen

Beeinträchtigungen können nach den Orten der Schädigungen, nach deren Ursachen oder nach ihren Symptomen unterschieden werden. Es gibt viele Ansätze, Erkrankungen und Behinderungen zu klassifizieren, z. B. die *ICF* (International Classification of Functioning Disability and Health) der *WHO* (World Health Organization 2001) oder den *CEN/CENELEC Guide 6* (CEN/CENELEC 2002). Jedoch sind diese kaum als Grundlage für Rückschlüsse auf die Anpassung der Mensch-Computer-Schnittstelle verwendbar, da sie thematisch auf medizinische und nicht auf funktionale Aspekte von Einschränkungen fokussiert sind und / oder keinen ausreichenden Grad der Detaillierung aufweisen.

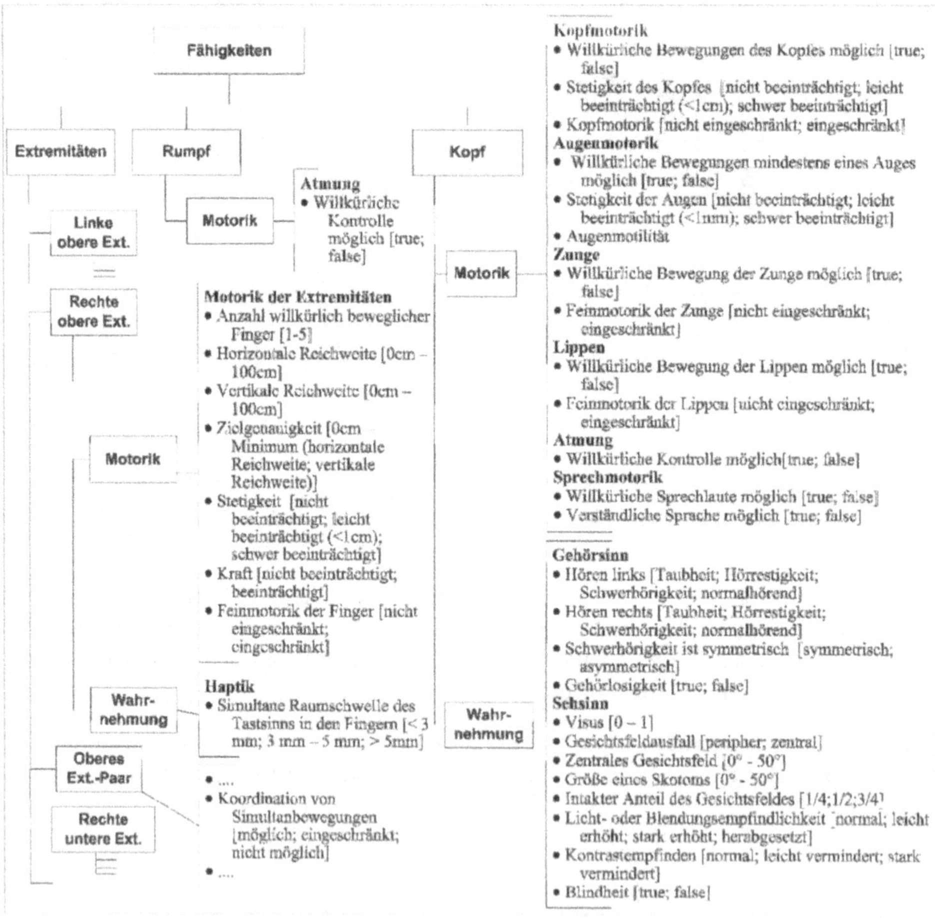

Abbildung 2: Übersicht der wichtigsten motorischen und perzeptuellen Faktoren des Benutzerprofils. Die Faktoren der Extremitäten sind hier nur für die rechte obere Extremität angegeben. In eckigen Klammern sind die Wertebereiche der Faktoren aufgeführt.

Im Rahmen der vorliegenden Arbeit (Frydyada de Piotrowski 2008) hat sich in Usability-Tests an Probanden mit verschiedensten typischen funktionalen Beeinträchtigungen bestätigt, dass medizinische und zu globale Diagnosen keine angemessene Grundlage bei der Betrachtung von Einschränkungen für die Gestaltung von Assistierenden Technologien bzw. deren Einsatz darstellen können (genaue Definition der Ziele, Methoden und Ergebnisse siehe (Frydyada de Piotrowski 2008)). So hat etwa, wie bereits erwähnt, die Bezeichnung „Spastik" zu wenig Aussagekraft, um daraus ableiten zu können, welche Eingabegeräte eine Person bedienen kann und welche nicht. Zu verschiedenartig sind die Schweregrade von Spastikern, zu groß die Variationen hinsichtlich Bewegungsumfang, Genauigkeit der Bewegungen oder typischen Bewegungsmustern.

Eine brauchbare Klassifikation von Einschränkungen sollte von der eigentlichen Erkrankung oder Schädigung abstrahieren und sich auf die vorhandenen Funktionen beschränken, da für den Computereinsatz nur die Auswirkung der Schädigung von Bedeutung ist. Eine sinnvolle Klassifikation muss einerseits hinreichend umfangreich sein, um möglichst viele, für die Interaktion relevante, Einschränkungen erfassen zu können, andererseits aber eine Granularität beschreiben können, die ausreichend ist, um eine adäquate und optimale Anpassung der Schnittstellen gewährleisten zu können.

Basierend auf systematischen Beobachtungen, Forschungsergebnissen und Expertenbefragungen wurde eine Klassifikation von Faktoren entwickelt, die vielfältige Charakteristika der Sinnesorgane und der Motorik umfasst. Dabei wurde die Klassifikation so gestaltet, dass möglichst Fähigkeiten und nicht Behinderungen oder Schädigungen der Personen identifiziert werden. Somit kann bei bestehenden Einschränkungen der Fokus auf vorhandene Fähigkeiten gerichtet werden. Eine Übersicht der wichtigsten Faktoren (von insgesamt 85) ist in Abbildung 2 dargestellt.

Wie an den Faktoren zu sehen ist, hat jeder Faktor einen Wertebereich, entweder als Intervall auf einer geordneten Menge (wie z. B. beim Visus oder dem Gesichtsfeld) oder mit subjektiven Werten (z. B. bei Gesichtsfeldausfällen oder dem Kontrastempfinden), wodurch auch indirekt die Vorgabe gegeben ist, ob die Fähigkeiten gemessen oder beobachtet werden sollen. Die Faktoren und ihre Wertebereiche wurden so präzise wie möglich definiert und können dadurch quantifiziert, verglichen und überprüft werden.

Mittels der Klassifikation können Benutzerprofile erstellt werden, die relevante Informationen über den potentiellen Benutzer eines Computers im Bezug auf körperliche, motorische und wahrnehmungsbezogene Einschränkungen enthalten.

Doch welche Auswirkungen haben bestimmte Faktoren auf die Interaktion mit Artefakten? Mit welchen Aspekten von Schnittstellen korrelieren sie und welche Barrieren ergeben sich bei welchen Einschränkungen?

3 Mensch-Computer-Schnittstellen

Die Spektren von Benutzungsproblemen und deren Ursachen sind sehr groß. Leseprobleme, zum Beispiel, können viele Gründe haben: von kognitiven Einschränkungen über Sehschärfeminderungen bis hin zu Gesichtsfeldausfällen und jede dieser Einschränkungen erfordert unterschiedliche Hilfsmittel und Anpassungen. Jeder Schnittstellentechnologie ist jedoch gemein, dass sie bestimmte Voraussetzungen an die Fähigkeiten des Benutzers stellt. So haben alle Eingabegeräte gewisse Ausmaße im Raum: jede Tastatur hat bestimmte Dimensionen innerhalb derer die Eingaben erfolgen müssen, jede Maus braucht Fläche, auf der sie bewegt werden kann. Weiterhin stellen Geräte unterschiedliche Anforderungen an die Koordination und Motorik des Benutzers. Zum Beispiel besitzen alle Geräte zur Zeicheneingabe, die auf mechanischem Wege arbeiten, einen gewissen Druckpunkt, ab dem sie Eingaben registrieren, stellen also Anforderungen an die Kraft. Ebenso haben alle Tastaturen bestimmte Tastengrößen und –abstände, die direkt mit der Zielgenauigkeit korrelieren. Zusätzlich existieren auch indirekte Zusammenhänge. Abhängig z. B. von der Tastengröße oder dem Tastaturlayout kommen nicht alle Glieder für die Bedienung in Frage. Eine zweihändige Akkordtastatur kann z. B. nur beidhändig mit den Fingern bedient werden.

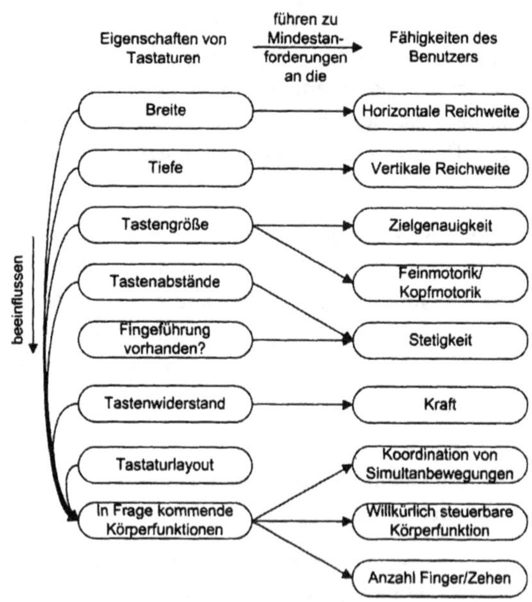

Abbildung 3: Darstellung der Abhängigkeiten zwischen den Eigenschaften von Tastaturen und den Fähigkeiten des Benutzers

Die Mensch-Computer-Interaktion kann aber nur funktionieren, wenn auch die Ausgaben des Computers vom Menschen registriert / wahrgenommen und interpretiert werden können. Neben den trivialen Anforderungen, dass die Person nicht gehörlos oder blind sein darf, korrelieren Eigenschaften wie Bildschirmfläche und -auflösung, die Größe von Interaktionselementen oder die Helligkeit mit Fähigkeiten wie der Sehschärfe, dem intakten Gesichtsfeld oder dem Kontrastempfinden, um nur die visuelle Ebene der Wahrnehmung zu nennen.

Kurz gesagt sind für die Bedienung jeder Schnittstelle, ob Hardware oder Software, bestimmte Faktoren des Benutzerprofils wichtig und manche nicht, manche Fähigkeiten müssen gut ausgeprägt sein, andere weniger.

Um diese Zusammenhänge darzustellen, wurden Eingabetechnologien, wie Technologien zur Zeichen- und Positionseingabe sowie Technologien zur visuellen, taktilen und auditiven Ausgabe kategorisiert, relevante technische Eigenschaften identifiziert und Mappings zwischen Fähigkeiten und technischen Eigenschaften erstellt. In Abbildung 3 ist beispielhaft ein Mapping für Tastaturen dargestellt.

Auf dieser Grundlage wurden systematisch die relevanten Eigenschaften von mehreren hundert Ein- und Ausgabegeräten aus technischen Spezifikationen extrahiert und miteinander verglichen. So konnten reelle Mindestanforderungen bestehender Technologien wie Standardtastaturen, Computermäusen, Joysticks, Braillezeilen, Sensoren, Touchscreens oder Bildschirmen an die Benutzerfähigkeiten ermittelt werden.

Doch wie können Barrieren abgeschwächt oder überwunden werden und welche Anpassungen der Mensch-Computer-Schnittstelle sind notwendig?

4 Heuristik

Das Auffinden der richtigen Kombination von Lösungen zur Eingabe, der Ausgabe und den passenden Systemeinstellungen ist anspruchsvoll. Aufgrund (noch) fehlender Grundlagenforschung sowie fehlenden standardisierten Prozeduren wird derzeit die Beurteilung des Anpassungsbedarfs (als Assessment bezeichnet) üblicherweise durch simple Beobachtung und sich über Monate hinziehendes Ausprobieren nach dem Prinzip von Versuch und Irrtum durchgeführt.

So wird im besten Fall der potentielle Computerbenutzer von einem Experten für Hilfsmittelanpassung beobachtet und befragt und daraufhin Technologien, die dem Experten als geeignet erscheinen, mit dem Benutzer ausprobiert. Wenn dieser Probleme bei der Benutzung hat, werden andere Geräte ausprobiert und weitere Anpassungen vorgenommen, solange bis eine akzeptable Lösung gefunden wird. Um mit dieser Vorgehensweise zu einer guten Arbeitsplatzanpassung gelangen zu können, müssen die beurteilenden Personen über viel Erfahrung mit Assistierenden Technologien sowie Wissen im medizinisch-psychologischen Bereich verfügen. Diese Personen entwickeln durch ihre Erfahrungen zwangsläufig ihre eigenen Heuristiken, nach denen sie vorgehen, und lernen auf bestimmtes Verhalten und bestimmte Fähigkeiten des Benutzers zu achten. Jedoch ist ein solches Assessment kein strukturierter Prozess. Jeder Experte muss selbst entscheiden, auf welche Fähigkeiten er achtet und welche Technologien für den Benutzer in Frage kommen könnten. Zudem ist die Beurteilung des Könnens des Benutzers immer nur eine subjektive Einschätzung, die aber nicht quantifiziert werden kann. Viele Entscheidungen beim Assessment werden deshalb „aus dem Gefühl heraus" getroffen. Häufig wird jedoch irgendeine Lösung ausgewählt, sofern damit überhaupt eine Interaktion, die vorher nicht möglich war, erzielt werden kann.

Die im Rahmen der Studien entwickelten Benutzerprofile sowie die Beschreibung der Anforderungen verschiedenster Assistierender Technologien durch Parameter der Benutzerprofile erlaubten schließlich einen ersten Entwurf von insgesamt 69 detaillierten Heuristiken zur Identifizierung geeigneter Anpassungen bei speziellen Einschränkungen. Nachfolgend ist eine simple Heuristik als Pseudo-Code dargestellt, in der, in Abhängigkeit von der Größe eines zentralen Gesichtsfeldausfalls, Technologien und Anpassungen vorgeschlagen werden.

```
IF 1° > Größe des zentralen Skotoms > 10° THEN
        (Verringerung der Auflösung AND Monitor > 19" AND Großschrifttastatur
        AND erhöhter Kontrast)
ELSEIF 10° >= Größe des zentralen Skotoms > 20° THEN
        (Großer Mauszeiger AND Monitor > 19" AND Negativkontrast AND
        Bildschirmlupe AND Großschrifttastatur mit Negativkontrast AND TTS-
        Software AND Screenreader)
ELSEIF 20° >= Größe des zentralen Skotoms THEN
        Blindheit = TRUE
END IF
```

Um bei einem komplexen Benutzerprofil eine umfassende Hilfsmittellösung vorschlagen zu können, wurden alle simplen Heuristiken in einer Metaheuristik vereint. In die Metaheuristik sind zusätzlich Untersuchungen aus der Literatur zur Effizienz von Eingabetechnologien eingeflossen, wie zum Beispiel dem Throughput, durchschnittlichen Fehlerraten oder den Eingabegeschwindigkeiten von Eingabegeräten. Durch Vergleiche der Untersuchungsergebnisse wurden Rankings erstellt, um die Technologien zu bevorzugen, die effizienteres Arbeiten erwarten lassen.

5 Diskussion

Mit Hilfe der Benutzerprofile und der Heuristik ist eine Basis für die Strukturierung des Assessment-Prozesses gegeben. So könnte die übliche Odyssee der Hilfsmittelauswahl entfallen oder wenigstens erheblich verkürzt werden. Der gesamte Prozess wäre auch weniger von vagen Einschätzungen eines Experten bestimmt, sondern würde auf quantitativen Daten beruhen, was die durchschnittliche Qualität der Assessment-Ergebnisse erhöhen sollte.

Gleiches gilt auch für einen besseren und adäquateren Entwurf und für das funktionale Design von Assistierenden Technologien.

Weiterhin bieten die „Benutzerprofile von Menschen mit Beeinträchtigungen" eine Möglichkeit der Erweiterung der klassischen „User Profiles" aus der Anforderungsanalyse des Usability Engineering Lifecycle (Mayhew 1999, S. 35-36), die bezüglich der motorischen und perzeptuellen Voraussetzung naturgemäß sehr knapp gehalten sind, weil beim „normalen"

Benutzer keine großen Beeinträchtigungen erwartet werden. Der Usability-Experte und der Accessibility-Experte bekommen mit dieser Erweiterung die Möglichkeit, für die Mensch-Computer-Interaktion[4] relevante Faktoren bei Menschen mit besonderen Bedürfnissen systematisch in quantifizierbarer Form aufzunehmen, um daraus Softwareanforderungen ableiten zu können.

Zudem können „Benutzerprofile von Menschen mit Beeinträchtigungen" als Grundlage für systematische Untersuchungen von Usability-Problemen bei Menschen mit Beeinträchtigungen genutzt werden. In den meisten Forschungsarbeiten zur Usability von Software sowie Ein- und Ausgabetechnologien wird nicht näher auf die funktionalen Aspekte von Behinderungen eingegangen. Meist wird nur die Erkrankung oder ein Krankheitsbild wie Parkinson oder Cerebralparese angegeben (Vgl. z. B. Dickinson et al. 2005; Wobbrock & Gajos 2007; Keates et al. 2002).

Eine Untersuchung mit einem Probanden mit einer motorischen Behinderung hat jedoch geringen praktikablen und wissenschaftlichen Wert, wenn das Ausmaß und die genaue Charakteristik der Behinderung nicht genau beschrieben werden. Solche Untersuchungen liefern zwar die Information, dass Leistungsunterschiede bei der Benutzung existieren, sie geben aber kaum Auskunft darüber, wie es zu diesen Unterschieden kommt. Gerade aber im Hinblick auf Behinderungen lässt sich durch solche Untersuchungen nicht festlegen, welche besonderen Fähigkeiten ein Benutzer zur Bedienung einer Technologie mitbringen muss bzw. für welche Formen von Einschränkungen eine Technologie besonders geeignet ist.

Durch systematische Untersuchungen, denen genaue Feststellungen der Benutzerfähigkeiten vorausgehen, könnten nicht nur Zusammenhänge in der Benutzungseffizienz von Standardeingabegeräten ermittelt werden, sondern ebenfalls Assistierende Technologien genauer auf ihre Anforderungen, die optimalen Einstellungen und Potentiale getestet werden. Denn gerade bei dieser Kategorie von Technologien, die eigentlich Barrieren überbrücken sollten, existieren kaum gesicherte Informationen, für welche Benutzer sie in Frage kommen.

Mit der Fokussierung auf Benutzerfähigkeiten ändert sich auch der Blickwinkel auf „behinderte" Menschen, weg von der medizinischen Einteilung in nichtssagende Benutzergruppen, denen etwas fehlt, wie Spastiker, Paralytiker, Blinde, Taube oder Muskeldystrophiker, hin zu einer Sicht, die die individuellen Potentiale einer jeden einzelnen Person berücksichtigt und konstruktive Lösungen im Sinne von Barrieren minimieren und neue Zugänge und Möglichkeiten schaffen stimuliert.

[4] Anzumerken ist, dass eine Einschränkung auf die MCI als Fallbeispiel angesehen werden kann und eine Erweiterung der Klassifikationen und Heuristiken auf die Interaktion mit anderen technischen Geräten möglich ist.

Literaturverzeichnis

CEN (European Committee for Standardization), CENELEC (European Committee for Electrotechnical Standardization). (January 2002). *CEN/CENELEC Guide 6: Guidelines for standards developers to address the needs of older persons and persons with disabilities.* Abgerufen am 01.04.2008 von European Comittee for Standardization: http://www.cen.eu/boss/supporting/reference +documents/cclcgd006.pdf

Dickinson, A., Newell, A. F., Smith, M.J. & Hill, R.L. (2005). Introducing the Internet to the over-60s: Developing an email system for older novice computer users. *Interacting with computers 17(6),* S. 621-642.

Frydyada de Piotrowski, A. (2008). *Heuristik zur Anpassung der Ein- und Ausgabeschnittstellen für Menschen mit Einschränkungen.* Diplomarbeit, Universität Paderborn, Institut für Informatik, AG Mensch-Computer-Interaktion und Softwaretechnologie.

Keates, S., Hwang, F., Langdon, P., Clarkson, J. P. & Robinson, P. (2002). Cursor measures for motion-impaired computer users. In *Proceedings of the fifth international ACM conference on Assistive technologies.* Edinburgh, Scotland: ACM, S. 135-142.

McMillan, W., W., Zieger, M. & Wisniewski, L. (1994). A rule-based system that suggests computer adaptations for users with special needs. In *Proceedings of the first annual ACM conference on Assistive technologies.* Assets '94. NY, USA : ACM, S. 129-135.

Mayhew, D. J. (1999). *The Usability Engineering Lifecycle: A Practitioner's Handbook for User Interface Design.* San Francisco, California : Morgan Kaufmann.

Norman, D. A. (1988). *The Design of Everyday Things.* New York: Basic Book.

Tauber M. J. & Tausch J. (2008). Der Computer als kognitives Werkzeug - Virtual Office: Förderung und Qualifizierung von Jugendlichen mit Einschränkungen. Vortrag in *IKT-Forum für und mit Menschen mit Behinderungen: Praxis–Forschung–Entwicklung.* Johannes Kepler Universität Linz, 7.-8. Juli 2008. Abgerufen am 09.03.2009 von http://www.iktforum.at/IKTforum2008/Vortragsunterlagen_pdf/ Michel%20Tauber%20%20Der%20Computer%20als% 20kognitives%20 Werkzeug.pdf

Tauber M. J. (2008). Seven Stages Extended. Vorlesung: *Assistierende Technologien, Barrierefreiheit (WS 2008/2009).* Universität Paderborn. Abgerufen am 08.03.2009 von http://wwwcs.upb.de/~tauber/tauber_files/vorlesungen/AssistTech/SevenStages_Extended.jpg

Wobbrock, J. O. & Gajos, K. Z. (2007). A comparison of area pointing and goal crossing for people with and without motor impairments. In *Proceedings of the 9th international ACM SIGACCESS Conference on Computers and Accessibility.* Tempe, Arizona, USA, October 15 - 17, 2007. Assets '07. New York: Assets.

World Health Organization (2001). *ICF: International Classification of Functioning, Disability and Health.* Geneva.

Kontaktinformationen

Arkadiusz M. Frydyada de Piotrowski, E-Mail: arkadiusz.frydyada@uni-weimar.de
Michael J. Tauber, E-Mail: tauber@uni-paderborn.de

H. Wandke, S. Kain & D. Struve (Hrsg.): Mensch & Computer 2009: Grenzenlos frei!?
München: Oldenbourg Verlag, 2009, S. 43-52

Empirische Untersuchung der Designgeschichte des WWW

Florian Meier, Sarah Will, Christian Wolff

Universität Regensburg, Institut für Information und Medien, Sprache und Kultur (I:IMSK), Professur für Medieninformatik

Zusammenfassung

Im vorliegenden Beitrag wird eine empirische Studie vorgestellt, in der auf der Basis der im *Internet Archive* (*Wayback Machine*) verfügbaren historischen Fassungen von Websites strukturelle Entwicklungen im Website-Design nachgezeichnet werden. Dazu wird das von Ivory & Megraw 2005 vorgestellte Modell des Website-Designs adaptiert und auf eine Stichprobe von Websites großer IT-Unternehmen angewandt. Die Ergebnisse sind nach diesem Modell auf die Bereiche Präsentation, Inhalte, Struktur und Verhalten & Interaktion aufgeteilt. In der vorliegenden Studie wurden in einem ersten Schritt Merkmale mit Bezug zur Dimension „Struktur" untersucht und ausgewertet. Ein wesentliches Ergebnis, das auch in Einklang mit bisheriger Forschung steht, ist die deutliche Zunahme von Text und Links pro Seite sowie die Zunahme kontextueller Navigation.

1 Einleitung

Historische Darstellungen zur Geschichte der Informationstechnologie sind typischerweise stark an der Entwicklung der Hardware orientiert (vgl. Ceruzzi 2003, O'Regan 2008). Zur Entwicklung der Mensch-Maschine-Interaktion (MMI) und der rechnerbasierten Benutzerschnittstellen gibt es nur vergleichsweise wenige Publikationen, die sich vor allem auf die Entwicklung der graphischen Benutzeroberflächen konzentrieren (Myers 1998, Meister 1999, Jørgensen & Myers 2008, 2416). Selbst aktuelle Monographien zur Designgeschichte thematisieren eher die durch die IT gegebenen neuen Entwurfsmöglichkeiten als die Benutzerschnittstellen als Designgegenstand (vgl. „Digitale Revolution und Design", Schneider 2005:182ff). Immerhin ist aber die wachsende Bedeutung der Benutzerschnittstellen erkannt worden: „die Gestaltung von Benutzungsoberflächen [...] [sc. wird] immer mehr zu einem entscheidenden Kaufkriterium [...]. Somit steht jenseits des eigentlichen Hardware-Designs die Gestaltung der dahinterliegenden virtuellen Ebene (also die Gestaltung der Benutzerführung – auch Interaktionsdesign – und somit der Zugang zum Leistungsspektrum eines Gerätes) im Vordergrund." (Bürdek 2005:321f).

Ein Indikator, dass die Entwicklung der Benutzerschnittstellen für die Forschung an Bedeutung gewinnt, stellt die Gründung einer *Special Interest Group* (SIG) „User Interface History" im Rahmen der CHI 2008 in Florenz dar (Jørgensen & Myers 2008). Die Frage nach der Entwicklung des Webdesign ist dabei in den größeren Kontext der Diskussion um Design als Gegenstand der Forschung zu stellen: Bürdek 2005:280ff argumentiert für eine „disziplinäre Designtheorie", deren Methodeninventar zunächst vor allem bei den Geisteswissenschaften zu suchen sei, da nur so Kommunikation als wesentliche Funktion von Gestaltung beschreibbar werde (Bürdek 2005:283). Ergänzend soll der vorliegende Beitrag anhand eines konkreten Beispiels zeigen, dass sich bei Vorliegen geeigneter Archive Designgeschichte digitaler Medien auch mit *empirischen Verfahren* nachzeichnen lässt. Die Geschichte der Interfaces im Kontext des *World Wide Web* ist Teil einer *„comprehensive history*" der Entwicklung interaktiver Benutzerschnittstellen (Jørgensen & Myers 2008, 2417). Während in einem größeren Zusammenhang die vielfältigen Wechselwirkungen zwischen Gestaltung im WWW und Benutzerschnittstellen einen wichtigen Untersuchungsgegenstand darstellen, soll nachfolgend auf die Problematik der Web-Schnittstellen selbst fokussiert werden. Zunächst werden in Kap. 2 vergleichbare Studien zur Entwicklung von Benutzerschnittstellen sowie ein Untersuchungsmodell für die Entwicklung des World Wide Web vorgestellt. Kap. 3 erläutert die Datengrundlage, die gewählte Stichprobe und die Untersuchungsmethode, insbesondere die Kriterien zur Untersuchung strukturbezogener Aspekte des Webdesign. Kap. 4 präsentiert ausgewählte Ergebnisse der Studie. Ein kurzer Ausblick diskutiert methodische Probleme und zukünftige ergänzende Arbeiten.

2 Beschreibung von WWW-Schnittstellen

In der Forschung ist die Analyse der gestalterischen und strukturellen Entwicklung von Webseiten in der Regel lediglich Mittel zum Zweck gewesen – sei es, um zu für Suchmaschinen-Crawler relevanten Erkenntnissen in Bezug auf die Änderungsdynamik des World Wide Web zu kommen (Ntoulas, Cho & Olston 2004), sei es, um Teilbereiche wie die *accessibility* einer Webseite über wenige Jahre auf potentiell zeitabhängige Entwicklungen hin zu untersuchen (Hackett, Parmanto & Zeng 2003). Eine umfassende Studie zur Entwicklungsdynamik der Web Interfaces liegt bisher nicht vor. Ivory & Megraw schlagen in ihrer Untersuchung zur Entwicklung von *Web Site Design Patterns*, die zusammen mit Ivory 2001 als Ausgangspunkt für die vorliegende Studie gewählt wurde, die folgenden vier Gestaltungsbereiche vor (Ivory & Megraw 2005:468): *information design, navigation design, graphic design* und *experience design.*

Koppelt man diese funktionale Unterscheidung von Gestaltungsaktivitäten mit den konkreten Bezugselementen im Webdesign (Einzelelemente, Seitengestaltung, *site design*), so sind Gestaltung von Information und Navigation bei den kleineren Einheiten angesiedelt, während *experience design* (und z. T. auch *graphic design*) stärker der Makroebene des *page* und *site design* zuzuordnen ist. Für unsere Studie gehen wir in Weiterentwicklung der bei Ivory & Megraw 2005 diskutierten Gestaltungsbereiche von folgenden Feldern der Web Interface-Gestaltung aus: *Präsentation*, *Inhalte*, *Struktur* sowie *Verhalten und Interaktion.* Zusätzlich sind diese Dimensionen in einen technologischen und kulturellen Kontext eingebettet.

Um die vier Bereiche für eine empirische Studie operationalisieren zu können, sind jeweils konkrete Messparameter zu benennen. Auch hier kann auf Ivory 2001und Ivory & Megraw 2005 zurückgegriffen werden, wo ein umfangreicher Kriterienkatalog quantifizierbarer Bewertungsmerkmale vorgestellt wird (Ivory & Megraw 2005:469, Tab. 1). Unsere Untersuchung beschränkt sich nachfolgend (zunächst) auf *strukturelle* Aspekte, für die zahlreiche zusätzliche Untersuchungskriterien eingeführt werden konnten.

3 Daten und Methode

Literatur zur Gestaltung von Websites ist – darin anderen Anwendungsgebieten des (Kommunikations-)Design nicht unverwandt – eher handwerklich und am konkreten Einzelfall orientiert. Erfolgreiche Ratgeberliteratur wie etwa Siegel 1996 stellt damit eine mögliche Literaturgrundlage für die Beschreibung der Entwicklung von Web Interfaces dar. Im Unterschied dazu greifen wir das *Internet Archive* (Kahle 1997 und http://www.archive.org) als umfassendes Monitorkorpus der historischen Entwicklung des World Wide Web als Datengrundlage auf: Mit der *Wayback Machine* existiert eine webbasierte Schnittstelle, über die sich beliebige URLs bis zum Gründungsjahr des Archivs (1996) zeitlich zurückverfolgen lassen. Andere Corpora wie die von Arms et al. 2006 ebenfalls auf der Basis des *Internet Archive* zusammengestellte und aufbereitete Webbibliothek sind bisher nicht allgemein zugänglich, so dass sie als Grundlage ausfallen.

Trotz zahlreicher Probleme im Detail (unvollständig archivierte Websites, fehlende Perioden, technische Probleme mit Javascript, fehlende Bilder etc.) dürfte das Internet Archive die umfassendste über das WWW frei zugängliche historische Sammlung von Websites sein. Es ist damit eine zentrale kultur-, design- und technikgeschichtliche Quelle des „Webzeitalters“.

3.1 Untersuchungsperspektive und Kriterienkatalog

Aus der Vielfalt denkbarer Untersuchungsperspektiven für die Entwicklung von Web Interfaces (u. a.: *usability*-Aspekte, Barrierefreiheit, ästhetische Dimensionen (*joy of use*) etc.) haben wir uns für eine *strukturell orientierte Analyse* entscheiden, die insbesondere die Entwicklung von Organisations-, Navigations-, Labeling- und Suchsystematiken näher betrachtet, und daher Erkenntnisse über die qualitative Entwicklung der *Information Architecture* (Rosenfeld & Morville 2006) zu liefern imstande ist. Tendenzen in der Evolution von „Informationsarchitekturen“ im World Wide Web sowie deren Bewertung können Aufschluss über die Verbreitung und Evolution von Methoden dieser Disziplin geben. Gleichzeitig lassen sich mit dieser Perspektivwahl einige der Defizite des Internet Archive als Datengrundlage vermeiden (z. B. fehlende Bilder). Bei den Untersuchungskriterien für Navigationsstrukturen unterscheiden wir in Anlehnung an Kalbach 2007:86ff und Rosenfeld & Morville 2006:131ff folgende Ebenen:

- *Strukturelle* Navigation (global, lokal)
- *Assoziative* Navigation (kontextuell, sonstige)

- *Utility*-Navigation (Meta-Content-Navigation, erweiterte Aktionsnavigation)
- *Ergänzende* Navigation (Suche, Index, Site-Map)

Zur Untersuchung der vier Navigationstypen wurden insgesamt 65 Einzelkriterien definiert (davon 22 aus der Literatur (Ivory 2001) übernommen und 43 für diese Studie neu eingeführte), die sich folgenden Gruppen zuordnen lassen:

- Links allgemein (u. a. Gesamtzahl, Textlinks, Bildlinks)
- Links und Text (u. a. Textmenge und Linkanzahl)
- Navigation und ihre Präsentation (Gruppen, Typ der Navigation)
- Strukturierung von Inhalten und Navigation (u. a. Tabellen, Frames)
- Sonstige Kriterien (u. a. zeitlicher Abstand zwischen Re-Designs einer Website)

Tabelle 1 gibt eine Übersicht zur Kriteriengruppe „Links und Text". Eine vollständige Übersicht der Kriterien und ihrer Messbereiche findet sich in Will & Meier 2008:Iff (= 99ff).

Kriterium	Beschreibung	Ausprägungen	Auswertung	Quelle
Anzahl Wörter	Anzahl aller Wörter pro Seiten (inklusive Texte in Bildern, exklusive Satzzeichen und Sonderzeichen wie &; Eigennamen als ein Wort)	metrisch	automatisch (ASCII-Text mit TextStat) / manuell (Texte in Bildern)	Ivory (2001)
Anzahl Wörter nur Text	Anzahl aller Wörter nur im ASCII-Text	metrisch	automatisch (TextStat)	eigenes Kriterium
Anzahl Wörter in Grafiken	Anzahl aller Wörter in Bildern	metrisch	manuell	eigenes Kriterium
Anzahl Link-Wörter	Anzahl aller Wörter die Bestandteil eines Links sind (inklusive Texte in Bildlinks)	metrisch	manuell	Ivory (2001)
Anzahl normaler Wörter	Anzahl aller Wörter die nicht Bestandteil eines Links sind	metrisch	manuell	Ivory (2001)

Tabelle 1: Messkriterien der Gruppe Links und Text

3.2 Durchführung der Studie

Wie aus Tabelle 1 ersichtlich ist, liegt der Untersuchung eine Mischung aus automatisch abprüfbaren und manuell erfassten Messwerten zugrunde. Daher war eine Beschränkung auf eine handhabbare Stichprobe erforderlich. Um gleichzeitig sicherstellen zu können, dass für den gesamten Betrachtungszeitraum hinreichend viele Daten verfügbar sind, wurden Firmenwebsites aus dem IT-Bereich für die Stichprobe ausgewählt, da hier von einer frühzeitigen und konsequent weiterentwickelten Webpräsenz auszugehen ist. Insgesamt wurden 15 Websites ausgewählt (*sap.com, adobe.com, apple.com, cisco.com, sun.com, autodesk.com, mcafee.com, redhat.com, citrix.com, tibco.com, cadsoft.com, graphisoft.com, synplicity.com, aperture.com, deltek.com*), für die für die Jahre 1996 bis 2007 jeweils eine im Internet Archive verfügbare Kopie der Website untersucht wurde (jeweils aus dem Zeitraum Mai / Juni eines Jahres). Erfasst wurden dabei die Startseite (Homepage) sowie bei Bedarf auch Unterseiten (z. B. bei der Bestimmung der *Anzahl Gruppen globaler Navigation*). Die automatische Auswertung der Kriterien erfolgte mit geeigneter Software (*Notepad++*, *TestStat*), die Erfassung aller Messdaten mit Hilfe des Statistikpakets *SPSS*.

4 Auswertung und Ergebnisse

Bei der Erstellung deskriptiver Statistiken für alle Messkriterien konnte festgestellt werden, dass die intervallskalierten Variablen eine breite Streuung zeigen. Eine Prüfung auf Normalverteilung mit Hilfe des *Kolmogorov-Smirnov-Tests* (Bühl 2008:337) bestätigt, dass keine der intervallskalierten Variablen normalverteilt ist. Somit wurde für die Darstellung zentraler Tendenzen der intervallskalierten Variablen in den meisten Fällen der gruppierte Median gewählt (Raithel 2006:120, 124, Bühl 2008:317, 330ff). Für die Prüfung auf Signifikanz wurde zudem mit dem *H-Test* nach *Kruskall & Wallis* ein nichtparametrischer Test gewählt, der für nicht normalverteilte intervallskalierte Variablen sowie für die Überprüfung mehrerer unabhängiger Stichproben auf Signifikanz, in diesem Falle die fünfzehn einzelnen Fälle pro Jahr, geeignet ist. Für die nominal skalierten Variablen wurde der Modus als Lagemaß sowie der χ^2*-Test* (Chi-Quadrat) zur Überprüfung der Unabhängigkeit zweier Variablen gewählt, um (indirekt) den Zusammenhang zwischen Archivjahr und den entsprechenden Variablen, wie der Position von Navigationsgruppen oder der Existenz von Suche, Sitemap oder Index zu überprüfen (Raithel 2006:124, 141ff). Bei 39 der insgesamt 149 Variablen, die sich aus dem Kriterienkatalog und weiteren daraus abgeleiteten Kriterien ergeben, konnte ein signifikanter ($p \leq 0{,}05$) Zusammenhang mit der Variable *Archivjahr* festgestellt werden. Diese Ergebnisse der statistischen Tests werden nachfolgend in Auswahl vorgestellt.

4.1 Ergebnisse Links und Text

Sowohl die Anzahl der Links als auch die Textmenge der Startseiten steigt insgesamt signifikant an. Die Anzahl der Textwörter steigt von 150 (1996) auf etwas mehr als 450 (2007) an, die Entwicklung der Linkanzahlen zeigt Abbildung 1.

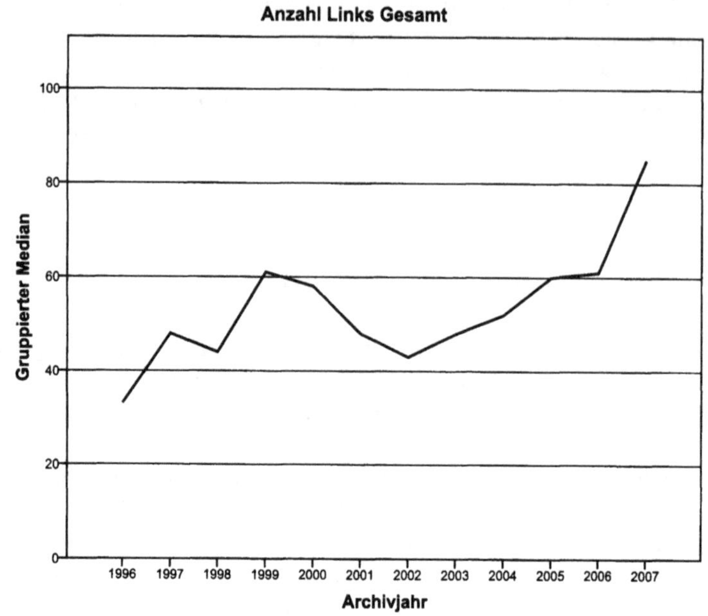

Abbildung 1: Anzahl der Links

Der signifikante Zuwachs an Links beruht dabei vor allem auf Textlinks, während für Bildlinks kein signifikantes Wachstum zu beobachten ist – bis 2007 erreichen die Textlinks einen Anteil von 90% aller Links einer Startseite. Die Anzahl der Wörter steigen sowohl für die im ASCII-Text der Seiten enthaltenen Wörter als auch für die Wörter in Bildlabels signifikant an.

4.2 Ergebnisse Navigationsgruppen

Strukturelle Navigation verweist auf Inhalte, die in der Organisationsstruktur einer Webseite nahe der referenzierenden Inhalte verortet sind (i. d. R. eine Ebene über oder unter dem Ausgangspunkt). Die *assoziative Navigation* verbindet dagegen Informationseinheiten über Hyperlinks, die semantisch miteinander in Beziehung stehen – unabhängig von deren Position in der Struktur der Webseite. Die *Utility-Navigation* verweist schließlich weniger auf konkrete Inhalte, sondern auf Meta-Information zu den Inhalten bzw. einer Webseite, wie das Impressum oder „Copyright"-Information, aber auch zu Werkzeugen, die die Bedienung der Webseite erleichtern sollen – dazu können Log-In- oder Kontakt-Formulare ebenso gehören wie Verweise auf eine für den Druck optimierte Version der Inhalte einer Seite. Hilfsmittel der Informationserschließung wie *Index*, *Suchfunktion* oder *Sitemap* fasst die Kategorie *ergänzende Navigation* zusammen.

Für die Entwicklung der Anzahl der unterschiedlichen Typen von Navigationsgruppen ist eine deutliche und signifikante Entwicklung vor allem für die *assoziativen Navigationsgrup-*

pen zu beobachten (Abbildung 2). Deutlich wird dabei, dass die assoziativen Navigationsgruppen (Kontext + sonstige) auch absolut die führende Position unter den Navigationsgruppen einnehmen. Eine sehr deutliche Veränderung hat die Verortung der Suchfunktion erfahren, deren Bedeutungszugewinn klar daran zu erkennen ist, dass sie mittlerweile in den meisten Fällen als eigene Gruppe auf der (Start-)Seite angebracht ist, statt auf einer eigenen Unterseite verortet zu sein (Abbildung 3).

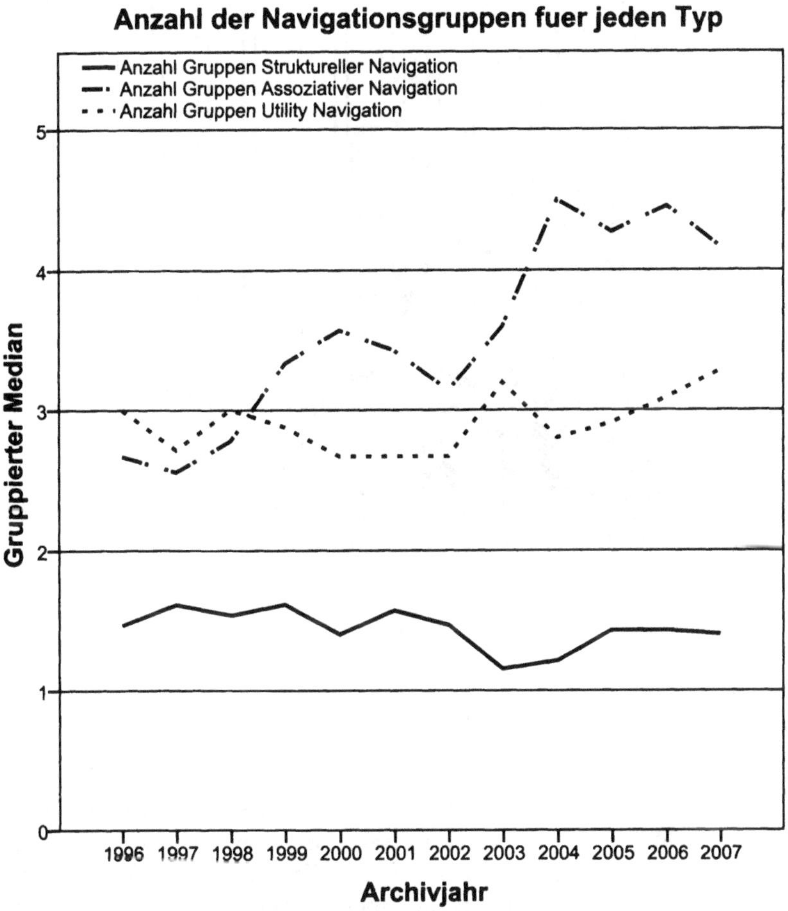

Abbildung 2: Anzahl der Navigationsgruppen

Der Zunahme des Vorhandenseins einer Suchfunktion von etwas über 50% der Sites 1996 auf Werte, die seit 2000 im Bereich zwischen 80% und 90% liegen, entspricht dabei das in der Stichprobe vollständige Verschwinden eines Index für die Website: 1996 – haben 30 – 40% der Sites einen Index, danach nimmt dieser Anteil schnell ab und seit 2003 weist keine Site mehr einen solchen Bereich auf.

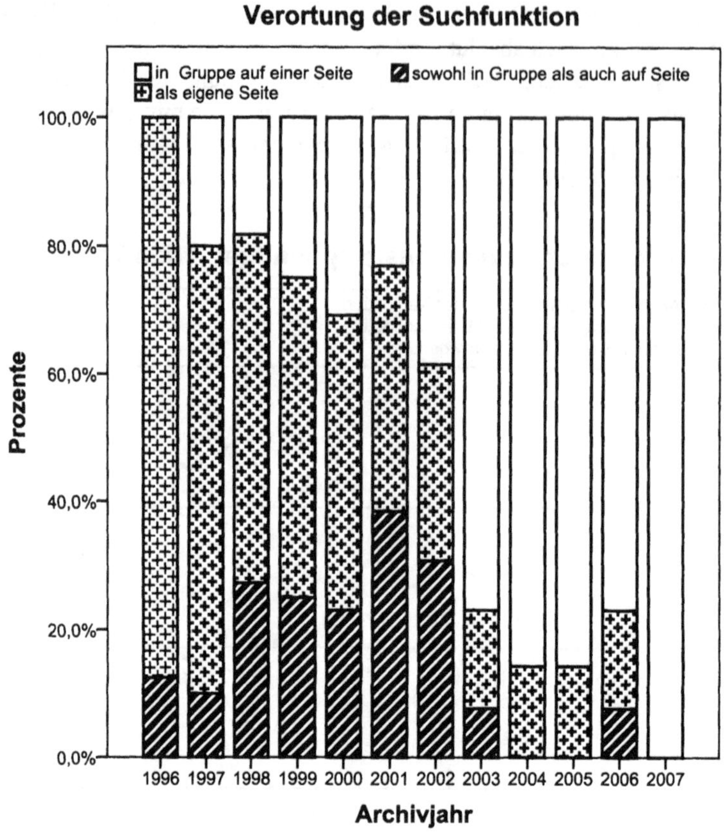

Abbildung 3: Verortung der Suchfunktion

4.3 Sonstige Entwicklungstendenzen

Unter den weiteren Untersuchungsergebnissen fällt vor allem der Wandel der Seitenrealisierungstechniken auf, wo das tabellenbasierte Layout deutlich zugunsten des `<div>`-basierten „Box-Modells" bzw. hybrider Formen abnimmt. Dies gilt sowohl für die Inhalte als auch für die Navigationsgruppen. Abbildung 4 zeigt die Entwicklung für die Inhaltsstrukturierung, für die Realisierung von Navigationsgruppen ergibt sich ein ähnliches Bild, wobei lediglich im Zeitraum 1996 – 2003 für ca. 10-20 Prozent der Sites die Navigationsgruppenumsetzung mit Hilfe von Frames hinzukommt.

5 Ausblick

Unsere Ergebnisse bleiben zunächst auf die Entwicklungstendenzen von Strukturaspekten des *Web Interface Design* beschränkt. Gerade für die Detailuntersuchung der Navigationsgruppen zeigt sich, dass für viele Untersuchungskriterien keine signifikante Entwicklung zu beobachten war, was sowohl an der relativ kleinen Stichprobe als auch an einer zu feingliedrigen Parameterstruktur liegen könnte. In Ergänzung zu der hier vorgestellten Untersuchung sind weitere Studien zur Entwicklung der Bildverwendung und der Typographie im Web in Vorbereitung. Diese werden über den Strukturaspekt hinaus stärker präsentationsorientierte Merkmale des Webdesigns in den Blick nehmen.

Der hier verwendete empirische Ansatz ist grundsätzlich nicht als Alternative, sondern als methodische Ergänzung zu stärker am „Design-Einzelfall" orientierten Methoden aus der Kommunikations-, Sprach- oder Bildwissenschaft (vgl. Bürdek 2005:322ff) zu verstehen und soll so zu einem umfassenden Verständnis der Entwicklung des WWW zu einem zentralen Kommunikationsmedium innerhalb der letzten 20 Jahre beitragen.

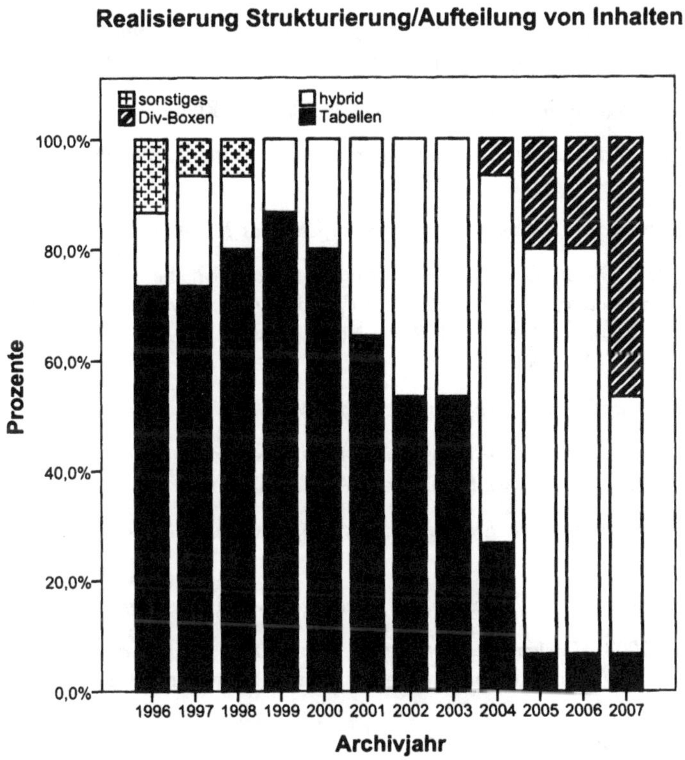

Abbildung 4: Layouttechniken für Inhalte

Literaturverzeichnis

Arms, W. et al. (2006). Building a research library for the history of the web. In: *Proceedings of the 6th ACM/IEEE-CS Joint Conference on Digital Libraries, JCDL 06*, Chapel Hill/BC, Juni 2006. New York: ACM, 95-102, online: http://doi.acm.org/10.1145/1141753.1141771.

Bühl, A. (2008). *SPSS 16: Einführung in die moderne Datenanalyse*. München: Pearsons.

Bürdek, B. (2005). *Design. Geschichte, Theorie und Praxis der Produktgestaltung*. Basel: Birkhäuser.

Hackett, S.; Parmanto, B. & Zeng, X. (2003). Accessibility of Internet websites through time. In: *SIGACCESS Accessibity and Computing*, 77-78 (Sep. 2003), 32-39, online: http://doi.acm.org/10.1145/1029014.1028638.

Ivory, M. (2001). *An Empirical Foundation for Automated Web Interface Evaluation*. Ph.D. Thesis, University of California at Berkeley., online: http://webtango.berkeley.edu/papers/thesis/thesis.pdf.

Ivory, M. & Megraw, R. (2005). Evolution of Web Site Design Patterns. In: *ACM Transactions on Information Systems 23* (4), 463–497. online: http://doi.acm.org/10.1145/1095872.1095876.

Jørgensen, A. & Myers, B. (2008). User interface history. In: *CHI '08 Extended Abstracts on Human Factors in Computing Systems* (Florence, Italy, April 05 - 10, 2008). CHI '08. New York: ACM, S. 2415–2418. online: http://doi.acm.org/10.1145/1358628.1358696.

Kahle, B. (1997). Preserving the Internet. In: *Scientific American 276* (3), 82, online: http://search.ebscohost.com/login.aspx?direct=true&db=buh&AN=9704276050&site=ehost-live.

Kalbach, J. (2007). *Designing Web Navigation*. Sebastopol/CA: O'Reilly.

Myers, B.. (1998). *A Brief History of Human-computer Interaction Technology*. ACM Interactions, 5(2), 44-54.

Meister, D. (1999). *The History of Human Factors and Ergonomics*. Mahwah/NJ et al.: Lawrence Erlbaum.

Ntoulas, A.; Cho, J. & Olston, C. (2004). What's new on the web?: the evolution of the web from a search engine perspective. In: *Proceedings of the 13th international Conference on World Wide Web*, New York, May 2004. New York: ACM, S. 1-12, online: http://doi.acm.org/10.1145/988672.988674.

Raithel, J. (2006). *Quantitative Forschung: ein Praxiskurs*. Wiesbaden: VS Verlag für Sozialwissenschaften.

Rosenfeld, L. & Morville, P. (2006). *Information Architecture for the World Wide Web: Designing Large-Scale Web Sites. 3. Auflage*. Sebastopol/CA: O'Reilly.

Schneider, B. (2005). *Design – eine Einführung. Entwurf im sozialen, kulturellen und wirtschaftlichen Kontext*. Basel: Birkhäuser.

Siegel, D. (1996). *Creating killer web sites. The art of third-generation site design*. Indianapolis/IN: Hayden.

Will, S.; Meier, F. (2008). *Designgeschichte der Web-Interfaces. Analyse der Evolution struktureller Aspekte des Webdesign*. Projektseminararbeit Universität Regensburg, Dezember 2008.

Kontaktinformationen

Prof. Dr. Christian Wolff

Universität Regensburg
Professur für Medieninformatik, D-93040 Regensburg
Christian.Wolff@sprachlit.uni-regensburg.de

H. Wandke, S. Kain & D. Struve (Hrsg.): Mensch & Computer 2009: Grenzenlos frei!?
München: Oldenbourg Verlag, 2009, S. 53-62

Beanspruchung und Fehlererkennung in der Prozessüberwachung

Denise Gramß[1], Dorothea Pantförder[2], Karin Schweizer[3]

[1]Technische Universität Braunschweig, [2]Universität Kassel, [3]Universität Mannheim

Zusammenfassung

Die Überwachung komplexer Produktionsprozesse führt zu einer Vielzahl von Informationen, die auf diversen Monitoren dargestellt werden. Dies kann in einer erhöhten Beanspruchung des Operators resultieren. Die vorliegende Studie untersucht den Nutzen von dreidimensionalen Datenvisualisierungen und deren Effekt auf die Beanspruchung des Operators sowie die damit verbundene Fehlererkennung in der Prozessüberwachung.

1 Einleitung

Immer mehr zunehmende Komplexität und steigende Zahl von Prozessinformationen können die Überwachung von Produktionsprozessen erschweren. Die Überfüllung der Bildschirme und die unübersichtliche Anordnung von Prozessdaten kann die Überwachungstätigkeit des Operators beeinträchtigen. Des Weiteren besteht in einem teilautomatisierten System häufig nur ein unvollständiges mentales Modell seitens des Operators. Eine Möglichkeit, dennoch eine adäquate Überwachung eines Prozesse gewährleisten zu können, ist die Verbesserung der Informationsdarstellung sowie dies Interfacegestaltung. Die Visualisierung von Daten erfolgt in konventionellen Mensch-Maschine-Systemen mit Diagrammen und Tabelle. Viele Informationen werden dem Operator dargeboten, die er aufnehmen, verarbeiten und integrieren muss, um Informationen über den aktuellen Prozesszustand zu erhalten. Dabei kann, resultierend aus der Überforderung des Operators und einem unzureichenden mentalen Modell, eine Vielzahl Fehler auftreten. Smallman et al. (2001) untersuchte bereits die Verwendung von dreidimensionalen Darstellungen, um die Darbietung von Daten der menschlichen Informationsverarbeitung anzupassen. Die Autoren verweisen auf förderliche Aspekte der dreidimensionalen Darstellung. Die Untersuchung zeigte, dass das Hinzufügen einer dritten Dimension und somit die Integration von Daten zu einer Reduzierung der Beanspruchung führen kann. Außerdem entsteht durch die Verwendung eines dreidimensionalen Displays eine Vertrautheit und Vereinfachung des Verständnisses der abgebildeten Daten.

Bereits Wickens & André (1990) verwiesen auf den Vorteil der räumlichen Nähe inhaltlich zusammenhängender Information (PCP). Dreidimensionale Datenvisualisierung kann somit durch die Integration von Informationen förderlich für die Überwachungstätigkeit eines Operators sein. Informationen die inhaltlich verbunden sind, d.h. sich aufeinander beziehen, können von einer dreidimensionalen Darstellung profitieren. Dies gilt jedoch nicht für unabhängige Daten.

Eine Möglichkeit Fehler in der Prozessüberwachung zu mindern ist der Einsatz von dreidimensionalen Visualisierungen, die die Arbeit des Operators vereinfachen (Pantförder et. al. 2009) und somit auch die Beanspruchung bei der Überwachungstätigkeit reduzieren kann. Resultierend aus einer verminderten Beanspruchung während der Arbeitsaufgabe, ist anzunehmen, dass in kritischen Situationen besser reagiert werden kann. Das Entdecken problematischer Prozesszustände sollte aufgrund der integrierten Darstellung und der damit verbundenen reduzierten Beanspruchung vereinfacht werden.

2 Beanspruchung von Operatoren bei Überwachungstätigkeiten

Moderne Prozessüberwachung findet meist über Darstellungen von Prozessdaten auf einer Vielzahl von Bildschirmen statt, so dass die Operatoren für die Überwachungstätigkeit nicht in räumlicher Nähe zum technischen System sein müssen. Komplexe Prozesse werden simultan über verschiedene Monitore verfolgt und auftretende kritische Situationen müssen durch Eingreifen des Operators korrigiert werden. Operatoren in einer Leitwarte haben aber häufig neben der Überwachungsaufgabe, weitere Tätigkeiten. So entstehen vielfache Arbeitsanforderungen als Wirkgrößen, die sich auf die Beanspruchung des Operators auswirken. Dies kann unter anderem zu Stress führen, besonders wenn erhebliche Abweichungen zwischen Anforderungen der Arbeitsaufgabe und dem Leistungsvermögen des Beschäftigten bestehen. Übersteigen die Anforderungen der Arbeitsaufgabe das Leistungsvermögen, kann dies in Befürchtungen, die Arbeitsaufgabe nicht bewältigen zu können, resultieren. Eine solche Situation tritt auf, wenn bei einer erforderlichen Bedienhandlung zu viele Informationen auf den Operator einströmen, die dieser nicht oder nur ungenügend analysieren und bearbeiten kann. Beanspruchung entsteht somit aus der Beziehung zwischen Ressourcen des Operators und den Anforderungen, die sich dem Operator durch die Aufgabe stellen (Wickens & Hollands 2000). Eine Möglichkeit, die Beanspruchung während durch die Arbeitsaufgabe zu mindern, ist der Aufbau eines angemessenen mentalen Modells über den ablaufenden Prozess (Schweizer et al. 2009). Des Weiteren kann durch die Darbietung integrierter Information in 3D (Vogel-Heuser et al. 2007) eine Entlastung des Operators angestrebt werden. Die Verwendung dreidimensionaler Darstellungen kann das Verständnis und die Fehlererkennung erhöhen (Beuthel 1997; Hoppe et al. 2004) sowie die mentale Beanspruchung reduzieren.

3 Experiment

Das im Folgenden beschriebene Experiment untersucht, anhand einer ausgewählten Fallstudie die Förderlichkeit einer 3D-Visualisierung, zum einen für den Aufbau von Prozesswissen des Operators während des Trainings und zum anderen während der Prozessführung. An einer studentischen Stichprobe wurde der Einfluss von verschiedenen Visualisierungsarten (2D und 3D) auf die erlebte Beanspruchung während einer Überwachungsaufgabe untersucht. Die Leistung der Versuchsteilnehmer wurde durch die Art der Reaktion (Treffer und Fehler) bewertet.

3.1 Beschreibung der Fallstudie: Kontinuierliche Hydraulikpresse

Aufgrund der Vorkenntnisse der Autoren wurde für die Evaluation der Anwendungsfall der kontinuierlichen Hydraulikpresse gewählt (Vogel-Heuser 2008). Mit Hilfe der Hydraulikpresse werden Holzwerkstoffplatten unterschiedlichster Art, z. B. Span- und Faserplatten, hergestellt. Eine mit Leim versetzte Materialmatte läuft in die kontinuierliche Hydraulikpresse ein und wird zwischen zwei umlaufenden Stahlbändern auf die gewünschte Dicke gepresst. Die für den technologischen Prozess erforderliche Wärme wird über Rollenstäbe von der Heizplatte auf die Stahlbänder übertragen und wird von diesen auf die Materialmatte übertragen. Die Hydraulikpresse besteht über ihre gesamte Länge aus hintereinander angebrachten Pressrahmen. Jeder Rahmen besteht aus mehreren Hydraulikzylindern, die den Druck auf das Material ausüben, um dieses auf die gewünschte Dicke zu pressen. Zwischen zwei Pressrahmen wird die Dicke des Materials indirekt über die Distanz/Abstand der beiden Stahlbänder an den Außenseiten gemessen. Die Solldistanz wird durch das Erhöhen bzw. das Reduzieren des Drucks erreicht. Alle Daten/Informationen aus dem Prozess, wie z.B. die Temperatur der Heizplatten, die Distanz der Stahlbänder sowie der Druck auf das Material werden kontinuierlich gemessen und in der Leitwarte angezeigt. Da der beschriebene Prozess derzeit noch nicht vollständig automatisch regelbar ist, muss der Operator in der Lage sein, auf Basis der angezeigten Prozesswerte sowie seines Prozesswissens, korrigierend in den Prozess eingreifen.

Der Prozess wurde in vier Diagrammen auf zwei Bildschirmen visualisiert. Die Beurteilung einer Situation erforderte stets die Beobachtung aller Diagramme, die je nach Problem unterschiedliche Abweichungen zeigten. In den 2D-Bedingungen wurden die einzelnen Messwerte durch Linien dargestellt, während in der 3D-Visualisierung die Daten in Form einer Fläche (Surfaceplot) dargeboten wurden (Abbildung 1). Beide Visualisierungsarten zeigten die gleichen Prozessinformationen an. Während in 3D die farbliche Kodierung direkt auf dem Verlauf der Fläche abgetragen wurde, war in 2D der farbliche Verlauf als Balken am unteren Rand des Diagramms dargestellt. Die 3D-Visualisierung integrierte somit im Sinne des PCP die Darstellung der Messwerte sowohl durch die Form der Fläche als auch deren farbliche Kodierung. In den 2D-Bedingungen musste die Integration von der Person selbst geleistet werden.

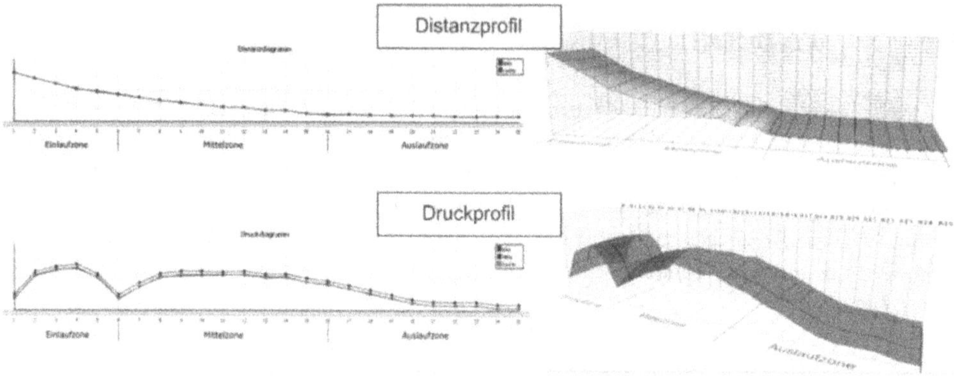

Abbildung 1: 2D- und 3D-Diagramme für Druck und Distanz

3.2 Entwicklung der Versuchsumgebung

In dem im Folgenden beschriebenen Experiment hatten die Versuchspersonen die Aufgabe die Rolle des Operators zu übernehmen und den technischen Prozess der kontinuierlichen Hydraulikpresse zu beobachten und evtl. Stelleingaben vorzunehmen. Neben dem Beobachten und Führen des Prozesses hat der Operator in einer Leitwarte noch weitere Tätigkeiten, die ihn von seiner Hauptaufgabe ablenken. Zu diesen Tätigkeiten gehören das Führen eines Produktionsprotokolls oder das Gespräch mit Kollegen, z.B. Wartungstechnikern. Dies ist das Resultat einer im Vorfeld durchgeführten Arbeitsanalyse in der Leitwarte der kontinuierlichen Hydraulikpresse. Um das Experiment realitätsnäher und somit komplexer zu gestalten wurden diese Tätigkeiten auch in das Versuchsdesign integriert. Das Experiment wurde in vier Phasen gegliedert: das audiovisuelle Training, die Explorationsphase, die Trainingsphase und die Bedienphase. Abbildung 2 zeigt den zeitlichen Verlauf des Experiments. Während des audiovisuellen Trainings wurden die Versuchspersonen in die Funktionsweise der Hydraulikpresse geschult. Es wurden, die für das Experiment relevanten Prozessinformationen und deren Beziehungen untereinander beschrieben sowie die Probleme, die bei diesem Prozess auftreten können, deren Ursache und die geforderte Reaktionen.

In der anschließenden Explorationsphase hatten die Versuchspersonen die Möglichkeit sich mit der Versuchsumgebung vertraut zu machen und die im audiovisuellen Training gezeigten Problemsituationen mittels unterschiedlicher Trainingsvarianten zu erlernen. Es wurden drei verschiedene Trainingsvariationen in Kombination mit 2D- und 3D-Visualisierungen evaluiert:

- Training mit Standbild: Zwei bis drei statische Bilder zeigten eine problematische Situation in verschiedenen Ausprägungen.
- Training mit Slider: Mittels Slider konnten problematische Situationen dynamisch betrachtet werden. Über den Schieberegler konnte die Versuchsperson den zeitlichen Ablauf eines Problems individuell bestimmen und sich so den dynamischen Ablauf einprägen.

- Training mit Slider und Interaktion: Zusätzlich zum Slider hatte die Versuchsperson die Möglichkeit mit der dargestellten Visualisierung aktiv zu interagieren. Als Interaktionsmöglichkeit wurde das Drehen der Diagramme ausgewählt.

In der nächsten Phase, der Trainingsphase, hatte der Proband die Möglichkeit das erlernte Wissen zu testen. Er hatte nun den Prozess zu führen und auf Problemsituationen zu reagieren. In dieser Phase erhielt der Proband nach seiner Reaktion ein Feedback über die Korrektheit seiner Eingaben.

In der abschließenden Bedienphase, die aus zwei Durchgängen mit den gleichen Problemsituationen in randomisierter Reihenfolge bestand, mussten die Versuchspersonen, wie bereits in der Trainingsphase, den Prozess beobachten, Problemsituationen erkennen und Stelleingaben tätigen. Sie bekamen nun jedoch kein Feedback mehr. In dieser Phase wurden die Reaktionszeiten gemessen und mit den zugehörigen Stelleingaben aufgezeichnet. Während der Bedienphase hatte die Versuchsperson ebenfalls zusätzliche Aufgaben wie das Erstellen eines Produktionsprotokolls sowie einem Chat, der das Gespräch mit Kollegen symbolisieren sollte.

Nach Abschluss der Testphase wurden den Probanden verschiedene Fragebögen zur Erfassung von Beanspruchung, Präsenz sowie zur Selbstwirksamkeit vorgelegt. Zur Messung der Beanspruchung wurden ausgewählte Items des NASA-Task Load Index (TLX) von Hart & Staveland (1998) eingesetzt. Präsenz wurde anhand eines eigens für die Untersuchung entwickelten Fragebogens erfasst (Gramß et al. 2008). Auch Selbstwirksamkeit wurde mit einem selbstkonstruierten Fragebogen erhoben.

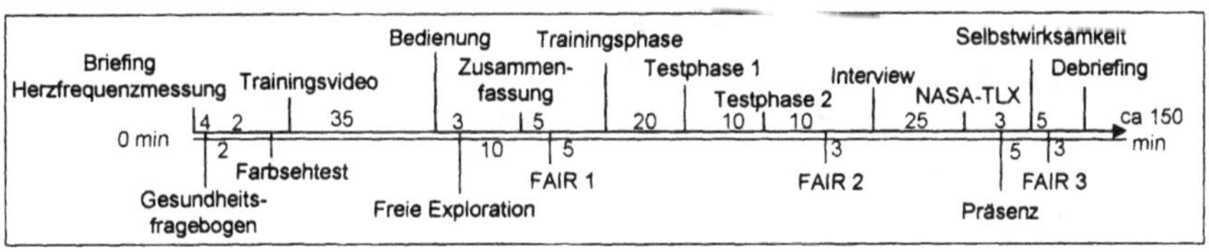

Abbildung 2: Zeitlicher Verlauf des Experiments

3.3 Hypothese

Wir nehmen an, dass die Überwachung eines Prozesses mit einer dreidimensionalen Datenvisualisierung zu einer reduzierten mentalen Beanspruchung beim Operator führt. Des Weiteren nehmen wir an, dass aufgrund dieser verringerten Beanspruchung weniger Fehler bei der Prozessüberwachung auftreten.

3.4 Stichprobe

Die Untersuchung wurde mit 70 Personen durchgeführt (34 männlich, 36 weiblich). Die Teilnehmer waren Studenten verschiedener Fachrichtungen, aus vier verschiedenen Universitäten. Der überwiegende Teil der Versuchspersonen studierte Naturwissenschaften (32) und technische Studiengänge (21). Außerdem haben Studenten der Geisteswissenschaft (7) und der Informatik (7) teilgenommen. Einige Personen konnte aufgrund ihrer Studienrichtung nicht eingeordnet werden (3). Alle Versuchspersonen waren ohne Vorkenntnisse über den beschrieben Prozess.

Dimension der Visualisierung	Training mit Standbild	Training mit Slider	Training mit Slider und Interaktion
2D	Gruppe1	Gruppe 2	---
3D	Gruppe 3	Gruppe 4	Gruppe 5

Tabelle 1: Versuchsdesign –Trainingsvariationen und Dimensionen

Alle Probanden wurden nach ihrer Erfahrung im Umgang mit 3D befragt. 39 Teilnehmer gaben an, bereits Erfahrungen mit 3D gesammelt zu haben. Diese umfasst sowohl Spiele als auch Software wie zum Beispiel Architektursoftware. Die übrigen 31 Versuchspersonen konnten auf keinerlei Erfahrung mit 3D zurückgreifen.

3.5 Erhobene Variablen

Richtige und fehlerhafte Reaktionen

Die Reaktionen der Versuchspersonen wurden mit Hilfe von Logfiles aufgezeichnet. In den Testphasen wurden verschiedene problematische und unproblematische Situationen gezeigt. Beim Auftreten einer kritischen Situation sollte die Versuchsperson eingreifen und das Problem korrigieren. Für die Bewertung der Leistung wurde zwischen Treffern und Fehlern unterschieden. Treffer bezeichnet die richtige Reaktion auf ein auftretendes Problem während Fehler sowohl das Nicht-Reagieren als auch die falsche Reaktion auf das jeweilige Problem umfassen. Die Art des Fehlers wurde für die Auswertung in diesem Beitrag nicht unterschieden. Die Reaktionen in beiden Testphasen wurden zusammenfassend betrachtet.

Beanspruchung

Die erlebte Beanspruchung wurde mit ausgewählten Items des NASA-Task Load Index (TLX) (Hart & Staveland 1988) erhoben. Es wurden verschiedene Bereiche der Beanspruchung erhoben. Dazu gehören neben der zeitlichen, geistigen und visuellen Beanspruchung auch Anstrengung und Frustration. Des Weiteren wurde über alle Beanspruchungsarten ein Summerscore gebildet, der die erlebte Gesamtbeanspruchung kennzeichnet.

4 Ergebnisse

Im folgenden Abschnitt werden die Ergebnisse zur Beanspruchung in den verschiedenen Versuchsgruppen bzw. den verschiedenen Visualisierungsarten dargestellt (4.1). Anschließend soll die gemessene Beanspruchung im Zusammenhang mit richtigen und fehlerhaften Reaktionen betrachtet werden (4.2).

4.1 Visualisierung und Beanspruchung

Zur Untersuchung der Beanspruchung wurden die Daten des NASA-TLX für die verschiedenen Versuchsgruppen verglichen. Dazu wurde zunächst eine ANOVA für die einzelnen Skalen durchgeführt. Es zeigte sich lediglich ein signifikanter Unterschied für die zeitliche Beanspruchung (F=4.631; p<.005). Für den Vergleich einzelner Versuchsgruppen wurde ein Bonferroni-Test durchgeführt. Die Ergebnisse zeigen, signifikante Unterschiede zwischen der 2D-Slider-Bedingung und dem 3D-Standbild (p<.01) sowie der 3D-Slider-Bedingung (p<.05). Personen in der 2D-Slider-Bedingung geben eine signifikant höhere Beanspruchung an als der Personen der anderen beiden Gruppen. Außerdem konnte beim Vergleich von 2D Slider zu 3D-Slider mit Interaktion eine Tendenz in dieselbe Richtung ausgewiesen werden (p=.067). Personen, die mit 2D Slider arbeiteten geben somit eine höhere zeitliche Beanspruchung an als die Gruppen mit 3D Darstellungen während der Überwachungsaufgabe. Neben den einzelnen Skalen der Beanspruchung, wurde außerdem auch ein Summenscore für Beanspruchung berechnet, in den alle Skalen in gleicher Weise einfließen und summiert wurden. Für die Summe der Beanspruchung wurde ebenfalls eine ANOVA durchgeführt, welche einen tendenziellen Unterschied auswies (F=1.916; p=.<119). Ein Bonferroni-Test ergab einen tendenziellen Unterschied zwischen 2D Slider und 3D-Slider mit Interaktion (p=.114). Personen in der Interaktionsgruppe gaben somit eine geringere Gesamtbeanspruchung an.

Im nächsten Schritt wurden die Gruppen gleicher Visualisierung (2D und 3D) zusammengefasst und mit einem T-Test auf Unterschiede geprüft. Die Gruppen mit 3D Slider und Interaktion wurde aufgrund der Besonderheit der Interaktion in diesen Berechnungen nicht berücksichtigt. Die Ergebnisse zeigten wiederum für die zeitliche Beanspruchung einen signifikanten Unterschied von 2D und 3D (t=3.804; p<.01). In den Gruppen mit 2D wurde somit eine höhere zeitliche Beanspruchung wahrgenommen als in 3D. Auch für den Summenscore der Beanspruchung wurde ein 2D-3D-Vergleich untersucht. Hierbei ergab sich lediglich eine Tendenz (t=1.685; p=.098) für einen möglichen Unterschied. Auch hier erreichten Personen mit 2D-Visualisierungen höhere Werte. Es kann also angenommen werden, dass 2D zu einer tendenziell höher erlebten Gesamtbeanspruchung führt, sich aber vor allem auf die zeitliche Beanspruchung negativ auswirkt.

4.2 Beanspruchung und Problemerkennung

Zur Prüfung des Zusammenhangs zwischen Beanspruchung und den Reaktionen (Treffer und Fehler) wurde jeweils eine Korrelation nach Pearson berechnet. Die Ergebnisse zeigten eine signifikante Korrelation von Fehlern mit visueller (r=.261; p<.05) und mit zeitlicher Beanspruchung (r=.266; p<.05). Bei höher erlebter visueller und zeitlicher Beanspruchung wurden somit auch mehr Fehler gemacht. Zusätzlich konnte eine Korrelation der Gesamtbeanspruchung, also des Summenscores der Beanspruchung, mit den Fehlern ausgewiesen werden (r=.239; p<.05). Personen, die eine höhere Gesamtbeanspruchung angeben, machen mehr Fehler in der Überwachungsaufgabe. Die Berechnung des Zusammenhangs zwischen Treffern und den verschiedenen Skalen der Beanspruchung ergab nur negative Korrelationen. Für die visuelle (r=-.224; p=.064) und zeitliche Beanspruchung (r=-.227; p=.061) sowie für die erlebte Frustration (r=-.215; p=.061) konnten Tendenzen ausgewiesen werden. Außerdem zeigte sich eine signifikante Korrelation der Gesamtbeanspruchung mit den Treffern in der Überwachungsaufgabe ($r=-.250$; $p<.05$). Personen, die weniger Gesamtbeanspruchung erlebten, erkannten in den Testphasen häufiger eine problematische Situation.

Der Zusammenhang von zeitlicher Beanspruchung und Treffern (Genauigkeit der Reaktion) ist in Abbildung 3 für alle Versuchsgruppen dargestellt.

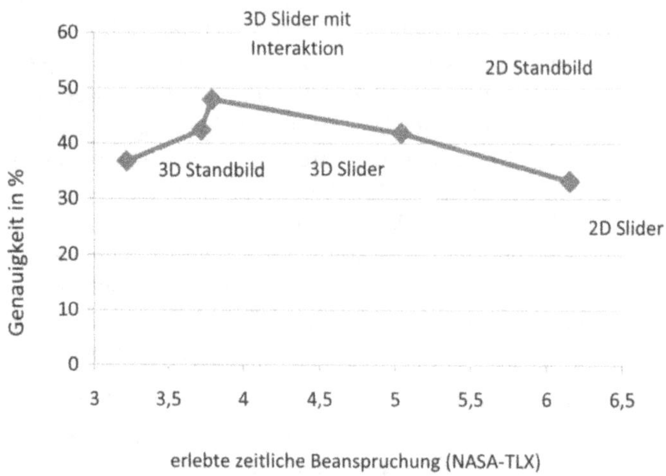

Abbildung 3: Zusammenhang von Genauigkeit (Treffern) und zeitlicher Beanspruchung in den Versuchsgruppen

Personen der 2D-Slider Bedingung erlebten eine höhere zeitliche Beanspruchung und zeigten gleichzeitig die wenigsten richtigen Reaktionen im Vergleich zu den anderen Gruppen. Abbildung 3 veranschaulicht außerdem, dass die Genauigkeit der Reaktion in den Gruppen mit 3D Visualisierungen höher war, verbunden mit gleichzeitig geringer erlebter zeitlicher Beanspruchung.

5 Diskussion

Im ersten Schritt konnten wir zeigen, dass bei der Überwachung von dreidimensionalen Darstellungen im Vergleich zu 2D eine geringere Beanspruchung erlebt wird. Besonders die zeitliche Beanspruchung spielt bei der Unterscheidung beider Visualisierungsarten eine wichtige Rolle. Im zweiten Schritt konnten Zusammenhänge zwischen Fehlern und der erlebten Beanspruchung ausgewiesen werden. Neben der zeitlichen Beanspruchung kann auch die erhöhte visuelle Beanspruchung zu vermehrten Fehlern in der Überwachungsaufgabe führen. Negative Korrelationen von Beanspruchung und Treffern verweisen darauf, dass die Reduzierung der Beanspruchung mit einer Verbesserung der Leistung und mit einer besseren Problemerkennung verbunden ist. In der Bedingung 2D-Slider war die Genauigkeit, also die

Anzahl der Treffer, am geringsten und gleichzeitig die zeitliche Beanspruchung am höchsten. Die Ergebnisse weisen daraufhin, dass die Beanspruchung durch die Implementierung von dreidimensionalen Darstellungen zum Zwecke der Prozessüberwachung reduziert werden kann. Die überwiegend schwachen Korrelationen zeigen jedoch, dass in diesem Bereich noch Verbesserungen der Darstellungsweise notwendig sind, um die Beanspruchung in der Überwachungstätigkeit deutlich zu reduzieren.

6 Zusammenfassung und Ausblick

Das in diesem Beitrag beschriebene Experiment untersuchte den Einfluss von 2D- und 3D-Prozessdatenvisualisierungen und unterschiedlicher Trainingsvarianten auf die Fehlererkennung und die Beanspruchung bei der industriellen Prozessführung. Es konnte gezeigt werden, dass eine 3D-Visualisierung zu einer geringeren Beanspruchung beim Operator führt.

In einer weiteren Untersuchung soll geprüft werden, inwiefern sich die Kombination von unterschiedlichen Variationen des Druck- und Distanzdiagramms auf den intuitiven Zugang zur Datenvisualisierung auswirken und somit die Beanspruchung weiter reduzieren. Da sich Veränderungen in Druck und Distanz aufeinander auswirken, ist eine Integration beider Diagramme im Sinne des PCP (Wickens & André 1990) zu prüfen. Dies würde sowohl die Anzahl der verschiedenen Darstellungen mindern als auch den Zusammenhang beider Parameter verdeutlichen.

Des Weiteren soll die Verwendung alternativer grafischer Eingabemöglichkeiten untersucht werden. Es ist anzunehmen, dass auch die Anpassung der Eingabe einen positiven Effekt auf die Beanspruchung des Operators haben kann.

Literaturverzeichnis

Beuthel, C. M. (1997). Dreidimensionale Prozessvisualisierung zur Führung technischer Anlagen am Beispiel eines Kohlekraftwerks. Dissertation TU Clausthal.

Gramß, D., Schweizer, K. & Mühlhausen, S. (2008). Influence of presence in three-dimensional process control. In: PRESENCE 2008, *Proceedings of the 11th. International Workshop on Presence*, CLEUP Cooperativa Libraria universitaria, Padova, S. 319-325.

Hart, S. G. & Staveland, L. E. (1988) Development of a NASA-TLX (Task load index): Results of empirical and theoretical research. In P. A. Hancock and N. Meshkati (Eds.), *Human Mental Workload*, Amsterdam: North Holland, S. 139-183.

Hoppe, S. M.; Essenberg, G. R.; Wiegmann, D. A.; Overbye, T. J. (2004). Three-Dimensional Displays as an Effective Visualization Technique for Power Systems, Technical Report, University of Illinois.

Pantförder, D. & Vogel-Heuser, B. (2008). Versuchsdesign für eine vergleichende Evaluation des Operator-Trainings bei der Visualisierung von Prozessdaten in einer 2D- und 3D-Umgebung. In: *Useware, Verfahrens- und Produktionstechnik, Engineering, Informationspräsentation und Interaktionskonzepte, VDI/VDE-Berichte 2041*, VDI-Verlag, Düsseldorf, S. 143—154.

Pantförder, D., Vogel-Heuser, B. & Schweizer, K. (2009). Benefit and evaluation of interactive 3D-process data visualization for the presentation of complex problems. *HCI International 2009*, Konferenz Juli 2009

Schweizer, K., Gramß, D., Mühlhausen, S. & Vogel-Heuser, B. (2009). Mental models in process visualization - could they indicate the effectiveness of an operator's training? *HCI International 2009*, Konferenz Juli 2009

Smallman, H. S., St. John, M. & Oonk, H. M. (2001). Information Availability in 2D and 3D Displays. *IEEE Computer Graphics and Applications*, S.51-56.

Vogel-Heuser, B., Schweizer, K., van Burgeler, A., Fuchs, Y. & Pantförder, D. (2007). Auswirkungen einer dreidimensionalen Prozessdatenvisualisierung auf die Fehlererkennung. *Zeitschrift für Arbeitswissenschaft, vol. 1*, S. 23-34.

Vogel-Heuser, B. (2008). Automation in wood and paper industry. In: Nof, S. Y. (Ed): *Handbook of Automation*, Springer-Verlag, New York.

Wickens, C. D. & Andre, A. D. (1990). Proximity Compatibility and Information Display: Effects of Color, Space, and Objectness on Information Integration, *Human Factors, vol. 32 (1)*, S. 61-77.

Wickens, C. D. & Hollands, J. G. (2000). *Engineering Psychology and Human Performance (3rd ed.)*. Upper Saddle River, NJ: Prentice Hall.

Die Untersuchung ist Teil des DFG-Projekts „Präsenz, Aufmerksamkeit und Slider-Training in der Prozessvisualisierung (PAST-P)“ http://www.es.eecs.uni-kassel.de/pastp/

Kontaktinformationen

Denise Gramß, Technische Universität Braunschweig, Abt. Weiterbildung und Medien
E-Mail: denisegramss@aol.com
Dorothea Pantförder, Universität Kassel, Fachgebiet Eingebettete Systeme
E-Mail pantfoerder@uni-kassel.de
Karin Schweizer, Universität Mannheim, Fakultät für Sozialwissenschaft
E-Mail: kschweiz@t-online.de

H. Wandke, S. Kain & D. Struve (Hrsg.): Mensch & Computer 2009: Grenzenlos frei!?
München: Oldenbourg Verlag, 2009, S. 63-72

Inkrementelle nutzergerechte Etablierung eines Towerlotsen-HMI

Christina König[1], Thomas Hofmann[1], Jörg Bergner[2], Ralph Bruder[1]

Institut für Arbeitswissenschaft, TU Darmstadt [1], DFS Deutsche Flugsicherung GmbH [2]

Zusammenfassung

Der Arbeitsplatz mit enthaltenen Human-Machine-Interfaces (HMI) muss der besonders anspruchsvollen Aufgabe der Tower-Lotsen gerecht werden: Informationen aus mehreren Quellen (Funk, Systeme, Sicht aus dem Fenster) unter Zeitdruck und mit hoher Verantwortung zu integrieren, Entscheidungen zu treffen und den Luftverkehr sicher anzuleiten. Aus diesem Grund muss die Entwicklung und Einführung neuer Systeme mit einer besonderen Sorgfalt durchgeführt werden. Die Gestaltung einer interaktiven Systemschnittstelle erfordert einen dem Arbeitsplatz und dem Handlungsszenario angepassten Entwicklungsprozess und eine besondere Sensibilität der Entwickler. Der Beitrag beschreibt, mit welcher Methodik und in welchen Schritten ein neues, hoch spezialisiertes HMI für Tower-Lotsen etabliert wurde.

1 Einleitung

Die Gestaltung eines HMI für Fluglotsen bietet besondere Herausforderungen, denn die Tätigkeit der Fluglotsen im Tower ist geprägt von anspruchsvollen, zeitkritischen und sicherheitsrelevanten Aufgaben (Wickens et al. 2007). Situationsbewusstsein (nach Endsley 1995) spielt dabei eine wichtige Rolle: Nur wer die Lage in der Luft und am Boden in seinem Verantwortungsbereich kennt, kann gute und sichere Entscheidungen treffen. So sollte der Lotse jederzeit wissen, an welcher Position sich welche Flugzeuge in welchem Prozessschritt befinden. Neben der aktuellen müssen auch zukünftige Situationen antizipiert und damit An- und Abflugprozesse auch für die nächste Zeit optimal geplant werden. Bei guter Sicht und wenig Verkehr ist das kein Problem. Doch je schwieriger die äußeren Bedingungen sind, desto wichtiger ist für den Lotsen, dass er exakt die benötigten Informationen bekommt: Bei fehlenden Daten können Entscheidungen nicht fundiert getroffen werden, bei überflüssigen Informationen kostet die Auswahl der relevanten Daten kognitive Kapazitäten, die dann an andere Stelle fehlen können.

Unter diesen besonderen Voraussetzungen muss die Entwicklung eines Human-Machine-Interface (HMI) mit besonderer Sorgfalt geschehen. Dazu gehört, dass der Entwicklungsprozess nahe am späteren Benutzer bleibt, damit seine Bedürfnisse, Erwartungen und Erfahrungen mit in die Gestaltung einfließen können (vgl. DIN EN ISO 13407; Gould 1988). Durch das Einbeziehen der Benutzer erhöht sich die Wahrscheinlichkeit, dass tatsächlich ein Produkt entwickelt wird, welches die Akzeptanz der Benutzer genießt (Burmester & Görner, 2003). Ein wenig funktionales und unangenehm zu bedienendes HMI kann dazu führen, dass das System nicht so gewissenhaft genutzt wird, wie es sinnvoll wäre (Gould 1988), und dass beispielsweise Daten aus Bequemlichkeit nicht eingegeben oder Informationen nicht verwendet werden.

Weiter empfiehlt sich ein iterativer Entwicklungsprozess, um frühzeitig Erkenntnisse zum Konzept zu erhalten und unerwünschte Entwicklungen zu vermeiden (Genov 2005; Wickens et al. 2007). Durch evolutionäres Prototyping entstehen schon früh Prototypen, mit denen Funktion und Gestaltung verdeutlicht werden können, und die als Grundlage für Workshops, Befragungen oder Versuche dienen können. Ganz besonders relevant ist dieses Vorgehen, wenn wie im vorliegenden Projekt die Veränderungen durch das neue HMI für diese Benutzer so immens sind, dass man von einem Paradigmenwechsel sprechen kann (Burmester & Görner 2003). Denn die Veränderungen betreffen nicht nur die Art und Weise der Informationsanzeige oder die Eingabe, sondern beeinflussen auch die Arbeitsweise so stark, dass neue Verhaltensweisen und Strategien erworben werden müssen (Gould 1988). Dementsprechend kann die Veränderung nicht in einem großen Sprung vorgenommen werden, sondern nur Schritt für Schritt, um die Benutzer langsam mit den Neuerungen vertraut zu machen.

Mit diesem Hintergrund wurde im Rahmen des Verbundvorhabens „Wettbewerbsfähiger Flughafen" des 4. Luftfahrtforschungsprogramms (Lufo IV) des Bundesministeriums für Wirtschaft und Technologie (BMWi) von der DFS Deutsche Flugsicherung GmbH, delair Air Traffic Solutions GmbH und dem Institut für Arbeitswissenschaft der Technischen Universität Darmstadt ein integrierter Arbeitsplatz für Tower-Lotsen entwickelt.

2 Projekt

Der neu gestaltete, integrierte Arbeitsplatz sollte die Tower-Lotsen bei ihrer Tätigkeit unterstützen und damit auch die Kapazität an großen Flughäfen sichern bzw. erhöhen. Die Tätigkeit des Lotsen umfasst zahlreiche anspruchsvolle, zeitkritische und sicherheitsrelevante Aufgaben. Das Beherrschen der benötigten Visualisierungs- und Interaktionssysteme erfordert einen langen und intensiven Lernprozess, bis die Interaktion zwischen Nutzer und Technik effektiv, effizient und zufriedenstellend funktioniert. Jegliche Änderungen in Darstellung und Interaktion reduzieren die Gesamteffektivität des Systems massiv und längerfristig (Wickens et al. 2007). Bei einem integrierten Arbeitsplatz sollten Informationen aus verschiedenen Systemen aufeinander abgestimmt und gemeinsam dargestellt werden. Der Lotse erhält situationsgerecht, aufgabenangemessen und gut lesbar immer exakt die Informationen, die er in diesem Moment braucht. So beanspruchen Informationsaufnahme und -eingabe möglichst wenig der kognitiven und visuellen Kapazität und der Lotse kann seine Aufmerksamkeit weitestgehend auf seine Arbeitsaufgabe richten. Besondere Bedeutung erhält das bei Flughäfen mit hohem Verkehrsaufkommen wie beispielsweise Frankfurt, an denen dem Lotsen keine Zeit für Nebentätigkeiten oder umständliche Bedienprozesse bleibt. Hier ist eine Optimierung des Arbeitsplatzes besonders wichtig. Die vorliegende Nutzergruppe ist hoch spezialisiert und eher konservativ eingestellt. Ihre Arbeitsmittel werden mit einem hohen Maß an Test- und Lehraufwand etabliert und dann über lange Zeit beibehalten. Ein Interface sollte daher neben Innovation auch gewährleisten, dass Bediensystematik und Darstellung der Inhalte des Systems von den Lotsen akzeptiert werden und diese nicht zu sehr von den bekannten Paradigmen abweichen. Innovation bedeutet in diesem Zusammenhang also nicht die plötzliche Konfrontation mit bisher Unbekanntem, sondern eine professionelle Etablierung in Form von bekannten Prozessen. Nur durch Einhaltung einer Balance zwischen Innovation und bekannten Standards kann eine Akzeptanz von der Präsentation der Entwürfe bis hin zum Usabilitytest im Towersimulator gewährleistet werden.

3 Vorgehen

Zu Beginn wurden die aktuelle Situation der Lotsen, der Informations- und Unterstützungsbedarf, Gestaltung und Verwendung der vorhandenen Systeme und damit einhergehende Blick- und Interaktionsschwerpunkte erfasst, unter anderem durch Aufzeichnung des Blickverhaltens und eine Arbeitssystemanalyse. Der nächste Schritt beinhaltete eine sorgfältige Analyse bestehender Anforderungen und die Integration dieser Ergebnisse mit arbeitswissenschaftlichen Erkenntnissen, um die für dieses Projekt spezifischen Anforderungen zu definieren (vgl. Bergner et al. 2008). In der darauf folgenden iterativen Gestaltungsphase wurden mehrere Prototypen entwickelt, die jeweils einen bestimmten Entwicklungsstand repräsentieren. Hierbei wurden unterschiedliche Fragestellungen verfolgt. So sind zum Beispiel je nach Situation unterschiedliche Informationen von unterschiedlichem Detailgrad notwendig. Wieter mussten Informationen unterschiedlicher Qualität integriert werden, wie beispielswiese geografische (Start-/ Landebahnen, Höhe eines Flugzeugs), zeitliche (Zeit bis Start bzw. Landung, zeitlicher Abstand von zwei Flugzeugen) oder ablaufbezogene (Status des Flugzeugs im Start-/ Landeprozess, Gewicht bzw. Wirbelschleppenkategorie). Die Gestaltungsphase folgte in mehreren Schritten:

- Zunächst wurden bekannte Elemente in ihrem Design nur minimal verändert, die Interaktion wurde gänzlich übernommen (reine Dropdown-Funktionalität).
- Im zweiten Schritt wurden sukzessive neue Darstellungen eingeführt, das Design wurde in zahlreichen Bereichen den erhobenen Anforderungen angepasst, die Interaktionsform zunächst noch beibehalten.
- Im dritten Schritt wurde das neue Design mit den umfangreichen Systemfunktionalitäten eines Interactive Pen Displays versehen.

Schon früh im Gestaltungsprozess wurden erste Demonstratoren zur Visualisierung relevanter Gestaltungs-, Ablauf- und Bedienkonzepte aufgebaut. Dies ermöglichte die frühzeitige

Einbindung der späteren Benutzer und ein evolutionäres Prototyping sowie den Einsatz der Prototypen im Rahmen von 3D-Realzeitsimulation (im Tower-Simulator der DFS mit jeweils 3 bis 4 Lotsen, siehe auch König et al. 2008). Durch den hohen Realitätsgrad des Simulators konnte die Interfaces damit unter weitestgehend realistischen Bedingungen untersucht und daraus abgeleitete Erkenntnisse zumindest ansatzweise auf die Realität übertragen werden. Schwerpunkte der Untersuchung aus arbeitswissenschaftlicher Sicht bildeten Bedien- und Gestaltungsqualität, Aufgabenangemessenheit sowie Akzeptanz. Für die Einführung neuer Elemente und Funktionen wurde ein inkrementelles Vorgehen gewählt (Abb. 1), vor allem zu Beginn des Designprozesses mit extrem kleinen Schritten.

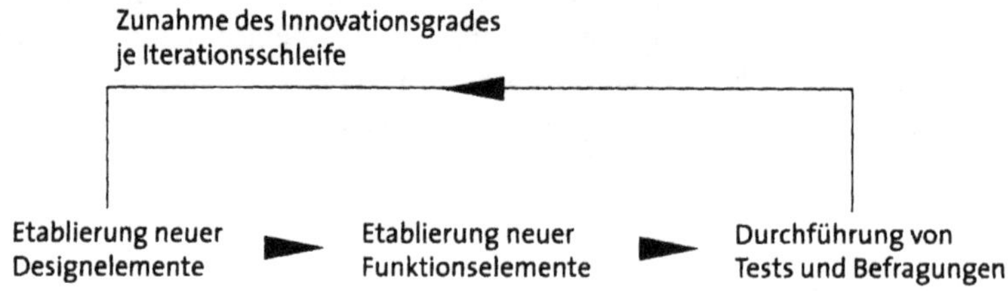

Abbildung 1: Iteratives Vorgehen im Projekt

Ausgangsbasis für das neue Interface war u. a. das im Tower vorhandenen Tower-TID (siehe u. a. Bergner et al. 2008). Dieses grafisch orientierte Touchscreen-System ist etabliert und wird von den Lotsen als effektiv empfunden. Vor allem seine Zeitstrahl-Metapher wurde für das neue integrative HMI übernommen, da dieses Element den Lotsen eine klare zeitliche Zuordnung der Flug-/ Rollbewegungen ermöglicht. Im Folgenden wurden sukzessive Erscheinungs- und Funktionsweise aller weiteren Gestaltungselemente neu konzipiert. Hauptaugenmerk lag auf der Entwicklung von sinnvollen, effektiven Darstellungen der Flugbewegungen selber. Diese Elemente bilden den Interaktionsschwerpunkt des Lotsen mit dem System. Sie wurden von einer sehr rudimentären Repräsentation hin zu komplexen Informationsträgern entwickelt (Abb. 2).

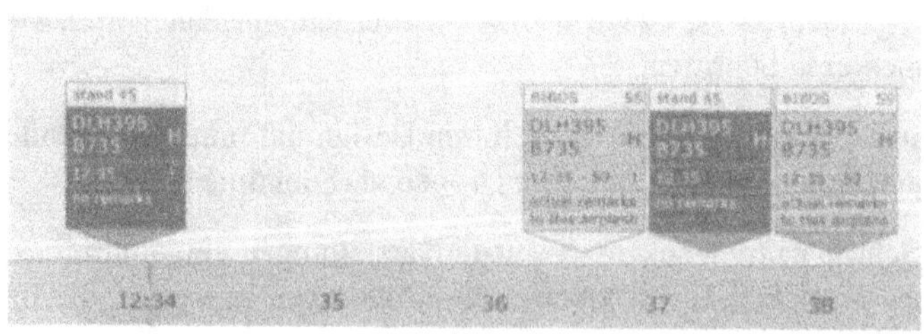

Abbildung 2: Label an der Zeitleiter (frühe Version)

4 Ergebnis

Als Ergebnis stehen nun zwei hoch spezialisierte HMI zur Verfügung. Diese stellen zusammen dem Lotsen einen großen Teil der benötigten Informationen situationsgerecht und reduziert auf zwei Displays dar, wodurch sie sich von vorhandenen Systemen unterscheiden. Nachfolgend werden die entwickelten HMI sowie ausgewählte Aspekte kurz vorgestellt.

Da solche komplexen Systeme jedoch erst nach langwierigem Benutzertraining in den Betrieb gehen, ist eine Gestaltung und Bewertung durch vergleichsweise kurze Simulationen schwierig. Hier spielt die Einschätzung durch erfahrene Lotsen und –ausbilder, welche Bedeutung eine Veränderung des HMI für den Lotsen haben kann und inwieweit schon erlernte Routinen die Bewertung eines neuen Systems beeinflussen, eine wesentliche Rolle. Trotzdem ergaben sich in der Simulation wichtige Hinweise auf die Qualität des HMI, indem mit zunehmender Reife des Prototyps die Einarbeitungszeit der Lotsen mit dem neuen System in der Simulation abnahm und auch Lotsen, die zum ersten Mal mit dem neuen HMI konfrontiert wurden, schon nach kurzer Zeit sicher arbeiten konnten. In Befragungen wurde außerdem eine hohe Akzeptanz des Systems durch die Lotsen bestätigt.

4.1 Das HMI

Nachfolgend werden die entwickelten HMI-Lösungen vorgestellt. Schwerpunkt ist auch hier das aus Lotsensicht neuartige Tower-HMI.

4.1.1 Tower-HMI

Das neue Tower-HMI stellt dem Lotsen An- und Abflüge integriert dar. Es ermöglicht dem Lotsen, verschiedene Eingaben vorzunehmen, um den aktuellen Zustand zu dokumentieren oder seine Planung abzubilden. Diese Elemente erscheinen nun im Gegensatz zu den simplen der früheren Systeme als hochinformative Visualisierungs- und Interaktionsobjekte. Abbildung 3 zeigt das Tower-HMI in einer aktuellen Version, wie sie auch in Simulationen eingesetzt wird (für eine ausführliche Beschreibung siehe Bergner et al. 2008). Im Zentrum steht die Zeitleiter, an der sich Starts und Landungen der nächsten Minuten in Form von Labeln (dunkelgrau: Landung, hellgrau: Start) entlang bewegen. In den Ecken des Bildschirms befinden sich Listen mit Flugzeugen, die zu späteren Zeitpunkten die Start- bzw. Landebahnen belegen werden. Sämtliche Label sind nach einem festen Schema aufgebaut und ermöglichen dem Lotsen so eine schnelle Orientierung, da sich Informationen immer an der optimalen, erwarteten Stelle befinden. Jedes Label enthält das Callsign des Flugzeugs (Code aus Zahlen bzw. Buchstaben), die Wirbelschleppenkategorie, den Flugzeugtyp und den Status (farbiger Balken) sowie weitere, aktuell relevante Informationen. Eingaben wie beispielsweise ein Statuswechsel oder die Dokumentation einer dem Piloten gegebenen Anweisung erfolgen mit einem speziellen Stift. Durch Antippen eines Labels wird der Statuswechsel eingegeben, durch Drag & Drop kann ein Label entlang der Zeitleiter verschoben und damit eine veränderte Reihenfolge der Starts bzw. Landungen dokumentiert werden.

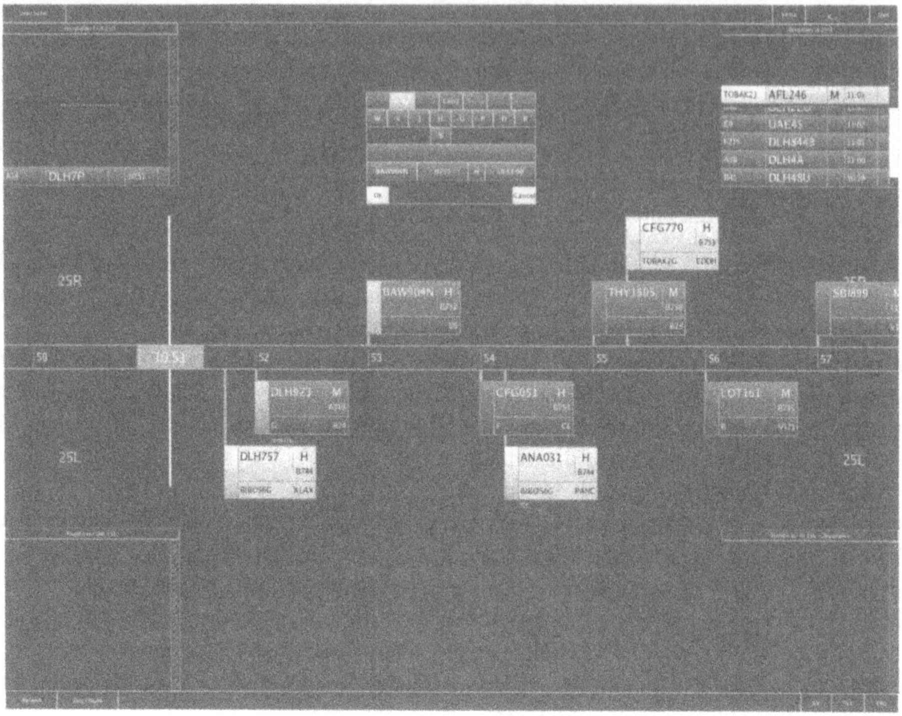

Abbildung 3: Tower-HMI

4.1.2 Bodenlage-HMI

Zur Homogenisierung der Arbeitsumgebung im Tower sollten so viele Arbeitspositionen und Aufgaben wie möglich mit der Metaphorik und Funktionalität des neuen Systems versehen werden. Nach der Entwicklung des Tower-HMI wurde daher im zweiten Teil des Projekts ein weiteres Interface neu gestaltet (Abb. 4). Die Bodenlagedarstellung bildete bis zu diesem Zeitpunkt eine reine Visualisierung von Bodenradardaten. Da es sich bei diesem Interface jedoch in Zukunft um eine hoch prioritäre Schnittstelle handeln sollte, war die Homogenisierung mit der Planungsanzeige von hohem Interesse.

Alle Informationen, die im Tower-HMI erscheinen, werden auf die gleiche Art und Weise auch in der Bodenlagedarstellung visualisiert, auch die Interaktionsmöglichkeiten sind gleich bzw. ähnlich. Auf einer schematischen Darstellung des Flughafens und in zwei Fenstern werden feste Hindernisse und bewegliche Objekte wie z. B. Flugzeuge oder Fahrzeuge angezeigt, so dass der Lotse auch bei schlechten Sichtbedingungen einen Überblick über die Situation am Boden erhält. Die neue Bodenlagedarstellung integriert alle relevanten Erkenntnisse aus dem bisherigen Entwicklungsprozess, von arbeitswissenschaftlich untersuchten Farbkodierungen über ein konsistentes Gesamtdesign bis hin zu einem effektiven und dem Nutzungsprozess angepassten Interaktionskonzept.

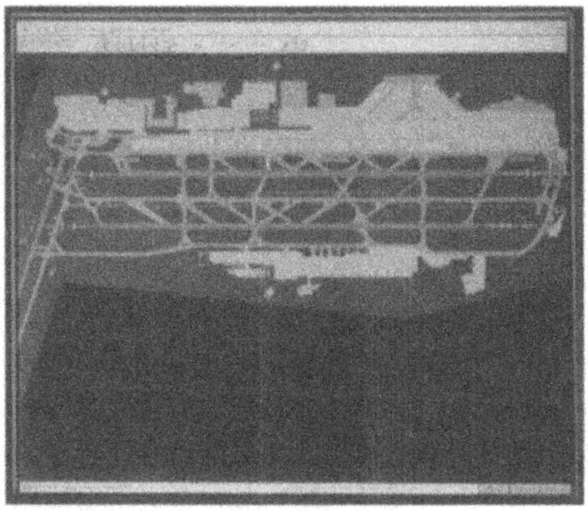

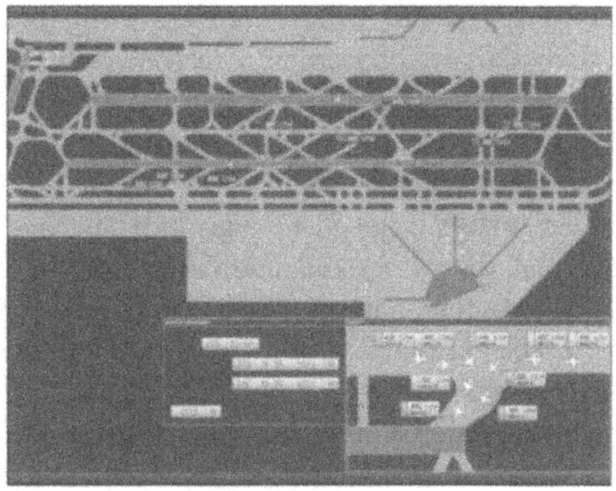

Abbildung 4: Bodenlageradar-Darstellung bisher (links, Quelle: DFS) bzw. Neuentwurf (rechts)

4.2 Neuartigkeit

Es stellt sich die Frage, warum das neu gestaltete HMI so revolutionär für die zukünftigen Benutzer ist. Die Neuartigkeit liegt hier tatsächlich in mehreren Bereichen:

Die Daten sind nicht mehr systembezogen dargestellt, sondern *situationsbezogen*. Damit ist die Herkunft einzelner Daten nicht mehr auf den ersten Blick erkennbar bzw. nachvollziehbar, die Daten sind sozusagen losgelöst von der Quelle. Das war zwar bisher schon teilweise der Fall, trotzdem gibt es hier eine Umstellung für die Lotsen, die zu Unsicherheit führen kann. Für den Lotsen hat die situationsbezogene Darstellung den Vorteil, dass er alle Informationen zu Flugzeugen direkt vor der Landung bzw. dem Start in einem zentralen Bereich des Bildschirms findet. Weiter sind die Flugzeugdaten jeweils an der Bahn dargestellt, die für das Flugzeug vorgesehen ist, so dass zukünftige Bahnbelegungen schnell erkannt und zeitliche Lücken leicht erfasst werden können.

Weiter wurden durch die Integration mehrerer Systeme bisherige *Codierungen* verändert, um ein einheitliches Konzept zu erhalten. So zeigte das Departure Coordination System DEPCOS bisher den Status eines Flugzeugs durch alphanumerische Zeichen bzw. Symbole, das Arrival Coordination System Tower-TID dagegen durch farbige Balken. Im neu entstandenen Tower-HMI werden für Stati grundsätzlich Farben verwendet. Um diese Statusinformation jedoch deutlich von der farblichen Codierung der Abflugstrecken (SID) zu trennen, mussten beide Codierungen in ein übergreifendes Farbkonzept überführt werden. Denn Abflugstrecken wurden bisher durch die unterschiedliche Farbe der Papierstreifenhalterungen unterschieden, die nicht direkt auf das neue HMI übertragen werden konnten, da entweder eine Farbe mehrere Informationen repräsentieren (rot für Warnung und eine Abflugrichtung) oder dem Gesamtfarbkonzept nicht entsprechen würde (schwarz auf dunkelgrauem Hintergrund). Nun sind Statusinformationen in hoch gesättigte Farben gehalten, Abflugstreckeninformationen werden in Pastellfarben angezeigt, so dass eine Verwechslung unter jeder vorkommenden Beleuchtungsbedingung unwahrscheinlich ist.

Auch wurde eine optische *Unterscheidung von Arrivals (Anflüge) und Departures (Abflüge)* notwendig, da nun beide nicht mehr auf getrennten Systemen, sondern gemeinsam auf einem Display dargestellt werden. Die Information, ob ein Flugzeug landet oder startet, ist hoch relevant, da sich dahinter völlig andere Prozesse verbergen. Allerdings bewegen sich nun sowohl landende als auch startende Flugzeuge in der gleichen Richtung entlang einer Zeitleiter, sodass die Bewegungsrichtung keine Rückschlüsse auf den Prozess zulässt. Daher wurden andere Unterscheidungsmerkmale geschaffen: Zum einen ergibt sich eine natürliches Merkmal, da bei Arrivals und Departures unterschiedliche Informationen über das Flugzeug benötigt werden und die so genannten Label mit den Informationen daher verschiedene Inhalte haben. Zusätzlich sind Arrivals und Departures zum einen durch unterschiedliche Grautöne codiert, zum anderen werden die Label der Flugzeuge auf unterschiedlichen Ebenen angezeigt: Arrivals befinden sich direkt an der Zeitleiter, Departures weiter entfernt (Abb. 5). Auf diese Weise wurde eine dreifache Codierung erreicht, so dass Arrivals und Departures eindeutig und sicher in jeder Situation zugeordnet werden können.

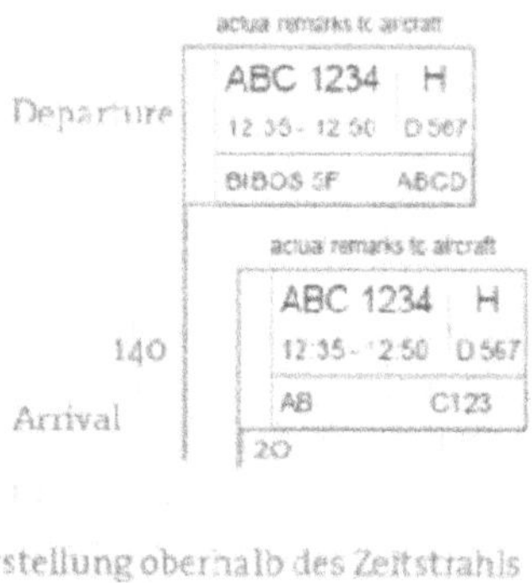

Abbildung 5: Unterscheidung von Arrivals und Departures durch Position und Inhalt

Diese und weitere Veränderungen führen zu einer deutlich veränderten Arbeitsweise der Lotsen, wie auch in den Simulationen bestätigt wurde. Daher stellt sich die Frage, inwiefern sich neben der Arbeitsweise, also dem gezeigten Verhalten, auch die zugrunde liegende mentale Repräsentation der Situation, das so genannten „Picture", verändert. Da der Lotse nun Informationen in anderer Form und anderer Reihenfolge erhält als bisher, liegt diese Annahme nahe (vgl. Carroll & Reitman Olson 1988). Dem sowie der Erfassung und Modifikation mentaler Repräsentationen bei Tower-Lotsen soll in weiteren Untersuchungen im Rahmen des Nachfolgeprojekts iPort und einer damit verknüpften Dissertation nachgegangen werden.

Weiter stellen sich Fragen zur Verlässlichkeit sowie dem Vertrauen der Lotsen in Qualität und Auswahl der Informationen. Zwar wurde durch zahlreiche Workshops, Expertenbefragungen sowie betriebliche Dokumente sichergestellt, dass dem Lotsen alle benötigten Informationen in geeigneter Form angezeigt werden. Jedoch muss wie für jedes neue System auch für dieses erst Vertrauen aufgebaut und durch eine Vielzahl erfolgreicher Interaktionen ein Gefühl der Verlässlichkeit entwickelt werden.

4.3 Etablierung

Bisher sind die meisten Arbeitsplätze mit mehreren, nach und nach hinzugefügten technischen Systemen mit unterschiedlichen Anzeige- und Bedienprinzipien ausgestattet. Auch der hier vorgestellte Arbeitsplatz integriert nur einige der Systeme. Für eine nachhaltige Veränderung und konsistente Gestaltung auch für zukünftige Arbeitsplätze spielt daher eine ausführliche Dokumentation des Entwurfs eine wichtige Rolle. Der entwickelte Styleguide beschreibt daher mit Text und Grafiken ein vollständiges, einheitliches Anzeige- und Bedienkonzept und sichert die ergonomische Gestaltung auch für zukünftige Displays und weitere Arbeitsplätze im Tower. Um eine möglichst hohe Akzeptanz über die gesamte Entwicklungsphase hindurch zu gewährleisten, wurde für alle Elemente und Systematiken ein analoges Vorgehen angewandt. Diese Methodik sollte es den späteren Nutzern und Testpersonen in diesem Projekt ermöglichen, sich mit Neuerungen in kleinen Schritten vertraut zu machen und die von Designern und Arbeitswissenschaftlern eingeführten Veränderungen verständlich zu machen.

5 Fazit

Bei diesem Projekt wurde ein hoch integrierten Arbeitsplatzkonzeptes entwickelt, welches die Lotsen bei der Arbeit unterstützt und vor allem an Flughäfen mit hoher Verkehrsdichte zum Einsatz kommen soll. Während in den bisherigen Systemen häufig eine ungefilterte Informationsdarstellung erfolgte und der mentale Workload des Lotsen dadurch zusätzlich erhöht wurde, nimmt das neue HMI nun eine Filterfunktion ein und entlastet den Lotsen durch die situationsadäquate Visualisierung.

Das Vorgehen des inkrementellen Designprozesses, ergänzt durch sehr frühe Prototypen und Nutzerintegration, ermöglichte einen effektiven und hoch akzeptierten Entwicklungsprozess. Die Akzeptanz der Nutzer wurde vor allem dadurch erreicht, dass sie langsam, aber kontinuierlich an Neuerungen herangeführt wurden und das Maß an Innovation über den Entwicklungsprozess gesteigert wurde.

Das Design scheint im Vergleich zu vielen anderen auf dem Markt befindlichen Produkten sehr konservativ und monochromatisch: Der Bildschirm ist zum großen Teil grau, die Struktur starr und die Interaktionsformen sind begrenzt. Jedoch handelt es sich bei dem vorliegenden System um eine Interface, welche für den Austausch hochkritischer, sicherheitsrelevanter Datenpakete zwischen Mensch und Technik dient. Erste Priorität haben die eindeutige Erkennbarkeit relevanter Informationen, eine sichere Bedienung und eine logische Metaphorik. Hier wurde ein HMI etabliert, welches sich gerade durch seine Fokussierung auf absolute Funktions- und Bediensicherheit durch ein klares, ergonomisches und konsistentes Design auszeichnet.

Literaturverzeichnis

Bergner, J., König, C., Ebert, H. & Hofmann, T. (2008). *Entwurf einer Integrierten Planungsanzeige für den Tower-Controller.* Paper presented at the Deutscher Luft- und Raumfahrtkongress 2008, Darmstadt.

Burmester, M. & Görner, C. (2003). Das Wesen benutzerzentrierten Gestaltens. In Machate, J. & Burmester, M. (Hrsg.): *User Interface Design. Benutzerschnittstellen menschlich gestalten.* Frankfurt: Software & Support Verlag, 47-66.

Caroll, J. M. & Reitman Olson, J. (1988). Mental Models in Human-Computer-Interaction. In Helander, M. (Hrsg.). Handbook of Human-Computer-Interaction. Amsterdam: Elsevier Science Publishers B. V.

DIN EN ISO 13407 (2000). *Benutzer-orientierte Gestaltung interaktiver Systeme.* Beuth, Berlin.

Endsley, M. R. (1995). Toward a Theory of Situation Awareness in Dynamic Systems. *Human Factors,* 37(1), 32-64.

Genov, A. (2005). Iterative Usability Testing as Continuous Feedback: A Control Systems perspective. *Journal of Usability Studies, 1*(1), 18-27.

Gould, J. D. (1988). How to Design Usable Systems. In Helander, M. (Hrsg.). Handbook of Human-Computer-Interaction. Amsterdam: Elsevier Science Publishers B. V.

König, C., Hofmann, T., Bergner, J., & Bruder, R. (2008, 7.-10.09.2008). *Evaluation eines Human-Machine-Interface für Tower-Fluglotsen unter Einsatz eines Simulators.* Paper presented at the Usability Professionals 2008, Lübeck.

Wickens, C. D., Mavor, A. S. & McGee, J. P. (Hrsg.)(2007). *Flight to the Future. Human Factors in Air Traffic Control.* Washington D. C.: National Academy Press.

Kontaktinformationen

Christina König

Institut für Arbeitswissenschaft
Technische Universität Darmstadt
Petersenstr. 30, D-64287 Darmstadt
Tel.: +49 (0) 6151-16-6289
Fax: +49 (0) 6151-16-2798
E-Mail: koenig@iad.tu-darmstadt.de

H. Wandke, S. Kain & D. Struve (Hrsg.): Mensch & Computer 2009: Grenzenlos frei!?
München: Oldenbourg Verlag, 2009, S. 73-82

Bridging the Communication Gap: A Driver-Passenger Video Link

Grace Tai[1], Dagmar Kern[2], Albrecht Schmidt[2]

RWTH Aachen[1], Pervasive Computing and User Interface Engineering Group, Universität Duisburg-Essen[2]

Abstract

In a recent large-scale naturalistic study, driver-passenger interactions were identified as a major source of driver distraction. According to this study, driver inattention to the road is often caused by conversation with passengers. This suggests that when driving and conversing with passengers, drivers attempt to bridge the visual communication gap with passengers by turning to look at them. In an online survey presented in this paper, responses confirmed that most drivers interact with their passengers while driving and and want eye contact during these interactions; however most would also prefer to keep their eyes on the road while driving. To address these conflicting preferences, a driving simulator user study was conducted with a monitor-based and a head-up display (HUD) video system. Results show that a video system can provide drivers with greater visual contact with passengers without degrading driving performance. Participants also had greater interest in using a HUD-based system.

1 Introduction

In an effort to develop systems that help drivers avoid accidents, much research has focused on determining what factors contribute to car accidents. Fatigue and mobile device usage have received a lot of attention, while driver distraction due to interactions with passengers has been largely overlooked. Studies that do investigate passengers as a source of distraction tend to focus on how the gender and age of the driver and passengers correlate to crash risk, e.g. (Geyer & Ragland 2004; Lerner et al. 2005; Stutts et al. 2005), but results have shown that passenger presence can have both protective and harmful effects on the drivers (Regan & Mitsopoulos 2001). Researchers seem to agree that more knowledge is needed to understand how passengers cause driver distraction and when this leads to a greater risk of accident. In (Vollrath et al. 2002), researchers found that although passenger presence had a positive effect on drivers, “passengers may also distract drivers’ attention in an amount which cannot be compensated for in all situations and by all drivers by cautious driving”. In

(Lerner et al. 2007), it is concluded that although adult drivers can be substantially distracted by passengers, the "causal basis of passenger influences" needs to be addressed further.

One of the difficulties in determining the effect of passenger interaction on crash risk is that previous studies, e.g. (Geyer & Ragland 2004; Lerner et al. 2007; Stutts 2001; Stutts et al. 2005), have relied heavily on police reports in large-scale databases like the NASS Crashworthiness Data System[1] or the Fatal Analysis Reporting System[2] to determine whether passenger presence affects driver distraction. Although these sources provide a great deal of data that apply to a large demographic, many records are often incomplete, e.g. *attention status* or *cause of accident* are listed as *'unknown'*. Detailed accident reports are also not completely reliable, since drivers are interviewed after a crash has occurred may not be cognizant of their pre-crash behavior or want to admit to being inattentive while driving.

In contrast, naturalistic studies on driver distraction, which instrument users' cars with sensors and cameras, are capable of obtaining objective and complete information about drivers' pre-crash behavior. Unfortunately, such studies are expensive to perform and require a large observation period in order to collect enough crash-related data for a meaningful analysis. Thus, the findings from a recent 100-car naturalistic study carry a significant amount of weight compared to previous studies.

1.1 The 100-Car Study

The 100-Car Naturalistic Driving Study (Dingus 2006) observed 241 drivers over a 12-to-13 month period in a metropolitan area. Findings suggested that driver's glances away from the forward roadway potentially contribute to a much greater percentage of driving incidents than previously thought. The study was able to identify "Passenger-Related Secondary Task" or conversation with a passenger as "the second most frequent cause of inattention". The most frequent cause of inattention was "Wireless Device Secondary Task", which is a concern already addressed by many researchers (McCartt et al. 2006).

Previous research on the crash risk due to passengers suggests that certain combinations of gender and age of driver and passengers lead to higher crash risk while others lead to lower crash risk (Geyer & Ragland 2004; Lerner et al. 2007; Stutts et al. 2005). The 100-Car study, on the other hand, suggests that passengers are a major source of distraction, because they draw drivers' attention away from the road. Shortcomings in the 100-car study also suggest that distraction due to passenger interactions may have even been underestimated. In the study's setup, cameras did not record video of the backseat, making it difficult to determine when rear-seat passengers were present. Also, if the driver was talking but made no head turns, then the activity was marked as *Talking/Singing (with no passenger present)*. Similarly, interaction with the rear-view mirror was marked as Driving-related Inattention, ignoring the possibility that the driver was using the mirror to look at a rear-seat passenger.

---

[1] Maintained by the National Highway Traffic Safety Administration, detailed accident reports collected yearly on a sample of police-reported crashes in the US.

[2] Maintained by National Highway Traffic Safety Administration, data on all fatal crashes in the US.

In this paper, a survey of 132 participants who provided deeper insight into the behaviors that people exhibit when driving with passengers. Based on the results, a within-subjects user study was designed to determine the effect of a simple monitor-based video system and a gaze-aware head-up display (HUD) video system on a driver's gaze behavior and performance during lane-change driving task while conversing with passengers.

2 Online Survey on Driving With Passengers

To gain insight into how drivers interact with passengers while driving, an online survey was created. The survey contained 28 questions and was published in German and English. 132 licensed drivers (41% male, 59% female; 64% drive in Germany, 30% in the US) aged 18 to 73 (avg=34.5) took part. Participants had 15 years of driving experience on average. 52% drive frequently and 25% drive regularly but not everyday. All participants indicated that they engage in casual conversation when driving with passengers.

Participants were asked to rank their gaze preferences while conversing with passengers based on their own driving behavior. Most participants indicated that their highest preference was to keep their eyes on the road. For looking at rear-seat passengers, most preferred the rear-view mirror, and for front-seat passengers, most preferred side glances. About 50% are willing to turn and glance briefly at rear-seat passengers, and more than 25% would look for a few seconds at the front-seat passenger.

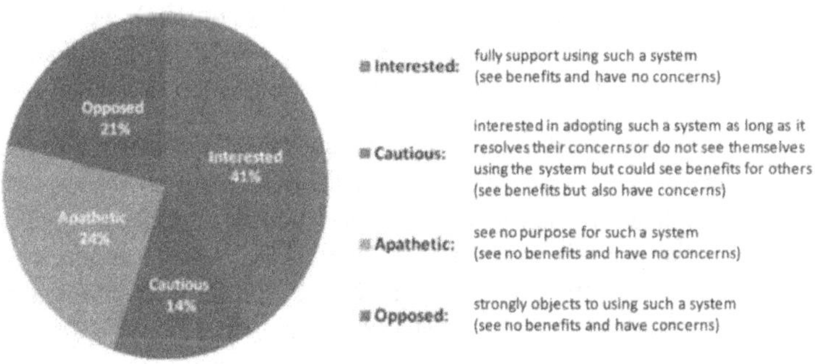

Figure 1: Attitudes towards Video System, Online Survey (N=132)

Participants were also asked about a video system that would enable drivers to see passengers without turning their heads while driving. As shown in Fig. 1, a majority saw benefits in using such a system. Also, more people would use the system to see the rear-seat passenger than the front-seat passenger. Participants who were concerned about the system said their main concern was that it would be "too distracting". Ironically, participants who saw benefits in the system felt that its main benefit was that it would be "less distracting", helping them keep their eyes on the road. We designed a user study to address these opposing views.

3 User Study

In this user study, we chose to work with the Lane Change Test (LCT) (Mattes 2003) so that drivers had a specific driving task while conversing. We chose to investigate use of a center-console monitor display and a head-up display to present video image of the rear-seat passenger. The use of head-up displays in automobiles has received a lot of attention in the last decades (Gish & Staplin, 1995) and has been shown to offer benefits to drivers compared to traditional in-car displays (head-down displays) (Ablassmeier et al. 2007; Kiefer, 1998; Nowakowski et al. 2002). This position was preferred by 30% of the survey participants.

Our objectives were 1) to determine if the systems have a positive effect on communication between the driver and rear-seat passenger, and 2) to determine if the systems distracted the driver significantly. Additionally, we were interested in knowing if the gaze-aware HUD video system would be preferred over the Monitor video system and if there would be fewer concerns about distraction with the HUD video system.

3.1 Setup and Participants

Real carseats were installed into the driving simulator according to a midsize passenger car interior. A 42" monitor was then placed on a table in front of the seats, and a PC steering wheel was attached to the table. A plexiglass windshield was setup for the head-up display. Video of the rear-seat passenger was captured from a webcam on to an 8" LCD display above the center console (see Fig. 2, right). For the Monitor video system, this display faced the driver; for the HUD, it faced the windshield (see Fig. 2, middle). To ensure consistent visibility of the HUD image (see Fig. 3, right), the lighting conditions were fixed. Another 8" display was placed in front of the rear-seat passenger to show video of the driver.

For tracking users' eye gaze, a Tobii X120 Eye Tracker was integrated into the setup (see Fig. 3, left). A gaze interaction was developed so that the HUD video system would be cognizant of the user's gaze. The interaction was designed so that the video image would attract less attention while in the driver's peripheral field of view. When the driver gazes at the video image, it is fully visible (100% opacity on LCD) but never fully blocking the driver's view. Otherwise, the video image on the windshield is almost transparent (10% opacity).

16 participants (8 female, 8 male) took part in the study over the course of one week, none of whom participated in the first user study. Participants ranged in age from 20 to 29 (avg=24.3, sd=2.7) and have had their driving licenses for 5.8 years on average. Half of them drive on a weekly basis and most (65%) drive regularly to very often with passengers. Participants were each scheduled for one hour time slots and received €10 after completing the study.

Figure 2: LCT screenshot (left), Driver with no video system (middle-top), Driver using video system (middle-bottom), Monitor display (right-top), Rear-seat webcam (right-bottom)

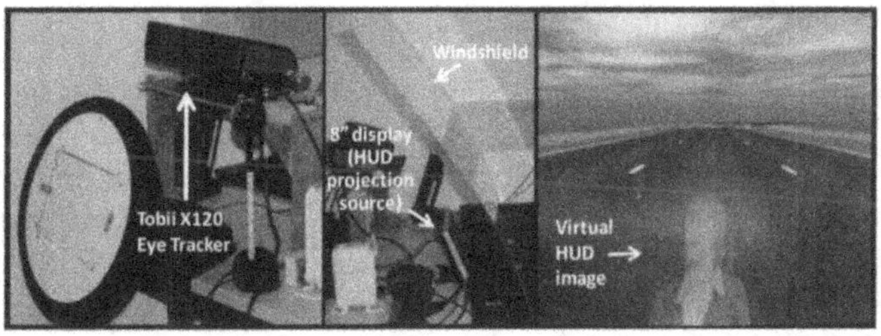

Figure 3: Eye tracker placement (left), HUD setup (middle), virtual HUD image (right)

3.2 Study Design

The study was designed based on the LCT and our driving simulator setup with two within-subject variables, Video System and Conversation Task. For the Video System, there were three levels–No video system, Monitor video system and HUD video system. For the Conversation Task, there were two levels–Article and Game (see section 4.1). The dependent variables of this study were the *average deviation from lane position* and *reaction time to lane change signals* measured by the LCT, the eye glance behavior of the driver analyzed from video, and the drivers' forward gaze data recorded by the Tobii eye tracker.

Participants first filled out a user background form. Next, the driving task was demonstrated to the participant before the participant drove once alone without talking. Then, the eye tracker calibration was completed, after which the 2 passengers were introduced. The passengers and the participant conversed for 2 minutes while waiting for the next driving task. The participant was not informed that this was a planned part of the study. Next, the participant drove 6 times, with every combination of video system and conversation task levels. The order of the conditions was permutated. Each drive lasted about 3 minutes (at 60km/hr). For Article tasks, the rear-seat passenger read a short article out loud, after which the article was discussed. For Game tasks, the rear-seat passenger had a mystery identity. The driver and front-seat passenger took turns asking questions, to which the rear-seat passenger answered "Yes" or "No". For the HUD video system, the gaze interaction was explained to the participant. At the end, the participant drove once more alone and filled out a feedback form.

3.3 Results and Discussion

3.3.1 Data Analysis

Using the LCT analysis tool, we obtained 5 values of *average deviation from lane position* (in meters) and *reaction time to lane change signals* (in seconds) for each participant. Reference values were averaged from the first and last drives. Video footage of the participant was analyzed to obtain eye glance data from the study. Eye glance data was recorded as number of *glances* (≤ 2 seconds) and *looks* (> 2 seconds). The 2-second cutoff was chosen based on studies indicating that inattention of more than 2 seconds greatly increases the risk of an accident (Dingus 2006; Zwhalen et al., 1988). Reference values were taken from the initial conversation period in the driving simulator, during which there was no driving.

Using Tobii Studio, gaze data was measured for all drives (except the reference drives) based on two areas of interests (AOIs)–Whole Screen and HUD Area (see Fig. 4). The HUD Area was at the bottom-center of the screen, covering about 24% of the total screen. This corresponds to the same area used by the gaze interaction algorithm in the HUD system to determine when to increase/decrease the opacity of the video. The Whole Screen was a covered the entire screen. Values for # fixations and total fixation length were determined for each AOI and divided by total duration of the driving segment for comparison purposes.

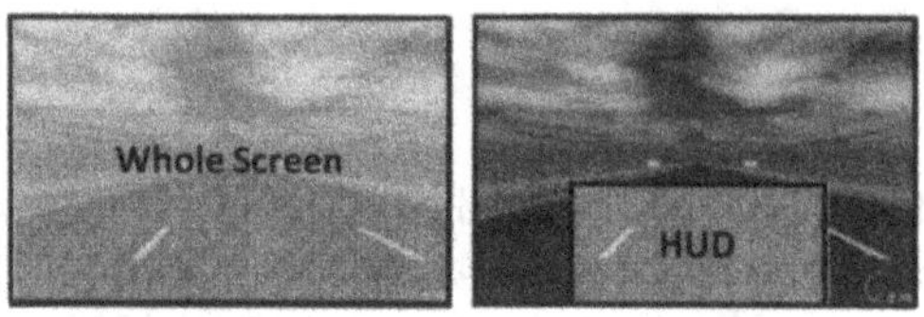

Figure 4: Areas of interests (AOIs) used in analyzing Tobii gaze data

3.3.2 Driving Performance

Participants had similar average deviation values for all conditions and for the two conversation tasks (see Table 1). A repeated measures ANOVA confirmed that there was no significant effect on average deviation due to the Video System or the Conversation Task.

Another measure of driving performance was reaction time to lane change signals (see Table 2). Paired t-tests between the Reference data and each passenger-accompanied driving situation showed a significant change in reaction time for all conditions at $p<.05$ or $p<.01$ except for No Video System and Article. A repeated measures ANOVA did not find a significant effect on reaction time due to the Video System or the Conversation Task. These results suggest that drivers are capable of maintaining lateral steering ability and situation awareness in the presence of the video systems.

		Avg Deviation (meters)	
		Mean	Standard Error of Mean
VideoSystem	Reference	0.51	0.03
	No Video System	0.54	0.04
	Monitor Video System	0.52	0.02
	HUD Video System	0.50	0.02
ConversationTask	Article	0.50	0.01
	Game	0.54	0.03

Table 1: Mean average deviation for second user study (N=14)

		ReactionTime (seconds)	
		Mean	Standard Error of Mean
VideoSystem	Reference	1.40	0.06
	No Video System	1.51	0.06
	Monitor Video System	1.53	0.06
	HUD Video System	1.50	0.05
ConversationTask	Article	1.50	0.05
	Game	1.53	0.04

Table 2: Mean reaction times for second user study (N=14)

3.3.3 Gaze Behavior

An overview of the averaged data collected on drivers' gaze behavior is shown in Table 3. All glances/min and looks/min data in the Reference condition were significantly different from all other conditions, p<.01[3]. Thus, drivers significantly reduced their glances at both passengers when driving. With a video system present, drivers **never** turned to see the rear-seat passenger and slightly reduced how often they turned to see the front-seat passenger.

With the Monitor video system, all but two drivers used the system to have greater visual contact with the rear-seat passenger (but not for more than 2 seconds at a time). at the same time, although drivers generally glanced more frequently at the Monitor display when using the Monitor video system, they actually spent slightly more time fixating on the forward roadway compared to when no video system was present. Thus, most drivers experienced distraction due to the presence of the video system but many seem to have compensated by also increasing their concentration on the forward roadway.

Drivers also looked more often at the HUD area when driving with the HUD video system. A repeated measures ANOVA found that the Video System had a significant effect on # fixations/min at HUD Area, F(2, 22)=7.995, p=.002. Post-hoc paired t-tests found a significant difference between HUD Video System and the other two conditions, p<.01 with Monitor Video System and p<.05 with No Video System. Thus, drivers glanced more often at the HUD area (see Fig. 3) and were actively using the HUD to look at the rear-view passenger.

[3] SPSS result from comparing column means in Table 3 with Bonferroni correction.

		Reference (No driving)	No Video System	Monitor Video System	HUD Video System
		Mean	Mean	Mean	Mean
At Front-seat Passenger	# glances/min	3.6	0.3	0.2	0.2
	# looks/min	1.1	0.0	0.0	0.0
At Rear-Seat Passenger	# glances/min	3.5	0.1	0.0	0.0
	# looks/min	1.4	0.0	0.0	0.0
At Monitor Display	# glances/min	.	.	4.1	.
	# looks/min	.	.	0.0	.
At HUD Area	# fixations/min	.	13.9	12.4	19.3
	fixation length/min (seconds)	.	3.3	3.0	5.6
At Rest of Forward Roadway (Not HUD Area)	# fixations/min	.	74.6	73.0	73.0
	fixation length/min (seconds)	.	29.2	30.4	27.4

Table 3: Gaze behavior for second user study (N=14 for glances/looks, N=12 for fixations)

Drivers also looked at the HUD area longer when the HUD video system was present. A repeated measures ANOVA showed a significant effect on fixation time/min at HUD Area due to the Video System, $p<.05$. Post-hoc paired t-tests only showed a significant difference between the Monitor and HUD conditions, $p<.05$. This suggests that although drivers glanced significantly more often at the HUD area when the HUD image was visible, they did not fixate on the HUD area for significantly longer than when no video system was present. The significant difference between the Monitor and HUD conditions can be explained by the drivers' gaze being divided between the Monitor display and the road.

An interesting side observation was that drivers showed more signs of cognitive distraction during the Game task than the Article task. With the Monitor video system, they glanced significantly less (60% decrease) at the Monitor display, $p<.01$. Similarly, with the HUD video system, they fixated significantly less (37% decrease) on the HUD area, $p=.013$. A repeated measures ANOVA also showed that drivers spent significantly less time (17% decrease) fixating on the forward roadway, $F(1, 11)=10.019$, $p=.009$.

3.3.4 Driving Errors

Driving errors consist of missing lane changes or incorrect lane changes, e.g. changing to the middle lane when a change to the left-most lane was indicated. Four participants committed a total of 11 driving errors–3 missed lane changes and 8 incorrect lane changes. All errors occurred during the Game task, suggesting that it created a greater mental workload than the Article task. Most errors (7) occurred when no video system was present and 2 occurred with each video system. This result was not significant; however, it suggests that the systems did not exacerbate the cognitive distraction that drivers experienced. To the contrary, drivers appeared to be more susceptible to cognitive distraction when no video system was present.

3.3.5 User Feedback

Participants were asked whether they preferred to see rear-seat passengers while driving and conversing with them: 9 preferred visual contact and 7 did not. Most participants preferred the rear-view mirror for gazing at the rear-seat passenger and quick glances for the front-seat passenger. Passengers also rated the difficulty level of driving with the different Video System conditions (1=not difficult, 5=difficult). No Video System was rated the easiest (1.3), and Monitor Video System (2.7) and HUD Video System (2.6) had similar ratings.

More participants saw potential in the gaze-aware HUD video system than the Monitor video system (8 participants to 2). Surprisingly, 3 of the participants who did not prefer visual contact with passengers while driving said they would also use a system similar to the HUD system. These results suggest that a gaze-aware HUD video system has greater potential than a monitor-based system to satisfy drivers' needs for visual contact with passengers.

4 Conclusion

Many studies (Dingus 2006; Lerner & Boyd. 2005; Regan & Mitsopoulos 2001), as well as our own survey, attest that when passengers are present, drivers often engage in conversation and other activities with them while driving. Even though most drivers prefer to keep their eyes on the road, many would also like some visual contact when interacting with passengers. Results from our user studies indicate that drivers can have more visual contact with passengers without significantly degrading their driving performance. Participants expressed greater interest in using the HUD video system over the Monitor system and especially liked the HUD system's gaze interaction. Using the HUD, they also turned less to look at the front-seat passenger and spent more time fixating on the forward roadway.

Unlike other studies on passenger-related crash risk, this work does not try to determine which driver-passenger combinations lead to greater risk. Instead, we recognize that visual contact is a natural element of human communication; and we present a solution that shows potential for accommodating this need in the driving context. Further tests still need to be completed to improve our prototype and test it under conditions with higher driving workload and more types of passenger interactions; however, driving performance and user feedback from our user study indicate that our solution may be a step in the right direction.

References

Ablassmeier, M., Poitschke, T., Wallhoff, F., Bengler, K. & Rigoll, G. (2007). *Eye Gaze Studies Comparing Head-up and Head-down Displays in Vehicles*. 2007 International Conference on Multimedia and Expo. Beijing: IEEE Press, S. 2250-2252.

Dingus, T.A. (2006). *The 100-Car Naturalistic Driving Study. Phase II, Results of the 100-Car Field Experiment.* Washington, D.C.: NHTSA.

Geyer, J.A. & Ragland, D.R. (2004). *Vehicle Occupancy and Crash Risk*. Berkeley: UC Berkeley Traffic Safety Center.

Gish, K.W. & Staplin, L. (1995). *Human Factors Aspects of Using Head Up Displays in Automobiles: A Review of the Literature*. Washington, D.C.: NHTSA.

Kiefer, R.J. (1998). *Quantifying head-up display (HUD) pedestrian detection benefits for older drivers*. 16th International Technical Conference on Experimental Safety Vehicles. Windsor: NHTSA, S. 428-437.

Lerner, N. & Boyd, S. (2005). *Task Report: On-Road Study of Willingness to Engage in Distracting Tasks*. Washington, D.C.: NHTSA.

Lerner, N., Freedman, M., Zador, P., Simons-Morton, B. & Duncan, D. (2007). *Passenge Age and Gender Effects on Adult Driver Fatal Crash Rate.* 4th International Driving Symposium on Human Factors in Driver Assessment, Training and Vehicle Design. Stevenson : University of Iowa Public Policy Center.

Mattes, S. (2003). *The lane-change-task as a tool for driver distraction evaluation.* IHRA-ITS Workshop on Driving Simulator Scenarios. Dearborn: NHTSA.

McCartt, A.T., Hellinga, L.A. & Braitman, K.A. (2006). Cell phones and driving: review of research. *Traffic Injury Prevention*, 7(2), 89-106

Nowakowski, C., Friedman, D. & Green, P. (2002). An Experimental Evaluation of Using Automobile HUDs to Reduce Driver Distraction While Answering Cell Phones. *46th Human Factors and Ergonomics Society*, S. 1819-1822,

Regan, M.A. & Mitsopoulos, E. (2001). *Understanding Passenger Influences on Driver Behaviour: Implications for Road Safety and Recommendations for Countermeasure Development.* Monash: Monash University Accident Research Centre.

Stutts, J.C. (2001). *The Role of Driver Distraction in Traffic Crashes.* Washington, D.C.: AAA Foundation for Traffic Safety.

Stutts, J. C., Knipling, R. R., Pfefer, R., Neuman, T. R., Slack, K. L. & Hardy, K. K. (2005). *Guidance for implementation of the AASHTO strategic highway safety plan: A guide for reducing crashes involving drowsy and distracted drivers.* Washington, D.C.: Transportation Research Board.

Vollrath, M., Meilinger, T. & Krüger, H.P. (2002). How the presence of passengers influences the risk of a collision with another vehicle. *Accident Analysis & Prevention*, 5(34), 649-654.

Zwhalen, H.T., Adams, C.C. & DeBald, D.P. (1988). Safety aspects of CRT touch panel controls in automobiles. *Vision in Vehicles II*, S. 335-344.

Contact

Grace Tai

RWTH Aachen
E-Mail:GraceYuanTai@gmail.com

Dagmar Kern, Albrecht Schmidt

Pervasive Computing, Universität Duisburg-Essen
E-Mail: dagmar.kern@uni-due.de
albrecht.schmidt@acm.org

H. Wandke, S. Kain & D. Struve (Hrsg.): Mensch & Computer 2009: Grenzenlos frei!?
München: Oldenbourg Verlag, 2009, S. 83-92

Unterstützung von Kreativitätssitzungen an einem Tabletop-System

Hilko Donker[1], André Meixner[2]

Fakultät Informatik, Technische Universität Dresden[1], Test and Integration Center, T-Systems Multimedia Solutions GmbH, Dresden[2]

Zusammenfassung

Tabletop-Systeme bieten ideale Voraussetzungen für die Arbeit von kleinen Gruppen an kreativen Problemstellungen. Im Rahmen dieses Beitrags soll untersucht werden, welche Kreativitätstechniken sich durch ein Tabletop-System unterstützen lassen und wie diese Techniken angepasst werden müssen, damit die Interaktionsmöglichkeiten optimal eingesetzt werden können. Hierzu wird analysiert, welche Interaktionstechniken zur Unterstützung von kreativen Prozessen an einem solchen Tisch vorhanden sein sollten. Aufbauend auf der Analyse wurde ein Konzept zur Computerunterstützung eines kreativen Arbeitsablaufs an einem Tabletop-System entwickelt und in Form eines Prototyps „Creative-Group-Table“ umgesetzt. Dieser Prototyp wurde mit zwölf Personen erprobt. Die Ergebnisse der Evaluation werden ebenfalls vorgestellt.

1 Einleitung

Kreativität ist eine zentrale Voraussetzung für Innovationen in Wirtschaft, Bildung und Forschung. Innovation wird häufig definiert als die Einführung von etwas Neuem, sowohl einer neuen Idee, einer neuen Methode oder eines Geräts als auch der Verwertung von neuen Ideen (Merriam-Webster Online Dictionary 2005). Für Schnetzler basiert Innovation auf wertvollen Ideen, die eine ökonomische Relevanz haben (Schnetzler 2005). Zur Erzeugung von neuen Ideen wird Kreativität benötigt. Schlicksupp definiert Kreativität als die Fähigkeit von Menschen, Kompositionen, Produkte oder Ideen gleich welcher Art hervorzubringen, die in wesentlichen Merkmalen neu sind und dem Schöpfer vorher unbekannt waren (Schlicksupp 1989). Sternberg charakterisiert Kreativität als die Fähigkeit, etwas Neues (originell und unerwartet) zu produzieren, das zur gestellten Aufgabe passt (Sternberg 1996). Kreativität ist ein mentaler Prozess, der sowohl die Erzeugung von neuen Ideen als auch die neuartige assoziative Kombination von existierenden Ideen oder Konzepten umfasst. Für Boden ist Kreativität ein Mysterium, um nicht zu sagen ein Paradoxon (Boden 2004), denn die eine neue Idee wird als kreativ bezeichnet, während eine andere Idee nur als neuartig tituliert wird.

In diesem Beitrag steht die Unterstützung der sozialen Interaktion mit anderen Teilnehmern während des Kreativitätsprozesses im Zentrum der Betrachtung. Um die soziale Interaktion in kreativen Prozessen zu unterstützen, haben sich eine ganze Reihe an heuristischen Methoden etabliert, die in der Literatur Kreativitätstechniken genannt werden (Knieß 1995), (Michalko 2001), (Michalko 2006), (Paulus & Nijstad 2003).

Wenn Menschen in Face-to-Face-Sitzungen gemeinsam an einer Aufgabe arbeiten, dann verwenden sie Hilfsmittel wie Stift und Papier, greifen auf Ausdrucke zurück und arrangieren diese auf der Oberfläche eines Tisches. Sie verwenden die Artefakte auf dem Tisch als Gegenstände für ihre Diskussion. Werden in solchen Sitzungen Desktop-Computer eingesetzt, dann behindern diese häufig die Gruppeninteraktion, obwohl sie einen zusätzlichen Zugriff auf Informationen erlauben. Studien von Luff et al. haben ergeben, dass Desktop-Computer in Face-to-Face-Sitzungen weniger verwendet werden als traditionelle Werkzeuge (Luff et al. 1992). In den letzten Jahren wurde daher sehr intensiv untersucht, wie die Vorteile des Einsatzes eines Desktop-Computers mit den Vorteilen der gemeinsamen Arbeit an Artefakten auf einem Tisch kombiniert werden können. Tabletop-Systeme versuchen, beide Vorteile zu nutzen. In diesem Aufsatz werden wir untersuchen, wie Kreativitätssitzungen mit Hilfe eines Tabletop-Systems unterstützt werden können und ein Konzept für ein „Creative-Group-Table“ vorstellen.

2 Interaktion mit dem Tabletop-System

Ein Tabletop-System ist einem realen Tisch nachempfunden. Um die Affordanz (Gibson 1977) von virtuellen Interaktionsobjekten auf dem Tabletop zu gewährleisten, wird im Ansatz, der in diesem Aufsatz skizziert wird, mit den Objekten auf dem Tabletop ähnlich wie mit Objekten auf einem realen Tisch interagiert. Hierzu werden Metaphern wie Notizzettel und Stift verwendet. Um eine möglichst konsistente und intuitive Bedienung zu erreichen, wurden alle Interaktionskonzepte modulübergreifend entwickelt.

Die zentrale Interaktion mit einem Tabletop-System stellt das Platzieren und Verschieben von Objekten z.B. Notizzetteln auf der Oberfläche dar. Die im Konzept für das Creative-Group-Table realisierte Interaktion basiert auf dem „Rotate'n'Translate“ Algorithmus von Kruger et al. (Kruger et al. 2005). Der wesentliche Vorteil dieser Art der Objektmanipulation besteht in der Möglichkeit, sowohl Rotation als auch Translation in nur einer, dem physikalischen Verhalten von Papier nachempfundenen, Zeigehandlung auszuführen. Neben der Effizienz von Rotate'n'Translate ist dieser Algorithmus durch die Nachahmung des realen physikalischen Verhaltens von Objekten beim Schieben mit dem Finger sehr intuitiv nutzbar. Die Konsistenz der Interaktion wird dadurch gewährleistet, dass alle Interaktionsobjekte ausschließlich auf diese Art verschoben und rotiert werden können.

Für die Texteingabe oder für das Zeichnen werden Eingabekonsolen konzipiert. Jedem Benutzer steht eine eigene Eingabekonsole zur Verfügung, die er individuell einfärben und mit einem Namen versehen kann. Wie alle anderen Interaktionsobjekte auch sind die Eingabekonsolen frei auf der Arbeitsfläche positionierbar. Hierdurch ist eine individuelle Ausrichtung je nach Position des jeweiligen Teilnehmers am Tisch möglich. Um ein versehentliches Verschieben der Eingabekonsole zu vermeiden, kann diese auf der Arbeitsfläche an beliebiger Stelle fixiert werden. Die Texteingabe kann mit Hilfe von Gesten (Graffiti-Alphabet), per Bildschirm- oder Hardware-Tastatur erfolgen. Zur Texteingabe wird die Eingabekonsole zunächst mit dem Objekt verlinkt, indem eine Verbindung zwischen Konsole und Objekt gezogen wird. Die Eingabe von Zeichnungen erfolgt in ähnlicher Weise. Der Eingabebereich, der bei der Texteingabe wahlweise das Gestenfeld oder die Bildschirmtastatur beherbergt, dient als Zeichenfläche. Die auf diese Art erstellte Grafik wird anschließend in ein reguläres Displayobjekt umgewandelt.

Neben der Erkennung von Schriftgesten werden die grafischen Bedienelemente zur Vergrößerung der Arbeitsfläche auf gestenbasierte Kontextmenüs ausgelagert. Die Erkennung von Gesten für diese Kontextmenüs wird auf Basis eines von Brun entwickelten Algorithmus umgesetzt (Brun 2007). Dabei werden acht möglichen Mausrichtungen entsprechende Zahlen zugeordnet. Eine Geste wird somit als Abfolge mehrerer Zahlen definiert.

Auf eine automatisierte Schaffung von territorialen Arbeitsbereichen wird im Konzept für den Creative-Group-Table verzichtet, da Kruger et al. in Studien herausgefunden haben, dass sich die verschiedenen Arbeitsbereiche (Privat- und Gruppenbereiche) aufgrund der Platzierung und der Rotation der Artefakte auf der Oberfläche durch die Benutzer automatisch bilden (Kruger et al. 2003). Ryall et al. wiesen zudem nach, dass die so definierten Bereichsgrenzen im Zuge sozialen Gruppenverhaltens von allen Teilnehmern eingehalten wurden (Ryall et al. 2004).

Neben der Eingabekonsole benötigen die Teilnehmer eine gute Erreichbarkeit der zentralen Interaktionsobjekte. Um die Erreichbarkeit sicherzustellen, schlagen Morris et al. eine replizierte Menüanordnung (in den Ecken des Displays) vor. Da diese Lösung des Erreichbarkeitsproblems vor allem bei vielen Bedienelementen sehr viel Displayplatz benötigt, wurde ein alternativer Ansatz – die kontextbezogenen, hierarchischen Gesten-Menüs – entwickelt. Hierarchisch bedeutet, dass die Teilgesten in einer Baumstruktur angeordnet sind. Für Anfänger ist es dabei nicht nötig, sich alle möglichen Gestenkombinationen zu merken, da an jeder Verzweigungsstelle innerhalb einer Geste stets alle möglichen Folgegesten als Tooltip dargestellt werden. Diese Gesten stehen überall auf dem Tabletop zur Verfügung.

3 Kreativitätstechniken für das Tabletop

In dem im Rahmen dieser Arbeit vorgestellten Ansatz wird nicht versucht, einzelne Gruppenkreativitätstechniken wie Brainstorming, Methode 635 oder Synektik auf einem Tabletop-System nachzubilden. Stattdessen wird versucht, Elemente verschiedenster Kreativitätstechniken in einen Arbeitsablauf zu integrieren. Es werden die Phasen „Sammeln“, „Gruppieren“, „Präsentieren“ und „Stimulieren“ unterschieden. Für jede Phase wird jeweils ein spezielles Modul konzipiert. Zwischen den einzelnen Modulen ist ein nahtloser Übergang realisiert.

3.1 Phase I: Sammeln – Modul „Tag-Cloud“

Als methodische Grundlage für das Tag-Cloud-Modul dient sowohl das klassische Brainstorming als auch die darauf basierende Methode 635 (Knieß 1995). Die Methode 635 versucht, mittels einer strengen Strukturierung die Einhaltung der Regeln des klassischen Brainstormings (keine Kritik, Ideenaufgreifen und unfertige Ideen erwünscht, Quantität vor Qualität) sicherzustellen. Dazu erfolgt die Ideengenerierung lautlos auf Notizkärtchen, welche nach Ablauf von fünf Minuten im Uhrzeigersinn weitergegeben werden und so als Anreiz für neue Ideen dienen. Dieses Vorgehen hat den Nachteil, dass jeder Teilnehmer jeweils nur die weitergegebenen Ideen der Vorgänger als Anreiz für neue Ideen hat. Indem alle bereits gefundenen Ideen für alle Teilnehmer zugänglich gemacht werden, kann somit das kreative Potential verbessert werden. Aus diesem Grund werden im Modul „Tag-Cloud“ alle erstellten Ideen in der Mitte des Displays dargestellt (Abb. 1).

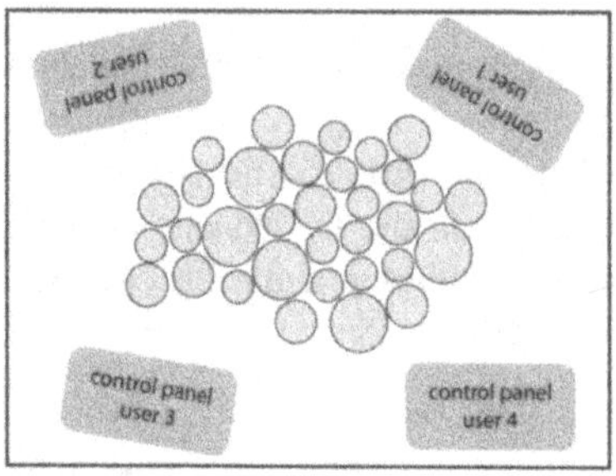

Abbildung 1: Das Tag-Cloud-Modul: schematischer Aufbau

Beim Aufschreiben neuer Ideen werden die Teilnehmer gezwungen, sich kurz zu fassen, da ihnen eine nur begrenzte Zeichenlänge pro Idee zur Verfügung steht. Zusätzlich ist es erforderlich, jede Idee mit einem Schlagwort zusammenzufassen. Das Tag-Cloud-Modul funktioniert ähnlich wie die aus dem Internet bekannten Tagwolken. Wird eine Idee von verschiedenen Teilnehmern genannt, dann wird diese visuell größer dargestellt. Eine große Idee fällt in der Ideenwolke mehr auf und wird demnach wahrscheinlicher als Ansatz für eine weitere Idee verwendet. Die besondere Stärke des Tag-Cloud-Ansatzes besteht darin, auch mehrere hundert Ideen auf dem Tisch handhabbar zu machen. Nachdem ausreichend Ideen gefunden wurden, können diese nachträglich bewertet werden, indem gute Ideen von den Teilnehmern vergrößert und schlechte verkleinert beziehungsweise beim Unterschreiten der kleinsten visuellen Stufe gelöscht werden.

3.2 Phase II: Gruppieren – Modul „Gravity-Sort“

Das Gruppieren von Ideen wird mit Hilfe des Gravity-Sort-Moduls realisiert. Dieses Modul basiert im Wesentlichen auf der KJ-Methode (Knieß 1995). Bei dieser Technik werden große Datenmengen durch den Aufbau hierarchischer Strukturen sortiert und gruppiert. Dieser Ansatz wird verwendet, um große Ideenwolken aus dem Tag-Cloud-Modul gemeinsam mit anderen Teilnehmern zu analysieren und visuell übersichtlich darzustellen. Beim Gravity-

Sort-Modul dient eine Simulation des physikalischen Phänomens der Gravitation als Unterstützung des Sortierprozesses. Die Teilnehmer der Gruppensitzung bilden Cluster von Ideen, indem sie thematisch verwandte Ideen gruppieren. Die Gravitationsunterstützung sorgt dafür, dass sich die Ideen gemäß ihrer Größe anziehen. Auf diese Weise lässt sich eine sehr natürliche und intuitive Interaktion erreichen. Gruppen von Ideen können bewegt werden, indem eine Idee aus der Gruppe gegriffen und verschoben wird. Alle anderen Ideen der Gruppe folgen dann automatisch der Bewegung aufgrund der Gravitationsanziehung. Eine Idee, die einer bereits existierenden Gruppe zugeordnet werden soll, muss nur mit einem Impuls in Richtung dieser Gruppe angeschoben werden. Sie driftet dann automatisch auf diese zu, sobald sie sich in ihrem Anziehungsbereich befindet. Mehrere Gruppen von Ideen können wiederum zu einer übergeordneten Gruppe zusammengefasst werden. Dieser Prozess wird solange fortgesetzt, bis nur noch wenige übergeordnete Gruppen übrig bleiben, die sich nicht weiter zusammenfassen lassen.

3.3 Phase III: Präsentieren – Modul „Mind-Map"

Die in der Phase des Gruppierens erstellten hierarchischen Ideenbäume dienen in der Phase des Präsentierens als Datenbasis für das Mind-Map-Modul. Dieses Modul erlaubt es, die Struktur der Ideenbäume weiter zu verfeinern, indem Knoten verschoben, neu eingefügt oder gelöscht werden. Zur visuellen Aufbereitung können einzelne Ideen farbig markiert werden. Das Mind-Map-Modul ermöglicht es den Benutzern, den hierarchischen Mind-Map-Baum in eine radiale Knotenanordnung umzusortieren. Zusätzlich steht eine größere Eingabemaske zur Formulierung einer Idee zur Verfügung. Damit ist es möglich, die Schlagworte, welche eine Idee bisher charakterisiert haben, in eine aussagekräftige Beschreibung umzuwandeln.

Die Mind-Map-Technik eignet sich sehr gut, um hierarchische Abhängigkeiten und Beziehungen übersichtlich zu präsentieren. Für die Darstellung zeitlicher und konditionaler Abfolgen, wie sie beispielsweise bei der Arbeitsprozess-Modellierung benötigt werden, ist sie jedoch ungeeignet. Deshalb wird für die Phase des Präsentierens zusätzlich ein State-Chart-Modul zur Verfügung gestellt. Dieses ermöglicht es den Teilnehmern, die Ideen aus der Mind-Map unabhängig von deren hierarchischer Struktur zu Zustandsgraphen zu verbinden. Neben der farbigen Markierung einzelner Graph-Elemente, ist eine Schachtelung von Zustandsgraphen möglich. Im Mind-Map-Modul lassen sich die zu einem Zustandsgraph gehörenden Ideen visuell hervorheben, womit eine enge Verbindung der hierarchischen Sichtweise des Mind-Map-Moduls mit der konditionalen Sichtweise des State-Chart-Moduls erreicht wird.

3.4 Phase IV: Stimulieren – Modul „Generator"

Das Generator-Modul basiert auf der Reizwortanalyse, einer Abwandlung der klassischen Synektik (Kneiß 1995), in der zufällig generierte Reizwörter als Ideenauslöser dienen. Der visuelle Aufbau ist dabei von der Lotusblütentechnik abgeleitet (Michalko 2006). Im Generator-Modul ist es möglich, die in den vorherigen Phasen hierarchischen strukturierten Ideen als Lotusblüte darzustellen. In einigen Fällen führt die im Vergleich zur Mind-Map-Darstellung neue visuelle Aufbereitung der Ideen bereits dazu, dass die Teilnehmer zu weiteren Ideen inspiriert werden. Das Generator-Modul erlaubt es den Teilnehmern, ausgehend von einem Oberbegriff eine automatische Suche nach neuen Ideen auszulösen. Dabei werden auf Basis der bereits gefundenen Gruppen von Ideen algorithmisch neue dazu passende Begriffe gesucht. Diese können dann wiederum als Anreiz für neue Ansätze dienen.

4 Evaluation

4.1 Der Prototyp

Für die Untersuchung der vorgestellten Konzepte wurde ein eigener Prototyp eines Tabletop-Systems mit einer Darstellungsfläche von 74 x 55cm entwickelt. Bei diesem Prototyp wird eine Rückprojektionstechnik eingesetzt. Bei dieser Technik können Schattenwürfe durch die Arme der Benutzer vermieden werden und der der Einsatz des Tisches kann auch in hellen Gruppenbesprechungsräumen erfolgen. Auf eine aktive Displaytechnik wurde aus Kostengründen verzichtet. Für das Tracking der Benutzerinteraktionen kommt eine Wiimote der Nintendo Spielkonsole WII zum Einsatz. Bei der Wiimote handelt es sich um eine Infrarot-Kamera mit integrierter Hardware-Bildauswertung. Die Wiimote ist in der Lage, Signale von bis zu vier Infrarotpunktquellen zu erfassen und die Koordinaten dieser Punktquellen zu ermitteln. Im Prototyp werden als Marker Infrarot-LEDs verwendet, die in die Spitze eines Stiftes bzw. in einem Fingerhut eingesetzt sind. Die Koordinaten der Marker werden von Wiimote über eine Bluetooth-Schnittstelle an die zentrale Recheneinheit übermittelt. Der Software-Prototyp wurde in ActionScript 3 programmiert. ActionScript 3 ist eine objektorientierte Programmiersprache, die Bestandteil des Adobe Flash Creative Suite 3 (CS3) ist.

4.2 Konzept der Evaluation

Im Rahmen der Evaluation soll zum einen der kreative Problemlöseprozess mit und ohne Computerunterstützung verglichen werden. Zum anderen wird die Usability des erarbeiteten Prototyps bewertet. Hierbei werden die Kriterien der ISO 9241 mit den Teilen 11 und 110 zu Grunde gelegt. Daneben wird die Eignung der zentralen Interaktionskonzepte des Creative-Group-Table für die Unterstützung von kreativen Prozessen evaluiert.

Im Rahmen der Evaluation findet sowohl eine Benutzerbeobachtung als auch eine Benutzerbefragung statt. Bei der Benutzerbefragung kommt eine gekürzte Fassung des IsoMetrics-Fragebogens zum Einsatz (Gediga et al. 1999). Hierbei wird auf die Analyse der Fehlerrobustheit verzichtet, da entsprechende Strategien zur Fehlervermeidung und zur Fehlerbeseitigung im Prototyp nicht realisiert sind. Neben dem angepassten IsoMetrics-Fragebogen wird in einem weiteren Fragebogen die Vorerfahrung der Teilnehmer, die Einschätzung der neuen Interaktionskonzepte des Creative-Group-Table und ein Vergleich der Arbeit mit und ohne Computerunterstützung erhoben. Die Antworten werden mittels einer 5-stufigen Skala gegeben. Die vergleichenden Fragen zum kreativen Arbeiten ohne Computerunterstützung werden mittels einer Tendenzskala erfasst.

Während der Evaluation sollen kleine Gruppen von Versuchspersonen jeweils eine Kreativaufgabe ohne Computerunterstützung und eine zweite Aufgabe mit Hilfe des Creative-Group-Table bearbeiten. Jede Gruppe löst zunächst eine Aufgabe ohne Computerunterstützung mit Stift und Papier, so dass die Versuchspersonen bei der Bearbeitung dieser Aufgabe nicht auf die am Creative-Group-Table erlernten Methoden zurückgreifen können. Die Kleingruppen bearbeiten die beiden im Folgenden vorgestellten Problemstellungen:

- Schokoriegel-Design: Sie sind Produktentwickler in einer Schokoladenfirma. Sie erhalten den Auftrag, einen neuen Schokoriegel zu entwickeln.
- Effiziente Warteschlangen: An der Kasse eines Supermarktes kommt es immer wieder zu extrem langen Warteschlangen. Entwickeln Sie Ideen für die Verbesserung der Situation.

Durch das Versuchsdesign wird gewährleistet, dass jede Aufgabe jeweils zweimal ohne und zweimal mit Unterstützung des Creative-Group-Table bearbeitet wird.

4.3 Evaluationsergebnisse

An der Evaluation nahmen 12 Personen teil. Hierbei handelte es sich um vier Frauen und acht Männer. Die Versuchspersonen gehörten zur Altersgruppe zwischen 18 und 30 Jahren. Alle Teilnehmer brachten fundierte Erfahrungen im Umgang mit Computern mit und sie hatten mittlere bis gute Kenntnisse im Umgang mit Kreativitätstechniken. Für die Evaluation wurden vier Kleingruppen bestehend aus jeweils drei Teilnehmern gebildet. Jede Kleingruppe bearbeitete zunächst eine der in 4.2 beschriebenen Aufgaben ohne Computerunterstützung und anschließend löste sie eine Aufgabe mit dem Creative-Group-Table. Für die Aufgabenbearbeitung standen den Gruppen jeweils 20 Minuten zur Verfügung. Die Gruppen werden im weiteren Verlauf der Auswertung jeweils nach der Aufgabe benannt, die sie am Creative-Group-Table bearbeiteten. Daraus ergeben sich für die Auswertung die Gruppen „Warteschlange 1", „Warteschlange 2", „Schokolade 1" und „Schokolade 2". Die Ergebnisse zur Interaktion mit dem Creative-Group-Table sind in Abb. 2 dargestellt.

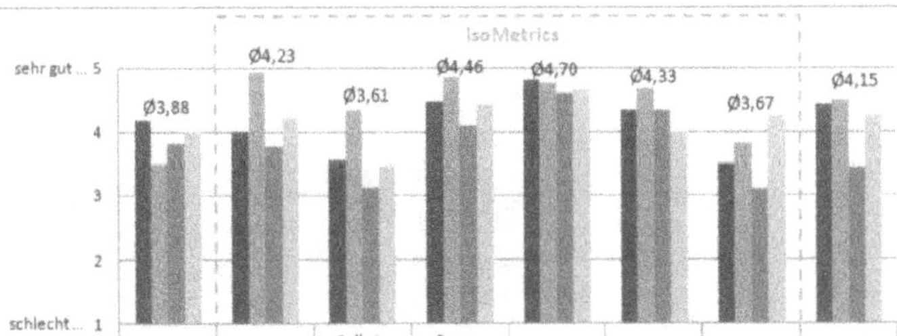

	Erfahrung	Aufgaben-angemes-senheit	Selbst-beschrei-bungs-fähigkeit	Erwar-tungs-konfor-mität	Steuer-barkeit	Individu-alisier-barkeit	Erlern-barkeit	neue Konzepte
Warteschlange 1	4,17	4,00	3,55	4,46	4,79	4,33	3,50	4,42
Warteschlange 2	3,50	4,93	4,33	4,85	4,75	4,67	3,83	4,50
Schokolade 1	3,83	3,79	3,11	4,09	4,60	4,33	3,08	3,42
Schokolade 2	4,00	4,22	3,45	4,43	4,65	4,00	4,25	4,25

Abbildung 2: Evaluationsergebnisse gegliedert nach Gruppen und Kriterien

Die Bewertung der Aufgabenangemessenheit des Creative-Group-Table durch die vier Gruppen führt zu einem Mittelwert von 4,23, was eine gute bis sehr gute Entsprechung dieses Kriteriums darstellt. Dabei fällt auf, dass die Gruppe Warteschlange 2 die Aufgabenangemessenheit mit einem Wert von 4.93 fast einen Punkt besser einschätzt als die übrigen Gruppen. Zugleich hat diese Gruppe die geringste Erfahrung im Umgang mit Kreativitätstechniken. Diese Abweichung von den anderen Gruppen könnte dadurch erklärt werden, dass erfahrenere Nutzer bereits konkrete Vorstellungen und Erwartungen an die Arbeitsabläufe einer kreativen Sitzung haben und es ihnen somit schwerer fällt, die optimierten Methodenabläufe des Creative-Group-Table anzunehmen. Die Selbstbeschreibungsfähigkeit und die Erlernbarkeit wurden im Schnitt mit mittelmäßig bis gut bewertet. Diese im Vergleich zu den anderen Kriterien etwas schlechtere Bewertung lässt sich auf den prototypischen Charakter der Anwendung zurückführen. So wurde bei der Realisierung mehr auf die Verdeutlichung der methodischen Konzepte als auf umfangreiche Systemrückmeldungen gelegt. Sowohl die Erwartungskonformität als auch die Steuerbarkeit wurden als sehr gut eingeschätzt. Damit wird bestätigt, dass es gelungen ist, eine hohe anwendungsweite Konsistenz zu realisieren. Die Individualisierbarkeit wurde durchschnittlich als gut bewertet (4,33). Hierbei wurden allerdings ausschließlich die verschiedenen Texteingabemöglichkeiten und die Farbanpassung der Oberflächenelemente bewertet, da die Anpassung der Oberfläche an die Präferenzen einzelner Nutzergruppen nicht der Veranschaulichung der Konzepte dient und somit nicht Gegenstand des vorliegenden Prototyps ist. Das gute Ergebnis bezüglich dieses Kriteriums bestätigt die Annahme, dass verschiedene Texteingabemöglichkeiten ein wesentlicher Faktor für ein anforderungsgerechtes Arbeiten sind. Die neuen Konzepte, die für die Interaktion am Creative-Group-Table erarbeitet wurden, wurden im Durchschnitt mit gut bewertet (4,15). Das Verfehlen einer sehr guten Bewertung liegt weniger an der Qualität der Konzepte, wie beispielsweise der Steuerung mit Hilfe von Gesten, sondern vielmehr an deren Realisierung. So besteht zum Beispiel Verbesserungsbedarf beim Erkennungsalgorithmus für die Gesten. Zusätzlich zur Überprüfung des Creative-Group-Table hinsichtlich seiner Gebrauchstauglichkeit und seiner neuen Konzepte wurde ein Vergleich der Arbeit am Creative-Group-Table gegenüber der Arbeit ohne Computerunterstützung untersucht. Die Ergebnisse dieses Vergleichs sind in Abb. 3 dargestellt.

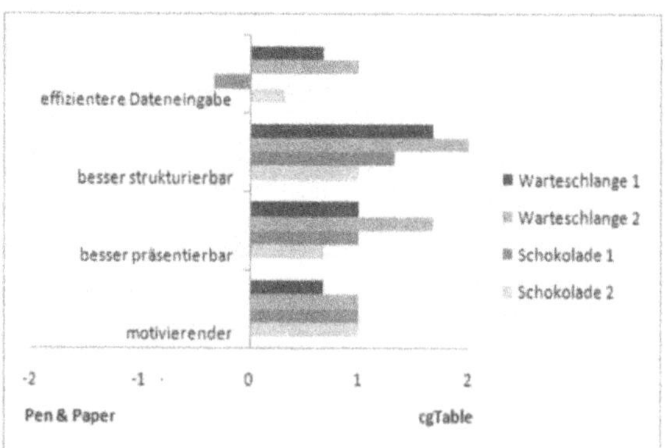

Abbildung 3: Vergleich der Aufgabenbearbeitung mit und ohne Computerunterstützung

Die Abbildung zeigt, dass im Durchschnitt alle Vergleichsfragen zugunsten des Creative-Group-Table beantwortet werden. Dabei ist besonders überraschend, dass alle Gruppen, bis auf Gruppe Schokolade 1, die Texteingabe am Creative-Group-Table als effizienter gegenüber handschriftlicher Notizen mit Papier und Stift empfanden. Dieses Ergebnis bestätigt die konzeptionelle Entscheidung, den Benutzern verschiedene Texteingabemethoden anzubieten.

5 Ausblick

Das Konzept des Creative-Group-Table ist so ausgerichtet, dass pro Phase des kreativen Schaffensprozesses mehrere Module alternativ bzw. ergänzend eingesetzt werden können. So ist es denkbar, zusätzliche Module zu entwickeln, die eine andere methodische Herangehensweise zur Erreichung desselben phasenbezogenen Ziels ermöglichen. Dadurch kann die Kreativ-Sitzung individuell auf das jeweilige Problem angepasst werden, wodurch die Qualität des Endergebnisses optimiert wird. Um das bei der Evaluation mit Stift und Papier beobachtete Markieren und Skizzieren zur Diskussionsunterstützung zu integrieren, sollte in der nächsten Version ein Kommentier-Modus realisiert werden. Dabei sollten durchsichtige virtuelle Folien über den Arbeitsbereich gelegt werden, auf denen dann mit Zeichenwerkzeugen Freihand-Markierungen vorgenommen werden können. Außerdem wäre es interessant zu untersuchen, wie eine Arbeit an einem Tabletop-System unterstützt werden kann, wenn mehrere solcher Systeme über das Internet miteinander verbunden sind und so eine dezentrale, synchrone Gruppensitzung möglich ist.

Literaturverzeichnis

Boden, M. A. (2004). *The creative mind: myths and mechanisms*. London; New York: Routledge.

Brun, D. (2007). *Mouse Gesture Recognition*. URL: http://www.bytearray.org/?p=91.

Gediga, G., Hamborg, K. & Düntsch, I. (1999). The IsoMetrics usability inventory. *Behaviour & Information Technology,* (18), 151-164.

Gibson, J. J. (1977). *The theory of affordances*. Hillsdale, NJ: Lawrence Erlbaum Associates.

Knieß, M. (1995). Kreatives Arbeiten. München: DTV.

Kruger, R., Carpendale, S., Scott, S. D. & Greenberg, S. (2003). How People Use Orientation on Tables. *Group 2003*. New York: ACM Press, S. 369-378.

Kruger, R., Carpendale, S., Scott, S. D. & Tang, A. (2005). Fluid Integration of Rotation and Translation. *CHI 2005*. New York: ACM Press, S. 601-610.

Luff, P., Heath, C. & Greatbatch, D. (1992). Tasks-in-interaction – Paper and screen based documentation in collaborative activity. *CSCW '92*. New York: ACM Press, S. 163-170.

Merriam-Webster Online Dictionary (2005). *Innovation*. URL: http://www.m-w.com/dictionary/innovation.

Michalko, M. (2001). *Cracking Creativity*. Berkley, USA: Ten Speed Press.

Michalko, M. (2006). *Thinkertoys*. Berkley, US: Ten Speed Press.

Morris, M. R., Paepcke, A., Winograd, T.& Stamberger, J. (2006). TeamTag. *CHI 2006*. New York: ACM Press, S. 1273-1282.

Paulus, P. B. & Nijstad, B. A. (2003). *Group creativity*. Oxford: Oxford University Press.

Ryall, K., Forlines, C., Shen, C.& Morris, M. R. (2004). Exploring the Effects of Group Size and Table Size on Interactions with Tabletop Shared-Display Groupware. *CSCW 2004*. New York: ACM Press, S. 284-293.

Schlicksupp, H. (1989). *Innovation, Kreativität und Ideenfindung*. Würzburg: Vogel Verlag.

Schnetzler, N. (2005). Die Ideenmaschine: Methode statt Geistesblitz - wie Ideen industriell produziert werden. Weinheim: Wiley.

Sternberg, R. (1996). *Styles of thinking*. New York: Cambridge University Press.

Kontaktinformationen

Hilko Donker

Fakultät Informatik
Technische Universität Dresden
D- 01062 Dresden
E-Mail: donker@inf.tu-dresden.de

André Meixner

Test and Integration Center
T-Systems Multimedia Solutions GmbH
01072 Dresden
E-Mail: Andre.Meixner@t-systems-mms.com

H. Wandke, S. Kain & D. Struve (Hrsg.): Mensch & Computer 2009: Grenzenlos frei!?
München: Oldenbourg Verlag, 2009, S. 93-102

Krisenkommunikation trainieren: Ein webgestützter Ansatz

Christian Reuter, Volkmar Pipek

Institut für Wirtschaftsinformatik, Universität Siegen

Zusammenfassung

Krisenmanagement fordert neben strategischer und organisationaler Vorbereitung auf die Bewältigungs- und Wiederherstellungsarbeit, auch Fähigkeiten, mit unvorhersehbaren Ereignissen und anderen Stakeholdern, die in die gleiche Krise involviert sind, umzugehen. Hier kann man sich nicht ausschließlich auf etablierte Informationsflüsse und Verhaltensmuster verlassen, sondern muss sich auch spontan-situativen Einflüssen stellen. Die für die Kommunikationsarbeit in und zwischen den involvierten Organisationen notwendigen Fähigkeiten müssen trainiert werden. Wir beschreiben die aktuelle Praxis des Krisenkommunikations-Trainings eines Energieversorgungsunternehmens (EVU) sowie den Prototypen zu dessen Unterstützung, den wir entwickelt, implementiert und evaluiert haben. Unser Trainingswerkzeug zielt nicht nur auf die lokale Praxis, sondern auch interorganisationale Trainings, was die Verbesserung eines gemeinsamen Verständnisses sowie der Informationsbedarfe anderer beinhaltet.

1 Einleitung

Krisen können verheerende Folgen haben, insbesondere wenn im Krisenmanagement Fehler gemacht werden. Krisenmanagement ist nach Krystek (1987) eine besondere Form der Führung und nach Hutzschenreuter und Griess-Nega (2006) ein ganzheitlicher Prozess, zu dem Krisenvorsorge, Krisenerkennung und Krisenbewältigung gehören. Die Ursachen von Unternehmenskrisen sind oft unzureichende Anpassungsleistungen des Managements an externe Gegebenheiten (Hausschildt et al., 2005). Da Krisen selten vorkommen, kann sich im Krisenmanagement nur schwer eine feste Handlungspraxis etablieren. Kommunikationskompetenzen müssen – genau wie alle anderen kritischen Kompetenzen im Krisenmanagement – geübt werden. IT kann diesen Lernprozess unterstützen, wenn Lernsysteme nicht als kontextfreie Allzweckmittel, sondern hoch spezialisiert eingesetzt werden (Haake et al., 2004).

In diesem Beitrag beschreiben wir ein Konzept für computerunterstütztes kollaboratives Training im Krisenkommunikations-Management am Beispiel eines EVU. Hierbei fokussierten wir das Training innerhalb und zwischen Organisationen. Wir beobachteten und analysierten die existierende Praxis und entwickelten ein Konzept. Hierauf aufbauend implementierten und evaluierten wir einen Prototyp und leiteten Empfehlungen für computerunterstütztes Training im Krisenkommunikations-Management ab.

2 Training im Krisenkommunikations-Management

Krisenmanagement kann aktiv als Krisenvermeidung sowie reaktiv als Krisenbewältigung erfolgen (Krystek, 2007). Sowohl Krisenmanagement, als auch Krisentraining, müssen möglichst früh einsetzen, da mit fortschreitender Krise der Bedrohungsgrad größer und der Handlungsspielraum kleiner wird. Krisen kommen meist durch ein Zusammenspiel endogener und exogener Elemente zustande.

Krisenmanagement sowie -kommunikation können durch Krisenmanagementsysteme unterstützt werden, kollaboratives Training ist hierin jedoch in der Regel nicht vorgesehen. Da das Ziel des Krisenmanagements der Erwerb von Know-how (prozeduales Wissen) im Gegensatz zu Know-what (reines Faktenwissen) ist, sollte eine Trainingsumgebung nach konstruktivistischen Gesichtspunkten gestaltet werden (Kern, 2003). Trainingsansätze wie Stressreduktionstraining, Emergency Skill Training, Crew Ressource Management oder Krisenstabstraining können verwendet werden (Strohschneider, 2003). Ebenfalls können Ansätze von Gomez (2008), der eine Steigerung der Nachrichtenklarheit im Krisenkommunikations-Management beabsichtigt sowie von Benjamins und Rothkrantz (2007), die ein Konzept für interaktive Simulation im Krisenmanagement entwickelt haben, berücksichtigt werden. Zentrales Element sollte die „Interaktion" sein, die durch soziotechnische Umgebungen ermöglicht werden kann. Insbesondere Simulationen, Mikrowelten, Hypermedia und speziell Spielsysteme eignen sich für die Umsetzung (Pohl, 1999). Der Ablauf kommunikationsorientierter Planspiele bzw. sozialer Simulationen gliedert sich typischerweise in eine Vorbereitungs-, eine Durchführungs- und eine Auswertungsphase (Kriz, 2004). IT kann hier als Kommunikationswerkzeug, zur Kontextsimulation und zur Protokollierung verwendet werden.

3 Empirische Anforderungsanalyse

Ziel der empirischen Untersuchungen ist, die Organisation und die Praxis der beteiligten Akteure besser zu verstehen, für die das System entwickelt werden soll. Dies beinhaltet vor allem informelle Informationen über den Prozess des Inter- und Intraorganisationalen Krisenmanagements und -training, benutzte Artefakte und Anforderungen für ein integriertes Krisenmanagement-System.

3.1 Anwendungsfeld

Als Anwendungsfeld der empirischen Untersuchungen diente ein großes deutsches EVU. Dieses hat über 1000 Mitarbeiter, etwa 150 davon arbeiten im lokalen und regionalen Netzservice und sind verantwortlich für die Infrastrukturbetreuung. Wir konzentrierten uns auf verschiedene Szenarien von Stromausfällen, von geplanten Abschaltungen zur Wartung über ungeplante Versorgungsunterbrechungen bis zu regionalen Stromausfällen durch extreme Wettereinflüsse. Eine besondere Herausforderung ist, dass andere Versorgungsinfrastrukturen von der Infrastruktur „Strom" abhängen. Bei dessen Ausfall sind Mobiltelefone noch 30 Minuten verfügbar, Festnetztelefone gegebenenfalls nur für Notfallnummern benutzbar, Internet und Fernsehen nicht verwendbar (Sauter, 2006). Somit können einige Informationsbedarfe in Krisen aufgrund fehlender Infrastrukturen schlecht oder ggf. nicht bedient werden.

3.2 Methodenwahl

Das Ziel der empirischen Untersuchungen war, das Anwendungsfeld zu verstehen und neue Erkenntnisse, die möglicherweise erst während des Datenerhebungsprozesses auftreten, mit einzubeziehen (Mayring, 2002). Es wurden qualitative Methoden wie Dokumentenanalysen, Beobachtungen sowie Gruppendiskussionen gewählt. Das Ziel war eine *Triangulation* zu ermöglichen, um die Validität und Reliabilität der Studie zu erhöhen (Flick, 2008).

Das Ziel der Dokumentenanalyse war, einen Überblick über die Organisation in Krisensituationen sowie den Ablauf von bisherigen Krisenübungen und Krisen zu erhalten. Es wurden zehn Dokumente, die die Planung, den Ablauf und die Auswertung von zuletzt durchgeführten Krisenübungen des EVU darstellen und ein Beobachtungsprotokoll analysiert. Als weitere Quellen dienten acht Protokolle von Workshops sowie zehn transkribierte Interviews mit Mitarbeitern des Unternehmens mit Anforderungen an ein Krisenmanagementsystem.

Das Ziel der teilnehmende Beobachtungen (Mayring, 2002) war Erkenntnisse über die Organisationsstruktur, den Trainingskontext und Möglichkeiten der Unterstützung zu erhalten. Diese wurden während eines zweitägigen Workshops mit dem Fokus der Ausarbeitung einer Organisationsstruktur im Krisenfall sowie die Vorbereitung einer Krisenübung mit 13 Teilnehmern des EVU und einer Dauer von 16 Stunden angewendet.

Das Ziel der Gruppendiskussionen waren explizite Anforderungen an ein IT-System zur Unterstützung des Krisentrainings. Viele Meinungen und Einstellungen sind stark an soziale Zusammenhänge gebunden, sodass sie am besten in sozialen Situationen erhoben werden können (Mayring, 2002). Es wurden zwei Gruppendiskussionen mit einer Dauer von jeweils drei Stunden mit jeweils drei Mitarbeitern des EVU und externen Beratern durchgeführt.

Neben der expliziten Empirie fand eine informelle Datensammlung in etwa 25 Meetings und Workshops während eines 18-monatigen Forschungsprojektes im Anwendungsfeld statt.

3.3 Existierende Praxis im Krisenkommunikations-Training

In Krisensituationen ist das EVU wie folgt organisiert: Ein Krisenstab fällt strategische Entscheidungen. Dieser kann um Experten zu einem ereignisspezifischen Krisenstab erweitert werden. Krisenstabsassistenten dienen als Schutzschild für einkommende Kommunikation und als operative Hilfen. Es werden sowohl interne Informationen, wie Screenshots aus dem Netzleitsystem, verschiedene Karten und Dateien mit Organisationsprozessen, als auch externe Informationen z.B. von Feuerwehren und Polizeistationen sowie größeren Firmen, die von der Energieversorgung abhängen, genutzt. Das Netzleitsystem ist ein Informationssystem zur Visualisierung des Netzzustandes, das auf einem Sensorennetzwerk beruht und in verschiedenen redundanten Leitstellen an Großbildwänden mit geografischen, meteorologischen, technischen und arbeitslogistischen Informationen ergänzt dargestellt werden kann.

Die Vorbereitung eines Trainings beginnt mit der Ausarbeitung eines Szenarios in PowerPoint. Anschließend werden die geplanten Kommunikationswege sowie mögliche Fragen an die Akteure in einer Excel-Tabelle festgehalten. Während des Trainings wird das Szenario sukzessive gespielt: Ereignisse werden via E-Mail oder Fax übermittelt, Fragen simulierter Organisationen werden telefonisch gestellt. Die Ereignisse werden in einer Excel-Tabelle festgehalten. Probleme in früheren Krisentrainings sind viele Anrufe, die nicht Teil der Evaluation sein können, da sie nicht protokolliert werden. Das Unternehmen diskutiert das Training anschließend, eine Evaluation folgt nicht. Externe Organisationen sind nicht direkt in Trainings involviert: Schwierigkeiten sind verschiedene Interessen (Trainingsziele des Aufdeckens von Schwachstellen), Vokabular (fach- und domänenspezifisch), Organisationsstrukturen und eine unterschiedliche Praxis der Benutzung der Kommunikationsinfrastruktur.

Viele Aktivitäten, die momentan ohne IT oder mithilfe von PowerPoint oder Excel durchgeführt werden, könnten durch ein integriertes System unterstützt werden. Dieses sollte, da Krisen nicht zum Alltag gehören, intuitiv und ohne Vorkenntnisse bedienbar sein. Es sollte Schnittstellen zu Systemen von Polizei und Feuerwehr besitzen. Um ein Training zu planen sollte es möglich sein, ein Ablaufscript zu erstellen. Trainer sollten Rollen verändern und Alternativen definieren können. Interaktion ist eine der Hauptanforderungen an das System. Es sollte möglich sein mit allen Agenten zu kommunizieren – teilnehmend oder simuliert. Die Kommunikation sollte die gleichen Infrastrukturen wie in realen Krisen verwenden. Eine automatische Protokollierung kann die Evaluation unterstützen. Trainer sollten Reaktionen evaluieren und Kommentare einfügen können, um eine Grundlage für eine spätere Evaluation zu ermöglichen, die ebenfalls mit statistischen Werkzeugen darstellbar sein sollen.

4 Ein Konzept für computerunterstütztes kollaboratives Krisentraining

Sowohl aus der im Rahmen dieser Arbeit betrachteten Theorie, als auch aus der empirisch untersuchten Praxis ergeben sich Anforderungen an kollaboratives Krisen-Training. Elemente wie eine proaktive Firmenpolitik, definierte Organisationsstrukturen und die Bereitstellung von Infrastrukturen sind Grundvoraussetzungen. Im Training soll es um die Entwicklung der notwendigen Kompetenzen gehen. Diese können über konstruktivistische Lernansätze erworben werden und mittels sozialer Simulationen wie Planspiele innerhalb von Krisen- und Störfallmanagement-Systemen realisiert werden, um somit auch gleiche Daten, Informationen, Werkzeuge und Infrastrukturen zu nutzen.

Das Training kann eine Kombination verschiedener Trainingsformen sein. Da die Erlangung von Handlungskompetenz in Krisensituationen im Vordergrund steht, sollte das Training hauptsächlich als Crew Ressource Management mit dem Ziel der Schulung von nicht technischen Fertigkeiten wie Kommunikationsfähigkeit und Entscheidungsfähigkeit konzipiert werden. Da bei verschiedenen Akteuren die Verbesserung der Benutzung des Krisenmanagementsystems unter Stress ein Trainingsziel darstellt, sind Aspekte des Emergency Skill Trainings, welches die souveräne Systembenutzung in Stresssituationen fördert sowie des Stressreduktionstrainings, welches den Stresslevel sinken lässt, ergänzend sinnvoll.

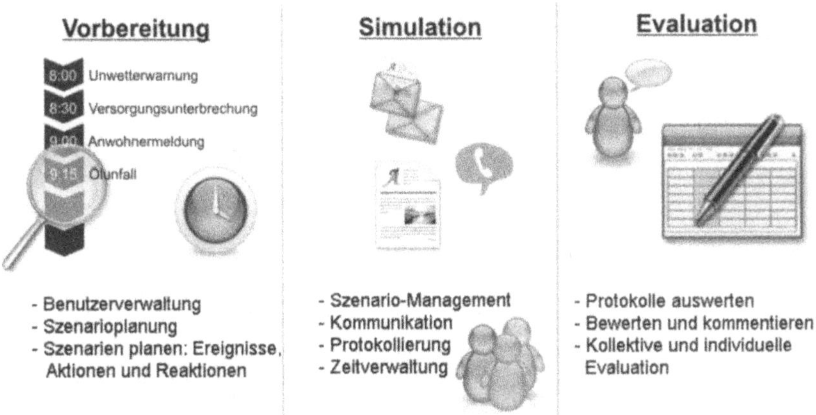

Abbildung 1: Ablauf des computerunterstützten kollaborativen Krisentrainings

IT sollte die Gruppeninteraktion, Kommunikation und Modellierung, Durchführung, Protokollierung und Evaluation des Trainings unterstützen. Eine Hauptkomponente ist das Rollenspiel zur Schaffung einer kollaborativen Awareness. Diese soll vollständig anpassbar und die Organisationsstrukturen dynamisch darstellbar sein. Agenten sollen selbst teilnehmen können oder simuliert werden und spezifische Rechte haben. Um dies zu realisieren muss ein Modul *Benutzermanagement* erstellt werden.

Um eine authentische Trainingsumgebung zu gestalten, sollte das Trainingssystem in ein Krisenmanagementsystem integriert werden. Dies ermöglicht reale Systeme, Werkzeuge, Infrastrukturen und Daten zu verwenden. Um Trainern Anpassungen zu ermöglichen (wie Karten oder Nachrichten), das Training zu modellieren, eine Evaluation durchzuführen oder vergangene reale Situationen aufzuzeichnen, um sie als eine Komponente zu verwenden, ist eine *Szenarioverwaltung* sinnvoll.

Die Interaktion mit anderen Organisationen ist insbesondere für Infrastrukturanbieter wichtig. Im Training der synchronen und asynchronen Interaktion mit internen und externen Agenten kann die Kompatibilität des Vokabulars sowie der Informationssysteme geprüft und verbessert werden. Wenn die gesamte Kommunikation in ein System integriert ist, kann die Protokollierung und somit die Evaluation einfacher erfolgen. Um dem Trainer das Spielen verschiedener Rollen zu ermöglichen, sind Muster, beispielsweise der Feuerwehr, Presse oder Unternehmen gefordert. Die Trainingsleitung soll Szenarien, Aktionen und Reaktionen in einer Zeitleiste planen können, die anschließend mit den realen Handlungen verglichen werden. Dies geschieht momentan in Excel. Um es zu unterstützen, können eine automatische Protokollierung sowie eine Zeitverwaltung helfen.

Die folgende summarische Auflistung zeigt abgeleitete Funktionalitäten:

Modul	Beschreibung
Benutzerverwaltung	Erstellen, bearbeiten, deaktivieren und löschen von Agenten.
Rollenverwaltung	Agenten einer Rolle (z.B. Krisenstab, erweiterter Krisenstab, Krisenstabsassistenz, Mitarbeiter oder Externer) zuweisen.
Rechteverwaltung	Agenten in der Hierarchie (z. B. Teilnehmer, Beobachter, Trainer und Administrator) einordnen oder simulieren.
Szenarienverwaltung	Modellieren, verändern, aktivieren und löschen von Szenarien mit einer geplanten Zeit. Tabellarische sowie grafische Darstellung als Zeitstrahl.
Ereignisverwaltung	Ereignisse wie Dokumente, Nachrichten und Reaktionen zu einem Szenario zuordnen.
Nachrichtenverwaltung	Erstellen, vorbereiten, senden, empfangen und löschen von Nachrichten.
Dokumenten- und Medienverwaltung	Dokumente und Medien in Kategorien darstellen, um einen realistischen Kontext für die Zielgruppen zu gestalten.
Verbale Kommunikation	Ermöglichung automatischer Protokollierung verbaler Kommunikation.
Geo Energie Situation	Darstellen einer geografischen Übersicht derzeitiger Störfälle.
Zeitverwaltung	Anpassen der Simulationszeit.
Protokoll	Automatische Protokollierung der gesamten Kommunikation sowie geplanter Ereignisse. Filterungsmöglichkeit nach Akteuren und Medien.

Tabelle 1: Sinnvolle geforderte Funktionalitäten

Unser Konzept ähnelt dem Ansatz von Gomez (2008), der auf SMS-basierte Kommunikation fokussiert und die Sprechakttheorie verwendet. Wir fokussieren eine Verbesserung der Kommunikationskompetenzen der involvierten Akteure sowie der interorganisationalen Informationsflüsse. Wir fokussieren hierbei nicht eine verbesserte „Kommunikationseffizienz“ durch Standardisierung, wie es sich für sich wiederholende Situationen anbietet, sondern auf Kommunikationen, die durch unvorhersehbare, situative Faktoren notwendig werden. Dies unterscheidet unseren Ansatz von Benjamins und Rothkrantz (2007), die sich stark auf vormodellierbare Informationen in ihrer Krisensimulationsplattform beziehen. Trotzdem ist es natürlich interessant, an einer Integration dieser Ansätze in Konzepte zur Übung und Ausbildung von Kommunikationskompetenzen zu denken. Unsere Erfahrungen legen es nahe, solche Konzepte immer zu Krisenmanagementinfrastrukturen zu integrieren, um intra- und interorganisationale Kommunikationsflüsse zu erlauben, die es Trainingsteilnehmern ermöglichen, zu erkennen, was andere in ihren Informationssystemen sehen.

5 Implementierung eines Prototyps

Um das Konzept zu demonstrieren, implementierten wir einen Prototyp. Dieser unterstützt das gesamte Spektrum der Vorbereitung, Durchführung und Analyse des Krisentrainings. Wir realisierten es in einer Web-Architektur, um den geforderten Zugriff auf das System ohne Softwareinstallation zu ermöglichen. Als Programmiersprachen nutzen wir PHP und MySQL. Um das System intuitiv bedienen zu können, diente eine *Iconic Representation*. Die Implementierung beinhaltete im Kern die geforderten Funktionalitäten.

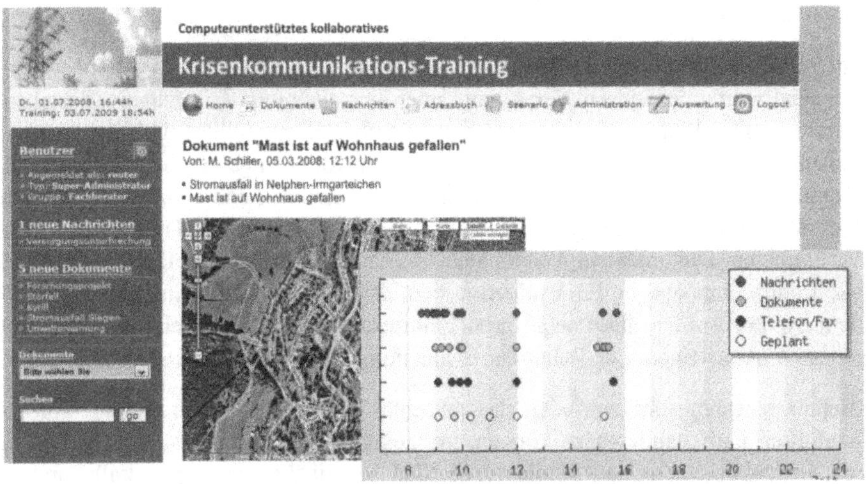

Abbildung 2: Die Benutzerschnittstelle (oben links) und das Kommunikationsprotokoll als Zeitstrahl (unten rechts)

In der *Benutzerverwaltung* ist es möglich, die Teilnehmer zu definieren. Wenn ein Agent simuliert wird, werden die an ihn adressierten Nachrichten an einen Trainer übermittelt. In einer Übersicht wird die Anzahl ungelesener Nachrichten aller Benutzer dargestellt und entsprechend der Auslastung farblich hervorgehoben. Im *Szenariomanagement* kann das Szenario geplant und modelliert werden, sowie Nachrichten, Dokumente, Medien und antizipierte Reaktionen den Szenarien zugeordnet werden. Diese können vorbereitet und nach Bedarf gestartet werden. Das *Nachrichtenmanagement* ermöglicht das Versenden elektronischer Nachrichten. Die verbale Kommunikation wird durch ein integriertes Skype Interface ermöglicht, welches die Anrufe auch automatisch protokolliert. Das *Dokumenten- und Medienmanagement* repräsentiert Schnittstellen zu anderen Systemen und ermöglich die Zielgruppenspezifische Informationsversorgung. Geplante Abschaltungen oder Störungen können im integrierten *Kartenmodul* dargestellt werden, wozu GoogleMaps verwendet wird.

Die gesamte Kommunikation - Nachrichten, Anrufe, Dokumente, Notizen, Szenarien - wird im *Kommunikationsprotokoll* festgehalten und tabellarisch oder in Form einer Zeitleiste dargestellt (Abb. 2). Trainer können die Handlungen der Teilnehmer bewerten und manuelle

Protokolleinträge erstellen. Nach dem Training ist die Differenz zwischen geplantem und tatsächlichem Ablauf ersichtlich.

6 Evaluation

Wir führten eine implizite formative Evaluation während des Entwicklungsprozesses durch. Hierfür nutzten wir qualitative Methoden und integrierten die Ergebnisse evolutionär (Cremers et al., 1998). Außerdem führten wir eine summative Evaluation mittels eines *szenarienbasierten Walkthrough*, einer Technik, die den Benutzer anhand von Aufgaben durch das System lenkt, durch.

Hierzu wurde zwei potenziellen Benutzern zuerst das Konzept und der Prototyp vorgestellt, anschließend wurde gemeinsam der Ablauf einer beispielhaften Krisenübung, bestehend aus Vorbereitung, Durchführung und Auswertung im System modelliert und durchgespielt. Es wurden zuerst Benutzer im System erstellt und ihnen Rollen zugewiesen. Anschließend wurden mögliche Szenarien erstellt, mit Nachrichten, Dokumenten und antizipierten Reaktionen. Die Durchführung des Trainings beinhaltete das das Simulieren des Trainingskontextes mit z.B. Nachrichten, Dokumenten, Telefonaten, Szenarien und Notizen. Diese wurden alle im Protokoll aufgeführt und in der Evaluation betrachtet. Während der Interaktion der Nutzer mit dem System wurden diese nach Ihren Eindrücken gefragt, beispielsweise über die Methode des *Thinking Aloud.* Die Dauer der Evaluation betrug drei Stunden.

Die Benutzer waren sehr zufrieden das gesamte Training in einem System vorbereiten, durchzuführen und evaluieren zu können, im Gegensatz zur momentanen Situation in verschiedenen Dokumenten- und Medientypen. Die Möglichkeit Szenarien kollaborativ ohne expliziten Austausch von Dokumenten zu gestalten verbesserte die Awareness und Usability. Die Anpassbarkeit an verschiedene Organisationsstrukturen und die Möglichkeit der Kontextmodellierung wurde als sehr wichtig betrachtet. Die Kontrolle über das gesamte Szenario zu jeder Zeit wurde als weiterer wichtiger Faktor identifiziert.

Nicht klar war, woran erkennbar ist, wie viele Dokumente und Nachrichten einem Szenario zugeordnet sind: „Wie kann ich erkennen, welche Dokumente zu einem Szenario gehören?" Die Möglichkeit, ein Szenario zu öffnen und dann eine Liste der zugeordneten Elemente zu sehen wurde direkt verstanden. Es wurde bestätigt, dass durch eine automatische Protokollierung sowie manuelle Protokolleinträge und Kommentare eine bessere Basis für eine Evaluation geschaffen werden kann. Explizite Kritik war jedoch nicht erwünscht: „Wir können dies hier nicht anwenden ... wir möchten keine Kollegen kritisieren". Dieses ist ein überraschendes Ergebnis, da Verbesserung nicht ohne Kritik möglich ist. Eine Abhilfe wäre hier im Protokoll nicht die Namen der entsprechenden Akteure, sondern lediglich deren Rollen und Tätigkeitsbezeichnungen aufzuführen: Somit wäre die Beurteilung etwas impliziter.

Die Grundidee und das Ziel ist die Erforschung von Anforderungen an ein und Unterstützungspotentiale eines Systems, welches es verschiedenen Organisationen, die in einer Krise zusammenarbeiten müssen, ermöglicht, die Kommunikationsflüsse gemeinsam zu üben und sich auf situative, unvorhersehbare Einflüsse vorzubereiten. Das System zielt nicht nur darauf ab, die internen Prozesse zu verbessern, sondern auch eine bessere Wahrnehmung für die Informationsbedarfe anderer beteiligter Organisationen zu schaffen. Wir haben hier die Erfahrungen in und mit einem EVU für einen ersten Ansatz benutzt, zielen jedoch auf eine Plattform ab, die unabhängig von der lokalen IT-Infrastruktur organisationsübergreifend arbeiten soll. Dies würde dann auch die Anbindung von Akteuren und Informationssystemen der Feuerwehr, der Polizei sowie weiterer Hilfsorganisationen erfordern, wofür klar definierte Schnittstellen notwendig wären und noch signifikanter Aufwand notwendig wäre. Durch unseren Ansatz einer verteilten CSCW/CSCL-Plattform können die Beteiligungskosten für die involvierten Organisationen gemindert werden. Nichtsdestotrotz wäre es weiter interessant, das System in das Infrastrukturmanagement-System des Unternehmens zu integrieren. Unsere Erfahrungen mit dem EVU zeigen auch, dass für den interorganisationalen Fall noch weitere Herausforderungen zu meistern sind z.B. im Umgang mit Ereignisprotokollen und Nachbereitungsprozesses der Übungen, da die möglicherweise aufgedeckten Schwächen als hochgradig sensible und politische Informationen verstanden werden.

7 Zusammenfassung

In diesem Beitrag haben wir die Entwicklung eines Konzeptes und Werkzeuges für computerunterstütztes kollaboratives Krisenkommunikations-Training beschrieben. Das Training, mit dem Ziel des Erwerbs von Know-How kann mit Simulationen und Rollenspielen unterstützt werden. Das System unterstützt sowohl Kommunikationsmöglichkeiten als auch Möglichkeiten der Kontextmodellierung für Übungsszenarien, sowie zu deren Moderation. Eine automatische Protokollierung hilft bei der Evaluation bzw. Analyse der Übung und bildet die Grundlage für die Verbesserung kommunikativer Kompetenzen.

Für eine Optimierung des Krisenmanagements kann man in verschiedene Richtungen denken. Die strategische Vorbereitung der Akteure des Krisenmanagements z.B. durch Prozessanalyse und -modellierung sollte ergänzt werden um die Berücksichtigung situativer Faktoren, deren Auftreten integrales, notwendiges Charakteristikum jeder Krisensituation ist. In der Bewältigung dieser Charakteristika sind Fähigkeiten der Ad-Hoc- Koordination und -Kommunikation *in situ* unabdingbar. In unseren weiteren Forschungsarbeiten werden wir unseren Ansatz hinsichtlich der interorganisationalen Aspekte und bezüglich einer besseren Interoperabilität mit Krisenmanagementwerkzeugen erweitern. Eine Besonderheit der betrachteten Krisenszenarien sind infrastrukturelle Abhängigkeiten, die z.B. zwischen IKT- und Stromversorgungsinfrastrukturen bestehen und Aktions- und Kommunikationsmöglichkeiten in Krisenmanagement und Krisenkommunikation beeinflussen können.

Literaturverzeichnis

Benjamins, T. & Rothkrantz, L. J. M. (2007). Interactive Simulation in Crisis Management. In: Van de Walle, B., Burghardt, P. & Nieuwenhuis, C. (Hrsg.): *Proceedings of the 4th International Conference on Information Systems for Crisis Response and Management ISCRAM2007*, 571-580.

Cremers, A. B., Kahler, H., Pfeifer, A., Stiemerling, O. & Wulf, V. (1998). PoliTeam - Kokonstruktive und evolutionäre Entwicklung einer Groupware. *Informatik-Spektrum,* 21, 194-202.

Flick, U. (2008). *Triangulation: Eine Einführung.* VS Verlag für Sozialwissenschaften, Wiesbaden.

Gomez, E. A. (2008). Crisis Response Communication Management: Increasing Message Clarity with Training over Time. In Fiedrich, F. & Van de Walle, B. (Hrsg.): *Proceedings of the 5th International Conference on Information Systems for Crisis Response and Management ISCRAM2008*, 368-375.

Haake, J. M., Schwabe, S. & Wessner, M. (2004). *CSCL-Kompendium - Lehr- und Handbuch zum computerunterstützten kooperativen Lernen*, Oldenbourg.

Hausschildt, J., Grape, C. & Schindler, M. (2005). Typologien von Unternehmenskrisen im Wandel. *Schriftenreihe aus den Instituten für Betriebswirtschaftslehre der Universität Kiel (CAU)*, 588.

Hutzschenreuter, T. & Griess-Nega, T. (2006). *Krisenmanagement. Grundlagen – Strategien – Instrumente.* Wiesbaden, Gabler.

Kern, M. (2003). *Planspiele im Internet - Netzbasierte Lernarrangements zur Vermittlung betriebswirtschaftlicher Kompetenz*, Deutscher Universitätsverlag.

Kriz, W. C. (2004). Planspielmethoden. In: Gabi Reinmann und Heinz Mandl (Hrsg.): *Psychologie des Wissensmanagements - Perspektiven, Theorien und Methoden*, Hogrefe: 359-388.

Krystek, U. (2007). *Handbuch Krisen- und Restrukturierungsmanagement. Generelle Konzepte, Spezialprobleme, Praxisberichte.* Kohlhammer.

Krystek, U. (1987). *Unternehmungskrisen. Beschreibung, Vermeidung und Bewältigung überlebenskritischer Prozesse in Unternehmungen.* Wiesbaden, Gabler.

Mayring, P. (2002). *Einführung in die Qualitative Sozialforschung.* Beltz Verlag, Weinheim und Basel.

Pohl, C. (1999). *Methodik und Realisation von Systemen zur effizienten Wissensvermittlung durch Hypermedia.* Peter Lang Verlag, Frankfurt am Main.

Sauter, M. (2006). *Grundkurs Mobile Kommunikationssysteme: Von UMTS und HSDPA, GSM und GPRS zu Wireless LAN und Bluetooth Piconetzen.* Vieweg+Teubner.

Strohschneider, S. (2003). Krisenstabstraining: Das Nicht-Planbare vorbereiten. In: Strohschneider S. (Hrsg.). *Entscheiden in kritischen Situationen.* Frankfurt a.M.: Polizei und Wissenschaft.

Kontaktinformationen

Dipl.-Wirt.Inform. M.Sc. Christian Reuter, (mail@christianreuter.net, http://www.christianreuter.net)
Prof. Dr. Volkmar Pipek (volkmar.pipek@uni-siegen.de, http://www.cscw.uni-siegen.de)

H. Wandke, S. Kain & D. Struve (Hrsg.): Mensch & Computer 2009: Grenzenlos frei!?
München: Oldenbourg Verlag, 2009, S. 103-112

Einsatz großer Wandbildschirme als Fenster in Kooperationssysteme

Florian Ott, Alexander Richter, Michael Koch

Fakultät für Informatik, Universität der Bundeswehr München

Zusammenfassung

In diesem Beitrag stellen wir unsere bisherigen konzeptionellen Überlegungen zum Einsatz von CommunityMirrors als Fenster in IT-Systeme sowie eine erste prototypische Umsetzung zur Diskussion. Als interaktive Wandbildschirme machen CommunityMirrors Inhalte, die normalerweise in Computersystemen verborgen sind, an halböffentlichen Orten, wie Empfangshallen oder Cafeterien sichtbar, greifbar und erlebbar. Durch intuitive, vernetzte Präsentation lassen sie die Personen und Communities hinter den Inhalten in den Vordergrund treten und steigern so die Wertschätzung für Informationslieferanten sowie die Sichtbarkeit der sonst in den Systemen verborgenen Information. Die Integration der Benutzerschnittstellen in den sozialen Kontext fördert die Kommunikation der Mitarbeiter und leistet so einen wichtigen Beitrag zur interaktiven Wertschöpfung innovativer Unternehmen.

1 Motivation

Innerhalb der vergangenen Jahre sind im Umfeld moderner Kooperationssysteme drei unabhängige Entwicklungen zu beobachten, auf die sich die folgende Darstellung stützt:

1. Die heutige Arbeitswelt ist geprägt von einer rasanten Zunahme der Menge verfügbarer Information. Aufgrund dieses häufig als „Information Overload" bezeichneten Phänomens wird es zunehmend schwieriger, Inhalte über klassische Suchmechanismen gezielt auffindbar zu machen (vgl. z.B. McKnight et al. 2006). Folglich sinkt die Sichtbarkeit relevanter und eigentlich in den Systemen verfügbarer Information z.T. drastisch.

2. Im Internet eingesetzte Social Software, wie z.B. Wikis, Weblogs oder Social Networking Services, leistet einen wertvollen Beitrag zur Strukturierung von Informationsräumen sowie zum Informationsaustausch unter den Mitarbeitern. Aufgrund dieser Eigenschaften wird Social Software immer häufiger für Unternehmenszwecke genutzt (Buhse & Stamer 2008; Komus & Wauch 2008).

3. Durch stetig sinkende Preise von LCD-Hardware sind viele Unternehmen inzwischen im Besitz großer Wandbildschirme, die an verschiedenen (halb-)öffentlichen Orten, wie Ca-

feterien, Empfangshallen, Kaffee-Ecken oder Konferenzräumen zur Verfügung stehen (vgl. Behrendt & Erdmann 2003). Meist sind diese Geräte allerdings entweder nicht eingeschaltet oder zeigen zumindest keine Inhalte, die zur Produktivitätssteigerung der Mitarbeiter oder anderen Unternehmenszielen beitragen.

In diesem Beitrag versuchen wir, die oben genannten und sonst meist getrennt betrachteten Entwicklungen zusammenzubringen. CommunityMirrors liefern einen Lösungsbeitrag zur Verbesserung der Sichtbarkeit von Inhalten aus IT-Systemen, zur Informationsverteilung in Unternehmen und letztlich zur Steigerung der Awareness der Mitarbeiter.

2 Konzeptionelle Überlegungen

Charakteristisch für heutige IT-Systeme sind Anwendungen, bei denen Inhalte an Desktoprechnern eingegeben und (semi-)strukturiert inkl. der zugehörigen Metainformation auf für den Nutzer „verborgenen" Serversystemen abgelegt werden. Typischerweise sind Informationen so in annähernd beliebigem Umfang digital vorhanden und theoretisch auch über Suchfunktionen auffindbar. Jedoch existiert ein deutliches Defizit im Hinblick auf die Sichtbarkeit der eingestellten Inhalte. Diese Problematik trifft u.a. auch auf Social Software oder allgemeiner Kooperationssysteme zu. Aus den bisherigen Erkenntnissen zum Einsatz von Social Software im Unternehmenskontext geht allerdings hervor, dass hier weitere wichtige Gestaltungsparameter eine Rolle spielen (Back et al. 2008; Koch & Richter 2008).

2.1 Partizipation

Ein besonderes Kennzeichen von Social Software im Gegensatz zu „klassischen" IT-Systemen ist der Wunsch, bei ihrem Einsatz einen sog. Crowdsourcing-Effekt zu erzielen, d.h. möglichst viele Nutzer dazu zu bringen, vom Status der passiven Informationskonsumenten zu dem aktiver Informationslieferanten überzugehen (z.B. Ebersbach et al. 2008). Das Stichwort in diesem Zusammenhang lautet „Partizipation", d.h. das (Kontext-)Wissen möglichst vieler Mitarbeiter in die Informationsbereitstellung einfließen zu lassen, um eine höhere Diversifizität und Repräsentativität zu erreichen.

Die für den Erfolg dieses Prinzips entscheidende Mitwirkung ist jedoch stark abhängig von der Motivation der beteiligten Personen. Insbesondere der intrinsische Anteil dieser Motivation ist beim Einsatz von Social Software weit aus wichtiger als extrinsische Motivatoren (vgl. z.B. Schroer & Hertel 2009). Hieraus ergibt sich ein direkter Zusammenhang zwischen der Motivation der Mitarbeiter, der Sichtbarkeit der eingestellten Information, dem Gewahrsein (Awareness) über die Änderungen im System sowie der den Bereitstellenden entgegengebrachten Wertschätzung (Appreciation) durch Dritte (Koch & Moeslein 2007).

2.2 Informationsversorgung durch Serendipity

Bei der typischen Informationssuche in heutigen IT-Systemen lässt sich eine gewisse Analogie zu früheren Karteikartensystemen erkennen. Ein Nutzer, der einen definierten (subjektiven) Informationsbedarf nach Auffassung der herrschenden Vorstellung der Wirtschaftsinformatik (vgl. z.B. Mertens et al. 1997; Krcmar 1997) hat, entscheidet sich für eine Reihe von Suchbegriffen, die er in ein Formular eingibt. Bezogen auf Karteikarten entspricht dies dem Blättern zum gewünschten Buchstaben bzw. zur gewählten Kategorie. Wenn dieses Vorgehen nicht zum Erfolg führt, können zwei Hauptursachen ausschlaggebend sein:

1. Die gesuchte Information existiert nicht im System, d.h. es handelt sich um eine Informationsunterversorgung aufgrund „leerer" Suchergebnisse.
2. Die aufgrund des persönlichen Kenntnisstandes gewählten, subjektiven Suchkriterien entsprechen nicht den objektiven Kriterien, die beispielsweise ein allwissender Beobachter gewählt hätte. Folglich unterscheidet sich der subjektive Informationsbedarf von dem für eine erfolgreiche Suche erforderlichen objektiven Informationsbedarf, was wiederum zu einer nicht zielführenden Informationsnachfrage führt (vgl. Abbildung 1).

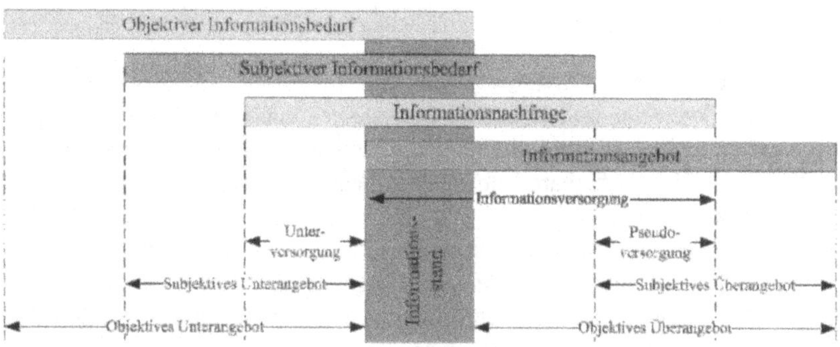

Abbildung 1: Informationsversorgung, angelehnt an Strauch 2002

Aufgrund des nahezu unaufhaltsam wachsenden Informationsangebots ist der erste Fall inzwischen relativ selten. Eher ist davon auszugehen, dass das auf eine konkrete Informationsnachfrage resultierende Informationsangebot den subjektiven Informationsbedarf so weit übersteigt, dass die gesuchte Information durch eine Pseudoversorgung in der Masse der verfügbaren Information „untergeht".

Im Gegensatz zu Ansätzen der semantischen Suche versucht Social Software, diesen Missstand u.a. dadurch zu beseitigen, dass Inhalte von möglichst vielen Nutzern getagged werden. Jedoch kann es auch bei dieser Form von Strukturierungshilfe vorkommen, dass zur Tagsuche schlicht die (objektiv) „falschen" Schlagwörter gewählt werden, da das Tagging selbst wieder in starkem Maße vom Informationsstand des jeweils durchführenden Benutzers abhängig ist. Resultat ist eine häufig vorzufindende Unterversorgung mit relevanten Informationen sowie ein subjektiv oder objektiv wahrgenommenes Unterangebot (vgl. Abbildung 1).

Um diesen Teufelskreis trotz der herrschenden Informationsflut zu durchbrechen, ist es zunächst erforderlich, Inhalte nicht mehr nur wie in altmodischen Karteikartensystemen oder „modernen" Keyword-Suchen einzeln auffindbar zu machen. Vielmehr sollten Inhalte eines definierten Themenbereichs sowie die bisher meist in den Systemen verborgenen Beziehungen zwischen der Information und den Informationslieferanten innerhalb ihres Kontexts für potenzielle Informationskonsumenten „allgegenwärtig" sichtbar gemacht werden. Durch ein proaktives, gleichberechtigtes Informationsangebot ohne Erfordernis konkreter Informationsnachfrage, z.B. durch (halb-)öffentlich sichtbare Rotation aller verfügbaren Inhalte in definierten Zeitabständen, wird die oben beschriebene Diskrepanz zwischen subjektivem und objektivem Informationsbedarf quasi unbedeutend, da keine kontextspezifischen Kenntnisse zur Informationssuche erforderlich sind. Dies ermöglicht das zufällige und z.T. sogar periphere Finden von Information, statt dem gezielten Suchen, was gemeinhin auch mit Begriff „Serendipity" ausgedrückt wird (Hannan 2006; Roberts 1989). Insbesondere bei Systemen mit innovativen bzw. disruptiven Inhalten, wie z.B. Innovationsmanagementlösungen, kann Serendipity so einen entscheidenden Mehrwert für die Verbesserung der Informationsversorgung liefern und damit letztlich zu einem (objektiv) besseren Informationsstand beitragen (vgl. hierzu auch Koch & Möslein 2007; Koch & Ott 2008).

2.3 Potenzial großer Wandbildschirme

Ähnlich zur altmodischen Archivierung von Information in Karteikartensystemen, verschwinden Inhalte durch die Ablage auf Serversystemen auch heute noch in einer „Kiste". Außer durch gezieltes Suchen, bzw. um bei den Karteikarten zu bleiben, mittels „Durchblättern" aller Karten, ist die verfügbare Information nicht direkt sichtbar. Dies führt u.a. dazu, dass wertvolle Information nicht die relevanten Konsumenten i.S.d. in Abschnitt 2.2 genannten Informationsversorgung erreicht. Insbesondere bei Kooperationssystemen oder anderen stark vom Wissen der Mitarbeiter abhängigen IT-Systemen werden so potenzielle Wertschöpfungspartner – oder allgemeiner Informationslieferanten – nur ungenügend erreicht. Dieser Missstand wird durch CommunityMirrors, wie in Abbildung 2 dargestellt, adressiert.

Abbildung 2: Intuitiv greifbare Inhalte „Out of the Box"

Die Idee der CommunityMirrors besteht darin, in IT-Systemen enthaltene Information nicht mehr nur durch Suchfunktionen an Desktoprechnern auffindbar zu machen, sondern zusätzlich eine in den sozialen Kontext eingebettete ubiquitäre Benutzerschnittstelle als „Informationsstrahler" bereitzustellen. Mithilfe dieser kann in Kaffe-Ecken, Gruppenräumen oder beim Warten auf den Fahrstuhl ohne definiertes Ziel in der dargestellten Information gestöbert werden. Besonders hervorzuheben ist dabei die Förderung des aktiven und gemeinschaftlichen (Informations-)Austauschs der Mitarbeiter vor dem Bildschirm: Im Vergleich zu einer typischerweise alleine durchgeführten Recherche mit definiertem Ziel am Desktoprechner, eröffnen CommunityMirrors die Chance, dass sich Mitarbeiter von den Bildschirmen über die dargestellten Inhalte unterhalten und so neue Ideen bzw. kreativer Input für die zugrunde liegenden Systeme entstehen. Dieser Vorgang ist auf den Teilbildern 4 und 5 der Bilderserie in Abbildung 2 zu erkennen.

3 Vorgehen und Forschungsmethodik

Der vorliegende Beitrag ist der Design Science zuzuordnen, die innerhalb der letzten Jahre aufgrund der Debatte über die Angemessenheit von Behavioral Science (vgl. z.B. Benbasat & Zmud 2003) auch in der Wirtschaftsinformatik vermehrt Zuspruch findet. Laut Hevner et al. (2004) kommt Design Science v.a. mit dem Ziel zum Einsatz, das zur effizienten Anwendung von Informationstechnologie für Organisationen und deren Management hilfreiche Wissen weiter zu vertiefen. Dabei sollen IT-Artefakte gestaltet und evaluiert werden, um identifizierte organisatorische Probleme zu lösen (Simon 1996).

Anhand konzeptioneller Überlegungen stellen wir im nächsten Abschnitt zunächst existierende Ansätze zur Steigerung der Awareness und Unterstützung von Communities mithilfe großer Wandbildschirme vor und identifizieren ihre Schwachstellen im Hinblick auf das Potenzial als „Fenster in Kooperationssysteme". Hieraus leiten wir die für uns wichtigen Eckpunkte unserer prototypischen Umsetzung ab. Bei der Realisierung haben wir uns an das Vorgehensmodell des (experimentellen) Prototyping gehalten und analog zu Scrum in agilen, iterativen Zyklen mehrere prototypische CommunityMirror-Anwendungen für verschiedene Einsatzszenarien entwickelt sowie mit einfachen Mitteln evaluiert, um neue Erkenntnisse für die Folgezyklen zu generieren (vgl. Takeuchi & Nonaka 1986; Heinrich et al. 2007). Erste Experimente mit dem Konzept erfolgten bereits 2004, z.B. zur Unterstützung der Suche von Teilnehmern auf Tagungen (vgl. Koch & Toni 2004). Darauf aufbauend wurden unsere aktuellen Prototypen u.a. auf der Messe Systems 2008 einem breiten Publikum vorgestellt.

4 Related Work

Öffentliche, gemeinsam genutzte Wandbildschirme sind kein völlig neues Konzept, sondern wurden in den vergangenen Jahren in verschiedenen Bereichen mit z.T. stark unterschiedlichen Zielsetzungen als Benutzerschnittstelle eingesetzt. Erste Ansätze gehen auf Arbeiten von Myron Krueger aus den 1970er Jahren zurück (Krueger 1991). Andere frühe Umsetzungen, wie z. B. „DynaWall", beschäftigen sich primär mit der Unterstützung von virtuellen Teams (z.B. Geisler 1998), der Unterstützung des Informationsflusses in Communities (z.B. Churchill et al. 2004) sowie verschiedenen Anwendungen im Medien- und Werbeumfeld (z.B. Scanlon 2003). Setzt man den Fokus auf Arbeiten zur Verbesserung der Awareness in

Communities of Interest / Practice, sind darüber hinaus weitere prototypische Entwicklungen, wie “The Notification Collage” (Greenberg & Rounding 2001), „AwareMedia“ (Bardram et al. 2006) oder „The Community Wall“ (Grasso 2003) zu nennen.

Ein großes Problem existierender Wandbildschirmanwendungen zur Communitiy-Unterstützung liegt im geschlossenen Charakter der Systeme. Diese sind meist nur ungenügend in der Lage, mit anderen im Unternehmen vorhandenen Kooperationssystemen zu interagieren, wodurch Daten mehrfach redundant vorgehalten werden müssen. Zur Vermeidung weiterer Insellösungen konzentriert sich unser Ansatz deshalb besonders auf die Integrationsmöglichkeiten in bestehende Systeme und verwendet keine eigene Datenhaltung. Ein weiteres Problem bestehender Ansätze ist die spezielle Erstellung für bestimmte Anwendungsszenarien bzw. Einsatzkontexte, was die Adaption für andere Nutzungsmöglichkeiten z. T. unnötig erschwert. Wir fokussieren deshalb von Anfang an die Identifikation und Umsetzung eines generischen Datenmodells mit verschiedenen, leicht erweiterbaren „Sichten“, wodurch eine einfache Zusammenstellung von neuen Anwendungen möglich wird.

Die Grundidee dieser leichtgewichtigen Fenster in IT-Systeme wurde als „Library Mirror“, „Meeting Mirror“ oder „Idea Mirror“ bereits für verschiedene Anwendungsbereiche prototypisch umgesetzt (vgl. z. B. Koch 2005; Koch & Ott 2008). Die Erfahrungen bei der Entwicklung und dem Einsatz dieser Prototypen diente als Motivation für die Erstellung des vorliegenden Konzepts einer modularen und leicht integrierbaren ubiquitären Benutzerschnittstelle für Kooperationssysteme und Social Software.

5 Prototyp – Work in Progress

Grundsätzlich sind CommunityMirrors nicht nur als Benutzerschnittstelle, sondern vielmehr als soziotechnisches Gesamtkonzept zu sehen. Dabei geht es insbesondere auch darum, die Personen vor dem Bildschirm zusammenzubringen und zur Kommunikation anzuregen (vgl. Abbildung 2). Neben der Notwendigkeit von Modularität und einfachen Integrationsmöglichkeiten, die wir aus bestehenden Ansätzen abgeleitet haben, lag unser Hauptaugenmerk bei der Entwicklung deshalb von Anfang an auf intuitiver Bedienbarkeit, der Vielseitigkeit der gewählten Informationsrepräsentationsformen sowie der Integration in den sozialen Kontext, um eine möglichst „freudvolle“ Nutzung zu ermöglichen. Den Integrationsgedanken verfolgten wir insofern, als dass unsere Anwendungen über beispielsweise CSV, XML oder RSS sowie direkte Datenbankanbindung für annähernd beliebige Kooperationssysteme im Unternehmen eingesetzt werden können. Ziel dieses Vorgehens ist es, Anwendungen für ein konkretes Einsatzszenario schnell aus einem Baukasten (dem sog. CommunityMirror Framework) zusammenstellen und über die Zeit einfach anpassen zu können.

5.1 Informationsrepräsentationsformen

Wie wir in den ersten Iterationszyklen der Entwicklung sowie unseren bisherigen Feldtests feststellen konnten, waren für unterschiedliche Einsatzszenarien unterschiedliche optische Aufbereitungsformen der dargestellten Inhalte erforderlich. Dies lässt sich auf drei relativ intuitive, aber dennoch bei der Gestaltung von klassischen Benutzerschnittstellen für Kooperationssysteme häufig ungeachteten Tatsachen zurückführen:

1. Unterschiedliche Nutzer lassen sich aufgrund persönlicher Faktoren, wie beispielsweise ihrer Technikaffinität oder der Stimmung zum Zeitpunkt der Interaktion, durch verschiedene Informationsrepräsentationsformen ansprechen.
2. Je nachdem, welches Szenario durch den Einsatz der Benutzerschnittstellen unterstützt werden soll, sind unterschiedliche Darstellungen erforderlich. Die Visualisierung von Daten aus Social Networking Services bei größeren Meetings benötigt z.B. gänzlich andere „Schnittstellen“ als die Anzeige von Inhalten und Inhaltsgebern aus einem unternehmensinternen Wiki oder Blog.
3. Die verschiedenen Einsatzszenarien müssen berücksichtigt werden. In einer Kaffe-Ecke, wo Personen direkt vor dem Bildschirm stehen, sind auch kleinere Inhalte problemlos zu erkennen, wohingegen in einer Empfangshalle aufgrund der größeren Entfernung von potenziellen Nutzern, andere optische Reize und Darstellungsformen erforderlich sind.

Aufgrund dieser Erkenntnisse haben wir versucht, ein möglichst flexibles „Fenster“ in Kooperationssysteme zu schaffen, das sich je nach Einsatzzweck einfach anpassen lässt. Abbildung 3 zeigt verschiedene realisierte Sichten in die gespeicherte Information (bestehend aus Inhalten, Personen und Konzepten), darunter: Inhalte als Karteikarten (oben links / Mitte), Konzepte als Tag Cloud (oben rechts), Personen als Informationslieferanten geclustert nach Themen / Interessen (unten links), Personen vernetzt mit den gelieferten Inhalten und / oder Konzepten (unten Mitte) sowie Personendetails in Form von Visitenkarten (unten rechts).

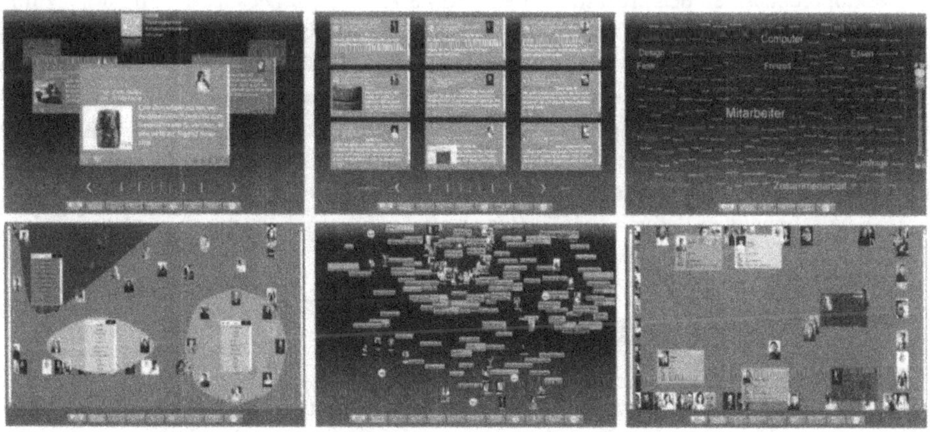

Abbildung 3: Überblick einiger Darstellungsmöglichkeiten der bisherigen Prototypen

Jede der vorgestellten Sichten präsentiert unterschiedliche Selektionen aus dem gemeinsamen Informationsraum und bietet dafür spezifische Interaktionsmöglichkeiten. Die verschiedenen Sichten und Interaktionsmöglichkeiten wurden dabei aus konkreten Anforderungen abgeleitet und anschließend generalisiert. Durch Kombination dieser modularen Bausteine in auf ein konkretes Einsatzszenario abgestimmten Anwendungen werden unterschiedliche Nutzungskontexte mit unterschiedlichen Rahmenbedingungen bestmöglich unterstützt.

5.2 Interaktionszonen und sozialer Kontext

Neben der an die Benutzerbedürfnisse angepassten Aufbereitung der dargestellten Inhalte, ist die Einbettung der Benutzerschnittstellen in das alltägliche Arbeitsumfeld von entscheidender Bedeutung, um die Inhalte allgegenwärtig und an verschiedenen Orten peripher wahrnehmbar zu machen. CommunityMirrors verfolgen dabei jedoch nicht das Ziel, klassische Arbeitsplätze zu ersetzen, sondern vielmehr, diese durch den Einsatz ubiquitärer Schnittstellen an halböffentlichen Orten wie Cafeterien oder Gruppenräumen zu ergänzen. Im Gegensatz zu Desktop-Arbeitsplätzen resultieren aus der Einbettung in den sozialen Kontext mehrere Interaktionszonen, die sich zyklisch um einen Bildschirm anordnen und von (potenziellen) Nutzern jeweils ein unterschiedliches Maß an Aufmerksamkeit erfordern (vgl. z.B. Streitz et al. 2005). Die Wahrnehmungsstufen reichen von „aktiv mit Interaktion" bis hin zu lediglich peripherer Wahrnehmung, z.B. aus dem Augenwinkel. CommunityMirrors kombinieren deshalb durch Verwendung verschiedener Textgrößen und -positionen in ihren Ansichten gezielt Inhalte für die verschiedenen Zonen (vgl. Abbildung 3). So ist es möglich, den oben beschriebenen Serendipity-Effekt zonenübergreifend zu erzielen, da Inhalte auch aus weiter entfernten Bereichen zufällig bzw. peripher wahrgenommen werden können, ohne dabei von Nutzern in der Interaktionszone abhängig zu sein.

Letztlich ist es für eine vollständige Integration der ubiquitären Benutzerschnittstellen in den Arbeitsalltag wichtig, dass die Systeme eine Kommunikations- und Austauschmöglichkeit mit Desktoprechnern an den eigentlichen Arbeitsplätzen bieten. Dies ist darauf zurückzuführen, dass bestimmte Interaktionswünsche, wie z.B. das Kommentieren von spontan bzw. zufällig entdeckten Inhalten, mithilfe einer haptischen Tastatur wesentlich effizienter zu bewerkstelligen sind, als beispielsweise über eine visuelle Tastatur auf einem Touchscreen. Aktuell setzen wir für Funktionen wie „Merken" oder „Details senden" aus Gründen der allgemeinen Akzeptanz auf eine einfache E-Mail-Schnittstelle. Sofern sich in Zukunft akzeptierte Möglichkeiten zur automatisierten Benutzeridentifikation etablieren, planen wir in diesem sehr spannenden Bereich verschiedene weitere Untersuchungen.

6 Fazit und Ausblick

In diesem Beitrag haben wir konzeptionelle Überlegungen zum Einsatz interaktiver Wandbildschirme als Fenster in Kooperationssysteme und den aktuellen Stand unserer prototypischen Umsetzung vorgestellt. Durch die Verbindung unterschiedlicher Konzepte, wie Partizipation und Serendipity besitzen CommunityMirrors großes Potential zur Verbesserung der Mitarbeiterkommunikation und zur Steigerung der Innovationsfähigkeit von Unternehmen.

Aufgrund des gewählten Forschungsansatzes und der agilen Vorgehensweise während der Entwicklung können wir bisher nur auf Feedback aus zahlreichen persönlichen Gesprächen und Beobachtungen zurückgreifen. In den nächsten Monaten sind jedoch mehrere strukturierte Feldtests sowie semistrukturierte Interviews geplant, um die Vorteile des Einsatzes der ubiquitären Benutzerschnittstellen empirisch zu untermauern. Aktuell arbeiten wir an Prototypen für mehrere Veranstaltungen. So wird beispielsweise Europas größte Webkonferenz, die Webinale, auf CommunityMirrors zurückgreifen, um die dort anwesenden Teilnehmer zum Informationsaustausch anzuregen. Außerdem wird ab Juni ein CommunityMirror das Forschungsschiff MS Wissenschaft auf seiner Reise durch Deutschland begleiten.

Literaturverzeichnis

Back, A., Gronau, N. & Tochtermann, K. (2008). *Web 2.0 in der Unternehmenspraxis. Grundlagen, Fallstudien und Trends zum Einsatz von Social Software*, München: Oldenburg.

Bardram, J. E., Hansen, T. R. & Soegaard, M. (2006). AwareMedia: A Shared Interactive Display Supporting Social, Temporal, and Spatial Awareness in Surgery. In *Proceedings of the 20th Conference on Computer Supported Cooperative Work CSCW '06*. New York: ACM, 109-118.

Behrendt, S. & Erdmann, L. (2003). *Display-Märkte im Umbruch – Neuorientierungen für Umweltschutzstrategien, Arbeitspapier Institut für Zukunftsstudien und Technologiebewertung*, Berlin: Deutsches Zentrum für Luft- und Raumfahrt.

Benbasat, I. & Zmud, R. W. (2003). The Identity Crisis within the IS Discipline: Defining and Communicating the Discipline's Core Properties. *MIS Quarterly 27(2)*, 183–194.

Buhse, W. & Stamer, S. (2008). *Enterprise 2.0 – Die Kunst, loszulassen*, Berlin: Rhombos-Verlag.

Churchill, E., Girgensohn, A., Nelson, L. & Lee, A. (2004). Blending Digital and Physical Spaces for Ubiquitous Community Participation. *Communications of the ACM, Feb. 2004, 47(2)*, S. 39–44.

Ebersbach, A., Glaser, M. & Heigl, R. (2008). *Social Web*. Stuttgart: UTB.

Geissler, J. (1998). Shiffle, throw or take it! Working efficiently with an interactive wall. In *Proceedings CHI'98*, Los Angeles.

Grasso, A. (2003). Supporting Communities of Practice with Large Screen Displays. In O'Hara, K., Perry, M., Churchill, E. & Russell, D. (Hrsg): *Public and Situated Displays. Social and Interactional Aspects of Shared Display Technologies*, Kluwer, 261–282.

Greenberg, S. & Rounding, M. (2001). The Notification Collage: Posting Information to Public and Personal Displays. In *Proceedings of the SIGCHI Conference on Human Factors in Computing Systems CHI '01*. New York: ACM, 514–521.

Hannan, P. J. (2006). *Serendipity, Luck and Wisdom in Research*. Bloomington: iUniverse.

Heinrich, L. J., Heinzl, A. & Roithmayr, F. (2007). *Wirtschaftsinformatik – Einführung und Grundlegung. 3. Auflage*, München: Oldenbourg.

Hevner, A. R., March, S. T.; Park, J. & Ram, S. (2004). Design Science in Information Systems Research. *MIS Quarterly 28(1)*, 75–105.

Koch, M. & Möslein, K. (2007). Diskontinuierliche Innovation fördern: Die Rolle von Idea Mirrors zur Unterstützung von Innovation und Kooperation im Unternehmen. In *Proceedings der Tagung Wirtschaftsinformatik 2007*, Karlsruhe, Band 1, 787–804.

Koch, M. & Ott, F. (2008). Idea Mirrors – Einsatz großer Wandbildschirme zur Förderung diskontinuierlicher Innovation in der Softwarebranche. In Meißner, K. & Engelin, M. (Hrsg.): *Virtuelle Organisation und Neue Medien 2008: Workshop Gemeinschaften in Neuen Medien*, 241–252.

Koch, M. & Richter, A. (2008). *Enterprise 2.0 - Planung, Einführung und erfolgreicher Einsatz von Social Software in Unternehmen*. München: Oldenburg Wissenschaftsverlag.

Koch, M. & Toni, K. (2004). Community-Mirrors zur Unterstützung von Community-Treffen. In *Proceedings Workshop GeNeMe2004 – Gemeinschaften in Neuen Medien*, Dresden, 127–138.

Koch, M. (2005). Supporting Community Awareness with Public Shared Displays. In *Proceedings Bled Intl. Conf. on Electronic Commerce*, Bled, Slowenien.

Komus, A. & Wauch, F. (2008). *Wikimanagement – Was Unternehmen von Social Software und Web 2.0 lernen können*. München: Oldenbourg Wissenschaftsverlag.

Krcmar, H. (1997). *Informationsmanagement*. Berlin: Springer.

Krueger, M. W. (1991). *Artificial Reality III*, Addison-Wesley.

McKnight, J., Asaro, T. & Babineau, B. (2006). *Digital Archiving: End-User Survey & Market Forecast 2006-2010*. Enterprise Strategy Group.

Mertens, P., Back, A., Becker, J., König, W., Krallmann H., Rieger, B., Scheer, A., Seibt, D., Stahlknecht, P., Strunz, H., Thome, R. & Wedeking, H. (Hrsg.) (1997). *Lexikon der Wirtschaftsinformatik. 3. Auflage*, Berlin: Springer.

Roberts, R. M. (1989). *Serendipity: Accidental Discoveries in Science*. New York:Wiley.

Scanlon, J. (2003). *If walls could talk, streets might join in*. New York Times, 18.09.2003.

Schroer, J. & Hertel, G. (2009). Voluntary Engagement in an Open Web-Based Encyclopedia: Wikipedians and Why They Do It. *Media Psychology 12(1)*, 96–120.

Simon, H. A. (1996). *The Sciences of the Artificial. 3. Auflage*, Cambridge: MIT Press.

Strauch, B. (2002). *Entwicklung einer Methode für die Informationsbedarfsanalyse im Data Warehousing*. Dissertation, Universität St. Gallen.

Streitz, N. A., Prante, T., Röcker, C., van Alphen, D., Stenzel, R. & Magerkurth, C. (2005). Smarte Arbeitsumgebungen zur Unterstützung verteilter sozialer Prozesse. In Stary, C. (Hrsg.): *Mensch & Computer 2005: Kunst und Wissenschaft – Grenzüberschreitungen der interaktiven ART*. München: Oldenbourg Verlag, 111–120.

Takeuchi, H. & Nonaka, I. (1986). The New New Product Development Game. *Harvard Business Review 86116*, 137–146.

Kontaktinformationen

Florian Ott, E-Mail: ott@cscwlab.de, Tel.: +49 (0) 89-6004-3398.

H. Wandke, S. Kain & D. Struve (Hrsg.): Mensch & Computer 2009: Grenzenlos frei!?
München: Oldenbourg Verlag, 2009, S. 113-122

Graph-basierte facettierte Erstellung von semantischen Suchanfragen

Philipp Heim, Jürgen Ziegler

Interaktive Systeme, Universität Duisburg-Essen

Zusammenfassung

In diesem Beitrag stellen wir einen neuen Ansatz zur Graph-basierten Visualisierung hierarchischer Facetten vor. Die Repräsentation der Facetten durch Knoten, sowie deren Beziehungen durch gerichtete Kanten zwischen den Knoten, erlauben eine zusammenhängende, erweiterbare und leicht verständliche Darstellung und damit die einfache Erstellung auch komplexer semantischer Suchanfragen.

1 Einleitung

Ein wichtiger Vorteil von semantisch annotierten Informationen ist, dass sie nicht mehr nur auf Grundlage der sie repräsentierenden Zeichenketten gefunden werden können, sondern auch auf Grundlage ihrer Bedeutung. Damit steigt sowohl die Anzahl an relevanten Suchergebnissen, als auch deren allgemeine Präzision im Vergleich zu herkömmlichen, größtenteils auf Abgleich von Zeichenketten basierten Suchmaschinen, wie zum Beispiel Wikipedia oder Google. Um allerdings die richtigen Informationen zu finden, muss die semantische Bedeutung des Gesuchten möglichst eindeutig durch den Nutzer formuliert sein. Andernfalls nützt die semantische Annotation des Suchraums wenig, da nicht klar ist, wonach gesucht werden soll.

Es existieren bereits verschiedene Ansätze für Benutzerschnittstellen zur semantisch eindeutigen Definition einer Suchanfrage. Eine grundlegende Strategie, um die Mehrdeutigkeit natürlich sprachlicher Anfragen zu umgehen, ist dabei die Verwendung von eindeutig definierten, künstlichen Anfragesprachen, wie z.B. SPARQL (SPARQL 2008). Für die Formulierung einer Anfrage in einer solchen Sprache, muss diese jedoch vom Nutzer erlernt worden sein. Die direkte Eingabe von Suchbefehlen in einer künstlichen Anfragesprache, wie sie beispielsweise mit SNORQL[1] möglich ist, eignet sich daher eher für Experten.

[1] SNORQL: SPARQL-Explorer für DBpedia (http://dbpedia.org/snorql/).

Die große Mehrheit der Nutzer benötigt eine Benutzerschnittstelle, die das Erstellen einer semantisch eindeutigen Anfrage ohne zusätzliche Kenntnisse erlaubt. Ein verbreiteter Ansatz hierfür beruht auf dem Konzept der facettierten Exploration (Yee et al. 2003), bei dem der Nutzer immer alle noch verbleibenden Optionen zur Erstellung einer Suchanfrage angezeigt bekommt und diese nur noch auswählen muss, um sie seiner Anfrage hinzuzufügen. Hierfür wird der zu durchsuchende Informationsraum entlang konzeptioneller Dimensionen unterteilt, wobei eine der Dimensionen jeweils die aktuelle Ergebnismenge (Ergebnisset) repräsentiert, während die anderen als Facetten verwendet werden, um die Ergebnismenge einzuschränken. Beispielsweise könnten Fußballspieler auf diese Weise über Facetten wie Fußballclub, Geburtsort oder Alter zugreifbar gemacht werden. Da die in den Facetten angezeigten Optionen auf den semantisch annotierten Informationen des Informationsraumes beruhen, werden automatisch ausschließlich bereits semantisch eindeutig definierte Konzepte und Relationen für die Suchanfrage verwendet und somit Mehrdeutigkeit vermieden.

In diesem Beitrag beschreiben wir einen Graph-basierten Ansatz zur facettierten Erstellung semantischer Suchanfragen. Die Facetten sowie das Ergebnisset werden als Knoten in einem Graph dargestellt und durch beschriftete Kanten verbunden. Die Darstellung in einem Graph fördert das Verständnis der Zusammenhänge zwischen den verschiedenen Dimensionen und ermöglicht eine einfache Erweiterung durch weitere Facetten. Durch die Verwendung von Facetten wird die Erstellung von Suchanfragen vereinfacht und deren semantische Eindeutigkeit gewährleistet. Die Kombination von Graph und Facetten erlaubt somit eine einfache Erstellung von komplexen semantischen Suchanfragen und damit das Auffinden von Informationen auf Grundlage ihrer Bedeutung auch ohne Expertenwissen.

Im Folgenden werden bereits existierende Arbeiten zur facettierten Erstellung von Suchanfragen vorgestellt und daraus die Motivation für einen Graph-basierten Ansatz hergeleitet. In Kapitel 3 beschreiben wir unseren grundsätzlichen Ansatz und gehen auf die notwendigen Voraussetzungen für eine Extraktion von hierarchischen Facetten aus bestehenden Informationen ein. Kapitel 4 erklärt, auf welche Weise unser Ansatz die Erstellung semantischer Suchanfragen unterstützen kann und wird gefolgt von einer Evaluation unseres Ansatzes in Kapitel 5. Abschließend geben wir eine Zusammenfassung in Kapitel 6.

2 Verwandte Arbeiten

Es existiert bereits eine Reihe von Arbeiten, die das Erstellen von Suchanfragen innerhalb semantisch annotierter Informationsräume unter Verwendung von facettierter Exploration ermöglichen. Dabei werden die Facetten und das Ergebnisset meistens als Listen dargestellt und in unterschiedlichen Bildschirmbereichen positioniert. Beispiele hierfür sind Tools wie mSpace (Schraefel et al. 2005), Longwell (SMILE 2005) und Haystack (Quan et al. 2003), die direkt mit dem Ergebnisset verbundene Facetten anbieten, um Anfragen zu erstellen. Beispielsweise ließe sich mit diesen Tools die Ergebnisliste aller Fußballspieler durch die Auswahl eines bestimmten Fußballclubs in der Facette mit allen möglichen Clubs, z.B. dem FC Chelsea, auf nur diejenigen Spieler reduzieren, die für diesen Club spielen.

Tools wie Parallax (Huynh & Karger 2009), Tabulator (Berners-Lee et al. 2008) und der Nested Faceted Browser (Huynh 2009) erlauben es darüber hinaus, auch indirekt mit dem Ergebnisset verbundene Facetten zur Erstellung von Anfragen mit einzubeziehen. Somit ließen sich beispielsweise die Fußballer auch über die Stadt einschränken, in der die Clubs, für die sie spielen, beheimatet sind. Dadurch sind die, in einer Anfrage möglichen Optionen nicht nur auf das unmittelbare Umfeld des Ergebnissets beschränkt, sondern können, über viele Ecken entfernte Dimensionen miteinbeziehen. Man spricht hierbei von hierarchischen Facetten, da sich abhängig von der Direktheit ihrer Verbindung zum Ergebnisset, Hierarchien bilden lassen.

In Parallax (Abb. 1, links) wird die Hierarchie der Facetten nie vollständig angezeigt, sondern immer nur ein Teil der Hierarchie. Über Links wird ein Navigieren durch die Hierarchie ermöglicht und somit eine mögliche Integration von entfernten Facetten in die Suchanfrage gewährleistet. Bei komplexeren Anfragen kann es jedoch schwierig werden, den Überblick über alle gewählten Einschränkungen zu behalten, da diese über mehrere Seiten verteilt sind und nicht gleichzeitig auf einem Bildschirm dargestellt werden können. Dagegen erlauben es Tools wie Tabulator (Abb. 1, rechts) und Nested Faceted Browser, die gesamte Hierarchie auf einer Seite in einer Baumstruktur darzustellen und somit einen Überblick über die Gesamtstruktur der verwendeten Facetten zu bewahren.

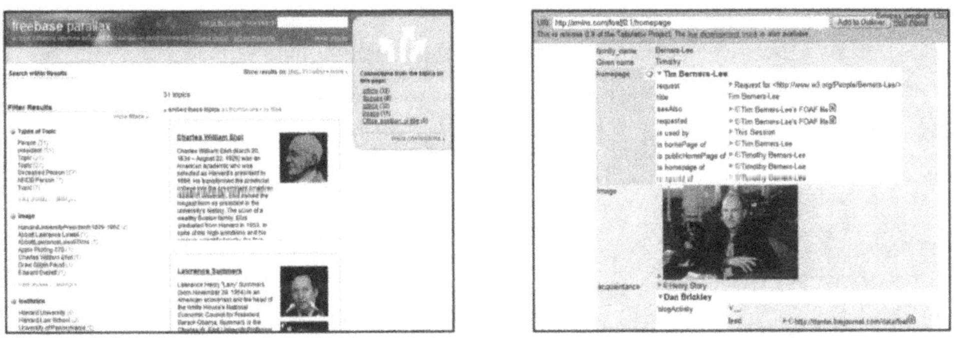

Abbildung 1: Parallax (links) und Tabulator (rechts) erlauben es, hierarchische Facetten zu nutzen

Die Präsentation einer Hierarchie durch eine Baumstruktur ist eine aus vielen etablierten Anwendungen bekannte Darstellung und bedarf daher keiner langen Einarbeitungszeit durch den Nutzer. Einzelne Attribute einer Facette können im Baum aufgeklappt werden, um damit verbundene, weitere Attribute in weiteren Facetten anzeigen und auswählen zu können (siehe Abb. 1, rechts). Dabei werden die Facetten anhand der in ihnen enthaltenen Attribute aufgeteilt und in unterschiedlichen Teilbäumen dargestellt. Durch die Aufteilung sind nicht alle möglichen Attribute einer Facette an einer Stelle im Baum einsehbar und müssen über verschiedene Teilbäume verteilt, zusammengesucht werden. Je mehr Teilbäume jedoch aufgeklappt sind, desto länger und unübersichtlicher wird die Darstellung und umso weniger fördert die Baumansicht das Verständnis der Zusammenhänge. Wir schlagen daher in diesem Beitrag einen alternativen, Graph-basierten Ansatz zur Visualisierung von hierarchischen

Facetten vor, um lange und unübersichtliche Baumstrukturen zu vermeiden und damit eine einfache Erstellung semantischer Suchanfragen zu ermöglichen.

3 Graph-basierte Darstellung

In unserem Ansatz werden Facetten und das Ergebnisset als Knoten in einem Graph dargestellt. Eine erste Beschreibung dieses Ansatzes findet sich in (Heim et al. 2008). Die zwischen Facetten und Ergebnisset sowie zwischen Facetten und Facetten existierenden, semantischen Verbindungen werden als beschriftete, gerichtete Kanten zwischen den Knoten im Graph visualisiert. Abb. 2 zeigt gFacet, eine prototypische Umsetzung unseres Graph-basierten Ansatzes. Um das Ergebnisset besser von den Facetten unterscheiden zu können, wird es in gFacet mit einer dunkleren Hintergrundfarbe dargestellt (A). Die Elemente im Ergebnisset, sowie die in den einzelnen Facetten verfügbaren Optionen zur Erstellung von Suchanfragen sind in Listen organisiert. Durch die Kombination mit Scroll- und Blätter-Funktionen lassen sich in den Listen auch größere Informationsmengen übersichtlich handhaben. Durch die Auswahl von noch nicht im Graph angezeigten Facetten aus Drop-Down-Listen (B), kann der Nutzer dem Graph schrittweise neue Knoten und damit weitere Facetten hinzufügen (C).

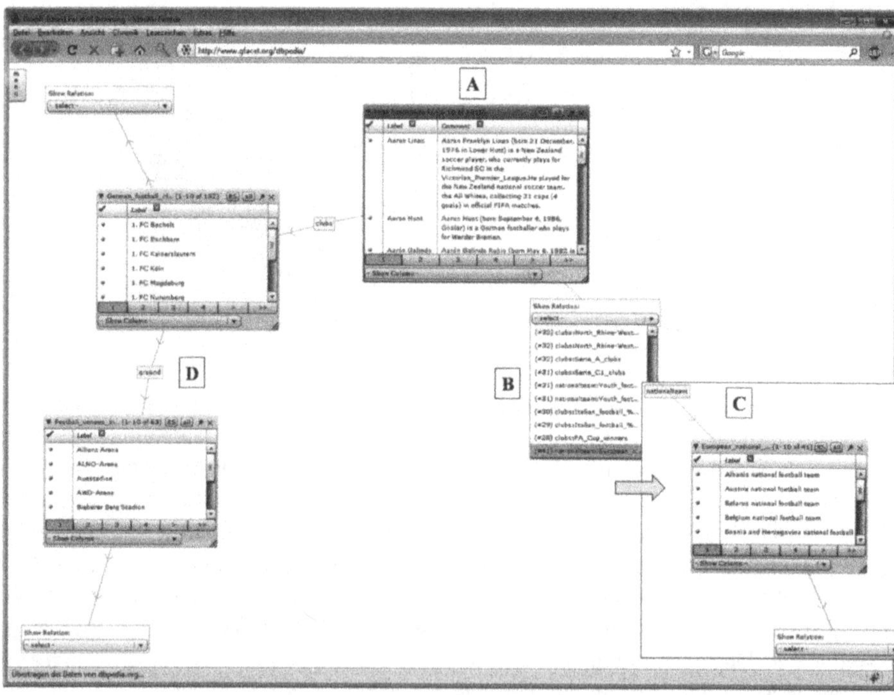

Abbildung 2: gFacet, eine prototypische Umsetzung des Graph-basierten facettierten Ansatzes

Der Ansatz einer Graph-basierte Darstellung von Facetten hat die folgenden Vorteile:

- Direkte Repräsentation von Beziehungen durch beschriftete Kanten (D).
- Gruppierung aller, für eine Facette verfügbaren Optionen in einer Liste.
- Zusammenhängende Darstellung aller verwendeten Facetten.
- Schrittweises Hinzufügen weiterer Facetten als neue Knoten im Graph (C).

Extraktion hierarchischer Facetten

Um hierarchische Facetten in Drop-Down-Listen zur Erweiterung des Graphen anbieten zu können, müssen diese zuerst aus der Datenbasis extrahiert werden. Die Extraktion hierarchischer Facetten ist nur dann möglich, wenn der zu durchsuchende Informationsraum einen gewissen Grad an Strukturiertheit nicht unterschreitet. Alle in diesem Informationsraum enthaltenen, atomaren Informationseinheiten müssen mindestens die folgenden zwei zusätzlichen Metainformationen definieren:

1. Eine eindeutige ID.
2. Mindestens eine semantische Verknüpfung zu einer anderen Informationseinheit.

Eine semantische Verknüpfung ist eine gerichtete Relation eines bestimmten Typs und beschreibt einen semantischen Zusammenhang zwischen zwei Informationen. Zum Beispiel beschreibt die Relation vom Typ „part of", dass ein hierarchischer Zusammenhang zwischen Informationseinheiten besteht, oder der Relationstyp „is a", dass eine Informationseinheit durch eine andere klassifiziert wird. Alle in dem Informationsraum enthaltenen Informationen, die keine Verknüpfung zu mindestens einer anderen Information haben, können weder zur Extraktion von hierarchischen Facetten verwendet, noch durch die Verwendung von Facetten aufgefunden werden.

Ein Beispiel für Informationsräume, die dieses Mindestmaß an Strukturiertheit üblicherweise erfüllen, sind in RDF kodierte Datensätze. Mit der wachsenden Popularität des Semantic Web nimmt die Anzahl solcher, frei über das Internet verfügbarer Datensätze stetig zu. Damit kann eine immer größere Menge an Informationen über den, in diesem Beitrag beschriebenen Ansatz der Graph-basierten facettierten Exploration zugegriffen werden. Ein Beispiel hierfür ist der Zugriff auf den DBpedia-Datensatz über gFacet[2]. DBpedia ist ein in RDF repräsentierter Auszug semantisch beschriebener Daten aus Wikipedia (Auer et al. 2008), der sich wachsender Nutzung erfreut. Die semantischen Verknüpfungen zwischen den Informationseinheiten in DBpedia werden in diesem beispielhaften Einsatz von gFacet als Grundlage für die Extraktion hierarchischer Facetten und damit für die facettierte Suche in DBpedia verwendet. Welche hierarchischen Facetten aber für eine konkrete Anfrage angezeigt und damit verwendet werden können, wird interaktiv durch den Nutzer gesteuert. Bis zur Anzeige hierarchischer Facetten werden die folgenden drei Schritte durchlaufen:

[2] Beispielhafter Einsatz von gFacet zur semantischen Suche in DBpedia-Daten (http://www.gFacet.org/dbpedia).

1. Definition des Ergebnissets durch die Wahl eines bestimmten Relationstypen, z.B. „is a", zusammen mit einer Informationseinheit, zu der diese Relation führt, z.B. Fußballspieler (Abb. 3, links).

2. Basierend auf der Definition des Ergebnissets, die automatische Extraktion aller möglichen hierarchischen Facetten und deren Attribute auf Grundlage der semantischen Verknüpfungen (Abb. 3, rechts oben).

3. Letztlich als Knoten im Graph angezeigt werden nur diejenigen Facetten, die vom Nutzer ausgewählt wurden (Abb. 3, rechts unten).

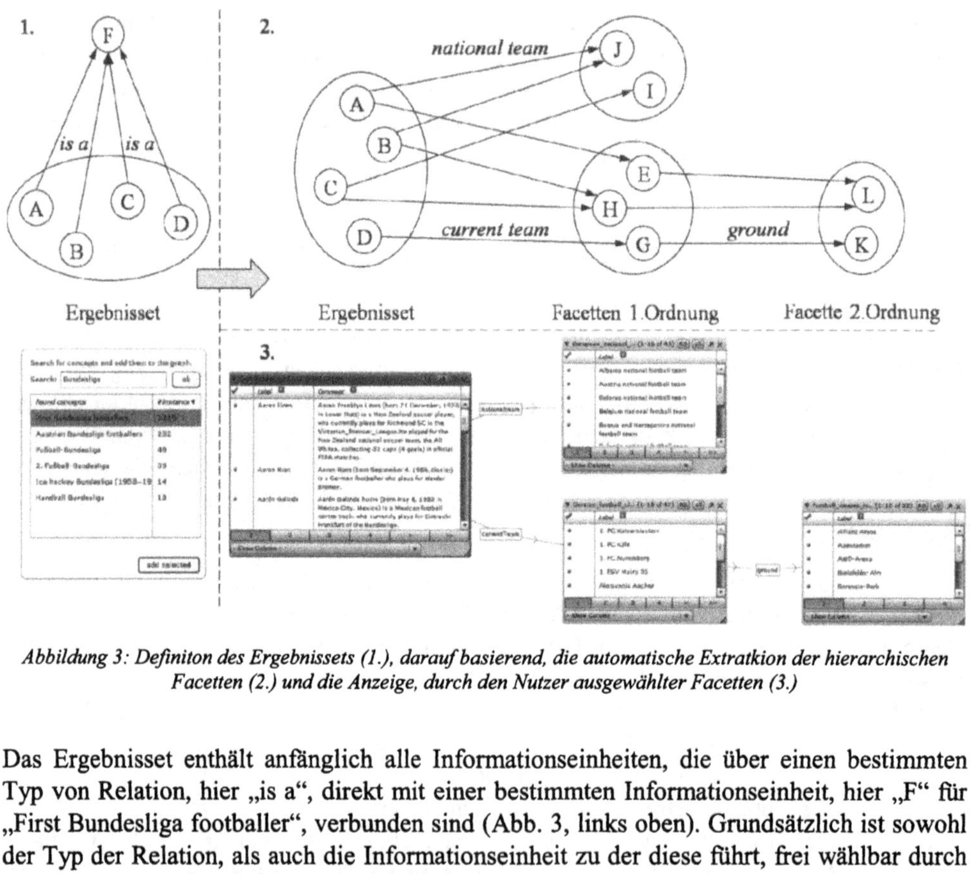

Abbildung 3: Definiton des Ergebnissets (1.), darauf basierend, die automatische Extratkion der hierarchischen Facetten (2.) und die Anzeige, durch den Nutzer ausgewählter Facetten (3.)

Das Ergebnisset enthält anfänglich alle Informationseinheiten, die über einen bestimmten Typ von Relation, hier „is a", direkt mit einer bestimmten Informationseinheit, hier „F" für „First Bundesliga footballer", verbunden sind (Abb. 3, links oben). Grundsätzlich ist sowohl der Typ der Relation, als auch die Informationseinheit zu der diese führt, frei wählbar durch den Nutzer. In unserer prototypischen Umsetzung (Abb. 3, links unten) ist der Relationstyp zur Definition des Ergebnissets allerdings auf „is a"-Relationen festgesetzt und erlaubt daher ausschließlich die Festlegung der Klasse des Ergebnissets, hier zum Beispiel „First Bundesliga footballer".

Nach der Definition des Ergebnissets können die dafür verfügbaren hierarchischen Facetten, auf der Basis der mit dem Ergebnisset verbundenen Informationseinheiten, automatisch extrahiert werden (Abb. 3, rechts oben). Dabei wird für jeden vom Ergebnisset startenden

Relationstypen eine eigene Facette extrahiert, die die, über diesen Relationstypen verbundenen Informationseinheiten enthält. Ausgehend von diesen Facetten 1.Ordnung werden weitere Facetten 2. und höherer Ordnung auf die gleiche Weise gebildet, solange bis keine weiteren, über Relationen verbundenen Informationseinheiten verfügbar sind.

4 Erstellung von Suchanfragen

Nachdem der Nutzer Facetten für die Anzeige im Graph ausgewählt hat, kann er diese für die Erstellung semantisch eindeutiger Suchanfragen verwenden. Durch die Selektion von in den Facetten angezeigter Attribute kann er Einschränkungen formulieren, die zu einem unmittelbaren visuellen Feedback sowohl im Ergebnisset als auch in den Facetten führen (Abb. 4).

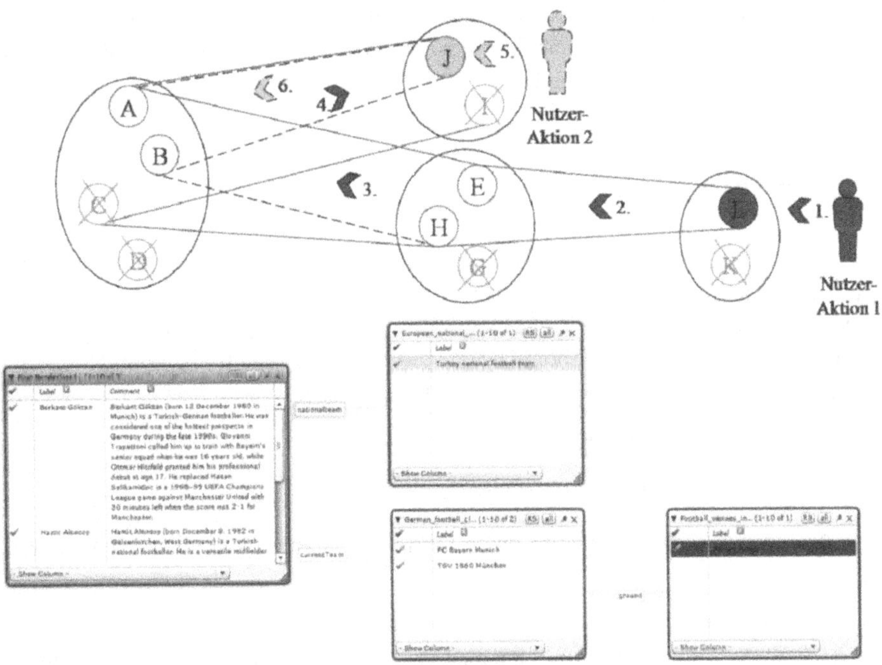

Abbildung 4: Die Selektion von Attributen erlaubt die Einschränkung der angezeigten Informationen.

Nach der Selektion eines bestimmten Attributs durch den Nutzer, hier „Allianz Arena" (Abb. 4, Nutzer-Aktion 1), werden nur noch diejenigen Informationen im Ergebnisset und in den hierarchischen Facetten angezeigt, die eine direkte oder indirekte Verbindung zu diesem Attribut haben. Um die angezeigten Informationen anzupassen, findet eine schrittweise, von der aktuellen Selektion ausgehende Aktualisierung des Graphen statt. In gFacet werden die, auf Grund einer Selektion erfolgten Einschränkungen farblich hervorgehoben, um dem Nutzer eine Rückverfolgung der Ursache für eine Einschränkung zu ermöglichen.

Bei der Selektion von mehreren Attributen in unterschiedlichen Facetten, werden nur noch diejenigen Informationen angezeigt, die mit allen selektierten Attributen direkt oder indirekt verbunden sind (Abb. 4, Nutzer-Aktionen 1 und 2). Damit findet eine UND-Verknüpfung der Selektionen statt. Um auch mehr als einen einschränkenden Einfluss durch Selektionen repräsentieren zu können, werden in gFacet verschiedenfarbige Ringe um die entsprechenden Knoten im Graph gezeichnet. Dadurch sind die Ursachen für Einschränkungen auch in komplexen Suchanfragen nachvollziehbar (Abb. 4, unten).

Die Darstellung hierarchischer Facetten als Knoten in einem Graph hat die folgenden Vorteile bei der Erstellung semantischer Suchanfragen:

- Durch die Visualisierung der semantischen Verknüpfungen durch beschriftete Kanten wird das Verständnis für die bestehenden Zusammenhänge und Abhängigkeiten unterstützt und damit die Erstellung komplexer Suchanfragen durch den Nutzer erleichtert.
- Durch die zusammenhängende Darstellung sowohl aller Ursachen für Einschränkungen, als auch ihrer Wirkungen, wird das Verständnis für bereits erstellte Suchanfragen unterstützt und deren Erweiterung erleichtert.

5 Evaluation

Um den Ansatz zu evaluieren und damit eine Einschätzung der Gebrauchstauglichkeit des Werkzeugs zu bekommen, wurde eine erste Evaluationsstudie durchgeführt, in der gFacet mit einem anderen Werkzeug zur facettierten Suche verglichen wurde. Gemessen wurde, in wie weit es den Versuchspersonen möglich war, mit Hilfe der beiden Werkzeuge die folgenden drei, unterschiedlich schweren Aufgabentypen zu lösen:

1. Finde 2 Spieler eines bestimmten Clubs.
2. Finde 2 Städte, in denen Spieler eines bestimmten Clubs geboren sind.
3. Finde einen Spieler, der sowohl für einen bestimmten Club spielt, als auch in einer bestimmten Stadt geboren ist.

In einem 2x3 (Werkzeug x Aufgabe) within-subjects-Design wurden die Tools gFacet und Parallax (Huynh & Karger 2009) miteinander verglichen. Um Lerneffekte zu reduzieren, wurde jede Versuchsperson einer von zwei Gruppen zugewiesen, wobei die eine Gruppe zuerst gFacet und dann Parallax verwendete, die andere Gruppe zuerst Parallax und dann gFacet. Jeweils nach der Bearbeitung der drei Aufgaben mit einem Tool, wurde ein separater Bewertungsbogen ausgefüllt und am Ende ein allgemeiner Frage- und Vergleichsbogen.

An der Vergleichsstudie nahmen 10 Versuchspersonen mit einem Durchschnittsalter von 28,3 Jahren (24–31) teil. Die Gruppe setzte sich aus 8 männliche und 2 weibliche Versuchspersonen zusammen, alle mit Hochschulreife oder höheren Abschluss. Die Funktionsweisen beider Tools wurden in jeweils einem Video anhand einer Beispiel-Aufgabe vorgestellt.

5.1 Ergebnisse

Abb. 5 zeigt auf der linken Seite ein Diagramm mit der Anzahl an richtigen Lösungen, die mit Hilfe der beiden Tools auf die drei unterschiedlichen Aufgabentypen gegeben wurden. Dabei sind richtige Lösungen für Aufgabentyp 1 und 2 in Parallax noch durch einfaches Explorieren von Links auffindbar und dadurch häufiger zu beobachten, als richtige Lösungen mit gFacet für diese Aufgabentypen. Der unvertraute Ansatz einer Graph-basierten facettierten Suche scheint für einfache Explorationsaufgaben teilweise zu komplex zu sein, zeigt aber bei der Formulierung kombinierter Suchanfragen, wie für Aufgabentyp 3 notwendig, deutliche Vorteile gegenüber Parallax. Aufgabentyp 3 ist durch das alleinige Explorieren von Links überhaupt nicht, oder nur unter großen Zeiteinbußen lösbar. Hierfür müsste jeder Link in einem „try-and-error"-Verfahren auf seine Richtigkeit hin getestet werden.

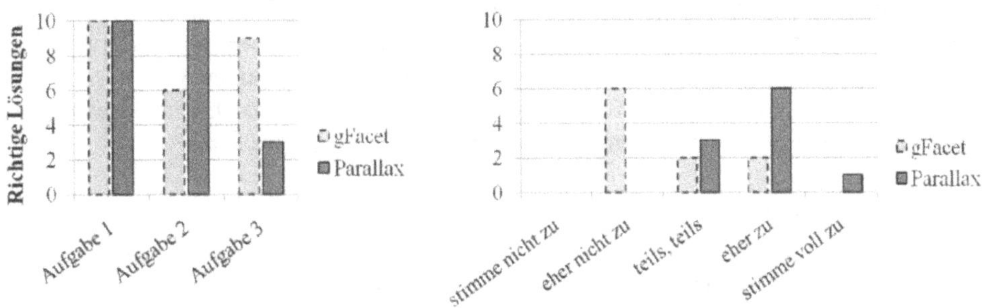

Abbildung 5: Richtige Lösungen auf die gestellten Aufgaben (links) und Antworten auf die Aussage: „Es war schwer die Zusammenhänge zwischen den Informationen zu verstehen" (rechts)

Grundsätzlich bietet Parallax die Möglichkeit zur facettierten Suche über unterschiedliche Dimensionen. Im Vergleich zu gFacet werden aber immer nur die Facetten angezeigt, die mit der aktuell im Fokus stehenden Information direkt verbunden sind und bieten damit nur einen kleinen Ausschnitt aus den vorhandenen hierarchischen Facetten. Die fehlende Möglichkeit von Parallax, auch komplexere Verbindungen zwischen Facetten auf einer Seite darzustellen, schlägt sich auch in den Antworten auf die Aussage „Es war schwer die Zusammenhänge zwischen den Informationen zu verstehen", im Bewertungsbogen nieder. Wie im rechten Diagramm in Abb. 5 zu sehen, stimmen dieser Aussage deutlich mehr Versuchspersonen bei der Bewertung von Parallax zu, als bei der Bewertung von gFacet.

Die Schwierigkeiten bei der Erstellung komplexerer Suchanfragen mit Hilfe von Parallax lassen sich auch auf den Umstand zurückführen, dass klar zwischen Exploration und Filterung getrennt wird. Explorierte Informationen können somit nicht zum Filtern genutzt werden, im Gegensatz zu unserem Ansatz, der diese Unterscheidung nicht vornimmt.

6 Zusammenfassung

Wir haben in diesem Beitrag einen neuen Ansatz zur Graph-basierten, facettierten Erstellung von semantisch eindeutigen Suchanfragen vorgestellt. Zusätzlich zu den generellen Vorteilen einer facettierten Suche bietet unser Graph-basierter Ansatz eine direkte Repräsentation von Beziehungen durch beschriftete Kanten und damit eine zusammenhängende Darstellung aller, auch über mehrere Knoten miteinander verbundener Facetten. Dabei kann der Nutzer entscheiden, welche Facetten als Knoten im Graph dargestellt werden und diese dann nutzen, um Filter zu definieren. Die auf Grund der Filter entstandenen Einschränkungen werden im Graph farblich hervorgehoben, um Zusammenhänge besser verständlich zu machen.

Weiter haben wir ein Mindestmaß für die Strukturiertheit von Informationsräumen definiert, um eine automatische Extraktion von hierarchischen Facetten zur Graph-basierten, facettierten Erstellung von Suchanfragen zu ermöglichen. Mit unserem Prototyp gFacet und dem RDF-basierten DBpedia-Daten haben wir eine beispielhafte Umsetzung vorgestellt und diese in einer Vergleichsstudie evaluiert. Die Ergebnisse der Evaluation zeigen, dass unser Ansatz eine vielversprechende Möglichkeit aufweist, um komplexe, semantisch eindeutige Suchanfragen zu erstellen und damit Informationen gezielt zugreifbar zu machen.

Literaturverzeichnis

Auer, S., Bizer, C., Kobilarov, G., Lehmann, J., Cyganiak, R. & Ives, Z. (2008). *DBpedia: A Nucleus for a Web of Open Data.* In Proc. of the 6th ISWC2008, S. 722-735.

Berners-Lee, T., Hollenbach, J., Lu, K., Presbrey, J., Prud'ommeaux, E. & Schraefel, m.c. (2008). *Tabulator Redux: Browsing and Writing Linked Data.* In Proc. of the LDOW2008.

Heim, P., Ziegler, J. & Lohmann, S. (2008). *gFacet: A Browser for the Web of Data.* In Proc. of the IMC-SSW2008, S. 49-58.

Huynh D. (2009): Nested faceted browsing. http://people.csail.mit.edu/dfhuynh/projects/nfb/.

Huynh, D. & Karger, D. (2009). *Parallax and Companion: Set-based Browsing for the Data Web.*

Quan, D., Huynh, D. & Karger, D. (2003). *Haystack: A Platform for Authoring End User Semantic Web Applications.* In Proc. of ISWC2003, S. 738-753.

Schraefel, m.c., Smith, D., Owens, A., Russell, A., Harris, C. & Wilson, M. (2005). *The evolving mSpace platform: leveraging the semantic web on the trail of the memex.* In Proc. of Hypertext 2005, ACM Press, S. 174-183.

SIMILE (2005). *Longwell RDF Browser.* http://simile.mit.edu/longwell/.

SPARQL (2008). *Anfragesprache für RDF.* http://www.w3.org/TR/rdf-sparql-query/.

Yee, K.-P., Swearingen, K., Li, K. & Hearst, M. (2003). *Faceted metadata for image search and browsing.* In Proc. of the CHI2003, ACM Press, S. 401-408.

Kontaktinformationen

Dipl.-Inf. Philipp Heim, Email: philipp.heim@uni-due.de

H. Wandke, S. Kain & D. Struve (Hrsg.): Mensch & Computer 2009: Grenzenlos frei!?
München: Oldenbourg Verlag, 2009, S. 123-132

FacetBrowse: Facettenbasiertes Browsen im Groupware Kontext

Sebastian Franken, Wolfgang Prinz

RWTH Aachen, Fraunhofer FIT

Zusammenfassung

Die traditionelle, hierarchische Organisation von virtuellen Objekten stößt gerade in kollaborativen Arbeitsumgebungen schnell an ihre Grenzen, da sie die Priorisierung von Organisationskriterien inhärent fordert, was die Benutzbarkeit von hierarchisch organisierten Strukturen schmälert. Facettenbasierte Organisationsformen können hier Abhilfe schaffen, indem sie Benutzern die Möglichkeit geben, virtuelle Objekte nach ihren eigenen Kriterien zu organisieren. In diesem Beitrag wird FacetBrowse vorgestellt, ein System, das Facetten auf virtuelle Objekte des Groupware-Systems BSCW (Basic Support for Cooperative Work) anwendet. Wir beschreiben die Anforderungen, Systemkonzept und Implementierung sowie seine iterative Entwicklung und Evaluation.

1 Einleitung

Der limitierende Faktor für die Leistungsfähigkeit eines Softwaresystems ist weniger die Rechenleistung der Hardware des Systems, sondern vielmehr die Bedienbarkeit der Funktionen. Entsprechend wurde der Verbesserung der Bedienbarkeit immer mehr Aufmerksamkeit geschenkt. Im Bereich der Dateiorganisation gab es jedoch nur wenige Verbesserungen. Die hierarchische Dateiorganisation dominiert weiterhin, und das in einer Zeit, in der immer mehr Benutzer durch die Verbreitung von digitalen Endgeräten vor die Probleme der Verwaltung großer Dateimengen gestellt werden. Zusätzlich wird durch den zunehmenden Einsatz moderner Informations- und Kommunikationstechnologien die Zusammenarbeit mehrerer Benutzer im Rahmen von Projekten gefördert. Dadurch steigt der Bedarf an Organisationssystemen für virtuelle Ressourcen, die die Organisations- und Navigationsbedürfnisse aller Benutzer gleichermaßen zufrieden stellen. Traditionelle Dateihierarchien können diese Bedürfnisse nur bedingt erfüllen. Hierarchische Organisationsformen verlangen eine priorisierte Folge von Organisationskriterien zu ihrer Erstellung, bevor die ersten Objekte eingefügt werden können. Einmal eingerichtet, ist die Erweiterung dieser Systeme komplex und eine Restrukturierung der Organisationskriterien nur umständlich möglich.

Gerade die Priorisierung der Organisationskriterien wird in kollaborativen Arbeitsumgebungen zum Problem. Unterschiedliche Benutzer haben unterschiedliche Vorstellungen von der Organisation der Dateibestände (Prinz & Zaman 2005), und wenn Benutzer in Workspaces eingeladen werden, müssen sie zwangsläufig zunächst die Dateihierarchien der anderen Benutzer erfassen. Die Erzeugung individueller Sichten und Navigationsstrukturen wird ebenfalls nur selten unterstützt. Neben der in Web 2.0-Anwendungen häufig genutzten Technik der Verschlagwortung (Tagging) (Braun et al. 2007) sind Facetten ein Schlüssel zur Lösung dieses Problems. Facetten sind orthogonale Eigenschaften eines Objekts. In ihnen werden verschiedenen Ausprägungen der Eigenschaften eines Objekts als Attribute zusammengefasst. Dabei besagt die Orthogonalität, dass die Zuweisung eines Attributes zu einem Objekt keinen Einfluss auf die Zuweisung anderer Attribute hat.

FacetBrowse überträgt das Konzept der Facetten auf den heterogenen Bestand virtueller Objekte der web-basierten Groupware-Umgebung BSCW, das auf der Idee virtueller Workspaces beruht, die zur Zusammenarbeit von Benutzern für andere Benutzer freigegeben werden (Appelt 1999). FacetBrowse leistet somit einen Beitrag zur effizienteren Arbeitsgestaltung und zum Browsen großer Datenbestände in den BSCW-Workspaces. Mit FacetBrowse wird zum ersten Mal ein Systemdesign vorgestellt und evaluiert, das Facetten und die Kombination von Attributen zur Objektfindung im Groupware-Kontext benutzt.

Im weiteren Verlauf dieses Beitrags werden zunächst einige Eigenschaften facettenbasierter Systeme erläutert und dann einige Systeme vorgestellt, die sich das Konzept der Facetten in einem von Groupware abweichenden Rahmen zu Nutze machen. Aus diesen Systemen werden dann Schlussfolgerungen für FacetBrowse gezogen, die zur Beschreibung und zu einer Architekturskizze von FacetBrowse führen. Zum Abschluss beschreiben wir die iterative Entwicklung und die Evaluation des Systems.

2 Facetten als Organisationskonzept

Facettenbasierte Organisationssysteme werden auch als analytisch-synthetische Klassifikationen oder als postkombinierte Organisationssysteme bezeichnet. Diese Bezeichnungen verdeutlichen den Arbeitsprozess zur Erstellung einer Facettenklassifikation, bzw. deren Handhabung. Die Erstellung einer Facettenklassifikation erfolgt über die Analyse der zu klassifizierenden Objekte und der Erstellung der Facetten und ihrer Attribute. Die Klassifikation wird durch die Synthese oder die Kombination der verschiedenen Attribute zur Eingrenzung der Ergebnisse genutzt. Der Vorteil facettenbasierter Systeme ist, dass die Klassifikation durch das Hinzufügen neuer Attribute einfach erweitert werden kann. Facetten sind inhärente Eigenschaften eines Objekts, während Tags zusätzliche, vom Benutzer hinzugefügte, Attribute zur Verschlagwortung sind. Gleichwohl können Tags ebenfalls als Facetten angesehen werden, so wie in der hier vorgestellten Anwendung. Betrachtet man die einzelnen Facetten, so können für diese einige Eigenschaften definiert werden (Yee et al. 2003).

Facetten können einwertig, mehrwertig oder binär sein, je nachdem ob einem Objekt ein oder mehrere Attribute der Facette zugeordnet werden können. Bei binären Facetten können einem Objekt nur die Attribute „Ja" oder „Nein" zugeordnet werden. Weiterhin können Facetten flach oder hierarchisch gestaltet sein, abhängig davon ob die Attribute in sich strukturiert sind. Hinsichtlich der Anzeige der Objekte, auf die eine Attributkombination zutrifft, können noch die Verfahren des „Inversen Ausblendens" bzw. der „Attribut-Addition" unterschieden werden (Arndt 2006). Beim inversen Ausblenden wird zunächst ein unsortierter Ausschnitt aus der gesamten Objektmenge angezeigt, aus dem die Objekte entfernt werden, auf die die Attributauswahl nicht zutrifft. Bei der Attribut-Addition wird ein „Blanko-Objekt" nach und nach um die gewünschten Attribute erweitert und somit die Ergebnismenge vergrößert.

Facettenklassifikationen entstanden im Indien der 1930er Jahre. Dort wurden sie durch den Mathematiker S. R. Ranganathan entwickelt, der als Bibliothekar die Bestände der Universitätsbibliothek von Madras katalogisieren sollte. Nach einem Studium der Bibliothekswissenschaften in England entstand mit der Colon-Klassifikation die erste Facettenklassifikation (Ranganathan 1933), die in der Folge in dieser Bibliothek angewendet wurde. Das Problem dieser Zeit war jedoch, dass die Bestände von Hand katalogisiert und mit kodierten Bezeichnern versehen werden mussten, was das System langsam machte. Auch die Erweiterung war problematisch, da die Bezeichner in Form von Büchern veröffentlicht wurden, die bis zur siebten Auflage erschienen (Satija 1989). Letztlich mussten jedoch die Bestände in eine physische Reihenfolge gebracht werden, sodass wieder ein Organisationskriterium der physischen Bestände gefunden werden musste. Diese Probleme entfallen bei der facettenbasierten Organisation virtueller Ressourcen. Der Benutzer kann hier unmittelbar mit den Attributen und den Objekten interagieren. Im Fall des BSCW-Systems können die Metadaten direkt angefordert werden, eine manuelle Ergänzung um diese Daten entfällt ebenfalls. Die Erweiterung des Systems um weitere Attribute ist auch einfach, da keine physischen Bücher erweitert werden müssen.

3 Verwandte Systeme und Anforderungen

Facetten werden zur Organisation virtueller Ressourcen in verschiedenen Systemen bereits erfolgreich eingesetzt. Im Internet ist dies meist dann der Fall, wenn der Benutzer Zugriff auf viele gleichartige Objekte hat, wie zum Beispiel im System von Wine.com oder bei Youtube. Eine stark inhaltsorientierte, facettenbasierte Organisationsform wird durch das Flamenco-System angeboten. Die Anwendung InfoZoom wird lokal installiert und ermöglicht den Zugriff auf große, facettierte Datenbanken.

3.1 Internet-Anwendungen

Im System von Wine.com[1] hat der Benutzer über neun verschiedene Facetten Zugriff auf alle relevanten Eigenschaften von Flaschenweinen. In einem Auswahlinterface werden dem Benutzer alle Facetten mit den Listen der Attribute angezeigt, die jeweils mit Kontrollkästchen

[1] http://www.wine.com, Zugriff am 28.05.2009

versehen sind. Wählt der Benutzer Attribute einer Facette aus, so werden die Attribute der anderen Facetten auf jene eingeschränkt, die zusammen mit den bereits gewählten Attributen eine nichtleere Ergebnismenge produzieren würden. Gleichzeitig wird die Anzahl der Ergebnisse aktualisiert. Insgesamt liegt der Schwerpunkt des Interfaces von Wine.com jedoch eher auf der Suchfunktion und weniger auf dem Browsen des Datenbestandes.

Im Gegensatz zu den sehr speziellen Facetten bei Wine.com, werden in der erweiterten Suchmaske von Youtube[2] zwar auch Facetten genutzt, diese sind jedoch sehr allgemein und beziehen sich auf Dauer, Sprache, Kategorie und Hochladedatum. Dabei werden für das Hochladedatum kontextsensitive Attribute benutzt. Die Ursache für die eingeschränkte Zahl der Facetten liegt möglicherweise in der Heterogenität der Videos, die es schwierig macht, passende Facetten für alle Videos zu finden.

Ein speziellerer Ansatz ist das Flamenco-System der UC Berkeley[3]. Hier werden in einer facettierten Datenbank Architekturfotografien mit Hilfe von neun Facetten erfasst, die sich sehr stark auf den Inhalt der Bilder beziehen. Zu diesen Facetten gehören zum Beispiel der Stil des abgebildeten Gebäudes, die Struktur und das Konzept oder der Entstehungszeitraum. Damit verbunden ist ein hoher Initialisierungsaufwand für die Einrichtung der Datenbank bzw. für das Einfügen neuer Bilder. Der Benutzer kann dadurch jedoch gezielt auf Details der Bilder zugreifen, die aus dem Inhalt der Bilder nicht unmittelbar hervorgehen. Flamenco zeigt die Möglichkeiten, die sich bei Anwendung von Facetten auf eine Menge von Objekten mit gleichartigen Eigenschaften ergeben.

3.2 Eigenständige Anwendungen

Neben den web-basierten Anwendungen werden Facetten auch in eigenständigen Anwendungen eingesetzt. InfoZoom[4] ist ein Einzel-Benutzer-System, das lokal auf einem Rechner installiert wird und einem Benutzer Zugriff auf eine facettierte Datenbank ermöglicht. Dabei werden die Facetten als Zeilenname einer Tabelle präsentiert, bei der die Attribute die Zeilen proportional zu ihrer Häufigkeit füllen. Klickt der Benutzer auf ein Attribut, so wird der entsprechende Abschnitt der Tabelle auf die volle Bildschirmbreite expandiert, damit also ein hereinzoomen in die Daten bewirkt. Analog ist auch ein herauszoomen möglich. Über separat aufrufbare Attributlisten können mehrere Attribute ausgewählt werden oder von der Suche ausgeschlossen werden. InfoZoom gibt dem Benutzer daher die Möglichkeit, assoziativ durch die Daten zu navigieren und damit schnell einen Überblick über einen großen Datenbestand zu gewinnen. Eine Erweiterung von InfoZoom zur Exploration von Dokumenten und darauf ausgeführter Aktionen wurde mit SwapIt realisiert. Dabei wurden u.a. die kooperativen Aktivitäten einer Gruppe als Facetten genutzt (Seeling et al. 2007). Ein anderer facettenbasierter Organisationsansatz findet sich bei Ziegler, der eine Graph-basierte Visualisie-

---

[2] http://www.youtube.com, Zugriff am 28.05.2009

[3] http://flamenco.berkeley.edu, Zugriff am 28.05.2009

[4] http://www.infozoom.com/5/-/home.html, Zugriff am 28.05.2009

rung facettierter Daten vorschlägt (Heim et al. 2008). Eine Möglichkeit der Erweiterung der Tabellenansicht um eine dritte Dimension wird bei Briem gezeigt (Briem & Eibl 2007).

Aus einer Zusammenfassung der vorgestellten Systeme lassen sich einige Schlussfolgerungen für den Funktionsumfang von FacetBrowse ziehen. So bieten diese Systeme dem Benutzer zwischen vier und neun, bei InfoZoom prinzipiell beliebig viele Facetten. Im Beispiel einer Formel-1-Datenbank stehen dem Benutzer 34 Facetten zur Verfügung (Spenke & Beilken 2003). Betrachtet man die vorgestellten Systeme, so reichen fünf bis neun Facetten in den vorgestellten Systemen aus, um deren Vorteile zur Datenorganisation effizient nutzen zu können. Einige der vorgestellten Systeme bieten dem Benutzer die Möglichkeit der Kombination einzelner Attribute einer Facette. So können in der Ergebnismenge Objekte zugelassen werden, die mindestens eines der gewählten Attribute einer Facette besitzen. Ein kleiner Teil der Systeme lässt es zu, die Attributauswahl nachträglich einzuschränken oder zu erweitern. Damit ist ein assoziatives Browsen des Datenbestandes möglich. Ungefähr die Hälfte der Systeme bietet dem Benutzer eine Vorschau auf die Anzahl der Ergebnisse, die die aktuell gewählten Attribute besitzen. Alle Systeme bieten dem Benutzer die Möglichkeit der Volltextsuche auf den Attributen der Objekte. Diese Funktionen stellen einen Anforderungskatalog für die Funktionalität von FacetBrowse dar.

3.3 Anforderungen an FacetBrowse

Aus den Erkenntnissen über die verwandten Systeme ergeben sich zusammen mit den technischen Gegebenheiten schon einige Anforderungen an FacetBrowse. FacetBrowse soll als Browser-Applet implementiert werden, das per Webservices mit dem BSCW-Server kommuniziert. Auf diese Weise kann FacetBrowse auf die Metadaten der Objekte eines Benutzers des BSCW Systems zugreifen und gleichzeitig die lokale Rechenleistung nutzen. Dies hilft, FacetBrowse reaktionsschnell zu machen und das BSCW-System stabil zu lassen.

Aus den verwandten Systemen wurden weitere Anforderungen an FacetBrowse abgeleitet, die hier zusammengefasst werden. Zunächst ist es sinnvoll, so viele Facetten wie möglich mit FacetBrowse zu unterstützen, um die heterogene Datenmenge möglichst umfassend zu beschreiben. In den verwandten Systemen werden die Attribute einer Facette meist als alphabetisch sortierte Liste angezeigt, was daher in FacetBrowse übernommen wird. Weiterhin wird jedes Attribut der Liste so gestaltet, dass einfaches Anklicken des Attributes die Ergebnismenge einschränkt. Zusätzlich soll es möglich sein, mehrere Attribute innerhalb einer Facette zu markieren, um Ergebnisse zuzulassen, die mindestens eines der Attribute der Facette besitzen. Die Attributlisten sind bei FacetBrowse ein dauerhaft sichtbarer Bestandteil des Interfaces, um dem Benutzer zu jeder Zeit die Möglichkeit zu bieten, die Attributauswahl zu ändern und damit assoziatives Browsen zu ermöglichen. Eine Vorschau auf die Anzahl der Ergebnisse kann durch die Angabe der Anzahl der Objekte mit einem bestimmten Attribut gegeben werden. Weiterhin ist es auch möglich, eine inkrementelle Volltextsuche über alle Metadaten zu implementieren, was die Möglichkeiten rein web-basierter Systeme übertrifft und FacetBrowse noch reaktionsschneller macht.

4 Architektur, Funktionsablauf und Evaulation

FacetBrowse wurde als Flash-basiertes Browser-Applet mit Adobe Flex entwickelt. Die Kommunikation mit dem BSCW-Server geschieht über die Webservices der BSCW-API. Dadurch bleibt die Implementierung des BSCW-Systems unangetastet, die Metadaten der einzelnen Objekte des BSCW-Systems müssen jedoch zwischen FacetBrowse und BSCW-Server ausgetauscht werden. Um den Umfang dieses Datenaustausches zu begrenzen, kann der Benutzer über eine Favoritenliste die Menge der zu übertragenden Metadaten auf die für ihn interessanten Ordner begrenzen.

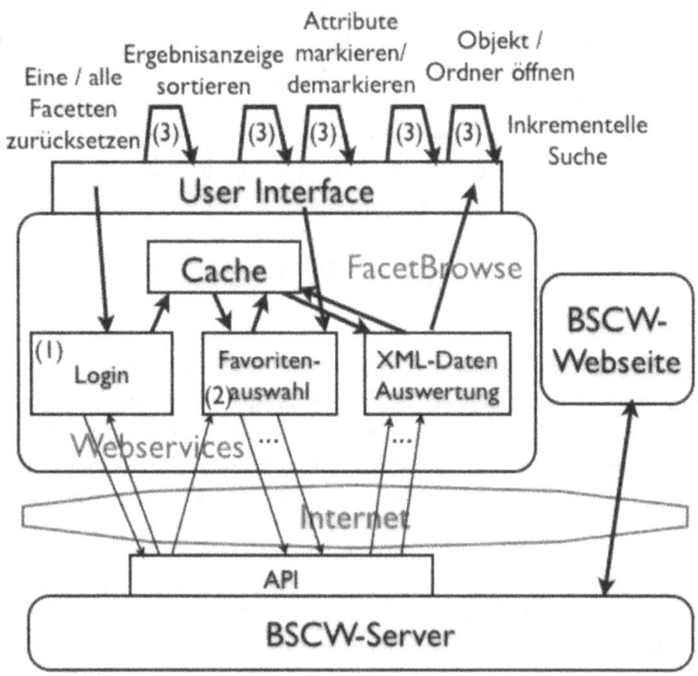

Abbildung 1: Ablaufdiagramm und Architekturschema von FacetBrowse

Der Funktionsablauf von FacetBrowse gliedert sich in drei Schritte: den Login-Vorgang (1), die Auswahl der Favoriten (2) und die möglichen Benutzeraktionen im Hauptbildschirm (3) (s. Abb. 1). Diese Aufteilung ist nötig, um dem Benutzer die Möglichkeit zu geben, mit der Favoritenauswahl die Menge der Ordner zu reduzieren, deren Metadaten übertragen werden.

Die Metadaten jedes einzelnen Ordners der Favoritenliste werden per Webservice angefragt und übertragen. Sie werden nacheinander ausgewertet, wobei jedes Objekt des BSCW-Servers in ein FacetBrowse-Objekt mit vierzehn – teils internen – Attributen umgewandelt wird. Diese Attribute werden benutzt, um die Attributlisten der einzelnen Facetten zu füllen. Dazu werden sie sortiert und Duplikate werden entfernt. Sind die Metadaten aller Ordner ausgewertet, so ersetzen sie die im Hauptbildschirm angezeigten Cache-Daten, die eine eventuelle Wartezeit überbrücken sollen. Weiterhin werden die aktuellen Daten im Cache gespeichert, um dem Benutzer bei der nächsten Verwendung von FacetBrowse angezeigt werden zu können. Durch diese Architektur ist FacetBrowse nach dem Import der Metadaten weitgehend unabhängig vom BSCW-Server und kann zur Realisierung der Funktionalität auf lokale Rechenleistung zurückgreifen.

4.1 Funktionsablauf von FacetBrowse

FacetBrowse startet mit dem Login in das BSCW-System. Nach der Verifikation der Benutzerdaten wird der Bildschirm der Favoritenauswahl angezeigt. Er besteht aus einer Übersicht über alle Ordner im Home-Verzeichnis des Benutzers, aus der per Doppelklick die Favoritenliste zusammengestellt werden kann. Diese wird im Cache gespeichert. Dies ist notwendig, weil der Benutzer unter Umständen einen sehr großen Arbeitsbereich besitzt, für den die Übertragung aller Metadaten trotz effizienter Nutzung der Webservices zu lange dauern würde. Bestätigt der Benutzer die Auswahl der Ordner, so wechselt die Ansicht zum Hauptbildschirm (s. Abb. 2) und es werden für jeden Ordner der Favoritenliste die Metadaten per Webservice angefragt und übertragen. Hat der Benutzer die Metadaten eines Ordners schon zuvor mit FacetBrowse geöffnet, so wurden diese im Cache gespeichert und werden dem Benutzer während der Übertragung der aktuellen Metadaten angezeigt. Sind alle Metadaten übertragen und ausgewertet, so werden die Cache-Daten vollständig ersetzt.

Im Hauptbildschirm sieht der Benutzer in der oberen Hälfte die Facetten Objektart/MIME-Type, Objektgröße, Objekterzeuger, Tags, Erstelldatum und das Datum der letzten Änderung. Zusätzlich wird das Fenster für die inkrementelle Volltextsuche angezeigt. Für jedes Attribut werden auch die Anzahlen der Objekte mit dem entsprechenden Attribut angezeigt. Der Benutzer kann nun per Klick einzelne Attribute aus jeder Facette auswählen, oder per CTRL+Klick mehrere Attribute auswählen. Die Attribute einer Facette werden dabei Oder-verknüpft, die Attribute mehrerer Facetten werden Und-verknüpft.

Die flachen, einwertigen Facetten von Objektart/MIME-Type und Objekterzeuger zeigen alle Ausprägungen der Attribute in den importierten Ordnern an. Der MIME-Type wird zusätzlich zusammen mit einem Icon aus dem BSCW-System angezeigt. Die Objektgröße kann mit zwei Schiebern festgelegt werden, die die minimale und maximale Größe des Objekts festlegen. Objekte, denen keine Größenkategorie zugeordnet werden kann, werden mit dem Attribut „No size" erfasst. Aus der Facette „Tags" können jedem Objekt mehrere Attribute zugewiesen werden. Die beiden hierarchischen, einwertigen Datumsfacetten sind eine Erweiterung der reinen Listenansicht. Sie zeigen zunächst nur die Jahre an, in denen Objekte erstellt oder zuletzt bearbeitet wurden. Die Jahre sind wiederum mit den Anzahlen der Objekte versehen, die in diesem Jahr erstellt oder bearbeitet wurden. Der Benutzer kann durch einen Doppelklick auf das Jahr (oder den Monat) den entsprechenden Eintrag expandieren und so alle Monate oder Tage anzeigen lassen, an denen Objekte erstellt oder bearbeitet wurden. Alle sichtbaren Einträge können beliebig kombiniert und markiert werden. Zurücksetzen aller Attribute ist durch das Anklicken der „Reset aller Facetten"-Schaltfläche möglich.

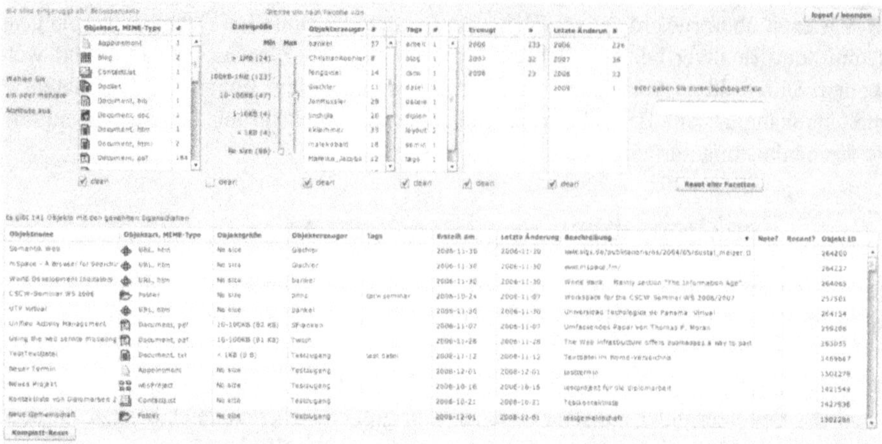

Abbildung 2: Benutzungsschnittstelle von FacetBrowse

Die Ergebnistabelle reagiert sofort auf alle Interaktionen in der Attributauswahl und kann zusätzlich inkrementell mit Hilfe des Suchfensters durchsucht werden. In der Ergebnistabelle werden alle Attribute zusammen mit dem jeweiligen Objektnamen und seiner Beschreibung angezeigt. Zusätzlich werden noch die Attribute „Note" und „Recent" angezeigt, die eine binäre Information darüber enthalten, ob das Objekt im BSCW-System mit einer Notiz versehen ist, oder ob das Objekt seit dem letzten Gebrauch von FacetBrowse geändert wurde. Ausserdem wird die Objekt-ID angezeigt, die einen direkten Bezug zum Organisationssystem des BSCW-Servers darstellt. Klickt der Benutzer eine Zeile der Ergebnistabelle doppelt an, so wird das entsprechende Objekt in einem neuen Fenster des Browsers geöffnet. Führt der Benutzer Shift+Klick auf einem Objekt aus, so wird der BSCW-Ordner in einem neuen Fenster des Browsers geöffnet, der das Objekt enthält. Damit kann sich der Benutzer von FacetBrowse aus durch die Organisationsstrukturen im BSCW-Dateisystem bewegen. Mit der „Komplett-Reset"-Schaltfläche ist zusätzlich die Möglichkeit gegeben, zur Favoritenauswahl zurückzukehren und diese zu ändern. So kann der Benutzer den Bereich der sichtbaren Metadaten noch nachträglich erweitern oder einschränken.

4.2 Entwicklung und Evaluation

FacetBrowse entstand über mehrere Versionen hinweg, zunächst als Tcl/Tk Prototyp, um die beabsichtigte Funktionsweise zu simulieren, danach als Flash-Applet mit Adobe Flex. Alle Versionen wurden mit Benutzern in Einzel- oder Gruppenworkshops diskutiert und die daraus gewonnenen Erfahrungen flossen in das Design der Folgeversion ein (s. Abb. 3).

Während die zweite Version die Metadaten mit einem detailreicheren Webservice abfragte als die erste Version, wurden in der dritten Version die Konzepte der dynamischen und statischen Attributlisten erprobt. Bei den dynamischen Attributlisten wurden nach jeder Auswahl eines Attributes die Attribute der anderen Facetten auf die beschränkt, die zusammen mit den gewählten Attributen eine nichtleere Ergebnismenge beschreiben würden. Das Interface wurde dadurch unruhiger und erforderte die Einrichtung einer Suchhistorie, in der die Suchanfragen gespeichert wurden.

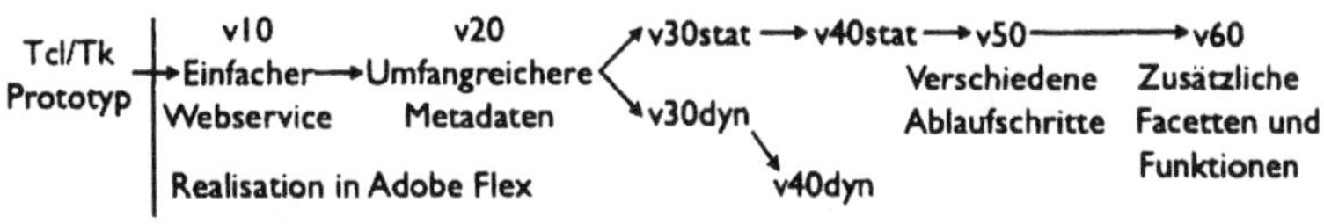

Abbildung 3: Versionsabfolge von FacetBrowse

Im Gegensatz dazu blieben die statischen Attributlisten im gesamten Benutzungsablauf unverändert. Beide Varianten wurden zur vierten Version um eine Facette erweitert und die Effizienz der Webservices wurde erhöht. Trotzdem sprachen sich die Benutzer weiter für die statischen Attributlisten aus, weshalb die Entwicklung der dynamischen Variante eingestellt wurde. In der fünften Version wurde die Aufteilung in Favoritenauswahl und Ergebnisansicht implementiert. Diese Version wurde im Rahmen eines Workshops evaluiert und daraufhin erweitert. Für die sechste Version wurden die mehrwertige Facette „Tags", es wurden Icons eingefügt, die Datumsfacetten klappbar und die Suchfunktion inkrementell gestaltet. Eine weitere, finale Evaluation im Rahmen eines Workshops mit 7 Teilnehmern, bei dem mehrere Use Cases mit FacetBrowse im Vergleich zum BSCW-Interface bearbeitet wurden, ergab, dass die sechste Version klare Vorteile gegenüber der BSCW-eigenen Such- und Navigationsfunktion bietet. Besonders hinsichtlich der Möglichkeit der assoziativen Suche werden die Fähigkeiten der BCSW-eigenen Suche übertroffen. Quantitative Erhebungen wurden auf Grund der Teilnehmerzahl nicht gemacht. Die Benutzer lobten die Geschwindigkeit der Suche und die Möglichkeit, Objekte direkt mit FacetBrowse zu öffnen. Da BSCW hinsichtlich Funktionalität und Interaktionsmöglichkeiten als Stellvertreter für ähnliche Systeme gesehen werden kann, konnte mit der hier beschriebenen Forschungsarbeit gezeigt werden, dass die facettenbasierte Navigation ein relevanter Ansatz zur Beschleunigung der Navigation in Groupwaresystemen für das kooperative Dokumentenmanagement ist.

5 Zusammenfassung und Ausblick

FacetBrowse vereint die Vorteile eines lokalen Systems mit der Flexibilität des webbasierten Zugriffs auf das BSCW-System. Die Benutzer haben im Vergleich mit der BSCW eigenen Such- und Browsefunktion ein hohes Maß an Reaktionsgeschwindigkeit und damit Benutzbarkeit gewonnen. Zusätzlich wurde eine neue Möglichkeit geschaffen, mit der Benutzer individuelle Sichten auf gemeinsam organisierte Daten erzeugen können. Neben der beschleunigten Navigation durch große Arbeitsbereiche wird gleichzeitig die Adaption der Sichten auf den indviduellen Bedarf ermöglicht. Als nächster Schritt ist eine bessere Integration der facettenbasierten Benutzungsschnittstelle in das BSCW-System geplant.

Literaturverzeichnis

Appelt, W. (1999). WWW Based Collaboration with the BSCW System. In: *LNCS 1725, Proceedings of the 26th Conference on Current Trends in Theory and Practice of Informatics*, S. 66.

Arndt, H. (2006). *Integrierte Informationsarchitektur – Die erfolgreiche Konzeption professioneller Websites.* Heidelberg: Springer Verlag, S. 159-173.

Braun, S., Schmidt, A., Zacharias, V. (2007). SOBOLEO: vom kollaborativen Tagging zur leichtgewichtigen Ontologie. In: Gross, T. (Hrsg.): *Mensch und Computer 2007: Interaktion im Plural.* München: Oldenbourg, 2007.

Briem, H., Eibl, M. (2007). Fokus- und Kontextdarstellung von Tabellen. In: Gross, T. (Hrsg.): *Mensch und Computer 2007: Interaktion im Plural.* München: Oldenbourg, 2007.

Heim, P., Ziegler, J., Lohmann, S. (2008). gFacet: A Browser for the Web of Data. In: Auer, S., Dietzold, S., Lohmann, S., Ziegler, J. (Hrsg.): *Proceedings of the International Workshop on Interacting with Multimedia Content in the Social Semantic Web (IMC-SSW'08).* Aachen: CEUR-WS. S. 49.

Prinz, W., Zaman, B. (2005). Using content analysis to support the noise detection and visualization of shared workspaces. In: Stary, C. (Hrsg.): *Mensch und Computer 2005: Kunst und Wissenschaft - Grenzüberschreitung der interaktiven Art.* München: Oldenbourg, 2005. S. 171-180.

Ranganathan, S. R. (1933). *Colon Classification.* 1st edn. Madras, India: Madras Library Association.

Satija, M. P. (1989). *Colon Classification: A Practical Introduction.* 7th edition. New Delhi, India: Ess Ess Publications.

Seeling, C., Prinz, W., Ruland, R., and Becks, A. (2007). Kooperatives Arbeiten unter der Lupe. In: Gross, T. (Hrsg.): *Mensch und Computer 2007: Interaktion im Plural.* München: Oldenbourg, 2007. S. 99-108.

Spenke, M., Beilken, C. (2003). Visualization and Analysis of Formula One Racing Resultswith InfoZoom – the Demo. In: Rauterberg, M. et al. (Hrsg.): *Human-Computer Interaction - INTERACT '03*, S. 1113.

Yee, K.-P., Swearingen, K., Li, K. & Hearst, M. (2003). Faceted Metadata for Image Search And Browsing. In: *CHI 03*, ACM Press, S. 401.

Danksagungen

Wir danken allen Teilnehmern der Workshops, die geholfen haben, FacetBrowse sukzessiv zu verbessern. Wir danken auch Nils Jeners für technische Unterstützung in der Anfangsphase des Projektes und allen Gutachtern, die geholfen haben, diesen Beitrag zu verbessern.

Kontaktinformationen

Prof. Wolfgang Prinz, PhD
Fraunhofer FIT, Schloss Birlinghoven
53754 St. Augustin, Germany
Phone: +49-2241-142730; Fax: +49-2241-142084
wolfgang.prinz@fit.fraunhofer.de

Dipl.-Inform. Sebastian Franken
sebastian.franken@rwth-aachen.de

H. Wandke, S. Kain & D. Struve (Hrsg.): Mensch & Computer 2009: Grenzenlos frei!?
München: Oldenbourg Verlag, 2009, S. 133-142

TippFixx – lokale und webbasierte Wortvorhersage

Christian Bühler, Helmut Heck, Dirk Clemens, Nils Hanekamp

Forschungsinstitut Technologie & Behinderung (FTB) der Evangelischen Stiftung Volmarstein

Zusammenfassung

Wortvorhersagesysteme vereinfachen langsam tippenden Menschen, durch Kombination unterschiedlicher Strategien, das Verfassen von Texten. Sie nehmen ihnen Tipparbeit ab und erleichtern ihnen den Zugang zu modernen Kommunikationskanälen. Typischerweise handelt es sich bei den Nutzern um Menschen mit gravierenden körperlichen Beeinträchtigungen; sie setzen die Vorhersagesysteme in Kombination mit alternativen Eingabegeräten ein. Web2.0-Technologien eröffnen heute jedoch auch die Möglichkeit, Anwendungen im Internet ohne installierte Software zu nutzen. Im vorliegenden Artikel werden neben dem installierbaren Vorhersagesystem TippFixx Umsetzungen als WebServices, als Browser-Add-Ons und als integrierte Ajax-Komponenten in Webseiten eingeführt.

1 Einleitung

Menschen mit körperlichen Einschränkungen der oberen Extremitäten haben oftmals das Problem, zum Schreiben von Texten die Standardeingabegeräte Tastatur und Maus nicht nutzen zu können. Deshalb kommen alternative Eingabegeräte, wie z.B. Kopfstab oder Saugblasschalter, zur Computerbedienung zum Einsatz. Auch Software, beispielsweise in Form von virtuellen Tastaturen oder Mäusen, wird als Hilfsmittel genutzt. Alternative Eingabegeräte haben allerdings zumeist die Eigenschaft, dass sie die Eingabe von Text nur stark verlangsamt ermöglichen. Während eine professionelle Schreibkraft über 300 Anschläge in der Minute erreicht, sind beim Einsatz von Scanning-Verfahren mit Hilfe einer virtuellen Tastatur oftmals kaum mehr als zehn Anschläge möglich. Durch den Einsatz von Software zur Wortvorhersage, die während des Tippens Vorschläge zur Wortvervollständigung bzw. für das nächste Wort macht, kann die Schreibgeschwindigkeit signifikant erhöht werden.

2 Wortvorhersagemethoden

Es existieren unterschiedliche Ansätze, Vorhersagen im Kontext zuvor getippter Textteile zu generieren. Bei der Wahl einer geeigneten Methode müssen die Vorhersagequalität und die Ersparnis an Anschlägen genauso berücksichtigt werden wie der benötigte Rechenaufwand und die damit verbundene Verzögerungszeit bis zur Anzeige neu generierter Vorhersagen.

Die Verwendung einer *Wörterliste* ist die einfachste Methode für eine Wortvorhersage. Beim Eintippen der Buchstaben werden alle Wörter aus der Wortliste herausgesucht, die mit den getippten Buchstaben beginnen. Unter den vielen Treffern werden dann die wahrscheinlichsten bzw. häufigsten Wörter herausgesucht; der Kontext bleibt ganz unberücksichtigt. Gerade in stark flektierenden Sprachen müssen dann viele Buchstaben eingetippt werden, bevor das gewünscht Wort vorgeschlagen wird. Somit ist die Ersparnis von Tastendrücken eher gering.

Statistische Verfahren (Clemens et al. 2002) arbeiten ebenfalls mit Wörterlisten, analysieren jedoch den Text vor dem aktuellen Wort. Zur Berechnung von Vorhersagen enthalten die Wörterlisten zusätzliche Informationen über die Häufigkeit eines Wortes in seinem Kontext. Statistische Verfahren sind auf viele Sprachen anwendbar, weil sie im Grunde nur Zeichenketten analysieren.

Syntaktische Verfahren (Baroni et al. 2002; Garay & Abascal 1997) basieren auf statistischen Verfahren, wobei zusätzlich der bisher geschriebene Satzanfang grammatikalisch untersucht wird, um Vorschläge auszuschließen bzw. die Wahrscheinlichkeiten neu zu bestimmen. Hierdurch steigt die Trefferquote der zur Anzeige gebrachten Vorschläge erheblich. Zur Umsetzung wird eine Datenbank benötigt, die neben statistischen auch linguistische Informationen über Wörter enthält. Zusätzlich kann die Anordnung von Wörtern in bestimmten Zusammenhängen berücksichtigt werden. Nachteilig sind die Größe der Datenbank und der Rechenaufwand zur syntaktischen Kontextanalyse.

Bei *semantischen Verfahren* werden den Wörtern des Kontexts Bedeutungen zugeordnet und in Kategorien eingeteilt. Die Vorschläge aus einem der vorgenannten Verfahren werden dann neu bewertet, indem Wörter aus den erkannten Kategorien aufgewertet werden. Die Effizienz des semantischen Ansatzes ist jedoch gemessen am Rechenaufwand gering.

Der Einsatz von *Heuristiken*, auch von Office-Programmen verwendet, erspart das Eintippen von zumeist zwangsläufig folgenden Buchstabenfolgen, beispielsweise durch automatisches Einfügen eines Leerzeichen nach einem Satzzeichen oder eines ‚u' nach einem ‚q'.

Um individuellen Schreibstilen gerecht zu werden, wird das *Einlernen* von früheren Texten des Benutzers oder das *Mitlernen* während der Texteingabe genutzt. Die Wortdatenbank wird dabei dynamisch angepasst und kann so individuell optimierte Vorschläge generieren.

Die *Kürzelexpansion* (Willis et al. 2002) ist aus Office-Programmen bekannt. Das System gleicht während der Eingabe den geschriebenen Text mit einer zuvor definierten Kürzelliste ab und schlägt bei Übereinstimmung der Zeichenkombination die assoziierte Expansion, also einen *Textbaustein*, vor. Die Eingabe weniger Zeichen kann so das Tippen häufig verwendeter Floskeln oder ganzer Textpassagen ersetzen.

3 Beispielanwendung TippFixx

Das am FTB entwickelte Programm TippFixx (Download http://tippfixx.ftb-net.de/) analysiert den bereits geschriebenen Text und zeigt während des Schreibens Vorschläge zur Wortvervollständigung bzw. für die nächsten Wörter an (Abb. 1). Wird ein Vorschlag per Mausklick oder Tastatureingabe ausgewählt, wird dieser in den Text übernommen. Dies funktioniert in nahezu allen Windows-Anwendungsprogrammen (u.a. Word, Excel, OpenOffice), die die Eingabe von freien Texten ermöglichen.

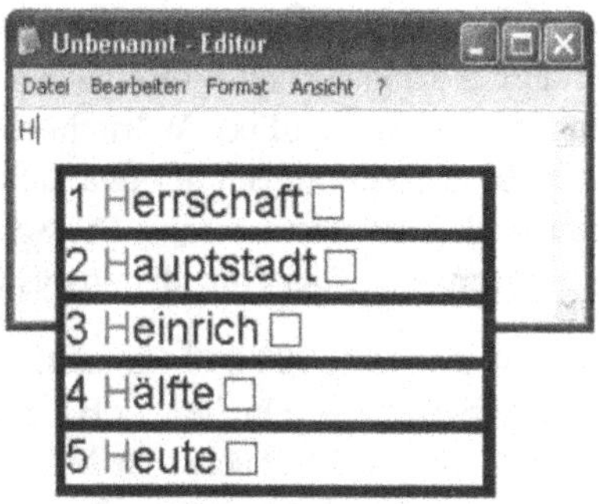

Abbildung 1: Wortvorhersage mit TippFixx

Die Arbeitsweise von TippFixx beruht neben einer lernfähigen, und damit benutzeradaptiven Wortvorhersage auch auf Kürzelexpansionen. Vielfältige Möglichkeiten zur Anzeige, wie eine frei definierbare farbliche Gestaltung, die Auswahlmöglichkeit aller Systemfonts, die Positionierung der Vorschläge mitlaufend am Caret, fest positioniert, an den Desktop oder an der aktiven Anwendung angedockt, gestatten eine individuelle Gestaltung der Anwendung. Zudem können die von der Applikation vorgeschlagenen Vorhersagen sowohl über reale Eingabegeräte (Maus oder Einzeltasten bzw. Tastenkombinationen der Tastatur) als auch über alternative Bedienelemente (z.B. Bildschirmtastatur in Kombination mit einem Taster) ausgewählt werden, um eine möglichst optimale Anpassung von TippFixx an die unterschiedlichen Bedürfnisse verschiedener Anwender zu gewährleisten.

3.1 Berechnung der Wörterbücher

Die Vorhersagequalität von TippFixx hängt neben der Optimierung der Vorhersagealgorithmen von der Güte und Größe des verwendeten Wörterbuchs ab. Bei den Wörterbüchern handelt es sich daher nicht nur um klassische Wörterlisten. Vielmehr werden die Häufigkeiten von Wortfolgen gezählt. Damit fließen implizit auch grammatikalische und semantische Zusammenhänge in die Wörterbücher ein.

Zur Erstellung der benötigten Wörterbücher werden große Textmenge in Token (Wörter und Sonderzeichen) eingeteilt und alle Vorkommen der Token sowie alle Kombinationen mit bis zu N Token gezählt. Naturgemäß haben Einzeltoken eine höhere Wahrscheinlichkeit als

Token-Kombinationen. Dieses wird beim Suchen durch die Berechnung von bedingten Wahrscheinlichkeiten aber wieder ausgeglichen. Im Wörterbuch werden die häufigsten Token und Tokenkombinationen, jeweils zusammen mit ihrer relativen Häufigkeit, archiviert. Dabei erfolgt die Archivierung der Token in einer komprimierten Form, um bei einer fest vorgegebenen Wörterbuchgröße möglichst viele Token abspeichern zu können. Da das Wörterbuch als binärer Suchbaum gespeichert wird, wird auch während der Eingabe von Text ein schneller Zugriff auf die Token gewährleistet und die Texterstellung nicht unterbrochen. Zu Testzwecken wurden 6 verschiedene Token-Modelle implementiert.

Mit dem beschriebenen Verfahren lassen sich auch Wörterbücher mit Schwerpunktthemen, z.B. einzelne Schulfächer, erstellen.

Aufgrund des statistischen Verfahrens können auch Wörterbücher für verschiedene Sprachen erstellt werden. Neben Deutsch gibt es in TippFixx Wörterbücher für Spanisch, Englisch, Polnisch, Türkisch, Französisch und Griechisch. Bei der Evaluation dieser generierten Wörterbücher stellte sich das Verfahren als sehr robust heraus. Die Schwankungen in der Vorhersagequalität waren einzig von der Menge und der Güte der analysierten Texte abhängig.

Zur Optimierung der Vorhersage wurden ca. 100.000 Simulationen durchgeführt. Zur Bildung der Wörterbücher wurden verschiedene Quellen (z.B. Roman, Computerzeitschrift, Briefsammlung, Bibel) verwendet. Die Wörterbücher selbst wurden in allen 6 Token-Modellen erzeugt und in verschiedenen Größen abgelegt. Dann sollten Texte vorhergesagt werden. Dazu wurde die Texteingabe durch einen Benutzer simuliert und die Anzahl seiner dafür nötigen Tastendrücke gezählt, wobei die Auswahl einer Vorhersage genauso wie das Drücken eines Kleinbuchstabens als ein Tastendruck gezählt wurde. Die Güte der Vorhersage ergab sich aus dem Verhältnis der Anzahlen der Tastendrücke ohne und mit Vorhersage. Zur Vorhersage standen Texte der oben genannten Bereiche an, und Kreuztests wurden auch durchgeführt. Bei den Simulationen gab es Variationen der Multi-Token-Anzahl, der Anzahl und der Auswahl der gezeigten Vorhersagen. Da Texte im Megabyte-Bereich vorhergesagt wurden, wurde ein Server-Client-Modell aufgesetzt, damit Mitarbeiter-PCs über Nacht die Simulationen durchrechnen konnten.

3.2 Berechnung der Vorhersagen

Bei der Berechnung der Vorhersagen wird der Text, ebenso wie bei der Berechnung der Wörterbücher, in Token aufgeteilt. Dann werden im Wörterbuch passende Textstellen herausgesucht und eine Vorschlagsliste berechnet. Die Erstellung der Vorhersageliste berücksichtigt auch, inwieweit die Vorhersagen eventuell voneinander abhängig sind.

3.3 Integration in Windows

Die Berechnung der Wörterbücher und der Vorhersagen wurde rein algorithmisch und betriebssystemunabhängig gelöst. Die Bedienoberfläche basiert jedoch auf Microsofts Klassenbibliothek MFC (Microsoft Foundation Classes), und für die Realisierung der Vorhersagefunktionalität von TippFixx werden intensiv Windows-Hooks genutzt. Vorhersagen für eine Anwendung können nur generiert werden, wenn die Benutzereingaben für diese Anwendung mitprotokolliert werden. Hierbei sind verschiedene Dinge zu beachten. Ein Mausklick oder ein Druck auf die ALT- oder STRG-Taste reichen beispielsweise aus, damit das Programm seinen Kontext wechselt (z.B. eine Dialogbox öffnet). Solche Tastatur- und Mausereignisse müssen daher mitprotokolliert werden. Aus diesen Ereignissen muss dann die tatsächliche Eingabe erschlossen werden.

Nach der Auswahl einer Vorhersage muss sie der Zielanwendung als Tastatursimulation übermittelt werden, da keine direkte Schnittstelle zwischen den einzelnen Anwendungen und der Eingabe existiert. Hierbei ist darauf zu achten, dass auch Tastenkombinationen, wie z.B. bei der Eingabe von Großbuchstaben, korrekt simuliert werden.

3.4 Weiterentwicklung

Ursprünglich wurde TippFixx für Windows 98/ME entwickelt, war also für aktuelle Windows-Systeme aufgrund inkompatibler Zeichenkodierungen nicht zu verwenden. Deshalb wurde in einem ersten Schritt die Anpassung an Windows XP und die Zeichenkodierung UTF-8 vorgenommen. Im Zuge dieser Umstellung wurde auch die Funktionalität zur Berechnung der Wortvorhersage als Modul separiert. – Momentan steht die Version 2.0 kurz vor der Fertigstellung. Für diese Version ist der Hook (der Teil des Programms, welcher u.a. die Tastatureingaben der anderen Programme mitliest und Tastenkürzel abfängt) als Modul ausgelagert und komplett überarbeitet worden. Als Folge zeigt TippFixx ein wesentlich verbessertes Verhalten bei der Vorhersage. Neben Verbesserungen der Wortvorhersagequalität und der Lernfunktion stellen insbesondere das Halten des Kontexts, auch beim Wechsel zwischen verschiedenen Anwendungsprogrammen, sowie die volle Unterstützung von OpenOffice einen erheblichen Funktionsgewinn dar.

4 Weitere Vorhersageanwendungen

Grundlage für zwei weitere vom FTB entwickelte Anwendungen bildet ein Vorhersage-Server, der auf Clients wartet, die mit Hilfe der Protokollfamilie TCP/IP eine Verbindung aufbauen. Über ein einfaches zeilenorientiertes Protokoll werden Einstellungen und der Kontext an den Server übermittelt. Der Server antwortet auf die Kontextübermittlung mit Wortvorhersagen, die der Client nur noch auf die von ihm gewünschte Weise visualisieren muss.

4.1 Wortvorhersage in einem Browser-Textfenster

Die beschriebene Funktionsweise wird von dem Kontaktformular des Webportals der agentur barrierefrei NRW (http://www.ab-nrw.de/ , betrieben vom FTB) genutzt. Beim Ausfüllen des Formulars wird automatisch eine Wortvorhersage aktiviert, deren angezeigte Vorschläge sowohl mit einem Mausklick als auch mit einem Tastendruck in das Formular übernommen werden können. Umgesetzt wurde diese Funktionalität mit Hilfe von Ajax (Asynchronous JavaScript And XML), einer Web2.0-Technologie (Crane et al. 2006). Hierbei sendet ein in JavaScript geschriebenes Programm über den Webbrowser den eingetippten Text an ein in der Programmiersprache PHP geschriebenes Programm, das in einem Apache Webserver läuft. Das Programm wiederum leitet den Text an den Wortvorhersage-Server weiter, welcher aus den bereits getippten Wörtern Wortvorhersagen generiert. Die generierten Vorhersagen werden an das PHP-Script zurückgegeben, von diesem aufbereitet und an die aufrufende JavaScript-Funktion im Webbrowser zurückgeliefert. JavaScript übernimmt zudem die Extraktion und Aufbereitung der Vorhersagen und stellt sie anschließend über eine Manipulation des DOM (Document Object Model) im Browser dar (Abb. 2). Mit Hilfe von verschiedenen Browser-Weichen ist es möglich, die Vorhersagen in den gängigen Browsern (Firefox, Opera und Internet Explorer) auf ähnliche Weise darzustellen (Bühler et al. 2008).

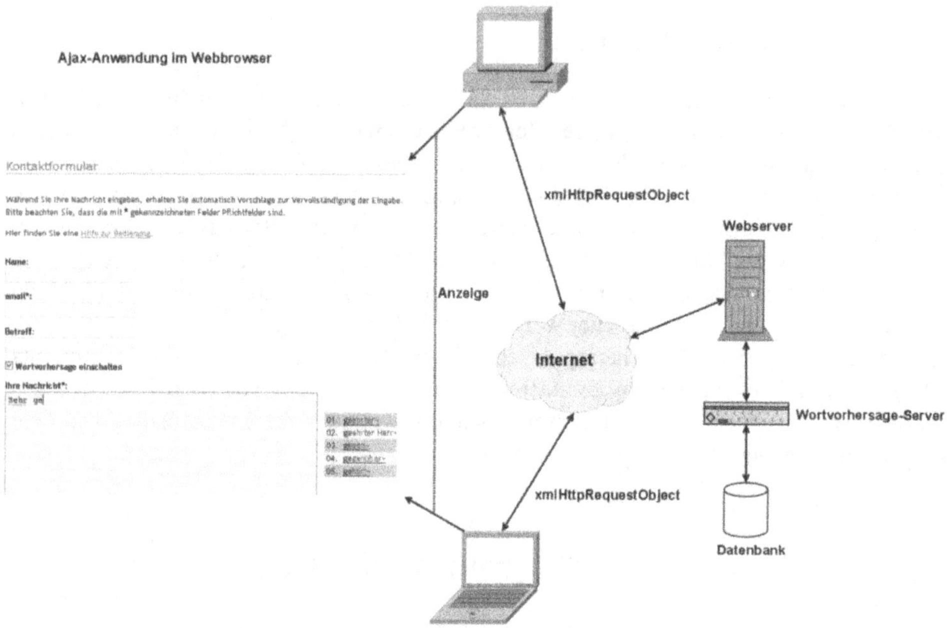

Abbildung 2: Abruf und Darstellung von Vorhersagen im Browser

Um die Wortvorhersage in die Ziel-Webseite, das genannte Webportal, einbinden zu können, war noch ein weiterer Schritt notwendig. Die Funktionalität aus einer zunächst erstellten experimentellen Test-Webseite musste extrahiert und auf das Content Management System Joomla angepasst und in dieses integriert werden.

Seit April 2008 läuft die Wortvorhersage nun mit kleineren Anpassungen durchgängig in dem Kontaktformular des Webportals (Abb. 3). Im Service-Bereich dieses Portals steht auch die neueste Version der vorab beschriebenen Software TippFixx zum kostenlosen Download zur Verfügung.

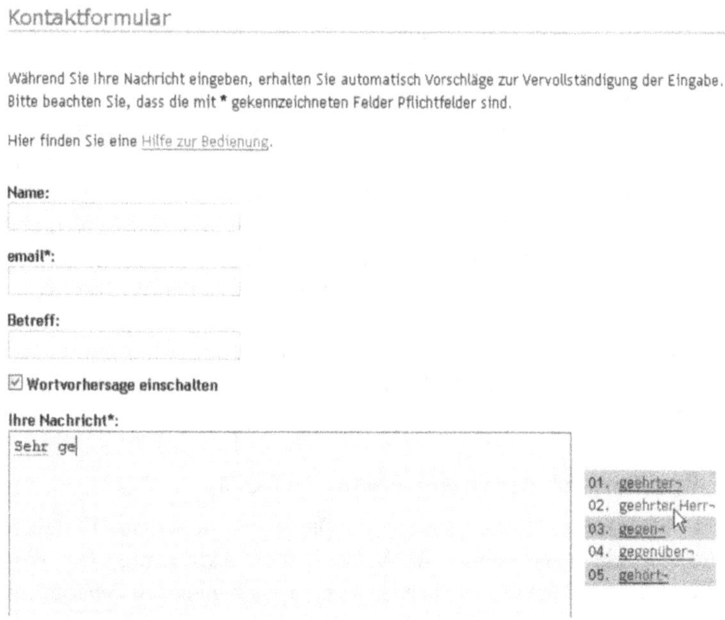

Abbildung 3: Wortvorhersage im Kontaktformular der agentur barrierefrei NRW

4.2 Wortvorhersage-Add-On Firefox-Predict

Die Umsetzung der im vorherigen Abschnitt beschriebenen Wortvorhersage unterliegt einer Einschränkung: Sie funktioniert nur, wenn die Wortvorhersage in die Webseite integriert ist. Auf der Suche nach flexibleren Möglichkeiten haben sich die Add-On-Fähigkeiten des Browsers Firefox als sehr hilfreich erwiesen.

4.2.1 Einsatz von Greasemonkey und Webservices

Die Wortvorhersage sollte als Erweiterung auch für andere Webseiten zur Verfügung gestellt werden können und sich immer dann einschalten, wenn in einem Textfeld geschrieben wird. Mit JavaScript ist es aus Sicherheitsgründen aber normalerweise nicht möglich, auf den Inhalt von fremden Webseiten oder auf einen fremden Server zuzugreifen. Somit kann auf herkömmliche Weise beim Browsen auf nicht-FTB-eigenen Seiten auch nicht auf den FTB-Wortvorhersage-Server zugegriffen werden.

Über den Umweg der Installation des Add-Ons Greasemonkey kann der Zugriff auf fremde Webseiten mit speziellen Greasemonkey-JavaScript-Funktionen doch erreicht werden. Sicherheit wird hierbei durch den Ablauf des Scripts in einem geschützten Bereich, der „Sandbox", erreicht, der vor Manipulation gesichert ist. Innerhalb von Greasemonkey können Scripte geschrieben werden und bei Bedarf, selektiv für die gewünschten Webseiten, ausgeführt werden.

Für die Entwicklung der Portal-Wortvorhersage wird direkt auf den FTB-Server zugegriffen und ein serverseitiges PHP-Script aufgerufen. Bei der Verwendung von Greasemonkey gibt es jedoch nur die Möglichkeit, auf fremde Webseiten zuzugreifen; der Zugriff auf fremde Server wird verwehrt. Um die Funktionalität dennoch zu erreichen, musste der Umweg über Webservices gegangen werden. Webservices stellen Informationen im XML-Format bereit, werden meist über das HTTP-Protokoll angesprochen und werden über einen URI (Uniform Resource Identifier) aufgerufen (Wenz 2006). Der eigens programmierte Wortvorhersage-Webservice stellt bei einer Anfrage die gewünschten Informationen im XML-Format zur Verfügung, welche dann von JavaScript verarbeitet und ausgewertet werden können. Dieser Webservice kann nicht nur von Browsern, sondern von jedem Client, der über TCP/IP kommunizieren kann, verwendet werden. Auf diese Weise stellt der Webservice die Basis für adaptierbare, individualisierbare Softwarelösungen bereit. Das mit Hilfe eines PHP-Scripts, welches die Funktionalität des Scripts mit einer minimalen Version von Greasemonkey in Ordnern zusammenstellt, generierte Add-On für den Firefox stellt somit nur ein Beispiel für weitere Anwendungen dar.

4.2.2 Funktionalität des Firefox-Predict Add-Ons

Das vom FTB entwickelte Firefox-Predict Add-On erkennt aktivierte Texteingabefelder in Webseiten und erscheint neben diesen im Moment ihrer Aktivierung. Die Wortvorschläge werden, wie bei dem Feedback-Formular des Webportals dynamisch generiert und unmittelbar angezeigt. Hieraus ergeben sich allerdings datenschutzrechtliche Bedenken. Jeder getippte Buchstabe muss mit seinem Kontext an den Wortvorhersage-Server gesendet werden, um eine Vorhersage zu generieren. Somit wäre es theoretisch möglich, Nutzerprofile zu erstellen bzw. das Verhalten von Nutzern zu analysieren. Aus diesem Grund bleibt das Firefox-Predict Add-On zunächst im Stadium einer Machbarkeitsstudie und soll der Öffentlichkeit noch nicht zugänglich gemacht werden.

Die Funktionalität des Firefox-Predict Add-Ons wurde auf verschiedenen häufig verwendeten Webseiten, insbesondere mit Mail- und Feedback-Funktion, erfolgreich getestet. Zu diesen Seiten zählen unter anderem die Webseiten der Freemailer GMX und Google Mail sowie ein Kontaktformular von Amazon (Abb. 4). Die Positionierung erfolgt entweder automatisch mitlaufend am Eingabe-Cursor oder fest neben dem Textfeld.

Abbildung 4: Wortvorhersage Add-On für den Firefox (Kontaktformular auf amazon.de)

Schwierigkeiten hat das Add-On bei in Tabellen eingebetteten Texteingabefeldern. Die Funktionalität ist vollständig gegeben; es wird allerdings an den Anfang der Tabelle positioniert. Hierdurch liegt die Vorhersage dann unter Umständen nicht mehr im angezeigten Bereich der Webseite.

5 Sonstige Anwendungen

Langsam tippende Menschen sind sicherlich die Hauptanwendergruppe von Wortvorhersagesystemen. Häufig werden diese Systeme aber auch in der Gestützten Kommunikation (Newell et al. 1992) angewendet. Sprachbehinderten Menschen wenden sie beispielsweise an, um sich schneller zu verständigen. Besonders die Möglichkeiten der Kürzelexpansionen stellt für sie eine große Hilfe dar. Zudem können die beschriebenen Methoden beim Verfassen von fachlichen, z.B. medizinischen Texten, oder in speziellen Kontexten (Perlick et al. 2003) ein flüssigeres Schreiben ermöglichen. So können die angezeigten Vorschläge von richtig geschriebenen, aber selten verwendeten Begriffen übernommen werden, ohne eventuell die korrekte Schreibweise nachschauen zu müssen. In Web2.0-Anwendungen, beispielsweise im Rahmen des E-Government, kann mit Hilfe von vorgeschlagenen Eingaben das korrekte und schnellere Ausfüllen von Formularen erreicht werden.

Literaturverzeichnis

Baroni, M., Matiasek, J., Trost, H. (2002). *Wordform- and classbased prediction of the components of German nominal compounds in an AAC system.* Proc. of COLING 2002

Bühler, C., Heck, H., Clemens, D., Hanekamp, N. (2008). *Web-Based Writing Support with Word Prediction.* 2. Intern. ASK-IT Konferenz in Nürnberg, 26.-27. Juni 2008; www.ask-it.org

Clemens, D., Heck, H., Kühn, M., Perlick, O., Reins, F. (2002) *Individually Assisted Text Entry with Situational and Contextual Prediction.* In K. Miesenberger, J. Klaus, W. Zagler (Eds): *Computers Helping People with Special Needs.* 8th Intern. Conf. ICCHP, Berlin, Heidelberg, New York: Springer-Verlag, S. 279–281

Crane, D., Pacarello, E., James, D. (2006). *Ajax in Action.* München: Addison-Wesley

Garay, N., Abascal, J. (1997). *Using statistical and syntactic information in word prediction for input speed enhancement.* Proc. of 2nd International Conference on Intelligent User Interfaces, Orlando, S. 241-244

Newell, A. F. et. al. (1992). *Effect of the "PAL" Word Prediction System on the Quality and Quantity of Text Generation,* AAC Augmentative and Alternative Communication, vol. 8, S. 304-311

Perlick, O., Clemens, D., Heck, H., Reins, F., Wallbruch, R.: *A Concept for Context-Sensitive Word Predictions in a Public Terminal Environment.* In: G.M. Craddock, L.P. McCormack, R.B. Reilly, H.T.P. Knops (Hrsg.): *Assistive Technology – Shaping the Future.* AAATE'03, Amsterdam Berlin Oxford Tokyo Washington/DC: IOS Press, S. 673–677

Wenz, C. (2006). *JavaScript und Ajax.* , Bonn: Galileo Press, S. 349-456

Willis, T., Pain, H., Trewin, S., Clark, S.: *Informing Flexible Abbreviation Expansion for Users with Motor Disabilities.* In Miesenberger K., Klaus J., Zagler W. (Hrsg.): *Computer Helping People with Special Needs.* 8th International Conference, ICCHP 2002, Proceedings, S. 251-260. Berlin-Heidelberg-New York: Springer

Kontaktinformationen

Forschungsinstitut Technologie und Behinderung (FTB)
der Evangelischen Stiftung Volmarstein
Grundschötteler Straße 40
D- 58300 Wetter / Ruhr
Tel.: +49 (0) 2335-9681-0
Fax: +49 (0) 2335-9681-19
E-Mail: bit-nrw@ftb-net.de
Internet: http://www.ftb-net.de

H. Wandke, S. Kain & D. Struve (Hrsg.): Mensch & Computer 2009: Grenzenlos frei!?
München: Oldenbourg Verlag, 2009, S. 143-152

ISONORM 9241/10 und Isometrics: Usability-Fragebögen im Vergleich

Kathrin Figl

Institut für Wirtschaftsinformatik und Neue Medien, WU Wirtschaftsuniversität Wien

Zusammenfassung

Eine der wichtigsten Methoden zur Evaluation von Software-Usability ist der Einsatz von Benutzerfragebögen. Diese Studie widmet sich dem Vergleich der zwei im deutschsprachigen Raum verbreitetesten Fragebögen, Isonorm und Isometrics, die beide dasselbe Ziel verfolgen, Software gemäß der ISO Norm 9241/10 zu evaluieren. Im Rahmen eines experimentellen Designs beurteilten 50 Versuchspersonen die Usability der Softwarepakete SPSS bzw. STATISTICA mit Hilfe der beiden Fragebögen. Die Bewertungen anhand der beiden Fragebögen lieferten dieselben Ergebnisse hinsichtlich verschiedener Usability Aspekte und korrelierten positiv miteinander. Die Ergebnisse der Fragebogenbeurteilung deuten darauf hin, dass es sowohl Personen gibt, die den Isonorm-Fragebogen präferieren, wie solche, die den Isometrics Fragebogen angenehmer und schneller zu beantworten finden.

1 Einleitung

Usability-Fragebögen kommt im Rahmen der Evaluation von Software eine große Bedeutung zu. In dieser Studie werden zwei Fragebögen verglichen - Isonorm und Isometrics, die beide die ISO Norm 9241/10 operationalisieren. Der Vergleich dieser beiden Fragebögen ist deshalb von besonderem Interesse, da sie einerseits in diesem Gebiet die beiden populärsten Fragebögen in deutscher Sprache sind, und weil andererseits zwar einige Untersuchungen hinsichtlich testtheoretischer Gütekriterien vorhanden sind, jedoch noch keine, in denen beide Fragebögen gemeinsam eingesetzt und verglichen wurden. Der Artikel ist wie folgt aufgebaut: Nach einer allgemeinen Einführung in Usability mit Schwerpunkt auf der 9241/110 wird ein Überblick über Usability-Fragebögen gegeben und die empirische Untersuchung dargestellt.

2 Usability und die ISO Norm 9241-110

Usability, zu Deutsch auch Gebrauchstauglichkeit, beschäftigt sich mit Grundsätzen ergonomischer Softwaregestaltung und hat sich im deutschen Sprachraum auch gegenüber dem enger gefassten Begriff der „Benutzerfreundlichkeit" durchgesetzt. In der ISO-Norm 9241/11 wird Usability dadurch definiert, wie „effektiv, effizient und zufrieden stellend" ein Benutzer seine Ziele erreichen kann indem er ein technisches Objekt zur Lösung von Aufgaben verwendet (International Organization for Standardization 1998).
Die ISO Norm 9241/110 (International Organization for Standardization 2006) behandelt die ergonomische Gestaltung von interaktiven Systemen und sie formuliert 7 Prinzipien für die Beschreibung, das Design und die Evaluation der Dialoggestaltung von Software: Aufgabenangemessenheit, Selbstbeschreibungsfähigkeit, Steuerbarkeit, Erwartungskonformität, Fehlerrobustheit, Individualisierbarkeit, Lernförderlichkeit. Sie ersetzte 1996 die ISO Norm 9241-10 (International Organization for Standardization 1996), die sich inhaltlich stark auf Software im Bürokontext fokussiert hatte. Die Prinzipien sind als voneinander abhängig zu verstehen, und manchmal wird es notwendig sein, Vorteile eines Grundsatzes gegenüber einem anderen abzuwägen. Die Auswahl dieser 7 Grundprinzipien entstand auf Grund faktorenanalytischer Analysen von Fragebogendaten, in denen Benutzer die Relevanz von Systemeigenschaften für Qualität von interaktiven Systemen einschätzten (Dzida et al. 1978, 180-195). Der Hintergedanke war, dass die von Benutzern erlebte Qualität interaktiver Software aus statistisch nicht überlappenden Kategorien, d.h. aus Faktoren besteht, da Benutzer sie in unterschiedlicher Art erleben.

3 Usability-Fragebögen

Viele Aspekte der Usability sind am besten zu erheben, indem man Benutzer befragt (Nielsen 1997, 110). Usability-Frageböge sind neben mündlichen Befragungen in Form von Interviews zu den meinungsbasierten Evaluationsmethoden zu zählen. Zur Beurteilung von Fragebögen können Gütekriterien wie Objektivität, Reliabilität und Validität herangezogen werden. In den folgenden Abschnitten werden die deutschsprachigen Usability-Fragebögen Isonorm 9241/10 und Isometrics vorgestellt, die sich beide an der Isonorm 9241/10 orientieren. Es existieren zahlreiche weitere Usability Fragebögen, auf die hier nur kurz eingegangen werden kann. ErgoNorm (Dzida et al. 2000) ist ein weiterer deutscher Fragebogen, in dem die 7 Gestaltungsgrundsätze von der Isonorm 9241/10 operationalisiert wurden. Im Gegensatz zu Isometrics und Isonorm 9241/10 werden in diesem Fragebogen die Gestaltungsgrundsätze den Probanden jeweils kurz erklärt. Außerdem ist das Antwortformat dichotom – Fragen werden mit „Ja" und „Nein" beantwortet, und Nein-Antworten sollen schriftlich erklärt werden. Auf weitere Fragebögen sei hingewiesen, z.B. auf EU-CON II (Stary et al. 1997), den Questionnaire for User Interface Satisfaction - QUIS (Chin et al. 1988), das Software Usability Measurement Inventory - SUMI (Kirakowski & Corbett 1993) oder auf den Fragebogen zur Bewertung von Software von IfADo (Institut für Arbeitsphysiologie (IfADo) 1995).

3.1 Isonorm 9241/10

Der Fragebogen Isonorm 9241/10 wurde 1993 veröffentlicht (Prümper & Anft 1993). Die Skalen des Fragebogens stellen eine Operationalisierung der 7 Kriterien der gleichnamigen Isonorm dar. Der Fragebogen wurde entwickelt, um die Normkonformität nach Isonorm 9241/10 überprüfen oder um Prototypen bei iterativer Softwareentwicklung evaluieren zu können (Prümper 1997, 253). Der Fragebogen ist für das Ausfüllen durch Benutzer vorgesehen, und die Durchführung dauert ca. 10 Minuten. Für den Isonorm Fragebogen liegen allgemeine Normwerte für Softwaresysteme vor, die auf der Beurteilung von 41 Programmen basieren (Prümper 1997). Insgesamt besitzt der Fragebogen 35 Items, wobei zu jeder der 7 Skalen fünf Items gehören, die aus bipolaren Aussagen bestehen. Das Antwortformat (siehe Abbildung 1) stellt eine 7-stufigen Ratingskala dar, mit der von sehr negativ ("---") bis sehr positiv ("+++") die bipolaren Aussagen beurteilt werden.

Aufgabenangemessenheit

Unterstützt die Software die Erledigung Ihrer Arbeitsaufgaben, ohne Sie als Benutzer unnötig zu belasten?

Die Software...	---	--	-	-/+	+	++	+++	
ist kompliziert zu bedienen.	☐	☐	☐	☐	☐	☐	☐	ist unkompliziert zu bedienen.

Abbildung 1: Beispielitem aus dem Fragebogen Isonorm 9241/10

Bezüglich der Testgütekriterien liegen bereits Untersuchungen mit 1264 Benutzer und 178 Softwareprogrammen vor (Prümper 1997, 253). Hinsichtlich der Reliabilitätsbestimmung zeigte die Wiederholungsmethode, dass der Isonorm 9241/10 Fragebogen eine hohe Retest-Reliabilität aufweist (von $r_{t1/t2} = 0.59$ bei der Skala Lernförderlichkeit bis zu $r_{t1/t2} = 0.68$ bei der Skala Fehlertoleranz). Die Konsistenzanalyse bescheinigte eine gute innere Konsistenz der einzelnen Skalen (Cronbach's alpha von 0.81 bis 0.89). Des Weiteren wurden die Konstruktvalidität sowie die innere und äußere kriterienbezogene Validität überprüft. Die Konstruktvalidität wurde überprüft, indem man Beurteilungen jeweils zweier Versionen von MS-Word für DOS und MS-Excel für Windows verglich. Es zeigte sich, dass anhand des Fragebogens Isonorm 9241/10 Veränderungen zwischen verschiedenen Versionen einer Software gemessen werden können. In den Untersuchungen zur inneren kriterienbezogenen Validität wurden Bewertungen der Fragebögen Isonorm 9241/10, QUIS (Chin et al. 1988) und BBD (Spinas 1987) korreliert, die zeigten, dass der Fragebogen Isonorm 9241/10 zu vergleichbaren Ergebnissen führte. Die äußere kriterienbezogene Validität wurde mit Hilfe von Expertenbefragungen nach EVADIS 2 bestätigt. Für den Fragebogen wurde auch eine Normierung anhand von 42 Softwareprogrammen erstellt, wobei die Skala Individualisierbarkeit die niedrigste, die Skala Steuerbarkeit die höchste Beurteilung erhielt. Der Fragebogen ist neben der Papierversion auch als Onlineversion erhältlich, welche dieselben Ergebnisse liefert (Richter 1999).

3.2 Isometrics

In dem Fragebogen Isometrics sind ebenfalls die 7 Gestaltungsgrundsätze von der Isonorm 9241/10 operationalisiert (Hamborg 2002). Die Gestaltungsgrundsätze werden mit jeweils 7 bis 12 Items erhoben. Insgesamt besteht der Fragebogen aus 75 Items, die auf einer 5-stufigen Ratingskala beantwortet werden. Es besteht auch die Möglichkeit „Keine Angabe" anzukreuzen, wie in Abbildung 2 gesehen werden kann. Es existiert eine Kurzversion des Fragebogen Isometrics^S (short) für summative und eine Langversion Isometrics^L (long) für formative Evaluationen. Diese beiden Versionen unterscheiden sich darin, dass in der Langversion zusätzlich zu jedem Item ein Wichtigkeitsrating gegeben werden kann. Außerdem sollen die Probanden in der Langform ihre Antworten begründen, indem sie Beispiele für Mängel notieren.

Item	Aufgabenangemessenheit	1	2	3	4	5	Keine Angabe
[illegible]	Die Software zwingt mich, überflüssige Arbeitsschritte durchzuführen						

Abbildung 2: Beispielitem aus dem Fragebogen Isometrics

Die Entwicklung des Fragebogens zeichnete sich dadurch aus, dass im Sinne von inhaltlicher Validität versucht wurde, die Items möglichst theoretisch fundiert auszuwählen (Gediga et al. 1999; Hamborg et al. 1996). Zuerst wurden 651 Items aus anderen Usability-Fragebögen und Checklisten gesammelt. Dann wurden redundante oder zu kompliziert formulierte Items entfernt und von sechs Usability-Experten den 7 Grundsätzen der Isonorm 9241/10 zugeordnet (Interrater-Reliabilität: Kappa = 0.75). Danach wurden die Itemformulierungen hinsichtlich Verständlichkeit und die Subskalen nach testtheoretischen Grundlagen optimiert. Die Reliabilität der Skalen des Isometrics Verfahrens sind für verschiedene Softwaresysteme (z.B. LaTex, MS Word) vergleichbar (Hamborg et al. 1996; Willumeit et al. 1995, 8). Für eine Validierung wurden die Skalenmittelwerte verschiedener Programme miteinander verglichen, und die Bewertungsunterschiede entsprachen den Erwartungen; z.B. wurde die Selbstbeschreibungsfähigkeit bei einem Programm ohne graphischer Benutzeroberfläche niedriger als bei anderen beurteilt. Zum Isometrics Verfahren liegen Normtabellen zu mehreren bekannten Softwareprogrammen vor, z.B. LaTex, MS Word, WinWord, SAP/Term. Hinsichtlich der Effektivität von Isometrics^L im Vergleich mit den Evaluationsmethoden Lautes Denken, Videokonfrontation und Heuristische Evaluation zeigt sich, dass in Isometrics^L 3-5 mal so viele Anmerkungen über Probleme der Software als bei den anderen gemacht wurden (Hamborg 2002, 310). In einer anderen Studie wurde der Einsatz von Isometrics als Gruppen- und Einzelversion für formative und summative Evaluation verglichen (Hamborg et al. 1999, 14). Es zeigte sich, dass bei der summativen Evaluation die Bewertungsergebnisse in der Gruppenversion weniger streuen und strenger sind als in der Einzelversion. Bei der formativen Evaluation lieferte die Einzelversion mehr Informationen bzw. Anmerkungen als die Gruppenversion.

4 Empirische Studie

Hinsichtlich des Vergleichs der Usability-Fragebögen Isometrics und Isonorm sind zentrale Fragen, ob Software in beiden Fragebögen in ähnlicher Weise beurteilt wird, d.h. die beiden Fragebögen vergleichbare Evaluationsresultate liefern und ob Benutzer das Ausfüllen der Fragebögen unterschiedlich erleben. Weiters ist es von Interesse zu sehen, ob die einzelnen Skalen gute Reliabilitäten aufweisen, und ob die Skalen voneinander unabhängig sind oder starke Interkorrelationen aufweisen.

4.1 Versuchsdesign

Für die Untersuchung wurde ein experimentelles Design gewählt; Versuchspersonen sollten ein neu in einem Usability-Test kennengelerntes Softwareprodukt anhand der beiden Fragebögen Isonorm und Isometrics beurteilen. Um möglichst allgemeine Aussagen zum Vergleich der Fragebögen treffen zu können, wurden zwei inhaltlich ähnliche Softwareprodukte gewählt: SPSS und STATISTICA von der Firma Statsoft, die sich beide auf die Analyse sozialwissenschaftlicher Daten konzentrieren. Die Wahl von Statistik-Programmen schien insbesonders deshalb sinnvoll, weil sich ein Großteil der Käufer vor allem an den Kriterien Usability und Bearbeitungsgeschwindigkeit orientiert (McCullough, 2000, p. 350). In einem Zwei-Versuchsgruppendesign lernten Teilnehmer der Versuchsgruppe 1 das Statistikprogramm SPSS (Version 12.0), Teilnehmer der Versuchsgruppe 2 das Statistikprogramm STATISTICA (Version 7.1) kennen und beurteilten im Anschluss die Usability dieses Programms anhand der Fragebögen Isonorm und Isometrics (siehe Abbildung). Die Versuchsgruppen waren weiters in Subversuchsgruppen je nach Reihenfolge der Vorlage der Fragebögen Isonorm und Isometrics eingeteilt.

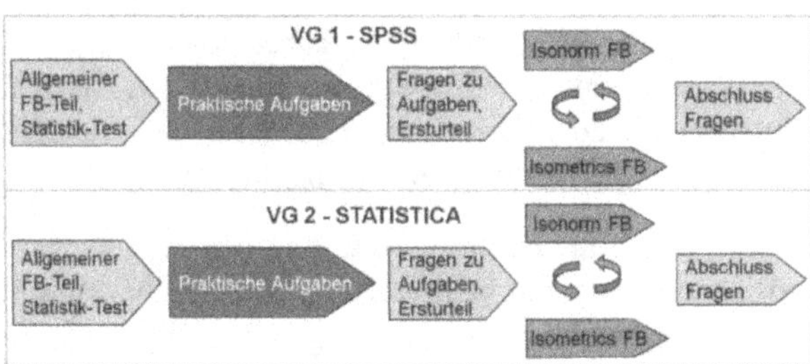

Abbildung 3: Überblick über das Versuchsdesign

4.2 Usability-Test

Der Usability-Test wurde auf zwei Notebooks durchgeführt um eine einheitliche Umgebung zu garantieren. Anhand von 14 Aufgaben mit derselben Datendatei mit 10 Datensätzen und je 10 Variablen lernten die Versuchspersonen die beiden Programme SPSS bzw. STATISTICA kennen. Es wurde darauf geachtet, dass die Versuchspersonen ein möglichst umfassendes Bild der Software erlangen und sowohl Datenmanipulation, deskriptive Statistiken, statistische Analysemodule, Graphikerstellung und die Hilfe kennen lernen konnten. Auch wurden absichtlich drei Eingabefehler in der Angabe eingebaut, damit die Versuchspersonen die Fehlertoleranz des Programms testen und Fehlermeldungen kennen lernen konnten. Die Aufgaben wurden in drei verschiedenen Schwierigkeitsgraden gestellt. Am Anfang gab es Aufgaben mit vollständiger Anleitung, in der jeder Mausklick beschrieben wurde. Dann gab es Aufgaben, in denen zuvor erklärte Verfahren bzw. Graphiken selbstständig ohne Anleitung mit anderen Variablen ausgeführt werden sollten. Abschließend sollten völlig neue Prozeduren ohne Erklärung selbstexplorierend gelöst werden. Der Usability-Test wurde mit einem Fragebogen begleitet, der allgemeine Fragen, einen kurzen Statistik-Test, Anleitungen für den praktischen Teil in SPSS bzw. STATISTICA, eine allgemeine Einschätzung des Programms, den Usability-Fragebögen Isonorm und Isometrics sowie Fragen zum Vergleich dieser beiden Usability-Fragebögen inkludierte. Die Fragebögen Isonorm und Isometrics wurden im Original übernommen, mit der Ausnahme, dass die Antwortmöglichkeit „Keine Angabe" beim Isometrics Fragebogen weggelassen wurde, um Vergleichbarkeit mit dem Isonorm Fragebogen zu gewährleisten. Die Skala Individualisierbarkeit, für deren Beantwortung Langzeiterfahrung mit der Software nötig wäre, wurde bei beiden Fragebögen weggelassen.

4.3 Stichprobe

Die Stichprobe bestand aus 50 Versuchspersonen, davon 50% weiblich bzw. männlich. Die Personen waren von 21 bis 34 Jahre alt und hatten zumindest Matura/Abitur als höchste abgeschlossene Schulbildung.

4.4 Ergebnisse des Usability-Tests

Von den praktischen Aufgaben, die dazu dienten, die Statistikprogramme kennen zu lernen, wurden durchschnittlich 15.8 der insgesamt 17 Aufgaben sowohl in der SPSS- als auch in der STATISTICA-Versuchsbedingung gelöst. Für die praktischen Beispiele haben die Versuchspersonen im Durchschnitt 26 Minuten verwendet, für das Ausfüllen der Fragbögen benötigten die meisten Versuchspersonen ca. eine halbe Stunde.

Zur Prüfung ob die beide Programme unterschiedlich in den Fragebögen Isonorm und Isometrics beurteilt wurden zweifaktorielle multivariate Varianzanalyse mit Messwiederholung ($df_{Hypothese} = 6$, $df_{Fehler} = 39$) gerechnet, mit den Fragebögen als Innersubjektfaktor und der Versuchsbedingung der unterschiedlichen Statistikprogramme als Zwischensubjektfaktor. Der Innersubjektfaktor „Fragebogen" (Isonorm vs. Isometrics) hatte keinen Einfluss auf diese Beurteilung der Usability ($F=1.21$, $p=0.32$, $\eta^2=0.16$). Das bedeutet, die beiden Fragebögen liefern dieselben Ergebnisse. Es zeigt sich weiters, dass der Zwischensubjektfaktor „Statistikprogramm" (SPSS vs. STATISTICA) einen signifikanten Einfluss auf die Bewertung der Usability hat ($F=3.40$, $p=0.009$, $\eta^2=0.34$), d.h. eines der beiden Softwareprodukte – SPSS - wurde unterschiedlich bewertet (siehe Abbildung 4 und Abbildung 5). In der Dimension Steuerbarkeit erreichte SPSS in beiden Fragebögen bessere Werte, in der Dimension Selbstbeschreibungsfähigkeit erhielt es nur im Fragebogen Isometrics eine bessere Beurteilung. Dies bedeutet, dass die Menüführung in SPSS einfacher als in STATISTICA ist, da es einfacher ist, Befehle abzubrechen, und dass man sich leichter in Dokumenten bewegen und zwischen Menüs wechseln kann.

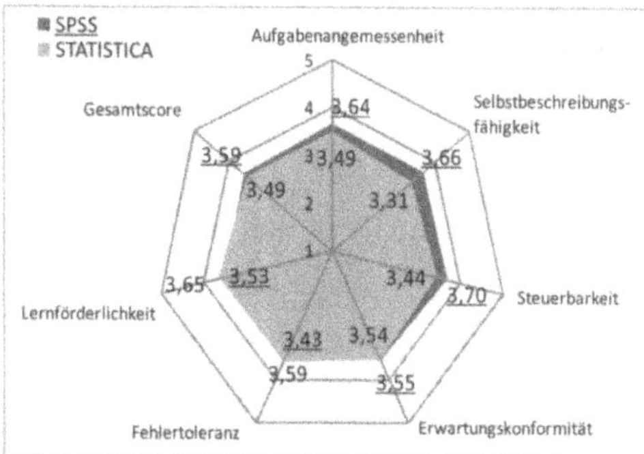

Abbildung 4: Beurteilung der Usability im Isometrics-Fragebogen (Mittelwerte)

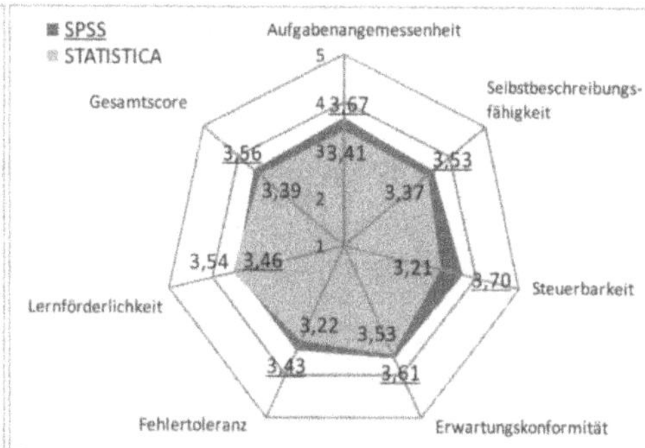

Abbildung 5: Beurteilung der Usability im Isonorm-Fragebogen (Mittelwerte)

4.5 Vergleich der Fragebögen Isometrics und Isonorm

Der folgende Abschnitt widmet sich dem Vergleich der beiden Fragebögen.

4.5.1 Reliabilitätsanalyse

Reliabilitätsanalysen zur Überprüfung, ob die Items einer Skala dieselbe Dimension messen, wurden für die Skalen der Fragebögen Isonorm und Isometrics jeweils getrennt für die Beurteilung der beiden Softwareprodukte gerechnet. Die Reliabilitäten können als durchwegs zufriedenstellend bewertet werden (Cronbach's Alpha von 0.54 - 0.91 bei allen eingesetzten Skalen).

4.5.2 Zusammenhänge der Skalen untereinander

Es zeigte sich, dass im Fragebogen Isonorm alle Interkorrelationen der 5 verwendeten Skalen stark und signifikant sind (r=0.51-0.77, df=45). Hinsichtlich des Fragebogens Isometrics ergab sich ein ähnliches Bild: beinahe alle Korrelationen sind stark und signifikant, (r=0.34-0.73, df=45). Allerdings bildet hier die Skala Fehlertoleranz eine Ausnahme, da deren Beurteilung keine bis niedrige Zusammenhänge mit den Bewertungen der anderen Skalen zeigt (r=0.09-0.34). Eine Interpretation der hohen Interkorrelationen kann in der Weise gegeben werden, dass die Beurteilung der einzelnen Aspekte der Usability stark von einer Gesamteinschätzung abhängt. Dieser Effekt könnte auch durch das Versuchsdesign verstärkt worden sein, in dem die Versuchspersonen die Programme neu kennen zu lernen hatten. Es könnte durchaus sein, dass erfahrene Benutzer ein System differenzierter in Bezug auf die einzelnen Dimensionen beurteilen würden.

4.5.3 Zusammenhang zwischen den Beurteilungen in den beiden Fragebögen

Hinsichtlich des Zusammenhangs der Einschätzungen in den beiden Fragebögen, wurden Korrelationen für jede einzelne der 6 Skalen sowie für den Gesamtscore berechnet. Sämtliche Korrelationen sind positiv, die meisten sogar mittel bis hoch (r=0.24-0.66, df=48). Versuchspersonen schätzen somit die Dimensionen der Usability in beiden Fragebögen in ähnlicher Weise ein.

4.5.4 Fragebogenbeurteilung der Versuchspersonen

Die Versuchspersonen beurteilten die beiden Fragebögen anhand von drei abschließenden, vergleichenden Fragen, deren Ergebnisse in Abbildung 6 zu sehen sind.

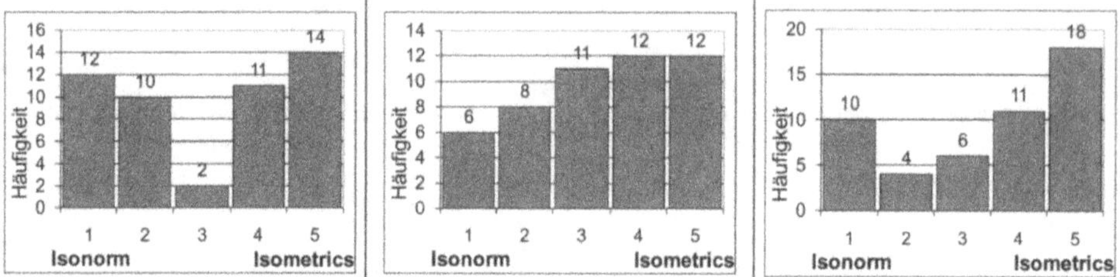

Welchen Fragebogen haben Sie angenehmer zum Beantworten gefunden?	Bei welchem Fragebogen hatten Sie das Gefühl ihre Meinung besser ausdrücken zu können?	Welchen Fragebogen konnten Sie schneller beantworten (unabhängig von unterschiedlicher Itemanzahl)?
Median = 4, MW = 3.10, SD = 1.61	Median = 3, MW = 3.33, SD = 1.34	Median = 4, MW = 3.47, SD = 1.56

Abbildung 6: Beurteilung der Fragebögen Isonorm und Isometrics (N = 49)

Bezüglich der Fragen, ob die Versuchspersonen einen Fragebogen angenehmer bzw. schneller zum Beantworten gefunden haben, scheint es, dass wahrscheinlich auf Grund persönlicher Vorlieben für Antwortformate je ein Teil entweder Isonorm oder Isometrics bevorzugt hat. Bei der Frage, ob es in einem Fragebogen einfacher sei, seine Meinung besser auszudrücken als im anderen, hat es auch einige (11) indifferente Antworten gegeben. Die Frage, ob nun einer der beiden Fragebögen bei den Versuchspersonen „beliebter" war, kann nicht eindeutig beantwortet werden. Die Mittelwerte zeigen eine leichte Präferenz für den Fragebogen Isonorm, die Antwortverteilung lässt aber auch erkennen, dass es Versuchspersonen gegeben hat, denen der Isometrics Fragebogen mehr „liegt".

5 Diskussion

Diese Studie widmete sich dem Vergleich zweier weitverbreiteten, deutschsprachigen Usability Fragebögen – Isonorm und Isometrics, die beide die Isonorm 9241/110 operationalisieren. In dem eingesetzten Untersuchungsdesign gab es zwei Versuchsgruppen, wobei die eine das Statistik-Softwarepaket SPSS, die andere STATISTICA ca. 25 Minuten lang anhand von praktischen Aufgaben kennen lernte. Danach beurteilten die Versuchspersonen das jeweilige Programm anhand der Usability Fragebögen Isonorm und Isometrics. Es wurden sechs der insgesamt sieben verfügbaren Skalen eingesetzt: Aufgabenangemessenheit, Selbstbeschreibungsfähigkeit, Steuerbarkeit, Erwartungskonformität, Fehlertoleranz und Lernförderlichkeit. Bezüglich beider Fragebögen konnten zufriedenstellende Reliabilitäten sowie hohe Interkorrelationen der Skalen festgestellt werden. Die Bewertungen im Isonorm- und Isometrics-Fragebogen korrelierten positiv miteinander. Die Fragebogenbeurteilung deutet darauf hin, dass es sowohl Versuchspersonen gibt, die den Isonorm-Fragebogen präferieren, wie solche, die den Isometrics Fragebogen angenehmer und schneller zu beantworten finden. Zusammenfassend kann gesagt werden, dass die beiden verwendeten Fragebögen sehr gut für Usability-Untersuchungen geeignet sind, und dass sie grundsätzlich dieselben Ergebnisse für Bewertung und Vergleich von Softwareprodukten liefern.

Literaturverzeichnis

Chin, J. P., Diehl, V. A., & Norman, K. L. (1988). Development of a Tool Measuring User Satisfaction of the Human-Computer Interface. *SIGCHI '88*, New York: ACM/SIGCHI.

Dzida, W., Herda, S., & Itzfeldt, D. W. (1978). User-perceived quality of interactive systems. *International Conference on Software Engineering*, Atlanta.

Dzida, W., Hofmann, B., Freitag, R.et al. (2000). *Gebrauchstauglichkeit von Software. Ergonorm: Ein Verfahren zur Konformitätsprüfung von Software auf der Grundlage von DIN EN ISO 9241 Teile 10 und 11.* Dortmund: Bundesanstalt für Arbeitsschutz und Arbeitsmedizin.

Gediga, G., & Hamborg, K.-C. (1999). IsoMetrics: An usability inventory supporting summative and formative evaluation of software systems. *HCI International '99*, New Jersey: Lawrence Erlbaum Associates.

Gediga, G., Hamborg, K.-C., & Düntsch, I. (1999). The IsoMetrics Usability Inventory: An operationalisation of ISO 9241-10 supporting summative and formative evaluation of software systems. *Behaviour and Information Technology*, 18, 151-164.

Hamborg, K.-C. (2002). *Gestaltungsunterstützende Evaluation von Software: Zur Effektivität und Effizienz des IsoMetricsL Verfahrens.* In M. Herczeg, W. Prinz & H. Oberquelle (Hrgs.), Mensch & Computer 2002: Vom interaktiven Werkzeug zu kooperativen Arbeits- und Lernwelten (S. 303-312). Stuttgart: Teubner.

Hamborg, K.-C., Gediga, G., Döhl, M.et al. (1999). *Softwareevaluation in Gruppen oder Einzelevaluation: Sehen zwei Augen mehr als vier?* In U. Arend & K. Pitschke (Hrgs.), Softwareergonomie '99: Design von Informationswelten (S. 97-109). Stuttgart: Teubner.

Hamborg, K.-C., Willumeit, H., & Gediga, G. (1996). *Untersuchungen zu Itemformulierungen des IsoMetrics-Verfahrens*, Osnabrücker Schriftenreihe Software-Ergonomie - 1. Osnabrück: Universität Osnabrück.

Institut für Arbeitsphysiologie (IfADo) (1995). *Fragebogen zur Bewertung von Software*: Bundesanstalt für Arbeitsschutz und Arbeitsmedizin (BAuA).

International Organization for Standardization (1996). *ISO 9241-10:1996- Ergonomic requirements for office work with visual display terminals (VDTs) -- Part 10: Dialogue principles.*

International Organization for Standardization (1998). *ISO 9241-11:1998 - Ergonomic requirements for office work with visual display terminals (VDTs) -- Part 11: Guidance on usability.*

International Organization for Standardization (2006). *ISO 9241-110:2006 Ergonomics of human-system interaction -- Part 110: Dialogue principles.*

Kirakowski, J., & Corbett, M. (1993). SUMI: The Software Usability Measurement Inventory. British *Journal of Educational Technology, 24(3),* 210-212.

Nielsen, J. (1997). Let's Ask the Users. *IEEE Software, 14(3),* 110-111.

Prümper, J. (1997). Der Benutzungsfragebogen ISONORM 9241/10: Ergebnisse zur Reliabilität und Validität. *Software-Ergonomie '97,* Stuttgart: Reports of the German Chapter of the ACM.

Prümper, J., & Anft, J. (1993). Die Evaluation von Software auf Grundlage des Entwurfs zur internationalen Ergonomie-Norm ISO 9241 Teil 10 als Beitrag zur partizipativen Systemgestaltung - ein Fallbeispiel. *Software-Ergonomie '93,* Stuttgart: Teubner.

Richter, M. (1999). *Online Befragung als neues Instrument zur Beurteilung der Benutzerfreundlichkeit von Software.* In E.-D. Reips, B. Batanic, W. Bandilla, et al. (Hrgs.), Current Internet science - trends, techniques, results. Aktuelle Online Forschung - Trends, Techniken, Ergebnisse. Zürich: Online Press.

Spinas, P. (1987). *Arbeitspsychologische Aspekte der Benuzerfreundlichkeit von Bildschirmsystemen.* Zürich: ADAG.

Stary, C., Riesenecker-Caba, T., Kalkhofer, M., & Flecker, J. (1997). *EU-CON. ein Verfahren zur EU-konformen Software-ergonomischen Bewertung und Gestaltung von Bildschirmarbeit.* ETH.

Willumeit, H., Gediga, G., & Hamborg, K.-C. (1995). *Validation of the IsoMetrics usability inventory:* Universität Osnabrück.

Kontaktinformationen

Wenn Sie Fragen zu diesem Beitrag haben, wenden Sie sich an:

Dr. MMag. Kathrin Figl
http://wwwi.wu-wien.ac.at/nm/en/figl
Institut für Wirtschaftsinformatik und Neue Medien
WU Wirtschaftsuniversität Wien
UZAII, Augasse 2-6, A-1090 Wien, Österreich
Tel.: +43 1 31336 4467
Fax.: +43 1 31336 90 4467
E-Mail: kathrin.figl@wu-wien.ac.at

H. Wandke, S. Kain & D. Struve (Hrsg.): Mensch & Computer 2009: Grenzenlos frei!?
München: Oldenbourg Verlag, 2009, S. 153-162

Modellbasierte Evaluation der Anwenderakzeptanz von Standardsoftware

Oliver Kohnke, Karsten Müller

SAP Deutschland AG & Co. KG & Universität Mannheim

Zusammenfassung

Dieser Beitrag beschreibt ein modellbasiertes Vorgehen zur Evaluation der Anwenderakzeptanz unternehmensweiter Standardsoftware. Im Zentrum steht die Analyse von Einflussfaktoren auf die Anwenderakzeptanz als wesentliches Kriterium erfolgreicher IT-Implementierungen sowie die Ableitung praktischer Handlungsempfehlungen. Ausgehend von dem weit verbreiteten Technologie-Akzeptanz-Modell von Davis werden zwei theoretische Erweiterungen vorgenommen, die insbesondere für die Evaluation von Standardsoftware im betrieblichen Kontext sinnvoll erscheinen. Anhand einer empirischen Fallstudie wird der Nutzen des erweiterten Modells zur Untersuchung des Einflusses externer Variablen auf die Anwenderakzeptanz und zur Ableitung von Handlungsempfehlungen für Entscheidungsträger aufgezeigt. Die Studie basiert auf einer Online-Befragung von 865 Anwendern[1] einer „Business Intelligence"-Softwarelösung aus einem international agierenden Unternehmen.

1 Einleitung

Unternehmensweite Standardsoftware ist mittlerweile in Unternehmen sehr weit verbreitet – so z.B. „Enterprise Ressource Planning (ERP)"-Systeme. Sie ermöglichen die Integration aller wichtigen Unternehmensfunktionen wie Rechnungswesen, Logistik, Produktion und Personal auf Basis einer unternehmensweiten Datenbasis mit dem Ziel, die Planung und das Controlling im gesamten Unternehmen wesentlich zu erleichtern und somit zu Effizienzsteigerungen zu führen (Davenport, 1998). Derartige Softwaresysteme werden darüber hinaus auch für spezielle Anwendungsbereiche eingesetzt, z.B. „Customer Relationship Management (CRM)"-Systeme, „Supplier Relationship Management (SRM)"-Systeme für das Kun-

[1] Mit Anwendern sind in diesem Beitrag auch immer Anwenderinnen gemeint.

den- bzw. Lieferantenmanagement oder „Business Intelligence (BI)"-Systeme für die unternehmensweite Analyse und Aufbereitung von Informationen.

Trotz vieler Vorteile dieser Softwaresysteme scheitern zahlreiche Implementierungsprojekte. Laut einer Studie der Standish Group International von 1998 waren nur 26% der IT-Implementierungen erfolgreich, 46% haben ihre Ziele nicht erreicht, d.h. lagen hinter ihrem Zeitplan, über dem Budget oder unterhalb der Erwartungen an die implementierten Funktionalitäten. 28% der IT-Projekte wurden gänzlich aufgegeben. Dementsprechend konzentrierten sich die Forschungsbemühungen vor allem darauf, Rahmenbedingungen und Faktoren zu identifizieren, die die Implementierung von ERP-Systemen erleichtern. Empirische Studien zu diesen Erfolgsfaktoren (z.B. Nah, Zuckweiler & Lau, 2003; Somers & Nelson, 2001) kommen immer wieder zum gleichen Ergebnis: Es sind die sozialen, unternehmenspolitischen und kulturellen Faktoren, die einen hohen Stellenwert für die erfolgreiche Implementierung und Nutzung haben.

Bisher gibt es allerdings kaum Forschungsergebnisse, die sich mit den psychologischen Aspekten der Anwenderakzeptanz im Kontext unternehmensweiter Softwaresysteme beschäftigen (vgl. Nah, Tan & Teh, 2004; Amoako-Gyampah & Salam, 2004) – obwohl diese als entscheidend für die erfolgreiche Implementierung und effiziente Nutzung dieser Systeme angesehen werden können. An dieser Stelle setzt die vorliegende Studie an. Sie verfolgt zwei wesentliche Zielsetzungen: Zum einen soll auf Basis eines etablierten Modells zur Technologieakzeptanz ein Analyserahmen zur Evaluation der Anwenderakzeptanz im Kontext unternehmensweiter Standardsoftware dargestellt werden. Zum anderen soll anhand eines Beispiels aufgezeigt werden, wie sich dieses Modell zur theoriebasierten Ableitung von Empfehlungen für die Steigerung der Anwenderakzeptanz eignet.

2 Modell zur Evaluation der Anwenderakzeptanz

Grundlage für die modellbasierte Evaluation der Anwenderakzeptanz ist das weit verbreitete und empirisch gut überprüfte „Technology Acceptance Model (TAM)" von Davis (1989) sowie Davis, Bagozzi und Warshaw (1989). Das Modell sowie zwei theoretische Erweiterungen, die zur Evaluation unternehmensweiter Standardsoftware im betrieblichen Kontext sinnvoll erscheinen, werden in den beiden folgenden Abschnitten dargestellt.

2.1 Technology Acceptance Model

Das TAM wurde aus mehreren Gründen als Grundlage zur Evaluation der Anwenderakzeptanz von unternehmensweiter Standardsoftware ausgewählt. So basiert das TAM auf der Theorie des überlegten Handelns („Theory of Reasoned Action", TRA) von Fishbein & Ajzen, (1975) und besitzt damit eine sehr gute theoretische Grundlage. Ferner wurde das Modell in einer Vielzahl von empirischen Studien und Metaanalysen bestätigt (siehe King & He, 2006; Ma & Liu, 2004; Legris, Ingham & Collerette, 2003 und die dort angegebenen Studien) und ist in der Lage, rund 40 Prozent der Varianz in der Nutzungsabsicht aufzuklären (Legris et al., 2003; Venkatesh & Davis, 2000).

Das Modell postuliert, dass die individuelle Verhaltensintention, ein System zu nutzen, von zwei Verhaltensüberzeugungen determiniert wird: der wahrgenommenen Nützlichkeit der Systemnutzung, die definiert ist als "the prospective user's subjective probability that using a specific application system will increase his or her job performance within an organizational context" (Davis, 1989, p. 985), und der wahrgenommenen Leichtigkeit der Systemnutzung, die definiert ist als "the degree to which the prospective user expects the target system to be free of effort" (p.985). Im TAM ist weiterhin die wahrgenommene Nützlichkeit auch durch die wahrgenommene Leichtigkeit beeinflusst. Die Effekte der externen Variablen (z. B. Training, Systemeigenschaften) auf die Intention zur Systemnutzung werden durch die wahrgenommene Nützlichkeit und Leichtigkeit der Systemnutzung mediiert. Die tatsächliche Systemnutzung ist durch die Verhaltensintention determiniert. Das TAM ist in Abbildung 1 dargestellt.

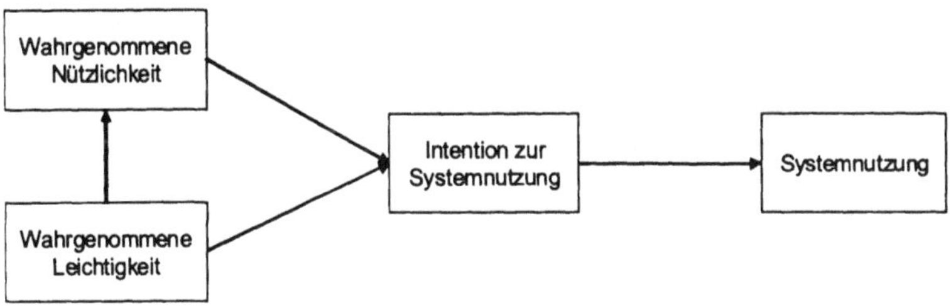

Abbildung 1: TAM (von Davis et al., 1989)

Kritisch anzumerken ist, dass in der Mehrzahl der Studien einfache Office-Anwendungen untersucht wurden; komplexe Informationssysteme, wie z. B. unternehmensweite Standardsoftwaresysteme, fehlen fast vollständig (Legris et al, 2003). Dies ist auf Grund der hohen Investitionssummen, der hohen Anzahl von Anwendern und der häufigen Implementierungsprobleme bei der Einführung von Standardsoftware überraschend. Dieser Artikel möchte deshalb einen Beitrag zur Schließung dieser Lücke leisten.

2.2 Erweiterung des TAM

Bei der Einführung und Nutzung unternehmensweiter Standardsoftware gibt es Besonderheiten. Zum einen ist davon auszugehen, dass im Unternehmenskontext soziale Einflüsse eine große Bedeutung haben, und zum anderen bestehen für den Anwender in der Regel wenige Freiheitsgrade in der Nutzung der Software. Um diese psychologischen Mechanismen hinreichend abzubilden, ist eine Erweiterung des TAM sinnvoll (siehe Abbildung 2).

Obwohl das TAM auf der TRA basiert, die postuliert, dass sowohl die Einstellung bzgl. eines bestimmten Verhaltens als auch soziale Einflüsse (d.h. subjektive Normen) gemeinsam einen Effekt auf die Verhaltensintention haben, wurde die Variable subjektive Norm nicht in das TAM aufgenommen. In den letzten Jahren sind jedoch viele Forscher zu dem Schluss gekommen, dass die subjektive Norm, definiert als "a person's perception that most people who are important to him think he should or should not perform the behaviour in question"

(Fishbein & Ajzen, 1975, p.302) eine wichtige Rolle im organisatorischen Kontext spielt und in das TAM integriert werden sollte (z.B. Mathieson, 1991; Venkatesh & Davis, 2000). Die subjektive Norm hat hierbei zwei Effekte: Zum einen kann sie im Sinne der TRA als Determinante der Verhaltensintention angesehen werden und zum anderen als Determinante der wahrgenommenen Nützlichkeit (Schepers & Wetzels, 2006).

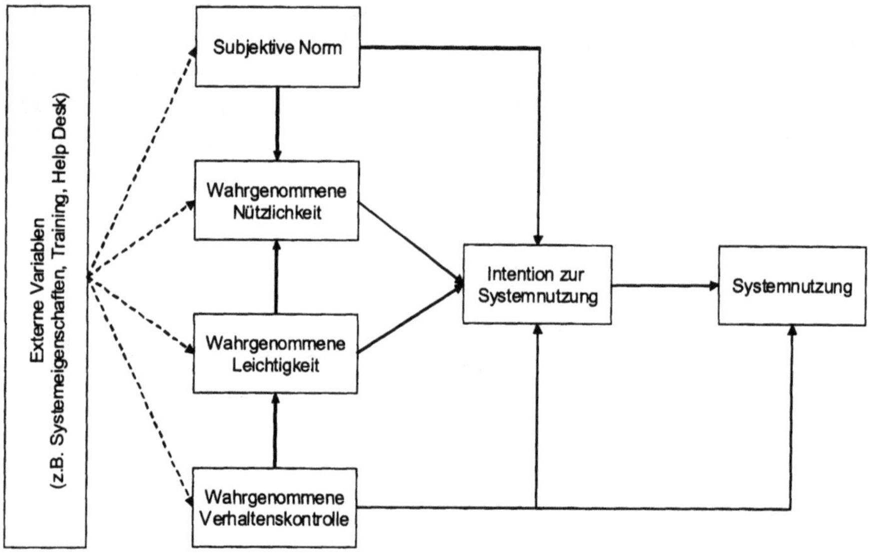

Abbildung 2: Erweitertes TAM

Die TRA (als Basis des TAM) eignet sich relativ gut, um Verhalten zu prognostizieren, das unter willentlicher Kontrolle steht. Sobald die Verhaltensausführung eingeschränkt wird, ist die Bildung von Intentionen nicht mehr hinreichend zur Vorhersage des Verhaltens. Aus diesem Grund wurde von Ajzen (1991) eine Erweiterung der TRA vorgeschlagen, die neben den bekannten Komponenten den Aspekt der wahrgenommenen Verhaltenskontrolle als zusätzliche Determinante sowohl der Verhaltensintention als auch des Verhaltens einführt Die wahrgenommene Verhaltenskontrolle ist hierbei definiert als „people's perception of ease or difficulty of performing the behavior of interest" (Ajzen, 1991, S. 183).

Es kann davon ausgegangen werden, dass insbesondere im Kontext der Nutzung unternehmensweiter Standardsoftware die willentliche Verhaltensausführung im Sinne Ajzens (1991) zumindest eingeschränkt ist. Die Nutzung der Software ist für den Anwender in der Regel formal verpflichtend. Darüber hinaus können noch andere Faktoren die Nutzung der Software beeinflussen, wie z.B. der Zugang zum System, ausreichende Nutzerberechtigungen oder die notwendigen zeitlichen Ressourcen und Fähigkeiten, die ein Nutzer für die Systemnutzung benötigt. Aus diesem Grund wurde in den letzten Jahren neben der subjektiven Norm auch häufiger die wahrgenommene Verhaltenskontrolle in das TAM integriert (z.B. Yi, Jackson, Park & Probst, 2006; Venkatesh, 2000). Sie hat hierbei nicht nur einen Effekt auf die Verhaltensintention und die Systemnutzung, sondern auch auf die wahrgenommene Leichtigkeit der Systemnutzung (Venkatesh, 2000).

Das hier dargestellte erweiterte TAM ist in besonderem Maße als Analyserahmen geeignet, um im Kontext unternehmensweiter Standardsoftware die psychologischen Faktoren der Anwenderakzeptanz zu evaluieren. Die bisher nicht weiter spezifizierten externen Variablen haben nach diesem Modell keinen direkten Effekt auf die Nutzungsabsicht, sondern werden durch die vier Variablen subjektive Norm, wahrgenommene Nützlichkeit und Leichtigkeit sowie wahrgenommene Verhaltenskontrolle mediiert. Damit wird auch deutlich, welche externen Variablen auf welche psychologischen Faktoren wirken. Die Relevanz der einzelnen Faktoren sollte dann im spezifischen Anwendungskontext auf Grund differentieller Einflüsse, wie z.B. situativer Variablen, Vorwissen, Erfahrung, Kultur und Organisationskontext bewertet werden und zu konkreten Ansatzpunkten für mögliche Interventionen führen.

3 Methodisches Vorgehen

Im Folgenden wird das erweiterte TAM anhand einer Fallstudie empirisch überprüft. Neben der Beschreibung des methodischen Vorgehens werden das Ergebnis einer Pfadanalyse sowie die handlungsrelevante Aufbereitung der Evaluationsergebnisse dargestellt.

3.1 Stichprobe

Die Eignung des erweiterten TAM zur Evaluation der Anwenderakzeptanz im betrieblichen Kontext wurde anhand einer Fallstudie überprüft. Hierzu wurden 865 Anwender eines SAP BI Softwaresystems (Release 3.7) aus dem Bereich Marketing und Vertrieb eines international agierenden Unternehmens befragt. Da alle Anwender über einen Internetzugang verfügten, wurde eine Online-Befragung durchgeführt.

3.2 Befragungsinstrument

Die Auswahl der zu evaluierenden externen Variablen erfolgte unter Berücksichtigung der bisherigen empirischen Forschung zu Erfolgsfaktoren für die Einführung unternehmensweiter Standardsoftware (z.B. Nah et al, 2003; Somers & Nelson, 2001). Auf dieser Basis wurden von dem Unternehmen für diese Studie fünf für die spezifische Situation besonders relevante Variablen ausgewählt. Zunächst wurden die Anwender nach drei Systemmerkmalen befragt: Qualität der Systeminformationen (d.h. Qualität der Daten aus dem BI-System), Qualität der Systemfunktionalität und Qualität der Systemperformance. Weiterhin wurden die Anwender gebeten, eine Einschätzung ihrer Zufriedenheit mit der Unterstützung durch Trainingsmaßnahmen und den Anwendersupport zu geben. Schließlich wurde noch die Zufriedenheit mit regelmäßigen Informationen über das System abgefragt.

Für die Operationalisierung der Modellvariablen dienten bewährte Skalen, die auf den spezifischen Kontext des Unternehmens und der zu untersuchenden BI-Standardsoftware angepasst wurden. Die TAM-Skalen wahrgenommene Nützlichkeit, wahrgenommene Leichtigkeit und Verhaltensintention basieren auf Items von Davis (1989) und Davis et al. (1989). Für die Skalen subjektive Norm und wahrgenommene Verhaltenskontrolle wurden Items von Taylor und Todd (1995) verwendet. Die tatsächliche Systemnutzung konnte nicht gemessen werden. Daher wurden die Anwender gebeten, die Häufigkeit der Nutzung des BI-Systems selbst einzuschätzen. Die externen Variablen wurden jeweils mit einer Zufriedenheitsfrage erfasst. Alle Items wurden mit einer fünfstufigen Likertskala gemessen, die von 1 (stimme sehr zu) bis 5 (stimme überhaupt nicht zu) abgestuft war. Die Überprüfung der konvergenten und diskriminanten Validität der TAM-Skalen erfolgte durch eine konfirmatorische Faktoranalyse mit AMOS 16.0. Es ergab sich insgesamt ein guter Modellfit (χ^2 = 508.05; df = 105; IFI = .96; CFI = .96; RMSEA = .067). Die einzelnen TAM-Skalen zeigten eine gute bis akzeptable Reliabilität mit Cronbach's Alpha-Werten zwischen .60 und .95.

3.3 Modellfit

Zur Überprüfung des erweiterten TAM wurden die TAM-Variablen jeweils zu einer Skala aggregiert und ein Pfadmodell in AMOS gerechnet (siehe Abbildung 3), das ebenfalls einen guten Modellfit aufweist ($\chi 2$ = 249.01; df = 29; IFI = .93; CFI = .93; RMSEA = .094).

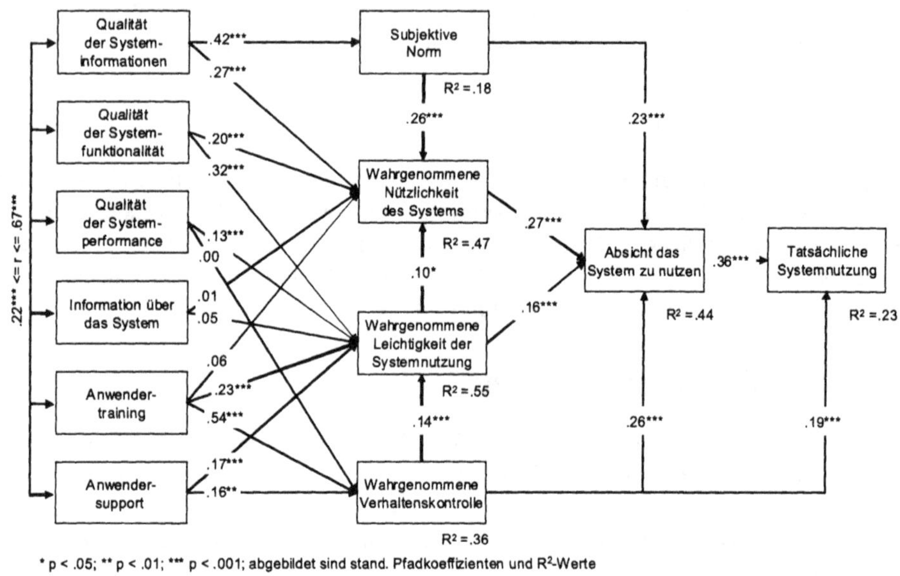

Abbildung 3: Ergebnis zum erweiterten TAM

Wird das erweiterte TAM betrachtet, dann ergeben sich bei fast allen Variablen signifikante Zusammenhänge. Es zeigt sich – entsprechend der Annahmen – dass im Kontext unternehmensweiter Standardsoftware subjektive Norm und wahrgenommene Verhaltenskontrolle nicht nur Determinanten der Verhaltensintention sind, sondern auch die beiden zentralen TAM-Variablen wahrgenommene Nützlichkeit und wahrgenommene Bedienfreundlichkeit beeinflussen. Die externen Variablen wirken auf die vier psychologischen Modellvariablen in unterschiedlicher Weise. Die wahrgenommene Verhaltenskontrolle wird am stärksten vom Anwendertraining beeinflusst. Die wahrgenommene Leichtigkeit der Systemnutzung hängt ebenfalls eng mit dem Anwendertraining, aber auch mit der Qualität der Systemfunktionen zusammen. Die wahrgenommene Nützlichkeit des Systems und die subjektive Norm sind stark abhängig von der Qualität der Systeminformationen.

3.4 Handlungsrelevante Aufbereitung der Evaluationsergebnisse

Der hier dargestellte Analyseansatz geht über die reine Mittelwertbetrachtung einzelner Einflussfaktoren der Anwenderakzeptanz hinaus und berücksichtigt zusätzlich auf Basis einer theoretisch begründeten Kausalitätsannahme deren Effekte auf die Anwenderakzeptanz. Die strukturelle Analyse der Beziehung zwischen den Variablen ermöglicht die Berechnung des relativen Einflusses externer Variablen auf bestimmte Zielgrößen innerhalb des Modells (z.B. Verhaltensabsicht oder tatsächliche Systemnutzung). Neben der Ermittlung der relativen Relevanz bestimmter Einflussgrößen auf die Anwenderakzeptanz erlaubt die Modellierung somit die Abbildung des psychologischen Prozesses im Sinne einer Wirkungskette.

Auf Basis der Effektzerlegungsannahmen in SEM-Modellen (z.B. Byrne, 2001) ergibt sich der totale Effekt als Summe der direkten und mediierten (d.h. indirekten) Einflüsse der externen Variablen auf die Zielvariable. Der totale Effekt stellt somit ein summiertes Maß der relativen Bedeutung einer Einflussgröße in Bezug auf die Zielvariable dar. Kombiniert man diese Information mit der tatsächlichen Bewertung bestimmter Einflussgrößen durch die Befragten, ergibt sich ein Handlungsportfolio mit vier Feldern, das sich sehr gut zur handlungsleitenden Aufbereitung der Ergebnisse nutzen lässt (siehe Abbildung 4).

Die y-Achse des Portfolios bildet die absolute Bewertung der Einzelfragen zu bestimmten Einflussgrößen ab (z.B. Zufriedenheit mit dem Anwendertraining), während die x-Achse die Relevanz oder ermittelte Effektstärke der externen Variablen auf die Verhaltensabsicht oder der Systemnutzung repräsentiert. Die Achsenschnittpunkte der Quadranten ergeben sich auf der y-Achse aus der semantischen Belegung der Antwortskala (positiver Bereich vs. kritischer Bereich) und auf der x-Achse auf Basis der durchschnittlichen Effektstärke aller externen Einflussgrößen (unter- vs. überdurchschnittlicher Effekt).

Entsprechend stellen Aspekte im dritten Quadranten bisherige Stärken im Implementierungsprozess da. Sie werden durch die Anwender positiv bewertet und haben einen überdurchschnittlichen Effekt auf die Intention, das System zu nutzen (z.B. BI-Anwendertraining). Dahingegen identifiziert der vierte Quadrant Themen mit hohem Handlungsbedarf, also Aspekte, die auf Grund der vorliegenden Daten einen hohen Einfluss auf die Anwenderakzeptanz besitzen, jedoch negativ bewertet wurden (z.B. Qualität der BI-Informationen). Aspekte im ersten Quadranten sind zwar kritisch bewertet worden, sollten aber auf Grund ihrer unterdurchschnittlichen Effektstärke auf die Anwenderakzeptanz eher niedrig priorisiert werden (z.B. Qualität der BI-Performance).

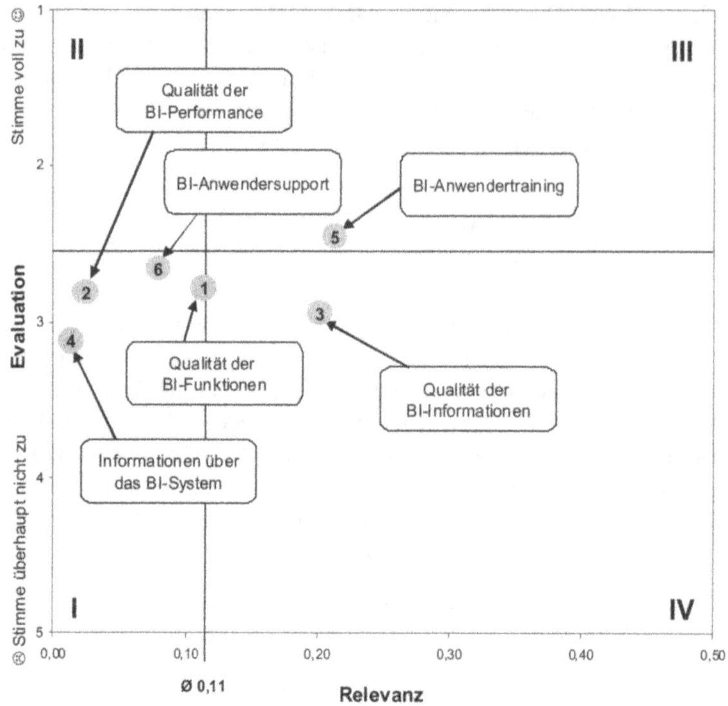

Abbildung 4: Handlungsportfolio

4 Erfahrungen und Fazit

Bisherige Studien betonen die Bedeutung der Anwenderakzeptanz als zentralen Faktor der erfolgreichen Einführung unternehmensweiter Standardsoftware (z.B. Nah et al., 2004; A-moako-Gyampah & Salam, 2004). Basierend auf dem erweiterten TAM stellen die Autoren ein Rahmenmodell zur handlungsrelevanten Evaluation psychologischer Akzeptanzfaktoren bei der Einführung von Standardsoftware unter Berücksichtigung wichtiger spezifischer Implementierungsfaktoren vor. Die empirische Untersuchung am Anwendungsbeispiel der Nutzung von BI-Software zeigt einen exzellenten Modellfit des erweiterten TAM in diesem Kontext und liefert eine substantielle Erklärung der Anwenderakzeptanz sowohl im Sinne der Verhaltensabsicht als auch in Bezug auf das Nutzungsverhalten. Die modellgeleitete, befragungsbasierte Analyse erlaubt damit:

- die Quantifizierung psychologischer, system- und prozessorientierter Faktoren der Anwenderakzeptanz,
- die Identifikation zentraler Handlungsfelder (Portfolioanalyse) auf Basis der Evaluation externer Einflussfaktoren und deren Relevanz für die Anwenderakzeptanz,

- die differenzierte Betrachtung der psychologischen Wirkungsketten auf die finalen Zielgrößen Verhaltensabsicht und Systemverhalten,
- die Ableitung konkreter Handlungsansätze und –maßnahmen zur Steigerung der Anwenderakzeptanz im spezifischen Unternehmenskontext,
- die Definition einer „Baseline", um Veränderungen der psychologischen Akzeptanzfaktoren sowie die Wirkung spezifischer Interventionen beobachten zu können.

Darüber hinaus stellt die Befragung selbst bereits eine Intervention dar, welche die Relevanz des Themas gegenüber den Anwendern signalisiert und gleichzeitig als ein Partizipationsinstrument wirkt. Außerdem kann schon alleine die Rückmeldung der quantifizierten Akzeptanzfaktoren bei wichtigen Entscheidungsträgern Handlungsbedarf transparent und nachvollziehbar machen und somit im Sinne eines „Unfreeze" (Lewin, 1947) wirken.

Das modellbasierte Vorgehen kann sich sowohl auf die Evaluation unternehmensweiter Neueinführungen von Standardsoftware als auch auf den „Upgrade" bestehender Standardsoftwarelösungen beziehen. Es können einzelne Implementierungsprojekte oder gesamte Programme evaluiert werden. Der hier vorgestellte Ansatz kann nicht nur als Optimierungs- und Evaluationsansatz im konkreten Fall gesehen werden, sondern auch im Sinne eines Wissenstransfers als Grundlage für unternehmensinterne und -externe (psychologische) Projekt- und Prozessbenchmarks dienen.

Literaturverzeichnis

Ajzen, I. (1991). The theory of planned behavior. *Organizational Behavior and Human Decision Processes, 50*(2), 179-211.

Amoako-Gyampah, K. & Salam, A. F. (2004). An extension of the technology acceptance model in an ERP implementation environment. *Information & Management, 41*, 731-745.

Byrne, B. M. (2001). *Structural Equation Modeling with AMOS - Basic Concepts, Applications and Programming*. Mahwah, New Jersey: Lawrence Erlbaum.

Davenport, T. H. (1998). Putting the enterprise into the enterprise system. *Harvard Business Review, 76*(4), 121-131.

Davis, F. D. (1989). Perceived usefulness, perceived ease of use, and user acceptance of information technology. *MIS Quarterly, 13*(3), 319-340.

Davis, F. D., Bagozzi, R. P. & Warshaw, P. R. (1989). User acceptance of computer technology: A comparison of two theoretical models. *Management Science, 35*(8), 982-1003.

Davis, F. D. & Venkatesh, V. (1996). A critical assessment of potential measurement biases in the technology acceptance model: three experiments. *International Journal of Human-Computer Studies, 45*(1), 19-45.

Fishbein, M. & Ajzen, I. (1975). *Belief, attitude, intention and behavior: An introduction to theory and research*. Reading, MA: Addison-Wesley.

King, W. R. & He, J. (2006). A meta-analysis of the technology acceptance model. *Information & Management, 43*(6), 740-755.

Legris, P., Ingham, J. & Collerette, P. (2003). Why do people use information technology? A critical review of the technology acceptence model. *Information & Management, 40*, 191-204.

Lewin, K. (1947). Frontiers in group dynamics. *Human Relations, 1*, 5-41.

Ma, Q. & Liu, L. (2004). The technology acceptance model: A meta-analysis of empirical findings. *Journal of Organizational and End User Computing, 16*(1), 59-72.

Mathieson, K. (1991). Predicting user intentions: Comparing the technology acceptance model with the Theory of Planned Behavior. *Information Systems Research, 2*(3), 173-191.

Nah, F. F., Tan, X. & Teh, S. H. (2004). An empirical investigation on end-users' acceptance of enterprise systems. *Information Resources Management Journal, 17*(3), 32-53.

Nah, F. F., Zuckweiler, K. M. & Lau, J. L. (2003). ERP implementation: Chief information officers' perceptions of critical success factors. *International Journal of Human-Computer Studies, 16*(1), 5-22.

Schepers, J. & Wetzels, M. (2007). A meta-analysis of the technology acceptance model: Investigating subjective norm and moderation effects. *Information & Management, 44*(1), 90-103.

Somers, T. M. & Nelson, K. (2001). The impact of critical success factors across the stages of enterprise resource planning implementation. *Proceedings of the 34th Hawaii International Conference on SystemSciences*, 1-10.

Taylor, S. & Todd, P. A. (1995). Understanding information technology usage: A test of competing models. *Information Systems Research, 6*(2), 144-176.

Venkatesh, V. & Davis, F. D. (2000). A theoretical extension of the technology acceptance model: Four longitudinal field studies. *Management Science, 46*(2), 186-204.

Venkatesh, V. (2000). Determinants of perceived ease of use: integrating control, intrinsic motivation, and emotion into the technology acceptance model. *Information Systems Research, 11*(4), 342-365.

Yi, M. Y., Jackson, J. D., Park, J. S. & Probst, J. C. (2006). Understanding information technology acceptance by individual professionals: Toward an integrative view. *Information & Management, 43*(3), 350-363.

Kontaktinformationen

Dr. Oliver Kohnke

SAP Deutschland AG & Co. KG
Email: oliver.kohnke@sap.com

Prof. Dr. Karsten Müller

Universität Mannheim
Email: karsten.mueller@psychologie.uni-mannheim.de

H. Wandke, S. Kain & D. Struve (Hrsg.): Mensch & Computer 2009: Grenzenlos frei!?
München: Oldenbourg Verlag, 2009, S. 163-172

Eine Taxonomie für Längsschnittstudien in der MCI

Jens Gerken, Harald Reiterer

Arbeitsgruppe Mensch-Computer Interaktion, Universität Konstanz

Zusammenfassung

Während klassische Experimente oder Usability Tests oft nur eine Momentaufnahme darstellen, ermöglichen es Längsschnittstudien auch Veränderungen zu beobachten und zu einem ökologisch valideren Gesamtbild der Gebrauchstauglichkeit zu gelangen. Bislang werden derartige Verfahren aber noch sehr selten in der Mensch-Computer Interaktion eingesetzt. In diesem Beitrag wird auf Basis einer umfangreichen Literaturanalyse eine Taxonomie vorgestellt, die einen Überblick über die vielfältigen Möglichkeiten von Längsschnittstudien ermöglicht. Hierdurch kann sowohl der wissenschaftliche Diskurs verbessert werden, um die bekannten Ansätze weiter zu verbessern, als auch dem praktischen Anwender Hilfestellung in Planung und Durchführung einer Längsschnittstudie gegeben werden.

1 Einleitung

Der Mensch ist tagtäglich mit Veränderungen konfrontiert – sowohl er selbst als auch die Umwelt sind in stetem Wandel. Viele empirische Untersuchungsmethoden in der Mensch-Computer Interaktion basieren jedoch auf der Annahme, durch eine einmalige Datenerhebung das gesamte Spektrum der Nutzung abbilden zu können – sei es um die Gebrauchstauglichkeit eines interaktiven Produktes zu bewerten, Anforderungen für die Gestaltung eines solchen zu erheben oder um mehr über die Beziehung zwischen Mensch und Computer zu erfahren. Letztlich ist aber davon auszugehen, dass die gewonnenen Erkenntnisse aus solchen Querschnittstudien dem Lichtkegel einer Taschenlampe gleichen – mit etwas Pech ist der erhellte Bereich in keinster Weise repräsentativ. Längsschnittstudien versuchen dieser Problematik entgegenzutreten, indem sie zu mehreren Zeitpunkten Daten erheben und diese in Beziehung setzen und somit den Wandel oder die Dynamik, wie Wilamowitz-Moellendorff et al. es nennen (Wilamowitz-Moellendorff et al. 2008) in Handlungen oder Einstellungen sichtbar machen. In den Sozialwissenschaften und der Psychologie ist diese methodische Herangehensweise bereits weiter verbreitet (Taris 2000). Formal definieren lassen sich derartig erhobene Daten wie folgt durch Kontrastierung mit Querschnittsdaten: „longitudinal data present information about what happened to a set of research units during a series of time points. In contrast, cross-sectional data refer to the situation at one particular point in time" (Taris 2000). Nach Courage et al. (2009) ist eine Studie dann als Längsschnitt zu bezeichnen „if at least one dimension – e.g. users, design, research questions – is compared over a time period". Hieraus geht bereits hervor, dass es sich bei Längsschnittstudien nicht um eine spezifische Methode handelt, sondern vielmehr um ein Untersuchungsparadigma. Im englischsprachigen Raum wird daher auch zumeist der umfassendere Begriff „longitudinal research" verwendet (z.B. Menard 2007). Auch in der Mensch-Computer Interaktion sind Längsschnittstudien in dem Sinne keine neue Entdeckung. Bereits 1978 führten Card et al. (1978) ein Experiment im Längsschnitt durch, um das Lernverhalten bei Nutzung eines neuen Eingabegerätes zu untersuchen. Ebenso sind viele Feldstudien, beispielsweise am Arbeitsplatz oder zur Anforderungsanalyse prinzipiell im Längsschnitt angelegt. Eine systematische Auseinandersetzung mit der Thematik im Allgemeinen scheint verstärkt aber erst in den letzten Jahren stattzufinden (z.B. Veranstaltungen von Courage et al. (2009) auf Fachtagungen wie der CHI oder UPA Conference). Auch andere Forscher betonen immer wieder die Notwendigkeit von Längsschnittstudien, beispielsweise um besser untersuchen zu können, wie Informationsvisualisierung in die Arbeitspraxis integriert wird (Gonzáles & Kobsa 2003) oder um zu untersuchen, welche Art von Usability Problemen auch über die Zeit hinweg bestehen bleiben (Kjeldskov et al. 2006). Der erhöhte zeitliche Aufwand der Durchführung und die gesteigerte Komplexität bezüglich Planung und Analyse schränken den breiten Einsatz dieser Forschungsmethodik jedoch weiterhin ein. Menard (2007) führt zudem aus, dass im Prinzip sämtliche Fallstricke von Querschnittstudien auch auf Längsschnittstudien übertragbar sind und dazu noch einige neue hinzukommen. In den existierenden Studien in der MCI werden darüberhinaus nur gelegentlich methodische Aspekte diskutiert (z.B. Wilamowitz-Moellendorff 2007; Shneiderman & Plaisant 2006), ebenso fehlt bislang eine umfassende Diskussion in Textbüchern wie „Interaction Design" (Sharp et al. 2007). Dies erschwert nicht nur die Anwendung von Längsschnittstudien im konkreten Fall mangels Hilfestellung sondern auch den wissenschaftlichen Diskurs, um die Vorgehensweise methodisch voran zu bringen. In diesem Beitrag möchten wir daher, aufbauend auf einer eingehenden Analyse existierender Längsschnittstudien eine Taxonomie für eben diese in der MCI vorstellen. Diese soll sowohl einen Überblick über den Stand der Anwendung bieten als auch die wesentlichen Aspekte, die für Planung und Durchführung relevant sind, definieren und in Zusammenhang stellen. Ziel ist es, für die weitere Forschung in diesem Gebiet eine solide Diskussionsgrundlage zu schaffen, die es zudem Praktikern ermöglicht, besser abschätzen zu können, ob eine Längsschnittstudie eine lohnende Alternative darstellen könnte.

2 Eine Taxonomie für Längsschnittstudien

Die grundlegende Basis für die Taxonomie bietet eine umfangreiche Analyse der wissenschaftlichen Fachliteratur in der Mensch-Computer Interaktion. Hierzu wurden etwa 80 Beiträge zum Thema Längsschnittstudien, welche auf einschlägigen Fachtagungen (z.B. CHI, Interact, Mensch & Computer) und in Zeitschriften (z.B. Int. J. of Human-Computer Studies) veröffentlicht wurden gesichtet. Dabei wurde offensichtlich, dass viele Beiträge nur wenige Informationen hinsichtlich der Methodik liefern sondern lediglich anmerken, dass eine

Längsschnittstudie eingesetzt wurde. Für eine eingehende Analyse wurden daher 32 Beiträge ausgewählt, welche aus methodischer Sicht den höchsten Informationsgehalt boten (Eine Übersicht findet sich hier: http://hci.uni-konstanz.de/downloads/longitudinal_studies.pdf). Ziel war es daraufhin, die methodischen Gemeinsamkeiten und Unterschiede herauszuarbeiten und somit ein umfassendes Bild für Längsschnittstudien in der Mensch-Computer Interaktion zu erhalten. Weiterhin wurde die einschlägige Literatur in den Sozialwissenschaften ebenfalls in diese Analyse mit einbezogen, insbesondere das Ende 2007 erschiene Handbook of Longitudinal Research (Menard 2007). Im Folgenden soll die Taxonomie zunächst grob umrissen werden woraufhin im Anschluss ausgewählte Aspekte im Detail diskutiert werden. Zur besseren Übersicht zeigt Abbildung 1 zudem die Taxonomie grafisch auf. Als zentrales Unterscheidungskriterium der diversen analysierten Längsschnittstudien lassen sich zu aller erst die Unterschiede hinsichtlich der *Forschungs- bzw. Untersuchungsfragen* heranziehen. Während die Sozialwissenschaften hier explizit den Wandel und Veränderungen (z.B. unterschiedliches Wahlverhalten über die Jahre) untersuchen möchten, so werden in der Mensch-Computer Interaktion Längsschnittstudien auch eingesetzt, um ein ganzheitlicheres Bild einer Produktnutzung zu erhalten oder um die Veränderung als konfundierenden Faktor ausschließen zu können. In Kapitel 2.1 wird detailliert anhand von Beispielen erläutert, welche konkreten Fragestellungen dies sein können.

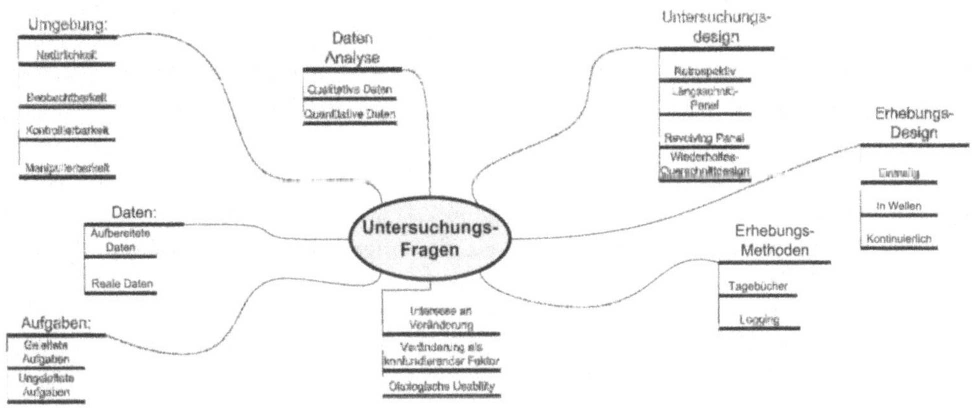

Abbildung 1: Grafische Darstellung der Taxonomie

Die weiteren Aspekte der Taxonomie bauen auf diesem zentralen Element auf. Zunächst seien hier die verschiedenen möglichen Untersuchungsdesigns genannt. Die Mensch-Computer Interaktion zeigt sich hier bislang wenig kreativ und setzt zumeist auf Panel-Designs und retrospektive Analysen. In Kapitel 2.2 werden die Vor- und Nachteile dieser Designs diskutiert und zudem noch weitere Design-Möglichkeiten aus den Sozialwissenschaften aufgezeigt, die einige der bekannten Probleme beheben können. In direktem Zusammenhang zu den Untersuchungsdesigns stehen die Erhebungsdesigns. Darunter versteht man den Ablauf der Datenerhebung, beispielsweiser ob diese einmalig, kontinuierlich oder in Wellen erfolgt. Dieser Punkt wird in Kapitel 2.3 eingehend erörtert. Bezüglich der Erhebungsmethoden werden zum einen prinzipiell bekannte Methoden aus Querschnittstudien eingesetzt, beispielsweise Interviews oder kontrollierte Beobachtungen im Experiment, zum anderen aber verstärkt Methoden die implizit für längere Untersuchungen ausgelegt sind, beispielsweise Tagebücher oder Logging-Verfahren. Diese werden in Kapitel 2.4 eingehender diskutiert.

Darüberhinaus lassen sich Längsschnittstudien hinsichtlich der verwendeten Aufgaben, der hierfür zugrunde liegenden Daten und der Umgebung, in welcher diese durchgeführt werden, unterscheiden. Im Rahmen dieses Beitrags können diese drei Aspekte jeweils nur knapp angerissen werden (siehe Kapitel 2.5) – eine eingehende Diskussion wird in Folgearbeiten weitergeführt werden. Abschließend muss noch der Aspekt der Datenanalyse benannt werden. Dieser Aspekt ist insbesondere relevant, wenn der Wandel in der Benutzung untersucht werden soll, da ansonsten klassische Verfahren der Datenanalyse herangezogen werden können, seien es z.B. grounding theory Ansätze für qualitative Daten oder Signifikanztests im Falle von quantitativen Daten. Wenn aber der Wandel selbst untersucht werden soll offenbaren diese Verfahren methodische Schwächen. In Kapitel 2.6 wird somit abschließend diskutiert, welche Herausforderungen es hier zu meistern gilt.

2.1 Untersuchungsfragen

Jede empirische Untersuchung sollte von ihren Forschungsfragen getrieben werden. Daher sind es auch diese, die letztlich die Durchführung einer Längsschnittstudie nahe legen müssen. Wie bereits aufgeführt lassen sich in den existierenden Studien insgesamt drei zentrale Untersuchungsfragen identifizieren – wobei gewisse Überschneidungen nicht ausbleiben.

Interesse an Veränderung: Auch in der MCI ist die Veränderung an sich natürlich eine Forschungsfrage, welche von Interesse ist. Beispielsweise ist es für den Softwarehersteller, der jede neue Version einem abschließenden Usability Test unterzieht durchaus von Interesse, ob die neue Version weniger Probleme bereitet als die vorige und ob die ergriffenen Maßnahmen diese Veränderung in der Produktnutzung hervorgerufen haben. Weiterhin gibt es Untersuchungen, die sich damit beschäftigen, wie das Erlernen einer Software oder eines Eingabegerätes genau abläuft, welche Strategiewechsel im Laufe der Zeit erfolgen und wie dies unterstützt werden kann (Mendoza & Novick 2005). Das Ziel hierbei ist nicht zwangsläufig die konkrete Verbesserung eines Produktes sondern die Steigerung des allgemeinen Verständnisses der Mensch-Computer Interaktion (z.B. van der Kleij et al. 2005). Dieses kann dann wiederum für zukünftige Produktentwicklungen von Nutzen sein.

Veränderung als ein konfundierender Faktor: Auf der anderen Seite kann die Veränderung auch einen Störfaktor darstellen, der kontrolliert werden soll. Nicht die Veränderung selbst ist von Interesse, sondern was an ihrem Ende steht. Beispielsweise beim Vergleich von neuen mit bereits gelernten Eingabegeräten (z.B. Bieg 2008) oder bei der Frage, welche Usability Probleme auch nach einiger Nutzungszeit existieren und somit als besonders kritisch zu betrachten sind (z.B. Kjeldskov et al. 2005).

Ökologische Usability: Mittels einer Längsschnittstudie kann eine umfassende und reale Benutzungssituation simuliert ebenso wie eine reale Nutzungssituation beobachtet werden. Daraus ergibt sich die Möglichkeit, eine validere Bewertung des Produkts vorzunehmen.

Studien mit dem Fokus auf diesem Aspekt klammern die Veränderung oftmals weitgehend aus – teilweise sind auch die Zeiträume zu kurz, um überhaupt systematische Veränderungen feststellen zu können (z.B. McLachlan et al. 2008; Jain 2008).

2.2 Untersuchungsdesign

Das Untersuchungsdesign gibt vor, in welchem Rahmen die Datenerhebung stattfinden kann und welche Methoden einsetzbar sind. Zudem lassen sich mit unterschiedlichen Untersuchungsdesigns auch unterschiedliche Fragestellungen abdecken.

Retrospektives Design: Beispielsweise durch Befragung von Probanden, welche erlebte reignisse im Nachhinein rekonstruieren und wiedergeben (z.B. Corpus Interview Technik, Wilamowitz-Moellendorff et al. 2007) ermöglicht ein retrospektives Design den Blick in die Vergangenheit. Die erhobenen Daten sind dabei sehr stark subjektiv beeinflusst und für den Forscher nur schwer überprüfbar. Der Vorteil liegt in der Möglichkeit, Phänomene zu untersuchen, welche bei ihrem Auftreten übersehen wurden oder nicht untersuchbar waren. Zudem sind sie sehr Ressourcen schonend.

Panel Design: Dies ist das klassische, prospektive Längsschnittdesign (z.B. Kjeldskov et al. 2005; Bieg 2008). Hierbei werden ein oder mehrere Untersuchungsobjekte (also zumeist Probanden) mehrmals oder durchgehend über einen längeren Zeitraum beobachtet. Dies ermöglicht die Untersuchung von Veränderungen und deren Ursachen, insbesondere wenn der Forscher aktiv Variablen manipuliert, also beispielsweise ein neues Feature in ein Produkt integriert und die Reaktion darauf beobachtet. Allerdings ist ein Panel-Design auch nicht frei von Nachteilen. Zum einen muss grundsätzlich damit gerechnet werden, dass im Laufe der Studie Probanden nicht mehr zur Verfügung stehen – also die Studie abbrechen. Zum anderen muss beachtet werden, dass die Studie selbst Einfluss auf sich nimmt – Probanden ändern eventuell ihre Meinung oder ihre Art der Benutzung, weil sie durch die Studie dazu angeregt werden, diese zu hinterfragen. Wenn der Forscher aktiv Variablen manipuliert, ist dies insbesondere der Fall. Abhilfe kann hierbei das folgende Design schaffen.

Revolving-Panel Design: In dieser Variante eines Längsschnitt-Panel Designs werden zu festgelegten Zeitpunkten neue Probanden systematisch integriert, wohingegen ältere ausscheiden. Hierdurch lässt sich beispielsweise zu Zeitpunkt X feststellen, ob ein beobachteter Effekt in der Längsschnittgruppe auch bei den neu hinzugekommenen Probanden beobachtbar ist und somit eventuell auf externe Effekte zurückzuführen ist. Weiterhin eignet sich dieses Design gut, um während der Studie neue Fragestellungen zu integrieren. Dies ist ein wichtiger Aspekt sämtlicher Längsschnittstudien – durch die Dauer können sich viele Aspekte, auch die Forschungsfrage ändern. Die Gefahr, die bislang gesammelten Daten zu verlieren, wenn diese Änderungen auch im Design berücksichtigt werden, ist jedoch sehr groß. Das Revolving-Panel Design erlaubt es, hier flexibler neue Fragestellungen parallel zu der Integration neuer Probanden einzuführen. Soweit es uns bekannt ist, wurde in der MCI jedoch bislang kein derartiges Design eingesetzt – ein Grund könnte in dem erhöhten Planungsaufwand liegen.

Längsschnitt-Fall Studie: Ein Spezialfall eines Panel-Designs stellt die Längsschnitt-Fall-Studie oder Case Study dar. In dieser wird nur eine sehr geringe Anzahl an Versuchspersonen über einen möglichst langen Zeitraum beobachtet. Ziel ist es hierbei, möglichst tief in Details vorzustoßen. Im Gegenzug kann es aber schwer sein, die gewonnenen Ergebnisse zu verallgemeinern. In der MCI wurde dieser Ansatz insbesondere von Shneiderman & Plaisant (2006) unter dem Namen MILC – Multi-dimensional in-depth Case Study eingeführt.

Wiederholtes Querschnitt-Design (auch Trend-Study): In diesem Fall wird eine Querschnittstudie mehrfach wiederholt, allerdings unter der Annahme, dass der geänderte Zeitpunkt einen Einfluss hat bzw. es wurden vom Forscher selbst Variablen manipuliert, um die Veränderung zu beobachten. Dabei wird jedoch nicht auf die gleiche Probandengruppe zurückgegriffen, sondern es wird lediglich versucht, eine gleichwertige Gruppe für die Studie heranzuziehen. Sinnvoll ist dieser Ansatz immer dann, wenn die Dauer zwischen den Testphasen relativ lange sind, beispielsweise beim Vergleich einer Software mit dessen Vorgängerversion. Dieser Ansatz steigert somit die Praktikabilität einer Längsschnittstudie, denn oftmals stehen in solchen Fällen Versuchspersonen nicht über mehrere Jahre verlässlich zur Verfügung. Allerdings kann auch nicht untersucht werden, inwieweit eventuell äußere Einflüsse, wie beispielsweise die Verbreitung eines bestimmten Interaktionskonzeptes in Konkurrenzprodukten, die Benutzung des eigenen Produkts verändert haben. Zudem ist es nicht möglich, intra-individuelle Veränderungen zu analysieren, beispielsweise das Erlernen einer neuen Visualisierung.

2.3 Erhebungsdesign

Die Art der Datenerhebung ist ein entscheidender Aspekt, welcher Längsschnittstudien von Querschnittstudien unterscheidet. Die Ausnahme bilden retrospektive Designs, die ebenso nur auf eine einmalige Datenerhebung angewiesen sind. Üblicherweise findet die Datenerhebung jedoch *in Wellen* statt (z.B. Kjeldskov et al. 2005), also in zumeist regelmäßigen Abständen (beispielsweise einmal in der Woche, einmal pro Monat, etc.), um somit klare Aussagen über den Einfluss des Zeit-Faktors treffen zu können. Unregelmäßige Abstände sind dann sinnvoll, wenn die Erhebung ereignisbasiert erfolgt, beispielsweise immer wenn eine neue Version einer Software veröffentlicht wird oder der Proband ein neues Mobiltelefon kauft. Ebenso gibt es Datenerhebungsmethoden (siehe nächstes Kapitel), welche inhärent eine ereignisbasierte Datenerhebung ermöglichen (z.B. Tagebuchtechniken). Zunehmend häufiger werden zudem kontinuierliche Erhebungs-Designs, welche entsprechend der Bezeichnung ohne Unterbrechung Daten erheben (z.B Shneiderman & Plaisant 2006) und somit ein ganzheitlicheres Bild der Benutzung ermöglichen. Möglich wird dies mit technischen Logging Verfahren (z.B. Interaktion, Bild, Ton) und auch entsprechenden Analysetechniken, ohne welche die hierbei anfallenden enormen Datenmengen nicht beherrschbar wären. Die Dauer einer Längsschnittstudie ist letztlich von der Untersuchungsfrage abhängig, wird aber natürlich auch durch das gewählte Erhebungs-Design beeinflusst. Eine kontinuierliche Datenerhebung über mehrere Jahre hinweg scheint zumindest zum jetzigen Zeitpunkt noch impraktikabel zu sein. Prinzipiell kann eine Längsschnittstudie aber von wenigen Stunden, über Tage bis hin zu Monaten oder gar Jahren dauern.

2.4 Erhebungsmethoden

Im Prinzip werden bei Längsschnittstudien oftmals dieselben Methoden zur Datenerhebung eingesetzt wie bei traditionellen Querschnittstudien, also beispielsweise Interviews, unterschiedlich standardisierte Formen der Beobachtung oder Fragebögen (für einen Überblick siehe z.B. Sharp et al 2007). Dies ist insbesondere der Fall, wenn die Studie im Labor durchgeführt wird. Im Feld sind jedoch insbesondere Logging Verfahren und ereignisbasierte Verfahren wie Tagebuch-Techniken hervorzuheben. Logging Verfahren werden eingesetzt, um im Hintergrund über einen längeren Zeitraum Daten zu sammeln (z.B. Alexander & Cockburn 2009). Der Vorteil liegt darin, große Datenmengen ohne viel Aufwand für den Forscher zu erlangen. Die Schwierigkeit wiederum besteht darin, aus diesen Daten dann entsprechende Informationen zu extrahieren. Fehlen bei quantitativen Interaktionsdaten oftmals die Kontextinformationen so macht bei Video oder Audiodaten schlicht der Umfang der Daten Probleme. Insbesondere wenn Veränderungen untersucht werden sollen muss das Logging zudem bereits im Vorfeld sehr genau auf die entsprechende Fragestellung ausgerichtet sein und überlegt werden, anhand von welchen Ereignissen Veränderungen überhaupt festgestellt werden können. Ein anderer Ansatz stellen Tagebuchtechniken dar (Rieman 1993), bei welchen dem Proband die Rolle der Datenerhebung zukommt und dieser, je nach Art der Durchführung, selbst entscheiden kann, wann er Informationen in das ausgehändigte Tagebuch niederschreibt. Auch hier wird der Forscher also bei der Erhebung entlastet, jedoch steigt auch die Unsicherheit, da Probanden ihre Einträge auch manipulieren können. Ebenso wie bei Logging-Verfahren müssen zudem Aspekte integriert werden, die eine Beobachtung von Veränderung möglich machen. Ein einfaches Beispiel hierfür sind Rating-Skalen für die Bewertung von Produktaspekten.

2.5 Aufgaben, Daten und die Umgebung

Auf diese Aspekte kann im Rahmen dieses Aufsatzes nur verkürzt eingegangen werden. Prinzipiell bieten Längsschnittstudien bei Aufgaben, Daten und Umgebung eine vielfältige Auswahl. Bezüglich der Aufgaben können beispielsweise geleitete Aufgaben, bei denen der Forscher die Tätigkeit direkt vorgibt (z.B. Fitts' Tapping Test in Bieg 2008) ebenso eingesetzt werden wie ungeleitete Aufgaben, bei denen der Proband seiner gewohnten Tätigkeit nachgeht und der Forscher lediglich als Beobachter auftritt (Saraiya et al. 2006). Erstere ermöglichen das leichtere Aufdecken von Veränderungen, da die Aufgaben speziell hierfür gestaltet werden können. Letztere bieten ein ökologisch valideres Bild der Benutzung, sind also für derartige Forschungsfragen vorzuziehen. In direktem Zusammenhang hierzu stehen auch die verwendeten Daten – für geleitete Aufgaben werden zumeist aufbereitete Daten vom Forscher vorgegeben, welche wiederum die Analyse erleichtern. Ungeleitete Aufgaben müssen schon vom Prinzip her auf reale Daten der Probanden zurückgreifen, da diese sonst nicht ihrer gewohnten Tätigkeit nachgehen können. Bezüglich der Umgebung halten wir die einfache Unterscheidung zwischen Feld und Labor für nicht mehr zeitgemäß. Moderne Techniken der Datenerhebung ermöglichen zum Beispiel auch im Feld ein viel höheres Maß der Kontrolle (z.B. Logging mit Bilddaten). Hierdurch ist der einfache Rückschluss: Feld = qualitativ & unkontrolliert und Labor = quantitativ & kontrolliert nicht mehr möglich. Wir schlagen daher eine Unterscheidung nach dem Grad der Veränderung der Umgebung durch den Forscher vor. Hierbei lassen sich natürliche Umgebungen (kein Eingriff), beobachtbare Umgebungen (passive Teilnahme), kontrollierbare Umgebungen (der Forscher kann Variablen konstant halten) und manipulierbare Umgebungen (der Forscher kann Variablen aktiv verändern) unterscheiden. Gerade Längsschnittstudien ermöglichen es durch die Integration der Zeit-Variable eine viel natürlichere Umgebung zu schaffen und trotzdem, beispielsweise durch unaufdringliche Logging-Techniken ein gewisses Maß an Kontrolle beizubehalten.

2.6 Datenanalyse

Die Analyse von Daten in Längsschnittstudien ist insbesondere dann eine Herausforderung, wenn Veränderungen analysiert werden sollen. Im Falle von quantitativen Daten, beispielsweise bei der Analyse von Lerneffekten bei Eingabegeräten wird auf klassische Verfahren wie Repeated-Measures ANOVAs oder Helmert-Kontraste vertraut. Komplexere Verfahren, welche insbesondere die bei Längsschnittstudien verletzte Unabhängigkeit der Daten berücksichtigen, werden bislang in der MCI kaum eingesetzt. Zu nennen sei hier beispielsweise das von Hilbe & Hardin vorgestellte „generalized estimation equation" (GEE, in Menard 2007). Eine weitere Herausforderung stellt das Erkennen von zeitlichen Mustern dar, also beispielsweise immer wiederkehrende Interaktionsabläufe. Die von Noldus vertriebene Software „Theme" bietet hier Möglichkeiten zur Analyse. Im Falle von qualitativen Daten lässt sich ebenfalls noch keine überzeugende Methodik erkennen, systematisch Veränderungen festzustellen. Dementsprechend wird die Thematik der Datenanalyse in den analysierten Beiträgen auch nur sehr oberflächlich betrachtet und wenig diskutiert. Dieser Stand zeigte sich auch bei der Diskussion innerhalb des Workshops „Best Practices in Longitudinal Research" (Courage et al. 2009) auf der CHI Konferenz 2009. Letztlich muss festgehalten werden, dass in diesem Bereich noch deutlich mehr Forschung notwendig ist, um die für Längsschnittstudien in der MCI relevanten Methoden und Techniken der Datenanalyse, sowohl für quantitative als auch qualitative Daten, zu identifizieren und entsprechend anzupassen.

3 Implikationen für die MCI & Ausblick

Die Analyse der existierenden Studien zum Thema Längsschnittstudien hat gezeigt, dass bei aller Heterogenität dennoch eine gemeinsame Basis zu finden ist, wofür mit dieser Taxonomie der erste Grundstein gelegt wurde. Damit liefert sie mehrere Implikationen für die MCI auf zwei unterschiedlichen Ebenen: Der Ebene des methodisch-wissenschaftlichen Diskurses sowie der Ebene der praktischen Anwendung von Längsschnittstudien in Wissenschaft und Industrie.

Methodisch-wissenschaftlicher Diskurs: Eine einheitliche Sprachregelung ist für jeden Diskurs wesentlich. Diese ist bislang für Längsschnittstudien nicht gegeben. Beispielsweise existiert keine systematische Unterscheidung zwischen Untersuchungsdesign, Erhebungsdesign und Erhebungsmethode, was aber gerade bei Längsschnittstudien essentiell ist. Die Taxonomie erlaubt es, existierende Studien auf ihr gewähltes Vorgehen hin zu analysieren und diese somit auch kritisch zu hinterfragen und alternative Möglichkeiten zu erkennen.

Ebenfalls erleichtert sie den Vergleich verschiedener Ansätze bei ähnlichen Forschungsfragen. Letztlich liefert sie zudem eine Basis für die methodische Weiterentwicklung von Längsschnittstudien in der MCI, indem die Taxonomie selbst immer wieder hinterfragt und erweitert werden kann. Lässt sich eine Forschungsfrage beispielsweise bislang nicht klassifizieren, so regt dies auch an zu überprüfen, inwieweit hierfür vielleicht auch neue Untersuchungsdesigns oder Erhebungsmethoden notwendig sind. Andererseits kann die Entwicklung einer neuen Erhebungsmethode ebenso direkten Einfluss auf die Gestaltung und Durchführung einer Studie haben.

Praktische Anwendung in Industrie und Forschung: Bislang werden Längsschnittstudien in Textbüchern nur unzureichend bis gar nicht behandelt – oftmals werden auch lediglich Methoden wie Logging oder Tagebuchstudien aufgeführt (z.B. Interaction Design). Die Taxonomie erlaubt es, das weite Gebiet der Längsschnittstudien greifbarer zu machen. Hierbei dient die Taxonomie auch als Ideenpool bei der Planung einer Studie, indem die komplette Bandbreite der Möglichkeiten aufgezeigt wird. Zudem kann direkt kritisch hinterfragt werden, ob die konkrete Forschungsfrage überhaupt in das Raster von Längsschnittstudien passt oder ob nicht vielleicht doch eine klassischere Herangehensweise zu bevorzugen ist. Weiterhin kann sie aber auch sehr konkret dazu benutzt werden, sämtliche relevanten Aspekte einer derartigen Studie bei der Planung zu diskutieren und zu berücksichtigen. Hierzu gehören gerade auch Fragen wie „wo sollte die Studie stattfinden?“ und „welches Erhebungsdesign nehmen wir?“.

Für die weitere Forschung im Bereich Längsschnittstudien halten wir insbesondere die Aspekte Untersuchungsdesign und Erhebungsdesign für entscheidend. Je nach Fragestellung macht es zum Beispiel durchaus einen Unterschied, ob die Erhebungswellen im täglichen oder wöchentlichen Rhythmus stattfanden oder vielleicht innerhalb der Studie gar variabel gehalten wurden. Diese Zusammenführung von konkreten Forschungsfragen und Untersuchungsdesign würde zudem auf lange Sicht zu einer Sammlung von bekannten Mustern führen, welche gerade dem Praktiker die Anwendung nochmals erleichtern würde. Darüberhinaus sollte die Rolle der Umgebung weiter untersucht werden. In vielen Fällen wäre es wünschenswert, wenn diese innerhalb einer Studie auch variabel gestaltet werden könnte. Hierdurch könnten die Vorteile aus unterschiedlichen Umgebungen kombiniert werden, also beispielsweise die Erhebung von standardisierten Leistungsmaßen im Labor und der ökologisch valideren Beobachtung in natürlicher Umgebung. Wie bereits aufgezeigt bedarf zudem das Thema der Datenanalyse der gesteigerten Aufmerksamkeit, wobei aus unserer Sicht insbesondere die Frage, wie in qualitativen Daten systematisch Veränderungen festgestellt werden können, hervorzuheben ist.

Literaturverzeichnis

Alexander, J., Cockburn, A. (2008). An Empirical Characterisation of Electronic Document Navigation. In: *Proceedings of the 2008 Conference on Graphics Interface 2008* p.123-130.

Bieg, H.-J. (2008). *Laserpointer and eye gaze interaction - design and evaluation.* Master-thesis, University of Konstanz, 2008. http://hci.uni-konstanz.de/intehrdis/Bieg2008.pdf

Card, S. K., English, W. K., & Burr, B. J. (1978). Evaluation of Mouse, Rate-Controlled Isometric Joystick, Step Keys, and Text Keys for Text Selection on a CRT. *In: Ergonomics, 21(8),* 601-613.

Courage, C., Jain, J., Rosenbaum, S. (2009). Best practices in longitudinal research. *In CHI 2009 extended abstracts, ACM.*

Gonzáles, V. and Kobsa, A (2003). A workplace study of the adoption of information visualization systems. *In Proceedings of I-KNOW'03*, Graz, Austria, p92-102.

Jain, J. (2008). Multimodal Capture of Consumer Intent in Retail. *In CHI 2008 extended abstracts.*

Kjeldskov, J., Skov, M. B., Stage, J. (2005). Does time heal?: a longitudinal study of usability. *In Proceedings of the OZCHI*, ACM.

Van der Kleij, R., Paashuis, R., Schraagen, J. M. (2005). On the passage of time: temporal differences in video-mediated and face-to-face interaction. *In Int. J. of Human-Computer Studies, 62.*

McLachlan, P., Munzner, T., Koutsofios, E., North, S. (2008). LiveRAC: Interactive Visual Exploration of System Management Time-Series Data. *In Proceedings of CHI 2008.* ACM.

Menard, S. (2007). *Handbook of Longitudinal Research*, Academic Press.

Mendoza, V.; Novick, D.G. (2005): *Usability over time.* In: Proceedings of SIGDOC2005, S.151-158.

Rieman, J. (1993). The diary study: A workplace-oriented research tool to guide laboratory efforts. In: *INTERCHI 1993*, ACM.

Saraiya, P., North, C., Lam, V., Duca, K. (2006). An Insight-Based Longitudinal Study of Visual Analytics. *IEEE Transactions on Visualization and Computer Graphics* 12, 6, p. 1511-1522.

Sharp, H., Rogers, Y., Preece, J. (2007). *Interaction Design: Beyond Human-Computer Interaction.* Wiley and Sons.

Shneiderman, B. and Plaisant, C. (2006). Strategies for evaluating information visualization tools: multi-dimensional in-depth long-term case studies. In: *AVI 2006 Workshop BELIV '06.* ACM.

Taris, T. W. (2000). *A Primer in longitudinal data analysis.* London: SAGE Publications.

Wilamowitz-Moellendorff, M. v., Hassenzahl, M., & Platz, A. (2007). Veränderung in der Wahrnehmung und Bewertung interaktiver Produkte. In: *Mensch & Computer 2007.* Oldenbourg Verlag.

Kontaktinformationen

Jens Gerken & Harald Reiterer

Arbeitsgruppe Mensch-Computer Interaktion
Universität Konstanz
78457 Konstanz, Box D-73; Tel.: +49 (0) 7531 88 3748
E-Mail: jens.gerken@uni-konstanz.de & harald.reiterer@uni-konstanz.de

H. Wandke, S. Kain & D. Struve (Hrsg.): Mensch & Computer 2009: Grenzenlos frei!?
München: Oldenbourg Verlag, 2009, S. 173-182

Task- and Process-related Design of Video Annotation Systems

Cristian Hofmann[1,2], Nina Hollender[3], Dieter W. Fellner[1]

TU Darmstadt, Interactive Graphics Systems Group[1], Fraunhofer IGD, 3D Knowledge Worlds and Semantics Visualization[2], TU Darmstadt, Center for Development and Research in Higher Education[3]

Abstract

Various research projects already followed up the design of video annotation applications. Nevertheless, collaborative application scenarios as well as the needs of users regarding the annotation workflow have been taken little into account. This paper discusses requirements for the design of video annotation systems. As our main contribution, we consider aspects that can be associated with collaborative use scenarios as well as requirements respecting the support of the annotation workflow not only considering the tasks but also the processes and sequences within. Our goals are to provide the reader with an understanding of the specific characteristics and requirements of video annotation, to establish a framework for evaluation, and to guide the design of video annotation tools.

1 Introduction

Research activities in the area of computer-supported video annotation have increased during the last years. Corresponding solutions have been implemented in various application areas, e.g. interactive audiovisual presentations in e-Commerce and edutainment or technical documentations (Richter et al. 2007). In our research work, we focus on the support of collaborative video analysis in learning settings performed by applying video annotation software. A growing number of application scenarios for (collaborative) video analysis in education can be identified. Pea et al. (2006) report on a university course of a film science department, in which two different movie versions of the play „Henry V“ are analysed by a group of students with respect to the text transposition by different actors and directors. Other examples for the application of video analysis in education are motion analyses in sports and physical education, or the acquisition of soft skills such as presentation or argumentation techniques (Hollender et al. 2008; Pea et al. 2006).

With respect to tasks and services associated with video annotation, there is a lot of research work already done. Nevertheless, a majority of today's applications do not consider the needs of the users regarding a complete workflow in video annotation (Hagedorn et al. 2008). As respective research projects seem to focus the tasks that have to be accomplished within the annotation process, we consider additionally the exact processes and sequences taking place. Furthermore, collaborative scenarios have been taken little into account, despite the fact that collaborative video annotation is an incrementing field of application and gains more and more in importance (Pea et al. 2006). In this paper, we present a set of requirements that rely strongly on the given annotation tasks and processes. Our main contribution is the enhancement of existing work by aspects that arise from collaborative scenarios as well as from the consideration of the tasks, the process sequences, and internal cycles within the annotation workflow. In addition to that, we give a brief overview of a conducted comparative analysis of video annotation applications.

2 Related Work

Harrison and Baecker (1992) defined user requirements and functional specifications for video annotation and analysis systems with the purpose of guiding the development of new systems. On a workshop with video researchers in the learning sciences, Pea and Hay (2003) specified functions for analytical tools: data acquisition, segmentation, transcription, navigation and browsing, asset management, commentary, annotation, reflection, sharing and publication, and presentation. Pea and Hoffert (2007) illustrate a basic idea of the video research workflow in the learning sciences, including the single annotator's tasks. Hagedorn, Hailpern, and Karahalios (2008) describe the VCode and VData applications, which fulfil a set of identified requirements that are based on the annotation workflow. In contrast to our research work, the projects mentioned above do not or only to some degree consider the process for collaborative use cases. Furthermore, we focus not only the tasks but also the exact processes of video annotation. The reconsideration of such aspects requires essential modifications of the existing approaches and concepts.

3 Task- and Process-related Requirements

We present a set of requirements that is based on the exemplified tasks and processes of the video annotation workflow. There are various applications for video annotation and consequently multiple types of software that individually support different aspects of the annotation process (Pea & Lemke 2007). Since video annotation systems can not fulfil all requirements presented in this section, the described set of requirements maintains an appropriate degree of abstraction. As our main contribution, we consider requirements that arise from *annotation workflow* in general as well as the application of video annotation in *collaborative* settings. Viewing the annotation workflow more detailed, further requirements are structured into the categories *configuration*, *segmentation*, *annotation*, *exploration*, and *externalization* which arise from a previously established workflow-model for (collaborative) video annotation (Hofmann et al. 2009a). A range of additional requirements can be identified. Since these requirements arise from more general or other categories, or are already exposed in former publications, we refrain from listing them in this paper.

The mentioned workflow-model is based on conducted interviews and usage observations with experienced video analysts and annotators. Beyond that, we performed a comparative analysis of the provided services, the user interface, and the interaction design of fifteen representative video annotation and analysis applications. The analysis included annotation runs using the software as well as surveys of instruction manuals and online tutorials. As described within the workflow-model, *configuration* comprises activities from assigning participants to accounts, groups, tasks, and access rights, to adjusting specific project preferences (Brugmann & Russell 2004; Lin et al. 2003; Volkmer et al. 2005). Subsequently, single annotators or collaborators start chunking the video into *segments* they want to refer to. Users continue with the *annotation* of these subsets and with arranging annotations into a certain order. The segmentation and annotation tasks may be partitioned and distributed among different groups. When a collaborative group works separately, members need to discuss their results with other participants (Brugman et al. 2004; Brugman & Russel 2004). Frequently, that leads to a return to previous steps of the workflow (Seidel et al. 2005). Discussions require capabilitiesto *browse* own results or data belonging to other annotators or annotation projects (Bortz & Döring 2006; Hollender et al. 2008; Pea & Hoffert 2007).

3.1 Workflow-related Requirements

Control of the annotation workflow. As stated by Hagedorn, Hailpern, and Karahalios (2008), transitions between different tasks of the annotation workflow need to be improved. For that purpose, the control of sequences of tasks and sub operations has to be supported, as well as loops and re-entries to other workflow phases must be considered (Hofmann et al. 2009b). The identified phases and tasks need to be pooled into functional units that are mutually delimited. Thus, task areas can be typecasted and invoked by addressing respective modules. Since various tools and methods can be assigned to one single phase of the annotation process, a system must enable administrators to integrate, replace and remove tools that can be assigned to task-related modules. Multiple tools read and possibly write on the same data, so, the consistency of shared parts of the data set has to be ensured at every point of the annotation process (Hofmann et al. 2009b).

Account-based task and range assignment. It is necessary to divide the annotation process into sub processes that base on the tasks to be performed, and to assign these sub processes to user accounts and roles (Volkmer et al. 2005). Thus, collaborators can be provided with an improved overview of the tasks that they have to perform in the current phase of the project. Furthermore, a regulation of the collaborative annotation process can be realized, e.g., by enabling a group administrator to distribute annotation tasks and video parts to be attended to by the participants (Lin et al. 2003).

Provide multiple variations of segmentation and annotation methods. It has to be considered that there are different types of video segments, category systems, annotation formats, and also differing preferences concerning the annotation style of individual users. Thus, multiple tools might need to be provided. Examples for potential methods are the use of keyboard shortcuts, annotation by Drag&Drop, or sequential approaches such as segment-by-segment annotation.

Show annotation progress. For workflow-support purposes, the current status of the annotation process needs to be displayed (Volkmer et al. 2005). That applies especially for inexpert users (Hofmann et al. 2009a). By doing so, annotators obtain information about 1.) which tasks they have already accomplished, 2.) what is their current state, and 3.) what are the next steps to do at any time of the annotation process (Hofmann et al. 2009a).

Warrant visual consistency and synchronized data representation. Temporal and spatial conditions that can be assigned to information annotated to video must be considered (Finke 2005; Hofmann & Hollender 2007). Thus, video, segments, annotations, and other information should be presented in a synchronized manner (Hagedorn et al. 2008; Hollender et al. 2008). In addition to that, if there are more than one videos playing simultaneous, they also need to be synchronized. Thus, multiple videos can show a scene from different points of view.

Support of various video formats. During a university course about collaborative video annotation performed at the Technische Universität Darmstadt, students complained about difficult and time-consuming encoding of their collected video files, since the applied annotation tool only supported one video format. In summary, a majority of the analyzed tools allow several formats.

Use of keyboard shortcuts for essential activities. Using keyboard shortcuts at different phases of the annotation process avoids complex interactions with the user interface and may save working time. E.g., the following tasks can be performed with the aid of key shortcuts: video control, segmentation, annotation, or transcription of communication using abbreviations.

3.2 Collaboration

Allow discussion and commentary. Discussion and commentary are central elements within collaborative annotation processes. They are means of agreement and consistency of different annotators' results and often lead to a return to previous steps of the annotation process (Baecker et al. 2007; Pea & Hoffert 2007). In that context, messages or comments may also be annotated (Baecker et al. 2007). Furthermore, browsing chat or commentary history can be potentially helpful (Baecker et al. 2007).

Central management of users, groups, and contents. Commonly, provided contents are connected with users and groups through differing access rights or access control lists. Thus, operations for authentication and authorization are required. For that purpose, the system has to provide specific areas in which users can be associated with specific groups and roles that include access rights and restrictions (Brugman et al. 2004). That is an assumption for the organization and coordination of the collaborative authoring processes, like task assignment and progress regulation.

Allow merging of different segmentation and annotation data into one representation. Especially in collaborative situations, annotators need to browse and compare external data, e.g., other annotators' results. In that context, a study conducted at the Technische Universität Darmstadt revealed that an integrated presentation of the retrieved data with own annotations in one single timeline led to a lower cognitive load than switching between presentations in different panels. Furthermore, participants that worked with the integrated visualization rated that tool feature significantly better than the separate comparison group (Hollender et al. 2008). Consequently, visual proximity of presented information can improve the annotation process.

Provide collaborative awareness. Approaches included by the awareness research area prove to be considerable. Baecker, Fono, and Wolf (2007) bring up the benefit of *group awareness*, i.e., the awareness of who is potentially online. In synchronous collaboration settings, an annotator is able to recognize all group members that are available for discussion, brainstorm etc. Asynchronous collaboration requires notification of participants as soon as document changes occur (Brugmann et al. 2004). In this context, *change awareness* informs users about 1.) where and what changes have been made 2.) who has made the changes 3.) how things were changed 4.) when the changes took place, and 5.) why they were made (Tam & Greenberg 2006). Basically, obtaining such kind of information leads to a considerable saving of time.

3.3 Configuration

Customization and storage of general settings. It is important to consider different user preferences, strategies and working styles (Harrison & Baecker 1992). E.g., the system needs to allow an individual customization of the user interface layout, the way in which data is visualized, and other forms of project preferences. These settings may be assigned to an individual user, a team, or the whole project.

Specification and editing of categorization systems. In video analysis use cases, the annotation process is conducted according to specific guidelines in respect of the process's structural organization and vocabulary. A corresponding categorization system that describes the required observational attributes of the project needs to be created. Since inductive or consensual approaches may be chosen, it is essential to enable re-editing of categorization systems at any point of time within the analysis process.

3.4 Segmentation

Provide different forms of video marks and segments. There are different forms of marking events, behaviors, and/or objects on the video screen. Corresponding to the time code in which an event takes place, annotators can define a point in time (single video frame) or a time interval (multiple following frames). Furthermore, an enrichment of that temporal information with spatial information is essential for almost every case of pointing at parts of a video (Finke 2005; Hofmann & Hollender 2007; Kipp 2008; Link 2006). On order to obtain spatiotemporal information, differing manual, semiautomatic, and automatic approaches can be drawn on (Hofmann et al. 2009a; Pea & Hoffert 2007).

3.5 Annotation

Provide appropriate sampling methods and visualization forms for different types of entry data. During the annotation process, different kinds of entry data can be gathered such as events and occurrences, event durations, assigned levels, values or rankings, transcriptions, commentary and additional data collected in tandem with the video (Hagedorn et al. 2008). Further forms of annotations are categorizing and descriptive metadata, synchronous and asynchronous communicational contributions, annotations of various media formats, as well as categorization systems. Thus, adapted interfaces for information capturing and visualization must be provided in accordance to the specific characteristics of the data.

Allow free textual annotations. Interpretative activities may be required that are bound up with human power of judgment. Thus, complex and coherent characteristics can be integrated and rated at the same time (Mikova & Janik 2006; Seidel et al. 2005). In addition to that, discussion and commentary can be essential activities within the annotation process (Brugmann et al. 2004). Such kind of information needs to be entered as free textual contributions.

Allow redundant annotations. Annotators should be able to model multiple views of the given information (Stahl et al. 2006; Volkmer et al. 2005). This is especially the case in video analysis. For that purpose, annotations need to be assigned to more than one video segment.

Allow realtime annotation. Zhai et al. (2005) report on use cases, in which members of sports courses need to synchronously view a shared real time live sports video with the coach and other students which are located at different places. In this context, all participants have to annotate the video simultaneously. The main goal is to coach students and exchange comments about the skills, tactics and strategies that are presented.

3.6 Exploration

Allow multiple forms of wayfinding. In cases of linking annotations with any kind of area on the video screen, tools ought to support a multiple-way navigation form. E.g., selecting the video area should be followed by presenting the connected data units, selecting an annotation should lead to highlighting the corresponding video area (Hofmann & Hollender 2007). Without exception, all viewed applications allocate functional units to different windows. Thus, annotators should be enabled to start browsing and search from any point of the application as well as in every phase of the work.

Information Retrieval in various data resources. The annotation process is accompanied by permanent data reviews and comparisons. For that purpose, annotators need to explore own results. Furthermore, it is helpful to inspect external information resources such as databases of already annotated video. In collaborative settings, external information can be also gathered from co-annotators' work (Hollender et al. 2008).

Compose groups and hierarchies. Video segments as well as annotations can be assigned to some kind category. Categories particularly belong to superior semantic coherences; they are nested and own dependencies. In addition to that, the conducted expert interviews and the comparative analysis of applications revealed that segmentation and annotation activities are often performed along a layer-based timeline representation (Kipp 2008; Link 2006). Particularly, these layers map categories that characterize segments and annotations. Thus, video annotation tools should simplify activities of aggregating, sorting, combining, and nesting (at best by using a timeline tool).

3.7 Externalisation

Publish reports and summaries. Completing an annotation project, results and summaries of annotated video sequences need to be publish, for example for demonstration purposes (Mikova & Janik 2006). As mentioned above, databases of annotated video material can serve as digital resource for information retrieval in subsequent annotation sessions. Among publishable formats are reports and summaries of annotation or analysis results, or collections of annotated video segments.

Import and export data. By means of importing data, annotators are able to reutilize results of previous and similar segmentation and annotation performances, additional data that has been captured by means of special devices during recording sessions, or information generated by domain-specific applications (for example video or audio processing tools). Exporting coding data is required if the used video annotation tool does not support some kind of important needed services such as statistical calculations.

3.8 Comparative Systems Analysis

In the following, results of the comparative analysis of video annotation applications are pictured. The analysis included annotation runs using the software as well as surveys of instruction manuals and online tutorials. The implied applications were 1. *ADIVI*, 2. *Anvil*, 3. *ATLAS.ti*, 4. *ELAN*, 5. *eSports*, 6. *EVA*, 7. *Interact*, 8. *The Observer*, 9. *Transana*, 10. *Vannotea*, 11. *VARS*, 12. *VCode&VData*, 13. *VideoAnnEx*, 14. *Videograph*, and 15. *WebDIVER*. Of course there is a wide range of further annotation and analysis systems. These can be assigned to different concrete application areas and categories (Pea & Lemke 2007). Based on a pool of more than forty located systems, the fifteen chosen applications build a representative set of today's video annotation solutions. Table 1 shows an excerpt of the results of the conducted comparative analysis, considering the requirements presented in this paper.

	1	2	3	4	5	6	7	8	9	10	11	12	13	14	15
Workflow Control			±	±		√		±	±				±		
Account-based task and range assignment	±			√		√							√		
Variations of segmentation and annotation	±	√	√	±	√		√	√		√	?	?	√	√	±
Show annotation progress						√									
Visual consistency and synchronization	√	√	√	√	√	±	√	√	√	√	√	√	√	√	√
Support of various video formats		√	√	√	√	?	√	√	√	√	?	√	?	√	
Use of keyboard shortcuts		√		√		√	√	√	√			√		√	
Discussion and commentary	√	√	√	√	√	?	√	√	√	√					√
Management of users, groups, and contents	√		√	√	√	√		√		√		√	√		√
Merging of different data		√	√	±		±		√				√			
Collaborative awareness	√		√		√		√		√	√	√		√	√	√
Customization and storage of general	±	√	√	√	√	√	√	√				√	√	√	
Editing categorization systems		√	√	√		√	√	√	√		√	√	√	√	
Different forms of video marks and seg-	√	√	±	±			√	√		√		√	√	±	√
Different types of entry data	√	√	√	√	√	√	√	√	√	√		√			√
Free textual annotations	√	√	√	√	√		√	√		√				√	√
Redundant annotations	√		√	√		√									
Realtime annotation				√	√		√	√	√					√	
Multiple forms of wayfinding	√	√	√	√	√	√		√		√			√	√	√
Information Retrieval in various resources							√	√		√	±			±	
Groups and hierarchies	±	√	√	√			√	√	√		√	√	√	√	
Reports and summaries		√	√	√			√	√	√					√	
Import and export		√	√	√		√	√	√	√			√		√	

Table 1: Comparative Analysis of Video Annotation and Analysis Tools (Legend: √: supported, ±: rudimentarily supported, ?: information not available)

4 Conclusions and Future Work

This paper discusses requirements for the design of video annotation systems. In contrast to previous respecting research work, we consider aspects that can be associated with collaborative use scenarios on the one hand, and on the other hand we mind not only the tasks but also the processes and sequences within the annotation workflow. Our results provide the reader with an understanding of the specific characteristics and requirements of video annotation processes and serves as framework for evaluation and guidance of video annotation software design. Within the scope of our own research work, we are implementing a video annotation tool that supports the workflow of video analysis processes performed in asynchronous collaborative settings. In particular, the presented requirements were considered during the development of a reference architecture model as well as the graphical user interface design.

References

Baecker, R. M., Fono, D. & Wolf, P. (2007). Toward a Video Collaboratory. In: Goldman, R., Pea, R., Barron, B., and Derry, S.J. (Hrsg.) *Video Research in the Learning Sciences*. London: Lawrence Erlbaum Associates, S. 461-478.

Bortz, J. & Döring, N. (2006) *Forschungsmethoden und Evaluation für Human- und Sozialwissenschaftler. 4. Auflage*. Berlin: Springer.

Brugman, H., Crasborn, O.A. & Russel, A.: Collaborative annotation of sign language data with peer-to-peer technology. In: *4th International Conference on Language Resources and Evaluation*. Paris: European Language Resources Association, S. 213-216.

Brugman, H. & Russel, A.: Annotating multi-media / multi-modal resources with ELAN. In: *4th International Conference on Language Resources and Evaluation*. Paris: European Language Resources Association, S. 2065-2068.

Finke, M. (2005). *Unterstützung des kooperativen Wissenserwerbs durch Hypervideo-Inhalte*. Dissertation, Technische Universität Darmstadt, Germany.

Hagedorn, J., Hailpern, J. & Karahalios, K.G. (2008). VCode and VData: illustrating a new framework for supporting the video annotation workflow. In: *Working Conference on Advanced Visual Interfaces*. New York: ACM Press, S. 317-321.

Harrison, B.L. & Baecker, R.M. (1992). Designing video annotation and analysis systems. In: *Conference on Graphics interface '92*. Morgan Kaufmann Publishers, S. 157-166.

Hofmann, C. & Hollender, N. (2007). Kooperativer Informationserwerb und -Austausch durch Hypervideo. In: *Mensch & Computer 2007: Konferenz für interaktive und kooperative Medien*. München: Oldenbourg Verlag, , S. 269-272.

Hofmann C., Hollender N. & Fellner D.W. (2009). A Workflow Model for Collaborative Video Annotation - Supporting the Workflow of Collaborative Video Annotation and Analysis performed in Educational Settings. In: *International Conference on Computer Supported Education (CSEDU 09)* (to appear).

Hofmann C., Hollender N. & Fellner D.W. (2009). Workflow-based Architecture for Collaborative Video Annotation. In: *13th International Conference on Human-Computer Interaction (HCII 09)* (to appear).

Hollender, N., Hofmann, C. & Deneke, M. (2008). Principles to reduce extraneous load in web-based generative learning settings. In: *Workshop on Cognition and the Web 2008*. S. 7-14.

Kipp, M. (2008). Spatiotemporal Coding in ANVIL. In: *6th International Conference on Language Resources and Evaluation*. Marrakech: European Language Resources Association.

Lin, C.Y., Tseng, B.L & Smith, J.R. (2003). Video Collaborative Annotation Forum: Establishing Ground-Truth Labels on Large Multimedia Datasets. In: *TRECVID 2003 Workshop*.

Link, D. (2006). *Computervermittelte Kommunikation im Spitzensport*. Köln: Sportverlag Strauß.

Mikova, M. & Janik, T. (2006) Analyse von gesundheitsfördernden Situationen im Sportunterricht: Methodologisches Vorgehen einer Videostudie. In Mužík, V., Janík, T., Wagner, R. (Hrsg.): *Neue Herausforderungen im Gesundheitsbereich an der Schule. Was kann der Sportunterricht dazu beitragen?*. Brno: MU, S. 248-260.

Pea, R. D. (2006). Video-as-data and digital video manipulation techniques for transforming learning sciences research, education and other cultural practices. In J. Weiss, J. Nolan & P. Trifonas (Hrsg.): *International Handbook of Virtual Learning Environments*. Dordrecht: Kluwer Academic Publishing, S. 1321-1393.

Pea, R.D. & Hay, K. (2003). *Report to the National Science Foundation: CILT Workshop on Digital Video Inquiry in Learning and Education, November 25-26, 2002*. Stanford Center for Innovations in Learning, Stanford University, CA.

Pea, R.D. & Lemke, J. (2007). Sharing and reporting video work. In S. J. Derry (Hrsg.): *Guidelines for Video Research in Education: Recommendations from an Expert Panel*. Prepared for the National Science Foundation, Interagency Education Research Initiative, and the Data Research and Development Center. Arlington, VA: National Science Foundation, S. 33-46.

Pea, R., Lindgren, R. & Rosen, J. (2006). Computer-supported collaborative video analysis. In: *7th International Conference on Learning Sciences*. International Society of the Learning Sciences, S. 516-521.

Richter, K., Finke, M. & Hofmann, C. & Balfanz, D. (2007). Hypervideo. In Pagani, M. (Hrsg.): *Encyclopedia of Multimedia Technology and Networking. 2. Auflage*. Idea Group Pub, S. 641-647.

Seidel, T., Prenzel, M. & Kobarg, M. (Hrsg.) (2005). *How to run a video study. Technical report of the IPN Video Study*. Münster: Waxmann.

Stahl, E., Finke, M. & Zahn, C. (2006). Knowledge Acquisition by Hypervideo Design: An Instructional Program for Univiversity Courses. *Journal of Educational Multimedia and Hypermedia, 15*(3), S. 285-302.

Tam, J. & Greenberg, S. (2006). A framework for asynchronous change awareness in collaborative documents and workspaces. *Int. J. Hum.-Comput. Stud. 64*(7), S. 583-598.

Volkmer, T., Smith, J. R. & Natsev, A. (2005). A web-based system for collaborative annotation of large image and video collections: an evaluation and user study. In: *13th Annual ACM international Conference on Multimedia*. New York: ACM Press, S. 892-901.

Zhai, G., Fox, G.C., Pierce, M. & Wu, W. & Bulut, H. (2005). eSports: Collaborative and Synchronous Video Annotation System in Grid Computing Environment, In: *ISM '05*. IEEE Computer Society, S. 95-103.

Contact

Cristian Hofmann

Interactive Graphics Systems Group, Technische Universität Darmstadt
D- 64283 Darmstadt
Fraunhoferstr. 5
Tel.: +49 (0) 6151-155-464
E-Mail: cristian.hofmann@gris.informatik.tu-darmstadt.de

H. Wandke, S. Kain & D. Struve (Hrsg.): Mensch & Computer 2009: Grenzenlos frei!?
München: Oldenbourg Verlag, 2009, S. 183-192

Integrative Gruppen-, Rollen- und Aufgabenmodellierung

Birgit Bomsdorf[1], Andreas Reitschuster[2]

[1]FB Angewandte Informatik, Hochschule Fulda, [2]AUDI AG, Ingolstadt

Zusammenfassung

Für eine adäquate Beschreibung der Beziehung zwischen Benutzer und Aufgaben ist zwischen den organisatorischen Gruppen und den Rollen, in denen einzelne Aufgaben durchgeführt werden dürfen, zu unterscheiden. Diese Differenzierung hat bisher noch keinen Eingang in die Kernkonzepte der werkzeugtechnischen Aufgabenmodellierung gefunden. Dieser Beitrag schlägt einen entsprechenden Ansatz vor. Es entstehen Modelle, in denen Gruppen, Rollen und Aufgaben jeweils hierarchisch strukturiert sind und untereinander Zuordnungsbeziehungen aufweisen. Das hier vorgestellte Werkzeug bietet eine automatische Unterstützung bei der jeweiligen Hierarchiebildung. So geben die Modellierer die gewünschten Zuordnungen ein, auf deren Basis die resultierenden hierarchischen Strukturen unter Berücksichtigung verschiedener möglicher Konfliktfälle algorithmisch berechnen werden.

1 Einleitung

Die modellbasierte Entwicklung interaktiver Systeme stellt vielfach die von den Benutzern auszuführenden Aufgaben und darüber die dabei benötigten Aufgabenobjekte (Entitäten, Daten) in den Mittelpunkt der relevanten Modellkonzepte. Ein Benutzer darf jedoch nicht jede Aufgabe durchführen, er darf mit den Objekten nicht beliebig verfahren. So ist es nicht jedem Nutzer eines E-Shops erlaubt, die Daten registrierter Kunden zu sehen oder zu ändern. Die Art des Umgangs mit den Objekten (wie *Kunde*) wird im Aufgabenmodell beschrieben. Dieser Zusammenhang zwischen den Aufgaben und den Objekten wird über deren Zuordnung festgehalten, s. hierzu (Paternò et al. 1998), (van Welie et al. 1998), (Lu et al. 2002), (Stary 2005), (Baron & Scapin 2006) und (Bomsdorf 2007). Hinsichtlich der Beziehung zwischen Benutzern und Aufgaben zeigen die Modellierungsansätze eine größere Varianz. So wird innerhalb eines Ansatzes nicht zwischen organisatorischen Positionen und der Bündelung von Aufgaben unterschieden. In unserem Beispiel könnten nur Personen in der Rolle eines Administrators die Daten registrierter Kunden ändern dürfen, wobei diese Rolle vom Inhaber des E-Shops und von Mitarbeitern einer Gruppe IT-Service eingenommen werden könnte. Dieses kleine Beispiel zeigt bereits, dass die Differenzierung in organisatorische und aufgabenbündelnde Rollen sinnvoll ist. So existiert sie in verschiedenen Arbeiten, wie etwa solchen zur Rechtevergabe oder Workflowmanagementsystemen - Eingang in die Kernkonzepte der Werkzeuge zur Aufgabenmodellierung hat sie jedoch kaum gefunden. Wird nur ein Rollenkonzept angeboten, können insbesondere die gegenseitigen Abhängigkeiten organisatorischer und aufgabenbündelnder Rollen nicht modelliert und damit auch nicht werkzeugunterstützt überprüft werden. Durch eine entsprechende Berücksichtigung nimmt aber auch die Komplexität der Modelle zu: Die Beschreibungen der organisatorischen Rollen und der Rollen zur Bündelung von Aufgaben sind gängiger Weise hierarchisch strukturiert. Mit den Aufgabenmodellen liegen somit drei Hierarchien vor, die verschiedene Querbezüge aufweisen.

Dieser Beitrag widmet sich diesem Problem und stellt eine Erweiterung der Aufgabenmodellierung und deren werkzeugtechnischer Umsetzung vor. Es wird damit die explizite Spezifikation sowohl von organisatorischen Rollen (hier bezeichnet als Gruppen) als auch von aufgabenbündelnden Rollen zur Vergabe von Privilegien ermöglicht. Benutzer sind dabei Mitglieder einer Gruppe und erlangen mittels assoziierter Rollen den Zugang zu Aufgaben und Aufgabenobjekten. Das entwickelte Werkzeug bietet automatische Unterstützung bei der Erstellung der Gruppen-, Rollen- und Aufgabenhierarchien unter Berücksichtigung von deren Interdependenzen. Es bietet zudem erste Möglichkeiten, verschiedene Sichten auf die Verknüpfungen zu generieren. Die Zielsetzung ist, durch entsprechende unterliegende Algorithmen die Modellierungskomplexität, insbesondere zur Vermeidung von Modellierungsfehlern, zu reduzieren. Im folgenden Kapitel 2 wird zunächst die Spezifikation der Benutzer-Aufgaben-Beziehung in existierenden Ansätzen betrachtet. Anschließend wird die in diesem Beitrag vorgeschlagene integrative Gruppen-, Rollen- und Aufgabenmodellierung vorgestellt. Hierzu wird die grundlegende Umsetzung mit Fokus auf den Rollen und deren Zuordnung zu Aufgaben präsentiert (Kapitel 4), während die Konzepte Aufgabe, Benutzer, Gruppe und Objekt deutlich kürzer betrachtet werden.

2 Existierende Arbeiten

Im Zentrum dieses Beitrags steht die werkzeugtechnische Handhabung der Benutzer-Aufgaben-Zuordnung. Daher werden hier solche aktuellen Aufgabenmodellierungsansätze betrachtet, zu denen entsprechende Editoren existieren.

In GTA (Groupware Task Analysis), unterstützt durch das Werkzeug Euterpe, existiert eine explizite Trennung zwischen Rollen und den Zugriffsrechten auf Objekte (van Welie et al. 1998). Im Gegensatz zu vielen anderen Aufgabenmodellen war GTA von Beginn an auf die Beschreibung von Gruppenarbeit ausgelegt. Die Rollen können hierarchisch strukturiert und den Aufgaben zugeordnet werden. Das Konzept Agent, das sowohl der Erfassung von Benutzern als auch von einzelnen Gruppen dient, wird einerseits mit Rollen und andererseits mit Objekten zur Beschreibung der Zugriffsrechte verknüpft. Euterpe bietet jedoch keine Prüfungen auf Modellierungsfehler, auch nicht hinsichtlich der Rollen- und Aufgabenhierarchien. Ein vielfach zitierter Ansatz ist CTT bzw. das Werkzeug CTTE (Paternò et al. 1998), in dem für jede Rolle ein separates Modell der von ihr allein auszuführenden Aufgaben erstellt wird. Die Zusammenarbeit der Rollenträger (Benutzer) wird in einem zusätzlichen, sog. kooperativen Aufgabenmodell spezifiziert. CTT/CTTE wird auch in anderen Arbeiten verwendetet, die damit das CTT-Rollenkonzept entweder übernehmen oder modifizieren. In (García et al. 2008) werden beispielsweise zunächst in Workflows die Rollen-Aufgaben-Zuordnungen getroffen und hiervon ausgehend die Aufgabenmodelle pro Rolle weiter verfeinert (mittels CTT, ohne kooperative Aufgaben). In MAD/K-MADe (Baron & Scapin 2006) hingegen werden den Aufgaben ein oder mehrere Benutzer (sog. Akteure) zugeordnet. Die Rollen werden als Attribut der Benutzer erfasst, d.h. eine separate Modellierung der Rollen existiert hier nicht. In Diane+/Tamot (Lu et al. 2002) werden Benutzer ebenfalls als Akteure einzelner Aufgaben beschrieben, während in TaskArchitect (Stuart & Penn 2004) Rollen als Eigenschaften von Aufgaben diesen zugeordnet werden, wobei eine weitergehende Rollenmodellierung nicht unterstützt wird. Im Werkzeug Amboss (Giese et al. 2008) dient das Rollenkonzept zunächst der Unterscheidung, ob ein Mensch oder ein System eine Aufgabe ausführt. Mittels hierarchischer Verfeinerung wird die sog. Rolle „human", ähnlich zu GTA, in Gruppen und individuelle Benutzer untergliedert. Das Werkzeug TADEUS (Stary 2005) erlaubt die Differenzierung in organisatorische und aufgabenbündelnde Rollen. Es berücksichtigt darüberhinaus mittels Benutzerprofile individuelle Sichten auf die Durchführung von Aufgaben. Der in diesem Beitrag präsentierte Ansatz umfasst noch keine Benutzermodelle, unterstützt jedoch, wie im Weiteren vorgestellt, die Erstellung der Modellstrukturen unter Berücksichtigung gegenseitiger Abhängigkeiten.

Insgesamt kann festgehalten werden, dass Rollen der Beschreibung organisatorischer Aspekte (Limbourg & Vanderdonckt 2003) dienen und Verantwortlichkeiten bzw. Zuständigkeiten für Aufgaben bündeln. Eine explizite Differenzierung dieser beiden Aspekte und damit eine separate Beschreibung werden nicht betrachtet. Es werden vielmehr die in den jeweiligen Ansätzen existierenden Konzepte (wie Agent, Akteur, Rolle, Gruppe) mehrdeutig verwendet. Zudem zeigt sich, dass die Werkzeuge verschiedenartige Unterstützung zur Modellanalyse bieten (z.B. rollenspezifische Simulation oder Erstellung von Sichten auf das Modell zur Darstellung der Rolle-Aufgaben-Abhängigkeiten). Modellzusammenhänge können so gut erkannt werden, jedoch wird eine Unterstützung bei der Spezifikation der einzelnen Modelle und deren durch die Zuordnungen geschaffenen Interdependenzen nicht thematisiert. Wie eine solche werkzeugbasierte Unterstützung aussehen kann, wird im Folgenden erläutert.

3 Aufgaben

In diesem Kapitel werden die Konzepte der Aufgabenmodellierung soweit vorgestellt, wie sie für die folgenden Ausführungen relevant sind; im Wesentlichen betrifft dies das Konzept der Aufgabenhierarchie, mit der Aufgaben in Teil- bzw. Unteraufgaben untergliedert werden. Abbildung 1 zeigt, unter Verwendung der von MAD (Baron & Scapin 2006) eingeführten Symbole, ein Aufgabenmodell, das aus drei separaten Teilmodellen besteht: Die Aufgabe *online einkaufen* besitzt hier die Unteraufgaben *Verkäufer bewerten* und *Produkt kaufen*, wobei letztere ihrerseits weiter untergliedert ist. *online verkaufen* ist in genau zwei Unteraufgaben unterteilt, während *Website administrieren* lediglich aus einer einzelnen Aufgabe besteht.

Zum Verständnis des Aufgabenmodells seien noch folgende Erklärungen angemerkt: Die Ausführungsreihenfolge von *online einkaufen* und *online verkaufen* ist mittels der Angabe *No order* nicht festgelegt. Hingegen definiert *enabling* die sequentielle Ausführung, wobei die graphische Anordnung von links nach rechts die genaue Reihenfolge festlegt. *Elementary* wird für Aufgaben auf der untersten Ebene vergeben. *OPT* kennzeichnet optionale Aufgaben.

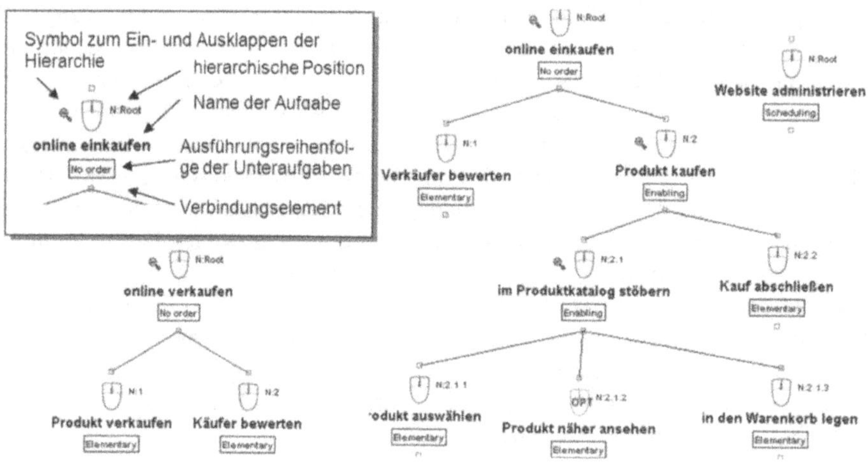

Abbildung 1: Aufgabenmodell

4 Rollen

Eine Rolle legt die Aufgaben fest, die ein Benutzer in dieser Rolle ausführen kann (bzw. muss). Die Rollen werden ebenfalls hierarchisch strukturiert. Während die Aufgabenhierarchie Kompositionsbeziehungen ausdrückt, beschreibt die Rollenhierarchie eine Vererbung von Privilegien.

4.1 Ermittlung der Modellstruktur

Das obige Aufgabenmodell soll nun so erweitert werden, dass jeder Besucher der Website den Produktkatalog durchstöbern kann, aber nur Personen in einer Rolle *Käufer* einen Kauf abschließen und Verkäufer bewerten können. Abbildung 2 zeigt auf der linken Seite das Modell nach dem Einfügen einer Rolle *jeder*, welcher wir beim Anlegen die Aufgabe *Produktkatalog durchstöbern* zugeordnet hatten. Jeder Rollengraph besitzt eine sogenannte minimale Rolle (*minRole*), deren Menge der Privilegien *priviledges*(*minRole*) leer ist, und eine maximale Rolle (*maxRole*), die stets im Besitz aller im gesamten Graphen vergebenen Privilegien ist. Beide Rollen werden im Algorithmus zur Konstruktion der Rollenhierarchie benötigt (Reitschuster 2008). Das Einfügen der ersten Rolle ist ein einfacher Schritt. Wie in dem Beispiel wird sie zwischen *minRole* und *maxRole* positioniert. Eine gerichtete Kante zwischen zwei Rollen drückt eine echte Teilmengenbeziehung aus. So gilt im Beispiel *priviled-*

ges(minRole) ⊂ *priviledges(jeder)* ⊂ *priviledges(maxRole)*. Gemäß der allgemeinen Sprechweise (Guo 1999) wird in einer Beziehung *priviledges(r1)* ⊂ *priviledges(r2)* die Rolle r1 als Juniorrolle und r2 als Seniorrolle bezeichnet. Somit ist hier *jeder* senior zu *minRole* und junior zu *maxRole* und es gilt, dass *minRole* sowohl junior zu *jeder* als auch zu *maxRole* ist.

Wird nun einer Rolle eine Aufgabe zugeordnet, beinhalten die Privilegien auch alle Unteraufgaben. Wie bereits in (Bomsdorf & Szwillus 2004) ausgeführt, darf die Zuordnung zwischen Rollen und Aufgaben nicht beliebig erfolgen, sondern es müssen die jeweils existierenden hierarchischen Strukturen Berücksichtigung finden. Es dürfen keiner Juniorrolle mehr Aufgaben zugeordnet werden als einer ihrer Seniorrollen (dies wäre ein Zuordnungskonflikt). In einem solchen Fall würde *priviledges(Seniorrolle)* ⊂ *priviledges(Juniorrolle)* gelten, was jedoch im Widerspruch zur Definition der Rollenhierarchie steht.

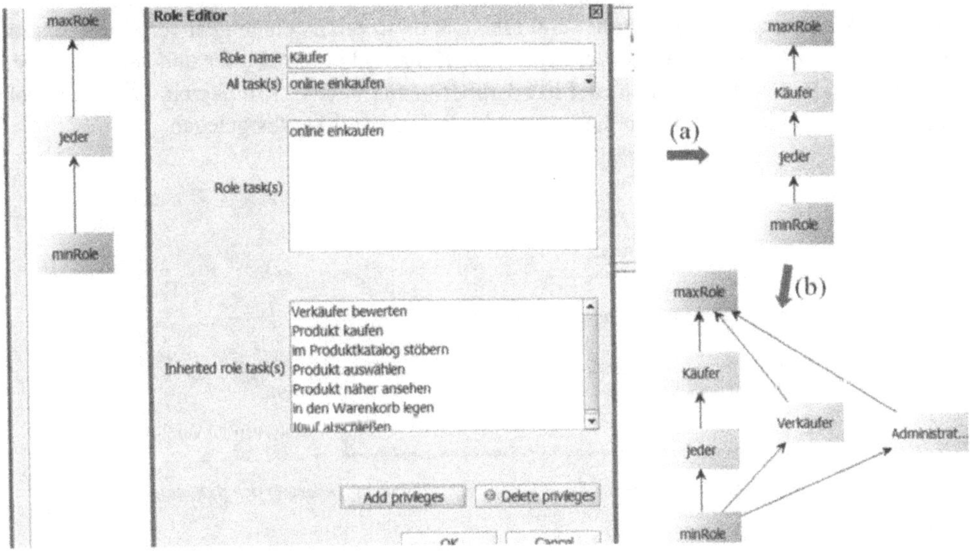

Abbildung 2: Entwicklung eines Rollenmodells

In unserem Beispiel fügen wir über den Rolleneditor (s. Abbildung 2) nun die Rolle *Käufer* ein und ordnen ihr die Aufgabe *online einkaufen* und damit alle entsprechenden Unteraufgaben zu (siehe *Inherited role task(s)* im Fenster des Rolleneditors). Als Ergebnis erhalten wir ein Rollenmodell (Pfeil (a)), in dem die *Käufer*-Rolle entsprechend der für sie definierten Privilegien und der bereits existierenden Hierarchie eingeordnet ist. *online einkaufen* ist eine Oberaufgabe von *Produktkatalog durchstöbern*, oder anders ausgedrückt, es gilt *priviledges(jeder)* ⊂ *priviledges(Käufer)*, wodurch sich die Positionierung ergibt. Erläuterungen zu komplexeren Fällen finden sich in (Reitschuster 2008).

In ähnlicher Weise fügen wir die Rollen *Verkäufer* und *Administrator* hinzu, mit denen die Privilegien für *online verkaufen* und *Website administrieren* festgelegt werden. Da diese Aufgaben ohne „Verbindung" zu den bisher betrachteten stehen, werden die Rollen jeweils separat in die Rollenhierarchie eingefügt (siehe Pfeil (b)).

4.2 Konflikte

Durch die algorithmische Berechnung der Position einer Rolle können keine Zuordnungskonflikte entstehen. Trifft der Modellierer im Rolleneditor eine Zuordnung zu Aufgaben, die zu einem solchen Konflikt führen würde, wird dies durch eine entsprechende Fehlermeldung angezeigt und vom Modellierer eine Korrektur gefordert. Der Modellierer hat zusätzlich die Möglichkeit, explizit Konfliktfälle (sog. Privilegienkonflikte und sog. Rollenkonflikte) zu definieren, die sowohl während der Rollen- als auch während der Aufgabenmodellierung geprüft werden. Wird z.B. ein Aufgabenmodell modifiziert, so wird in den hierdurch angestoßenen Prüfroutinen auch die Rollenhierarchie einbezogen. Wir könnten beispielsweise, wie in Abbildung 3 gezeigt, *Website administrieren* als Unteraufgabe von *online einkaufen* definieren. Der Modellierer wird darauf hingewiesen, dass dies Auswirkungen auf das Rollenmodell haben wird. In dem in der Abbildung gezeigten Szenario sind wir damit einverstanden (Aktivierung des *Ja*-Buttons) und erhalten als Ergebnis einen geänderten Rollengraphen. *Administrator* ist nun eine Juniorrolle von *Käufer*, d.h. ein Käufer darf alle Aufgaben eines Administrators durchführen und hat darüberhinaus weitere Privilegien. Um einen solchen Fall auszuschließen, können die Entwickler Rollenkonflikte festgelegen.

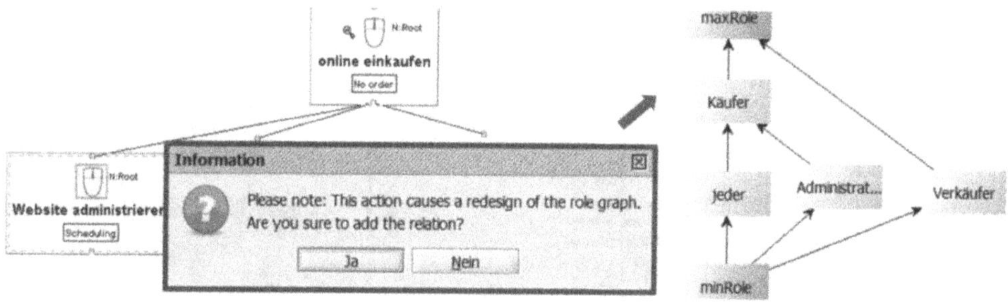

Abbildung 3: Modifikationen des Aufgabenmodells führen zur Änderung des Rollenmodells

Ein Rollenkonflikt wird für zwei Rollen definiert, zwischen denen damit keine Senior-Junior-Beziehung existieren darf. In unserem Beispiel fügen wir zwei Rollenkonfliktpaare ein (Abbildung 4, links oben) und schließen so gemeinsame Privilegien der Rollen *Verkäufer* und *Administrator* sowie der Rollen *Käufer* und *Administrator* aus. Nun führt der Versuch, *Website administrieren* als Unteraufgabe von *online einkaufen* festzulegen, zu einem Fehler.

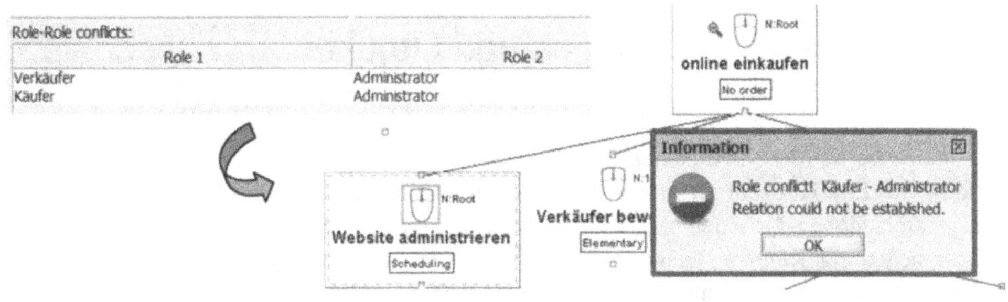

Abbildung 4: Rollenkonflikte: Definition und Effekt

Bestehen Konflikt nur zwischen einigen Privilegien von Rollen, dann ist es oft besser, Konflikte zwischen den Privilegien zu definieren. Ein Privilegienkonflikt spezifiziert zwei Aufgaben, die niemals gleichzeitig einer Rolle zugewiesen werden können.[1] In Abbildung 5 (oben) spezifizieren wir einen Privilegienkonflikt für die Aufgaben *Verkäufer bewerten* und *online verkaufen*. Der Rolleneditor in der Abbildung zeigt den Versuch, *Verkäufer* das Privileg zu geben, einen Verkäufer zu bewerten. Da der Rolle bereits die Aufgabe *online verkaufen* zugeordnet ist, kann sie das zusätzliche Privileg nicht erhalten. Der Editor reagiert mit einer Fehlermeldung und verhindert diese Modifikation. In ähnlicher Weise hat der definierte Privilegienkonflikt Auswirkungen auf die Aufgabenmodellierung. Die Aufgabe *online verkaufen* kann nicht als Unteraufgabe von *Verkäufer bewerten* spezifiziert werden (Abbildung 5, rechts). Ohne Konfliktdefinition würde *Verkäufer* aufgrund der automatischen Berechnung der Rollenhierarchie Juniorrolle von *Käufer*.

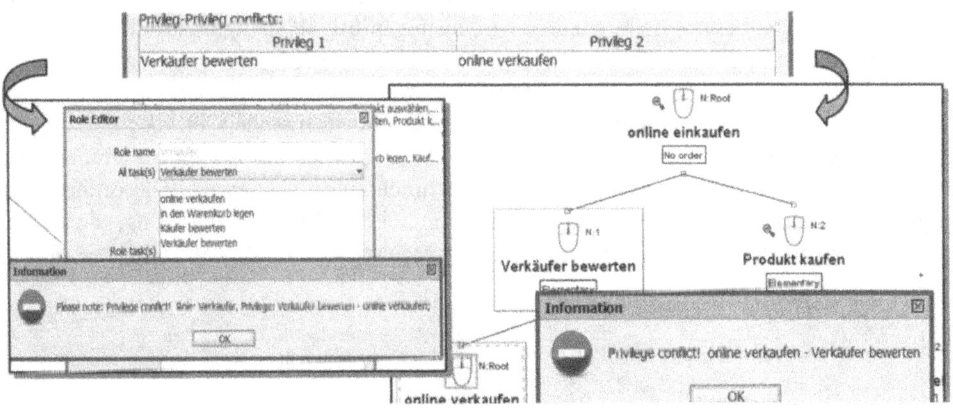

Abbildung 5: Privilegienkonflikt: Definition und Effekt

---

[1] Die einzige Ausnahme ist die maximale Rolle, welche alle im Modell vorkommenden Privilegien umfasst, aber ohnehin keinem Benutzer bzw. keiner Gruppe zugeordnet werden kann.

5 Benutzer, Gruppen und Objekte

In diesem Abschnitt werden drei weitere Konzepte (Benutzer, Gruppe und Objekt) kurz vorgestellt. Im Vordergrund stehen dabei die Zusammenhänge zum Aufgaben- und Rollenmodell. Mit dem Konzept Benutzer werden individuelle Personen modelliert, die anschließend verschiedenen Gruppen zugeordnet werden können. In der derzeitigen Version des Editors stehen zur Kennzeichnung beider Konzepte zunächst nur wenige Attribute zur Verfügung, u.a. Attribute für Benutzer- bzw. Gruppennamen, die jeweils eindeutig sein müssen.

Außerdem dürfen keine zwei Gruppen, auch wenn sie unterschiedliche Namen tragen sollten, identische Benutzermengen haben. Ähnlich zum Rollenmodell erfolgt auch die Definition der Gruppenstruktur über Teilmengenbeziehungen (als Polyhierarchie). Falls die Benutzer einer Gruppe g1 eine echte Teilmenge einer weiteren Gruppe g2 darstellen, d.h. falls *users*(g1) ⊂ *users*(g2) gilt, werden g1 und g2 über eine Unter-Obergruppen-Beziehung miteinander verknüpft und befinden sich dadurch innerhalb der Struktur auf verschiedenen Ebenen. Das entstehende Gruppenmodell ist ein azyklischer Graph mit gerichteten Kanten. Eine Kante von einer Gruppe g1 zu einer Gruppe g2 verläuft immer von einer niedrigeren zu einer höheren Gruppengraphebene. Als eine weitere Eigenschaft ist festgelegt, dass die Verbindung zweier Gruppen entweder auf einer Kante oder auf einer Kantenfolge basiert (Verfahren der transitiven Reduktion (Guo 1999, 31)).

Diese Eigenschaften werden zur Konstruktion des Gruppengraphen herangezogen. Der Modellierer modifiziert das Modell, indem er für jede Gruppe die Benutzermenge (*users*) festlegt und Rollen zuordnet. Auf Basis dieser Informationen wird, in ähnlicher Weise wie bei der Konstruktion des Rollenmodells, die Struktur des Gruppenmodells automatisch gebildet (s. Beispiel in Abbildung 6). Insbesondere wird auch geprüft, ob ein aktueller Editiervorgang einen Konfliktfall impliziert. Wurde beispielsweise ein Rollenkonflikt festgelegt, dürfen die Rollen nicht gemeinsam einer Gruppe zugeordnet werden. Außerdem darf kein Benutzer, dem eine der beiden Rollen zugewiesen wurde, das Recht auf irgendein Privileg der anderen Rolle erhalten. Sollte dies zu Einschränkungen führen, müssen die Rollen im Graphen mit einer feineren Granularität gestaltet werden. Tritt durch eine Gruppen-Rolle-Zuordnung ein möglicher Konflikt auf, dann wird, wie auch schon bei der Rollenmodellierung, die Zuordnung nicht zugelassen und eine Fehlermeldung ausgegeben.

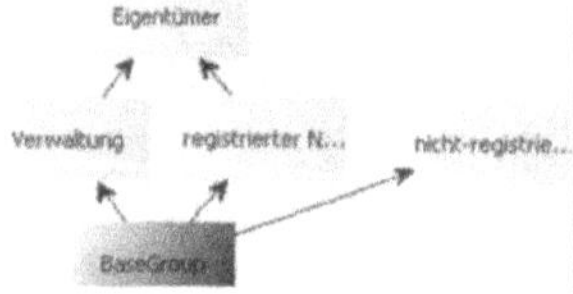

Group name	Group role	Group members
BaseGroup		Sophia Kernel, Mark Giffer, Larissa Heinrichs, NoName, Karl Schmidt
Eigentümer	Administrator	Sophia Kernel
nicht-registrierte Nutzer	jeder	NoName
registrierter Nutzer	Käufer, Verkäufer	Mark Giffer, Larissa Heinrichs, Sophia Kernel
Verwaltung		Sophia Kernel, Larissa Heinrichs, Karl Schmidt

Abbildung 6: Gruppengraph(links) und Gruppenüberblick (rechts)

Die Aufgabenobjekte werden in dem hier vorgestellten Editor derzeit in einfacher Weise berücksichtigt, indem ein eindeutiger Name, eine Beschreibung und der Typ festgelegt werden können. Anschließend können die Objekte verschiedenen Aufgaben zugeordnet werden.

Hierbei finden keine Prüfungen statt. Ein Benutzer erhält über seine Gruppenzugehörigkeit sowie die verknüpften Rollen und Aufgaben Rechte an den Objekten, wobei die Aufgaben beschreiben, welcher Art die Rechte sind. In unserem Beispiel können wir so ein Objekt *DVD* einfügen und der Aufgabe *Produkt kaufen* zuordnen.

6 Diskussion

Der grundlegende Modellierungsansatz der hier vorgestellten Arbeit besteht in der Definition der Privilegien einer Person, wobei unter der Berücksichtigung von deren Rolle (definiert über die Gruppenzugehörigkeit) festlegt wird, welche Aufgaben ausgeführt und, damit verbunden, auf welche Aufgabenobjekte zugegriffen werden kann. Der theoretische Unterbau hierzu kombiniert die eigenen Arbeiten zur Aufgabenmodellierung (Bomsdorf 2007) mit denen zur Konfliktbehandlung von (Guo 1999). Unsere Arbeit berücksichtigt damit, wie bereits in (Bomsdorf & Szwillus 2004) vorgeschlagen, Arbeiten aus dem Gebiet der Zugriffskontrolle. Wir gehen über unsere frühere Arbeit in zweifacher Weise hinaus – zum einem durch die Differenzierung organisatorischer Gruppen und Privilegienvergabe und zum anderen durch die werkzeugtechnische Unterstützung einer integrativen Modellierung.

Der Editor unterstützt die Erstellung der Modellstrukturen unter Berücksichtigung gegenseitiger Abhängigkeiten. Die Modellierer geben die gewünschten Zuordnungen ein, wovon ausgehend dann die sich ergebenden Hierarchien berechnet werden. Beispielsweise können die Modellierer Rollen und Aufgaben einander zuordnen, ohne zuerst die damit erforderlichen Umstrukturierungen der Hierarchien vornehmen zu müssen. Stattdessen ordnet der Editor unter Berücksichtigung resultierender und explizit definierter Konfliktfälle Rollen und Aufgaben hierarchisch an. Diese Vorgehensweise entspricht der Tatsache, dass die Modellhierarchien sich aus den verschiedenen Zuordnungen und deren Bündelungen ergeben.

Die Erstellung der Hierarchien und die Überprüfungen auf mögliche Konflikte basieren auf den mit dem Meta-Modell festgelegten Regeln und zusätzlich auf den durch die Entwickler definierten Konfliktfällen. Die angezeigten Fehlermeldungen resultieren systematisch aus diesen, so werden die ursächlichen Konfliktpaare im Text angezeigt.

In einem umfangreichen Modell ergeben sich verschiedenartige Fragestellungen, etwa, wer was machen darf oder welche Aufgaben ein bestimmtes Objekt benötigen. Zur entsprechenden Überprüfung erlaubt unser Werkzeug verschiedenartige Abfragen bzw. Sichten auf die Modellverknüpfungen. Generell kann der Entwickler verschiedene Abfragen formulieren, in dem er interaktiv entsprechende Filter festlegt. Die Ergebnisse werden als Diagramme analog zu den während der Modellierung verwendeten Darstellungen angezeigt.

Die Werkzeugimplementierung hat derzeit den Status eines Prototyps, der auch Import- und Exportfunktionen zum Austausch der Modelle mit anderen Werkzeugen (auf Basis von XML) besitzt.

Literaturverzeichnis

Baron, M. & Scapin, D. (2006) K-MADe User Manual, http://kmade.sourceforge.net, (21.3.2009).

Bomsdorf, B. (2007) The WebTaskModel Approach to Web Process Modelling. In *Proceedings of the 6th TAMODIA Workshop*, Springer, Lecture Notes in Computer Science 4849, 240-253.

Bomsdorf, B. & Szwillus, G. (2004) Rollen- und aufgabenbasierte Webmodellierung. In *Mensch & Computer 2004: Allgegenwärtige Interaktion*, 115–126.

Guo, Y. (1999) User/Group Administration for RBAC. The University of Western Ontario, May 1999.

García, J., Lemaigre, C., Calleros, J. & Vanderdonckt, J. (2008) Model-Driven Approach to Design User Interfaces for Workflow Information Systems. In *Journal of Universal Computer Science*, 14 (19), 3160-3173.

Giese, M., Mistrzyk, T., Pfau, A., Szwillus, G. & von Detten, M. (2008) AMBOSS: A Task Modeling Approach for Safety-Critical Systems. In *Proceedings of the 7th TAMODIA Workshop*, 25-26.

Limbourg, Q., Vanderdonckt, J. (2003) Comparing Task Models for User Interface Design. In Diaper, D., Stanton, N., (Hrsg.): *The Handbook of Task Analysis for Human-Computer Interaction*. Lawrence Erlbaum Associates.

Lu, S., Paris, C., Vander Linden, K. (2002) Tamot: Towards a Flexible Task Modeling Tool. In *Proceedings of Human Factors*, 878-886.

Paternò, F., Santoro, C. & Tahmassebi, S. (1998) Formal Models for Cooperative Tasks: Concepts and an Application for En-Route Air Traffic Control. In *5th Int. Workshop on Design, Specification, and Verification of Interactive Systems, DSV-IS '98*, Springer-Verlag, Abingdon, 71-86.

Reitschuster, A. (2008) *Realisierung eines Editors zur integrativen Gruppen-, Rollen- und Aufgabenmodellierung*. Masterarbeit an der FernUniversität in Hagen.

Stary, C. (2005) Role-Adapted Access to Medical Data: Experiences with Model-Based Development, In *Universal Access in Health Telematics*, 224-239.

Stuart, J. & Penn, R. (2004) TaskArchitect: taking the work out of task analysis. In *Proceedings of the 3rd Annual Conference on Task Models and Diagrams, TAMODIA* 2004, 145–154.

van Welie, M., van der Veer, G.C. & Eliëns, A. (1998) Euterpe - Tool support for analyzing cooperative environments. In *Proceedings of the Ninth European Conference on Cognitive Ergonomics.*

Kontaktinformationen

Birgit Bomsdorf

Angewandte Informatik
Hochschule Fulda
D-36039 Fulda
Marquardstraße 35
Tel.: +49 (0) 661-9640-327
Fax: +49 (0) 661-9640-349
E-Mail: birgit.bomsdorf@hs-fulda.de

Andreas Reitschuster

AUDI AG
I/FP-52
D-85045 Ingolstadt

E-Mail: andreas.reitschuster@audi.de

H. Wandke, S. Kain & D. Struve (Hrsg.): Mensch & Computer 2009: Grenzenlos frei!?
München: Oldenbourg Verlag, 2009, S. 193-202

Annotieren von Bildschirmfotos zur Steigerung der Anwenderbeteiligung

Asarnusch Rashid, Clemens van Dinther

FZI Forschungszentrum Informatik

Zusammenfassung

Obwohl zahlreiche Studien belegen, dass die Beteiligung von Anwendern in Softwareprojekten von unschätzbarem Wert ist, wird diese bislang selten praktiziert. Die Gründe dafür liegen unter anderem in dem erheblichen Zeitaufwand für die Durchführung von Anwenderbefragungen. Ferner stellt sich im Dialog mit Anwendern die Herausforderung, sie zur Formulierung von konkreten Anforderungen und Vorschlägen zu befähigen, um nicht ausschließlich Problemberichte und vage Vorstellungen erfassen zu müssen. Mit der Entwicklung des Werkzeuges OpenProposal soll dieser Problemstellung Rechnung getragen werden. OpenProposal ist ein Programm, mit dem Anwender ihre Kommentare komfortabel als Annotationen auf die Benutzeroberfläche eines Softwareproduktes platzieren und als Bildschirmfoto an die Entwickler senden können. In zwei Fallstudien konnte gezeigt werden, dass sich dieser Ansatz als hilfreich erweist und bei den teilnehmenden Unternehmen erfolgreich angewendet wurde.

1 Einleitung

Zahlreiche Studien (Kujala 2008) belegen, dass die Einbeziehung von Anwendern generell einen positiven Effekt auf den Erfolg eines Systems besitzen kann. Darüber hinaus finden sich einige Hinweise darauf, dass es sich potentiell als eine effektive Methode der Identifizierung von Bedürfnissen erweist, Anwender nicht nur als Informationsquelle sondern auch als aktive Gestalter am Entwicklungsprozess teilnehmen zu lassen (Keil & Carmel 1995).

Etablierte Methoden, die in der Praxis angewendet werden, umfassen u.a. User Experience, Usability Workshops, User Support (bzw. betriebliches Vorschlagswesen) und Benutzerumfragen. Eine für praktische Belange bedeutende Schwachstelle dieser Methoden liegt im hohen Aufwand für Vor- und Nachbereitung. An dieser Stelle soll mit dem Werkzeug OpenProposal ein Beitrag zur Förderung einer frühzeitigeren und häufiger stattfindenden Einbindung von Anwendern in Softwareprojekten geleistet werden. Grundidee hierbei ist es, Anwendern die Möglichkeit zu geben, Verbesserungsvorschläge für eine Software direkt auf dem Bildschirm einer laufenden Softwareanwendung zu annotieren und diese als annotiertes

Bildschirmfoto an den Entwickler zu kommunizieren. Drei Hypothesen bilden den Grundrahmen der OpenProposal Entwicklung:

H1. Mit OpenProposal werden mehr Verbesserungsvorschläge vom Anwender abgegeben.

H2. OpenProposal fördert die Kreativität der Anwender und führt zu konkreten Verbesserungsvorschlägen.

H3. OpenProposal kann auch im Betriebsalltag zur Meldung von Verbesserungsvorschlägen genutzt werden und erleichtert Anwendern die Feedbackabgabe.

2 OpenProposal

Die Entwicklung von OpenProposal fußt auf aktuellen Entwicklungen in den Forschungsfeldern Requirements Engineering (Use Cases, Story Cards, Prototyping, Mock-ups, etc.), Participatory Design (u.a. Distributed Participatory Design (Danielsson et al. 2008), PD in use (Stevens & Draxler 2006)) und Digital Annotation (Fogli et al. 2004). Unmittelbar verwandte Arbeiten finden sich bei Naghsh (2005) mit „Gabbeh" zur Kommentierung von elektronischen Prototypen mit grafischen Annotationen), bei Dörner et al. (2008) mit "Infrastructure Probes" als ethnografische Methode und bei Lohmann et al. (2008) mit "Softfox" zur Kommentierung von Webseiten. Darüber hinaus existiert eine Vielzahl an Werkzeugen zur Erstellung und Bearbeitung von Bildschirmfotos, den so genannten „Snapshot"-Werkzeugen (z.B. Techsmith JING, Annotater Pro).

Basierend auf den Erfahrungsberichten aus verwandten Arbeiten und im Dialog mit Anwendern und Softwareunternehmen wurde das Design von OpenProposal vorgenommen. Folgende Gestaltungsziele bzw. Anforderungen wurden dem Design zugrunde gelegt:

A1. Vereinfachung des Einreichungsprozesses. Das Erstellen und Einreichen von Vorschlägen sollte in wenigen Schritten erfolgen können und so einfach wie möglich sein. Dadurch soll die Akzeptanz der Anwender sichergestellt werden.

A2. Formale Strukturen zur besseren Verständlichkeit. Da Entwickler klare und nachvollziehbare Erklärungen vorziehen, soll Anwendern eine formale Struktur zur Formulierung ihrer Vorschläge angeboten werden. Dies könnte zu leichter verständlichen und konkreteren Vorschlägen führen und Kommunikationskosten senken.

A3. Verwaltung der Anwendervorschläge. Abgegebene Anmerkungen sollten in einer kollaborativen Umgebung gespeichert werden, die allen Teilnehmern Zugang zu den Vorschlägen ermöglicht. Da die Vorschläge der Anwender mitunter nachträglich modifiziert werden müssen (z.B. bei unvollständigen Informationen, unklaren Vorschlägen, etc.) sollte die Möglichkeit gegeben sein Vorschläge auch nach der Abgabe zu bearbeiten.

A4. Verringerung von Zeit und Aufwand für die Vor- und Nachbereitung. Der Zeit- und Arbeitsaufwand für die Vor- und Nachbereitung von Anwenderbefragungen soll verringert werden. So sollen Anwenderbefragungen häufiger durchgeführt werden können.

Dabei sind neben den Rollen „Anwender" und „Entwickler" zusätzlich noch die Rollen „Moderator" und „Entscheider" zu berücksichtigen. Der Moderator ist verantwortlich dafür, die Bedürfnisse und Erwartungen der Anwender festzuhalten und die „Sprache der Anwender" in die „Sprache der Entwickler" zu übersetzen. Die Aufgabe des Entscheiders ist es die Sinnhaftigkeit und Wirtschaftlichkeit der Vorschläge zu bewerten. Er entscheidet, was umgesetzt wird und was nicht.

Abbildung 1 erläutert die Funktionsweise von OpenProposal anhand eines Beispiels: Man stelle sich einen Anwender vor, der einen elektronischen Taschenrechner benutzt. Der Anwender hat mehrere Verbesserungsvorschläge und startet OpenProposal. Zunächst wird der gesamte Anwendungsbildschirm „eingefroren". Mit (2.B) hat der Anwender die Möglichkeit OpenProposal jederzeit zu deaktivieren, und den Bildschirm wieder freizugeben um auf das Arbeitssystem zugreifen zu können. Um eine Annotation zu setzen, wählt der Anwender ein Annotationswerkzeug (2.C), platziert das Element auf dem eingefrorenen Bildschirm und kann optional einen ergänzenden Text eingeben.

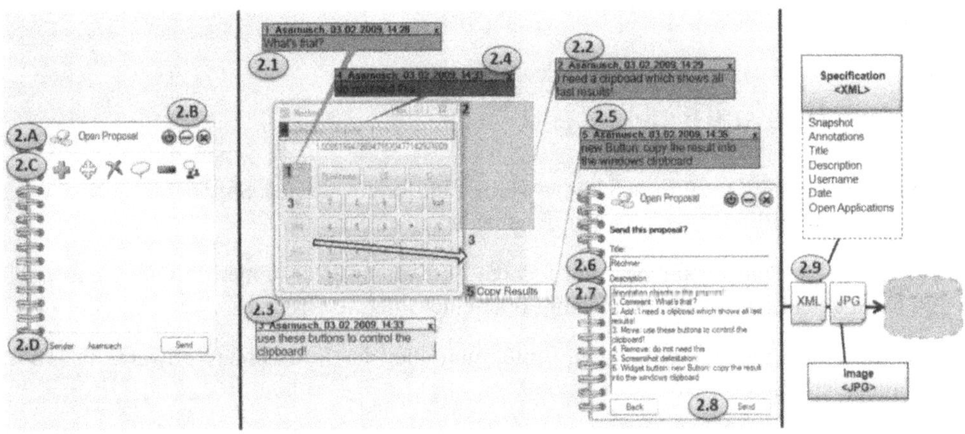

Abbildung 1: Funktionsweise von OpenProposal am Beispiel

Das „Hinzufügen"-Werkzeug (2.2, 2.5) erlaubt es dem Anwender eine Position zu definieren, an der er ein neues Objekt auf dem Bildschirm wünscht. Das „Entfernen"-Werkzeug (2.4) erfüllt die gegenteilige Funktion; ein bereits existierendes Element wird als überflüssig gekennzeichnet. Wird das "Verschieben"-Werkzeug (2.3) verwendet, wählt der Anwender zunächst einen Bereich aus, der an eine andere Position auf der Arbeitsfläche verschoben werden soll, und bestimmt dann die Zielposition. Das Werkzeug "Kommentieren" (2.1) kann zur Beschreibung von Vorschlägen herangezogen werden, wenn keines der anderen Elemente passt oder man nicht lange nach dem richtigen Element suchen möchte. Zum Schutz der Privatsphäre kann der Anwender mithilfe des "Einschränken"-Werkzeuges das Bildschirmfoto auf einen ausgewählten Bereich des Bildschirms eingrenzen bzw. bestimmte Bereiche schwärzen. Das „Diskutieren"-Modul umfasst mehrere Werkzeuge mit dem beispielsweise Fragen, Fehlermeldungen, Zustimmung, etc. vermerkt werden können. Alle Annotationen werden als Objekte dargestellt, die bearbeitet, verschoben oder gelöscht werden können, wann immer der Anwender dies wünscht.

Sobald die Annotation beendet ist, kann der Vorschlag durch einen Titel (2.6) und eine generelle Beschreibung (2.7) ergänzt und schließlich durch Anklicken des "Senden"-Buttons (2.8) versendet werden. Abhängig von der vorherigen Einstellung wird die Anfrage entweder (2.9) an einen Issue-Tracker gesendet, auf der Festplatte gespeichert oder als Email an eine spezielle Adresse versendet. OpenProposal erstellt ein XML-Dokument, das die Annotationen, das Bildschirmfoto sowie Metadaten zum Vorschlag und zum Arbeitssystem des Anwenders enthält (z.B. Datum, Titel der annotierten Anwendung, Username).

Von den typischen „Snapshot"-Werkzeugen unterscheidet sich OpenProposal darin, dass direkt auf der Anwendungsoberfläche annotiert wird, dem Anwender strukturierte Annotationswerkzeuge angeboten werden und die Übermittlung seiner annotierten Bildschirmfotos per Knopfdruck ermöglicht wird. Mit diesem Ansatz soll gezeigt werden, dass die Anwenderbeteiligung mit einem auf die Belange der Anwender zugeschnittenen Werkzeug verbessert werden kann.

3 Evaluation

Im Laufe der OpenProposal Entwicklung wurden im Rahmen realer Softwareprojekten zwei Fallstudien durchgeführt. Beide Studien folgten derselben Struktur:

1. Anwender testeten im Rahmen eines realen Softwareprojektes einen Prototyp, entweder im Rahmen eines Usability Workshops oder einer Interview-Reihe.
2. Die Anwender erhielten eine kurze Einführung über die zu testende Software, den Hintergrund der Studie sowie OpenProposal.
3. Die Anwender führten verschiedene Aufgaben durch um die Software zu testen und wurden gebeten Verbesserungsvorschläge mit OpenProposal abzugeben. Eine Kontrollgruppe setzte alternative Werkzeuge ein.
4. Anschließend wurden die zu untersuchende Software und die Nützlichkeit von OpenProposal durch die Anwender diskutiert. Außerdem wurden die erstellten Vorschläge bezüglich ihrer Verständlichkeit sowie Auffälligkeiten untersucht.
5. Zum Schluss wurden die Anwender gebeten einen Fragebogen auszufüllen.
6. In der zweiten Fallstudie wurden Anwender zudem darum gebeten den Prototyp im Rahmen ihrer täglichen Arbeit zu testen und wahlweise OpenProposal oder andere Werkzeuge zu verwenden um ihr Feedback abzugeben.

Tabelle 1 fasst die wesentlichen Merkmale der beiden Fallstudien zusammen. Die Tests wurden von dem jeweiligen Moderator vorbereitet und ausgewertet. In beiden Studien hatten die Entwickler lediglich über Telefon, Email und ein Issue-Trackersystem Kontakt mit Anwendern. Die Entwickler von OpenProposal waren als reine Beobachter vor Ort und weder an den Softwareprojekten noch an der Organisation der Befragungen beteiligt. In beiden Fällen wurde JIRA, ein internetbasiertes Issue-Tracker-System zur Verwaltung von Aufgaben sowohl von den Teammitgliedern des Softwareprojektes als auch von den Anwendern selbst für Fehlerberichte und die Verwaltung von Aufgaben verwendet. Mit OpenProposal konnten Vorschläge zur weiteren Bearbeitung direkt an JIRA gesendet werden.

Fallstudie	# Unternehmen	# Mitarbeiter	# Teilnehmer	Hintergrund Anwender	Softwaretyp	Umfang
Nr. 1 „Bender"	1	5k – 10k	11 Anwender 1 Moderator 1 Entscheider 1 Entwickler	Training, Vertrieb, Techn. Doku, Support	3D-Konstruktion	2 Tage Usability Workshop
Nr. 2 „WAVES"	4	1-500	16 Anwender 1 Moderator 4 Entscheider 4 Entwickler	Softwareentwickler	Wiki, Suchmaschine	4x 1 Tag Interviews & 3 Monate „in use"

Tabelle 1: Übersicht über die Fallstudien

3.1 Fallstudie 1: Bender

Im September 2007 wurde eine kurze Fallstudie bei der Bender Group (Name geändert) mit Hauptsitz in Deutschland durchgeführt. Bender ist auf die Produktion von Fertigungstechnik spezialisiert, für die auch Konfigurationssoftware angeboten wird. Die Durchführung von Usability Workshops ist Teil des Softwareentwicklungsprozesses bei Bender, und während eines solchen wurde OpenProposal auf Anfrage des Unternehmens erprobt. Bei Bender wurden die Anmerkungen der Anwender bis dahin mittels Stift und Papier festgehalten und später in eine Tabelle übertragen. Dieser Prozess wurde von Praktikanten durchgeführt, dauerte mehrere Tage und war stets mit vielen Übertragungsfehlern behaftet. Am Ende war es somit schwierig den Sinn vieler Anforderungen nachzuvollziehen. Versuche, dieses Problem mit Hilfe computergestützter Werkzeuge wie z.B. einem Textverarbeitungsprogramm oder „Snapshot"-Programmen zu lösen, scheiterten an der mangelnden Akzeptanz der Anwender hierfür von der Testsoftware zu diesen Werkzeugen zu wechseln. Folglich bevorzugten die Anwender Stift und Papier.

Bezug nehmend auf die Hypothesen H1 und H2 wurde in dieser Fallstudie der Frage nachgegangen, ob Anwender dazu motiviert werden können ihr Feedback mittels OpenProposal elektronisch abzugeben und ob dies dazu beitragen kann die Kosten für Usability Workshops bei Bender zu reduzieren und ihre Ergebnisse zu verbessern. Als Vergleichssystem wurde JIRA herangezogen, das neben der Abgabe ausschließlich textlich formulierter Vorschläge auch das Anhängen von Bildschirmfotos bzw. Abbildungen ermöglicht.

Die kurze Studie umfasste elf Testpersonen (fünf weiblich, sechs männlich), einen Moderator, einen Entwickler und einen Entscheider. Der Altersdurchschnitt der Testpersonen lag bei 29,75 (min. 27, max. 47 Jahre). Sie wiesen unterschiedliche Erfahrungen im Umgang mit der Formulierung von Anforderungen vor; fünf waren erfahren und sechs unerfahren. Die Testpersonen hatten zuvor weder die Testsoftware noch OpenProposal gesehen. Da JIRA bereits vor der Studie für das Helpdesk und die Verwaltung von Aufgaben verwendet wurde, waren alle mit JIRA vertraut, ebenso mit der Produktpalette der Bender Software sowie mit der Konfiguration der Maschinen des Unternehmens. Die Testpersonen saßen gemeinsam in einem Raum, jeder an einem eigenen Arbeitsplatz mit einem Computer mit Netzwerkverbindung. Ein Whiteboard konnte für Hinweise und Diskussionen genutzt werden. Bei der getesteten Software handelte es sich um ein komplexes 3D-Planungsintrument zur Konstruktion von 3D-Modellen von Maschinenteilen. Ziel des Usability Workshop war es die neue Software zu testen und gegebenenfalls neue Anforderungen festzustellen indem Aufgaben gelöst wurden, die an häufig von Kunden des Unternehmens gestellte Fragen angelehnt waren. Sobald ein Fehler oder eine Verbesserungsmöglichkeit entdeckt wurde, sollte dieser per OpenProposal bzw. JIRA gemeldet werden. Bei sehr schweren Programmfehlern wurde darum gebeten diese auf einem Whiteboard sichtbar für alle Tester zu platzieren, um so zu verhindern, dass derselbe Fehler ein zweites Mal angemerkt wurde. Am Ende jedes Workshoptages gab es eine gemeinsame Diskussion über die Eindrücke des vergangenen Tages.

Die Testpersonen wurden zufällig in zwei Gruppen geteilt. Am ersten Tag nutzte die eine Gruppe OpenProposal, die andere JIRA. Am zweiten Tag tauschten die Gruppen. Am Ende jedes Tages erhielten die Testpersonen einen Fragebogen zu dem Werkzeug, das sie an diesem Tag verwendet hatten.

3.2 Fallstudie 2: WAVES

Die zweite Fallstudie wurde von Juli bis Oktober 2008 im Rahmen des BMBF-Forschungsprojektes WAVES durchgeführt – einem Verbund aus vier Softwareunternehmen, der Freien Universität Berlin und dem FZI Forschungszentrum Informatik. Ziel des Forschungsprojektes ist es in verteilten Softwareprojekten den Aufbau und den Austausch von informellem Wissen zu fördern. Am FZI entwickelten hierzu zwei Teams, jedes bestehend aus zwei wissenschaftlichen Mitarbeitern (Entscheider) und zwei studentischen Entwicklern (Entwickler), Werkzeuge zur Unterstützung des Wissensmanagements von Softwareentwicklern. Bei den vier Softwarehäusern handelt es sich um kleine und mittlere Unternehmen aus Deutschland. Ihre Softwareentwickler hatten die Rolle der Anwender inne. Ein wissenschaftlicher Mitarbeiter der Freien Universität Berlin war verantwortlich für die Evaluation der vom FZI entwickelten Werkzeuge und nahm die Rolle des Moderators ein.

Im Rahmen der Fallstudie wurden die beiden Prototypen Wiquila und WavesIS getestet. Wiquila ist ein Wiki-Editor, welcher u.a. an mehrere Wikis angebunden werden kann, über eine WYSISWG-Ansicht verfügt, und eine Autovervollständigen-Funktion anbietet. WavesIS ist eine Suchmaschine, mit der gleichzeitig in verschiedenen Informationsquellen wie z.B. Wikis, Versionsverwaltungssystemen, etc. gesucht werden können. Beide Prototypen wurden in den Unternehmen installiert und in deren Systeme integriert.

Ziel der zweiten Fallstudie war es, die Hypothesen H2 und H3 zu untersuchen. Es wurde der Fragenstellung nachgegangen, ob OpenProposal dazu beitragen kann, die Ergebnisse von Anwenderinterviews zu verbessern. Außerdem soll untersucht werden, ob OpenProposal Anwendern erleichtert ihre Vorschläge auch während ihrer täglichen Arbeit abzugeben

Die Fallstudie erfolgte in zwei Phasen:

Phase 1: In den ersten zwei Wochen führte der Moderator bei den Unternehmen vor Ort Einzel-Interviews mit 16 Anwendern (zwei weiblich, 14 männlich) durch. Während der Interviews testeten die Anwender die Prototypen an einem Einzelarbeitsplatz, wobei sie ihre Anmerkungen laut aussprachen („thinking aloud“) und währenddessen von einer Videokamera gefilmt wurden. Die Anwender hatten stets die Möglichkeit OpenProposal zu benutzen. Der Altersdurchschnitt lag bei 35.36 Jahren (min. 29, max. 54 Jahre). Neun Personen waren mit der Formulierung von Anforderungen vertraut. Alle Testpersonen benutzen regelmäßig Wikis und Suchmaschinen. OpenProposal war keiner Person im Voraus bekannt. Nach jedem Test wurden die Anwender gebeten, einen Fragebogen zu OpenProposal (identisch mit dem aus der ersten Fallstudie) auszufüllen.

Phase 2: In den anschließenden drei Monaten wurden die Anwender gebeten, die beiden Prototypen für ihre tägliche Arbeit zu verwenden und Verbesserungsvorschläge während der Nutzung wahlweise per Email, Telefon, JIRA, OpenProposal oder das in WavesIS integrierte Feedback-Formular abzugeben. Nach Ablauf der drei Monate wurden mehrere Anwender, der Moderator, die Entscheider und die Entwickler in Interviews befragt.

3.3 Beobachtungen in den Fallstudien

Während der beiden Fallstudien konnten sieben Beobachtungen gemacht werden. Da JIRA in der ersten Fallstudie im direkten Vergleich mit OpenProposal stand, stammen Beobachtungen O3 und O4 aus Fallstudie 1. Beobachtungen O6 und O7 beziehen sich auf die zweite Fallstudie, da dies im Untersuchungsrahmen der ersten Fallstudie nicht vorgesehen war.

O1. OpenProposal wurde von allen Teilnehmern akzeptiert und als hilfreich bewertet.

O2. Alle Anmerkungen wurden elektronisch festgehalten. Zeit und Aufwand für die Vor- und Nachbereitung konnte verringert werden.

O3. Im Vergleich zu JIRA wurde OpenProposal von einer größeren Anzahl an Teilnehmern genutzt und es wurden mehr Vorschläge abgegeben.

O4. Die Vorschläge mit OpenProposal enthielten eine größere Anzahl an Worten als die mit JIRA.

O5. Eine große Mehrheit der mit OpenProposal erstellten Vorschläge waren konstruktive Verbesserungsvorschläge.

O6. Die mit OpenProposal erstellten Vorschläge förderten Gruppendiskussionen.

O7. Während der täglichen Nutzung gaben die Anwender nur wenige Vorschläge mit O-penProposal ab. Mit JIRA wurde kein Vorschlag erstellt.

Zu O1 und O2: Die Testpersonen schienen sich schnell an OpenProposal und das Konzept der Annotation von Bildschirmfotos zu gewöhnen. Sie verwendeten OpenProposal nach unterschiedlichen Mustern; manche gaben eher mehr Text ein, andere weniger, der eine machte eine Annotation pro Vorschlag, der andere vereinte mehrere Ideen in einem Vorschlag. Die meisten Testpersonen nutzten die Möglichkeit direkt auf die Arbeitsoberfläche Bezug zu nehmen, manche ergänzten ihre Eingaben durch textbasierte Erläuterungen.

Frage	+++	++	+	o	-	--	---	Enthaltungen
Ich finde OpenProposal leicht zu bedienen	4x	8x	2x	1x	0x	0x	0x	0x
Ich finde die Vorschlagserstellung bei OpenProposal einfacher als bei JIRA	4x	4x	3x	2x	0x	0x	0x	2x
Ich finde die Vorschlagserstellung ist bei OpenProposal mit weniger Aufwand verbunden als bei JIRA	3x	5x	2x	3x	0x	0x	0x	2x

Tabelle 2: Ausschnitt aus den Antworten zu den Fragebogen („---" = „Trifft überhaupt nicht zu", „--" = „Trifft größtenteils nicht zu", „-" = „Trifft eher nicht zu", „0" = „Weder noch", „+" = „Trifft eher zu", „++" = „Trifft größtenteils zu", „+++" = „Trifft voll und ganz zu")

Tabelle 2 fasst die Antworten auf die wesentlichen Fragen der Fragebögen zusammen. Von 27 ausgegebenen Fragebögen kamen 15 vollständig zurück. Im Vergleich zu JIRA sei OpenProposal besser geeignet, Vorschläge mit geringerem Aufwand abzugeben. Die Testpersonen merkten an, dass sie OpenProposal nicht als Ersatz von JIRA ansahen, sondern ausdrücklich eine Kombination aus OpenProposal und JIRA vorziehen würden.

Die Befragung der Entwickler bei Bender und WAVES ergab, dass die mit OpenProposal erstellten Vorschläge als sehr verständlich bewertet wurden. Für den Entwickler waren die Bildschirmfotos zwar hilfreich, aber nicht unmittelbar notwendig, da sie sich in ihrem Programm auskannten und über die textliche Beschreibung orientieren konnten. Interviews mit den Moderatoren und Entscheidern ergaben, dass die elektronisch abgegebenen Vorschläge für eine weitere Bearbeitung geeignet waren und alle Erwartungen erfüllt wurden. Für sie waren die Bildschirmfotos sehr hilfreich, da sie dadurch schnell überblicken konnten, worum es sich bei den Vorschlägen handelte. Die Kombination aus OpenProposal und JIRA schien für sie die beste Wahl zu sein und soll auch in zukünftigen Workshops und Interviews Anwendung finden. Die Zeit zur Vor- und Nachbereitung der Anwenderbeteiligung konnte aufgrund der rein elektronischen Datenhaltung stark reduziert werden. Direkt nach den Anwenderbefragungen standen die OpenProposal-Vorschläge zur weiteren Verarbeitung zur Verfügung und konnten zeitnah an Entscheider und Entwickler weitergeleitet werden.

Zu O3: Während des Bender-Workshops wurden 30 Vorschläge mit OpenProposal und 14 Vorschläge mit JIRA abgegeben. Auffällig war, dass neun der elf Testpersonen mit OpenProposal Vorschläge erstellten. Mit JIRA gaben lediglich drei Personen Vorschläge ab. Zwei Testpersonen erstellten keinen einzigen Vorschlag.

Zu O4: Die mit OpenProposal abgegebenen Vorschläge enthielten durchschnittlich eine Annotation mit einer aus 12,86 Worten bestehenden erläuternde Beschreibung sowie einen 10.90 Worte umfassenden Titel inklusive allgemeiner Kurzbeschreibung, also im Gesamten 23,76 Worte. Die ausschließlich textbasierten JIRA Vorschläge besaßen einen aus durchschnittlich 18,64 Worten bestehenden Titel und Textkörper. Die in WAVES abgegebenen

Open-Proposal-Vorschläge enthielten durchschnittlich 2,3 Annotationen mit 12,1 Worten pro Annotation, in der Summe 29,86 Worte pro Vorschlag.

Zu O5: Im Bender-Workshop waren 25 der 30 OpenProposal-Vorschläge konstruktive Verbesserungsideen. Im Gegensatz hierzu waren 10 der 14 JIRA-Vorschläge ausschließlich Problemberichte. Während der WAVES-Interviews wurden 70 Vorschläge mit OpenProposal erstellt. Bei 89% der Vorschläge handelte es sich um konstruktive Verbesserungsideen. Die restlichen Vorschläge waren Problemberichte. Dies wurde von den Entscheidern und Entwicklern positiv bewertet, da ihnen die Arbeit mit den Vorschlägen mehr Spaß bereitete. Einem der Entscheider erschien der Ton der annotierten Bildschirmfotos deutlich angenehmer als die üblichen textbasierten Vorschläge. Der Moderator merkte an, dass die Anwender mit OpenProposal gezwungen wären, ihre Ideen zu konkretisieren. Mit der „thinking aloud"-Methode fiele es den Anwendern hingegen leichter generelle Anmerkungen zu formulieren.

Zu O6: In der zweiten Fallstudie fand sich bei zwei Unternehmen direkt im Anschluss an die Interviews Zeit für einen kurzen Workshop mit den Teilnehmern. Während dieser Workshops wurden die OpenProposal Vorschläge auf einem Bildschirm präsentiert und diskutiert. Es wurde festgehalten, dass die annotierten Bildschirmfotos hilfreich für die Diskussion waren und mit Videoanalysen oder Textdokumenten nicht denkbar gewesen wären.

Zu O7: In der zweiten Phase der WAVES-Studie griffen die Teilnehmer nur fünf Mal auf die Möglichkeit zur Abgabe von Vorschlägen zurück, obwohl alle regelmäßig via Email und Telefon erinnert wurden. Die Anwender begründeten dies mit ihrer knappen Zeit während ihrer täglichen Arbeit. Nur bei schwerwiegenden Fehlern entstand Handlungsbedarf. In diesen Fällen wurde OpenProposal verwendet und als hilfreich empfunden. JIRA und das integrierte Feedbacksystem wurden kein einziges Mal verwendet.

4 Fazit

Die positiven Rückmeldungen und die zahlreichen Beobachtungen aus den beiden Fallstudien unterstützen die Hypothesen H1 und H2. Dies zeigt auch, dass die identifizierten Gestaltungsziele A1-4 bestätigt werden können. Allerdings stößt der OpenProposal Ansatz auch auf zahlreiche Limitierungen: Alle Teilnehmer waren sich einig darin, dass das Annotieren von Bildschirmfotos in manchen Fällen nicht die am besten geeignete Methode sei. Daher sollte dies mit anderen Werkzeugen wie z.B. Whiteboards oder Videoanalysen kombiniert werden können. Ferner wurde OpenProposal nur selten zur Abgabe von Feedback im Rahmen der täglichen Arbeit eingesetzt. Somit kann für Hypothese H3 keine Unterstützung gefunden werden. Hierfür sind weitere Untersuchungen und Anpassungen von OpenProposal notwendig, wobei in Frage gestellt werden muss, ob dies mit dem OpenProposal Ansatz oder einer anderen Art von Werkzeug überhaupt lösbar ist.

Die vorliegende Arbeit zeigt, dass der in OpenProposal gewählte Ansatz den Kommunikationsprozess in Softwareprojekten unterstützen kann. In zwei Fallstudien wurde das Potential von OpenProposal anhand von realen Projekten erfolgreich demonstriert. OpenProposal wurde nach Abschluss der Fallstudien bei Bender und zwei Unternehmen der zweiten Fallstudie weiterhin eingesetzt. Besonders hilfreich für die Unternehmen war es, dass der Dokumentationsaufwand mit OpenProposal verringert und die Anwender zu konstruktiven Verbesserungsvorschlägen „befähigt“ werden konnten. Allerdings können diese Erkenntnisse nur richtungsweisend sein. Zu einer Generalisierung dieser Aussagen ist ergänzend zur gewählten qualitativen Methodik eine quantitative Untersuchungsmethode notwendig.

Literaturverzeichnis

Danielsson, K., A. M. Naghsh, et al. (2008). Distributed participatory design. Extended abstracts of the workshop session. Conference on Human Factors in Computing Systems (CHI). Florence, Italy.

Dörner, C., J. Heß, et al. (2008). Fostering user-developer collaboration with infrastructure probes. In: International workshop on Cooperative and human aspects of software engineering at the International Conference on Software Engineering Leipzig, Germany, ACM.

Fogli, D., G. Fresta, et al. (2004). "On Electronic Annotation and Its Implementation." ACM AVI: 98-102.

Keil, M. and E. Carmel (1995). "Customer-Developer Links in Software Development." Communications of the ACM 38(5): 43-51.

Kujala, S. (2008). "Effective user involvement in product development by improving the analysis of user needs." Behaviour & Information Technology 27(6): 457-473.

Lohmann, S., J. Ziegler, et al. (2008). Involving End Users in Distributed Requirements Engineering. In: Second Conference on Human-Centered Software Engineering, Pisa, Italy.

Naghsh, A. M., A. Dearden, et al. (2005). Investigating Annotation in Electronic Paper-Prototypes. In: International Workshop on Design, Specification and Verification of Interactive Systems, Newcastle upon Tyne, England.

Stevens, G. and S. Draxler (2006). Partizipation im Nutzungskontext. In: Mensch & Computer 2006, Gelsenkirchen, Oldenbourg Verlag.

Kontaktinformationen

Asarnusch Rashid

FZI Forschungszentrum Informatik, Karlsruhe
E-Mail: rashid@fzi.de

H. Wandke, S. Kain & D. Struve (Hrsg.): Mensch & Computer 2009: Grenzenlos frei!?
München: Oldenbourg Verlag, 2009, S. 203-212

Iterative design of tabletop GUIs using physics simulation

Philipp Roßberger[1], Kai von Luck[2]

adesso AG[1], HAW Hamburg[2]

Abstract

Ubiquitous computing and ambient intelligence point out the issue of usable soft- and hardware. Gadgets without manuals are crucial to the success of the vision of many computers per person. When we talk about seamless interaction, the gap between mental models provoked by the computer interface and the software below is a main indicator for ease-of-use. In this paper we discuss a desktop metaphor based on physics simulation as an antipole to symbolic iconic desktops nowadays. A physics-based user interface combined with gestures and touch technology promises a smaller gap between mental model and computer system for certain application areas. Furthermore we present a user-centered design process for rapid development of physics-based applications, which was used to create a prototype on basis of our tabletop application framework DynAmbient. Our approach enabled us to improve the usability of the application through several fast user participatory development iterations.

1 Introduction

Developing easy to understand and intuitive graphical user interfaces (GUIs) and interaction techniques for computer programs is a major challenge software developers face. Ideally the GUI should explain its functionality by itself without requiring the user to read a manual. Single-user applications for operating systems like MS Windows or Apple OS X typically use a standard set of graphical elements (e.g. tabs, scroll bars) and interaction techniques (e.g. double-clicking, Drag-and-Drop), which are known by most users.

While digital direct-touch tabletops have attracted a great deal of attention recently by HCI researchers, there exists no comparable repertoire of established design principles for tabletop applications yet. A major challenge is the effective support of collaboration on tabletop displays (Morris 2006, Morris et al. 2006, Hilliges et al. 2007), which requires consideration of specific guidelines (Scott et al. 2003). Another central focus addresses interaction mechanisms that are especially designed for the characteristics of tabletop systems. Reorientation of digital objects for instance occurs on tabletops far more often than on desktop computers because users can view the display from different positions around the table. Furthermore observational studies (Kruger et al. 2003) have shown that orientation is critical for comprehension of information, coordination of actions and team communication.

There exist various methods for handling orientation on tabletops including use of specialized hardware (Shoemake 1992, Liu et al. 2006), object decoration (Shen et al. 2004), situation-based (Magerkurth et al. 2003), environment-based (Ringel et al. 2004, Tandler et al. 2001) and person-based (Rekimoto & Saitoh 1999) approaches.

Amongst manual reorientation techniques a novel class of mechanisms (Mitchell 2003, Kruger et al. 2005, Agarawala & Balakrishnan 2006) leveraging people's skills in manipulating physical objects by using physics simulation seems especially promising. These physics-based techniques comply with the seamlessness design concept of Ishii et al. (1994) which considers continuity with existing work practices and everyday skills as essential. The concept of seamlessness design can not only be applied to object rotation but to the handling and GUI of tabletop applications in general. We believe that the creation of "organic" (Rekimoto 2008) GUIs and interaction techniques that take advantage of our ability to anticipate behaviour of physical objects according to their characteristics, surroundings and manipulations is a promising way to improve the usability of tabletop applications significantly.

We introduce physics simulation as a strategy to interact with tabletop applications and to improve mental models of users regarding application behavior. We believ that this approach helps in creating tabletop functionality and behavior that can be grasped quickly by untrained users through leveraging their experience regarding real-world physical settings. On this basis we discuss concepts of mental models and how physics simulation can help to provoke appropriate models of software.

Further on we describe a tabletop application that provides physics-based interaction utilizing a framework called DynAmbient, which was developed at the HAW Hamburg (Roßberger 2008). DynAmbient allows the integration of virtual physics-based tabletop workspace configurations designed visually with 3D editing software. This functionality enabled us to rapidly improve the GUI of our application based on feedback we received from users over several iterations.

2 Physics-based applications

In tabletop applications physics simulation has so far primarily been used for rotating and translating objects via a single contact-point for input. The physics-based interaction mechanism Drag (Mitchell 2003) computes the friction on objects for manipulating tabletop items, while RNT (Kruger et al. 2005) uses a more simplistic approach in form of a simulated force to integrate rotation and translation.

An application that uses physics more elaborately for working with objects within a virtual workspace has been proposed by Agarawala & Balakrishnan (2006). BumpTop, which is designed for pen-based touch interaction, utilizes a physics engine to create a dynamic working environment where objects can be manipulated in a realistic manner. Objects in BumpTop can be dragged and tossed around according to their physical characteristics like mass or friction. Their behaviour resembles that of lightweight objects on a real tabletop. By adding physics and thus more realism, Drag, RNT and BumpTop allow users to potentially employ interaction and work strategies from reality.

Kruger et al. (2005) evaluated RNT by comparing it to a traditional-moded (TM) rotation mechanism called "corner to rotate". The results of their usability study show, that RNT is faster, more efficient and as accurate as TM. Furthermore test participants stated, that RNT was very easy to use and required less effort to complete tasks as object translation and rotation could be carried out in one movement as opposed to TM where these interaction techniques were separated.

Unlike RNT, Drag turned out to be slower than TM object manipulation techniques when evaluated (Mitchell 2003). There seem to be two reasons for this result: while conceptually similar, Drag employs a more accurate physics model than RNT, which makes it difficult for users to adequately predict Drag's behaviour while interacting with objects.

Furthermore Mitchell used a mouse as input device during evaluation, whereas Kruger et al. conducted their tests on a touch screen. This means that participants could apply their experience of performing traditional mode-based rotation via mouse input during Mitchell's evaluation tests, which yields for example from working with graphics applications. This is an explanation for the performance advantages of traditional mode-based rotation in comparison to Drag since Mitchell also presumes "that direct input would enhance Drag" (Mitchell 2003, 99ff.).

A qualitative user study of BumpTop conducted by Agarawala & Balakrishnan (2006) resulted in similar positive and encouraging feedback as for RNT. Users felt that interaction techniques like tossing were easy to discover and learn because the physics-based working environment of BumpTop allows leveraging of real-world experience. Participants also liked the software because the user interface provides playful, fun and satisfying interaction.

Summarizing the evaluation tests conducted with RNT, Drag and BumpTop, physics-based applications offer a number of advantages. However too accurate simulation of physics can affect users' experience in a negative way as demonstrated by the evaluation of Drag. Therefore developers must carefully choose to which degree physics simulation is beneficial. Agarawala & Balakrishnan (2006) propose a policy of "polite physics" where physics-simulation is restricted or turned off in certain situations. Direct copying of interaction techniques from reality for tasks like sorting or bulk object manipulation should employ the speed and accuracy of computer programs. During transfer from reality to computer developers should abstract in order to create an improved version of the original. Like this it is possible to combine the advantages of physics-based interaction with the speed of computer supported work.

Generally physics-based interaction techniques are easy to learn and especially faster than traditional mode-based interaction mechanisms when used in combination with direct input devices like touch screens. Using physics simulation not only for interaction but also to provide dynamic workspaces where objects can be moved around reality-like appears to be the next logic step in developing intuitive tabletop user interfaces. How physics-based applications can help to achieve this aim by improving users' mental models of tabletop applications will be discussed in the next section.

3 Mental models of software applications

The concept of mental models (Gentner & Stevens 1983, Rogers et al. 1992, Young 2008) has gained more attention in HCI during recent years. While interacting with computers and applications a user receives feedback from the system. This allows him or her to develop a mental representation (model) of how the system is functioning (Jacko & Sears 2003). Sasse (1997) states that a well-designed application and user interface will allow the user to develop an appropriate model of that system. This underlines the concept of Norman's design approach (Norman 1988, Norman & Draper 1986), which assumes that humans develop mental models of systems based on their assumptions.

A central issue in GUI design results from the fact that the mental model of the developer differs from that of the user. This means that the application, which can be regarded as the manifestation of the developer's mental model, does not behave as the user would expect. How intuitively an application can be handled depends on how well the mental model of the developer and the user match.

Tognazzini (1992) recommends the use of analogies and metaphors to assist developers in creating successful mental models. Sasse (1997) defines an analogy as an explicit, referentially isomorphic mapping between objects in similar domains. A metaphor is a looser type of mapping which points out similarities between two domains or objects. Its primary function is the initiation of an active learning process.

According to Sasse's distinction, a physics-based application like BumpTop can be considered as an analogy since interaction techniques like tossing or grabbing and the physical characteristics of real-world objects were directly transferred to the program.

People develop mental models regarding the behavior of physical objects under influence of external forces during their lifetime. As a consequence developers as well as users probably possess a very similar mental model regarding the behavior of physical objects within a dynamic working environment provided by applications like BumpTop. By use of physics simulation, which allows the implementation of widespread mental models in form of real-world analogies, developers are able to create easy to grasp GUIs. The ability to close the gap between mental models of users and developers like this can be considered as key benefit of physics-based applications.

Due to the many advantages of physics simulation and the concept of mental models discussed in this section, we developed a physics-based tabletop application for touch input that is based on the implementation of a real-world analogy and offers a dynamic working environment combined with realistic object handling. The framework on which our prototype is built is consequently called DynAmbient (from dynamic ambient).

4 Design guidelines

Our physics-based prototype application allows users to browse and categorize photos and videos within a virtual working area. We defined the following set of interaction techniques applicable to photos and videos while using the software:

- Translate, rotate and resize
- Translate and rotate simultaneously
- Categorize

Furthermore we determined several non-functional key requirements: object manipulation should be easy to learn, lightweight and cause low cognitive load.

The final user interface of the application (cf. figure 1) realized with the DynAmbient framework resembles a billiard table seen from above: a rectangular horizontal plane with a hole on every long side surrounded by banks that keep objects from exiting the GUI unintentionally. Photos and videos can be moved on top of the plane within the embankment.

Categorization of photos and videos is carried out by throwing objects into the holes whereas each hole represents a certain category. The holes are positioned in the middle of the long sides and thus equally well accessible for left and right handers. Incoming photos and videos fall from above into the three-dimensional GUI in front of the user and can be stacked (cf. upper left corner of figure 1), dragged and tossed around within the virtual workspace.

Figure 1: Final GUI version including four sorting holes labeled "Copy Dest. (Destination) 1-4"

While utilizing these mechanisms objects collide with each other and are eventually shoved away depending on the speed and momentum of pushing objects. A photo or video object can be grabbed by "touching" it, i.e. the user puts down a finger or pen onto the touch screen over the object. The object is then attached by an invisible dampened spring to the cursor position and can be dragged around as long as the contact exists. This is a common approach for physics based interaction and is also used in BumpTop. Reality-like grabbed objects behave according to the touch position: while performing the same movement a contact point at the edge of an object will result in a stronger rotation than one close to the object's center.

While the functionality and appearance of the prototype application was clear in general at the beginning of development, the final gestalt of the GUI was created in a user-centered design process. The DynAmbient framework as the basis of a flexible system architecture allowed the realization of different physical models within short time periods.

5 System architecture and development workflow

The manual implementation of physics algorithms can be costly and error-prone. Instead we recommend the integration of existing real-time physics engines used for computer game dynamics or scientific simulation, which simulate rigid body dynamics with sufficient accuracy. Physics engines allow the definition of three-dimensional objects along with their physical properties like mass or friction. They can furthermore simulate the effects of collisions and external forces depending on the characteristics of affected objects.

Creating and configuring complex dynamic objects for physics engines through programming languages if often cumbersome, as the visual verification of every change usually requires a rebuild and restart of the program. Lengthy, complex and hard to understand passages of code may be another result of coded object definitions. To overcome these problems we propose a visual approach for modeling and testing dynamic scenes and objects for tabletop systems as described in the next paragraph.

The physics engine Ageia PhysX was used to implement physics-based interaction, rigid body dynamics and collision detection due to a vital product feature: Ageia provides plug-ins that allow creation of dynamic objects using 3D modeling software like Autodesk 3ds Max. Created dynamic objects can be exported to a proprietary XML file format the PhysX engine is able to import and process. This allows developers to model objects like e.g. a cube within 3ds Max, configure its physical properties through the Ageia plug-in, export it to XML and re-import it into a dynamic scene that is computed by the Ageia PhysX engine. The described workflow enables developers to create dynamic objects without writing any code.

DynAmbient utilizes this mechanism to assemble GUIs dynamically: the framework loads a XML file during start up which defines the physical gestalt of the virtual working environment containing video and photo objects. The shape of the virtual working environment and hence the GUI can be changed by replacing the XML definition file. This concept enabled us to develop the GUI of our tabletop application test-driven in a user-centered design process. Modifications to the working environment were accomplished by using a 3d modeling package. The modified model was then exported and tested using our tabletop application prototype. By following this approach we were able to improve the GUI steadily during each iteration.

The described functionality of DynAmbient allows to use 3D modeling software as toolbox for dynamic content creation. In summary our approach significantly shortens and simplifies the creation of tabletop applications that use physics simulation and enables also people who can not program to modify the behaviour and look of the GUI. The next section presents the test-driven development process of the virtual working environment provided by our application prototype.

6 User-centered design process

Three versions of the GUI were produced in total during the design process of our tabletop application. To evaluate the usability of the GUI various students of the UbiComp Lab and ourselves tested the tabletop application after each iteration. Tasks of the participants included moving and rotating photo and video items. Furthermore users were asked to throw several objects into the four sorting holes at the long sides of the working area. Users could experiment with the application as long as they wished. We asked participants subsequently to propose improvements regarding the GUI design.

Application tests were conducted on a 42 inch LCD with a resolution of 1920 x 1080 pixels powered by a Quad-Core Apple Mac Pro running Windows XP. An infrared touch screen from IR Touch, mounted in front of the LCD, was used for touch detection. As the system is unable to relate multiple touches to individual persons, only one person was interacting with the table at a given time.

Figure 2: Development stages of the three-dimensional workspace model used for physics simulation and GUI presentation

Version 1. The first version of the physical model representing the three-dimensional workspace of our application is shown at left of figure 2. After importing the workspace model in XML-format using DynAmbient as described in section 5, the GUI of our application looked as displayed in figure 3. The central issue of this version was the integration of the sorting holes into the banks: the actual working area is reduced by doing so as the GUI must include the banks to make the holes visible. Furthermore users stated that the photo and video objects were too small. The wood texture on the model was also considered as distracting.

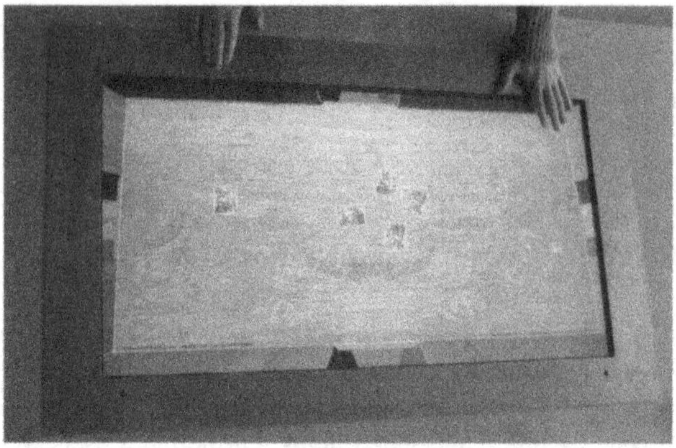

Figure 3: First version of our application's GUI displayed on the touch screen we used for evaluation

Version 2. Considering the proposed improvements the GUI was redesigned as shown in the middle of figure 2. The sorting holes were enlarged, removed from the banks and integrated into the actual working area. The photo and video items were scaled up as well. Additionally the workspace texture was replaced with a less distracting one that is also used in the third and final GUI version (cf. figure 1). Despite the improvements user tests revealed several shortcomings of the second version. One problem resulted from the segmentation of the workspace area that holds the photos and videos in multiple rectangular solids. Though there was no difference in elevation, photo and video objects tended to get stuck at solids' edges. This issue was probably related to rounding errors made by the physics engine. Another shortcoming of this application version was the lack of visual feedback when throwing photos or videos into sorting holes. Users noted that items exiting the workspace with high velocity, could not be seen falling, as items moved away horizontally for a certain distance.

Version 3. Based on the described shortcomings we redesigned our GUI model. The workspace of the third and final version of the GUI model (cf. figure 2, right) consists of one piece. To improve the visual feedback for objects exiting the working area tilted banks were added behind the holes. This causes objects to rebound and fall down straight allowing users to see them disappear. A visual sparkle effect was also added to emphasize exiting items.

All described modifications regarding the physical model of the user interface were conducted with a 3D modeling package. Using this visual design approach modifications to the GUI could be carried out and tested within in minutes. The combination of physics simulation, visual GUI design and a flexible system architecture capable of loading physical GUI models provides a promising platform for rapid prototyping of tabletop applications.

Using a visual editor for virtual workspace modelling enables us to take advantage of real-world experiences regarding physical objects already at the design stage. Imagine users would request containers for collecting photo or video items within the virtual workspace. Using our approach we can add this feature simply by modelling a bowl and load it via DynAmbient into the application, where it would behave as users would expect from reality.

7 Conclusions and future work

The first contribution of this paper is the application of physics simulation to improve mental models of tabletop applications. We described how the transfer of real workspace and interaction analogies enables developers to create tabletop software that is intuitive as it allows users to take advantage of their evolved dexterity with physical objects.

The second contribution is the introduction of a visual and test-driven design process for physics-based tabletop applications that aids interface designers in developing and modifying user interfaces rapidly. Therefore we presented a tabletop application framework called DynAmbient, which is able to load its dynamic GUI from XML files. By applying our design approach we could improve the usability of our tabletop application prototype according to feedback received from users.

The next stage of this research will include intensive evaluation of our design approach and the DynAmbient framework in the context of the new "Living Place Hamburg" project at the HAW Hamburg, which will be fully functional in 2010. Besides the usability tests a comparison of our tabletop system with the Microsoft Surface table, arriving shortly in our lab, is in preparation.

References

Agarawala A. & Balakrishnan R. (2006). Keepin' it real: pushing the desktop metaphor with physics, piles and the pen. In: *CHI '06*. NY: ACM Press, pp. 1283–1292.

Gentner D. & Stevens A. L. (editors) (1983). *Mental models*. NJ: Lawrence Erlbaum Associates.

Hilliges O., Terrenghi L., Boring S., Kim D., Richter H. & Butz A (2007). Designing for collaborative creative problem solving. In: *C&C '07*. NY: ACM Press, pp. 137–146.

Ishii H., Kobayashi M. & Arita K (1994). Iterative design of seamless collaboration media. *Comm. ACM*, 37(8), 83–97.

Jacko J. A. & Sears A. (editors) (2003). *The human-computer interaction handbook: fundamentals, evolving technologies and emerging applications*. NJ: Lawrence Erlbaum Associates.

Johnson-Laird P. N. (1983). *Mental Models: Towards a Cognitive Science of Language, Inference and Consciousness*. Cambridge: Cambridge University Press.

Kruger R., Carpendale S., Scott S. D. & Greenberg S. (2003). How people use orientation on tables: comprehension, coordination and communication. In: *GROUP '03*. NY: ACM Press, pp. 369–378

Kruger R., Carpendale S., Scott S. D. & Tang A. (2005). Fluid integration of rotation and translation. In: *CHI '05*. NY: ACM Press, pp. 601–610.

Liu J., Pinelle D., Sallam S., Subramanian S. & Gutwin C. (2006). Tnt: improved rotation and translation on digital tables. In: *GI '06*. Toronto: Canadian Information Processing Society, pp. 25–32.

Magerkurth C., Stenzel R. & Prante T. (2003). Stars – a ubiquitous computing platform for computer augmented tabletop games. In: *UBICOMP '03*. Berlin: Springer, pp. 267–268.

Mitchell G. D. (2003). *Orientation on tabletop displays*. M.sc. thesis. Burnaby: S. Fraser University.

Morris M. R. (2006). Supporting effective interaction with tabletop groupware. In: *TABLETOP '06*. Washington, USA: IEEE Computer Society, pp. 55–56.

Morris M. R., Paepcke A. & Winograd T. (2006). Teamsearch: Comparing techniques for co-present collaborative search of digital media. In: *TABLETOP '06*. Washington, DC, USA: IEEE Computer Society, pages 97–104.

Norman D. A. (1988). *The Psychology of Everyday Things*. NY: Basic Books.

Norman D. A. & Draper S. W. (1986). *User Centered System Design: New Perspectives on Human-Computer Interaction*. NJ: Lawrence Erlbaum Associates.

Rekimoto J. (2008). Organic interaction technologies: from stone to skin. *Comm. ACM*, 51(6), 38–44.

Rekimoto J. & Saitoh M. (1999). Augmented surfaces: a spatially continuous work space for hybrid computing environments. In: *CHI '99*. NY: ACM Press, pp. 378–385.

Ringel M., Ryall K., Shen C., Forlines C. & Vernier F. (2004). Release, relocate, reorient, resize: fluid techniques for document sharing on multi-user interactive tables. In: *CHI '04*. NY: ACM Press, pages 1441–1444.

Rogers Y., Bibby P. & Rutherford A. (editors) (1992). *Models in the Mind: Theory, Perspective and Application*. London: Academic Press.

Roßberger P. (2008). *Physikbasierte Interaktion in kollaborativen computergestützten Umgebungen*. M.sc. thesis. Hamburg: HAW Hamburg, CS Department.

Sasse M. A. (1997). *Eliciting and Describing Users' Models of Computer Systems*. PhD thesis. Birmingham: University of Birmingham.

Scott S., Grant K. & Mandryk R. (2003). System guidelines for co-located collaborative work on a tabletop display. In: *ECSCW '03*. Norwell, MA, USA: Kluwer Academic Publishers.

Shen C., Vernier F. D., Forlines C. & Ringel M. (2004). Diamondspin: an extensible toolkit for around-the-table interaction. In: *CHI '04*. NY. ACM Press, pp. 167–174.

Shoemake K. (1992). Arcball: a user interface for specifying threedimensional orientation using a mouse. In: *Proc. of the conf. on Graphics interface '92*. San Francisco: Morgan Kaufmann Publishers, pp. 151–156.

Tandler P., Prante T., Müller-Tomfelde C., Streitz N. & Steinmetz R. (2001). Connectables: dynamic coupling of displays for the flexible creation of shared workspaces. In: *UIST '01*. NY: ACM Press, pp. 11–20.

Tognazzini B. (1992). *TOG on Interface*. Boston: Addison-Wesley Longman Publishing.

Young I. (2008). *Mental Models: Aligning design strategy with human behaviour*. NY: Rosenfeld Media.

Contact

Philipp Roßberger, adesso AG, Rotherstr. 19, 10245 Berlin, E-Mail: rossberger@adesso.de

H. Wandke, S. Kain & D. Struve (Hrsg.): Mensch & Computer 2009: Grenzenlos frei!?
München: Oldenbourg Verlag, 2009, S. 213-222

Multimodale Interaktion: Intuitiv, robust, bevorzugt und altersgerecht?

Ina Wechsung[1], Jörn Hurtienne[2], Anja Naumann[1]

Deutsche Telekom Laboratories, TU Berlin[1]; Institut für Psychologie und Arbeitswissenschaft, TU Berlin[2]

Zusammenfassung

Multimodale Schnittstellen gelten als vielversprechendes Interaktionsparadigma und haben sich in den letzten Jahren zu einem bedeutenden Forschungsthema entwickelt (Sarter 2006). Vorteile multimodaler Systeme werden in einer flexibleren, robusteren, effizienteren, intuitiveren und barrierefreien Interaktion vermutet (Oviatt 2003). In diesem Beitrag werden Ergebnisse einer Evaluationsstudie dargestellt, deren Ziel die Überprüfung der in der relevanten Literatur beschriebenen Vorteile ist. Dabei wurde ein System in drei unimodalen und einer multimodalen Ausprägung untersucht. Einbezogen wurden ältere (55-78 J.) und jüngere Nutzer (18-54 J.). Die multimodale Variante zeigte sich sowohl hinsichtlich subjektiver Bewertungen als auch bezüglich der Performanzdaten als mindestens ebenso gut wie die unimodalen Varianten. Eine eindeutige Überlegenheit des multimodalen Systems war dennoch nicht zu beobachten.

1 Einleitung

Multimodale Benutzerschnittstellen erlauben es dem Nutzer sich mehrerer Kommunikationskanäle gleichzeitig oder nacheinander zu bedienen (Chen, 2006). Damit, so die Annahme, entspräche Mensch-Maschine-Interaktion der von Natur aus multimodalen zwischenmenschlichen Kommunikation (Oviatt 1999, 2003). Diese spezifischen Eigenschaften multimodaler Systeme führten zu der Erwartung, dass damit flexible, robuste, effiziente, intuitive und barrierefreie und damit auch altersgerechtere Interaktionsformen ermöglicht werden (Oviatt & Wahlster 1997; Oviatt 1999). Die empirische Befundlage ist jedoch uneindeutig. So bietet der gegenwärtige Forschungsstand Studien, die diese Annahmen unterstützen (z.B. Sarter & Woods 2000; Sklar & Sarter 1999), doch werden auch gegenteilige Ergebnisse berichtet (z.B. McGuirl & Sarter 2001; Wechsung & Naumann 2008). Ob und unter welchen Umständen multimodale Systeme tatsächlich vorteilhafter sind, ist demnach nicht klar. In der gegenwärtigen Studie wird daher untersucht, ob und wenn ja, inwieweit verschiedene Modalitäten (Touch, Sprache und Bewegung) einzeln sowie in Kombination zu intuitiver, robuster und altersgerechter Interaktion beiträgt. Unter intuitiver Interaktion verstehen wir eine effektive Interaktion, die mit der unbewussten Anwendung von Vorwissen durch den Benutzer einhergeht (Mohs et al. 2006a). Die Konsequenzen intuitiver Interaktion sind durch geringe kognitive Beanspruchung, hohe Zielerreichung, geringe Fehlerraten, geringen Lernaufwand, sowie ein Gefühl von Vertrautheit gekennzeichnet (Mohs et al. 2006b). Unter robuster Interaktion verstehen wir eine schnelle, effektive und fehlerfreie Interaktion. Weiterhin wird der Frage nachgegangen, ob Modalitäten, die entsprechend besser bewertet werden, tatsächlich mit einer höheren Nutzungshäufigkeit verbunden sind und inwieweit Möglichkeiten zur multimodalen Interaktion tatsächlich genutzt werden. Schließlich interessiert der Altersvergleich, zeigte sich doch in der Literatur, dass ältere Nutzer oftmals Schwierigkeiten bei der Benutzung klassischer grafischer Nutzeroberflächen haben (Walker, Millians & Worden 1996; Walker, Philbin & Fisk 1997). Daher wurde untersucht, ob ältere Nutzer genauso gut in der Lage sind multimodale Schnittstellen zu benutzen wie jüngere Nutzer.

2 Methode

Teilnehmer und Materialen: Ingesamt nahmen 30 (15 weiblich/15 männlich) Personen im Alter zwischen 22 und 78 Jahren an der Untersuchung teil. Unterschieden wurde zwischen jüngeren (22-35 Jahre) und älteren Nutzern (55-78 Jahre). In beiden Gruppen waren jeweils 7 männliche und 8 weibliche Probanden vertreten. Keiner der Teilnehmer hatte Vorerfahrung mit dem Testsystem. Die Rekrutierung erfolgte über Aushänge und eine Zeitungsannonce.

Als Testgerät wurde ein Smartphone (HTC Touch Diamond) verwendet, welches über Bewegung (Kippen und Drehen), Sprache und Touchscreen zu bedienen war. Zur Aktivierung von Bewegungssteuerung und Sprachsteuerung musste ein entsprechender Button (s. Abb. 1) betätigt und für die Dauer der Bewegung bzw. Äußerung gehalten werden. Die Systemausgabe erfolgte für alle Modalitäten über die grafische Benutzungsoberfläche. Zusätzlich wurde für die Bewegungsteuerung taktiles und für die Sprachsteuerung auditives Feedback gegeben. Die auf dem Smartphone installierte Anwendung war ein multimodaler Anrufbeantworterservice (Mailbox). Die Funktionalität des Services umfasst das Abrufen von Sprach-, Email- und Faxnachrichten sowie das Einstellen von Rufumleitungen und Benachrichtigungen.

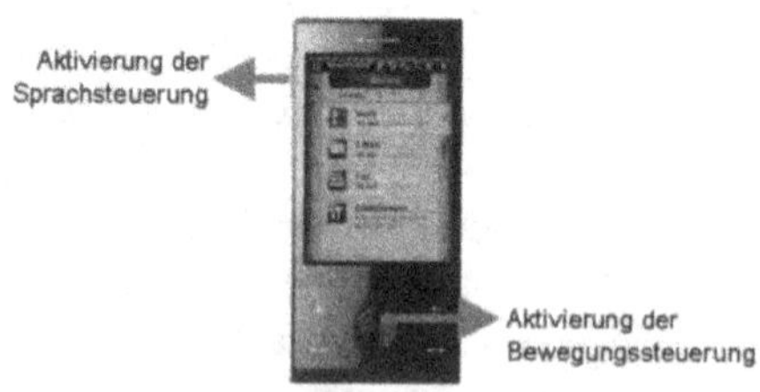

Abbildung 1: Testgerät und Zuordnung der relevanten Bedienelemente

Zur Erfassung der Konsequenzen intuitiver Benutzung diente ein Fragebogen mit den in Tabelle 1 dargestellten Unterskalen. Die Beantwortung der Items erfolgt auf einer fünfstufigen Likertskala (0= trifft gar nicht zu, 4= trifft völlig zu). Alle Ergebnisse bilden Skalenmittelwerte ab und sind so gepolt, dass höhere Werte mit einer höheren Wahrscheinlichkeit für intuitive Benutzung einhergehen.

Skala	*Anzahl der Items*	*Beispielitem*	*Cronbachs α*
Wahrgenommene kognitive Beanspru-	6	„Es gelang mir, das System ohne Nachdenken zu benutzen."	.90
Wahrgenommene Zielerreichung	6	„Ich konnte mit dem System meine Ziele vollständig erreichen."	.95
Wahrgenommene Fehlerrate	3	„Die Benutzung des Systems verlief fehlerfrei."	.94
Wahrgenommener Lernaufwand	6	„Das System hat sich mir auf den ersten Blick erschlossen.	.93
Vertrautheit / Vorwissen	6	„Der Umgang mit dem System erschien mir vertraut."	.93
Global	1	„Die Benutzung des Systems war für mich intuitiv."	--

Tabelle 1: Unterskalen des Fragebogens zur Erfassung der intuitiven Benutzung

Zur Erfassung der kognitiven Beanspruchung wurde zusätzlich die SEA-Skala eingesetzt (Eilers, Nachreiner & Hänecke, 1986). Der Antwortbereich dieser Skala liegt zwischen 0 und 220 Punkten. Höhere Werte sprechen für höhere kognitive Beanspruchung..

Zur Erfassung der Robustheit wurden Performanzdaten bei der Aufgabenbearbeitung, d.h. erfolgreiche Lösungen beim ersten Versuch, Abbrüche und die Bearbeitungszeiten protokolliert. Ebenso wurde während der Interaktion die jeweils gewählte Modalität festgehalten. Anschließend wurden aus den Protokollen der Anteil der erfolgreichen Erstversuche, der Anteil der Abbrüche sowie die Prozentsätze der Modalitätennutzung über alle Aufgaben berechnet.

Ablauf: Der Test wurde in einem Usabilitylabor durchgeführt. Zunächst erhielten die Teilnehmer die schriftlichen Instruktionen und wurden gebeten, einen Eingangsfragebogen zu demografischen Daten und zur Vorerfahrung im Umgang mit Informations- und Kommunikationstechnologie auszufüllen. Anschließend erklärte der Versuchsleiter die relevante Soft- und Hardware (Anrufbeantworter und Smartphone). Danach sollten die Probanden 4 Aufgabenblöcke mit insgesamt 14 Aufgaben bearbeiten.

Die Aufgaben umfassten das Abrufen, Beantworten, Weiterleiten und Sortieren von Nachrichten sowie das Verändern von Benachrichtigungseinstellungen. Dazu standen für jede Aufgabe drei Versuche zur Verfügung. Wurde das Ziel dann nicht erreicht, wurde die Aufgabenbearbeitung abgebrochen und zur nächsten Aufgabe gesprungen. Zunächst wurden die Probanden instruiert, sämtliche Aufgaben mit einer vorgegebenen Modalität zu bearbeiten.

Anschließend wurden die Teilnehmer gebeten, die gerade absolvierte Versuchsbedingung mittels Fragebögen zu bewerten. Dies wurde für alle drei Modalitäten (Touch, Sprache, Bewegung) wiederholt. Um Reihenfolge- und Ermüdungseffekte auszubalancieren, wurde die Abfolge der Modalitäten permutiert.

In dem abschließenden multimodalen Testblock konnten die Probanden wählen, welche Modalität sie zur Aufgabenbearbeitung nutzen wollten. Dabei war es jederzeit möglich, die Modalität zu wechseln oder Modalitäten zu kombinieren. Auch nach diesem Versuchdurchlauf wurden die Teilnehmer um eine Bewertung gebeten.

3 Ergebnisse

Im Folgenden werden zunächst die Ergebnisse der Fragebögen beschrieben. Anschließend werden die Performanz- und Interaktionsdaten zur Robustheit und Nutzungshäufigkeit dargestellt.

3.1 Subjektive Daten - Fragebogendaten

Fragebogen zur Erfassung von intuitiver Benutzung: Die Analyse der Fragebogendaten zeigte für alle Unterskalen Unterschiede zwischen den vier Versuchsdurchläufen (Tabelle 2). Für alle Unterskalen ergab sich der niedrigste numerische Wert und damit die schlechteste Bewertung für die Bewegungsteuerung. Der höchste numerische Wert und demnach die beste Bewertung war für das multimodale System zu beobachten.

Unterskala	Touch		Bewegung		Sprache		Multimodal		N	F(df)	p	part. Eta²
	M	SD	M	SD	M	SD	M	SD				
Wahrgenommene kog. Beanspruchung	2,06	0,87	1,52	0,72	1,97	0,78	2,50	0,82	29	12,27 (3;81)	.000	.313
Wahrgenommene Zielerreichung	2,51	0,85	1,71	1,00	1,53	0,85	2,55	0,80	29	21,59 (3;81)	.000	.444
Wahrgenommene Fehlerrate	2,00	0,96	1,23	0,95	1,30	0,87	2,11	0,94	28	14,95 (3;78)	.000	.365
Wahrgenommener Lernaufwand	2,32	0,90	1,67	1,02	2,01	0,88	2,62	0,78	28	10,16 (2,37; 61,74)	.000	.254
Wahrgenommene Vertrautheit	2,29	0,96	1,40	0,89	1,53	0,79	2,58	0,77	28	22.81 (3;78)	.000	.467
Global	2,29	1,18	1,75	0,89	1,75	0,89	2,64	0,99	28	16,34 (2,20;57,26)	.000	.386

Tabelle 2: Ergebnisse der Unterskalen des Fragebogens zur Erfassung der intuitiven Benutzung, Skalenwerte variieren zwischen 0 (nicht intuitiv) und 4 (intuitiv)

Post hoc-Tests zeigten, dass für die Skalen *Wahrgenommene kognitive Beanspruchung* und *Wahrgenommener Lernaufwand* sowie für das globale Item die Interaktion im multimodalen Testblock besser bewertet wurde als die Interaktionen in den drei unimodalen Durchläufen. Hinsichtlich der anderen Skalen (*Wahrgenommene Zielerreichung, Wahrgenommene Fehlerrate* und *Vertrautheit*) gab es keine Unterschiede zwischen dem multimodalen Testblock und dem Testblock mit Touchbedienung. Die Testblocks Sprache und Bewegung wurden schlechter beurteilt.

Interaktionseffekte zwischen Alter und Versuchsblock zeigten sich für die Skala *Wahrgenommene Fehlerrate* (F(3; 78)=4,51; p=.006; part. Eta²=.148) sowie für das globale Item intuitiver Benutzung (F(2,20; 57,26)=5,02; p=.008; part. Eta²=.162). Ältere Nutzer bewerteten die Bewegungssteuerung schlechter als jüngere Nutzer (Abb. 2a/b).

Weiterhin ergab sich ein Haupteffekt für das Alter: Ältere Nutzer beurteilten hinsichtlich des globalen Items alle Modalitäten schlechter als die jüngeren Nutzer (Abb. 2b).

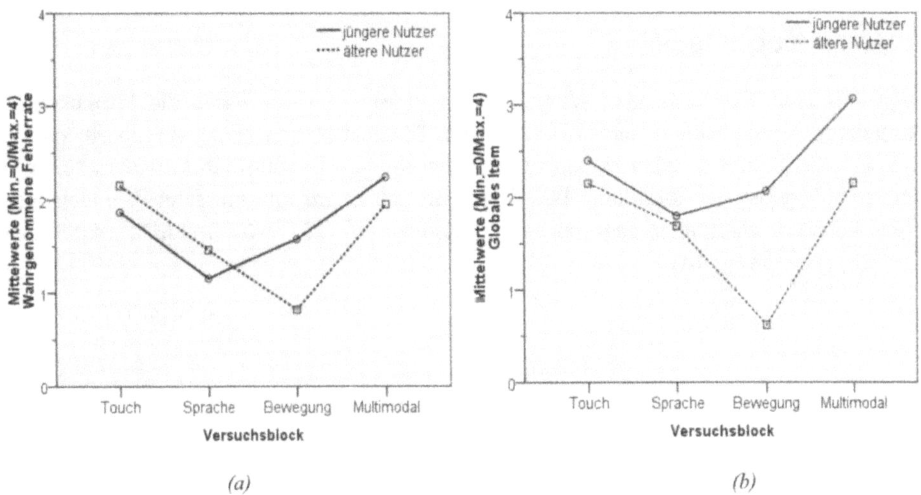

Abbildung 2: Bewertungen auf der Skala „Wahrgenommene Fehlerrate" und dem globalen Item intuitiver Benutzung nach Versuchsblock und Alter

SEA-Skala: Zwischen den Versuchsbedingungen ergaben sich Unterschiede hinsichtlich der Beanspruchung (F(3; 75)=14,04; p=.000; part. Eta²=.359). Ein Post-hoc-Test zeigte, dass der multimodale Versuchblock besser als die Versuchblöcke mit Sprache und Bewegung beurteilt wurde (Abbildung 3).

Interaktionseffekte zwischen Alter und Versuchsblock sowie ein Haupteffekt für Alter waren nicht zu beobachten.

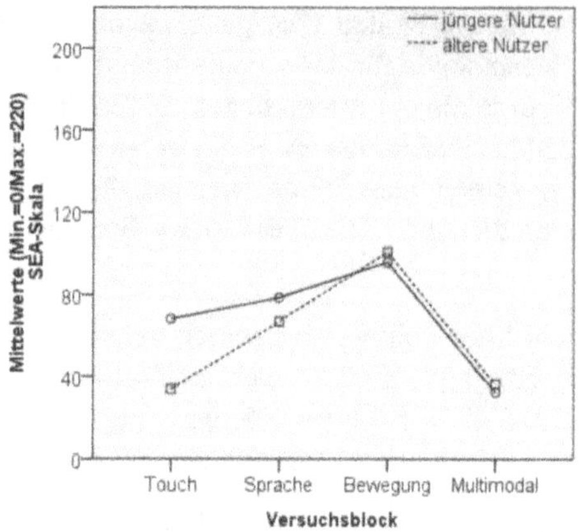

Abbildung 3: Subjektiv erlebte Beanspruchung für alle Versuchsblöcke nach Altersgruppen

3.2 Robustheit

Erfolgreiche erste Versuche und Abbrüche: Am erfolgreichsten waren die Probanden im multimodalen Versuchsblock und im Block mit Touchsteuerung (F(3; 81)=26,58; p=.000; part. Eta² =.496). Hier wurden in beiden Blöcken über 60 Prozent der Aufgaben schon im ersten Anlauf gelöst (s. Abbildung 4a). Weiterhin gab es im multimodalen Versuchsblock weniger Abbrüche als in allen anderen Versuchsblöcken (F(2,25; 60,67)=20,18; p=.000; part. Eta² =.428) (Abbildung 4b).

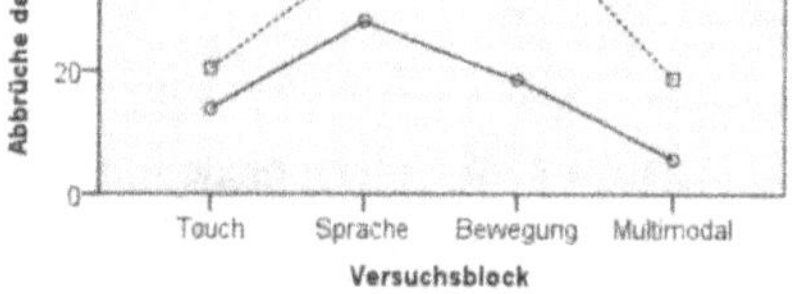

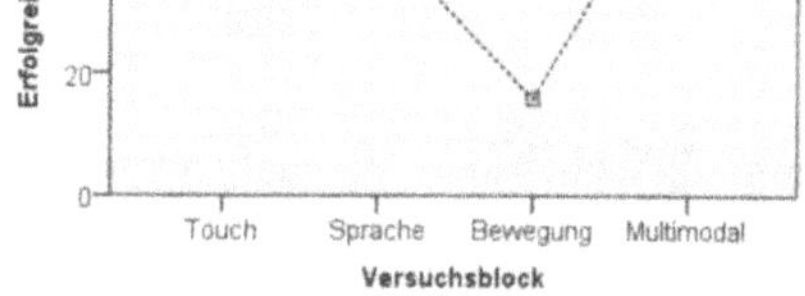

(a) (b)

Abbildung 4: Anteil der im ersten Versuch gelösten Aufgaben und Anteil abgebrochener Aufgaben für alle Versuchsblöcke

Es zeigte sich ein Interaktionseffekt zwischen Alter und Versuchsblock: Jüngere Nutzer lösten bei der Bewegungssteuerung mehr Aufgaben schon im ersten Versuch (F(3; 81)=8,18;

p=.000; part. Eta^2 =.233). Auch waren beim Block Bewegungssteuerung bei den jüngeren Nutzern weniger Abbrüche als bei älteren Nutzern zu beobachten (F(2,25; 60,67)=3,46; p=.020; part. Eta^2 =.113).

Haupteffekte für das Alter ergaben sich sowohl für die erfolgreichen ersten Versuche als auch für die Abbrüche: Junge Nutzer waren häufiger schon im ersten Versuch erfolgreich (F(1; 27)=14,17; p=.001; part. Eta^2=.344) und zeigten weniger Abbrüche als ältere Nutzer (F(1; 27)=17,52; p=.000; part. Eta^2=.393).

Bearbeitungszeiten: Die Bearbeitungszeiten unterschieden sich zwischen den vier Versuchsdurchläufen (F(2,29; 61,94)=76,42; p=.000; part.Eta^2=.739). Die Aufgabenbearbeitung dauerte insgesamt am längsten im Durchlauf mit Bewegungssteuerung. Am schnellsten wurden die Aufgaben im multimodalen Versuchsblock gelöst (s. Abbildung 5).

Des Weiteren war ein Interaktionseffekt zwischen Modalität und Alter zu beobachten: Ältere benötigten insbesondere im Versuchsdurchlauf mit Bewegungssteuerung mehr Zeit Versuchsdurchläufen (F(2,29; 61,94) = 4,10; p=.017; part. Eta^2=.132).

Ältere Nutzer zeigten auch insgesamt längere Bearbeitungszeiten als jüngere Nutzer (F(1; 27)=31,96; p=.000; part. Eta^2=.542).

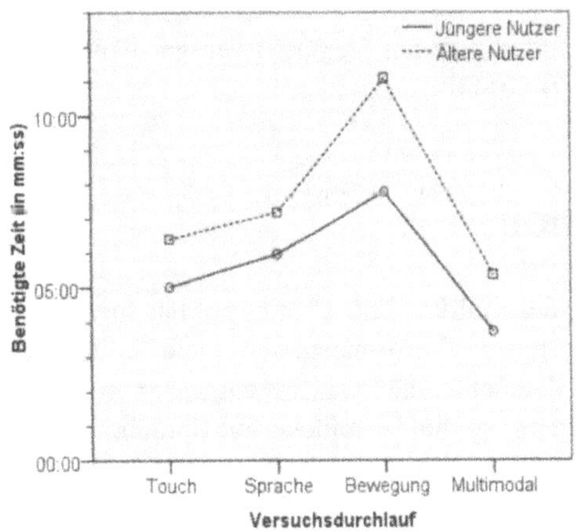

Abbildung 5: Bearbeitungszeiten(in mm:ss) für alle Testblöcke nach Alter

3.3 Nutzungshäufigkeit und Bevorzugung der Modalitäten

Nutzungshäufigkeiten: Über alle Aufgaben hinweg zeigte sich, dass im multimodalen Block die Steuerung über Touch die beliebteste Modalität war (F(1,35; 36,41)=28,42; p=.000; part. Eta^2=.513). So wurde bei ca. 68 Prozent der Aufgaben zunächst Touch als Eingabemodalität gewählt. Bei ungefähr 19 Prozent der Aufgaben wählten die Teilnehmer zunächst die Spracheingabe. Nur 7 bzw. 6 Prozent der Nutzer entschieden sich für die Bewegungssteuerung bzw. eine Kombination der verschiedenen Modalitäten.

Waren die Benutzer nicht erfolgreich, hatten sie noch einen zweiten und einen dritten Versuch zur Lösung der Aufgabe. Auch im zweiten Versuch zeigten sich Unterschiede ($F(1,76; 47,65)=13,57$; $p=.000$; part. $Eta^2=.334$) hinsichtlich der Bevorzugung von Modalitäten. Wieder lag die Präferenz der meisten Nutzer bei der Steuerung über Touch (59%) gefolgt von Spracheingabe (20%), Kombination verschiedener Modalitäten (16%) und Bewegungssteuerung (5%). Beim dritten Versuch ($F(3,769)=5,75$; $p=.001$; part. $Eta^2=.200$) bevorzugten 52 Prozent der Nutzer die Toucheingabe. Etwas über 21 Prozent der Nutzer entschieden sich für eine Kombination der Modalitäten. Rund 17 Prozent wählten die Bedienung über Sprache und 9 Prozent nutzten die Bewegungssteuerung.

Interaktionseffekte zwischen Alter und Modalitäten zeigten sich nicht. Auch Unterschiede zwischen älteren und jüngeren Nutzern waren nicht zu beobachten.

Modalitätenwechsel: Nur wenige Teilnehmer nutzen eine flexible Interaktionstrategie. Wurde beim ersten Versuch eine Aufgabe nicht bewältigt, wechselten nur 21,1 Prozent der Nutzer beim zweiten Versuch die Modalität ($\chi^2(4, N=147)=323,4$; $p=.000$). Auch beim dritten und letzten Versuch blieben noch 73 Prozent der Nutzer bei der zuvor gewählten Modalität ($\chi^2(4, N=74)=131,81$: $p=.000$). Sowohl für den zweiten (11,6%) als auch für den dritten Versuch (10,8%) wechselten die meisten Teilnehmer zu einer Kombination von Modalitäten (Versuch 2: Touch=4,8%; Sprache= 4,1%; Bewegung=0,7% / Versuch 3: Touch =9,5%; Sprache=1,4%; Bewegung= 5,4%).

Ältere Nutzer wechselten beim zweiten Versuch weniger häufig die Modalität als jüngere Nutzer ($\chi^2(4, N=74)=13,0$; $p=.011$).

4 Diskussion

Ingesamt zeigte sich, dass der multimodale Versuchsblock sowohl hinsichtlich der subjektiven Beurteilungen als auch für die Performanzdaten immer mindestens genauso gut wie oder besser als die unimodalen Versuchblöcke war. So wurde der multimodale Testblock als intuitiver und weniger anstrengend als die Testblöcke mit Sprache und Bewegung bewertet. Der Anteil erfolgreicher Erstversuche war höher und der Anteil der Abbrüche war niedriger in der multimodalen Version als bei Sprach- und Bewegungssteuerung. Weiterhin wurden die kürzesten Bearbeitungszeiten für den multimodalen Testblock beobachtet.

Allerdings war der multimodale Testblock immer als letztes zu bearbeiten. Demnach ist nicht klar, ob Übungs- und Lernefffekte oder die Möglichkeit zur multimodalen Bedienung zu diesen Ergebnissen geführt hat. Die Daten zur Modalitätennutzung sprechen dafür, dass die Ergebnisse zumindest teilweise durch Lerneffekte zu erklären sind. Denn auch wenn im letzten Versuchblock die Möglichkeit bestand multimodal zu interagieren, wurde diese Option nur von wenigen Teilnehmern genutzt. Die Mehrzahl wählte die Bedienung über Toucheingabe. Dementsprechend zeigten sich bei den subjektiven Bewertungen nur geringe Unterschiede zwischen dem Versuchsblock mit Toucheingabe und dem multimodalen Versuchsblock.

Im Vergleich zwischen älteren und jüngeren Nutzern finden sich bei den Älteren durchgängig Unterschiede in der Performanz, die auch schon in anderen Studien gefunden wurden (z.B. Echt, Morrell, & Park 1998; Lewis, Langdon, & Clarkson 2008). So erfolgten bei älteren Nutzern mehr Abbrüche der Aufgabenbearbeitungen. Außerdem benötigten sie auch mehr Zeit bei der Aufgabenbearbeitung als jünger Nutzer. Die Tendenz, die multimodale Bedingung besser zu bewerten, findet sich aber auch bei älteren Nutzern.

5 Schlussfolgerungen

Die Ergebnisse dieser Studie zeigen, dass multimodale Interaktionsmöglichkeiten sowohl intuitiver als auch robuster sind und auch mehr bevorzugt werden als die Interaktion in manchen Einzelmodalitäten (hier: Sprache und Bewegung). Häufig liegt dies aber daran, dass in der Multimodalitätsbedingung die beste Modalität siegt. Die Mehrheit der Benutzer nutzte Touch-Interaktion in der Multimodalitätsbedingung. Demzufolge waren die Unterschiede zwischen Touch und Multimodalität oftmals gering.

Der Wechsel zu einer anderen Modalität lohnt sich am meisten, wenn Benutzer einen Fehler im ersten Anlauf zur Aufgabenlösung machen (Oviatt 1999). Demnach sollten dann auch Modalitätenwechsel erfolgen. Diese Annahme konnte nicht bestätigt werden. Somit wurde von den Teilnehmern dieser Studie der Vorteil von Multimodalität, Benutzungsprobleme in einzelnen Modalitäten aufzuheben, nicht genutzt oder nicht erkannt. Eine Langzeitbeobachtung, für welche Aufgaben welche Modalitäten eingesetzt werden und Modalitätenwechsel erfolgen, wäre daher eine sinnvolle Ergänzung dieser Studie.

Ist Multimodalität altersgerecht? Im Vergleich zur Nutzung einzelner Modalitäten sind die Tendenzen die gleichen wie für jüngere Nutzer. Auch hier zeigt sich der Einfluss der Wahlfreiheit. Drei Dinge gilt es allerdings zu beachten: Erstens ist das generelle Performanzniveau bei älteren Nutzern schlechter als bei jüngeren. Zum zweiten zeigte sich insbesondere die Bewegungssteuerung als untauglich für die älteren Nutzer. Grund dafür sind möglicherweise die altersbedingten motorischen Einschränkungen. Weiterhin könnten aufgrund altersbedingter Unterschiede älteren Benutzer andere Modalitäten wichtiger sein als jüngeren Benutzern, was Gegenstand einer weiteren Untersuchung sein könnte.

Literaturverzeichnis

Chen, F. (2006). Designing Human Interface in Speech Technology, Springer, Berlin.

Echt, K. V., Morrell, R. W., & Park, D. C. (1998). Effects of age and training formats on basic computer skill acquisition in older adults. *Educational Gerontology, 24*(1), 3-25.

Eilers, K.; Nachreiner, F., & Hänecke, K. (1986). Entwicklung und Überprüfung einer Skala zur Erfassung subjektiv erlebter Anstrengung. *Zeitschrift für Arbeitswissenschaft, 40*, 215-224.

Lewis, T., Langdon, P.M., & Clarkson, P.J. (2008). Prior experience of domestic microwave cooker interfaces: A user study. In P. M. Langdon, P. J. Clarkson, & P. Robinson (Hrsg.), Designing Inclusive Futures (S. 95–106). London: Springer.

McGuirl, J.M., & Sarter, N.B. (2001). Tactile information presentation during in-flight icing conditions: Supporting timesharing and hazard awareness. *Proceedings of the 20th Digital Avionics Systems Conference*, 2A2/1-2A2/8.

Mohs, C., Hurtienne, J., Israel, J. H., Naumann, A., Kindsmüller, M. C., Meyer, H.A., & Pohlmeyer, A. (2006a). IUUI – Intuitive Use of User Interfaces. In T. Bosenick, M. Hassenzahl, M. Müller-Prove, M. Peissner (Hrsg.), *Usability Professionals 06* (S. 130-133). Stuttgart: German Chapter der Usability Professionals' Association.

Mohs, C., Hurtienne, J., Scholz, D., & Rötting, M. (2006b). Intuitivität: definierbar, beeinflussbar, überprüfbar! In VDI / VDE-Gesellschaft Mess- und Automatisierungstechnik (Hrsg.) Useware 2006 (S. 215-224). Düsseldorf: VDI-Verlag.

Oviatt, S. 1999. Ten myths of multimodal interaction. *Communications of the ACM,* 42 (11), 74-81.

Oviatt, S. L. (2003). Multimodal Interfaces. In J. A. Jacko & A. Sears (Hrsg.), *The Human-Computer Interaction Handbook: Fundamentals, Evolving Technologies and Emerging Applications.* Mahwah, NJ, USA: Lawrence Erlbaum Associates, 286–304.

Oviatt, S., & Wahlster, W. (1997). Introduction to This Special Issue on Multimodal Interfaces Multimodal Interfaces. *Human-Computer Interaction, 1&2*, 1–5.

Sarter, N.B. (2006). Multimodal information presentation: Design guidance and research challenges. *International Journal of Industrial Ergonomics. 36*(5), 439-445.

Sarter , N.B., & Woods, D. D. (2000). Teamplay with a powerful and independent agent: A full-mission simulation study. *Human Factors, 42*(3), 390–402.

Sklar, A. E., & Sarter, N. B. (1999). "Good vibrations": The use of tactile feedback in support of mode awareness on advanced technology aircraft. *Human Factors, 41*(4), 543–552.

Walker, N., Millians, J. & Worden, A. (1996) Mouse gain functions and cursor positioning: performance of older computer user. *Proceedings of the Human Factors and Ergonomics Society.* 151-154.

Walker, N., Philbin, D. & Fisk, D. (1997) Agerelated differences in movement control: Adjusting submovement structure to optimize performance. Journal of Gerontology: *Psychological Science. 52B (1),* 40-.52.

Wechsung, I. & Naumann, A. B. (2008). Evaluation Methods for Multimodal Systems: A Comparison of Standardized Usability Questionnaires. In E. André, L. Dybkjær, W. Minker, H. Neumann, R. Pieraccini, and M. Weber (Hrsg.), *Proceedings of PIT 4th IEEE Tutorial and Research Workshop on Perception and Interactive Technologies For Speech-Based Systems: Perception in Multimodal Dialogue Systems.* LNAI, Vol. 5078. Berlin: Springer, 276-284.

Kontaktinformationen

Ina Wechsung

E-Mail: ina.wechsung@telekom.de

H. Wandke, S. Kain & D. Struve (Hrsg.): Mensch & Computer 2009: Grenzenlos frei!?
München: Oldenbourg Verlag, 2009, S. 223-231

Overcoming the Impreciseness of Touch on interactive large-screens

Thomas Herrmann, Tillmann Neben, Marc Turnwald

Information- and Technology Management, University of Bochum

Abstract

This paper analyzes the possible reasons for imprecise pointing in large-screen touch environments and derives a categorization scheme for the problems. On this basis a solution to the imprecise selecting problem is presented. For our setting in which we use a 5x2 meter large, seamlessly interactive touch screen, a combination of two separate concepts, SmartPointing and ClickAgain has proven to be most suitable and to offer the most predictable user experience. The proposed solutions also meet the special requirement of being feasible in both a mouse-controlled as well as a touch-enabled setting.

1 Introduction

The need for a new interaction design emerged in the late 2007 when we tested the usage of a graphical Editor 'SeeMe2000' with a large touch screen. The interactive screen consists of three seamlessly connected 80" rear-projection units from Barco Inc. resulting in a virtual display size of 4,8m x 1,2m (w/h) and an overall resolution of 4320 x 1050 pixels. Smart Technologies has installed a touch detection system of three units each consisting of two infrared cameras per screen, with overlapping viewing angles at each connection between two screens for the logical handover of touch events between the physically separated units. The detection area is calibrated such way, that any object that comes in an approximately 2cm range to the walls surface causes a detection event. The software we mostly use is a graphical editor, which we have developed to support socio-technical process design with the modeling notation SeeMe (Herrmann 2009). The interactive large screen was installed to display, discuss and modify large process models in workshops with approx. 8-12 participants. During these workshops, people are expected to switch flexibly between working with their desktop and interacting with the large screen, both running the SeeMe editor application. Such a setting is presented in fig.1.

Testing our large interactive screen running for the described purpose we could distinct three problem categories:

1. Imprecise selecting and pointing capabilities, e.g. if another than the intended object is selected or if a user does not succeed in hitting the handle of a graphical object to resize it.
2. Inaccurate distinction between steady and moving user input, e.g. between simple selecting a rectangle or moving its position.
3. Lack of suitable tooling concepts instead of the old-fashioned toolbar, e.g. if dialogue boxes appear 2m away from the current spot of interaction.

Figure 1: Modlab at Bochum

The problem stated in (2) is very common. This might be due to technical limitations or wrong (jittery) user behavior. The lack of a concept on how to offer tools and options to the user is another problem (3). The traditional centralized toolbar fails since with larger screens the distance between user and wherever the toolbar is located might be impractical long. Even with smaller devices it has to be acknowledged that a certain distance covered with a mouse by a wink, could mean exhausting movements of the whole forearm. In this paper we focus on (1), the reasons of and solutions to imprecise selecting and pointing. However the boundaries between (1) and (2) are sometimes blurred, so that some issues from (2) are also covered, if relevant. We intend to support specific settings of workshops where working with desktop computers and with the large screen has to be smoothly intertwined (see fig. 1). Users will work with the desktop version of the SeeMe editor alone or in small groups, interrupted by presentation and joined modeling phases using the interactive large screen. The possible ways of interacting with the SeeMe-Editor –traditional desktop and touch screen – have to be as similar as possible to meet the users' expectation of consistency. Using the graphical editor with a mouse-controlled desktop computer is the more common scenario, but should also prepare the user to be able to interact with the editor on the large wall.

2 The Problem of Imprecise Selecting and Pointing

All touch-enabled devices suffer of some sort of in-accuracy. Small devices like Apples iPhone struggle because the human's finger is often larger than the target objects on the screen. We find however a more structured approach is needed and a distinction between two kinds of settings in which in-accuracy happens must be made. The first is the stationary setting, in which the user uses the device in a traditional person-device arrangement, e.g. a user holding a touch-enabled PDA or standing in front of a touch-enabled ticket-machine at the railway station. Second there is the in-stationary setting, in which the user acts in front of a larger interactive device or a set of devices, deployed along the room and which leads to imprecise selection due to a suboptimal body positioning, selecting during or at the end of a movement, or the problem of reaching a certain element which is not positioned near to the body.

We see the following categories of failure origins. Some of which are common to all touch-enabled devices, some are inherently given in any in-stationary setting where the screen dimension exceeds the physical arm length of the user.

1. Technical issues
    a. E.g. we have inappropriate sensor capabilities for a given purpose or the calibration is set off.
    b. Due to many overlaying objects or dense neighborhood of objects on the display area, even pointing with a sharply tipped pointing device instead of a finger, like e.g. a pencil, could not avoid the impreciseness.
2. User misplaces a touch
    a. E.g. because one is in or at the end of a movement, has only a poor angle of view, or has to stretch the arm so that impreciseness is enhanced.
    b. Handicapped user, the elderly, disabilities (e.g. because of defective sight, impaired motor skills etc.)
3. Inappropriate interaction design for touch-enabled devices

    We could also observe problems, which are neither originated in technical issues nor by human inabilities. These problems are caused by an inappropriate interaction- design for the given situation.

Real large screens come with a small but also unavoidable displacement of the finger position on the surface due to the technical limitations of the cameras, scanning the area (1a). A second origin of imprecise selecting by the user lies in the size of the large screen (2a). A several meter long large screen forces the user to walk along the UI and stretch herself to reach a certain area. This impedes the accuracy of the user input. In both cases the user selects an unintended spot on the screen. We assume that the most common problems are related to 1a), 1b) and 2a), whereby the majority of failed selections fall into the category 1b). These constellations of layouts (1b) are very common in diagrammatic representations. Similarly important is the category 2a) of problems where the approached element is simply too small or in a too obscured position, to hit it correctly with the finger or a pen (1.a). E.g. the element is above the user's eye line, so he has to look and stretch upwards. The failed selection due to a bad angle of view or touch (2a) is something very specific in our setting and other large screen systems. Many other problems can be observed when users try to use common desktop applications with mouse-based interaction design in the touch-enabled environment of the large screen (3). These problems are strongly related to the technical problems (1a, 1b) and also depend on the users' behavior, expectations and abilities (2a, 2b) and therefore pose the opportunity to overcome these problems with a new interaction design.

3 Related Approaches

The early work in the field of touchable interface design of Potter et al. (1988) describes three basic strategies, to handle the problem of selecting items by using the systems internal representation or data to improve selection accuracy. One type of suitable touch screen interaction is called "Take Off". It leads to a lower mean error-rate than the two other methods "Land On" and "First Contact", as described by the authors. The "Take Off" method is based on fixed offset between cursor and the user's finger touching the screen. Selection is then made upon release if the cursor is above the item. In spite of the good results with "Take Off" , it cannot be applied to our current problem, because it is based on the "drag-and-release" paradigm and therefore collides with the basic requirement of the pursued interaction design, namely to keep things as similar as they are within the world of mouse-controlled interaction. Therefore many newer work results that are based on "Take Off" (Albinsson et al. 2003) are also not feasible within our constraints. Similarly, all types of solutions and ideas for precise selection which are based on Multi-Touch (Benko et al. 2006) are not feasible, since we intend to employ multi-touch for simultaneous interaction of multiple users who then use the large screen in the point-and-click-style.

Other techniques like "Semantic Pointing", (Blanch et al. 2004) are designed to improve target acquisition by adapting the movement ratio between an input device and a displayed virtual pointer. This causes a change of the pointers speed when it to comes in range or is above a possible selection target. These techniques are basically intended for mouse interaction support and could therefore not be applied in our case, because applying this method to a touch screen would cause a variably changing offset of the cursor in relation to the hand, leading to situations where the user's hand or arm unpredictably covers the cursor. Another shortcoming is that the touchscreen cannot distinct between intentions such as pointing vs. clicking on an item with a touch.

Although Potter et al. (1988) found early that "Land On" based selection produces the worst results compared to the other two basics interactions, it seems to be the most suitable method to meet our requirements. "Land on" is the most intuitively interaction compared to a natural pointing gesture, because it uses the metaphor of landing on a selection target which is selected when the user's fingertip lands on.

Special to our current setting is that items can be partly or completely overlapped by other items, and often have no clear visual boundaries, because the SeeMe-Editor supports the repeated nesting of items into other items. For example, the boundaries of the text box, which has to be selected in fig. 2, are not visualized if the text is not selected (fig 2c). Endpoints of an arrow are another example of items, which are difficult to distinguish from other items. As shown in fig. 3, they are always connected with larger items and have no visual displayed boundaries in the unselected state. In such a setting, pure "Land On" would surely often result in the selection of the embedding item if the boundaries of the intended item are not at the expected location. The "First Contact"-strategy could not lead to better results in the case of embedded items, because it may happen that the parent-item is selected instead of the nested element.

4 A Two-Way Approach to Improved Pointing

Our proposed solution has emerged out of two design cycles, each of which has added certain functionalities. Also the existing desktop-based SeeMe client and its interaction paradigm has strongly influenced the design cycles.

4.1 First Design Cycle (Smart Pointing)

When applying the existing interaction process from the SeeMe desktop-client to the touchable interface of the large screen, two major problems have been observed. As mentioned earlier, a touch on the screen has to be directly assigned to Mouse Button-Pressed or - Clicked Events, to lead to any reasonable effect. Therefore the user has no possibility to place the Mouse Cursor over the intended item (hover) before a touch is applied. The formerly split processes of first pointing at an item and then clicking or pressing the Mouse Button to properly select it, is merged into one step. The success of this 'selection by touch' is firstly related to the user's hand-eye coordination capability (2a) and secondly to the lateral touch detection resolution of the wall (1a).

Regarding the goal of hitting a graphical item with a single touch, it seems clear, that the intended item must lie in a range of pixels around the detected touch point. This range depends on the minimal discrete step length between two points that the system can detect as different locations. As a first approximation this distance was set to 15 pixels.

As a first step, all items that lie completely or partly in this range are considered as *intended* and are stored in a list of candidates. The question, which of these items was actually meant by the user, is then answered by bringing the list's items into the order of decreased intention probability, so that the most intended item is the first item in the list. As a heuristic approach we decided that the order should depend on the size of the items, the distance to the center of the selection range (the point where the touch was detected), the common order in that items can be embedded into each other and the type of the element. This is based on the idea that smaller items are usually more difficult to hit than larger items and that items which are embedded, as child items in a larger parent item must be smaller than the parent element.

Also, small elements have a smaller hit sensitive area than large ones. A user touching close to but not exactly on a small element that is surrounded by a large one (e.g. by mistake, see problems 2.a, 2.b), conveys a lot about his intention to the system, even if the touch was misplaced. It is likely that the user has actually meant to touch the small element and not the large one in behind, since very close to the small elements border is just not the natural touching area of choice if one intends to hit the large element. The large element offers a lot of open and easily accessible hit area; no one would choose exactly this dense spot for selecting it.

We named this technique Smart Pointing, carrying the notion of preprocessing the users input before actually processing the event. As mentioned above, the actual smartness of Smart Pointing depends on the underlying heuristics, which in our setting are customized to fit the SeeMe editor application and its various shapes and objects. Even if the heuristics ought to be customized to each different application, the basic idea of the concept is generic.

4.2 Second design cycle (Click Again)

The Smart Pointing approach was then tested using regular mouse interaction on a desktop computer and manually optimized with respect to the preferred order of item types, by asking the users about their actual expectations when performing the click. Although this form of Smart Pointing leads to a better rate of hitting the intended items on the touch screen, the large number of possible item constellations could still lead to a selection of the wrong item, mainly caused by problems of category 1b). In this case a simple user interaction is needed to change the proposed selection to the one that was intended. In our setting we found that the easiest paradigm would be, if the user could just "click again" somewhere inside the detection radius, to select the next item from the candidates list.

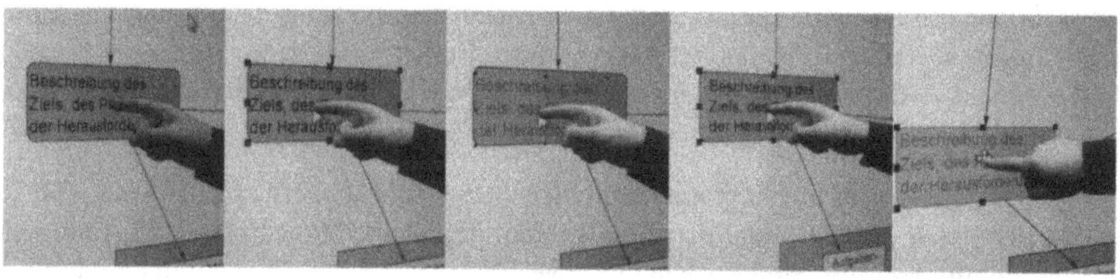

a) Finger tip is getting close to the surface

b) 1st touch is recognized → Rectangle is selected

c) 2nd touch is recognized at the same spot → Textbox is selected

d) 3rd touch is recognized → the rectangle is selected …

e) … the touch has not been released and the objected has been dragged

Figure 2: Selection with repeated touches on overlapping objects

Therefore the location of the first point that was touched has to be stored. In the case that a point is already stored when a touch event fires, it has to be calculated whether the actual touch point is in the click again range of 15 pixels to the stored point. Is this the case, the actual item in the list is deselected, and its successor gets selected. If not or if no point has been previously stored, the currently touched point is stored and a new list of items is generated by their Smart Pointing order as described above.

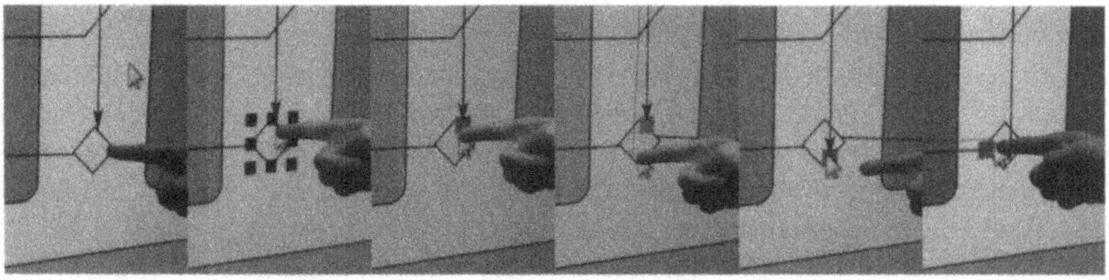

a) finger tip is getting close to the surface	b) 1st touch: the diamond is selected	c) 2nd touch: the tip of the arrow at the diamond, is selected	d) The 2nd touch is not released to drag the selected point	e) The touch is released	f) 3rd touch selects starting point of an arrow at the diamond

Figure 3: Selection of closely located targets with repeated touches

The implemented interaction strategy determines that the first click selects the first item of the list, the second click within the same range selects the second element and so on as illustrated in fig. 2 and 3. In fig. 2, the list consists of the yellow rectangle and the text box while in fig. 3 the list consists of the diamond at the first position and the endpoints of the connected arrows at the following positions.

Finally, we found during our tests of this Smart Pointing with Click Again Extension, on both the touchable Screen and with the Desktop/Mouse system, that it works on each system with respect to the users' expectations.

5 Conclusion

We have demonstrated a technique for making precise selections, feasible both for touch-enabled and also for plain desktop environments. For this we have divided the task of selecting into two separate steps: Smart Pointing and ClickAgain. The combination of both has lead us to a more accurate selecting experience. The combination of the Smart Pointing mechanism with a Click Again Extension to switch to originally intended items is a holistic interaction design for the selection of graphical items for both mouse-controlled and Touch Screen oriented interaction.

While Smart Pointing tries to identify the most probably intended item, the Click Again mechanism proposes an easy method for switching to the intended item in cases of unintended selection

For future research, it is reasonable to survey our approach under laboratory settings, that is, observing users' behavior and their overall perceived usability experience in controlled experiments. As demonstrated in Hurst et al. (2008) major attention has to be paid to the factor of Slipping and, in case of ClickAgain, the mean factor of attempts (re-clicks) till the user's intention is satisfied under various possible layout settings of surrounding distracting elements.

The experimental design of further investigations can be related to the mouse-based interaction with desktop computers as a bench-mark constellation. The hypotheses, which have to be tested, will refer to more complex task as they are underlying fig. 2 and 3. The basic assumption of the hypotheses will be that our interaction design for touch screen will get closer to the benchmark than others with respect to effectiveness, efficiency and user satisfaction. Within these kinds of experiments we can also decide which constellation of our parameters (range of points of the click-again area, heuristics for ordering) are more successful.

References

Albinsson, P. & Zhai, S. (2003). High precision touch screen interaction. In *Proceedings of the SIGCHI conference on Human factors in computing systems*. ACM, New York, NY, USA, pp. 105-112.

Benko, H., Wilson, A. & Baudisch, P. (2006). Precise selection techniques for multi-touch screens. In *Proceedings of the SIGCHI conference on Human Factors in computing systems*, pp. 1263-1272.

Blanch, R., Guiard, Y. & Beaudouin-Lafon, M. (2004). Semantic pointing: improving target acquisition with control-display ratio adaptation. In *CHI '04: Proceedings of the SIGCHI conference on Human factors in computing systems*, ACM, New York, NY, USA, pp. 519-526.

Herrmann, T. (2009). Systems Design with the Socio-Technical Walkthrough. In Aldo Whitworth, Brian; de Moore, ed. *Handbook of Research on Socio-Technical Design and Social Networking Systems*. Idea Group Publishing, Hershey, pp. 336-351.

Herrmann, T., Kunau, G., Loser, K. & Menold, N. (2004). Socio-technical walkthrough: designing technology along work processes. In *PDC 04: Proceedings of the eighth conference on Participatory design*, ACM, 132-141.

Hurst T., Mankoff J. & Hudson S.E. (2008). Understanding pointing problems in real world computing environments. In *Proceedings of the 10th international ACM SIGACCESS conference on Computers and accessibility*, pp. 43-50.

Potter, R. L., Weldon, L. J. & Shneiderman, B. (1988). Improving the accuracy of touch screens: an experimental evaluation of three strategies. *In CHI '88: Proceedings of the SIGCHI conference on Human factors in computing systems*, ACM, pp. 27-32.

Contact

Prof.Dr.-Ing. Thomas Herrmann

Institute of Applied Work Science
Department Information and
Technology Management
44780 Bochum, Germany
Tel.: +49 (0) 234-32-277720
Fax: +49 (0) 234-32-14207
E-Mail: thomas.herrmann@iaw.rub.de

B.Sc. Tillmann Neben

Institute of Applied Work Science
Department Information and
Technology Management
44780 Bochum, Germany
Tel.: +49 (0) 234-32-22045
Fax: +49 (0) 234-32-14207
E-Mail: tillmann.neben@iaw.rub.de

Dipl.-Inf. Marc Turnwald

Institute of Applied Work Science
Department Information and
Technology Management
44780 Bochum, Germany
Tel.: +49 (0) 234-32-22045
Fax: +49 (0) 234-32-14207
E-Mail: marc.turnwald@iaw.rub.de

H. Wandke, S. Kain & D. Struve (Hrsg.): Mensch & Computer 2009: Grenzenlos frei!?
München: Oldenbourg Verlag, 2009, S. 233-242

Eingabe strukturierter Befunddaten mittels Spracherkennung: Ein Feldtest

Alexandra Klein[1], Christina Drexel[2], Dian Tan[2], Johannes Matiasek[1], Ralf Birkemeyer[3], Harald Trost[4]

Österreichisches Forschungsinstitut für Artificial Intelligence (OFAI), Wien[1]; Nuance Communications Austria GmbH; Wien[2], Innere Medizin III, Schwarzwald-Baar-Klinikum Villingen-Schwenningen GmbH[3]; Institut für medizinische Kybernetik und Artificial Intelligence, Zentrum für Hirnforschung, Medizinische Universität Wien[4]

Zusammenfassung

Dieses Papier beschreibt einen Feldtest, der durchgeführt wurde, um in einer eingeschränkten Domäne Erkenntnisse zur Benutzbarkeit eines Spracherkennungssystems für die Eingabe von strukturierten Daten aus dem medizinischen Bereich zu gewinnen. Bei der Eingabe von medizinischen Befunden wird in Krankenhäusern zunehmend vom klassischen Diktieren, bei dem ein ganzer Bericht in einem Zug diktiert wird, zur interaktiven Eingabe von strukturierten Daten übergegangen, was eine Umstellung für das medizinische Personal bedeutet. Die strukturierte Eingabe bietet den Vorteil, dass die Daten leicht für andere Zwecke, wie beispielsweise Dokumentation, Abrechnung und Qualitätskontrolle, verwendet werden können. Da sich der Einsatz von Spracherkennungstechnologie in Diktierszenarien mit eingeschränktem Wortschatz, z.B. in der Radiologie, bewährt hat, ist zu erwarten, dass Spracherkennung auch die Eingabe von strukturierten Daten erleichtern kann. Um den Ansatz in einem echten Arbeitsumfeld zu erproben, wurde ein Prototyp für die EKG-Befundung entwickelt und mit Kardiologen in einem Krankenhaus getestet. Die Ergebnisse der Feldtests sind ermutigend: Auswertungen von Logfile-Daten, Fragebögen, Interviews mit den Benutzern und eine Analyse des Äußerungs-Korpus haben ergeben, dass die Benutzer mit der Spracherkennung und den Regeln der Eingabesprache strukturierte Daten eingeben können und bei der Erledigung ihrer alltäglichen Aufgaben davon profitieren

1 Einleitung

Krankenhäuser benötigen Patientendaten zunehmend in strukturierter Form, um sie für Dokumentation, Abrechnung und Qualitätskontrolle zu verwenden. Medizinisches Personal muss die Informationen daher interaktiv in Datenbanken eingeben. Dies bedeutet eine Umstellung im Arbeitsablauf, da Berichte vorher meist von Ärzten als freier Text diktiert, dann von Schreibkräften transkribiert und schließlich von Ärzten kontrolliert wurden. Das neue interaktive Paradigma eröffnet Potenzial und Notwendigkeit für Methoden zur effizienten und einfachen Dateneingabe. Es ist zu erwarten, dass Spracherkennung die Eingabe erleichtern kann, z.B. wenn die Verwendung von Tastatur und Maus unpraktisch ist, da Ärzte und Pfleger gleichzeitig Ausdrucke von Befunden oder Notizen in der Hand halten.

Es gibt zwei mögliche Vorgehensweisen, Spracherkennung in die strukturierte Dateneingabe einzubinden. Eine Möglichkeit besteht darin, ein vorhandenes GUI, das bisher mit getippten Eingaben und Mausklicks bedient wird, durch Sprachbefehle ansteuerbar zu machen. Hier erhofft man sich einen Effizienzgewinn für die Benutzer durch die Spracheingabe. Die zweite – weit aufwändigere – Möglichkeit ist die Entwicklung eines Systems zur strukturierten Dateneingabe in einem Umfeld, in dem bisher mit Freitext gearbeitet wurde. Hier ist die Umstellung für die Benutzer größer, da sich nicht nur die Eingabemodalität ändert, sondern generell die Arbeitsweise, indem statt freiem Text strukturierte Daten eingegeben werden müssen. Auch die Entwicklung eines solchen Systems ist anspruchsvoller, da 1) die Struktur der einzugebenen Daten erst modelliert werden muss, 2) mögliche Interaktionen mit dem System spezifiziert werden müssen und 3) ein Interface-Design erstellt werden muss. Durch den zweiten Ansatz ist jedoch ein größerer Effizienzgewinn, nicht nur in Bezug auf die Spracheingabe, sondern auch auf die Strukturierung und Wiederverwertbarkeit der Daten, zu erwarten, die vorher nur in Form von Freitext vorlagen. Im folgenden soll die Realisierung und Erprobung eines solchen Systems für ein eingeschränktes Anwendungsgebiet, in unserem Fall EKG-Befundung, beschrieben werden.

2 Strukturierte Eingabe mit Spracherkennung im medizinischen Bereich

Bei der Eingabe von strukturierten Daten mittels Spracherkennung handelt es sich um eine neuartige Technologie. Entsprechend mangelt es bisher an Studien zu Benutzerfreundlichkeit und Akzeptanz der Systeme. Zwar wurde schon in den 90er Jahren auf das Potenzial der Kombination von Spracherkennung und strukturierter Eingabe verwiesen (Wormek et al. 1997; Teel et al. 1998), da einerseits Spracherkennungstechnologie in Freitextanwendungen – besonders in der Radiologie - erfolgreich verwendet wurde, andererseits aber der Bedarf nach strukturierten, wiederverwertbaren Daten zu wachsen begann. Doch konnten sich solche Systeme zunächst nicht durchsetzen, was hauptsächlich auf die damalige Qualität der Spracherkennung zurückzuführen ist (Grasso 2003). Spracherkennung wird daher weiterhin fast ausschließlich in Diktieranwendungen verwendet, bei denen die Texte von medizinischen Transkriptionisten nachbearbeitet werden und die Benutzer somit nicht direkt mit dem Spracherkennungsergebnis konfrontiert sind. Interaktive Systeme verwenden häufig Textbausteine, die auf eine eingeschränkte Anwendung zugeschnitten sind und die direkt vom Benutzer mit Maus oder Tastatur ausgewählt werden müssen. Falls keiner der Textbausteine der Benutzerintention entspricht, muss entweder ein anderer Textbaustein ausgewählt werden oder eine Freitexteingabe per Tastatur gemacht werden (Bell et al. 1992).

Auch in anderen medizinischen Bereichen gibt es wenig Erkenntnisse zum Einsatz von interaktiven Systemen mit Spracherkennung. (Grasso 2002) stellt ein System zur gesprochenen Eingabe für klinische Daten aus Studien vor. (Starlander et al. 2005) beschreiben die Evaluierung eines Systems zum maschinellen Dolmetschen von Fragen, die Ärzte (bzw. in der Evaluierung Medizinstudenten) an Patienten richten. Nach drei Testsitzungen gelang es einigen Teilnehmern, das System ebenso gut zu bedienen wie die Entwickler des Systems.

Seit einiger Zeit gibt es wieder Versuche, Spracherkennung als Eingabemodalität für strukturierten Daten zu erproben. Begünstigende Faktoren sind die verbesserte Spracherkennungsqualität und die Tendenz zu standardisierten elektronischen Patientenakten (Tang & McDonald 2001; Kauppinen et al. 2008). Während erste Systeme zur strukturierten Eingabe mit Spracherkennung in eingeschränkten Anwendungen beschrieben werden (z.B. Nagy et al. 2008), gibt es bisher kaum Erkenntnisse zur Benutzbarkeit dieser einzelnen Systeme im Arbeitsalltag. Zur Untersuchung der allgemeinen Akzeptanz von Spracherkennung im Krankenhausumfeld haben (Alapetite et al. 2009) Benutzern von Spracherkennungstechnologie in einem dänischen Krankenhaus – das erste in Dänemark, das Spracherkennung auf allen Stationen eingeführt hat – zunächst zu Beginn und später nach einiger Zeit der Benutzung Fragebögen vorgelegt. Dabei wurde festgestellt, dass die Realität häufig nicht den Erwartungen entsprach. Die befragten Benutzer schätzen allerdings besonders die Tatsache, dass die Berichte unmittelbar zur Verfügung stehen, was bei dem Diktierszenario mit anschließender Transkription naturgemäß nicht der Fall ist.

3 EKG-Prototyp

Das EKG ist eine nicht-invasive Prozedur, die mindestens einmal für jeden Patienten auf einer Kardiologie-Station durchgeführt wird. Bei der Befundung wird das Ergebnis dokumentiert und interpretiert, bisher in der Regel in Freitext. Spracherkennung kommt für diesen Anwendungsfall mit einem geringen Vokabular und eingeschränkten Formulierungen aus. Ein Domänenmodell und ein Prototyp des Systems konnten daher in kurzer Zeit fertiggestellt werden. Allerdings ist in dem eingeschränkten Anwendungsfall der EKG-Befundung durch die strukturierte Eingabe mit gesprochener Sprache weniger Effizienzgewinn zu erwarten als in anderen, komplexeren Anwendungsfällen.

Mit dem Prototyp konnten die Ärzte den EKG-Befund direkt eingeben und später ohne Änderungen für einen formalen Bericht verwenden. Um die Vorteile des Systems voll zu nutzen, mussten sich die Benutzer mit der Bedienung des Systems und den Regeln der Eingabesprache vertraut machen. Die Eingabesprache wurde dabei möglichst einfach und das GUI möglichst übersichtlich gestaltet. Gesprochene Äußerungen können nicht nur für Eingaben, sondern auch für Navigations- und Korrekturbefehle verwendet werden.

Da in unserem Fall - im Gegensatz zu der von (Alapetite et al. 2009) beschriebenen Untersuchung – Endbenutzer am Entwicklungsprozess beteiligt waren, konnten ihre Anforderungen und Präferenzen bei der Entwicklung des Systems berücksichtigt werden. Das gilt insbesondere für die Entwicklung des Domänenmodells und des GUI, welches das Domänenmodell darstellt. Die erste Version des Domänenmodells wurde von einem Kardiologen entworfen. Eine optimierte, von zwei Kardiologen getestete Version mit 991 Knoten wurde im Feldtest verwendet. Das Domänenmodell ist an den Benutzererfordernissen orientiert, jedoch lässt sich das System leicht an Veränderungen am Domänenmodell, falls von den Benutzern gewünscht, und neue Domänenmodelle und Anwendungsszenarien anpassen.

Bei unserem System wird Semantik der Spracherkennung zugrunde gelegt, indem alle Benutzereingaben auf die Domänenmodell-Repräsentation abgebildet werden. Diese semantische Repräsentation ist mit einer eingeschränkten (kontrollierten) Eingabesprache verbunden, um aus der Sicht von Semantik und Spracherkennung die Ambiguität und Komplexität der Äußerungen zu reduzieren. Alle Eingaben sind interaktiv. Unerfahrene Ärzte profitieren besonders von der durch die Anzeige des Domänenmodells im GUI vorgegebenen Berichtsstruktur. Fehler bei der Erkennung und Interpretation von Äußerungen müssen von den Benutzern selbst korrigiert werden.

3.1 GUI

Abbildung 1 zeigt den Bildschirm, nachdem einige Eingaben verarbeitet worden sind. Das Menü erlaubt die Verwaltung von Dateien, Ansichten und Benutzerkonten, ein Benutzerleitfaden steht zur Verfügung. Die wichtigsten Operationen (neu/ öffnen/ speichern) sind mit Buttons im Tool-Balken zu steuern. Auf der linken Seite des GUI ist die Hierarchie im Domänenmodell dargestellt. Bewegt man die Maus über ein Konzept, so erscheinen Hinweise zur Eingabesprache für den lokalen Kontext als Tooltips. Auf der unteren rechten Seite ist die Formular-Ansicht des Unterbaums im derzeitigen Fokus mit Checkboxen, Radio Buttons und Eingabefeldern zu sehen. Oben rechts in der Zusammenfassung können die Benutzer ihre Eingaben mitverfolgen und kontrollieren. Weitere Details werden als Links dargestellt (z.B. *P-Welle*). Rechts oben über der Formular-Ansicht ist die Zusammenfassung der eingegebenen Daten zu sehen. Es ist möglich, durch Klicken auf die Datenelemente zu diesem Punkt zu navigieren; dabei werden die Baum- und Formularansichten entsprechend synchronisiert. Der Text kann mittels des Kontext-Menüs in verschiedenen Formaten exportiert werden.

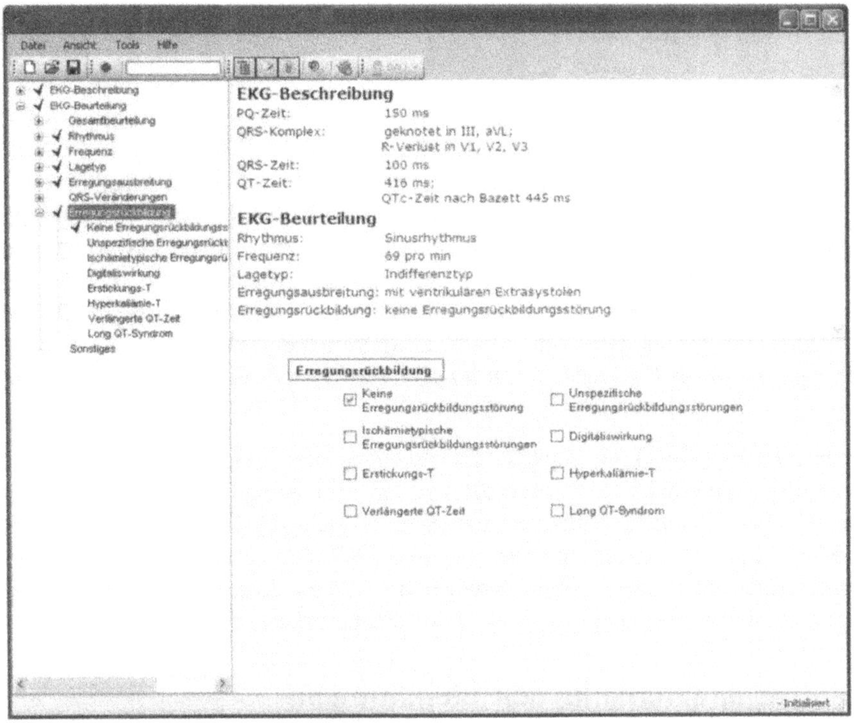

Abbildung 1: Benutzeroberfläche mit eingegebenen Daten

3.2 Eingabesprache

In der Regel sprechen Benutzer die Überschriften der Abschnitte (z.B. *Beurteilung* oder *Beschreibung*) oder Unterabschnitte (z.B. *P-Welle*) und Werte. Es ist möglich, Kurvenbeschreibungen mit Attributen und Ableitungen sowie Zahleneingaben (also Messwerte) und Befundungen im Beurteilungsteil einzugeben. Bei Kurvenbeschreibungen können die Attribute vor oder nach dem Kurvenelement stehen, z.B. *T-Welle flach in römisch eins zwei und aVL* oder *spitze T-Welle in den Ableitungen V5 und V6*. Zahlenwerte werden mit einem Bezeichner, der Zahl und optional der Einheit eingegeben, z.B. *PQ-Zeit hundert zwanzig* für 'PQ-Zeit 120 ms'.

Erlaubte Reparaturkommandos sind *Rückgängig* und *Lösche*. *Rückgängig* bezieht sich jeweils auf die zuletzt durchgeführte Aktion. *Lösche* in Kombination mit einem Abschnitt oder Unterabschnitt im Befund löscht diesen. Es ist auch möglich, Werte einfach neu einzugeben, um inkorrekte Eingaben zu überschreiben. Dem Benutzer wird im GUI angezeigt, welche Eingaben vom System erkannt und welchen Elementen im Domänenmodell zugeordnet worden sind. Bei Fehlern muss eine entsprechende Korrektur durch den Benutzer vorgenommen werden.

4 Feldtest

Der Prototyp wurde für Kardiologen entwickelt, und eine Evaluierung im realen Arbeitsalltag der Experten wurde als unerlässlich angesehen, um aussagekräftige Ergebnisse zu erhalten. Zu diesem Zweck wurde ein Feldtest durchgeführt. Von 12 Kardiologen einer Station nahmen 10 an einem Workshop teil, bei dem das Spracherkennungssystem vorgestellt wurde, die Regeln der Eingabesprache erklärt wurden und die Funktionalität des Systems demonstriert wurde. Die Teilnehmer beantworteten einen kurzen Fragebogen zu ihren Computer-Erfahrungen und zu ihrer Expertise in der EKG-Domäne. Eine Testphase von 10 Wochen folgte, während der die Testpersonen so viele EKG-Berichte wie möglich mit dem Prototyp erstellen sollten. Letztlich testeten 7 Kardiologen das System und produzierten damit 172 Berichte.

Es wurden Logfiles aller Aktionen und Aufzeichnungen aller Äußerungen erstellt. Zusätzlich bewerteten die Kardiologen nach jedem Befund die Erkennungsqualität und beantworteten nach der Testphase einen Fragebogen bezüglich ihrer Erfahrungen mit dem System. Mit fünf Teilnehmern wurden zusätzlich Interviews geführt. Wegen der kleinen Stichprobe konnte keine umfassende statistische Analyse durchgeführt werden, doch werden einige Korrelationen aufgezeigt, die als Grundlage für weitere Forschungsarbeiten dienen.

4.1 Charakteristika der Interaktionen

72 aufgezeichnete Berichte wurden manuell transkribiert und mit Informationen zur (angenommenen) Benutzerintention, der Konsequenz der Aktion und (im Fall von Fehlern) der Fehlerquelle annotiert, um zu bestimmen, bei welchen Interaktionstypen am häufigsten Fehler auftraten (Oulasvirta et al. 2006). In den 72 Berichten wurden insgesamt 2.164 Aktionen annotiert. 91,2% (oder 1.974 Aktionen) waren gesprochene Interaktionen, 8,8% waren Interaktionen mit Hilfe von Maus oder Tastatur. Tabelle 1 zeigt die Interaktionstypen und die Benutzerintentionen. 'keine Intention' bezieht sich auf Fälle, bei denen das Spracherkennungssystem beispielsweise aus Hintergrundgeräuschen eine Äußerung erkannte.

	Gesprochen		**Maus/ Tastatur**	
Intentionen	**#**	**%**	**#**	**%**
Dateneingabe	846	42,9	44	23,2
Navigation	374	18,9	72	37,9
Reparatur	441	22,3	74	38,9
keine Intention	290	14,7		
Intention unklar	23	1,2		

Tabelle 1: Aktionen nach Benutzerintention

Tabelle 2 zeigt einen Ausschnitt aus einer Befundungsinteraktion. Der Benutzer möchte die Eingabe zu Erregungsrückbildung löschen, verwendet aber zunächst nicht wie vorgesehen *lösche Erregungsrückbildung*, so dass der Löschbefehl vom System nicht einem eingegeben

Wert zugeordnet werden kann. Der Benutzer versucht es schließlich mit der höflichen Form *bitte löschen,* was zu Erkennungsproblemen führt. Nach dem Versuch, explizit zu der zu löschenden Eingabe hinzunavigieren, ist die Reparatur erst bei Gebrauch des richtigen Befehls mit korrekter Syntax erfolgreich, das System kann die Reparatur einem Eintrag zuordnen. Der Benutzer fährt mit weiteren Dateneingaben fort.

gesprochen (Transkription)	**Erkennungsergebnis**	**Benuzerintention**
Erregungsrückbildung	Erregungsrückbildung	1. lösche 'Erregungsrückbildung'
löschen	lösche	
bitte löschen	wiederherstellen	
Beurteilung	Beurteilung	
Erregungsrückbildung	Erregungsrückbildung	
lösche Erregungsrückbildung	lösche Erregungsrückbildung	
Beurteilung	Beurteilung	2. 'Beurteilung' eingeben
Frequenz	Frequenz	3. (Herz-)'Frequenz' eingeben
siebzig pro Minute	siebzig pro Minute	4. Wert für 'Frequenz' eingeben
Erregungsrückbildung	Erregungsrückbildung	5. 'Erregungsrückbildung' eingeben
Hyperkaliämie-T	Hyperkaliämie-T	6. Befund eingeben

Tabelle 2: Beispiel für Interaktionen mit Korrektur und Dateneingabe

Gesprochene Kommandos zur Dateneingabe waren in 62% der Fälle erfolgreich. 10% der Aktionen führten zu einem Rückschritt im Systemzustand. Die meisten nicht erfolgreichen gesprochenen Eingaben gingen wenigstens zum Teil auf Benutzerverhalten zurück, was darauf hindeutet, dass die Benutzer Probleme mit der Eingabesprache hatten. Weniger als 50% der gesprochenen Reparatur-Kommandos waren erfolgreich, d.h. die Reparatur-Intention der Benutzer war bei der Evaluation erkennbar, jedoch benutzten sie nicht auf Anhieb das korrekte Korrekturkommando und benötigten daher mehrere Interaktionen. Dies führt u.a. zu einer hohen Anzahl von Interaktionen, die mit keinem Interaktionsfortschritt verbunden war. Hier ist eindeutig Verbesserungsbedarf im Hinblick auf eine intuitivere Reparaturfunktionalität gegeben. Sprachliche Äußerungen dienen meist der Dateneingabe. Maus-/Tastatur-Aktionen werden für Navigation benutzt. Auf Maus-/Tastatur-Reparaturen wurde zurückgegriffen, wenn Sprachbefehle zur Korrektur nicht erfolgreich waren oder mehrere Interaktionsschritte erfordert hätten.

Als groben Indikator für Effizienzgewinn ziehen wir die Entwicklung des Zeitbedarfs der Äußerungen pro Bericht heran (Abbildung 2):

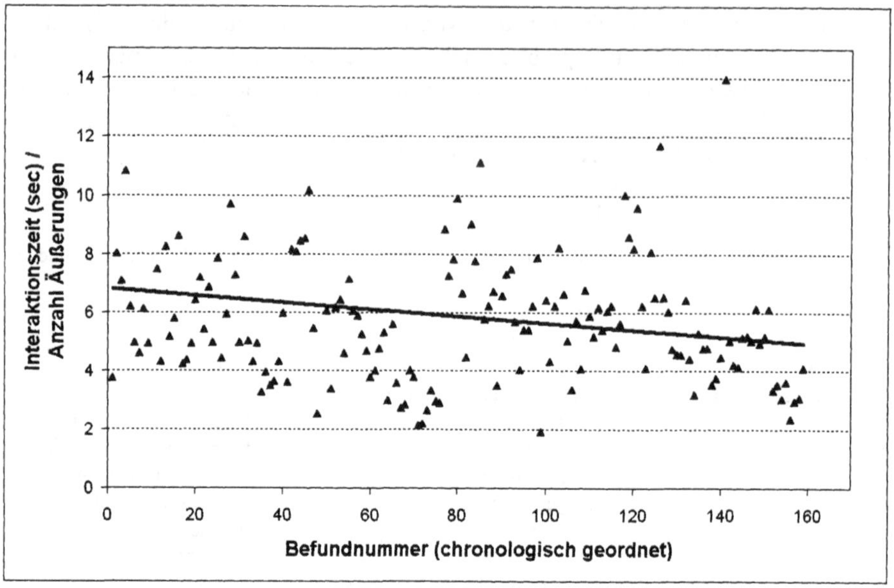

Abbildung 2: Äußerungen bezogen auf die Zeit

In Abbildung 2 repräsentieren Punkte den durchschnittlichen (zeitlichen) Bedarf von Äußerungen pro Bericht (d.h. die Länge des Audio-Signals dividiert durch die Anzahl der Äußerungen). Die Berichte sind chronologisch auf der x-Achse aufgelistet. Es ist ersichtlich, dass sich der Wert allmählich verringert. Dies deutet darauf hin, dass die Benutzer weniger Zeit benötigen, um Äußerungen zu formulieren und so das System effizienter nutzten. Weniger erfahrene Kardiologen profitierten von der strukturierten Eingabe mit Spracherkennung zeitlich mehr; die Anzahl der analysierten EKG pro Woche ist negativ korreliert mit der Zeitersparnis (r = -.77). Insgesamt dauerte es jedoch länger, einen Bericht mit Hilfe der Spracherkennung zu erstellen als das übliche Vorgehen, bei dem handschriftliche Notizen erstellt wurden. Wir gehen davon aus, dass dieser Effekt zumindest zum Teil mit der relativ kurzen Testphase und dem wenig umfangreichen Anwendungsfall erklärt werden kann.

4.2 Benutzereindruck

Generell gaben die Benutzer an, von der Spracherkennung einen sehr guten Eindruck zu haben. Die subjektiven Daten beschreiben das System als leicht zu verstehen und zu benutzen. Kleinere Probleme wurden schnell überwunden, und die Benutzer rechnen mit einer weiteren Gewöhnung an das System im Lauf der Zeit. Die Domänenmodell-Baumstruktur wurde von allen Benutzern häufig zur Orientierung konsultiert. Die Zusammenfassung wurde während des ganzen Eingabevorgangs zur Überprüfung der Erkennungsergebnisse genutzt. Eine effiziente Verwendung der Eingabesprache scheint mit Erfahrung bezüglich des Systems und der Domäne zu korrelieren. Kardiologen mit längerer Erfahrung im Erstellen von EKG-Befunden bewerten subjektiv den richtigen Einsatz der Eingabesprache als weniger problematisch (r =.51). Die Antwortzeiten des Systems wurden als gut bewertet.

5 Schlussbemerkung

Die Feldtests lieferten Erkenntnisse zur Benutzerfreundlichkeit von Spracherkennung beim Erstellen von strukturierten Befundtexten. Während des Entwicklungsprozesses und des Feldtests wurde deutlich, wie wichtig es für unseren Ansatz ist, die Benutzer in die Erstellung des Domänenmodells, die Spezifikation des Vokabulars der Eingabesprache sowie der Darstellung des gewünschten Ergebnis-Berichts einzubinden. Für die Entwicklung weiterer Systeme muss allerdings ein Konzept entwickelt werden, wie eine solche Benutzereinbindung systematisch erfolgen kann, indem z.B. Benutzer Tools und kooperative Prozesse bei der Spezifikation des Domänenmodells verwenden. Zudem sind grundlegende Verbesserungen in der Darstellung des Domänemodells und des eingegebenen Berichts im GUI nötig.

Was die Eingabesprache betrifft, so haben unsere Tests gezeigt, dass die Benutzer in der Lage waren, die eingeschränkte Eingabesprache zu erlernen und zu verwenden. In geringerem Umfang gilt dies für Reparaturmechanismen; hier gibt es Verbesserungsbedarf bei Benutzerfreundlichkeit und Benutzerführung. Insgesamt produzierten die Kardiologen Äußerungen, die effizient in Berichte umgewandelt werden konnten. Wir gehen davon aus, dass der Einsatz von Spracherkennung die Eingabe von strukturierten Daten beschleunigen wird, wobei zu erwarten ist, dass die Vorteile des Ansatzes im Hinblick auf einen Zeit- und Effizienzgewinn in komplexeren Domänen deutlicher hervortreten. Als Testanwendung war die EKG-Befundung jedenfalls sehr hilfreich. Basierend auf den Erfahrungen des Feldtests in der EKG-Domäne wird der Ansatz derzeit auf komplexere Domänen übertragen. Zudem wird an der Entwicklung von Mechanismen zur Bewertung von auf Domänen- und Weltwissen beruhenden Plausibilitäten für Erkennungs- und Interpretationsergebnisse gearbeitet.

Literaturverzeichnis

Alapetite, A., Andersen, H.B. & Hertzumb, M. (2009). Acceptance of speech recognition by physicians: A survey of expectations, experiences, and social influence. *IJHCS* 67(1), 36-49.

Bell, D.S., Greenes, R.A. & Doubilet, P. (1992). Form-Based Clinical Input from a Structured Vocabulary: Initial Application in Ultrasound reporting. In: P*roceedings of the Annual Symposium on Computer Applications in Medical Care*, 189-790.

Grasso, M.A. (2002). Structured speech input for clinical data collection. In: *Proceedings of the 15th IEEE Symposium on Computer-Based Medical Systems*. 199-204 .

Grasso, M.A. (2003). The Long-Term Adoption of Speech Recognition in Medical Applications. In: *Proceedings of the 16th IEEE Symposium on Computer-Based Medical Systems (CBMS)*, 257-262.

Kauppinen, T., Koivikko, M.P. & Ahovuo, J. (2008). Improvement of Report Workflow and Productivity Using Speech Recognition: A Follow-up Study. *Journal of Dig. Imaging*. 21(4), 383.

Nagy, M., Hanzlicek, P., Zvarova, J., Dostalova, T., Seydlova, M., Hippman, R., Smidl, L., Trmal, J. & Psutka, J. (2008). Voice-controlled Data Entry in Dental Health Record. *Stud. Health Technol. Inform.* 2008;136:529-34

Oulasvirta, A., Engelbrecht, K-P., Jameson, A., & Möller, S. (2006). The relationship between user errors and perceived usability of a spoken dialogue system. The 2nd ISCA/DEGA Tutorial & Research Workshop on Perceptual Quality of Systems. Berlin, Germany.

Starlander, M., Bouillon, P., Chatzichrisafis, N., Santaholma, M., Rayner, M., Hockey, B.A., Isahara, H., Kanzaki, K. & Nakao, Y. (2005). Practising Controlled Language through a Help System Integrated into the Medical Speech Translation System (MedSLT). In: *Proceedings of the MT Summit X,* Phuket, Thailand.

Tang, P.C. & McDonald C.J. (2001). Computer-based patient-record systems. In: Shortliffe E.H. & Perreault L.E., eds. *Medical Informatics: Computer Applications in Health Care and Biomedicine.* 2nd ed. New York: Springer, 2001:327-358.

Teel, M.M., Sokolowski, R., Rosenthal, D. & Belge, M. (1998). Voice-enabled structured medical reporting. In: *Proceedings of the SIGCHI conference on Human factors in computing systems (CHI 98),* Los Angeles, CA, USA. 595-602.

Wormek, A.K., Ingenerf, J. & Orthner, H.F. (1997). SAM: Speech-Aware Applications in Medicine to Support Structured Data Entry. In: *Proceedings AMIA Annual Fall Symposium.* 774-778.

Danksagung

Ein Großteil der vorgestellten Arbeiten wurde im österreichischen Kompetenznetzwerk COAST (http://www.coast.at) mit Förderung vom Bundesministerium für Wirtschaft, Familie und Jugend sowie vom Zentrum für Innovation und Forschung, Wien, durchgeführt. O-FAI erhält Unterstützung von den österreichischen Bundesministerien für Verkehr, Innovation und Technologie sowie für Wissenschaft und Forschung.

Kontaktinformation

Alexandra Klein

E-Mail: vorname.nachname@ofai.at

H. Wandke, S. Kain & D. Struve (Hrsg.): Mensch & Computer 2009: Grenzenlos frei!?
München: Oldenbourg Verlag, 2009, S. 243-252

Gestenerkennung für Multitouch-Anwendungen in UI-Frameworks

Peter Barth, Thomas Leidecker

Medieninformatik, Hochschule RheinMain

Zusammenfassung

Gestenbasierte Multitouch-Anwendungen erfreuen sich zunehmender Beliebtheit, werden jedoch meist systemspezifisch mit hohem Aufwand realisiert, da standardisierte Frameworks fehlen. Basierend auf der Analyse typischer Gesten, die Tippen, Bewegen, Distanzänderungen und Drehen beinhalten, wird eine Architektur vorgeschlagen, um Gestenerkenner einfach zu realisieren. Objekte können mit Gestenerkennern assoziiert werden und Anwendungsentwickler werden – wie von klassischen UI-Frameworks gewohnt – über entsprechende Ereignisse informiert. Framework und Demonstrationsanwendung wurden auf einem aktuellen Multitouch-Tisch mit Flash als Umgebung realisiert.

1 Einleitung

Multitouch-Systeme bieten eine intuitive und attraktive Alternative zu Systemen, die auf herkömmlichen Eingabegeräten wie Maus oder Tastatur basieren und bei denen nur eine indirekte Interaktion mit der Benutzungsoberfläche möglich ist. Mit einer einzelnen Geste kann das ausgedrückt werden, was mit Maus und Tastatur nur in mehreren Schritten möglich ist (Moscovich 2007). Außerdem können auch mehrere Personen gleichzeitig und gemeinsam in einer Umgebung arbeiten (Muto & Diefenbach 2008). Technische Innovationen ermöglichen Multitouch-Displays auch im Massenmarkt (Apple 2005). Selbst größere Multitouch-Displays, wie in Abbildung 1, verbreiten sich immer mehr. Während herkömmliche Eingabegeräte und darauf basierende Interaktionen standardisiert und in grafische Toolkits integriert sind, ist dies für Multitouch-Interaktionen nicht der Fall. Die Erstellung von Multitouch-Anwendungen ist nicht so komfortabel, wie die Erstellung klassischer Anwendungen und das Ergebnis ist meist spezifisch für eine bestimmte Hardware. Der Tisch aus Abbildung 1 liefert zum Beispiel nur einen Datenstrom mit erkannten Berührpunkten und stellt weder Gestenerkennung noch Integration in ein UI-Framework zur Verfügung.

In diesem Beitrag stellen wir eine Architektur und Implementierung für die Erkennung von Gesten und deren Integration in ein UI-Framework vor. Wir abstrahieren von konkreter Hardware und verwenden als Eingabe einen Strom von Berührpunkten. Ausgehend von einer systematischen Untersuchung typischer Gesten (Wu & Balakrishnan 2003) extrahieren wir für die Erkennung notwendige Informationen. Darauf aufbauend schlagen wir für ausgesuchte Gesten Erkennungsverfahren vor. Wir präsentieren dann eine Architektur, mit der An-

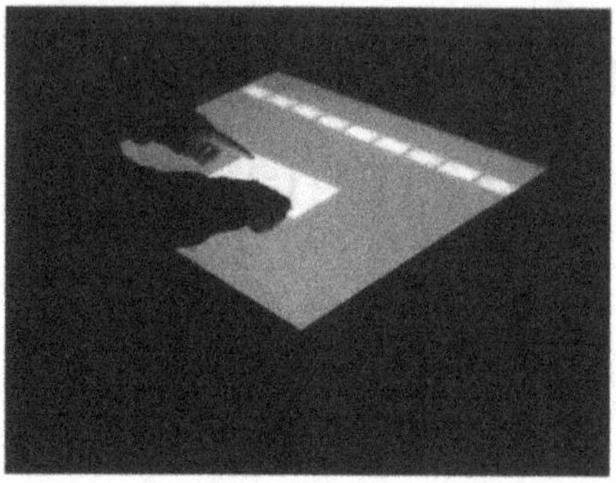

Abbildung 1: Multitouch-Tisch, mediaman

wendungsentwickler schnell Multitouch-Anwendungen erstellen können und gegebenenfalls eigene Gestenerkenner integrieren können. Ein entsprechendes Framework wurde in Flash realisiert und darauf aufbauend Beispielanwendungen entwickelt.

2 Multitouch-Umgebungen

Der Light Pen von Sketchpad (Sutherland 1963) war das erste direkte Eingabegerät, wurde jedoch bald aus Kostengründen durch die Maus ersetzt. Sie ist heute das meist verwendete Zeigegerät (Schedlbauer 2007). Mit dem Touchscreen wurde es ab 1977 wieder möglich direkt mit dem Computer zu interagieren und seitdem wird auch aktiv an Möglichkeiten gearbeitet mehrere Finger zu verwenden (Schöning et al. 2008). Durch kostengünstige Varianten von Multitouch-Tischen (Han 2005) wurde die Multitouch-Technologie auf großen Displays für den Massenmarkt tauglich. Neben der Möglichkeit mehrere Finger zur Eingabe zu verwenden, macht bei Touch-Umgebungen die Kombination von Ein- und Ausgabe die direkte Interaktion möglich (Buxton 2005). Der von der Firma *mediaman* zur Verfügung gestellte Multitouch-Tisch aus Abbildung 1 basiert auf der *verhinderter Totalreflexion* (Han 2005). Ein Finger muss die Oberfläche berühren, um einen Effekt zu erzielen. Das System verfügt über eine Erkennungssoftware, welche die Berührpunkte von Fingern mit der Tischoberfläche erkennt und mit fester Rate einen Datenstrom (Kaltenbrunner 2005) weiterleitet. Die Interaktionsoberfläche wird mit Hilfe von Rückprojektion auch als Ausgabemedium verwendet. Wir gehen im Folgenden davon aus, Berührpunkte mit entsprechender Identifikation als absolute Koordinaten in Bildschirmauflösung zu erhalten.

Wu und Balakrishnan geben eine systematische Untersuchung von Gesten für eine Multitouch-Umgebung (Wu & Balakrishnan 2003). Es wird klar, dass bei der Gestenerkennung Startzeitpunkt, dynamische Phase und Endzeitpunkt identifiziert werden müssen. Die im

Gegensatz zur Maustpositionierung geringere Genauigkeit sollte bei der Gestenerkennung berücksichtigt werden. Es wird außerdem zwischen einer Geste und deren Bedeutung unterschieden und vorgesehen, dass eine Geste je nach Kontext unterschiedliche Bedeutung haben kann. Einen Überblick über verschiedene Ansätze zur Gestenerkennung und deren Integration in ein UI-Framework gibt (Echtler & Klinker 2008). Es wird eine Architektur ähnlich zu der hier vorgestellten vorgeschlagen. Die Gestenerkennung wird in einem *Interpretation Layer* behandelt und es ist möglich Gestenerkennung auf Regionen zu beschränken.

3 Multitouch-Gesten

Gesten ermöglichen die Interaktion mit einer Multitouch-Anwendung. Mit ihnen können Objekte selektiert und manipuliert werden. Im Folgenden analysieren wir mehrere Multitouch-Gesten und identifizieren Eigenschaften, die sowohl für die Erkennung als auch die Ereignisse in einem UI-Framework relevant sind.

(a) Doppelklick *(b) Zeitklick* *(c) Zweifingerklick*

Abbildung 2: Klicken

Bei der *Doppelklick*-Geste in Abbildung 2(a) wird das Verhalten eines Maus-Doppelklicks nachgeahmt. Dazu wird zweimal kurz hintereinander dasselbe Objekt mit einem Finger berührt. Bei der Erkennung dieser Geste muss innerhalb zeitlicher und räumlicher Toleranzen erkannt werden, ob derselbe Finger die Oberfläche zweimal berührt hat. Die *Zeitklick*-Geste in Abbildung 2(b) wird ausgeführt, indem man mit einem Finger für eine gewisse Zeitspanne auf einem Objekt bleibt und sich der Finger innerhalb dieser Zeit, im Rahmen von Toleranzen, nicht bewegt. Bei dem *Zweifingerklick* in Abbildung 2(c) berühren zwei Finger annähernd gleichzeitig ein Objekt und verlassen es auch nahezu simultan wieder. Werden während der Berührung mehr als zwei Finger verwendet, wird die Geste richtigerweise nicht erkannt.

Bei der Geste *Bewegen eines Fingers* in Abbildung 3(a) berührt genau ein Finger ein Objekt und bewegt sich beliebig auf der Interaktionsoberfläche, bis er diese wieder verlässt. Eine typische Standardinterpretation dieser Geste ist, dass das Objekt mit der ersten Berührung ausgewählt und um denselben Bewegungsvektor wie der zugeordnete Finger bewegt wird. Bei der Geste *Bewegung mehrerer Finger in eine Richtung* in Abbildung 3(b) bewegen sich mindestens zwei bis maximal fünf Finger in eine Richtung. Das Objekt wird dabei standardmäßig um den mittleren Bewegungsvektor der zugeordneten Finger bewegt. Der Schwerpunkt der erkannten Finger eignet sich dazu leider nicht, da sich dieser bei Hinzunahme eines Fingers sprunghaft verschieben würde. Der mittlere Bewegungsvektor ist also toleranter und intuitiver sowohl in der Erkennung als auch in der Verwendung.

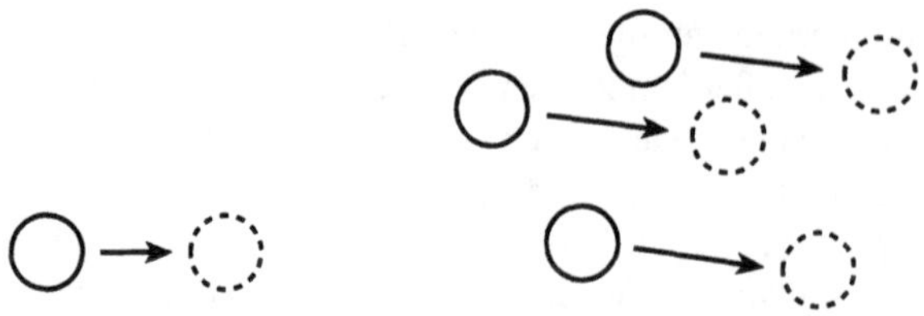

(a) Bewegen eines Fingers *(b) Bewegen mehrerer Finger in eine Richtung*

Abbildung 3: Bewegen der Finger

Bei der Geste *Distanzänderung zweier Finger* in Abbildung 4(a) und (b) bewegen sich zwei Finger aufeinander zu oder voneinander weg. Dies entspricht der typischen Verwendung zweier Zeigefinger zum Skalieren. Der Skalierungsfaktor wird durch die Längenänderung der Strecke zwischen den Fingern ermittelt. Bei der *Distanzänderung mehrerer Finger* in Abbildung 4(c) bewegen sich mindestens drei und maximal fünf Finger aufeinander zu oder voneinander weg. Dies entspricht einer Greif- bzw. Spreizbewegung der Finger einer Hand zum Skalieren. Der Skalierungsfaktor wird durch die Größenänderung der umschließenden Bounding Box bestimmt.

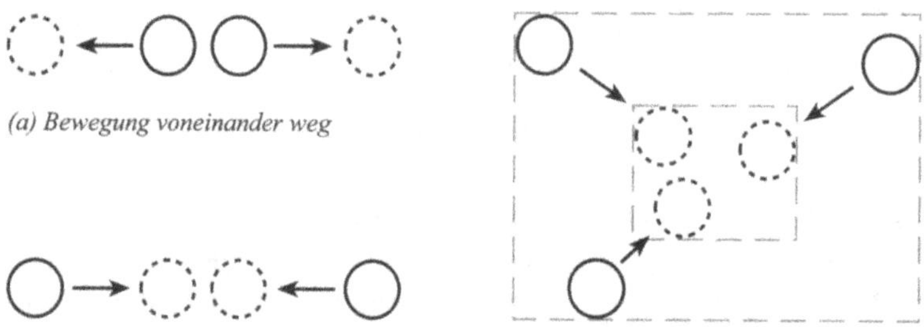

(a) Bewegung voneinander weg

(b) Bewegung aufeinander zu

(c) Distanzänderung mehrerer Finger

Abbildung 4: Distanzänderung der Finger

Bei der Geste *Kreisbewegung mit zwei Fingern* in Abbildung 5(a) bewegen sich zwei Finger um ihren Mittelpunkt. Bei der *Kreisbewegung mit mehreren Fingern* in Abbildung 5(b) drehen sich zwischen drei und fünf Finger um ihr Zentrum. Eine übliche Interpretation beider Gesten ist die Drehung des selektierten Objekts um den Schwerpunkt der Berührpunkte.

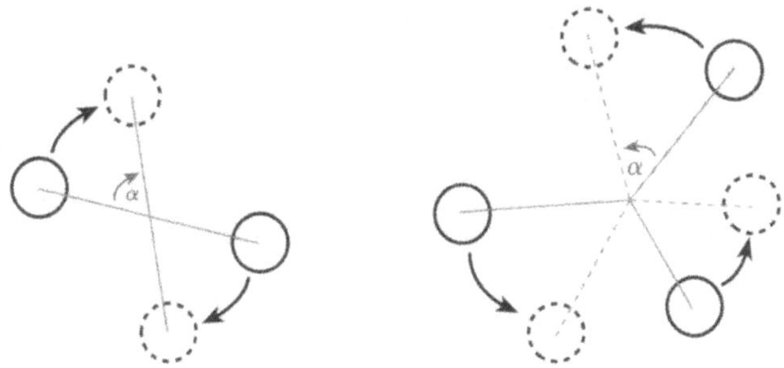

(a) Kreisbewegung mit zwei Fingern (b) Kreisbewegung mit mehreren Fingern

Abbildung 5: Kreisbewegung der Finger

Eine Gestenbewegung muss aber nicht immer dieselbe Reaktion hervorrufen, sondern kann je nach Situation und Kontext eine andere Bedeutung haben. So muss eine Kreisbewegung mit zwei Fingern nicht zwangsläufig das Rotieren des betroffenen Objektes bedeuten, sondern könnte auch als Farbänderung interpretiert werden. Es ist also sinnvoll die Gestenbewegung von deren Interpretation zu trennen. Trotzdem kann häufig eine typische Umsetzung für eine Geste, wie zum Beispiel Selektion bei Berührung angenommen werden.

4 Gestenerkennung

Während einer Gestenerkennung werden Berührpunkte, welche die absolute Position zu einem gewissen Zeitpunkt enthalten, kontinuierlich analysiert. Zuerst wird jeder Berührpunkt einem Multitouch-Objekt zugeordnet – er wird *registriert*. Basierend auf den registrierten Berührpunkten können Schwerpunkt, Bounding Box, Bewegungsvektor und Rotationswinkel abgeleitet werden. Mit Hilfe dieser Informationen können alle vorgestellten Gesten kontextunabhängig erkannt werden. Ein Gestenerkenner kombiniert nun diese Informationen um Startzeitpunkt, dynamische Phase und Endzeitpunkt zu bestimmen. Dabei werden Ungenauigkeiten der Erkennungssoftware oder ungewollte, kleine Bewegungen der Finger gestenspezifisch durch zeitliche und räumliche Toleranzen kompensiert. Im Folgenden stellen wir Besonderheiten der Erkennung ausgesuchter Gesten vor und spielen die Erkennung einer Geste vollständig durch. Details zu allen Gesten sind in (Leidecker 2009) aufgeführt.

Bei vielen Gesten wird eine sofortige Reaktion von den Interaktionselementen erwartet, wie bei der *Kreisbewegung mit zwei Fingern*, bei der sich das betroffene Objekt in Echtzeit mitdrehen soll. Berührpunktdaten zu sammeln und anschließend zu analysieren, ist in diesem Fall nicht sinnvoll. Für eine Geste muss es Startzeitpunkt, Endzeitpunkt und dynamische Phase geben. Die Anzahl der Berührpunkte ist ein entscheidendes Attribut für die Erkennung einer Geste. So wird beispielsweise die dynamische Phase erst gestartet, wenn die Anzahl der Berührpunkte mit der Definition der Geste übereinstimmt. Auch wird bei vielen Gesten die Gestenerkennung ausgesetzt, wenn die Anzahl der Berührpunkte von der Definition abweicht. Während bei der Anzahl der Berührpunkte keine Toleranzen notwendig sind, funktioniert zum Beispiel der *Zeitklick* nur mit räumlichen Toleranzen stabil. Beim Zeitklick soll der Finger für eine gewisse Zeit ruhen. Eine Bewegungstoleranz sorgt dafür, dass ungewollte, kleine Bewegungen abgefangen werden, die schon durch Druckpunktverlagerung der Fingerspitze entstehen oder durch Ungenauigkeiten der Erkennungssoftware hervorgerufen werden. Bei dem *Zweifingerklick* in Abbildung 6 sind sowohl die Anzahl der Berührpunkte als auch die Verwendung einer Zeittoleranz für die Gestenerkennung entscheidend. Der Zweifingerklick wird erkannt, wenn zwei Finger das Objekt zeitgleich oder in einem gewissen Zeitrahmen berühren und wieder verlassen. Sind zu einem Zeitpunkt mehr als zwei Finger auf dem Objekt, wird die Geste deaktiviert. Sie wird erst wieder aktiviert, wenn alle Finger das Objekt verlassen, wodurch ein ungewolltes Auslösen der Geste verhindert wird.

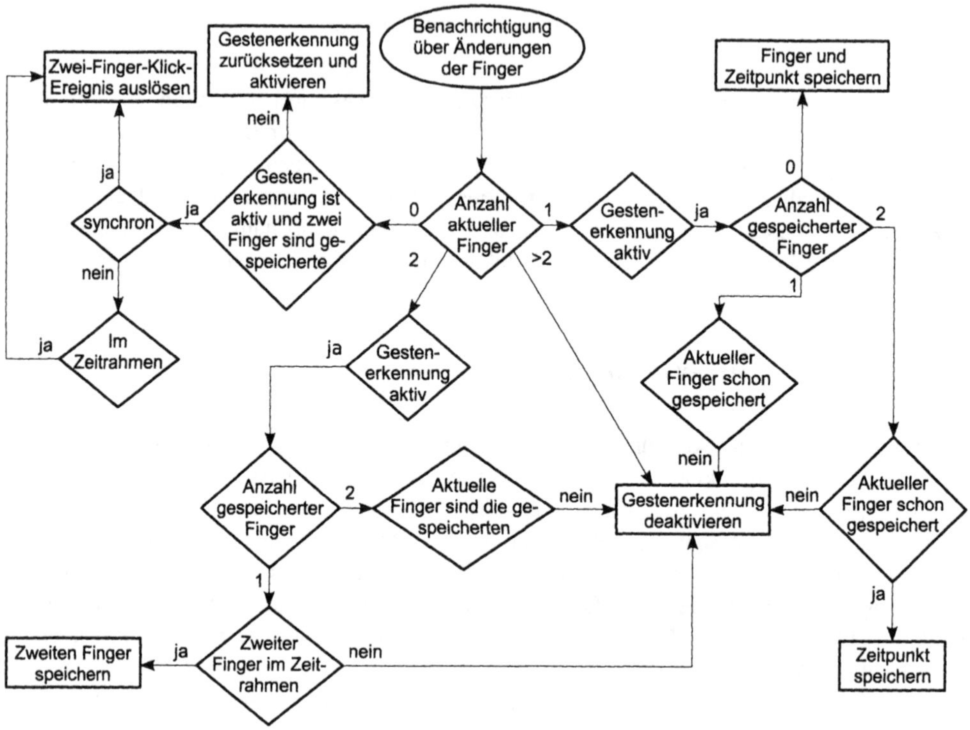

Abbildung 6: Ablauf Zweifingerklick

Wir betrachten nun im Detail die Erkennung des Zweifingerklicks in Abbildung 6 (nicht weiter verfolgte Pfade im Ablauf lösen keine weiteren Aktionen aus). Das Erkennungsverfahren muss zeitliche Verzögerungen zwischen den Berührungen berücksichtigen. Dazu werden Berührpunkte mit Fingern assoziiert. Wird ein Berührpunkt erstmals für ein Objekt registriert, wird er als erster Finger identifiziert. Anhand des Zeitpunkts des ersten Fingers wird später entschieden, ob ein weiterer Berührpunkt der nötige zweite Finger ist, der innerhalb einer kurzen Verzögerung hinzugekommen ist. Wurde bereits ein Berührpunkt registriert, muss dies der aktuelle Finger auf dem Objekt sein. Falls nicht, ist das seltene Ereignis aufgetreten, dass der Finger entfernt wurde und zeitgleich ein neuer Finger auf dasselbe

Objekt gesetzt wurde. Da dies nicht dem gewünschten Verhalten entspricht, wird die Geste vorläufig deaktiviert. Waren schon zwei Finger registriert und ist jetzt nur noch ein einziger Finger vorhanden, dann muss dieser verbleibende Finger innerhalb einer kurzen Verzögerung das Objekt verlassen, um das Ereignis der Geste auszulösen. Werden gleichzeitig zwei Berührpunkte für ein bisher unberührtes Objekt registriert, sind beide Finger zeitgleich hinzugekommen. Wenn bereits zwei Berührpunkte registriert sind, dürfen diese in der dynamischen Phase nicht durch andere ersetzt werden. Berührt bei aktiver Geste kein Finger mehr das Objekt, nachdem zuvor zwei Finger auf dem Objekt waren, dann wurden beide Finger entfernt und ein Ereignis für die Geste wird ausgelöst. Die Gestenerkennung wird bei Fehlern, wie einer falschen Anzahl an Fingern oder ein Überschreiten der Zeittoleranzen, temporär deaktiviert, bis kein Berührpunkt mehr für das Objekt registriert ist. Nach Auslösen des Ereignisses wird der Gestenerkenner in eine aktive Ausgangsposition zurückgesetzt. Im Ereignis der Geste werden gestenspezifische Informationen, wie zum Beispiel der Mittelpunkt zwischen den beiden Fingern beim Zweifingerklick oder der Drehwinkel bei der Kreisbewegung mit zwei Fingern, mit dem Ereignis verknüpft. Ein Problem mancher Gesten ist, dass man auf einen Finger reagieren möchte, der die Interaktionsoberfläche zeitweise verlässt, wie beispielsweise beim *Doppelklick*. Aufgrund der Multitouch-Fähigkeit müssen im Gegensatz zum Maus-Doppelklick mehrere, gleichzeitige Klicks unterschieden werden. Verlässt ein Finger die Oberfläche und berührt sie danach erneut, ist dies für die Erkennungssoftware ein neuer Berührpunkt. Dass dieser von demselben Finger hervorgerufen wurde, kann nicht erkannt werden. Um einen Zusammenhang zwischen den beiden Klicks herzustellen, muss der zweite nicht nur in einer gewissen Zeitspanne erfolgen, sondern auch innerhalb eines räumlichen Toleranzbereichs um den ersten Klick liegen.

5 Architektur und Umsetzung

Das Framework in Abbildung 7 setzt auf den Daten der Erkennungssoftware auf. Die Berührpunkte, welche durch die Berührung des Fingers mit der Interaktionsoberfläche entstehen, werden von der Erkennungssoftware erfasst und ihre Position und Identifikation an das Framework übermittelt. Ein *Datenempfänger* nimmt diese Daten entgegen, extrahiert die Informationen der Berührpunkte und bereitet diese Daten für die Weiterverarbeitung auf. Die Punkte werden in das Koordinatensystem der Anwendung überführt und falls nötig kalibriert. Bei Bedarf kann diese Schicht ausgetauscht oder angepasst werden. Die aufbereiteten Daten werden an die nächst höhere Verarbeitungsschicht des Frameworks, den *Datenverwalter*, weitergegeben. Der Datenverwalter dient als Schaltzentrale innerhalb des Frameworks. Er interpretiert die Daten und stößt weitere Verarbeitungsschritte an. Die Daten werden als Berührpunkte interpretiert und gespeichert, aktualisiert oder gelöscht. Der *Berührpunktverwalter* organisiert alle Berührpunkte und kann Auskunft über einzelne Berührpunkte, die Gesamtheit der Berührpunkte oder Mengen bestimmter Berührpunkte geben. Er berechnet beispielsweise den Schwerpunkt von Berührpunkten oder ob sich mehrere Berührpunkte in die gleiche Richtung bewegen. Diese Informationen werden von jedem *Gestenerkenner* benötigt, welcher die Verhaltensweisen der Berührpunkte analysieren, um festzustellen, ob eine Geste eingetreten ist und um deren Eigenschaften zu bestimmen. Werden Gesten erkannt, sollen die Objekte der Anwendungsschicht darauf reagieren können. Gestenerkenner werden einem *Multitouch-Objekt* zugeordnet. Die Multitouch-Objekte werden in einem UI-Framework mit einer grafischen Darstellung assoziiert und kapseln selbst nur Multitouch-Zustand und Verhalten. Ein Multitouch-Objekt hält eine Liste von Gestenerkennern, wodurch dynamisch beliebig viele Gesten erkannt werden können. Es besitzt außerdem einen lokalen Berührpunktverwalter, der nur ihm zugewiesene Berührpunkte registriert. Der Gestenerkenner kann so schneller arbeiten, da er nur für das Objekt relevante Berührpunkte betrachten muss.

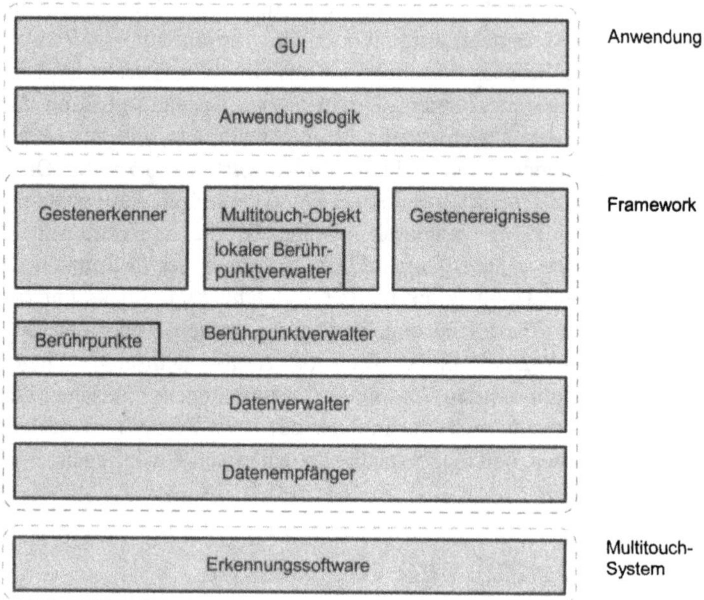

Abbildung 7: Komponenten des Frameworks

Damit in der Anwendungsschicht individuell auf Gesten reagiert werden kann, lösen die Gestenerkenner zwischen erkannten Startzeitpunkt und Endzeitpunkt *Gestenereignisse* aus. Diese Ereignisse beinhalten gestenspezifische Informationen als Attribute, die in der Anwendungsschicht verwendet werden können. Das Framework ist leicht um weitere Gesten erweiterbar. Die Gestenerkenner sind entkoppelt vom Kern des Frameworks und können in einer eigenen Klasse separat definiert werden. Der Zugriff auf die Hilfsfunktionen des Berührpunktverwalters zur Berechnung abgeleiteter Informationen erleichtert dabei die Realisierung des Gestenerkenners. Das Framework ruft betroffene Gestenerkenner bei Änderung relevanter Berührpunkte auf und die Anwendungsschicht erwartet nur noch die Ereignisse der Gesten.

Zur Realisierung des Frameworks wurde Flash mit Actionscript 3.0 gewählt. Durch einen integrierten Umgang mit Grafikobjekten und einem anpassbaren Ereignismodell eignete sich Flash gut für die Umsetzung eines Frameworks, das im Bereich der grafischen Benutzungsschnittstellen einzuordnen ist. Viele der prototypischen Multitouch-Anwendungen werden zurzeit in Flash realisiert. Das Anwendungsbeispiel *Foto-Betrachter* in Abbildung 8 demonstriert die Funktionalität des Frameworks. Mit dieser Multitouch-Anwendung können Fotos betrachtet und manipuliert werden – auch mit mehreren Personen. Auf der linken Seite befinden sich Funktionen und Gesten, die auf Fotos angewendet werden können. Die Fotos können mit einem oder mehr Fingern verschoben, skaliert oder rotiert werden. Da das Framework mehrere Fokusse ermöglicht, sind diese Aktionen mit verschiedenen Fotos gleichzeitig möglich. Zur Laufzeit werden Gestenerkenner dynamisch mit Multitouch-Objekten verbunden und jeweils mit unterschiedlichem Verhalten assoziiert.

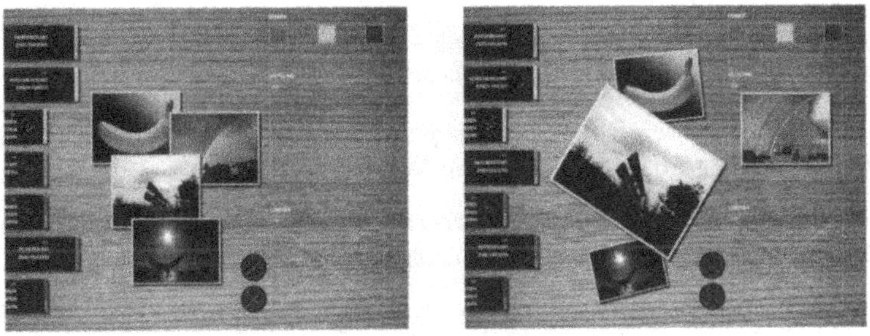

Abbildung 8: Anwendung Foto-Betrachter

Klickt man mit zwei Fingern auf ein Foto während man mit einem anderen Finger ein Farbfeld berührt, so kann man dieses einfärben. Die Farbsättigung eines Fotos lässt sich anpassen, indem man dieses in einen speziellen Arbeitsbereich verschiebt. Mittels einer Kreisbewegung zweier Finger, die vorher noch zum Drehen des Fotos gedient hat, wird in diesem Arbeitsbereich die Sättigung angepasst. Dies ist ein Beispiel für einen sinnvollen Einsatz der Trennung von Gestenbewegung und deren Interpretation.

6 Zusammenfassung und Ausblick

Typische Gesten in Multitouch-Umgebungen können mit wenigen Informationen wie Schwerpunkt, Bounding Box, Bewegungsvektor und Rotationswinkel erkannt werden. Gestenerkenner kombinieren diese Informationen und berücksichtigen dabei zeitliche sowie räumliche Toleranzen. Darauf aufbauend präsentieren wir eine Architektur zur Gestenerkennung und Integration in ein UI-Framework. Die vorgeschlagene Architektur eignet sich gut zur Realisierung eigener Gesten und Gestenerkenner. Die Flash-basierte Implementierung und Realisierung der Demonstrationsanwendung lässt Anwendungsentwickler schnell umfangreiche Multitouch-Anwendungen erstellen. Zurzeit werden mit Hilfe des Frameworks Anwendungsszenarien realisiert und dabei weitere Gestenerkenner entwickelt. Ob die abgeleiteten Informationen ein Großteil noch zu realisierender Gestenerkenner ausreichend unterstützt, muss noch evaluiert werden. Für einen produktiven Einsatz muss die Kalibrierung der Umgebung sowie die Assoziation der Finger zu Berührpunkten verbessert werden.

Danksagung

Wir danken *mediaman* für die Unterstützung und Bereitstellung des Multitouch-Tisches.

Literaturverzeichnis

Apple (2005). *Multipoint Touchscreen*. Schutzrecht WO 2005/114369 A2, G06F 3/033, US, Apple.

Buxton,W. (2005). *Taxonomies Of Input*. In *Haptic Input*.

Echtler, J. & Klinker, G. (2008). A Multitouch Software Architecture. In *NordiCHI 2008: Using Bridges*. Technische Universität München.

Han, J. Y. (2005). Low-cost multi-touch sensing through frustrated total internal reflection. In *UIST '05: User interface software and technology*. New York: ACM, S. 115–118.

Leidecker, T. (2009). *Framework zur Entwicklung interaktionsgesteuerter Applikationen für einen Multitouch-Tisch*, Diplomarbeit, Fachhochschule Wiesbaden.

Kaltenbrunner, M. et al. (2005). Tuio - a protocol for table based tangible user interfaces. In *6th Workshop on Gesture in Human-Computer Interaction and Simulation*. Vannes.

Moscovich, T. (2007). *Principles and applications of multi-touch interaction*. PhD thesis, Brown University.

Muto, W. & Diefenbach, P. (2008). Applications of multi-touch gaming technology to middle-school education, In *ACM SIGGRAPH 2008 posters*. New York: ACM.

Schedlbauer, M. J. (2007). *A Survey of Manual Input Devices*. Technical report, University of Massachusetts.

Schöning, J. et al. (2008). *Multi-Touch Surfaces: A Technical Guide*. Technical University of Munich.

Sutherland, I. E. (1963). *Sketchpad: a man-machine graphical communication system*. In *AFIPS '63*. New York: ACM, S. 329-346.

Wu, M. & Balakrishnan, R. (2003). Multi-finger and whole hand gestural interaction techniques for multi-user tabletop displays. In *UIST '03, User interface software and technology*. New York: ACM, S. 193-202.

Kontaktinformationen

Peter Barth (barth@informatik.fh-wiesbaden.de)
Thomas Leidecker (thomas.leidecker@gmx.de)

H. Wandke, S. Kain & D. Struve (Hrsg.): Mensch & Computer 2009: Grenzenlos frei!?
München: Oldenbourg Verlag, 2009, S. 253-262

Using Spatially Aware Tangible Displays for Exploring Virtual Spaces

Martin Spindler, Jana Sieber, Raimund Dachselt

Faculty of Computer Science, Otto-von-Guericke University, Magdeburg, Germany

Abstract

To solve the challenge of exploring large information spaces on interactive surfaces such as tabletops, we introduce *SpaceLens*, a spatially aware handheld display that provides elegant three-dimensional exploration of rich datasets. This can either be volumetric data, a layered information space or a zoomable information space, which are mapped to the virtual exploration volume above a stationary surface. By moving the lens through the volume, corresponding data is displayed, thus serving as a window into virtuality. Various interaction techniques are introduced, which especially utilize the Z-axis (lens height) in a novel way, e.g. for zooming or displaying various information layers. The SpaceLens implementation uses an optically tracked, passive, top-projected paper lens, which is cheap, lightweight and flexible. A formative user study gave valuable insight and confirmed an intuitive interaction. In addition, a marker-tracked, active UMPC lens allows data exploration without a contextual display.

1 Introduction

The past years have seen rapid improvements in research and technology for large displays, interactive surfaces, such as walls or tabletops, and associated natural interaction techniques using hand gestures, multitouch, interactive pens, or tangibles. Simultaneously, mobile and miniaturized devices allow people to move away from stationary desktop user interfaces to a ubiquitous everyday use. However, even though research approaches exist that combine small personal devices with large displays, this area is far from being fully explored. In almost any case, the interaction is constraint to a single – small or large – 2D display.

At the same time, information spaces are ever growing and become more and more complex. This results in challenging data filtering and exploration tasks, such as planning a brain surgery using medical imagery or working with geographic information systems. Often, various information layers need to be handled, and the early idea of *Magic Lenses* (Bier et al. 1993) is one promising solution for it, which has been extended to more advanced detail & context techniques. Two approaches using handheld displays to explore complex data shall be mentioned as examples: *Tangible Magic Lenses* (Ullmer & Ishii 1997) and *Peephole Displays* (Yee 2003). Both serve as windows into Virtuality, one with a contextual display and the other without. However, these and comparable systems only focus on certain aspects of spatial data exploration, do rarely use the 3D space above a display and often employ complicated or heavy hardware (e.g. tablet PCs).

To improve on that, we developed *SpaceLens*, a lightweight handheld display solution that enables the user to explore virtual information spaces in a more natural manner. These can consist of volumetric data or 2D image data as part of large continuous information spaces. To achieve this, the real 3D space above a stationary surface (e.g. a tabletop) is used as a virtual 'container' for the data to be explored. This will be done by moving the tracked SpaceLens through the interaction volume, which results in a change of the displayed content. We developed two SpaceLens prototypes: first, a tech-free, passive, top-projected paper lens as a cheap, lightweight and flexible solution affording various shapes (see Figure) and second an active UMPC lens, which does not require a display context at all. Considering the envisioned application domains and feedback from a first user study, we assume that tangible SpaceLenses will allow an elegant and smooth spatial exploration of virtual spaces.

The remaining paper is structured as follows. After a discussion of related work, the SpaceLens concept is introduced in Section 3 along with interaction techniques for exploring volumetric, abstract and large continuous data. In Section 4, two technically different implementations of SpaceLenses are presented. This is followed by a section that introduces various application scenarios which benefit from SpaceLenses. Section 6 reports on the conducted user study. The paper is concluded with a discussion and an outlook on future plans.

Figure 1: Exploration of a layered information space with the paper lens. Depending on the height of the paper lens, different layers of information are displayed, i.e. skeleton (left), muscles (middle) and nerves (right)

2 Related Work

The use of spatially aware displays for the exploration of virtual spaces has been a field of study for more than a decade. As one of the first approaches, *Tangible Magic Lenses* were introduced with the *metaDESK* system by (Ullmer & Ishii 1997). Besides a passive lens that is bound to the tabletop surface, an active lens consisting of a flat-panel LCD was proposed for 3D interaction. Thereby, the Z-axis is simply utilized for zooming in a 3D geospace. In addition, the movement of the active lens is restricted by its attachment to a mechanical arm.

(Lee et al. 2005) came up with a more flexible, handheld lens solution in form of either a passive, projective display or a tablet PC. Similar to our work, the developers suggest using the lens to explore 2D datasets with multiple layers, e.g. geographic information data. Yet, a 3D exploration of this data is not proposed. A tablet PC is also used in the work of (Sanneblad & Holmquist 2006). We picked up their idea of using a lens to access details that are unrecognizable in a large image, even on large screens. However, they do not exploit the space in front of the wall display to allow for controlling the level of detail. (Brown & Hua 2006) developed an embedded, surface-bound lens as well as a freely movable lens for augmented virtual environments. Their solution was an important step because the user is given more choices on the lens effect. Again, changes in the distance of the lens to the tabletop are not taken into consideration. Instead, a less natural interaction via buttons and menus on the lens is provided to allow for zooming, clipping or layering the context.

All mentioned solutions require the users to hold rather heavy devices. Two recent technical approaches allow a more lightweight solution. *UlteriorScape* (Kakehi & Naemura 2008) uses a simple paper lens in various shapes and sizes. It is optically tracked and back-projected through the tabletop display underneath by using a Lumisty film. Unlike our lens, only the user's position at the tabletop but not the height of the lens above the surface influences what is displayed. The *SecondLight* solution (Izadi et al. 2008) uses a back-projection of both the surface and the lens, too, but by applying a shutter concept and multiple projectors instead. Similar to our approach, the developers suggest the utilization of height changes for zooming or altering rotation to reveal new layers. While both approaches were inspiring for our solution, we aimed at a considerably less complex technical solution that is more affordable.

The work that resembles our intention most closely is the *peephole display* (Yee 2003), where the virtual information space around a user can be explored with a tracked PDA. With it, the metaphor of the Z-axis is taken into account, e.g. for zooming and layering, but the focus is only on common desktop applications, such as a calendar. In summary, none of the available solutions allows a spatially aware display to truly utilize the 3D space above a reference surface in order to provide a rich set of natural 3D exploration techniques for virtual spaces, such as 3D volumetric data or large zoomable 2D information spaces.

3 The SpaceLens Concept

In this section, we introduce *SpaceLenses* as spatially aware displays that are suitable for exploring virtual spaces in a more natural manner. Similar to a suggestion of (Fitzmaurice 1993), our principle idea is to find a set of meaningful mappings that translates the movement of a SpaceLens in real world space (the *interaction space*) into an intended action in a virtual space (the *exploration space*). For SpaceLenses, navigation and zooming techniques will be proposed in this section, and navigation aids will be briefly discussed.

3.1 Spaces and Mappings

We specify the *interaction space* as the continuous three-dimensional real-world space where the user holds and moves the SpaceLens in order to explore parts of the exploration space. The interaction space is defined by a two-dimensional *reference surface* that is aligned to the X_i- and Y_i-axis of the *interaction space coordinate system* (see green-colored coordinate axes in Figure). A third dimension is described by the Z_i-axis pointing into the direction perpendicular to the reference surface. Typically, the interaction space could be the space above a horizontal surface such as a tabletop or desk, but vertical or slanted reference surfaces are also possible (e.g. a wall or a speaker's desk). Please note that the reference surface can also provide a visual context that helps guiding the user during the interaction process.

With the *exploration space* we describe a virtual three-dimensional volumetric space that is virtually "filled" with the data the user intends to explore. According to the type and extent of the data, we distinguish between three different classes of exploration spaces: *virtual three-dimensional volumes, layered information spaces* and *zoomable information spaces.* In order to let the user spatially explore these classes in a more natural way, appropriate mappings from the interaction space coordinate system to the exploration *space coordinate system* (see red coordinate axes in Figure) need to be found. In general, all three types can be similar in the X_eY_e-space, but may differ conceptually in the third dimension (Z_e-axis). In the following we will discuss each class and its corresponding mappings in more detail.

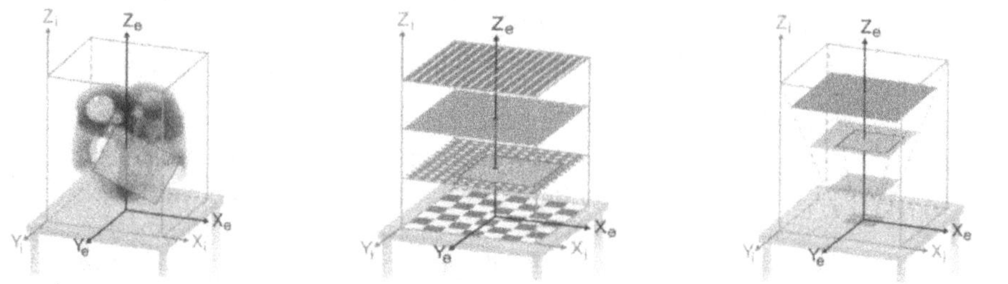

(a) Virtual 3D Volumes *(b) Layered Information Spaces* *(c) Zoomable Information Spaces*

Figure 2: Structural sketch of the different spaces and coordinate systems. The interaction space is depicted in green (XiYiZi), the associated exploration space in red (XeYeZe). Blue rectangles show a possible lens position.

VIRTUAL 3D VOLUMES. A *virtual 3D volume* is a set of 3D samples (voxels) with a volumetric nature. Typical examples are datasets acquired via CT or MRI techniques used in the realm of medical or scientific visualization. Volumetric data exhibit a continuous form in all three dimensions and thus allow for a direct linear mapping from the interaction space ($X_iY_iZ_i$) onto the exploration space coordinate system ($X_eY_eZ_e$), see Figurea.

LAYERED INFORMATION SPACES. We define a *layered information space* as a set of two-dimensional information layers (raster data and/or vector data) with each layer representing a unique feature of a model. Layered information spaces are commonly employed in various application fields, such as geographic information systems or interactive maps. In general, these spaces are continuous within a 2D plane and thus allow for a direct linear mapping from the X_iY_i-space onto the X_eY_e-space (see Figureb). The mapping from Z_i to Z_e is not as straightforward. We can obtain a non-linear mapping by dividing the Z_e-axis into discreet intervals and by associating these intervals with distinct layers. This way, we construct a "volumetric" layered information space - with each layer covering a distinct "height" in the exploration space - that can be mapped directly onto the interaction space.

ZOOMABLE INFORMATION SPACES. Based on the concept of space-scale diagrams (Furnas & Bederson 1995) we define the *zoomable information space* as a paradigm for the exploration of large 2D information worlds where zooming and panning plays an essential role (e.g. gigapixel images or maps). We can easily map the interaction space onto the exploration space in such a way that the pyramid's Z_e-axis representing the level of detail/zoom is aligned with the Z_i-axis (see Figurec). The Z-axis is thereby interpreted as a scaling function and the XY-plane describes the position in 2D space as required for panning operations.

3.2 Navigation and Zooming Techniques

With the two spaces and their mappings defined we can now propose a *SpaceLens* held by the user in the interaction space serving as a window into the exploration space. A lens as a spatially aware display typically provides six degrees of freedom (DOF) that describe location and orientation in the interaction space. For the purpose of navigation and zooming, we can make use of this information by directly mapping the six values onto the exploration space. In order to do so, we identified three techniques that restrict the degree of freedom depending on the intended task: *depth translation*, *XY-translation*, and *tilting*.

DEPTH TRANSLATION. The *depth translation* describes a change of Z_i that is interpreted differently depending on each of the three types of exploration spaces. For the first type (a, virtual three-dimensional volumes) this simply leads to a *shift of height*, such as a selection of a different slice in a medical volume dataset. For the second type (b, layered information spaces), a modified height translates to a *change of the selected layer*, e.g. from "satellite image" to "street map", when above the assigned space range. For the third type (c, zoomable information spaces), the depth translation describes a *zooming operation*. When the user intends to examine a detail of the dataset (e.g. a high-resolution photograph), he or she simply needs to lift up the SpaceLens closer to her face.

XY-TRANSLATION. We define the *XY-translation* as being restricted to the X_iY_i-space, i.e. all planes parallel to the reference surface with the simplest case of the surface itself. By directly mapping the X_iY_i- onto the X_eY_e-space, this technique is well-suited for all kinds of panning operations with only minor differences for the exploration space types. For types (a) and (b), a *shift in the X_eY_e-plane* is equivalent to navigating through a single slice of a volume (e.g. the Visual Human) or an information layer (e.g. a street map). Although this is also true for the third type (c), here the level of zoom (depending on the depth-translation) determines the scaling factor of the mapping between the X_iY_i and X_eY_e-space.

TILTING. With *tilting* we define a technique that allows the user to horizontally or vertically rotate or "tilt" a SpaceLens in the interaction space in order to study the exploration space in more detail. In particular, this makes sense for the first type (a), virtual three-dimensional volumes, where tilting provides a natural way of how to arbitrarily "slice" through a dataset. How tilting might be utilized for the other two types (b) and (c), depends very much on the specific application type and requires further investigation.

When exploring virtual spaces with a spatially aware display, orientation support is necessary to help the user to not getting lost. Naturally, the extent of the *reference surface* provides a good estimate for the size of the interaction space. It can also serve as a visual context and supplementary tabletop display. With it, the interaction metaphor changes from *interacting in a 3D space* to *interacting "on top" of a contextual display.* For the Z_i-axis, the "lower" boundary is well-defined by the reference surface. For the "upper" boundary human capabilities and eye sight suggest an approximate height of 35 to 45 cm above the reference surface depending on the user's size. The display of the SpaceLens can also be augmented with a *height indicator* in order to provide a better visual feedback for the minimum, maximum and current Z_e-value, i.e. "vertical" position of the lens, within an information space.

4 Implementation

PAPER LENS. With the *paper lens* we introduce a simple and affordable *passive display* solution. This is the first of two solutions serving as a proof of the SpaceLens concept. The general setup consists of a *table*, a *projector* above, an *infrared camera with infrared emitter,* and the *paper lens* (see Figure 3). In this deliberately simple setup, the table serves both as horizontal reference surface and visual context. The paper lens itself is made of a rectangular-shaped piece of pressboard (30x20cm) with three IR-reflective markers (5x5mm) on three corners (see Figure 5) that are tracked with an infrared camera at 100Hz and a 640x480 pixel resolution. By taking the rectangular shape of the paper lens into consideration, the position of the fourth corner can easily be extrapolated. The determination of the corner's Z-coordinates is more difficult, since 2D tracking is not sufficient here. Instead, we determine the triangular-shaped area spanned by the markers and derive the lens' height from the increasing/decreasing size of the area calibrated earlier. This method works very well for horizontally held paper lenses, but needs to be extended to also detect the height of individual corners for tilting. For the work presented here, we use tilting with the paper lens to a limited extent only. With the known position and orientation of the paper lens, the top-projector can be used to not only project images onto the table surface but also onto the paper lens as long as it resides within the projection volume. For that, a dynamically calculated area of the overall projected screen will be replaced with the content to be displayed on the lens.

Although our paper lens implementation appears to be convincing, the passive display approach and marker-based tracking yield some inherent limitations. First of all, the projection and tracking volumes become smaller with an increased height above the table and therefore limit the size of the interaction space. Second, the tracking is only stable as long as the user does not occlude one of the markers with his hands or fingers. Third, the projector's shallow depth of field causes blurring artifacts on the paper lens the higher the lens is held. Another problem is unwanted shadows on the tabletop surface caused by the paper lens. This could be fixed by a second projector underneath the tabletop (leading to a more complex setup).

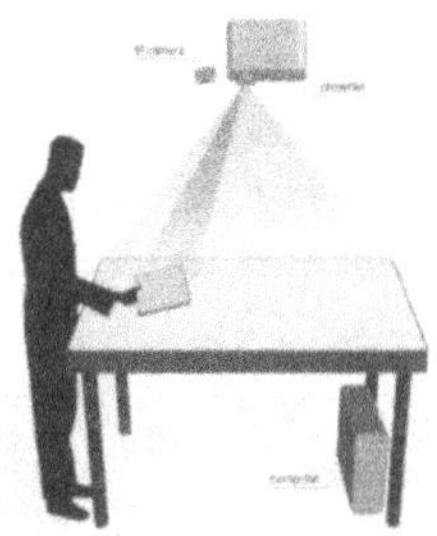

Figure 3: Paper Lens Setup. A top-projector projects the image content onto the lens as well as the reference surface. The paper lens is tracked via an infrared camera.

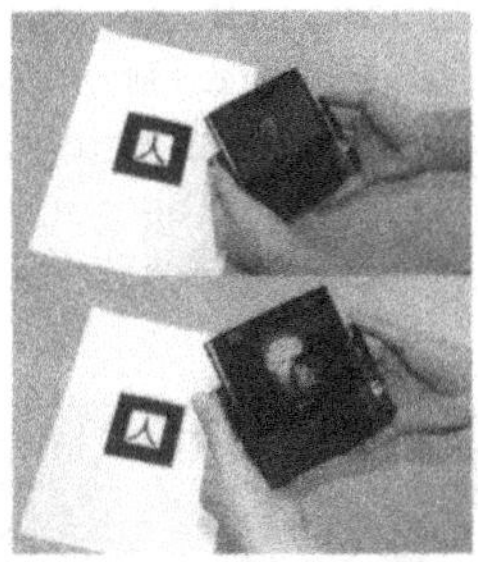

Figure 4: UMPC Lens Setup. The build-in UMPC camera tracks a printed marker (ARTag) and displays slices of a 3D volume depending on the distance to the marker.

Figure 5: Exploration of virtual 3D volumes with the paper lens. By moving the paper lens in all three dimensions the user can explore the volumetric CT scan of a human.

UMPC LENS. With the *UMPC lens* we implemented an *active display* variant that utilizes a common Ultra Mobile PC with a touch sensitive TFT (1024x600 pixel) and a build-in camera of 640x480 resolution (see Figure 4). We follow the approach of (Fiala & Roth 2007) by using an optical marker-based tracking that is based on the (ARToolKit 2008). For this, we attach printed markers on an arbitrary flat reference surface (e.g. a desk or a wall) or display them dynamically on a tabletop surface. The distance between lens and surface (Z-value) can easily be derived from the reference coordinate system that is provided by the underlying ARToolKit. Compared to the paper lens, the UMPC lens does not restrict the working space to a fixed location, but lacks a visual context, though this restriction does not apply by using dynamic markers on the tabletop display. Furthermore, the UMPC's dimension and weight diminish the user's experience, which is far more "magical and airy" with the paper lens.

5 Application Scenarios

VIRTUAL 3D VOLUMES. For the field of medical visualization, we have tested the exploration of 3D volumetric MRI data with both the paper and the UMPC lens. Here, we follow an idea suggested by (Brown & Hua 2006). As shown in Figure, we use the UMPC lens to scroll through a stack of brain scans by lifting and lowering the lens above a visual marker. In Figure, we use the paper lens to explore a volumetric CT scan of a human. Here, the tabletop display provides a contextual reference image (the man's silhouette) that helps the user in orientation.

LAYERED INFORMATION SPACES. The SpaceLens can also support medical students in studying the anatomy of the human body. For example, in Figure, students examine different layers of information showing the skeletal, muscular or nervous system of a human body.

Another promising application is the exploration of layered maps or GIS where users can smoothly navigate and select desired layers by lifting or lowering the lens.

ZOOMABLE INFORMATION SPACES. The *SpaceLens* is also a useful tool to simplify navigation in large 2D information spaces, such as *gigapixel images*. In Figure , the paper lens is utilized to show details of a large image. Here, users can pan and zoom in a natural way: by horizontally moving the lens (pan) and lifting and lowering it (zoom). Since the complete image is always visible underneath, the user does not get lost easily. Another promising application is semantic zooming with visual changes depending on zoom level.

Figure 6: Exploration of a zoomable information space with the paper lens. Depending on the height of the paper lens, the level of detail on the lens is changed from small (left) to large (right)

6 Evaluation

We conducted a formative user study in order to gather initial feedback from users working with SpaceLens. Twelve participants (3 female) between the age of 25 and 35 took part. Only three of them had prior experiences with interactive tabletops. The study was conducted with the paper lens prototype described in Section 4 and was videotaped. Two of the authors observed each session and took notes, particularly concerning the think-aloud data.

PROCEDURE AND TASKS. At the beginning, the paper lens was briefly introduced verbally without explaining the interaction modes, which participants had to figure out for themselves. Afterwards, they had to complete five tasks addressing all three classes of exploration spaces. For the layered information spaces participants were asked to count the number of colored dots in two different layers. For virtual 3D volumes, they were requested to find an unknown number of colored stains (tumors) in an MRT scan of a human torso. For zoomable information layers, participants were asked to figure out two details in a gigapixel image that were too small to be recognizable on the tabletop display. The order of the tasks was counterbalanced. Each task was succeeded by a small questionnaire regarding the subjective impressions of how easy the task was to be fulfilled (11 questions in total). At the end, the participants completed a post-test questionnaire on their subjective overall impressions (6 questions) as well as on demographic and computer usage information. All qualitative questions used a 7-point Likert scale from strongly disagree (-3) to strongly agree (3).

RESULTS. All of the 12 participants had been able to instantly accomplish the given tasks almost without errors. Considering that the participants had not been taught how to use the system, we conclude that our technique can be labeled as “intuitive”. This is also supported by the questionnaire, where participants agreed to the statements that "it was easy to learn the system" (2.83, SD=0.39) and "it was easy to use the system" (2.33, SD=0.49). However, some negative feedback was given regarding the layered information space, where the participants found it easier to keep the focus in a layer close to the tabletop (2.25, SD=0.62) than in a higher layer (1.58, SD=1.08). Some participants (n=3) suggested that the selected layer should be "thicker than other layers to make it easier to stay inside". Our observations also revealed some evidence that a non-linear stacking of layers might be more appropriate than a linear one. Our idea of including navigational indicators was supported by (n=3) participants, who explicitly asked for them. Many participants (n=7) complained about the abrupt changes of layers and some (n=4) suggested to add a blending between layers. An estimated 60% of the participants had problems holding the lens stable when zooming into the gigapixel image. One participant commented that a slight tilting posture seemed to be more natural, especially in greater heights. Some (n=2) participants mainly used one hand for holding the paper lens, which underlines its superiority to the heavier UMPC lens.

7 Conclusion

With *SpaceLens* we have introduced a natural approach for the spatial exploration of volumetric and large 2D information spaces. This was accomplished by mapping data to a virtual space above a stationary surface which serves as a spatial reference and optionally as a contextual display. Thus, the interaction and exploration space are "*physically*" brought together, with the SpaceLens serving as a window into the virtual space. With the introduction of the three basic types of data spaces *virtual 3D volumes, layered information spaces* and *zoomable information spaces*, we identified novel ways of accomplishing exploration tasks that are more difficult to solve with traditional 2D interfaces. We developed a set of natural lens navigation techniques, with the special focus on exploiting the Z-dimension of the interaction space. The concept has been implemented in various application scenarios using a UMPC and a paper lens. We favor the latter as it is a cheap, lightweight, flexible, and shape-variable solution allowing an almost "magical" user experience. This was also reported by a number of participants in the formative user study, who enjoyed it and gave valuable feedback.

Acknowledgements

This work was partly funded by the "Stifterverband für die Deutsche Wissenschaft". We thank Sandro Bosio, Lars Uebernickel, and Ricardo Langner for their help and support.

References

ARToolKit (2008). *http://www.hitl.washington.edu/artoolkit/*.

Bier, E. A., Stone, M. C., Pier, K., Buxton, W., and DeRose, T. D. (1993). Toolglass and magic lenses: the see-through interface. In *Proceedings of the 20th Annual Conference on Computer Graphics and interactive Techniques*. SIGGRAPH '93. New York, NY: ACM, pp. 73-80.

Brown, L. D. and Hua, H. (2006). Magic Lenses for Augmented Virtual Environments. In *IEEE Comput. Graph. Appl.* Volume 26, Issue 4. Los Alamitos, CA: IEEE Computer Society Press, pp. 64-73.

Fiala, M. (2005). ARTag, a Fiducial Marker System Using Digital Techniques. In *Proceedings of the 2005 IEEE Computer Society Conference on Computer Vision and Pattern Recognition (Cvpr'05) - Volume 2 - Volume 02*. Washington, DC: IEEE Computer Society, pp. 590-596.

Fiala, M. and Roth, G. (2007). Magic lens augmented reality: table-top and augmentorium. In *ACM SIGGRAPH 2007 Posters*. SIGGRAPH '07. New York, NY: ACM, p. 152.

Fitzmaurice, G. W. (1993). Situated information spaces and spatially aware palmtop computers. *Communications of the ACM.* New York, NY: ACM 36, 7, pp. 39-49.

Furnas, G. W. and Bederson, B. B. (1995). Space-scale diagrams: understanding multiscale interfaces. In *Proceedings of the SIGCHI Conference on Human Factors in Computing Systems*). I. R. Katz, R. Mack, L. Marks, M. B. Rosson, and J. Nielsen (Hrsg). Conference on Human Factors in Computing Systems. New York, NY: ACM Press/Addison-Wesley Publishing Co., pp. 234-241.

Izadi, S., Hodges, S., Taylor, S., Rosenfeld, D., Villar, N., Butler, A., and Westhues, J. (2008). Going beyond the display: a surface technology with an electronically switchable diffuser. In *Proc. of the ACM Symposium on User interface Software and Technology*. UIST '08. ACM, pp. 269-278.

Kakehi, Y. and Naemura, T. 2008. UlteriorScape: Interactive optical superimposition on a view-dependent tabletop display. In *Horizontal Interactive Human Computer Systems*, 2008. TABLETOP 2008, pp. 189-192

Lee, J. C., Hudson, S. E., Summet, J. W., and Dietz, P. H. (2005). Moveable interactive projected displays using projector based tracking. In *Proceedings of the 18th Annual ACM Symposium on User interface Software and Technology*. UIST '05. New York, NY: ACM, pp. 63-72.

Mackay, W. E., Pothier, G., Letondal, C., Bøegh, K., and Sørensen, H. E. (2002). The missing link: augmenting biology laboratory notebooks. In *Proceedings of the 15th Annual ACM Symposium on User interface Software and Technology*. UIST '02. New York, NY: ACM, pp. 41-50.

Sanneblad, J. and Holmquist, L. E. (2006). Ubiquitous graphics: combining hand-held and wall-size displays to interact with large images. In *Proceedings of the Working Conference on Advanced Visual interfaces*. AVI '06. New York, NY: ACM, pp. 373-377.

Ullmer, B. and Ishii, H. (1997). The metaDESK: models and prototypes for tangible user interfaces. In *Proceedings of the 10th Annual ACM Symposium on User interface Software and Technology*. UIST '97. New York, NY: ACM, pp. 223-232.

Yee, K. 2003. Peephole displays: pen interaction on spatially aware handheld computers. In *Proceedings of the SIGCHI Conference on Human Factors in Computing Systems*. CHI '03. New York, NY: ACM, pp. 1-8.

Contact

Martin Spindler

Otto-von-Guericke University, Institute of Simulation and Graphics,
POB 4120, 39016 Magdeburg, Germany.
{spindler, sieber, dachselt}@isg.cs.uni-magdeburg.de

H. Wandke, S. Kain & D. Struve (Hrsg.): Mensch & Computer 2009: Grenzenlos frei!?
München: Oldenbourg Verlag, 2009, S. 263-272

Zur Gestaltung und Effektivität von Prototypen im Usability-Engineering

Kai-Christoph Hamborg, André Klassen, Malte Volger

Fachbereich Humanwissenschaften, Institut für Psychologie, Universität Osnabrück

Zusammenfassung

In einem Experiment wurde der Einfluss des Mediums und der Realitätsnähe von drei Handy-Prototypen auf das Nutzerverhalten und die Anzahl erkannter Usability-Probleme untersucht. Zwei computer-basierte Prototypen, die sich als Variation der Realitätsnähe nur in ihre Reaktionsgeschwindigkeit unterschieden, und ein Papier-Prototyp wurden verglichen. Die visuelle Gestaltung und die verfügbare Funktionalität waren bei allen Prototypen identisch. Für die computer-basierten Prototypen zeigt sich ein Einfluss der Realitätsnähe auf das Explorationsverhalten, das bei verzögerter Reaktionsweise geringer ausgeprägt ist. Die Bearbeitungszeiten von Testaufgaben unterscheiden sich im Vergleich mit dem Papierprototypen erwartungsgemäß zugunsten der computergestützten Prototypen. Bezüglich der Anzahl erkannter Usability-Probleme findet sich zwischen den drei Prototypen hingegen kein Unterschied.

1 Einleitung

Prototyping ist eine Gestaltungsmethodik die sowohl im Software- (Pomberger & Blaschek 1996) als auch im Usability-Engineering (Vredenburg et al. 2002) zum Einsatz kommt. Aktuelle Modelle des Usability-Engineerings basieren auf der aktiven Beteiligung von Nutzern und der Evaluation von Gestaltungsentwürfen im Entwicklungsprozess. Die Rolle von Prototypen besteht in diesem Zusammenhang u.a. darin, zukünftigen Nutzern einen möglichst validen Eindruck von dem Gestaltungskonzept eines Systems zu vermitteln und ein Hilfsmittel für die Systemevaluation während des Designprozesses bereitzustellen.

Prototypen für Zwecke des Usability-Engineering lassen sich in unterschiedlicher Form, visuell, formal oder als lauffähiges Programm realisieren. Besonders mit Blick auf die erforderlichen Ressourcen wird als Ziel verfolgt, die Erstellung von Prototypen möglichst kostengünstig und mit einfachen Mittel zu realisieren. Hierbei muss jedoch sichergestellt werden, dass Prototypen ihre Aufgabe im Usability-Engineering tatsächlich erfüllen, nämlich Nutzern und anderen im Gestaltungsprozess involvierten Personen einen möglichst genauen Eindruck von Gestaltungslösungen zu vermitteln und damit als Basis für deren Evaluation und Verbesserung dienen zu können (Houde & Hill 1997).

Für die Klassifikation von Prototypen im Usability-Engineering gibt es unterschiedliche Ansätze (Erickson, 1995; Rudd et al. 1996; Houde & Hill 1997). Ein wichtiger Ansatz bezieht sich auf die Realitätsnähe (fidelity), mit der Unterscheidung zwischen wenig (low-fidelity) und stark realitätsnahen (high-fidelity) Prototypen (Rudd et al. 1996; Virzi, Sokolov & Karis 1996).

Low-fidelity Prototypen simulieren ausschließlich die interaktiven Bestandteile einer Software und verfügen über keine oder eine nur sehr eingeschränkte Funktionalität. Sie stellen primär Gestaltungskonzepte in Form von Zeichnungen, Skizzen oder mit dem Computer gestalteten Visualisierungen dar. Entsprechend wird ihr Erstellungsaufwand als gering bezeichnet. Die Anwendung dieser Art von Prototypen wird in der Regel in frühen Entwicklungsphasen verortet. High-fidelity Prototypen verfügen hingegen in der Regel über eine interaktive Benutzungsschnittstelle und ermöglichen zumindest Dateneingaben oder die Auswahl von Menüpunkten (Rudd et al. 1996). Durch high-fidelity Prototypen soll Nutzern ein „Gefühl" für die Handhabung einer Software vermittelt werden, um auf dieser Basis genaue und valide Rückmeldungen über die Qualität des Gestaltungsentwurfs zu erhalten. Als Nachteil dieser Art von Prototypen gilt der verhältnismäßig hohe Erstellungsaufwand. High-fidelity Prototypen kommen in der Regel zu einem späteren Zeitpunkt im Entwicklungsprozess zum Einsatz (Virzi et al. 1996).

Die Unterscheidung in low- und high-fidelity Prototypen ist zwar etabliert, wird jedoch auch kritisiert, da sie nicht den vielen unterschiedlichen Erscheinungsformen von Prototypen gerecht wird. Als alternative und weiter differenzierende Unterscheidungskritierien für Prototypen werden vorgeschlagen (McCurdy et al. 2006; Snyder 2003):

- Grad der visuellen Verfeinerung, Aussehen
- Breite der Funktionalität
- Tiefe der Funktionalität
- Ausmaß der Interaktionsmöglichkeiten
- Vollständigkeit des Datenmodells.

Untersuchungen zur Effektivität unterschiedlich elaborierter Prototypen im Usability-Engineering orientieren sich allerdings häufig noch an der Unterscheidung in high- und low-fidelity (Virzi et al. 1996; Sefelin et al. 2003; Lim, Pangam, Periyasami & Aneja 2006) wobei das Medium (Papier vs. Computer) teilweise als eigener Faktor kontrolliert wird (Uceta, et al. 1998; Walker et al. 2002). Papier dient als wichtiges Medium, insbesondere für die Herstellung von „low-fidelity" Prototypen. Der Ansatz des „Paper Prototyping" (Snyder 2003) schafft die Möglichkeit, dass auch mit Papier-Prototypen Interaktionen simuliert werden können. Als alternatives Medium für die Realisierung früher Prototypen dienen bereits seit geraumer Zeit Computer, auf denen sich Prototypen mit speziellen Programmierwerkzeugen oder aber auch nur mit Präsentationssoftware (vgl. Uceta et al. 1998) einfach entwickeln lassen.

Befunde zur Effektivität von Prototypen in Usability-Tests sind recht heterogen. Virzi und Mitarbeiter (1996) schließen aus ihrer empirischen Untersuchung von low- und high-fidelity

Prototypen, dass low-fidelity Prototypen während des gesamten Entwicklungszyklus und nicht nur während der frühen Phasen im Entwicklungsprozess eingesetzt werden können (Virzi et al. 1996). Die Autoren folgern in Bezug auf die Identifikation von Usability-Problemen, dass Designer sich wenig um die Wahl der Prototyping-Methode (bzw. des Mediums) kümmern müssen, solange sichergestellt ist, dass die verwendeten Prototypen über eine vergleichbare Funktionalität verfügen. Diese Schlussfolgerung wird durch die Befunde von Sefelin et al. (2003) gestützt. In einer vergleichenden Untersuchung mit einem Papier- und einem computergestützten Prototyp finden die Autoren keine Unterschiede bezüglich der Anzahl erkannter Problempunkte und der subjektiven Bewertung der simulierten Anwendung. Allerdings äußerten in dieser Untersuchung 22 von 24 Probanden, dass sie es bevorzugten, mit einem Computer-Prototyp zu arbeiten. „Most subjects stated that a computer prototype gives them more freedom to explore a system without causing „unnecessary“ work for the facilitator, and that they feel less observed" (S. 779). Dagegen identifizieren Uceta et al. (1998) mehr Usability-Probleme mit Hilfe eines Papier- als mit einem computer-basierten Prototyp. Weiterhin registrieren sie längere Interaktionszeiten der Nutzer mit dem Papier- als mit dem computer-basierten Prototyp. Im Unterschied zu den Befunden von Uceta et al. (1998) werden in einem Experiment mit zwei-faktoriellen Design von Walker et al. (2002) eine größere Anzahl von Problemen mit einem Computer- als mit dem Papier-Prototyp erkannt. Kein entsprechender Effekt zeigt sich in dieser Untersuchung für die Realitätsnähe der Prototypen, die unabhängig vom Medium variiert wurde.

Zusammenfassend erlaubt die berichtete Befundlage keinen einheitlichen Schluss bezüglich des Einflusses des Gestaltungsmediums und der Realitätsnähe von Prototypen auf die Effektivität bei der Identifikation von Usability-Problemen.

Die vorliegende Untersuchung nimmt die offene Befundlage auf. Ihr Gegenstand ist der Einfluss des Prototyping-Mediums auf das Nutzerverhalten sowie auf die Fähigkeit, Usability-Problemen zu erkennen. Es wird angenommen, dass Probanden bei der Interaktion mit einem Computer-Prototypen 1.) weniger Zeit für die Bearbeitung von Nutzungsszenarien benötigen (vgl. Uceta et al. 1998; Sefelin et. al. 2003) und 2.) stärker ausgeprägtes exploratives Verhalten zeigen als bei Verwendung eines Papier-Prototyps (vgl. Sefelin et. al. 2003). In Verbindung mit Annahme 2 wird weiterhin angenommen, dass durch einen Computer-Prototypen mehr Usability-Probleme der simulierten Anwendung als durch einen Papier-Prototyp erkannt werden (vgl. Uceta et al. 1998; Walker et. al. 2002). Zusätzlich zu der Untersuchung des Prototyp-Mediums wurde die Realitätsnähe des computer-gestützten Prototypen variiert, um die hiermit verbundenen Effekte explorativ in Bezug auf die genannten Variablen zu untersuchen.

2 Methode

2.1 Design

Für die Untersuchung wurde ein einfaktorielles between-subjects Design mit drei Untersuchungsgruppen realisiert. Als unabhängige Variable wurde das Medium für die Realisierung des Prototyps (Computer vs. Papier) sowie die Realitätsnähe des computer-gestützten Prototyp variiert (zeitverzögertes vs. direktes Antwortverhalten). Die erste Untersuchungsgruppe nutzte entsprechend einen Papier-Prototyp, die zweite einen computer-gestützten Prototyp ohne verzögertes Reaktionszeitverhalten und die dritte Gruppe einen computer-gestützten Prototyp mit verzögertem Reaktionszeitverhalten.

2.2 Materialien

Für den Zweck der Untersuchung wurden insgesamt drei Prototypen für ein Handy entwickelt. Zwei der Prototypen wurden als Computersimulation mit Adobe Flash implementiert. Der erste Computer-Prototyp ermöglichte flüssige und unverzögerte Interaktion. Von diesem unterschied sich der zweite Computer-Prototyp nur dadurch, dass Reaktionen nach Nutzereingaben um eine Sekunde verzögert erfolgten.

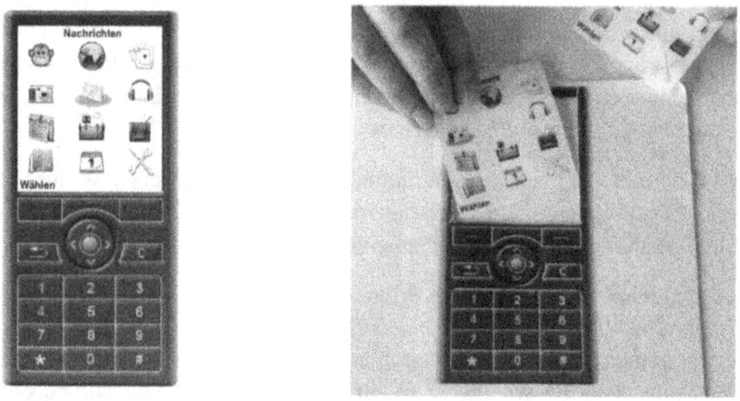

Abbildung 1: Screenshot des Computer-Prototyp (links) und Foto des Papier- Prototyp (rechts)

Bei dem dritten Prototyp handelte es sich um eine Papiersimulation. Hierzu wurde eine Handyschablone aus Pappe auf einem Holzpult befestigt. Jeder während der Interaktion erreichbare Bildschirm der Computersimulation wurde ausgedruckt, sodass das Display der Handyschablone entsprechend der Eingabe des Nutzers ausgetauscht werden konnte.

Unabhängig von den genannten experimentellen Variationen waren die drei Prototypen in Bezug auf die visuelle Verfeinerung bzw. das Aussehen, die Breite und Tiefe der implementierten Funktionalität, die Reichhaltigkeit der Interaktionsmöglichkeiten sowie die Vollständigkeit des Datenmodells identisch gestaltet.

2.3 Versuchspersonen

Es wurden insgesamt 34 Versuchspersonen (20 männlich; 14 weiblich) für die Teilnahme an der Untersuchung akquiriert. Bei allen Versuchspersonen handelte es sich um Studierende im

Alter zwischen 19 und 27 Jahren (M = 22.71 Jahre, SD = 2.20 Jahre), die durch direkte Ansprache in Einführungsveranstaltungen sowie über Email-Verteilerlisten rekrutiert wurden. Die Teilnahme an der Studie fand entweder auf freiwilliger Basis oder für zu erbringende Versuchspersonenstunden statt. Die Expertise der Versuchspersonen im Umgang mit Mobiltelefonen wurde mit Hilfe eines Fragebogens zur Erfassung der allgemeinen Handy-Nutzungshäufigkeit sowie der Nutzung bestimmter Handy-Funktionen kontrolliert.

2.4 Untersuchungsablauf

Die Untersuchung wurde Usability-Labor der Universität Osnabrück durchgeführt. Nach der Begrüßung der Versuchspersonen wurde das Labor sowie der Versuchsaufbau kurz vorgestellt. Als Cover-Story für das eigentliche Untersuchungsanliegen wurde den Probanden vermittelt, dass es in der Untersuchung um den Test verschiedener Ansätze des Menüdesigns von Handysoftware ginge. Nach der Instruktion bearbeiteten die Versuchspersonen drei typische Aufgaben für die Nutzung eines Handys mit einem der drei Prototypen. In den beiden Computer-Konditionen saßen die Versuchpersonen vor einem Bildschirm und steuerten den Prototyp mit einer Maus. Während der Untersuchung war ein Versuchsleiter im Raum anwesend und machte Notizen, ein weiterer überwachte im Regieraum die Kamerasteuerung und machte ebenfalls Notizen über den Versuchsverlauf. In der Papier-Kondition saßen die Versuchspersonen an einem Tisch auf dem der Papierprototyp stand. Ein Versuchsleiter saß gegenüber und simulierte den Prototyp, indem er die Bildschirminhalte je nach Nutzereingabe wechselte. Um Gespräche zwischen Versuchsperson und Versuchsleiter zu vermeiden wurden die Versuchspersonen instruiert, dass der Versuchsleiter nur das Handy simuliere und nicht auf Fragen oder Kommentare reagieren würde. Ein weiterer Versuchsleiter, der im selben Raum saß, machte Notizen.

Die Interaktion der Versuchspersonen mit den Prototypen wurde per Kamera aufgezeichnet. In allen drei Konditionen wurden das Gesicht und die Hände der Probanden sowie die Oberfläche des Handy-Prototyps auf Video aufgenommen. Im Anschluss an die Aufgaben mit den Prototypen wurden die Versuchspersonen gebeten, einen Fragebogen zur subjektiven Bewertung des Handyprototyps auszufüllen.

Daraufhin wurde mit den Probanden eine Videokonfrontation zur Identifikation von Usability-Problemen durchgeführt. Abhängig vom Verlauf der Aufgabenbearbeitung wurde das Video nach jeder Aufgabe oder Teilaufgabe angehalten und die Probanden mit Hilfe von halbstandardisierten Fragen zu Problemen bei der Interaktion mit den Prototypen befragt. Abschließend wurden die Versuchspersonen über den eigentlichen Zweck der Untersuchung aufgeklärt und gegebenenfalls Fragen hierzu beantwortet.

2.5 Datenerhebung

Für die zwei computer-basierten Prototypen wurden sämtliche Mausklicks der Versuchspersonen und Bildschirmwechsel automatisch erfasst. Für den Papier-Prototyp wurden die jeweiligen Ereignisse auf Basis der Videoaufzeichnungen ausgezählt. Die Bearbeitungsdauer der drei Testaufgaben wurde ebenfalls mit Hilfe der Videoaufzeichnungen bestimmt.

Die bei der Interaktion mit den Prototypen aufgetretenen Usability-Probleme wurden auf Grundlage der Protokolle der Videokonfrontation mittels einer qualitativen Inhaltsanalyse identifiziert. Hierzu wurden zunächst induktiv, unter Berücksichtigung der registrierten Probleme der Nutzer, sechs Problemkategorien formuliert, die Usability-Probleme des Handyprototyps beschreiben (Markierungsprobleme, Wahrnehmung des Interface, Menübezeichnungen, Menüstruktur, Bedienung und Mental-Model-Missmatch-Probleme). Markierungsprobleme bezeichnen die unzureichende Hervorhebung von Menüelementen. Probleme mit der Wahrnehmung des Interfaces beziehen sich auf Bedienelemente, die häufig übersehen wurden. Menübezeichnungsprobleme traten auf, wenn Namen von Menüs nicht eindeutig mit der dahinterliegenden Funktion in Verbindung gebracht werden konnten. Die inkonsistente Struktur der Menüs stellte ein weiteres Problem dar. Bedienungsprobleme beziehen sich auf den Umgang mit der Handytastatur. Des Weiteren bezeichnen Mental-Model-Missmatch Probleme Fälle, in denen die Erwartungen der Nutzer bezüglich der Handybedienung vorerfahungsbedingt nicht erfüllt wurden. Die Problembeschreibungen wurden den Problemkategorien durch zwei unabhängige Rater zugeordnet (Cohen's Kappa = 0.985).

Im nächsten Schritt wurden redundante Problemnennungen eliminiert und die Häufigkeiten der erkannten Probleme für die unterschiedenen Prototypen pro Kategorie bestimmt. Weiterhin wurden der Schweregrad der Usability-Probleme, wiederum durch zwei unabhängige Rater, bewertet (Cohen's Kappa = 0.715). Hierzu wurde eine fünfstufige Skala von Nielsen (1994) adaptiert. Die Bedeutsamkeit eines Usability-Problems wurde schließlich durch das Produkt von Problemschwere und der Auftretenshäufigkeit bestimmt.

3 Ergebnisse

Sofern die notwendigen Voraussetzungen gegeben waren, wurden die Daten zum Nutzerverhalten mittels einfaktorieller Varianzanalyse auf signifikante Unterschiede zwischen den drei Prototypen untersucht. Anderenfalls wurden nicht-parametrische Verfahren angewendet.

Der Vergleich der für alle Aufgaben aggregierten Bearbeitungszeiten (siehe Tabelle1) zeigt einen signifikanten Effekt ($F(2, 18.63) = 10.76$; $p = .001$). Einzelvergleiche für die drei Untersuchungsbedingungen resultieren in signifikanten Unterschieden zwischen dem Papier-Prototyp und dem unverzögerten Computer-Prototyp ($p < .01$), sowie dem Papier-Prototyp und dem verzögerten Computer-Prototyp ($p < .01$).

Als Maß für das explorative Verhalten wurde die Anzahl der Bildschirmwechsel während der Bearbeitung der Aufgaben herangezogen. Für die Gesamtzahl der Bildschirmwechsel lieferte eine einfaktorielle Varianzanalyse einen signifikanten Effekt ($F(2,31) = 16.59$; $p < .001$). Scheffé-Einzelvergleiche (s. Tabelle 1) zeigen einen signifikanten Unterschied zwischen den beiden Computer-Simulationen ($p < .01$), sowie zwischen der unverzögerten Computer-Simulation und der Papier-Simulation ($p < .001$).

		CP(oV)	CP(V)		CP(oV)	PP		CP(V)	PP	
Bearbeitungszeiten	t^m	144,06 (48,79)	144,15 (32,68)	-	144,06 (48,79)	275,27 (88,14)	**	144,15 (32,68)	275,27 (88,14)	**
	a1	42,08 (20,08)	49,45 (16,48)	-	42,08 (20,08)	87,36 (16,74)	***	49,45 (16,48)	87,36 (16,74)	***
	a2	249,08 (108,31)	214, 55 (124,53)	-	249,08 (108,31)	498,00 (249,71)	*	214, 55 (124,53)	498,00 (249,71)	*
	a3	141,00 (95,56)	168, 45 (101,99)	-	141,00 (95,56)	240,45 (76,05)	**	168, 45 (101,99)	240,45 (76,05)	**
Bildschirmwechsel	n^m	68,44 (19,25)	47,82 (11,31)	**	68,44 (19,25)	34,39 (9,95)	***	47,82 (11,31)	34,39 (9,95)	-
	a1	10,33 (3,06)	11,00 (2,97)	-	10,33 (3,06)	9,27 (1,49)	-	11,00 (2,97)	9,27 (1,49)	-
	a2	119,92 (41,62)	70,64 (36,32)	**	119,92 (41,62)	60,55 (29,01)	**	70,64 (36,32)	60,55 (29,01)	-
	a3	75,08 (39,62)	61,82 (36,80)	-	75,08 (39,62)	33,36 (10,40)	*	61,82 (36,80)	33,36 (10,40)	-

*Tabelle 1: Mittelwerte und Standardabweichungen (in Klammern) der Bearbeitungszeiten (t) sowie Anzahl der Bildschirmwechsel (n) in den Untersuchungsbedingungen. Erläuterungen: a1 ... a3) Aufgabe 1 ... 3; * p = < .05, ** p < .01, *** p < .001; CP(oV) = computer-basierter Prototyp ohne verzögerte Reaktionszeit, CP(V) = computer-basierter Prototyp mit verzögerter Reaktionszeit, PP = Papierprototyp*

Insgesamt wurden in den drei Untersuchungsgruppen 212 Usability-Probleme erkannt. In der ersten Kondition (Computer-Prototyp ohne Verzögerung) waren dies 75 Probleme, in der zweiten Kondition (Computer-Prototyp mit Verzögerung) 69 und in der dritten Kondition (Papier-Prototyp) 68 Probleme (s. Tabelle 2). Die Häufigkeiten der erkannten Usability-Probleme sind nicht signifikant unterschiedlich voneinander ($\chi 2$ (0.95; 2) = 0.406, p = 0,816).

Auch der Vergleich der Häufigkeiten für die Problemkategorien der drei Konditionen zeigt keinen signifikanten Effekt ($\chi 2$ (0.95; 10) = 8.564, p = 0,574). Nach Eliminierung redundanter Probleme innerhalb der Gruppen wurde ein weiterer Verteilungstest (Fisher's Exakt Test) berechnet, der ebenfalls keinen signifikanten Unterschied zeigt (df = 6; p = 1).

Zusätzlich wurde der Schweregrad (severity) für die Usability-Probleme, die nach Beseitigung von Redundanzen - nicht nur innerhalb, sondern auch zwischen den Gruppen - verblieben (N = 27), mit Hilfe zweier unabhängiger Rater bestimmt (Cohen's Kappa = 0.715). Auch in Bezug auf die Problemqualität (Produkt aus Schweregrad und Auftretenshäufigkeit) zeigt sich kein signifikanter Unterschied (Kruskall-Wallis-Test) zwischen den drei Untersuchungsgruppen (H(2) = 0.546; p = 0.761).

	Computer-Prototyp (oV)	Computer-Prototyp (V)	Papier-Prototyp
Markierung	4	9	6
Interfacewahrnehmung	18	10	17
Menübezeichnung	20	20	18
Menüstruktur	17	18	19
Bedienung	9	9	6
Mental-Model-Missmatch	7	3	2
Summe	75	69	68

Tabelle 2: Verteilung der erhobenen Usabilityprobleme auf die sechs Problemkategorien. Erläuterungen: (oV) = ohne verzögerte Reaktionszeit; (V) = mit verzögerter Reaktionszeit

4 Zusammenfassung und Diskussion

In dem vorgestellten Experiment wurde der Einfluss des Mediums sowie der Realitätsnähe von Prototypen auf das Nutzerverhalten und die Anzahl der mit den Prototypen erkannten Usability-Probleme untersucht. Die Ergebnisse zeigen hypothesenkonform einen signifikanten Effekt des Mediums (Papier vs. Computer) auf das Nutzerverhalten. Die Bearbeitung der Aufgabenszenarien mit dem Papier-Prototyp erforderte bedeutsam mehr Zeit als mit den beiden unterschiedlich realitätsnahen Computer-Prototypen. Weiterhin zeigten die Probanden aus der Papier-Prototyp Gruppe weniger exploratives Verhalten als die Gruppe, die den realitätsnäheren Computer-Prototyp (ohne verzögertes Reaktionszeitverhalten) nutzte. Die Befunde der Untersuchung korrespondieren mit den Befunden von Uceta et al. (1998), die ebenfalls längere Bearbeitungszeiten bei der Nutzung eines Papier-Prototyps im Vergleich zu einem Computer-Prototyp beobachteten. Als Erklärung führen die Autoren an, dass die Probanden den „Facilitator" der die Interaktion mit dem Papier-Protoytp simuliert, nicht überfordern bzw. schonen wollen und darum um eine zügige Bearbeitung der Testaufgaben bemüht sind. Ebenso korrespondieren die Befunde des vorliegenden Experiments mit der Beobachtung von Sefelin et al. (2003), dass Probanden Computer-Prototypen im Vergleich zu Papier-Prototypen bevorzugen, da sie unter dieser Bedingung mehr Freiheit zum Explorieren hätten.

Bemerkenswert erscheint der durch die unterschiedliche Realitätsnähe der beiden computerbasierten Prototypen bedingte Effekt auf das explorative Verhalten der Nutzer. Dieser Effekt, der auf eine - auf den ersten Blick - marginal erscheinende Manipulation der Reaktionszeit des computer-basierten Prototyps zurückgeht, zeigt, dass bereits eine recht kleine Variation der Performanz eines Prototyps auf das Nutzerverhalten zurückwirken kann. Sollte sich dieser Befund in weiteren Untersuchungen erhärten, erscheint es nicht nur sinnvoll, die Realitätsnähe von Prototypen, statt in „high-" und „low-fidelity", mit Bezug auf den eingangs in

Anlehnung an McCurdy (2006) und Snyder (2003) formulierten Kriterienkatalog zu unterscheiden, sondern auch, diesen Katalog um das Kriterium der Prototypenperformanz zu erweitern. Der Effekt verdeutlicht weiterhin, dass das Medium und die Realitätsnähe von Prototypen nicht gleichbedeutend sind.

Anders verhält es sich mit der Effektivität der unterschiedenen Prototypen bei der Identifikation von Usability-Problemen. Übereinstimmend mit den Befunden von Virzi et al. (1996) und Sefelin et al. (2003), aber nicht von Uceta et al. (1998), findet sich in der vorliegenden Untersuchung kein Unterschied der Erkennungsrate von Usability-Problemen in Abhängigkeit vom Medium oder der Realitätsnähe der Prototypen. Obwohl dieser Befund nun in mehreren unabhängigen Untersuchungen berichtet wird, kann jedoch nicht ausgeschlossen werden, dass andere Operationalisierungen dieser Faktoren oder gänzlich andere Faktoren, wie z.B. die ästhetische Gestaltung, einen Einfluss auf die Detektion von Usability-Problemen durch Prototypen haben (s. Lim et al. 2006; Sauer & Sonderegger in press).

Überraschend ist in diesem Zusammenhang, dass die Anzahl der erkannten Usability-Probleme nicht mit dem explorativen Verhalten der Nutzer korrespondiert. Es erscheint zumindest plausibel anzunehmen, dass mit der Intensität, mit der ein Prototyp exploriert wird, auch die Problemerkennungsrate ansteigt. Durch die systematische Variation der Gestaltungsaspekte von Prototypen sollte diesem (Nicht-) Befund weiter nachgegangen werden.

Für die vorliegende Untersuchung lässt sich zusammenfassen, dass Papier- wie Computer-Prototypen für die Identifikation von Usability-Problemen gleichermaßen geeignet zu sein scheinen. Performanzmaße sind jedoch vom Medium (Aufgabenbearbeitungszeiten) und von der Realitätsnähe (exploratives Verhalten) der eingesetzten Prototypen abhängig. Entsprechend sollten durch Prototypen erhobene quantitative „Usability Metrics“ (Tullis & Albert, 2008) mit Vorsicht interpretiert werden.

Literaturverzeichnis

Erickson, T. (1995). Notes on Design Practice: Stories and Prototypes as Catalysts for Communication. In J. M. Carroll (Ed.), *Scenario-Based Design*. New York: John Wiley & Sons, Inc., S. 37-58.

Houde, S. & Hill, C. (1997), What Do Prototypes Prototype? In: M. Helander, T.E Landauer, & P. Prabhu (eds.), *Handbook of Human-Computer Interaction* (2nd Ed.). Amsterdam: Elsevier Science B. V., S. 367-381.

Lim, Y. - K., Pangam, A., Periyasami, S. & Aneja, S. (2006). Comparative analysis of high-and low-fidelity prototypes for more valid usability evaluations of mobile devices. *NordiCHI 2006*, S. 291-300.

McCurdy, M., Connors, C., Pyrzak, G., Kanefsky, B. & Vega, A. (2006). Breaking the fidelity barrier: An examination of our current characterization of prototypes and an example of a mixed-fidelity success. *CHI 2006 Proceedings*, S. 1233-1242.

Nielsen, J. (1994). Heuristic evaluation. In Nielsen, J. & Mack, R. L. (Hrsg.): *Usability Inspection Methods*. New York: Wiley, S. 22-67

Pomberger, G. & Blaschek, G. (1996). *Software-Engineering. Prototyping und objektorientierte Software-Entwicklung* (2. Auflage). München: Carl Hanser.

Rudd, J., Stern, K. & Isensee, S. (1996). Low vs. high-fidelity prototyping debate. *Interactions, 3*(1), 76-85.

Sauer, J. & Sonderegger, A. (in press). The influence of prototype fidelity and aesthetics of design in Usability Tests: effects on user behaviour, subjective evaluation and emotion. *Applied Ergonomics.*

Sefelin, R., Tscheligi, M., & Giller, V. (2003). *Paper prototyping - what is it good for?: a comparison of paper- and computer-based low-fidelity prototyping.* In: CHI '03 extended abstracts on Human factors in computing systems, S. 778-779.

Snyder, C. (2003). *Paper prototyping: The fast and easy way to design and refine user interfaces.* San Francisco: Morgan Kaufman.

Tullis, T. & Albert, B. (2008). *Measuring the user experience.* Amsterdam Morgan Kaufmann.

Uceta, F. A., Dixon, M. A. & Resnick, M. L. (1998), Adding interactivity to paper prototypes, *Proceedings of the Human Factors and Ergonomics Society 42nd Annual Meeting*, S. 506-511.

Virzi, R. A., Sokolov, J. L. & Karis, D. (1996). Usability Problem Identification using both low- and high-fidelity prototypes. *Proceedings of CHI 96,* S. 236-243.

Vredenburg, K., Mao, J.-Y., Smith, P. W., & Carey, T. (2002). A survey of user-centered design practice. In *Proceedings of the SIGCHI Conference on Human Factors in Computing Systems.* New York: ACM Press. S. 471-478.

Walker, M., Takayama, L. & Landay, J. A. (2002), High-fidelity or low-fidelity, paper or computer? Choosing attributes when testing web prototypes. In *Proceedings of the Human Factors and Ergonomics Society: HFES*, USA, S. 661-665.

Kontaktinformationen

Kai-Christoph Hamborg, André Klaßen und Malte Volger

Fachbereich Humanwissenschaften, Institut für Psychologie
Universität Osnabrück
D- 49069 Osnabrück
Seminarstr. 20,
Tel.: +49(0) 541-969 4703
Fax: +49(0) 541-969 4700
E-Mail: {khamborg, aklassen, mvolger}@uni-osnabrueck.de

H. Wandke, S. Kain & D. Struve (Hrsg.): Mensch & Computer 2009: Grenzenlos frei!?
München: Oldenbourg Verlag, 2009, S. 273-282

Die Effektivität virtueller Tools für die Usability Methode Card Sorting

Christoph Schüßler, Thomas Mandl, Christa Womser-Hacker

Informationswissenschaft, Universität Hildesheim

Zusammenfassung

Card Sorting stellt eine wichtige und häufig eingesetzte Usability Methode dar, die häufig für die Suche nach der grundlegenden Informationsarchitektur genutzt wird. Im Rahmen der Optimierung von Usability Tests und Remote Testing ergibt sich die Herausforderung, anstelle von realen Karten Systeme für die Durchführung von Card Sorting Testaufgaben zu entwickeln. Diese Studie zeigt anhand eines Benutzertests, dass mit realen und virtuellen Karten vergleichbare Ergebnisse erzielt werden. Im Rahmen des Tests wurden die Phasen des typischen Benutzerverhaltens analysiert. Zudem werden einige Werkzeuge in einer heuristischen Evaluierung verglichen und potentielle Vorteile durch die Virtualisierung systematisch dargestellt.

1 Automatisierung von Usability Tests

Die Automatisierung von Aufgaben beim Usability Testing stellt eine große Herausforderung dar und könnte angesichts kostenintensiver Benutzertests zu einem häufigeren Einsatz von Usability Methoden führen. Während für die vollautomatisierte Bewertung der Gebrauchstauglichkeit wenig Fortschritte erzielt werden konnten (Ivory & Hearst 2001), existieren zahlreiche Werkzeuge für die Erledigung von Teilaufgaben im Rahmen von Evaluierungen. Solche Werkzeuge überprüfen Schnittstellen auf einzelne Kriterien, weisen auf relevante Richtlinien hin, geben alternative Gestaltungsvorschläge und unterstützen bei der Erstellung, Durchführung und Auswertung von Benutzertests.

Bei der Virtualisierung von derartigen Vorgängen stellt sich die Frage nach der Qualität und Validität der damit erzielten Ergebnisse. Meist ist offensichtlich, dass Werkzeuge die Effizienz erhöhen, jedoch bleibt unklar, ob die Qualität der damit erzielten Ergebnisse denen ohne ein unterstützendes Tool ähnelt oder evtl. sogar besser ist. So haben beispielsweise Papier-Prototypen erhebliche Vorteile bei der Manipulation durch Laien und bei der Vermittlung der Vorläufigkeit einer Version.

Für die Analyse der grundlegenden Informationsarchitektur eines Webauftritts setzen Gestalter häufig die Methode Card Sorting ein. Dabei ordnen Testbenutzer beschriftete Karten so, wie sie es für sinnvoll halten und geben so Aufschluss über benutzerorientierte Navigationsstrukturen (Maurer & Warfel 2004).

In den letzten Jahren sind zahlreiche Werkzeuge entstanden, welche Card Sorting virtualisieren. Auch für diese Methode stellt sich die Frage, ob durch die Virtualisierung gegenüber realen papierenen Karten evtl. die Unmittelbarkeit und Handhabbarkeit für Laien leidet und die flexible Handhabung verringert wird. Vor allem aber könnte durch diese oder andere Einflüsse das Ergebnis verändert werden.

Dieser bisher in der Forschung noch nicht ausreichend behandelten Frage wird in der hier vorgestellten Studie nachgegangen. Dazu wurde ein Card Sorting Experiment mit realen Karten und mit dem System Websort durchgeführt, bei dem 33 Testpersonen beteiligt waren. Dieser Beitrag beschreibt das Experiment und die Methode zum Vergleich der Ergebnisse. Um den Test zwischen realem und virtuellem Card Sorting sinnvoll zu gestalten, sollte ein System gewählt werden, das möglichst gut bedienbar ist und viele der Vorteile der Virtualisierung bereits implementiert. Um aus den zur Verfügung stehenden Systemen dieses auszuwählen, stand vor dem Test ein Benchmark auf positive Virtualisierungseffekte und eine heuristische Evaluierung der Gebrauchstauglichkeit der Systeme.

2 Card Sorting

Card Sorting ist eine benutzerorientierte, empirische Usability-Methode, die es erlaubt, einen Einblick in das mentale Modell einer Nutzergruppe hinsichtlich der Erwartungen an Organisation und Benennung von Systemen (Rosenfeld & Morville 2002, 46) zu gewinnen. Durch Card Sorting soll das mentale Modell, das für Nutzer selbst nicht offensichtlich und einfach zu beschreiben ist, nach außen gekehrt und sichtbar gemacht werden. Das Ziel eines Card Sort im Bezug auf Web Usability ist es, herauszufinden, welche Gliederung und Benennung der vorhandenen Informationen potenzielle Nutzer einer Website erwarten.

Mehrere Probanden sortieren dabei Karteikarten, die mit Titeln (und evtl. Beschreibung) von Informationseinheiten versehen sind, in verschiedene Gruppen. „The items are typically menu entries or hyperlinks, while the groups are categories or headings. The process involves asking participants to sort items into meaningful groups“ (Hudson 2005, 56).

Die Sortierungen können auf verschiedene Arten analysiert werden. Bei sehr wenigen Teilnehmern kann es ausreichend sein, die Gruppierungen intellektuell aus einer Metaperspektive auszuwerten. Dies kann schon bei sehr wenigen Teilnehmern unpraktikabel werden. Mathematische Methoden wie das Erstellen von Metriken (Clusteranalyse) und die grafische Repräsentation als Dendrogramm (Jain et al. 1999) oder die Analyse mit Hilfe von speziellen Tabellenkalkulationen (Spreadsheets) liefern hier weitaus genauere Ergebnisse (Lamantia 2003).

3 Evaluation und Vergleich virtueller Card Sorting-Systeme

Inzwischen existieren mehrere Werkzeuge, die versuchen Card Sorting mittels direkter Manipulation zu virtualisieren. Diese Programme weisen unterschiedliche technische Ausprägungen und Anforderungen auf. Einige sind eher experimenteller Natur, andere elaborierte Systeme kommerzieller Anbieter. Ein Grundgedanke ist allen gemeinsam: durch die Virtualisierung sollen Probleme der manuellen Methode überwunden werden bzw. positive Virtualisierungseffekte genutzt werden.

Ein virtuelles Card Sorting-System besteht typischerweise aus drei Funktionsbereichen:

- Setupbereich (SB): In diesem nur dem Versuchsleiter zugänglichen Bereich lassen sich Studien erstellen (Objekte betiteln, Anweisungen für die Probanden einfügen und zusätzliche Optionen auswählen),
- Durchführungsbereich (DB): Diesen Bereich benutzt der Proband, um einen Sortierdurchgang durchzuführen. Hier kommen verschiedene Layouts vor: die Benutzungsoberfläche (BOF) verwendet manuelles Card Sorting als Metapher und lässt den Probanden virtuelle Karten stapeln oder sie abstrahiert von der manuellen Methode und verwendet ein zwei- oder dreispaltiges Layout (eine Spalte für die unsortierten Objekte, eine für die Sortierten und ggf. eine für die Gruppen),
- Analysebereich (AB): Hier lassen sich nach Beendigung der Studie die Ergebnisse analysieren (z.B. mittels Clusteranalyse).

3.1 Systematik virtueller Card Sorting-Programme

Virtuelle Card Sorting-Programme lassen sich in zwei Gruppen einteilen: web- und plattformbasierte Programme. Zu der Gruppe der plattformbasierten Card Sorting-Programme, die erst nach Installation auf einem lokalen Computersystem lauffähig sind, gehören die Tools CardSort, CardSword, CardZort und USort[1].

Zur Gruppe der webbasierten Card Sorting-Programme, die auf einem Webserver installiert und auf einem Clientrechner ausgeführt werden, gehören Websort, Netsorting, Wecaso, WebCAT und OptimalSort[2]. Da diese Systeme von jedem Rechner mit Internetzugang verwendet werden können, ohne dass ein Versuchsleiter unmittelbar anwesend sein muss, eignen sie sich besonders für Remote Tests, also Tests, die der Proband von zu Hause oder vom

---

1 http://www.cardsort.net/, http://cardsword.sourceforge.net/, http://www.cardzort.com/cardzort/, http://www.tripledogs.com/ibm-usability/

2 http://websort.net/, http://www.cardsorting.info/netsorting/, http://zing.ncsl.nist.gov/WebTools/WebCAT/, http://www.optimalusability.com/

Arbeitsplatz aus an seinem Computer ausführen kann, ohne dass ein Versuchsleiter anwesend ist.

3.2 Virtualisierungseffekte

Vorteilhafte oder auch nachteilige Effekte durch den Einsatz von computerbasiertem Card Sorting können in den folgenden Bereichen erwartet werden:

3.2.1 Raumbedarf und Übersichtlichkeit

Bei der Virtualisierung von Card Sorting besteht die Möglichkeit, einige Probleme der manuellen Methode, die rein physischer Natur sind, zu beheben: Je nach Anzahl der zu sortierenden Objekte kann enormer Platzbedarf entstehen, um alle Objekte gleichzeitig auf einer Arbeitsfläche unterzubringen. Gleichzeitig kann dabei die Übersichtlichkeit verloren gehen, da die Konzentrationsfähigkeit der Probanden durch die gleichzeitige Präsentation zu vieler Objekte leidet. „Tracking items and categories can be frustrating for the participant and prone to errors, especially with a large number of items“ (Zavod et al. 2002, 646). Hier liegt die Chance der virtuellen Tools, durch intelligente Verwendung der Arbeitsfläche und übersichtliche Präsentation der zu sortierenden Begriffe und der dazugehörigen Beschreibungen die Konzentrationsfähigkeit der Probanden zu unterstützen und eine angenehmere, übersichtlichere, weniger frustrierende Arbeitsumgebung zu schaffen.

3.2.2 Zeitbedarf

Computersysteme bringen bei der Vorbereitung einer Studie Zeitvorteile. Das Besorgen und Vorbereiten der Karten aus Pappe ist nicht nötig. Am Computer lässt sich der einmalige Setup des Systems wesentlich schneller erledigen. Es müssen lediglich die Kartennamen eingetippt werden. Ein massiverer Zeitvorteil ergibt sich allerdings erst beim Einsatz von Remote Card Sorting-Tools. Hier entfällt zum einen die Suche und Vorbereitung eines geeigneten Ortes zur Durchführung, zum anderen bedarf es nicht der Anwesenheit eines Testleiters und evtl. weiterer Hilfskräfte. Doch auch für die Probanden ergeben sich durch den Einsatz von Remote-Systemen Zeitvorteile.

3.2.3 Motivation und Rekrutieren von Probanden

Zur Rekrutierung von Probanden für Usability-Tests wird häufig ein Anreiz finanzieller Art oder in Form von kleineren Präsenten gegeben, um Teilnehmer für die von ihnen aufgebrachte Zeit zu entschädigen (Courage el al. 2005, 159). Bei Präsenztests, also auch bei Tests, bei denen plattformbasierte Card Sorting-Systeme zum Einsatz kommen, lässt sich diese Praxis problemlos handhaben, da die Anreize nach Teilnahme direkt verteilt werden können (z.B. in Form von Bargeld oder Wertgutscheinen).

Bei Remote-Tests gestaltet sich dies naturgemäß schwieriger. Hier muss überlegt werden, welche Anreize sinnvoll sind (z.B. elektronische Warengutscheine, Überweisungen, etc). Allerdings ist es vorstellbar, dass Probanden leichter für die Teilnahme an einer Remote-Studie als an einer Präsenzstudie zu motivieren sind, da Anreise und konkrete Terminabsprache als Problemfeld wegfallen. Dementsprechend wäre es auch denkbar, dass die finanziellen Anreize nicht hoch sein müssen.

Je einfacher das Rekrutieren von Probanden ist, desto größer die Wahrscheinlichkeit, dass tatsächlich eine große Anzahl an Probanden für eine Studie zur Verfügung steht.

3.2.4 Analyse der Daten

Bevor mit der Analyse der beim manuellen Card Sorting erhobenen Daten begonnen werden kann, müssen diese in ein analysierbares Format übertragen werden. Dies kann sehr arbeitsaufwändig sein, da alle sortierten Karteikarten gesichtet und ihre Gruppierung notiert werden muss. Der Vorteil bei virtuellen Verfahren liegt klar auf der Hand: alle Daten liegen bereits in digitalem Format vor und können darüber hinaus in beliebiger Form ausgegeben werden. Ein virtuelles System kann dem Versuchsleiter einen großen Teil der Analysearbeit abnehmen, sei es durch die automatische Erstellung von Spreadsheets, die eingebaute Cluster-Analyse und Visualisierung oder das Bereitstellen von übersichtlich geordneten Listen mit von den Probanden vergebenen Gruppenbezeichnungen, welche die Labelanalyse vereinfachen.

4 Heuristische Evaluation

Die angegebenen Systeme wurden zunächst mittels eines Fragenkatalogs in ihrem Funktionsumfang verglichen. Die Fragen zielten auf drei Bereiche ab: Umsetzung der Methode Card Sorting, Ausgestaltung der BOF und Analyseverfahren. Des Weiteren wurden die Systeme einer heuristischen Evaluation mittels einer an Schweibenz et al. (2003, 101f) angelehnten Liste von Usability-Heuristiken untersucht. Die Systeme CardSword, Netsorting und WebCAT haben erhebliche Schwächen und werden im Folgenden nicht weiter berücksichtigt. Die detaillierten Ergebnisse finden sich in Schüßler (2007), im Folgenden sind die wichtigsten Ergebnisse zusammengefasst:

4.1 CardSort

CardSort ist nur als Alpha-Version erhältlich und weist gravierende funktionale Unzulänglichkeiten und einige Usabilitymängel auf. Die Beschränkung der Karten auf maximal 18 Zeichen sowie das Fehlen von Objektbeschreibungen wird als kritisch eingeschätzt. Der Ansatz, die Objekte als virtuelle Karteikarten zu visualisieren, mag zwar zunächst logisch erscheinen, „[it] was found to be easier to grasp by participants“ (Zavod et al. 2002, 648), zeigt sich aber schnell als problematisch. Die virtuellen Karten bieten nur einen begrenzten Platz für die Beschriftung, so dass häufig nicht der komplette Titel lesbar ist. Auch die freie Anordnung der Karten auf der Arbeitsfläche kann zu Problemen durch Überschneidung der Objekte führen. Dieser Ansatz bleibt hinter den Möglichkeiten, die die Virtualisierung von Card Sorting bietet, zurück, denn er behebt nicht das Problem der Unübersichtlichkeit. Vielmehr verschärft sich dieses Problem, da auf dem Computermonitor wenig Platz zur Verfügung steht. Die gesammelten Daten lassen sich nur mit EZCalc analysieren, es fehlt eine Exportfunktion, was weitere Analysen unmöglich macht.

4.2 CardZort

Auch bei CardZort führt die Verwendung von virtuellen Karteikarten zu Problemen: Die Länge von Objektbezeichnungen und -beschreibungen ist durch unflexible Karten eingeschränkt, die sich nicht an ihren Inhalt anpassen, die Arbeitsfläche ist unübersichtlich, die Objekte verhalten sich bei der direkten Manipulation anfällig für Fehler. Zwar lassen sich Beschreibungen zu den einzelnen Objekten eingeben, doch steht für diese Zwecke zu wenig Platz zur Verfügung, so dass nur sehr kurze Beschreibungen lesbar sind. Der Analysebereich von CardZort ist dahingegen positiv hervorzuheben, er erfüllt viele der Möglichkeiten zur automatischen Analyse, die ein virtuelles System bieten kann (Clusteranalyse mit Auswahl des Algorithmus, Darstellung als Dendrogramm, Gruppenbenennungsanalyse) und bietet darüber hinaus auch die Option einer weitergehenden intellektuellen Analyse, da sich die einzelnen Sortierungen der Probanden übersichtlich anzeigen lassen. Vor allem die Möglichkeit, die vergebenen Gruppenbenennungen nicht nur anzuzeigen, sondern auch statistisch zu analysieren, hebt CardSort von den meisten anderen Systemen positiv ab.

4.3 USort / EZCalc

Da USort mit einer reinen Listenansicht arbeitet, um gruppierte Objekte anzuzeigen, ist eine gute Übersichtlichkeit gegeben. Die Verwendung des zweispaltigen Layouts für die Objekte erweist sich als den virtuellen Karteikarten überlegen. Der Proband hat ständig alle Objekte im Blickfeld, auch längere Bezeichnungen werden problemlos angezeigt. Visuell störend sind die verwendeten und verwirrenden Icons. Problematisch kann die mangelnde Hilfefunktion werden. Nicht nur sind die Hilfetexte schwer verständlich (Zavod et al. 2002, 648), auch kann der Proband während des Sortierens bei Zweifeln nicht mehr auf diese zurückgreifen,. Auch lassen sich keine Beschreibungen zu den einzelnen Objekten eingeben. Der Analysebereich (das externe Tool EZCalc) kann die Sortierungsergebnisse zwar auf vielfältige Weise darstellen (Dendrogramm nach Single-, Average- und Complete-Linkage, Distanzmatrix, Einzelergebnisse als Liste), bietet aber keinerlei Möglichkeit, die Gruppenbenennungen anzeigen zu lassen, „thus failing to support one of the key reasons for performing a card-sort in the first place“ (Zavod et al. 2002).

4.4 Websort

Websort macht ob seines großen Funktionsumfangs und seiner ansprechend und klar gestalteten BOF in allen Bereichen zunächst einen durchdachten Eindruck. Bei der heuristischen Evaluation wurden keine schwerwiegenden Probleme gefunden, die Benutzerführung macht einen ausgereiften Eindruck. Das System arbeitet mit einem dreispaltigen Layout. Dieser Ansatz erweist sich als besonders platzsparend, hat aber trotzdem den Nachteil, dass nicht alle Objekte gleichzeitig sichtbar sind. Alle Elemente der BOF sind mit Hilfehinweisen versehen und es besteht ständig die Möglichkeit, die Anweisungen des Versuchsleiters anzusehen.Websort bietet umfassende Analysemöglichkeiten. Vor allem hervorzuheben ist die Möglichkeit, sowohl im EZCalc-Format zur weiteren Clusteranalyse als auch in von Menschen und Tabellenkalkulationen lesbaren Formaten zu exportieren.

4.5 OptimalSort

OptimalSort bietet von allen Systemen den größten Funktionsumfang. Durch die Option, einen Online-Fragebogen mit der Studie zu verbinden, lassen sich viele Zusatzinformationen vom Probanden abfragen. Ebenso bietet es Personalisierungsmöglichkeiten.Die BOF wirkt übersichtlich und ansprechend, jedes Element ist erklärt, und es lässt sich jederzeit aus dem DB auf die Anweisungen des Versuchsleiters zurückgreifen. Alle Objekte sind permanent sichtbar bzw. durch vertikales Scrollen schnell zu erreichen. Die Gruppierungen lassen sich klar räumlich erkennen. Das Handling der Objekte per Drag and Drop ist sehr komfortabel und fehlerresistent, denn das System zeigt durch Farbänderungen und Hervorhebungen in allen Lagen seinen Zustand an. Negativ ist anzumerken, dass keine Beschreibungen zu den Objekten erlaubt sind. Bei der Analyse verfolgt OptimalSort eine andere Strategie als die übrigen Systeme, es stellt lediglich Rohdaten zur intellektuellen Analyse bereit und leistet keine Clusteranalyse.

5 Vergleich virtuelles und reales Card Sorting

Die zentrale Frage der Studie ist, ob Sortierergebnisse von der Wahl des Systems abhängen. Kommen Probanden unabhängig vom verwendeten System zum gleichen Ergebnis oder zeigen sich signifikante Unterschiede? Bussolon (2006) kommt dabei zu dem Schluss: "the results of our web based card sorting are as good as those obtained with the traditional paper card sorting version. Increasing the number of participants improves the quality of the sorting. Recruiting participants using an online software is by far easier than using the paper card sorting". Die Studie von Bussolon (2006) beruht jedoch nicht auf einer ausreichenden Anzahl von Testpersonen, um eine generelle Aussage treffen zu können. In der Usability-Studie führten 33 Probanden sowohl ein manuelles Card Sorting als auch ein virtuelles mit Websort[3] durch, wobei die Reihenfolge abgewechselt wurde. Die Testpersonen waren Studierende, die über eine Mailingliste gewonnen wurden und für die Teilnahme einen Buchpreis erhielten. Zu Beginn erhielten sie ausgedruckte Anweisungen mit einem Szenario für die Aufgabe. Um den Systemvergleich zu ermöglichen, mussten mehr Benutzer gewonnen werden als für Card Sorting als nötig gelten (Tullis & Wood 2004, Nielsen 2004). Dabei kamen zwei Begriffsmengen zum Einsatz, eine mit den Begriffen der Website einer Hochschule (37 Objekte mit Beschreibungen) sowie einer Stadt (17 Objekte ohne Beschreibungen). Jeder Proband führte jeweils ein Card Sorting pro Menge aus, abwechselnd manuell und virtuell. Bei den virtuellen Sitzungen wurden sowohl die Probanden als auch die BOF per Videoka-

3 Websort wurde gewählt, da es nach Schritt zwei als am besten verwendbares System identifiziert wurde, übertroffen nur von OptimalSort, welches zum Durchführungszeitpunkt noch nicht zur Verfügung stand.

mera und mit der Software MORAE aufgezeichnet. Beim Test konnten weitere Usability-Probleme identifiziert werden. Weitere Details finden sich in Schüßler (2007).

Die Ergebnisse der Testpersonen wurden mit Hilfe von Clustering-Verfahren ausgewertet. Je häufiger zwei Objekte von den Testpersonen in das gleiche Cluster eingeordnet wurden, desto höher ist ihre Ähnlichkeit im weiteren Vorgehen. Clustering-Verfahren fassen ähnliche Objekte zusammen und stellen die Gruppen in Dendrogrammen dar. Für die Auswertung der Ergebnisse wurden sowohl Single-, Average- als auch Complete-Link Algorithmen gewählt (Jain et al. 1999). Für beide Begriffsmengen wurden für die manuelle und die virtuelle Variante also je drei Vergleiche berechnet.

Ein intellektueller Vergleich der verschiedenen Ergebnisse zeigt, dass die Ergebnisse fast identisch sind. Die Unterschiede zwischen den beiden System-Varianten sind nicht größer als die zwischen den einzelnen Clustering-Algorithmen. Auf eine mathematische Analyse wurde verzichtet und stattdessen wurden Uneinheitlichkeiten in den mentalen Modellen genauer betrachtet. Vor allem Objekte, die mit geringer Ähnlichkeit mit den anderen Objekten verbunden sind, wiesen eine höhere Abweichung zwischen den Varianten auf und wurden oft unterschiedlich zugeordnet. Dazu zählte bei dem Begriffs-Set *Universität* der Begriff *Sprachkurse* und beim Set *Stadt* der Begriff *Immobilienportal*. In beiden Fällen ist die Einordnung also aus sachlichen Gründen schwierig. Somit ergaben sich keine auffälligen Unterschiede in den Sortierungsmustern und sowohl das manuelle als auch das virtuelle Experiment offenbarten das gleiche mentale Modell.

Hinsichtlich der Zeit schnitt das System nicht besser ab als die manuelle Durchführung. Zwar waren die Teilnehmer bei der Begriffsmenge *Universität* durchschnittlich drei Minuten schneller (23 Min vs. 20 Min.), beim zweiten Set brauchten sie aber drei Minuten länger (10 Min vs. 13 Min.). Durch die Usability-Studie ergaben sich weitere Erkenntnisse. Beim Umgang mit virtuellen Card Sorting-Tools konnte ein typisches, vierstufiges Benutzerverhalten identifiziert werden:

1. Lesephase: Die Probanden sind damit beschäftigt, sich einen Überblick zu verschaffen. Dabei ließ sich beobachten, dass der Mauszeiger häufig der Blickrichtung folgte, viele Probanden wanderten mit der Maus über die Objekte, die sie gerade lasen.

2. Orientierungsphase: Die Probanden machen sich mit der Funktion der BOF vertraut und beginnen, mehr oder weniger experimentell, Gruppen zu erstellen oder zu benennen.

3. Arbeitsphase: Die Probanden haben die Funktionsweise der BOF verstanden und konzentrieren sich auf die Sortierung und Benennung. In dieser Phase ließen sich zwei Strategien beobachten: 60% der Probanden begann damit, Objekte in eine Gruppe einzuordnen und die Gruppe erst zu benennen, wenn bereits einige Begriffe darin enthalten waren. Einige Probanden erstellten sogar erst alle Gruppierungen und benannten die Kategorien zum Schluss. Der Rest startete mit der Gruppenbenennung, um danach erst Objekte einzusortieren.

4. Abschlussphase: Sobald alle Objekte sortiert sind und der Button zum Beenden erscheint, gehen die Probanden ihre Sortierung noch einmal durch, indem sie jede erstellte Katego-

rie öffnen, um deren Inhalt noch einmal zu überprüfen. Dabei werden allerdings recht selten noch tatsächlich Änderungen vorgenommen.

Weitere Usability-Mängel der Bedienelemente von Websort wurden aufgedeckt (Schüßler 2007). So wurden z.B. die Objektbeschreibungen, die bei Websort mittels Tooltips angezeigt werden, von mehreren Probanden nicht wahrgenommen, da sie nur bei Überfahren der Objekte mit der Maus sichtbar werden und zudem recht klein sind. Dies führte in einigen Fällen zu eindeutigen Fehleinordnungen von Objekten, in anderen entschieden sich Probanden, nachdem sie die Beschreibungen erst spät entdeckt hatten, für eine andere Sortierung. Dies weist auf die Wichtigkeit des Vorhandenseins von Objektbeschreibungen im Allgemeinen hin. Bestätigt wird deren Signifikanz durch die Beobachtung, dass bei 30% der Probanden Verständnisschwierigkeiten bei dem Begriff *Tagen* aus dem Set *Stadt* auftauchten, die durch eine kurze Objektbeschreibung hätten vermieden werden können. Die BOF, die stark von der Ursprungslogik des Card Sortings, der Verwendung von Karten, abstrahiert, stellte kein Problem dar, vor allem für Benutzer, die vorher die eingebaute Demonstration aufgerufen haben.

6 Fazit

Noch reicht kein virtuelles System mit seinem Funktionsumfang an die Vielseitigkeit der manuellen Methode heran. Auch verfügt nur Websort über die Möglichkeit, Objektbeschreibungen anzuzeigen, was bei Remote-Studien als essentiell wichtig befunden wurde. Die größten positiven Virtualisierungseffekte bieten die Remote-Systeme Websort und OptimalSort – beides sind kommerzielle Tools. Ein ideales Programm verfügte so über eine fortgeschrittene Probandenverwaltung (inkl. der Möglichkeiten, die notwendigen Formalitäten wie Vertraulichkeitsvereinbarung zu virtualisieren, Probanden einzeln anzusehen oder aus der Studie zu entfernen und weitere Informationen oder Kommentare von den Probanden abzufragen), mehrere Analysetools (automatisiert und intellektuell, ebenfalls zur Gruppenbenennungsanalyse) sowie über eine übersichtliche, zwei- oder dreispaltige BOF.

Zavod et al. (2000) befinden bei ihrer Evaluation der Systeme WebCAT und USort: „while room for improvement still exists, the tools (...) represent an excellent start and should promote and facilitate the use of sorting as a valuable interface design tool". Gemessen an diesen Systemen lässt sich sagen, dass die neueren Tools Websort und OptimalSort einen Fortschritt bedeuten. Sie bieten klare Virtualisierungsvorteile in den Bereichen Analyse, Zeitbedarf und Rekrutieren von Probanden. Allerdings beschränken sie das Card Sorting, da sie unflexibel sind, was das Sammeln von Daten betrifft, die über das reine Sortieren und Benennen von Gruppen hinausgehen.

Literaturverzeichnis

Bussolon, S. (2006). Online card sorting: as good as the paper version. In *Proceedings of the 13th European Conference on Cognitive Ergonomics* (ECCE). Zürich

Courage, C. & Baxter, K. (2005). *Understanding your users: A practical guide to user requirements methods, tools, and techniques*. San Francisco et al.: Morgan Kaufmann Publishers.

Hudson, W. (2005). Playing Your Cards Right: Getting the Most from Card Sorting for Navigation Design. *interactions, 12 (5)*, 56-58

Ivory, M. & Hearst, M. (2001). *State* of the Art in Automatic Usability Evaluation of User Interfaces. *ACM Computing Surveys*, vol. 33 (4), 470-516.

Jain, A.K., Murty, M.N. & Flynn, P.J. (1999). Data Clustering: A Review. *ACM Computing Surveys*, vol. 31 (3), 264-323.

Lamantia, J. (2003). *Analyzing Card Sort Results with a Spreadsheet Template.* (Zugriff: 10.05.07). http://www.boxesandarrows.com/view/analyzing_card_sort_results_with_a_spreadsheet_template

Maurer, D. & Warfel, T. (2004). *Card sorting: a definitive guide.* (Ersch.: 07.04.2004, Zugriff: 10.05.2007) http://www.boxesandarrows.com/view/card_sorting_a_definitive_guide

Nielsen, J. (2004). *Card Sorting: How Many Users to Test.* (Update: 19.07.2004, Zugriff: 04.04.2007). http://www.useit.com/alertbox/20040719.html

Rosenfeld, L. & Morville, P. (2002). *Information Architecture for the World Wide* Web (Second Edition). Sebastopol: O'Reilly Media Inc.

Schüßler, C. (2007). *Virtuelle Usability Evaluation: Card Sorting-Systeme im Vergleich.* Universität Hildesheim. Magisterarbeit Internationales Informationsmanagement.

Schweibenz, W. & Thissen, F. (2003). *Qualität im Web. Benutzerfreundliche Webseiten durch Usability Evaluation.* Berlin et al.: Springer.

Tullis, T. & Wood, L. (2004). *How Many Users Are Enough for a Card-Sorting Study?* (Download: 25.04.2007) http://websort.net/articles/Tullis&Wood.pdf

Zavod, M., Rickert, D. & Brown, S. (2002). The automated card-sort as an interface design tool: a comparison of products. In *Proc Human Factors and Ergonomics Society 46th Annual Meeting*, Baltimore, MD; USA.

Kontaktinformationen

Thomas Mandl

Institut für Informationswissenschaft und Sprachtechnologie
Universität Hildesheim
D- 31141 Hildesheim
Tel.: +49 (0) 5121-883-837
E-Mail: mandl@uni-hildesheim.de

H. Wandke, S. Kain & D. Struve (Hrsg.): Mensch & Computer 2009: Grenzenlos frei!?
München: Oldenbourg Verlag, 2009, S. 283-292

Protoreto: Interaktive und automatisch auswertbare Papierprototypen

Daniel Herding, Ulrik Schroeder, Mostafa Akbari

Lehr- und Forschungsgebiet Informatik 9 (Computerunterstütztes Lernen),
RWTH Aachen University

Zusammenfassung

Prototyping ist bei der Entwicklung von Anwendungen mit grafischen Oberflächen ein wesentliches methodisches Werkzeug. Mit dem Prototyping-Werkzeug *Protoreto* und dem Capture-and-Replay-Tool *Jacareto* lassen sich GUI-Prototypen auf unterschiedlichen Abstraktionsniveaus schnell und einfach erstellen und leicht variieren. In Benutzerstudien lassen sich die Interaktionen der Versuchsperson mit dem Prototyp erfassen und später wiedergeben. *Jacareto* strukturiert die erhobenen Interaktionsdaten automatisch, z.B. für eine Auswertung in Statistiksoftware. Weiterhin beschreiben wir einige Features von Protoreto, mit denen sich Vorteile von Papierprototypen auf den Computer übertragen lassen.

1 Einleitung

Ziel des Prototyping in einem benutzerorientierten Entwurf (user-centered design) ist es, die Wahrscheinlichkeit, dass die Benutzenden das jeweilige Tool in ihrem Alltag mit Zufriedenheit einsetzen, zu erhöhen. Zu diesem Zweck werden die Funktionalität und die Bedienschnittstelle im Entwicklungsprozess in mehreren Iterationen mittels Benutzerstudien erprobt.

Im Folgenden stellen wir das Prototyping-Tool *Protoreto* vor, das für den benutzerzentrierten Entwurfsprozess entwickelt wurde, um die Kluft zwischen *Papier-* und *Displayprototypen* zu schließen. *Protoreto* unterstützt die schnelle Entwicklung von Prototypen, die sich leicht variieren und schrittweise konkretisieren lassen. Außerdem erlaubt es, die Interaktionen der Benutzenden mittels des Capture-and-Replay-Tools *Jacareto* aufzuzeichnen und automatisch strukturierte Daten zu erheben. *Protoreto* wird derzeit in verschiedenen wissenschaftlichen Disziplinen genutzt.

In Abschnitt 2 werden wir verschiedene Arten des Prototyping beschreiben. In Abschnitt 3 erläutern wir die Motivation für die Entwicklung von *Protoreto*. In Abschnitt 4 und 5 stellen wir *Jacareto* und *Protoreto* vor. Ein Anwendungsbeispiel folgt in Abschnitt 6. Im Schlussteil geben wir einen Ausblick auf aktuelle Projekte zur Weiterentwicklung von *Protoreto.*

2 Prototyping

Mit der Schwierigkeit, den benutzerorientierten Entwurf in den Software-Engineering-Prozess einzugliedern, geht das Problem einher, dass der Begriff „Prototyping" nicht eindeutig definiert ist.

"An analysis of publications shows that there is a lack of consensus in software engineering on the meaning of the terms prototype and prototyping. The same is true of the protyping-oriented development approach." (Bischofberger & Pomberger 1992, 15)

Daran hat sich seit 1992 nichts geändert. In der Literatur und in der Praxis werden der Prozess des Prototyping sowie die verschiedenen Arten von Prototypen unterschiedlich bezeichnet und verstanden. Die Definition *"prototype. A preliminary type, form, or instance of a system that serves a model for later stages or for the final, complete version of the system."* (IEEE standard glossary of software engineering terminology, 1990) lässt Spielraum für Interpretationen. Seit der Festlegung der Definition haben sich neue Techniken und Methoden des Prototyping entwickelt, besonders im Bereich der Mensch-Maschine-Interaktion. Aus dieser Vielfalt heraus werden das Prototyping und die dabei erstellten Prototypen im nächsten Abschnitt neu kategorisiert und zusammengefasst.

2.1 Prototyping-Prozesse

Prototyping kann auf zwei verschiedene Weisen durchgeführt werden (Sommerville 2003, 184ff.). Wegwerf-Prototypen (throw-away prototypes) werden insbesondere am Anfang eines Projekts erstellt. Die Untersuchung der Prototypen durch Benutzerstudien ist gerade in dieser Phase sehr wichtig, da auf diese Weise z.B. Fehler in der Anforderungsanalyse auffallen, noch bevor viel Entwicklungsarbeit geleistet wurde. Wegwerf-Prototypen werden schnell und möglichst günstig erstellt und dienen ausschließlich dem Testen der Usability von Interaktionen und Funktionalitäten. Exploratives Prototyping und Experimentelles Prototyping nach Floyd werden hier unter Wegwerf-Prototyping zusammengefasst (Ludewig & Lichter, 2007). Balzert (1998), Dahm (2006), Bischofberger & Pomberger (1992) und Kappel (2004) erwähnen Wegwerfprototypen, gehen aber nicht weiter auf diese ein. Low-, Medium- und High-Fidelity-Prototypen nach Van Duyne et al. (2003) und Snyder (2003) werden unter Wegwerf-Prototypen eingeordnet, da sie nach der Evaluation nicht weiterverarbeitet werden. In einigen anderen Quellen findet sich auch die Bezeichnung „low-cost prototype".

Beim Evolutionären Prototyping wird hingegen derselbe Prototyp stets weiterentwickelt. Dieser ist eine in Funktionalität und Design eingeschränkte Version des zu entwickelnden Systems. Vom Prototyp ausgehend über ein Pilotsystem bis hin zum fertigen System wird im

Extremfall ein einziger Prototyp durchgehend weiterentwickelt. In den verschiedenen Evaluationsstufen werden als Testpersonen Benutzer, Experten und Entwickler eingebunden.

Funktionalität und Design lassen sich auf verschiedenen Ebenen erproben. Um mit einer klaren Struktur Prototypen zu bilden, sollte entschieden werden, ob ein Horizontaler Prototyp (viele Funktionen, die aber jeweils nicht vollständig nutzbar sind) oder ein Vertikaler Prototyp (wenige Funktionen, die jedoch detailliert umgesetzt werden) erstellt wird (Balzert, 1998; Dix, 2006). Des Weiteren können Unterscheidungen nach dem *Level of Visual Refinement*, der *Richness of Interactivity* und der *Richness of Data Model* getroffen werden (McCurdy et al., 2006).

2.2 Arten von Prototypen

Es gibt verschiedene Techniken und Technologien, mit denen sich Protototypen für den Entwurf und Test von Benutzerschnittstellen herstellen lassen. Grob kann man zwischen computerunterstützten und nicht-digitalen Prototypen unterscheiden.

Papierprototypen können mit Stift und Papier oder am Computer, beispielsweise mit PowerPoint, erstellt werden. Sie bilden die Interaktionsmöglichkeiten mit einem System ab, können in Benutzerstudien allerdings von der Versuchsperson nicht eigenständig bedient werden. Stattdessen präsentieren die Entwickler dem Probanden den Papierprototyp und simulieren die Aktionen des Systems, indem sie zum Beispiel durch das Aufkleben von Post-Its verschiedene Systemzustände darstellen (Snyder, 2003; Van Duyne et al., 2003; Bischofberger & Pomberger, 1992; Kappel, 2004).

Die Ergebnisse aus der Evaluation der Papierprototypen werden in späteren Iterationsphasen zur Entwicklung von *Displayprototypen* herangezogen. Darunter verstehen wir Prototypen, die auf Standard-Hardware ausgeführt, auf einem grafischen Display dargestellt und mit Eingabegeräten wie Tastatur, Maus oder Touchscreen bedient werden. Die Bezeichnung Displayprototyp wird hier neu eingeführt, da in der von uns betrachteten Literatur kein adäquater und einheitlich verwendeter Begriff existiert. Die Vorgehensweisen und Techniken von Displayprototypen sind unter anderem in Sommerville (2003), Dix (2006), Van Duyne et al. (2005), Dahm (2006), Ludewig & Lichter (2007) und Balzert (1998) benannt, werden aber jeweils anders zusammengefasst.

Zur Entwicklung von Displayprototypen lassen sich verschiedene Technologien einsetzen. So lassen sich mit GUI-Buildern, die Bestandteil gängiger Integrierter Entwicklungsumgebungen (IDEs) sind, Bedienoberflächen systemnah nachstellen. Alternativ können Auszeichnungs-, Beschreibungs- und Skriptsprachen wie HTML, CSS, JavaScript, TCL/TK verwendet werden, um Displayprototypen mit einfachen Interaktionsmöglichkeiten zu erstellen. Auch Anwendungen wie Adobe Flash, Microsoft PowerPoint oder Microsoft Visio können zum Einsatz kommen. Schließlich existieren einige spezialisierte Prototyping-Tools wie z.B. DENIM (Lin et al. 2000), RapidRabb.it[1] und Axure[2].

3 Anforderungen und Stand der Technik

Aus unseren Erfahrungen haben wir Vorgehensweisen bei der Erstellung und Auswertung unserer Prototypen identifiziert, die durch vorhandene Werkzeuge nicht ausreichend unterstützt wurden.

- Um alternative Designvorschläge bewerten zu können, müssen mehrere Prototypen parallel entwickelt werden, von denen letztendlich nur einer im Endprodukt umgesetzt wird. Darum sollten sich der Aufwand und die zu investierenden Zeit für die Erstellung der Wegwerf-Prototypen in Grenzen halten.
- Um Aussagen über den fachlichen Nutzen und die Benutzerfreundlichkeit eines Systems machen zu können, müssen genaue Daten über das Benutzerverhalten erhoben werden. Ein Werkzeug sollte deshalb die Möglichkeit zur automatisierten Erfassung und Auswertung dieser Daten bieten.
- Damit der entwickelte Prototyp bei Bedarf von allen Mitgliedern des meist interdisziplinären Teams angepasst werden kann, sollte das Werkzeug benutzerfreundlich und für alle Mitglieder des Teams leicht zugänglich sein. Dazu gehört insbesondere die Möglichkeit, den Prototypen ohne bzw. mit nur geringen Programmierkenntnissen anpassen zu können.

Diese Anforderungen konnte kein von uns untersuchtes Tool erfüllen. Spezielle Prototyping-Tools wie Axure sowie generische Anwendungen wie Microsoft PowerPoint, Adobe Flash und das (nicht mehr weiterentwickelte) HyperCard sind zwar für die Erstellung von Wegwerf-Prototypen geeignet, bieten aber keine einfache Möglichkeit, Daten über die Interaktion der Benutzenden mit dem System zu sammeln (vgl. Wagner 1990, 83).

Dumas et al. schlagen vor, Videokameras auf den Bildschirm und auf die Eingabegeräte auszurichten; allerdings weisen sie selbst darauf hin, dass beim späteren Abspielen die Schwierigkeit besteht, die Videoaufzeichnungen für die Evaluation synchronisieren zu müssen (Dumas et al. 2003, 226). Zudem ist eine manuelle Transkription, Strukturierung und Auswertung nötig. Weitere Nachteile sind anfallende Anschaffungskosten, Aufwand für Auf- und Abbau der Geräte und hoher Speicherbedarf.

Alternativ gibt es die Möglichkeit, Screencast-basierte Werkzeuge wie beispielsweise Camtasia Studio oder Morae[3] einzusetzen. Beispielsweise erstellt Morae ein statisches Video der

---

[1] RapidRabb.it ist ein kommerzielles Online-Werkzeug zum kollaborativen Rapid Prototyping. http://www.rapidrabb.it

[2] Axure ist eine kommerzielle Anwendung zur Erstellung von Wireframes, Prototypen und Spezifikationen. http://www.axure.com/

Interaktion und ergänzt es um Informationen über Tastatur- und Mausbenutzung (Göpel 2006). GUI-Ereignisse auf höherer Ebene (z.B. die Auswahl aus einem Dropdown-Menü) werden ebenso wenig aufgezeichnet wie anwendungsspezifische, semantische Informationen. Die Morae-Aufzeichnung muss also, ebenso wie die von Dumas et al. vorgeschlagenen Videoaufzeichnungen, nachträglich vollständig angesehen, manuell interpretiert und strukturiert werden.

Da kein Tool unsere Anforderungen an Prototyping und Datenerfassung erfüllte, war es unser Ziel, ein Prototyping-Toolkit zu entwickeln, mit dem Displayprototypen schnell und einfach erstellt werden können und das die Interaktionsdaten der Benutzenden automatisch aufzeichnen, strukturieren und wiedergeben kann.

4 Aufzeichnung und Analyse mit Jacareto

Um die Datenerfassung bei Benutzerstudien zu automatisieren, kann das *Jacareto*-Framework eingesetzt werden. Das Akronym Jacareto steht für Java Capture and Replay Tool (Schroeder, 2000; Spannagel, 2003; Spannagel et. al, 2005), eine Open-Source-Software, die an der TU Darmstadt, der PH Ludwigsburg und der RWTH Aachen entwickelt wurde. Mit Jacareto lässt sich die Interaktion eines Benutzers mit einer GUI-basierten Java-Anwendung aufzeichnen und wieder abspielen.

Bei der Aufzeichnung wird ausgenutzt, dass in Java sämtliche Ereignisse einer AWT- oder Swing-Oberfläche eine Event-Queue durchlaufen. Jacareto registriert sich selbst als Event-Listener und wird dadurch über alle Events informiert, die innerhalb der Java Virtual Maschine ausgelöst werden. Dies erlaubt die Interaktionsaufzeichnung bei allen Java-Anwendungen, ohne deren Quellcode zu verändern. Liegt der Quellcode vor, können optional anwendungsspezifische, semantische Events ausgelöst werden, die mithilfe eines Moduls von Jacareto ebenfalls erkannt und aufgezeichnet werden können. Die Jacareto-Aufzeichnung ist also sehr viel detaillierter und aussagekräftiger als z.B. bei Morae.

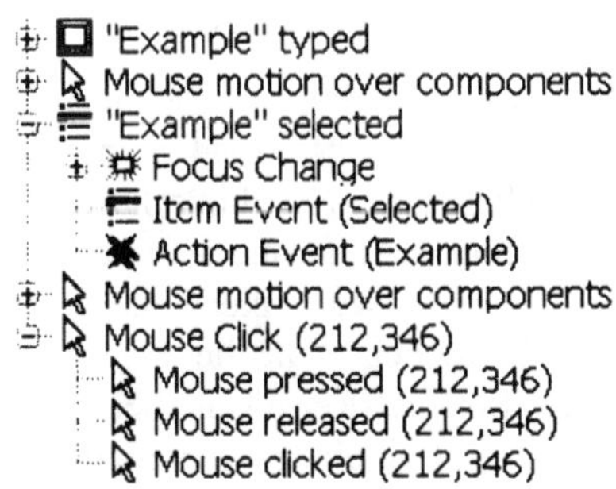

Abbildung 1: Strukturierung der Interaktions-Ereignisse in Jacareto

[3] Camtasia Studio und Morae sind Produkte der Firma TechSmith. http://www.techsmith.com/

Sämtliche Ereignisse werden automatisch gruppiert und strukturiert. Mehrere aufeinanderfolgende Tastenanschläge werden zum Beispiel zu einer Tastensequenz gruppiert. Durch diese Gruppierung entsteht eine Baumstruktur, in der die Aufzeichnung übersichtlich dargestellt wird (siehe Abb. 1).

Die aufgezeichneten Datensätze lassen sich für die quantitative, statistische Auswertung exportieren. Zugleich ist aber auch eine qualitative Analyse möglich, da sich die Aufzeichnungen abspeichern und zu einem späteren Zeitpunkt wieder abspielen lassen. Die aufgezeichneten Aktionen können in Echtzeit oder im „Schnelldurchlauf" wiedergegeben werden. Es besteht die Möglichkeit, eine beliebige Stelle der Interaktion zu markieren und von dieser aus die Wiedergabe fortzuführen.

5 Prototyping mit Protoreto

Protoreto ist eine Open-Source-Anwendung zur Erstellung von Displayprototypen. Sie wurde in Java entwickelt, um eine Kompatibilität mit Jacareto zu gewährleisten. Sie besteht aus einem WYSIWYG-Editor, in dem der Prototyp erstellt, und einer Laufzeitumgebung, in der dieser anschließend ausgeführt werden kann (siehe Abb. 2). Des Weiteren gibt es ein Jacareto-Modul, um Protoreto-spezifische, semantische Ereignisse aufzuzeichnen.

Ein Protoreto-Prototyp besteht aus mehreren sogenannten Bildschirmen, die das simulierte System jeweils in einem bestimmten Zustand zeigen (z.B. Login-Bildschirm, Hauptmenü, Optionen-Übersicht etc.). Der Benutzer des Protoreto-Editors kann, um einen neuen Bildschirm zu erstellen, ein Hintergrundbild festlegen (z.B. das Foto eines Mobilgeräts). Anschließend kann er klickbare Bereiche definieren, die bei der späteren Benutzung des Prototyps zu einem anderen Bildschirm führen, damit ein anderer Systemzustand simuliert wird. Entsprechend können auch Standard-Bedienelemente wie Schaltflächen oder Ankreuzfelder platziert werden. Auch bei diesen Elementen können Transitionen zu anderen Bildschirmen festgelegt werden; diese werden ausgelöst, wenn z.B. auf eine Schaltfläche geklickt oder in einem Texteingabefeld die Eingabetaste betätigt wurde. Ebenso können Bilder, Animationen und Audioclips einfach im Prototyp eingebettet werden.

Ein Vorteil des WYSIWYG-Editors ist, dass auch Benutzer ohne Programmierkenntnisse einfache Prototypen erstellen können. Sie müssen lediglich Bilder und Bedienelemente per Drag & Drop platzieren und anschließend die Zielbildschirme von Schaltflächen etc. festlegen. Zugleich können erfahrene Anwender Transitionen mit Skriptcode versehen (unterstützt werden z.B. JavaScript und Ruby) und damit komplexe und dynamische Prototypen in Protoreto entwickeln. Durch Skriptcode können etwa die Eigenschaften von Bedienelementen ausgelesen oder verändert werden. Beispielsweise kann bei Klick auf einen Button die Wahl des Zielbildschirms davon abhängen, ob in einem Ankreuzfeld ein Häkchen gesetzt ist oder nicht. Außerdem können globale Variablen deklariert werden, in denen Informationen über den Zustand des Prototyps gespeichert werden können. Dies ist in anderen Prototyping-Werkzeugen wie DENIM oder RapidRabb.it nicht möglich, bei denen der Systemzustand allein dadurch kodiert ist, welche Seite momentan angezeigt wird. Somit können in Protoreto komplexe Prototypen erstellt werden, die mit anderen Tools prinzipbedingt nicht oder nur mit extrem großem Aufwand realisierbar wären.

Ein weiteres Feature, das Protoreto von alternativen Tools absetzt, ist der nahtlose Übergang (seamless migration) von Papier- zu Displayprototypen. Die Überbrückung dieses Medienbruchs ist interessant, weil Papierprototypen durch ihre visuelle Unvollkommenheit der Versuchsperson das frühe Entwicklungsstadium verdeutlichen und sie so zu Kritik ermutigen (Snyder 2003, 58). DENIM ermöglicht es zwar, beispielsweise auf einem Tablet-PC direkt in den Displayprototyp zu schreiben oder zu zeichnen, ähnlich wie das bei Papierprototypen möglich ist; allerdings gibt es keine Möglichkeit, Zeichnungen aus den Papierprototypen der vorangegangenen Iterationsphasen in den Displayprototyp zu übernehmen. DENIM ist also konzeptuell eher ein Ersatz für Papier-Prototyping und keine Ergänzung. Dagegen kann Protoreto Blätter des Papierprototyps einscannen und in den Displayprototyp integrieren.

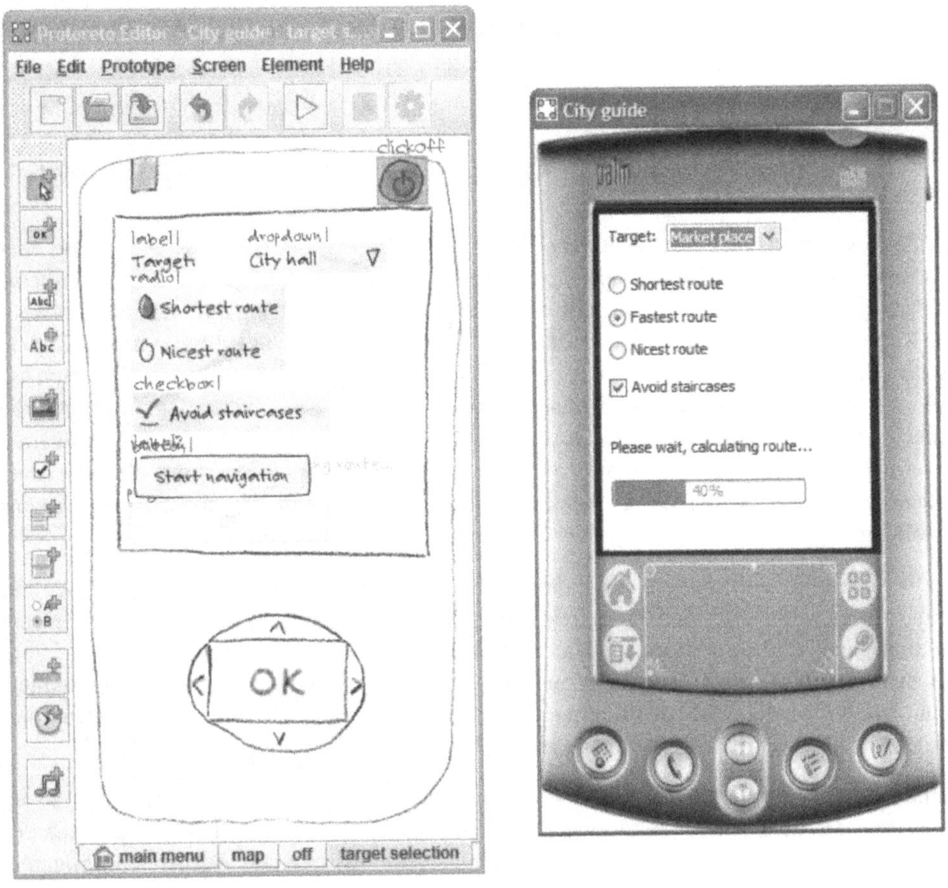

Abbildung 2: Links der Protoreto-Editor mit einem Prototyp im Look-and-Feel „NapkinLAF", recht die Protoreto-Laufzeitumgebung mit demselben Prototyp in einer späteren Iteration

Außerdem ist es möglich, Bedienelemente wie handgezeichnet erscheinen zu lassen. Möglich wird dies durch das von Java unterstützte "Pluggable Look and Feel", eine Technologie, welche die Darstellung und das Verhalten der GUI-Komponenten anpassbar macht. Ein solches Look and Feel ist *NapkinLAF*[4], das, wie der Name schon andeutet, GUIs so erscheinen lässt, als wären sie auf eine Serviette gekritzelt (siehe Abb. 2). Dieser Effekt wird unter anderem durch die Verwendung von Handschrift-Fonts und die zufällige Transformation von Schaltflächen-Umrandungslinien ausgelöst.

Durch Verwendung der Scan-Funktion von Protoreto und NapkinLAF ist es somit möglich, die eingescannten Zeichnungen des Papierprototyps mit dynamischen Bedienelementen zu kombinieren und dabei eine kohärente Darstellung beizubehalten. Damit wird der Medienbruch zwischen Papier- und Displayprototypen überbrückt; wir kombinieren dabei die Hauptvorteile von Papierprototypen (Möglichkeit der Benutzerpartizipation, gutes Feedback durch visuelle Unvollkommenheit) und Displayprototypen (selbständige Interaktion der Versuchsperson, Interaktionsaufzeichnung mit Jacareto). In späteren Iterationen, wenn auch Feedback zum visuellen Erscheinungsbild benötigt wird, kann dann problemlos von NapkinLAF auf ein Standard-Look-and-Feel umgeschaltet werden (siehe Abb. 2).

6 Anwendungsbeispiel von Protoreto und Jacareto

In einer psychologischen Studie an der RWTH Aachen wurde der Umgang jüngere und ältere Menschen mit Webbrowsern auf Mobilgeräten untersucht (Ziefle et al. 2007). Da keine Werkzeuge zur Verfügung standen, die eine Interaktionsaufzeichnung auf Handhelds erlaubten, wurde eine auf Standard-PCs lauffähige PDA-Simulation in Java programmiert. Zudem wurde ein Jacareto-Modul entwickelt, das die Aufzeichnung PDA-spezifischer Ereignisse (z.B. das Wechseln der Seite im simulierten Webbrowser) ermöglichte. Damit konnte die Benutzerstudie erfolgreich durchgeführt werden. Die Forschenden empfanden die Evaluation der Aufzeichnungen gegenüber Video- oder Logfile-basierter Auswertung als besonders einfach. Allerdings waren die Entwicklung des Simulators und des zugehörigen Moduls aufwändig, sie hatten den Umfang einer Diplomarbeit (Michel 2006).

Die Entwicklung von Protoreto zielte darauf ab, derartige Simulationen bzw. Prototypen mit weitaus geringerem Aufwand zu erstellen. Der PDA-Simulator wurde als Proof-of-Concept funktionsgleich in Protoreto nachgebaut, hierfür benötigte eine Person zwei Arbeitstage statt, wie beim ursprünglichen Simulator, mehrere Monate; zudem waren keine Programmierkenntnisse notwendig. Außerdem musste kein spezielles Jacareto-Modul mehr programmiert werden, da das Protoreto-Modul für Jacareto alle relevanten Informationen liefert.

Aktuell wird das Protoreto-Jacareto-Gespann am Institut für Psychologie der RWTH Aachen eingesetzt, das in einem eHealth-Projekt die Benutzbarkeit von Small-Screen-Geräten für Diabeteserkrankte untersucht. Dazu werden einerseits existierende Diabetes-Mobilgeräte

[4] Napkin Look & Feel. http://napkinlaf.sourceforge.net/

rekonstruiert, andererseits Prototypen für Systeme mit neuartigen Bedienelementen und Interaktionsschemata kreiert. In beiden Fällen wird auf Protoreto für die Entwicklung und auf Jacareto für die Aufzeichnung, Strukturierung und Analyse der Interaktion gesetzt.

7 Ausblick

Wenngleich sich mit Hilfe von Protoreto und Jacareto unter anderem Simulationen für Mobilgeräte erstellen und evaluieren lassen, gibt es einige Aspekte der Usability, die sich durch eine auf einem PC ablaufende Simulation nicht gut untersuchen lassen (beispielsweise die Schwierigkeit, Text über sehr kleine Tastaturen einzugeben). Dazu kommt, dass gerade bei Mobilgeräten eine Studie unter Laborbedingungen kaum mit Alltagssituationen vergleichbar ist (Lindroth et al. 2001). Wünschenswert wäre deshalb, Prototypen direkt auf einem Mobilgerät testen zu können. Momentan ist eine auf Java Mobile Edition lauffähige Version von Jacareto in der Entwicklung.

Eine weitere Möglichkeit, Prototypen außerhalb des Labors zu evaluieren, bieten Online-Studien. Diese hätten mehrere Vorteile: Feldstudien haben mehr Aussagekraft über eine spätere Nutzung in Alltagssituationen; den Versuchspersonen bliebe die Anreise zum Labor erspart, wenn eine Teilnahme von zu Hause aus möglich wäre; und schließlich würde dank der zunehmenden Verbreitung von Mobiltelefonen und PDAs mit vollwertigen Webbrowsern eine weitere Möglichkeit eröffnen, Prototypen auf Mobilgeräten zu evaluieren. Geplant ist deshalb eine Exportfunktion, um einen Protoreto-Prototyp in eine Website zu konvertieren.

Andere Features, die in Protoreto umgesetzt werden sollen, sind die Erweiterung um weitere Interaktionsformen wie Drag & Drop und eine Funktion, um direkt in den Displayprototyp hinein zu zeichnen, was die Verschmelzung von Papier- und Displayprototypen abrunden würde.

Literaturverzeichnis

Balzert, H. (1998). *Lehrbuch der Software-Technik: Software-Management, Software-Qualitätssicherung, Unternehmensmodellierung.* Heidelberg; Berlin: Spektrum Akademischer Verlag

Bischofberger, W. & Pomberger, G. (1992). *Prototyping-Oriented Software Development: Concepts and Tools.* Berlin: Springer

Dahm, M. (2006). *Grundlagen der Mensch-Computer-Interaktion.* München: Pearson Studium

Dix, A., Finlay, J., Abowd, G. D. & Beale, R. (2006). *Human-computer interaction.* 3. Auflage. Harlow: Pearson Prentice-Hall

Dumas, J. S. (2003). *User-based evaluations. In The human-computer interaction handbook: fundamentals, evolving technologies and emerging applications.* Hillsdale: L. Erlbaum Associates, S. 1093-1117.

Göpel, S. (2006). *Remote Usability Testing – Evaluierung der Testsoftware Morae in verschiedenen Anwendungsszenarien*. Magisterarbeit, Stiftung Universität Hildesheim.

Kappel, G. (2004). *Web Engineering: Systematische Entwicklung von Web-Anwendungen*. 1. Auflage. Heidelberg: dpunkt-Verlag.

Lin, J., Newman, M. W., Hong, J. I. & Landay, J. A. (2000). DENIM: finding a tighter fit between tools and practice for Web site design. In *Proceedings of the SIGCHI conference on Human factors in computing systems*. New York: ACM, S. 510-517.

Ludewig, J. & Lichter, H. (2007). *Software Engineering: Grundlagen, Menschen, Prozesse, Techniken*. 1. Auflage. Heidelberg: dpunkt-Verlag.

McCurdy, M., Connors, C., Pyrzak, G., Kanefsky, R. & Vera, AH (2006). Breaking through the fidelity barriers: An examination of our current characterization of prototypes and an example of a mixed-fidelity success. *Proceedings of CHI 06*.

Michel, T. (2006). *Analyse kognitiv komplexer Systeme mittels automatisierter Interaktionsaufzeichnung*. Diplomarbeit, RWTH Aachen.

Schroeder, U. (2000). PTAH: validation driven software development. *5th International Conference on Integrated Design & Process Technology 2000*, Dallas, Texas.

Sommerville, I. (2003). *Software Engineering*. 6. Auflage. München: Pearson Studium.

Spannagel, C. (2003). *Qualitative und quantitative Analyse von Interaktionsaufzeichnungen*. Diplomarbeit, Technische Universität Darmstadt.

Spannagel, C., Gläser-Zikuda, M. & Schroeder, U. (2005). Application of Qualitative Content Analysis in User-Program Interaction Research. Forum Qualitative Sozialforschung / Forum: *Qualitative Social Research, 6*(2), Art. 29, http://nbn-resolving.de/urn:nbn:de:0114-fqs0502295.

Snyder, C. (2003). *Paper Prototyping: The Fast and Easy Way to Design and Refine User Interfaces*. New York: Morgan Kaufmann.

Van Duyne, D. K., Landay, J. A., & Hong, J. I. (2003). *The Design of Sites: Patterns, Principles, and Processes for Crafting a Customer-Centered Web Experience*. Boston: Addison-Wesley.

Wagner, A. (1990). Prototyping: A Day in the Life of an Interface Designer. In *The Art of Human-Computer Interface Design*. Addison-Wesley, S. 79-84.

Ziefle, M., Schroeder, U., Strenk, J. & Michel, T. (2007). How younger and older adults master the usage of hyperlinks in small screen devices. In CHI '07: *Proceedings of the SIGCHI conference on Human factors in computing systems*. New York: ACM, S. 307-316

Danksagung

Wir danken allen Beteiligten des Open-Source-Projekts Jacareto, insbesondere Dr. C. Spannagel.

Kontaktinformationen

E-Mail: {herding,schroeder,akbari}@informatik.rwth-aachen.de
Tel.: +49 241 - 80 21 932

H. Wandke, S. Kain & D. Struve (Hrsg.): Mensch & Computer 2009: Grenzenlos frei!?
München: Oldenbourg Verlag, 2009, S. 293-302

Adopting Enterprise 2.0: A Case Study on Microblogging

Martin Böhringer, Alexander Richter

Technische Universität Chemnitz, Universität der Bundeswehr München

Abstract

Microblogging is currently one of the most discussed topics on the World Wide Web. The success of services like Twitter raises questions about their potential for organisations. In this case study we provide insights from an early adopter who implemented his own microblogging system. We aim to explain what use cases in professional contexts can look like and, primarily, to suggest a more precise description of what enterprise microblogging is.

1 Introduction

"What are you doing?" is the new catchword of the digital society. The so-called microblogging service Twitter[1] is gaining increasing popularity. It can be considered mainstream in the US following the significance of its role in the country's election campaigns in 2008. While the tool from a software engineering point of view is very simple, the way it enables interaction between its members seems to hit the nail on the head, fulfilling their requirements.

For decades researchers and practitioners in fields such as Knowledge Management were active in creating systems for the allocation or externalisation of people's knowledge. However, the critical element of such systems seemed to be participation. Participation is one of the central characteristics of the so-called Web 2.0 (O'Reilly 2005). As recent research shows, Internet users contribute their knowledge to Web 2.0 tools such as wikis, weblogs and social networking services without any direct incentives and due only to their genuine motivation. As an example, a study of Wikipedia shows that factors such as the perceived autonomy (in use), the significance of their task (to other users), the proliferation of requirements and the feedback from other users motivate the contributors (Schroer & Hertel 2009). For this reason there are efforts towards the implementation of such tools in the corporate context. The adoption of Web 2.0 approaches to the business environment offers powerful op-

[1] http://www.twitter.com

portunities to distribute "tacit knowledge" and "best practices" companywide. For in-company operation, these tools are adjusted to the company's context and additionally enriched by experiences with existing intra-company tools (Back et al. 2008; Koch & Richter 2008, McAffee 2006).

This development includes the deployment of microblogging in the business environment. But, whereas the approach of enterprise microblogging seems really promising, not much research has been done in this field, since this phenomenon is quite new.

Thus, this paper wants to explain what use cases in professional contexts can look like and, primarily, to suggest a more accurate definition of enterprise microblogging. We proceed as follows: The next section presents an introduction to microblogging and summarises existing research. In the third section we describe the research method used. We present our findings in section four, in the form of a case study. Finally, a discussion and a conclusion wrap up the paper.

2 Microblogging

In November 2008 the social networking service Facebook offered $500m in shares for the best-known microblogging tool Twitter. This is a remarkable amount for a service with estimated 6million users worldwide, whilst in the middle of a recession (Kazeniac 2009). It seems that Facebook, for years the star in the World Wide Web, sees rising importance in the subject and has high expectations for its role in the future web. But why would that be the case?

Microblogs can be described as a smaller version of weblogs enriched with features for social networking and with a strong focus on mobility. Users have their own public microblog where they can post short updates. Other members can be "followed" by adding them to the personal network. As with weblogs, the messages appear in chronological order on the user's start page. Microblogging services often support a wide range of contribution possibilities. For example messages to Twitter can be posted via mobile text messages, desktop clients or several third party applications, such as Tweetdeck[2].

A special characteristic of microblogging is its ability to heighten awareness. Dourish and Bellotti (1992, 107) define awareness as "an understanding of the activities of others, which provides a context for your own activity" and stress the importance of awareness when coordinating group activities in different task domains.

Gutwin et al. (1996) distinguish four basic types of awareness information. In the following we give short examples of how twittering can help to build this kind of awareness:

- Informal Awareness (e.g. information on actions or intentions of others): "Now in a meeting with Andrea concerning our new project".

[2] http://www.tweetdeck.com

- Social Awareness (e.g. information about the emotional state of others, which is typically perceived in a social or conversational context): "Really interested in meeting Franz".
- Group-structural Awareness (e.g. information about the group and its members, their roles and responsibilities): "Peter will join our team and coordinate meetings".
- Workspace Awareness (e.g. information about the interaction of other users with the shared workspace and contained artefacts): "Now working on the new project presentation".

These examples show how microblogging can help create awareness in a company to support collaboration, communication and coordination.

As microblogging is a very new phenomenon there has been little academic research on the topic to date. Most work focuses on the description and explanation of Twitter (Barnes & Böhringer 2009; Huberman et al. 2009; Erickson 2008; Krishnamurthy et al. 2008; Java et al. 2007) and on microblogging as a learning tool (Ebner & Schiefner 2008; Skiba 2008; Ullrich et al. 2008). Less research has been published on the further development of microblogging from a design science point of view (Böhringer & Röhrborn 2008; Passant et al. 2008) and on microblogging as a mobile application (Barkhuus et al. 2008; Gaonkar et al. 2008).

The technology research company Gartner (2008) added microblogging to its hype cycle in 2008, predicting a sharp rise in popularity. According to Gartner, leading-edge companies are investigating the potential of microblogging to enhance other social media and channels. However, until now little has been known about enterprise microblogging. As with social networking services before (cf. e.g. Richter & Koch 2009) the development of enterprise microblogging, the discussion of usage within the intranet is driven primarily by concerns of privacy, customisation, and restriction to use within the company firewall.

3 Research Method

Microblogging and especially its application in the corporate context is a very new field of research. To date there is no broad user base and no "best practices" are available. Even more critical is the fact that it is not even clear what the term "enterprise microblogging" exactly stands for. This is why we chose the case study method to show the process of conceptualisation, implementation and diffusion of an enterprise microblogging system.

According to Yin (2003) evidence for case studies may come from six sources: documents, archival records, interviews, direct observation, participant observation, and physical artefacts. In this case we had the opportunity to attend the project right from its start. Given this great chance we decided to build our case study on direct observation. We underpin these findings with the resulting software as a physical artefact. Finally, statistical data about the first six months of use and five interviews help to measure the project's success.

Referring to Flyvbjerg (2006, 221) we suggest that this case study should be perceived as a way to understanding the aspects of this very new field of research and to learning from its example: "First, the case study produces the type of context-dependent knowledge that research on learning shows to be necessary to allow people to develop from rule-based beginners to virtuoso experts. Second, in the study of human affairs, there appears to exist only context-dependent knowledge, which, thus, presently rules out the possibility of epistemic theoretical construction."

Our study is based on direct observation of the first author during an enterprise microblogging project. He attended important project meetings and had access to the tool right from its conception in order to obtain a deep understanding of the case (Myers 1999). Field work took place from March 2008 till March 2009. The implementation project started in the late summer of 2008. The following paragraphs describe our findings.

4 Case study

In order to present context-dependent knowledge from the current case, we are going to describe in detail the company involved and the background to the microblogging project. We then go on to present its procedure to conceptualise and implement an enterprise microblogging service. Finally, we have a look at the resulting software artefact and usage data.

4.1 Background

Communardo Software GmbH in Dresden, Germany offers software solutions and consultancy in the context of knowledge management and team collaboration. The company has been growing sharply during recent years and has about 150 employees. For the most part the employees work in knowledge-intensive project contexts with flat hierarchies. The internal IT environment contains group-supporting applications like an intranet wiki, blogs and project spaces.

As Communardo itself is a vendor and consultancy in the area of Web 2.0 its employees are affiliated with the early adopters of new web services. Some of them tried Twitter and realised its potential to improve their collaboration at work. In spring 2008 they suggested using Twitter or a Twitter-like tool for the company's project teams. Until then broad email conversations or the usage of the wiki's discussion pages were common and lead to a large number of unmanageable information silos. The anticipation of the benefits of microblogging was that it would reconnect different parts of the company which were separated during its growth and that it would be the best tool for representing the flow of information in the project teams (providing a "single point of truth").

The initial decision was against using a public microblogging service like Twitter for internal use. The reasons for this were the perceived functional deficits (e.g. no rights management, few possibilities for search and filtering) and strategic reasons (data protection, security of investment and reliability). Since there were no solutions for enterprise microblogging available at this time, the only fast and easy way to set up a microblogging-type system was the use of the blogging software Wordpress enhanced with a special theme called Prologue. This setting was tested in a project team. The approach in general was found very useful, and hence it was adopted company-wide. However, the modified Wordpress did not ultimately meet functional expectations.

4.2 Conceptualisation and Implementation

Communardo formulated the following requirements for its internal microblogging tool:

1. Topic-centred content structuring and rights management should be available.
2. Information management should be possible through tagging and filtering.
3. Various integration scenarios should be supported (LDAP, RSS, portlets, mobile client, XMPP, corporate identity).
4. Security features like encryption, user management and robust software design should be included.
5. The system should be easy and fast to use

The first requirement represented a remarkable difference from the example of Twitter. It was argued that the so-called noise postings – which are not relevant for the user but because of their quantity hide important ones – should be minimised. A topic-centred structuring was also seen as the condition for effective rights management. The assumption behind this was that each person acts in different roles, such as project manager and CEO. So it should be conceivable that project-relevant postings by each person would be accessible only to co-workers involved in the same project. The possibility of establishing rights settings for every single posting, however, was rejected in favour of simplicity. Thus, the solution was the conceptualisation of multiple microblogs where single users could be added.

The approach was implemented in a non-functional user interface prototype. In this early stage of the project special usability consultants were asked to test the prototype including different versions of tagging. The aim of these tests was to find out if the handling would be intuitive. The findings were used to rework the first concept.

After the conceptualisation phase Communardo decided to move on and started the implementation phase. The technological planning took place parallel to the screen design. The project team kept the iterative proceeding and published the resulting tool as quickly as was possible. This is what we are going to describe in the next paragraphs.

4.3 Resulting software artefact

The resulting software artefact is a browser-based microblogging system. It uses Web 2.0-typical technology (i.e. Ajax) and design. Communardo chose the name "Communote"– a combination of the company's name and the word "note". A screenshot of the software from February 2009 is shown in figure 1.

At first glance Communote looks similar to Twitter. In fact the key elements are the same: the posting stream is the major part of the system and a panel with filtering and navigation options is situated on the right. A major difference is the drop-down list on the top. This UI element is used to choose the microblog in which to post. The first page shows a combined view of all postings from one user's microblogs. To post a message the user has to either choose a single microblog using the drop-down list or reply to an existing message. In the first case it is one additional click compared to Twitter, in the second case there is no extra effort.

The panel on the right contains a dynamic tag cloud and additional filtering possibilities. Filters are available for tags, free search, authors, microblogs and time periods. They can be combined freely. Every filter combination is also available via an RSS feed.

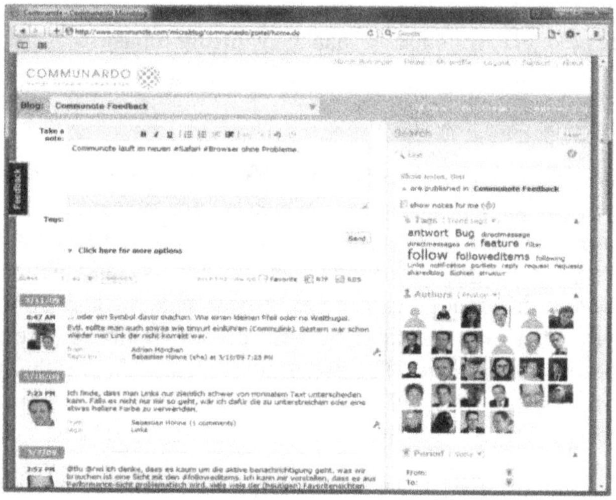

Figure 1: Screenshot of "Communote"

4.4 Rollout and Usage

The first postings are dated the end of September 2008. Communote was published internally as quickly as possible and was available to everyone via the existing LDAP logins. The tool was not promoted, nor were there training sessions. Usage adoption started with the project team itself and expanded virally throughout the company.

In February 2009, 57 users were registered with Communote. They had created 109 microblogs and posted 3,519 messages since September 2008. Figure 2 shows different user profiles in the system: The majority of users post, on average, one to ten messages per week, power users up to 35 postings. Approximately one third of the user base writes less than one posting per week. As our interviews show these users do not necessarily refuse to use Communote. On the contrary many say that they use the microblogging system quite often. However, they are mostly passive users and do not actively contribute to a great extent.

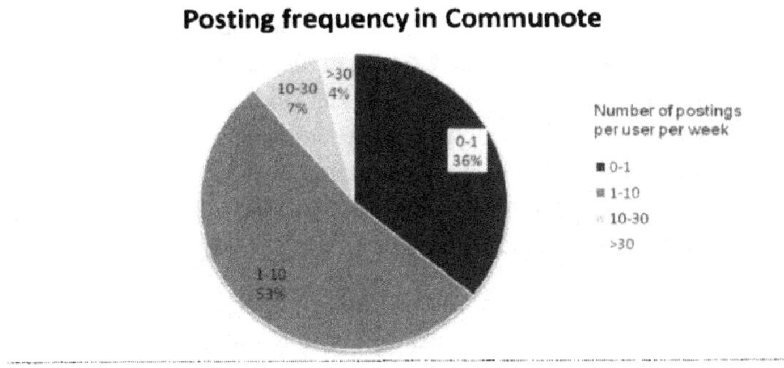

Figure 2: Posting frequency in Communote

There is an anecdote from the Communote project which aptly describes the operating principle of enterprise microblogging. With a view to the imminent launch of the service for external customers[3] the head of the project assigned a lawyer to the formulation of the terms of service and the privacy policy, but did not consider that the two documents should also be available in English. The error would normally only have been discovered days later when the documents would be needed. The use of microblogging led instead to the following dialogue:

16:41, User A (project manager): "Telephone call with #attorney: [...] concerning #termsofuse, #privacy: draft by friday, coordination on Sunday, fine tuning monday [...]"

16:52, User B (team member): "@UserA: Does the # attorney consider an English version necessary as well?"

There are a number of similar cases concerning the use of microblogging at Communardo. What most of them have in common is that the crucial input comes from colleagues that normally – in the case of email or direct communication – would not have been informed or included. In the following we want to sum up some lessons learned from the development, implementation and deployment.

4.5 Lessons Learned

Only a few months after deployment Communote is considered to be the central information and communication channel within the company. Communardo calls it an efficient alternative to email for internal communications. Furthermore, a general awareness of the activities, thoughts and feelings of the co-workers has been established. Surprisingly, the use of Communote doesn't seem to kill informal small talk during coffee breaks. In fact it is reported that microblogging has enriched these talks as they quite often begin with "I have read in Communote that you...".

---

[3] Communardo offers Communote also as a commercial service for external customers.

One of the project's lessons is that microblogging cannot be taught. Every user has to find out how he or she wants to use the system. Crucial to the sustainable use of the service seems to be intrinsic motivation. This arises only when the user is convinced of its benefit. Early adopters at Communardo were in particular those employees who already had experience with Twitter. Other users tested the tool and gathered experience "tweet by tweet". In this context it can be considered important that the users had the ability to test the functionalities informally. This also applies to secondary functions such as tagging.

Another lesson learned concerns the adoption of public internet technologies. Remarkably, it was discovered that some users already using Twitter had difficulties with Communote, resulting from the unfamiliar concept of different microblogs to post in as well as the rights-management issues. It was therefore important to Communardo that these users were informed that Communote would not be a "Twitter for the enterprise", but an enterprise microblogging system. This changed their perceptions of the system and let them understand its concept more fully.

5 Discussion and Conclusion

In this paper we presented the case of Communardo, a company that extended the microblogging approach, as we know it, from Twitter. We described experiences from the phases of conceptualisation, implementation and deployment of the enterprise microblogging tool Communote. A main point of discussion is whether the resulting system, with its rights management functionality, multiple non-personal microblogs and missing character limitation can be called a microblogging tool at all. To answer that question it would be necessary to have an accurate definition of microblogging. However, existing definitions consist only of descriptions of Twitter's functionality (e.g. Krishnamurthy et al. 2008; Java et al. 2007). From our point of view Communote clearly is a microblogging system by its character. According to the linguistic origin of "microblogging" the meaning is the informal exchange of small information snippets. There are similar opinions in the blogosphere, too. Some even argue that Twitter is not a microblogging service at all because of its lack of central blogging functionality like tagging (Hodson 2008). If one were to follow this argument, Communote can clearly be categorised as microblogging tool with enterprise features. To clarify this understanding of enterprise microblogging we suggest the following definition:

Enterprise microblogging is technologically supported interpersonal interaction utilising short information snippets within a separated information space (i.e. company, department, project) in order to create informal, social, group-structural, and workspace awareness.

Enterprise microblogging is a very interesting field of research and we expect further works on this topic to be published soon. The presented case is still at an early stage and further questions can be raised after Communote's usage has settled. Future research could specifically address the efficiency of microblogging (awareness vs. time & effort) and a comparison with other enterprise microblogging tools in order to identify best practises and generalise our results.

Acknowledgements

We want to thank Communardo and its CEO Dirk Röhrborn for their cooperation.

References

Back, A., Gronau, N. & Tochtermann, K. (2008). *Web 2.0 in der Unternehmenspraxis. Grundlagen, Fallstudien und Trends zum Einsatz von Social Software*. München: Oldenburg Wissenschaftsverlag.

Barkhuus, L., Brown, B., Bell, M., Sherwood, S., Hall, M. & Chalmers, M. (2008). From awareness to repartee: sharing location within social groups. *CHI '08: Proceeding of the twenty-sixth annual SIGCHI conference on Human factors in computing systems*, 497-506.

Barnes, S.J. & Böhringer, M. (2009). Continuance Usage Intention in Microblogging Services: The Case of Twitter. *Proceedings of the 17th European Conference on Information Systems (ECIS)*.

Böhringer, M. & Röhrborn, D. (2008). Awareness durch Microinformationen: Anwendungsvorteile von Social Software in der informellen Projektkommunikation am Beispiel des Projekt-Microblogs ProMIC. *Proceedings of GeNeMe 2008 - Virtuelle Organisation und Neue Medien*, 161-176.

Dourish, P. & Bellotti, V. (1992). Awareness and Coordination in Shared Workspaces. *Proceedings of CSCW 1992*, 107-114.

Ebner, M. & Schiefner, M. (2008). Microblogging – more than fun? *Proceedings of IADIS Mobile Learning Conference 2008*, 155-159.

Erickson, I. (2008). The Translucence of Twitter. *EPIC 2008, Ethnographic Praxis in Industry Conference*, 58-72.

Flyvbjerg, B. (2006). Five Misunderstandings About Case-Study Research. *Qualitative Inquiry*, 12(2), 219-245.

Gaonkar, S., Li, J., Choudhury, R.R., Cox, L. & Schmidt, A. (2008). Micro-Blog: sharing and querying content through mobile phones and social participation. *MobiSys '08: Proceeding of the 6th international conference on Mobile systems, applications, and services*, 174-186.

Gartner. (2008). Gartner Highlights 27 Technologies in the 2008 Hype Cycle for Emerging Technologies. Available from http://www.gartner.com/it/page.jsp?id=739613. Accessed March 12, 2009.

Gutwin, C., Greenberg, S. & Roseman, M. (1996). Workspace Awareness in Real-Time Distributed Groupware: Framework, Widgets, and Evaluation. *Proceeding of HCI 1996*, 281–298.

Hodson, S. (2008). Twitter is Not a Micro-Blogging Tool. Available from http://mashable.com/2008/07/18/twitter-not-a-microblogging-tool/. Accessed March 13, 2009.

Huberman, B.A., Romero, D.M. & Wu, F. (2009). Social networks that matter: Twitter under the microscope. *First Monday*, 14(1).

Java, A., Song, X., Finin, T. & Tseng, B. (2007). Why we twitter: understanding microblogging usage and communities. *Proceedings of the 9th WebKDD and 1st SNA-KDD 2007 workshop on Web mining and social network analysis*, 56-65.

Kazeniac, A. (2009). Social Networks: Facebook Takes Over Top Spot, Twitter Climbs. Available from http://blog.compete.com/2009/02/09/facebook-myspace-twitter-social-network/. Accessed on March 12, 2009.

Koch, M. & Richter, A. (2008). *Enterprise 2.0 - Planung, Einführung und erfolgreicher Einsatz von Social Software in Unternehmen*. München: Oldenburg Wissenschaftsverlag.

Krishnamurthy, B., Gill, P. & Arlitt, M. (2008). A few chirps about twitter. *WOSP '08: Proceedings of the first workshop on Online social networks*, 19-24.

McAfee, A. (2006). Enterprise 2.0 – The Dawn of Emergent Collaboration. *MIT Sloan Management Review*, 47(3), 21-28.

Myers, M. (1999). Investigating information systems with ethnographic research. *Communications of the AIS*, 2(4es), 1-20.

O'Reilly, T. (2005). What is Web 2.0 - Design Patterns and Business Models for the Next Generation of Software. Available from: http://www.oreillynet.com/pub/a/oreilly/tim/news/2005/09/30/what-is-web-20.html. Accessed on March 12, 2009.

Passant, A., Hastrup, T., Bojars, U. & Breslin, J. (2008). Microblogging: A Semantic Web and Distributed Approach. *Proceedings of the 4th Workshop on Scripting for the Semantic Web*, CEUR.

Richter, A. & Koch, M. (2009). Zum Einsatz von Social Networking Services im Unternehmen. Procceedings of 9th International Conference Wirtschaftsinformatik, Vienna, 851-860.

Schroer, J. & Hertel, G. (2009). *Voluntary engagement in an open web-based encyclopedia: Wikipedians, and why they do it.* (in press) Media Psychology.

Skiba, D.J. (2008). Nursing Education 2.0: Twitter & Tweets. *Nursing Education Perspectives*, 29(2), 110-112.

Ullrich, C., Borau, K., Luo, H., Tan, X., Shen, L. & Shen, R. (2008). Why web 2.0 is good for learning and for research: principles and prototypes. *WWW '08: Proceeding of the 17th international conference on World Wide Web*, 705-714.

Yin, R. K. (2003). *Case study research - design and methods*. London et al., Sage Publications.

Contact

Martin Böhringer

TU Chemnitz
Email: martin.boehringer@wirtschaft.tu-chemnitz.de

H. Wandke, S. Kain & D. Struve (Hrsg.): Mensch & Computer 2009: Grenzenlos frei!?
München: Oldenbourg Verlag, 2009, S. 303-312

Ein Blick in die Wolken: Visuelle Exploration von Tag Clouds

Steffen Lohmann, Jürgen Ziegler, Lena Tetzlaff

Interaktive Systeme, Universität Duisburg-Essen

Zusammenfassung

Tag Clouds haben sich in den letzten Jahren zu einer populären Visualisierungs- und Navigationsform im Web entwickelt. Bisher ist jedoch nur wenig darüber bekannt, wie Tag Clouds von Nutzern wahrgenommen und zur Informationssuche verwendet werden. Dieser Beitrag präsentiert eine Untersuchung, in der verschiedene Tag Cloud Layouts für unterschiedliche Nutzeraufgaben eingesetzt und mittels Eyetracking analysiert wurden. Die Ergebnisse geben Aufschluss darüber, wie Nutzer Tag Clouds visuell explorieren und welche Tag Cloud Layouts sich für welche Nutzeraufgaben am ehesten eignen.

1 Einleitung

Mit dem Aufkommen einer neuen Generation von Community-orientierten Webplattformen wie Flickr, YouTube oder Delicious wurde das sogenannte *Tagging* populär. Hierbei handelt es sich um eine Form der Metadatenerstellung, bei der Nutzer frei gewählte Schlagwörter, die als *Tags* bezeichnet werden, an Webressourcen anfügen, um diese Ressourcen für sich selbst und/oder andere zu organisieren. Auf diese Weise entstehen mit der Zeit nutzerseitige, individuelle und kollektive Indexierungen der Ressourcen, die gemeinhin auch als *Folksonomien* bezeichnet werden. Eine beliebte Form der Visualisierung von Folksonomien ist die sogenannte *Tag Cloud* – eine zweidimensionale, gewichtete Liste, in der eine bestimmte Teilmenge von Tags angezeigt wird. Die Popularität eines Tags wird über dessen Schriftgrad (relativ zu den anderen Tags) abgebildet. Darüber hinaus werden teilweise weitere visuelle Eigenschaften variiert, wie beispielsweise der Farbton, die Farbintensität oder das Schriftgewicht der Tags, wobei die Semantik dieser zusätzlichen, visuellen Indikatoren nicht immer eindeutig ist. Neben ihrer Visualisierungsfunktion dienen Tag Clouds auch als Navigationselement, da die Tags meist über Hyperlinks mit den Ressourcen verbunden sind, die sie beschreiben. Darüber hinaus wurden Tag Clouds weitere Funktionen zugeschrieben, wie etwa die Aktivität und thematische Ausrichtung einer Internet-Community abzubilden (z.B. Hearst & Rosner 2008).

In den letzten Jahren haben sich verschiedenste Varianten von Tag Clouds herausgebildet, die längst nicht mehr nur Tagging-Daten darstellen. Trotz der großen Verbreitung und Beliebtheit dieser Form der Präsentation von gewichteten Begriffssammlungen ist bislang nur wenig darüber bekannt, wie Tag Clouds von Nutzern wahrgenommen und zur Informationssuche eingesetzt werden. In diesem Beitrag präsentieren wir eine Untersuchung, in der erstmals mehrere Tag Cloud Layouts für typische Nutzeraufgaben systematisch untersucht und die Blickverläufe der Probanden ausgewertet wurden. Nach einem kurzen Überblick über verwandte Arbeiten in Abschnitt 2 beschreiben wir in Abschnitt 3 unser Versuchsdesign und in Abschnitt 4 die Versuchsdurchführung. In Abschnitt 5 berichten wir von den grundlegenden Versuchsergebnissen, bevor wir in Abschnitt 6 speziell die Ergebnisse der Eyetracking-Analyse wiedergeben. Abschnitt 7 schließt den Beitrag mit einem kurzen Fazit.

2 Verwandte Arbeiten

In bisherigen Arbeiten wurden Tag Clouds insbesondere mit Blick auf ihre Effizienz bei der Erfüllung von Suchaufgaben im Vergleich zu andern Darstellungs- und Eingabe-Elementen wie eindimensionalen Listen (Halvey & Keane 2007; Kuo et al. 2007) oder klassischen Suchmasken (Sinclair & Cardew-Hall 2008) betrachtet. Dabei wurde festgestellt, dass Nutzer bei der Suche in Tag Clouds mehr Zeit benötigen als in einfachen Listen, um einen vorgegebenen Begriff zu finden. Hingegen waren die Nutzer mit Tag Clouds zufriedener, wenn die Suche stärker explorativen Charakter hatte und sich der Informationsbedarf nur vage definieren ließ (Sinclair & Cardew-Hall 2008; Kuo et al. 2007).

Andere Arbeiten beschäftigen sich stärker mit den visuellen Eigenschaften von Tag Clouds. Bateman et al. (2008) variierten eine Reihe von Gestaltungsfaktoren einer Tag Cloud und kamen zu dem Ergebnis, dass der Schriftgrad und das Schriftgewicht einen starken Einfluss auf die Tag-Auswahl nehmen. Außerdem beobachteten die Autoren, dass Tags in der Mitte der Cloud etwas häufiger ausgewählt wurden als Tags nahe den Rändern. Rivadeneira et al. (2007) berichten ebenfalls von einem starken Effekt der Schriftgröße, in ihrem Fall auf das Erinnern von Tags. Außerdem wurden Tags aus dem linken, oberen Quadranten der Tag Cloud häufiger erinnert als Tags aus anderen Quadranten.

Die Interpretationsmöglichkeiten dieser Ergebnisse bezogen auf die Wahrnehmung und visuelle Exploration von Tag Clouds sind jedoch begrenzt, da die Ergebnisse lediglich indirekt abgeleitet wurden, beispielsweise über die Auswahl (Bateman et al. 2008) oder das Erinnern (Rivadeneira et al. 2007) bestimmter Tags. Zudem waren viele der verwendeten Tag Clouds vergleichsweise künstlich und ungewöhnlich: Die Tags Clouds in den Untersuchungen von Halvey & Keane (2007) sowie Rivadeneira et al. (2007) bestanden beispielsweise aus nur 10 bzw. 13 Tags. Darüber hinaus wurden überwiegend nur eine bestimmte Aufgabenstellung oder ein bestimmter Typ von Tag Cloud betrachtet. Wechselwirkungen zwischen den einzelnen, visuellen Faktoren können in nahezu allen genannten Studien nicht ausgeschlossen werden, da meist mehrere Faktoren gleichzeitig variiert wurden.

3 Versuchsdesign

Aufgrund dieser Limitationen haben wir im vorliegenden Beitrag erstmals eine systematische Untersuchung der visuellen Exploration und Aufmerksamkeitsverteilung bei der Nutzung von Tag Clouds durchgeführt. Dabei haben wir uns nicht auf ein Tag Cloud Layout beschränkt, sondern mehrere Layouts in Hinblick auf typische Nutzerziele analysiert. Weiterhin war es uns wichtig, einigermaßen realistische Szenarien zu betrachten und nur die Anordnung der Tags zu variieren, ohne weitere visuelle Faktoren zu manipulieren.

3.1 Nutzeraufgaben

Aus der Vielzahl von Situationen, in denen Nutzer Tag Clouds verwenden, wählten wir drei typische Suchaufgaben, die auch in verwandten Arbeiten häufiger genannt werden (vgl. Rivadeneira et al. 2007; Halvey & Keane 2007; Bateman et al. 2008):

- Ein bestimmtes Tag suchen
- Die populärsten Tags suchen
- Tags zu einem bestimmten Thema suchen

Um eine möglichst natürliche Interaktionssituation zu simulieren, wurden alle Aufgaben von einem kleinen Szenario begleitet. Im Falle des ersten Aufgabentyps hieß es beispielsweise: „Sie wollten schon immer einmal nach Nizza. Momentan fehlt Ihnen leider das Geld und es bleibt nur das Internet zum Träumen… Bitte klicken Sie in der folgenden Tag Cloud auf den Begriff *Nizza*." In diesem Fall sollten die Versuchsteilnehmer also einen vorgegebenen Tag finden und anklicken. Im zweiten Aufgabentyp sollten drei populäre Tags (d.h. Tags mit einem hohen Schriftgrad) gewählt werden. Der dritte Aufgabentyp verlangte, drei Tags zu finden, die einem vorgegebenen Thema angehörten. Eine Aufgabe war beendet, sobald die geforderte Anzahl von Tags angeklickt wurde. Im Fragebogen gaben alle Probanden an, die Aufgaben verstanden und keine Probleme bei deren Beantwortung gehabt zu haben.

3.2 Tag Cloud Layouts

Um die unzähligen Typen von Tag Clouds auf eine überschaubare Auswahl relevanter Vertreter zu reduzieren, sind wir von folgender Grundannahme ausgegangen: Die meisten grafischen Benutzeroberflächen basieren auf einem zweidimensionalen Gestaltungsraster, dass die Oberfläche konzeptuell durch horizontale und vertikale Linien in eine Vielzahl von Rechtecken unterteilt (Ambrose & Harris 2008). Entsprechend ist eine typische Anforderung an Tag Clouds, die sich homogen in eine Benutzeroberfläche einfügen sollen, dass sie (1) eine rechteckige Grundfläche verwenden und (2) diese Grundfläche möglichst komplett von den Tags ausgefüllt wird, um keine größeren Leerräume entstehen zu lassen. Wie bereits erwähnt, wollten wir zudem nur die Anordnung der Tags, nicht jedoch weitere visuelle Eigenschaften (wie Schriftfarbe, Schriftgewicht etc.) variieren, um einen wechselseitigen Einfluss dieser Faktoren zu vermeiden, wie er beispielsweise von Bateman et al. (2008) festgestellt wurde. Aus diesen Anforderungen ergaben sich drei grundlegende Tag-Anordnungen:

- *Sequentielles Layout,* mit einer horizontalen oder vertikalen Ausrichtung der Tags, alphabetisch oder nach einem anderen Kriterium sortiert (z.B. Popularität, Chronologie)
- *Zirkuläres Layout,* mit den populärsten Tags in der Mitte und Tags mit absteigender Popularität in Richtung der Ränder (oder umgekehrt)
- *Cluster-Layout,* bei dem die Distanzen zwischen den Tags nach einem bestimmten Kriterium (z.B. thematische Verwandtschaft) ermittelt und ähnliche Tags in räumlicher Nähe zueinander positioniert werden (vgl. z.B. Hassan-Montero & Herrero-Solana 2006).

Für jede dieser drei grundlegenden Layout-Klassen haben wir eine prototypische Tag Cloud für die Untersuchung erstellt. Zusätzlich haben wir noch eine Referenzdarstellung generiert, bei der die Tags keinerlei Gewichtung aufwiesen (vgl. Abb. 1).

3.3 Tag-Korpora

Da wir jedem Probanden alle vier Layouts präsentieren wollten, haben wir auch vier verschiedene Tag-Korpora eingesetzt, um Lerneffekte zu vermeiden. Tag-Korpora aus „realen" Web-Kontexten waren für unsere systematische Untersuchung nicht geeignet, da sie meist sehr heterogene Konnotationen aufweisen, die den Nutzer unterschiedlich stark affektiv ansprechen (z.B. Produktbezeichnungen, politische Begriffe etc.). Wir wollten hingegen Tag-Korpora mit möglichst neutralen Wörtern verwenden, die die visuelle Exploration durch ihre Semantik nicht wesentlich beeinflussen. Darüber hinaus sollten die Tags den Versuchsteilnehmern geläufig sein, um Effekte zu vermeiden, die aus einem unterschiedlichen Vorwissen resultieren. Eine weitere Anforderung an die Tag-Korpora war die Möglichkeit der Bildung von sinnvollen Themenbereichen für das Cluster-Layout. In Ermangelung der Verfügbarkeit von Korpora mit all diesen Eigenschaften erstellten wir eigene Tag-Korpora für unsere Untersuchung, die neutrale Wörter aus gewöhnlichen Themengebieten (Frankreich, Sport, Möbel und Tiere) umfassten und mit denen sich einigermaßen realistische Szenarien für die Aufgaben bilden ließen. Jedes Korpus bestand aus 100 Tags, die mit verschiedenen Popularitätswerten versehen waren.

3.4 Erstellung der Tag Clouds

Da wir nicht an spezifischen Algorithmen, sondern grundlegenden Layouts interessiert waren, haben wir die Tag Clouds eigenhändig erstellt, anstatt verfügbare Algorithmen einzusetzen. Hierdurch konnten wir alle Tag Clouds unter kontrollierten Bedingungen und auf den gleichen Design-Grundlagen konzipieren und nur die Anordnung, nicht jedoch weitere, visuelle Faktoren variieren, was eine hohe Vergleichbarkeit gewährleistet. Da wir uns jedoch gleichzeitig an den üblichen Algorithmen orientiert haben, entstanden dennoch Tag Clouds, die laut Probandenaussagen als ‚sehr natürlich' empfunden wurden.

Bei der Erstellung gingen wir wie folgt vor: Für jedes der vier Layouts füllten wir eine rechteckige Fläche im Seitenverhältnis 3 zu 2 mit den 100 Tags eines Korpus. Die Popularitätswerte bildeten wir auf sechs verschiedene Schriftgrade ab. Sie reichten von einem einzigen Tag mit einem Schriftgrad von 30 pt bis zu 27 Tags mit einem Schriftgrad von 15 pt (in Schritten von 3 pt mit steigender Tag-Anzahl). Wir verteilten die Tags möglichst so, dass jeder Quadrant der Tag Cloud etwa dieselbe Anzahl an Tags eines Schriftgrads erhielt, um Effekte durch eine unbalancierte Darstellung zu vermeiden. Das einzige Tag mit einem Schriftgrad von 30 pt wurde für das zirkuläre Layout entsprechend dessen Anordnungsprinzips in der Mitte der Cloud platziert. Im Falle des sequentiellen und des Cluster-Layouts wurde dieses Tag für jeden der vier verschiedenen Korpora in einem anderen Quadranten platziert. In ähnlicher Weise verteilten wir die Tags in Bezug auf die Aufgabenstellungen: Das Tag, das im ersten Aufgabentyp gefunden werden sollte, hatte in allen vier Korpora einen unterschiedlichen Schriftgrad und war jeweils in einem anderen Quadranten platziert. Die thematischen Cluster, die im dritten Aufgabentyp von Relevanz waren, verteilten wir ebenfalls gleichmäßig über alle Quadranten.

Abb. 1 zeigt die resultierenden vier Tag Cloud Layouts für das Korpus „Frankreich". Die farbigen Linien, Kreise und Pfeile illustrieren die Unterteilung in Quadranten und die Gestaltungsprinzipien der Layouts (nicht sichtbar für die Versuchsteilnehmer).

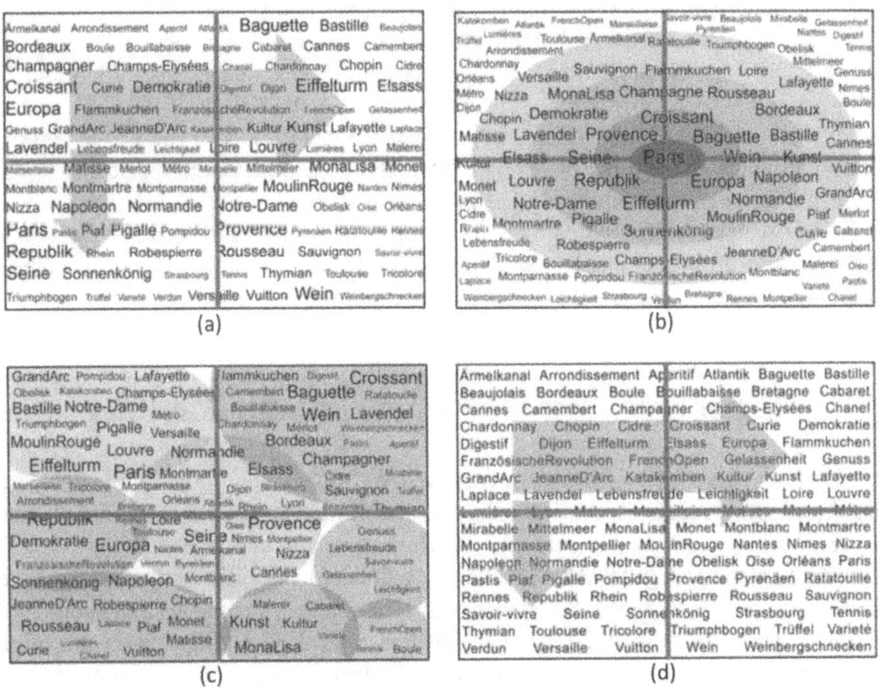

Abbildung 1: Für das Korpus Frankreich erstellte Tag Clouds: a) Sequentielles Layout (alphabetische Sortierung), b) Zirkuläres Layout (abnehmende Popularität), c) Cluster-Layout (Themencluster), d) Referenzdarstellung (sequentiell, alphabetische Sortierung, keine Gewichtung der Tags).

4 Versuchsdurchführung

Am Versuch nahmen 36 Probanden teil, von denen 26 männlich und die meisten Studenten waren. Die allgemeine Vertrautheit mit Tag Clouds wurde mit einem Median von 4 auf einer Skala von 1 bis 10 angegeben. Fünf Probanden hatten zuvor keinerlei bewusste Erfahrungen mit Tag Clouds gemacht. Um bei allen Probanden ein annähernd gleiches Verständnis von Tag Clouds herzustellen, begann die Versuchsdurchführung mit einer kurzen Einführung in die Themen *Tagging* und *Tag Clouds*. Hierbei wurden die Konzeption und Funktionsweise von Tag Clouds zunächst mündlich anhand eines Papiermodells erläutert und anschließend drei exemplarische Tag Clouds der Webplattformen Flickr, Delicious und Last.fm präsentiert. Nach der Einführung wurden die Versuchsteilnehmer zufällig einem der drei Aufgabentypen zugewiesen, so dass jeder Aufgabentyp von 12 Probanden bearbeitet wurde. Allen Probanden wurden die vier Layouts gezeigt. Um die Layout-Korpus-Kombinationen ausgewogen über alle Versuchsreihen eines Aufgabetyps zu verteilen und Reihenfolgeeffekte zu vermeiden, verwendeten wir eine Anordnung nach dem griechisch-lateinischen Quadrat.

Die Tag Clouds wurden mittig auf einem 17" TFT-Monitor in einer Fläche von 20 x 13,3 cm bei einer Bildschirmauflösung von 1280 x 1024 px präsentiert. Vor der Präsentation jedes der vier Layouts wurde der kurze Aufgabentext zusammen mit einem, an das jeweilige Korpus angepassten, Szenario präsentiert. Die Versuchsteilnehmer waren aufgefordert, die Texte sorgfältig lesen, bevor sie fortfuhren. Sobald ein Layout durch Klick auf die Tags bearbeitet war, wurde das nächste Szenario und anschließend die dazugehörige Tag Cloud eingeblendet. Nachdem alle vier Layouts präsentiert worden waren, füllten die Versuchsteilnehmer einen Fragebogen aus, in dem sie für die jeweilige Aufgabe unter anderem ihren Favoriten aus den vier Layouts wählen sollten. Die benötigten Klickzeiten wurden durch die Präsentationssoftware synchronisiert mitprotokolliert und die Blickbewegungen der Probanden über ein Eyetracking-System aufgezeichnet, das in den Monitor eingebettet war.

5 Ergebnisse zur Aufgaben-Layout-Passung

Um zu ermitteln, welches Tag Cloud Layout welche Nutzerziele am besten bedient, haben wir die Ausführungszeiten der Layouts für die drei Aufgabentypen mittels eines Kruskal-Wallis-Tests in eine Rangfolge gebracht. Tabelle 1 zeigt die errechneten Ränge sowie die Mittelwerte, Mediane, Minima und Maxima (in Sekunden) für jeden Aufgabentyp. Berechnungsgrundlage war beim ersten Aufgabentyp die Gesamtzeit, die bis zur Selektion des vorgegebenen Tags benötigt wurde, und beim zweiten und dritten Aufgabentyp die mittlere, benötigte Zeit bis zur Selektion der drei Tags. Außerdem gibt die Tabelle Auskunft über die Anzahl an Probanden, die für das jeweilige Layout gestimmt haben.

Bezogen auf die Zeiten zur Lösung des ersten Aufgabentyps ergaben die beiden sequentiellen, alphabetisch-sortierten Darstellungen die besten Ergebnisse (mit Rangwerten von 17.8 und 22.5). Während die Referenzdarstellung etwas besser – wenn auch nicht signifikant – abschneidet, wird von den Nutzern interessanterweise die sequentielle Tag Cloud mit 8 von

12 gegenüber 3 von 12 Stimmen eindeutig bevorzugt. Dies deutet darauf hin, dass in die Nutzerbewertungen neben rationalen Faktoren insbesondere auch ästhetische Aspekte einfließen. Ähnliches ergibt die Auswertung der Fragebögen, wo den Tag Clouds verglichen mit der Referenzdarstellung ein ansprechenderes Aussehen attestiert wird.

Für den zweiten Aufgabentyp erzielt das zirkuläre Layout die signifikant besten Ergebnisse in Bezug auf die benötigte Zeit zur Lösung der Aufgabe (mittlerer Rang von 18.7, p=.036). Das zirkuläre Layout erhielt hier auch die meisten Probandenstimmen (8 von 12). Die Referenzdarstellung schnitt erwartungsgemäß am schlechtesten ab, da sie keinerlei Aussagen über die Popularität der Tags trifft und für diesen Aufgabentyp somit nicht ausreichend Informationen liefert.

Auch die Ergebnisse für den dritten Aufgabentyp bestätigten unsere Erwartungen, indem das Cluster-Layout die besten Werte erzielte (allerdings ohne signifikanten Unterschied). Die Auswahl von Tags und die Nutzerwertungen deuten jedoch darauf hin, dass das Cluster-Layout nicht von allen Nutzern verstanden wurde. Bei der Verwendung dieser Art von Tag Cloud ist deshalb besondere Vorsicht geboten und möglicherweise eine zusätzliche Unterstützung der visuellen Erschließung notwendig (z.B. durch größere Abstände zwischen den Clustern oder eine farbliche Kennzeichnung).

Aufgabe	Layout	N	KW Rang	Wahl	MW	Median	Min	Max
1 p=.131 3df χ^2=5,6	Sequentiell	12	22.5	8	8.6	6.5	2.5	18.8
	Zirkulär	12	27.8	1	13.6	12.8	3.3	42.3
	Cluster	12	30.0	0	14.3	12.2	2.8	33.5
	Referenz	12	17.8	3	6.9	5.3	2.3	18.7
2 p=.036 3df χ^2=8,5	Sequentiell	12	20.8	1	2.6	1.6	1.0	6.6
	Zirkulär	12	18.7	8	2.2	1.8	0.8	4.7
	Cluster	12	24.4	3	3.1	2.3	1.0	7.8
	Referenz	12	34.1	0	4.5	3.4	1.2	9.8
3 p=.239 3df χ^2=4,2	Sequentiell	12	26.5	4	7.3	5.0	1.7	23.0
	Zirkulär	12	22.0	3	5.4	4.7	1.9	12.2
	Cluster	12	19.4	5	4.9	3.7	1.5	13.2
	Referenz	12	30.2	0	6.9	6.5	3.0	11.5

Tabelle 1: Ermittelte Werte für die Tag Cloud Layouts für alle drei Aufgaben bei 12 Probanden (N) pro Aufgabe (Kruskal Wallis Rang (KW Rang), Probandenstimmen (Wahl), Mittelwert (MW), Median, Minimum und Maximum)

Auffällig war, dass die Probanden im dritten Aufgabentyp Tags mit einem überdurchschnittlich hohen Schriftgrad wählten: 23,6 pt (Median: 25 pt) gegenüber einem Durchschnitt von 19,6 pt (Median: 18 pt) für alle Tags. Dabei durften sie beliebige Tags zu einem vorgegebenen Thema wählen und es standen alle Größen zur Auswahl. Dieses Ergebnis deutet darauf hin, dass Tags mit einem hohen Schriftgrad mehr Aufmerksamkeit erhalten. Ähnliches zeigt sich für den ersten Aufgabentyp, bei dem die vorgegebenen Tags allgemein schneller gefunden wurden, wenn sie einen hohen Schriftgrad besaßen. Da hier jedoch weitere Faktoren wie die Zeichenanzahl oder die Größe benachbarter Tags Einfluss auf die Zeiten nahmen, können wir für den ersten Aufgabentyp keine belastbaren Daten liefern.

6 Ergebnisse der Eyetracking-Analyse

Um die visuellen Suchmuster innerhalb der verschiedenen Layouts genauer untersuchen zu können, haben wir die rechteckige Grundfläche der Tag Clouds in 5 x 5 kleinere Rechtecke von gleicher Größe unterteilt und die Anzahl der Fixationen in diesen Teilbereichen ermittelt, wobei alle Blickpunkte als Fixationen gewertet wurden, die mindestens 100 ms andauerten und einen minimalen Abstand von 50 px aufwiesen. Auf diese Weise ermittelten wir die Fixationen für die ersten sechs Sekunden bei der Betrachtung der drei Tag Cloud Layouts.

Abb. 2 zeigt die Fixationsverteilung für die 25 Teilbereiche über das gesamte Zeitintervall. Wie zu erkennen ist, fokussieren sich die Fixationen im Falle des zirkulären Layouts insbesondere auf das Zentrum der Tag Cloud. Stärker verteilt mit einer Tendenz in Richtung des linken, oberen Bereichs sind die Fixationen beim sequentiellen Layout. Im Cluster-Layout weisen die Fixationen insgesamt eine etwas gleichmäßigere Verteilung auf.

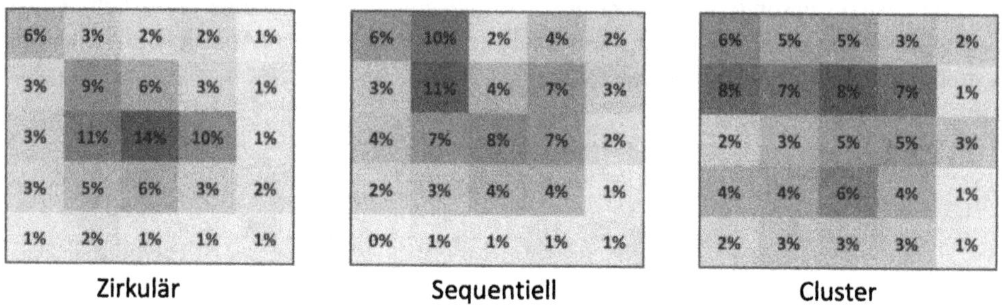

Abbildung 2: Fixationsverteilung in Prozent für die unterschiedlichen Layouts

Die Tendenz der Aufmerksamkeitsverteilung in Richtung der Mitte der Tag Clouds zeigt sich noch deutlicher, wenn man die 25 Rechtecke wie in Abb. 3a dargestellt in drei konzentrische Bereiche unterteilt. Die Daten zeigen hierbei eindeutig, dass in allen drei Layouts die meisten Fixationen in den Bereichen der Mitte und des Zentrums liegen (Abb. 3b). Der periphere Bereich erhält nicht einmal die Hälfte aller Fixationen, obwohl er mit 16 gegenüber 9 Rechtecken die größte Fläche einnimmt. Im Falle des zirkulären Layouts erfährt das Rechteck in der Mitte sogar mehr als viermal so viele Fixationen wie die Peripherie bei einem Flächenverhältnis von 16 zu 1 Rechtecken. Dies deutet darauf hin, dass die großen Tags im Zentrum des zirkulären Layouts die allgemeine Aufmerksamkeitsverteilung hin zur Mitte noch zusätzlich verstärken.

Um die zeitliche Veränderung der Aufmerksamkeitsverteilung näher zu betrachten, haben wir die untersuchten sechs Sekunden in drei Zeitintervalle unterteilt: Der erste Zeitraum umfasst Sek. 0-1, der zweite Sek. 1-3 und der dritte Sek. 3-6. Die Länge der Intervalle steigt an, da uns insbesondere die Veränderungen von einer ersten, sehr kurzen Orientierungsphase hin zu späteren Suchphasen, in denen größere Aufmerksamkeitsbereiche einbezogen werden, interessierten.

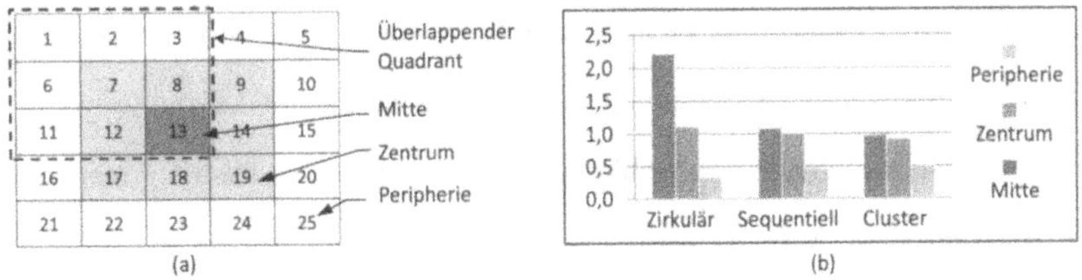

Abbildung 3: a) Untersuchte Teilbereiche der Tag Clouds, b) Fixationsverteilung von der Mitte zur Peripherie

Abb. 4 zeigt die Fixationsverteilung in den Bereichen Mitte, Zentrum und Peripherie für alle drei Zeitintervalle. Wie zu erkennen ist, verteilt sich die Aufmerksamkeit bei der zirkulären Tag Cloud in der Orientierungsphase vor allem über Mitte und Zentrum der Cloud und verändert sich in den weiteren Zeiträumen kaum in Richtung Peripherie. Ebenfalls sehr gering sind die Veränderungen bei der sequentiellen Tag Cloud. Am stärksten variiert die Blickverteilung im Cluster-Layout. Eine mögliche Erklärung hierfür ist, dass die Cluster die Blicke ‚einfangen', indem der Nutzer nicht mehr die komplette Tag Cloud einbezieht, sondern den jeweiligen Cluster-Bereich fokussiert, der das aufgabenrelevante Thema umfasst.

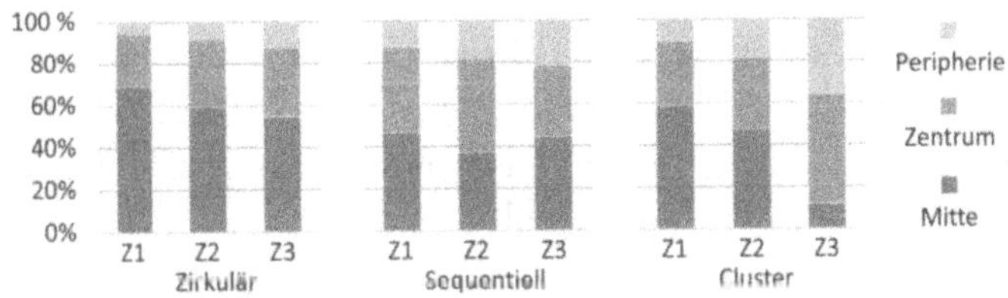

Abbildung 4: Fixationsverteilung der Bereiche Mitte, Zentrum und Peripherie für die drei Zeitintervalle (Z)

Schließlich haben wir die 25 Rechtecke zu vier Bereichen aggregiert, die sich leicht überlagern (vgl. Abb. 3a). Interessanterweise variiert die Fixationsverteilung über diese ‚Quasi'-Quadranten für die unterschiedlichen Layouts kaum. Der linke, obere Quadrant erhält in allen Fällen die meiste Aufmerksamkeit (32-36%), der linke, untere Quadrant die geringste (19-21%). Die Werte für die übrigen beiden Quadranten liegen zwischen 20% und 26%. Dies lässt sich am ehesten mit Lesegewohnheiten der westlichen Welt erklären.

7 Fazit

Zusammengenommen deuten die Eyetracking-Ergebnisse, Zeitmessungen und Nutzerbewertungen eindeutig in Richtung des altbewährten Grundsatzes, dass es selten ein einziges, optimales Layout gibt, sondern dass die Entscheidung für ein bestimmtes Layout vor allem von den jeweiligen Nutzerzielen abhängt. Die Ergebnisse unserer Untersuchung zeigen, dass sich die folgenden Tag Cloud Layouts für die folgenden Nutzeraufgaben am ehesten eignen:

- Ein bestimmtes Tag suchen: sequentielles, alphabetisch sortiertes Layout

- Die populärsten Tags suchen: zirkuläres Layout mit absteigender Popularität
- Tags zu einem bestimmten Thema suchen: thematisches Cluster-Layout

Außerdem zeigten sich folgende Beobachtungen über alle Layouts unserer Untersuchung:

- Große Tags ziehen die Aufmerksamkeit auf sich.
- Tags im linken, oberen Quadranten erhalten im Vergleich die meiste Aufmerksamkeit.
- Der Schwerpunkt der Aufmerksamkeitsverteilung liegt meist in der Mitte der Tag Cloud.

Unsere Untersuchung war als Vergleichsstudie verschiedener Tag Cloud Layouts angelegt. Wir haben nicht untersucht, wie Tag Clouds im Vergleich zu anderen Darstellungs- und Navigationsformen zu bewerten sind. Unsere Ergebnisse zeigen aber eindeutig, dass eine rein auf Effektivität und Effizienz bei der Suche ausgerichtete Betrachtung zu kurz greift. Die derzeitige Beliebtheit von Tag Clouds lässt sich nicht alleine hierauf zurückführen, sondern scheint vor allem ästhetische, affektive und ‚soziale' Aspekte mit einzuschließen.

Literaturverzeichnis

Ambrose, G. & Harris, P. (2008). *Grids*. Lausanne: Ava Acedemia.

Bateman, S., Gutwin, C. & Nacenta, M. (2008). Seeing Things in the Clouds: The Effect of Visual Features on Tag Cloud Selections. In: *Proc. Hypertext '08*. New York: ACM Press, S. 193-202.

Halvey, M. & Keane, M.T. (2007). An Assessment of Tag Presentation Techniques. In: *Proc. WWW '07*. New York: ACM Press, S. 1313-1314.

Hassan-Montero, Y. & Herrero-Solana, V. (2006). Improving Tag-Clouds as Visual Information Retrieval Interfaces. In: *Proc. InSciT '06* Mérida: INSTAC.

Hearst, M.A. & Rosner, D. (2008). Tag Clouds: Data Analysis Tool or Social Signaller? In: *Proc. HICSS '08*. New York: IEEE Press.

Kuo, B.Y.-L., Hentrich, T., Good, B.M. & Wilkinson, M.D. (2007). Tag Clouds for Summarizing Web Search Results. In: *Proceedings of WWW '07*. New York: ACM Press, S. 1203-1204.

Rivadeneira, A.W., Gruen, D.M., Muller, M.J. & Millen, D.R. (2007). Getting our Head in the Clouds: Toward Evaluation Studies of Tagclouds. In: *Proc. of CHI '07*. New York: ACM Press, S. 995-998.

Sinclair, J. & Cardew-Hall, M. (2008). The Folksonomy Tag Cloud: When is it Useful? *Journal of Information Science 34*(1), 15-29.

Kontaktinformationen

Steffen Lohmann, Jürgen Ziegler, Lena Tetzlaff
E-Mail: {steffen.lohmann | juergen.ziegler | lena.tetzlaff}@uni-duisburg-essen.de

H. Wandke, S. Kain & D. Struve (Hrsg.): Mensch & Computer 2009: Grenzenlos frei!?
München: Oldenbourg Verlag, 2009, S. 313-322

Social Networking in einem Beratungsunternehmen

Alexander Richter, Florian Ott, Daniel Kneifel, Michael Koch

Forschungsgruppe Kooperationssysteme, Universität der Bundeswehr

Zusammenfassung

Durch den großen Erfolg vieler Internetplattformen zum Social Networking, wie Facebook oder Xing, wurden die ursprünglich primär für private Zwecke konzipierten Dienste in den vergangenen Jahren für Unternehmen zunehmend interessanter. Vor allem Großunternehmen überlegen aktuell, wie sie das Wissens- und Innovationsmanagement ihrer Mitarbeiter mit diesen Diensten unterstützen können. Der vorliegende Beitrag zielt darauf ab, Gestaltungsparameter für die Entwicklung, Einführung und den Einsatz von unternehmensinternen SNS zu identifizieren. Dazu wurden im Rahmen einer mehrmonatigen Zusammenarbeit mit der Unternehmensberatung Accenture insgesamt zehn Interviews mit Systemverantwortlichen und Nutzern geführt und als Fallstudie zusammengestellt. Hierdurch können Gestaltungsparameter des beispielhaft betrachteten Einführungsprojekts zur besseren Unterstützung asynchroner Zusammenarbeit Anregungen für andere Unternehmen mit ähnlichen Vorhaben liefern.

1 Einleitung

Das Thema Wissensmanagement hat innerhalb des vergangenen Jahrzehnts in Unternehmen einen deutlichen Wandel durchschritten. Noch vor einiger Zeit versuchten Organisationen mit allen Mitteln, das größtenteils implizite Mitarbeiterwissen zu externalisieren und mithilfe von Informationssystemen durchsuchbar zu archivieren (North 2005). Inzwischen ist man sich in Unternehmen und Wissenschaft weitestgehend einig, dass Wissen im Gegensatz zu digitalisierbarer Information in so starkem Maße an Personen gebunden ist, dass Wissensmanagement darauf abzielen sollte, die Mitarbeiterkommunikation – also das Zusammenbringen und den Austausch von Interessensgruppen – zu fördern (z.B. Bodendorf 2006, Zorn 2005).

Bedingt durch die lauffeuerartige Verbreitung von Social Networking Services (SNS) im Internet (Johnson 2008), haben sich insbesondere innovative Unternehmen in den letzten Jahren vermehrt damit befasst, die im Internet erfolgreichen Prinzipien der digitalen Vernetzung innerhalb[1] ihrer organisationalen Strukturen zu erproben (DiMicco et al. 2008; Richter & Koch 2009). Dieser Trend wird unterstützt durch junge technikaffine Mitarbeiter, die auch als Digital Natives bezeichnet werden und für die ein produktiver Arbeitsalltag ohne neue Medien wie Weblogs, Wikis und Social Networking Services kaum vorstellbar ist (Schooley 2005).

Im vorliegenden Beitrag werden mehrere grundlegende Gestaltungsparameter des innerbetrieblichen Einsatzes von SNS anhand einer Fallstudie erläutert. Der Beitrag gliedert sich in fünf Abschnitte und beginnt mit einer Zusammenfassung bisheriger Entwicklungen und Forschungsergebnisse rund um SNS (Kapitel 2). Anschließend wird die angewandte Forschungsmethodik sowie das konkrete Vorgehen erläutert (Kapitel 3). Im vierten Kapitel erfolgt darauf aufbauend die Vorstellung der untersuchten sozio-technischen Lösung „Accenture People Pages“ in Form einer Fallstudie. Kapitel 5 fasst die gewonnen Ergebnisse zusammen und gibt einen Ausblick auf zukünftige Forschungsaktivitäten.

2 Social Networking Services – Status quo

Es existieren zwei ähnliche Definitionen, die SNS über ihre Kernfunktionen charakterisieren: Für Boyd und Ellison (2007) sind SNS webbasierte Dienste, die ihren Nutzern die Erstellung eines (halb-)öffentlichen Profils in einem abgeschlossenen System ermöglichen. Darüber hinaus können diese eine Liste von Benutzern anlegen, mit denen sie in Kontakt stehen, und die Verbindungen ihrer Kontakte untereinander einsehen. Koch et al. (2007) definieren SNS als Anwendungssysteme, die ihren Nutzern Funktionalitäten zum Identitätsmanagement (d.h. zur Darstellung der eigenen Person i.d.R. in Form eines Profils) zur Verfügung stellen und darüber hinaus die Vernetzung mit anderen Nutzern (und so die Verwaltung eigener Kontakte) ermöglichen.

Neben den in beiden Definitionen genannten Kernfunktionen, Identitäts- und Kontaktmanagement, lassen sich vier weitere Funktionengruppen von SNS identifizieren: Funktionen zur Expertensuche, zur Unterstützung von Kontext- und von Netzwerkawareness sowie zur Unterstützung eines gemeinsamen Austauschs (Richter & Koch 2008).

Beim Ziel, die spezifischen Gestaltungsparameter des Einsatzes von SNS im Unternehmenskontext zu identifizieren, können Erkenntnisse aus der Erforschung der Nutzung von SNS im Internet hilfreich sein. An dieser Stelle erfolgt deshalb ein kurzer Überblick der großen Spannweite bisheriger Veröffentlichungen:

Mehrere Arbeiten thematisieren Motivatoren der Nutzung von SNS (Backstrom et al. 2006; Dwyer 2007; Kapoor et al. 2005) bzw. setzen sich mit der Hauptintention der Nutzer – dem Wunsch in Kontakt zu bleiben (Lampe et al. 2006) – auseinander. Untersucht wurde auch der

[1] Ob die im WWW genutzten SNS-Plattformen zur Zusammenarbeit genutzt werden können, steht in den meisten Unternehmen aus Gründen des Datenschutzes nicht zur Debatte. Viele Unternehmen sind sogar von Rechts wegen - z.B. aufgrund der Auflagen des Sarbanes Oxley Acts - angehalten einen solchen Dienst nur innerhalb der eigenen Firewall zu betreiben.

Zusammenhang zwischen dem Grad der Nutzung eines SNS und der Zufriedenheit der Anwender (Valenzuela et al. 2008), bzw. die Frage, warum SNS-Nutzer häufiger mit Freunden in Kontakt traten als Nicht-SNS-Nutzer (Tufekci 2008).

Andere Studien beschäftigen sich mit dem Nutzerverhalten innerhalb der SNS. Besorgniserregend war dabei die Feststellung, dass insbesondere junge Nutzer persönliche Daten sehr großzügig bereitstellen und verfügbare Privacy-Einstellungen nur in geringem Maße nutzen (Gross & Aquisti 2005, Acquisti & Gross 2006). Als Ursache wird einerseits genannt, dass jüngere Personen sich der Öffentlichkeit des Internets oft nicht bewusst sind (auch "privacy paradox" genannt vgl. Barnes 2006). Andererseits sehen (gerade junge) Nutzer einen Unterschied zwischen dem Wert der traditionell zur Verfügung gestellten Identitätsinformationen (z.B. Name) und den neuen Informationsobjekten in SNS, wie beispielsweise Fotos, politische Einstellung oder sexuelle Orientierung (Stutzmann 2006). Art und Umfang der Informationen, die Nutzer mit anderen teilen, hängt primär von zwei Einflussfaktoren ab: Ziel der Nutzung und Vertrauen in SNS (Dwyer et a.2007), wobei Nutzer in bestimmte SNS mehr Vertrauen haben als in andere.

Schließlich existieren Arbeiten, die sich mit Art und Umfang der Nutzung der Profilelemente von SNS und deren Einfluss auf die Anzahl der Kontakte der Nutzer (Lampe et al. 2007), mit dem Zusammenhang von Kommunikation und Selbstrepräsentation (Boyd & Heer 2006), dem Einfluss von „self-construction“ und „co-construction“, also dem fremdgesteuerten Hinzufügen von Informationen durch andere Nutzer (vgl. Larsen 2007) oder dem Zusammenhang zwischen der Anzahl der Kontakte und der wahrgenommenen sozialen Attraktivität (Tom Tong et al. 2008) beschäftigen.

Alle o.g. Studien haben gemeinsam, dass sie sich ausschließlich mit dem Einsatz von offenen SNS, wie Facebook oder Xing, auseinandersetzen. Mehrere Studien (u.a. Bughin/Manyika 2007; Young et al. 2008) unterstreichen jedoch das Interesse der Entscheider vieler großer Unternehmen, die sich gegenwärtig die Frage nach dem Potential einer Intranet-basierten Networking-Lösung stellen oder die Lösungen bereits erfolgreich einsetzen. Motivierend wirkten dabei Berichte aus zahlreichen Firmen, die zeigen, dass Social Software, wie Wikis und Weblogs, die erfolgreiche (effektive und effiziente) Zusammen- und Wissensarbeit der Mitarbeiter unterstützen können (vgl. z.B. Back et al. 2008, Buhse & Stamer 2008, Koch & Richter 2008, Komus & Wauch 2008).

3 Forschungsmethodik

Da die Entwicklung von SNS in den letzen Jahren sehr schnell vonstatten ging, gibt es bisher kaum öffentlich verfügbare, empirisch belegte Erfahrungswerte zur Einführung und Nutzung dieser Dienste in Unternehmen. Aus diesem Grund ist die Fallstudienforschung gut geeignet, um ein besseres Verständnis für die hier untersuchten Phänomene zu erhalten. Die Fallstudienforschung kommt insbesondere bei der Ergründung von Sachverhalten zum Einsatz, welche die Forscher nicht oder nur begrenzt kontrollieren können, und besonders dann, wenn die Grenzen zwischen Phänomen und Kontext unklar sind (Yin 2003). Ziel der Fallstudienforschung ist es, durch gezielte Beschreibung der aufgenommenen Situation ein möglichst ganzheitliches Verständnis des Untersuchungsgegenstandes zu bekommen (Yin 2003; Eisenhardt 1989).

Die analysierten Daten stammen v.a. aus (teilweise mehrstündigen) semistrukturierten Interviews mit zwei Verantwortlichen und acht Nutzern des bei Accenture eingesetzten SNS „People Pages“ im Zeitraum zwischen Juni bis August 2008. Da die Interviews von externen Personen durchgeführt wurden, dienten zusätzlich mehrere interne Dokumente des Unternehmens dazu, um sich näher über den Kontext zu informieren. Durch die zwei vorangestellten Interviews mit den beiden für den SNS verantwortlichen Personen wurde ein besseres Verständnis für die Umstände und Prozesse der Einführung gewonnen.

Die anschließend befragten Nutzer wurden so ausgewählt, dass ein möglichst breites Spektrum an Nutzergruppen (und somit verschiedenen Nutzungsszenarien) abgedeckt wird: Die Gruppe der Nutzer war zwischen 30 und 45 Jahren alt und bestand sowohl aus Amerikanern (5) als auch aus Deutschen (3). Der Tätigkeitsbereich reicht von Beratern (4) über interne Wissensmanager (2) bis hin zu Managern mit Verwaltungsaufgaben (2). Die Interviews wurden vor Ort oder telefonisch geführt und aufgezeichnet. Die Auswertung der Nutzer-Interviews erfolgte in einer Tabelle[2] strukturiert nach den Antworten auf die einzelnen Fragen, wobei der Befragung folgender Aufbau zugrunde gelegt wurde:

Zu Beginn der Interviews wurde nach dem ersten Eindruck, der Art und Häufigkeit der Nutzung gefragt, um herauszufinden, welchen Einfluss die People Pages auf den jeweiligen Arbeitsablauf haben. Anschließend wurde nach dem persönlichen Nutzen und Vorteilen der People Pages gefragt, um die Einstellung und das Verhältnis der Mitarbeiter zu dem unternehmensinternen SNS zu ergründen. Weitere Fragen bzgl. des Vergleiches zwischen bekannten, offenen SNS und People Pages sollten für die Nutzer offensichtliche Gemeinsamkeiten bzw. Unterschiede aufzeigen. Zusätzlich wurden Fragen zu den Funktionen, dem Nutzungsverhalten (welche Daten werden Preis gegeben) und zur Awareness gestellt. Schließlich wurden die Mitarbeiter zu dem bisherigen Erfolg bzw. Erfolgsfaktoren befragt und konnten aufzeigen, was sie sich für zukünftige Versionen des SNS wünschen würden.

4 Fallstudie: Accenture People Pages

Accenture Ltd. ist mit über 180.000 Mitarbeitern einer der größten, weltweit agierenden Managementberatungs-, Technologie- und Outsourcing-Dienstleister. In Deutschland, Österreich und der Schweiz beschäftigt Accenture über 5.000 Mitarbeiter mit Hauptsitz in Kronberg. Accenture unterstützt und berät weltweit über 4.000 Unternehmen und Organisationen bei der erfolgreichen Bewältigung von Veränderungsprozessen.

[2] Die Tabelle kann aufgrund ihres Umfangs (und auch aus Datenschutzgründen) nicht komplett angeführt werden. Die Ausschnitte in Abschnitt 4.2 sollen jedoch einen Einblick in die Antworten geben.

Dabei sieht sich Accenture selbst als wissensintensives Unternehmen, welches bedingt durch die Branche stark vom Wissen seiner Mitarbeiter getrieben ist und sich ständig wandeln muss, um den hohen eigenen Anforderungen gerecht zu werden.

4.1 Entwicklung und Einführung der People Pages

Der Weg von der Idee bis zur Umsetzung der People Pages gestaltete sich anfangs als klassischer Bottom-Up-Prozess. Entstanden als innovativer Vorschlag im Rahmen des „Leadership Development"-Programms für zukünftige Führungskräfte, wurde die konkrete Umsetzung von einem interdisziplinären Team mit einem detaillierten Business Case ausgearbeitet. Das Release 1.0 durchlief im März 2007 die erste unternehmensweit zugängliche Beta-Phase und wurde schließlich im September 2007 für den offiziellen Roll-Out im gesamten Unternehmen freigegeben.

Mit den People Pages sollte es möglich werden eine stärkere Verbindung zwischen den Mitarbeitern zu schaffen, die Mitarbeiter bei der Bildung eigener „Communities of Interest" zu unterstützen und den Zugang zu Experten innerhalb des Unternehmens zu verbessern.

Bereits von Anfang an verfügte das Accenture SNS über alle Funktionen eines typischen Social Networking Service. Jeder Mitarbeiter hat eine persönliche Seite („My Page") um sich und seine Fähigkeiten seinen Kollegen zu präsentieren. Daneben ermöglicht es die sogenannte „People Search", Mitarbeiter nach Kompetenzen oder anderen Charakteristika, wie bspw. geographischem Aufenthaltsort, Karriere-Level oder Ähnlichem gezielt zu suchen. Das Vernetzen mit den Seiten von Kollegen sowie Arbeits- oder Interessensgruppen erweitert den „sozialen Aktionsradius" des jeweiligen Mitarbeiters. Dies wiederum führt dazu, dass die einzelnen Berater mehr potentielle Experten direkt (direkter Kontakt) oder indirekt (Kontakt eines direkten Kontaktes) kennen. Zum gezielten Informationsaustausch verfügt das System über einen einfachen und intuitiven Mechanismus zum Austausch jeglicher Art von Dokumenten sowie Wiki-Inhalten, Blog-Beiträgen oder Onlineumfragen.

4.2 Identifizierte Gestaltungsparameter

Trotz größerer Marketing-Kampagne ist die Ankündigung der People Pages nur recht langsam und teilweise auch zufällig zu den Mitarbeitern vorgedrungen. Bei Betrachtung aller Antworten zeigt sich, dass People Pages den Mitarbeitern im angelsächsischen Raum durchaus bekannter als denen im deutschsprachigen Raum sind: (G)[3]: *„Ich habe vor ca. 1 Jahr auf dem Accenture Portal Hinweise darauf gefunden. Tatsächlich genutzt habe ich sie vor einem halben Jahr. Die Anwendung haben mir zwei Kollegen gezeigt*".

Als eine wesentliche Ursache dafür, dass viele Profile noch nicht vollständig ausgefüllt sind wird gesehen, dass die Mitarbeiter noch keinen Grund dafür gefunden haben, die People Pages in die alltägliche Nutzung zu integrieren. (G): *„Ich arbeite relativ wenig mit den Sei-*

[3] Im folgenden Teil sind die Nutzeraussagen Deutscher mit (G) Amerikaner mit (U) und der Verantwortlichen mit (V) gekennzeichnet.

ten, da ich auf langfristigen Projekten ‚gestafft' bin. Im Zuge von Proposals [also bei der Recherche nach Expertise] nutze ich sie."

Bisherige Motivatoren zur Profilpflege, wie beispielsweise die sogenannte Fillout-Funktion, die Mitarbeiter regelmäßig auf Profillücken hinweisen, scheinen nicht ausreichend zu sein. (G): „*Ich denke nicht, dass die Fillout-Funktion diesen Umstand ändern wird. Wir benötigen mehr Engagement aus der Managementebene, welches die People Pages starker forcieren sollte. Vielleicht könnte auch eine Art Alarm, den die Nutzer nicht loswerden bis sie ihr Profil ausgefüllt haben, helfen. [...] aber keiner mag so eine Art Polizei spielen, ob jemand sein Profil ausgefüllt hat.*"

Hier zeigt sich besonders die Relevanz von Commitment aus der Ebene des mittleren Managements. (V): „*Wir arbeiten daran, Unterstützung von der Führung zu bekommen, um die Komplettierungsraten der Profile zu erhöhen.*"

Für fast alle Befragten sind die People Pages ein Projekt mit großem Potential. Keiner der Befragten hatte große Schwierigkeiten, persönliche „Lieblingsfunktionen", die er nicht mehr missen möchte, zu nennen. (G): „*[...] dass ich zu den Personen hinzufügen kann, auf welchen Projekten ich ihnen begegnet bin*". (G): „*Meine Lieblingsfunktionen sind: Seine Seite mit anderen aus dem gleichen Projekten, Lehrgängen, Richtungen oder Interessen zu verbinden." (G): „Dass People Pages mir zeigt, welche Dokumente man veröffentlicht hat, Diskussionen in welchen man teilgenommen hat das es einen zeigt, wer mit wem verbunden ist und wie man ihn kontaktieren kann.*"

Der bisherige Nutzungsschwerpunkt ist das Suchen nach Mitarbeiterinformationen, um (G): „*[...]eine Perspektive zu verschaffen mit wem man es zu tun hat und Informationen zu finden, die es leichter machen eine Konversation zu starten*".

Deutlich positiv empfanden die Mitarbeiter die Integration mit KX, der Wissensdatenbank Accentures. (U): „*Ohne die People Pages wäre Knowledge Exchange nur eine unpersönliche große Datenbank. Mit ihnen fühlt man dass es ein ganzintegriertes Wissensökosystem innerhalb des Unternehmens gibt.*" (U): „*Und die Tatsache, dass sie in KX integriert sind ist enorm wichtig – jetzt können wir direkt bei einer Suche nach Informationen zu KX Dokumenten, über People Pages der Personen zu Diskussionen und wieder zurück, auf eine einfache Art.*" In diesem Zusammenhang wurde von den Befragten auch (teilweise indirekt) hervorgehoben, dass sie Wert auf eine einfache Nutzung legen. (N): „*Ich finde es gut, wenn ich einfach mal nach dem Photo gucken kann.*"

Fraglich ist, ob es Sinn macht, ausschließlich die Arbeitsnutzung des SNS in den Vordergrund zu stellen, oder ob auch Freizeitfunktionen zugelassen werden sollten. Für einige Mitarbeiter steht klar die Arbeitsnutzung im Vordergrund. (N): „*Damit es noch erfolgreicher wird, sollten noch mehr 'business' Funktionen integriert werden. Wenn es nur ein 'social tool' ist, würde ich es nicht so nützlich finden.*"

Im Bereich Datensicherheit sah bemerkenswerterweise kein einziger Mitarbeiter eine Gefahr, jedoch war eine klare Tendenz erkennbar, hauptsächlich geschäftsrelevante Daten preiszugeben. (G): „*[Ich gebe] berufliche Infos (Adresse etc. berufliche Expertise, Kunden etc.)an, keine privaten Daten.*“ (G): *„Ich gebe keine außer den eh‘ über Outlook und People Directory verfügbaren Daten frei*“.

Auseinandergehende Ansichten ließen sich bzgl. Funktionalitäten zur Netzwerkawareness feststellen: Obwohl diese allen Anwendern bekannt waren, hatten nur wenige Interesse daran bzw. mehrere Nutzer schätzten das Potential dieser für eher gering ein. (G): *„Diese Informationen erhalte ich über andere Kanäle*“ (U): *„Nein, es interessiert mich nicht zu wissen was andere Mitarbeiter gerade machen. Zum Beispiel Facebook: mich interessiert der Status, ob jemand gerade ‚seine Nase berührt‘ oder ‚im Flugzeug ist‘ nicht. Vielleicht, wenn jemand im Urlaub ist würde mich der Status interessieren.*“

Auf die Frage nach Verbesserungswünschen wurde klar, dass das Projekt People Pages insbesondere im Hinblick auf die Integration in andere Anwendungen und klassische Funktionen offener SNS für einen Großteil der Befragten die Betaphase noch nicht verlassen hat. So wurde z.B. der Wunsch (U): *„[...] ein Arbeitsbereich wo ich Emails, Subskriptionen zu Diskussionen, Instant Messaging und People Pages in einer einzelnen Anwendung bekommen kann wäre großartig.*“ oder (G): *„Suche nach Community-Zugehörigkeit. Suche nach den gleichen Projekten.*“ geäußert.

4.3 Resümee und Diskussion

Aus den Interviews ließen sich mehrere Muster im Nutzerverhalten erkennen und mehrere grundlegende Gestaltungsparameter des innerbetrieblichen Einsatzes von SNS identifizieren, die wir im Folgenden kurz zusammenfassen.

Zunächst ließen sich mehrere Einflussgrößen erkennen, die zur häufigen bzw. regelmäßigen Nutzung des SNS führen. Dazu zählen die (sichtbare) kontinuierliche Weiterentwicklung des SNS, die Integration mit/in andere(n) Anwendungen (z.B. der Accenture Wissensdatenbank KX) sowie eine intuitive und möglichst einfache Möglichkeit zur in den Geschäftsalltag eingebundenen Nutzung. Zudem ist es von entscheidender Bedeutung, den Nutzern die Angst vor einer möglichen Bloßstellung zu nehmen und sie ggf. davor zu schützen, indem sie auf Funktionen, um die personenbezogenen Informationen und die eigene Privatsphäre zu beeinflussen, deutlich aufmerksam gemacht werden. Die sogenannte Fillout-Funktion scheint dagegen keine große Wirkung zu erzeugen. Diese scheint eher dem (im Rahmen von Social Software) propagierten Prinzip der Selbstständigkeit der Nutzer zu widersprechen.

Auf organisationaler Ebene wirken sich die Einbettung in die sozialen Protokolle und die klare Erkennbarkeit des persönlichen Nutzens positiv auf die Bereitwilligkeit zur Nutzung des SNS aus. Es zeigte sich, dass es besonders hilfreich ist, wenn den Mitarbeitern verschiedene Einsatzszenarien aufgezeigt werden, in denen Sie das SNS produktivitätssteigernd einsetzen können. Nicht notwendig sind vor diesem Hintergrund dagegen Schulungen zur Nutzung der einzelnen Funktionen. Auch für SNS gilt, dass das mittlere und gehobene Management verdeutlichen und v.a. vorleben sollte, dass die Nutzung des SNS erwartet wird. Auch die Vollständigkeit des Profils hängt in diesem Zusammenhang nicht nur von einer offenen Unternehmenskultur und dem Vertrauen in den unternehmensweiten Datenschutz ab, sondern insbesondere vom Wissen über das Potenzial des SNS und vom o.g. Commitment des Managements.

Bezogen auf die Verallgemeinerbarkeit der oben geführten Argumentation ist es wichtig festzuhalten, dass die gewonnen Erkenntnisse lediglich im Kontext der Fallstudie eine ausreichende Aussagekraft haben und keine Allgemeingültigkeit besitzen. Vielmehr liefern die Ergebnisse eine gute Grundlage, um die identifizierten Erfolgsfaktoren mit weiteren Erhebungen in anderen Unternehmen zu vertiefen und mit der Nutzung anderer SNS zu vergleichen. Für Unternehmen mit anderem (Branchen-)Hintergrund, anderer Unternehmenskultur oder anderen technischen Voraussetzungen können die Erfolgsfaktoren wichtige Ansatzpunkte zur Orientierung darstellen.

5 Fazit und Ausblick

Trotz der offenkundigen Unterschiede zwischen offenen und geschlossenen SNS finden sich zentrale aus offenen SNS bekannte Motivatoren auch in geschlossenen SNS. Geringe Nutzungshürden sowie die Integration und Verknüpfung mit anderen im Unternehmen vorhandenen Diensten und Applikationen sind für den Erfolg eines SNS unerlässlich. Weiterhin sind auch soziale Bindungen in geschlossenen SNS der treibende Faktor für den Beitritt, aktive Interaktion sowie insbesondere für das persönliche Empfinden gegenüber dem SNS. Anders als im Internet steht und fällt jedoch der Erfolg eines SNS im Unternehmenskontext mit der Akzeptanz der Mitarbeiter, dem Engagement des Managements, der Konformität mit der Unternehmenskultur sowie der frühen Einbindung in den Projektalltag.

Die Analyse der Gestaltungsparameter für die Einführung eines geschlossenen SNS ist allerdings nur ein allererster Schritt zur erfolgreichen Adaption der im Internet erfolgreichen Plattformen. Der ständige Wandel des Internets und die Veränderungen der offenen SNS sowie die sich fluktuationsbedingt kontinuierliche ändernde Belegschaft von wissensintensiven Unternehmen wie Accenture werden immer wieder neue Anpassungen erfordern, um Anwendungssysteme wie People Pages langfristig zu einem etablierten Werkzeug zu machen.

Unabhängig davon haben Social Networking Services, wie hier am Beispiel der People Pages vorgestellt, enormes Potential zur Verbesserung des Wissensmanagements und der Mitarbeiterkommunikation in Unternehmen, wie auch andere Fallstudien erfolgreich eingeführter geschlossener SNS (vgl. z.B. DiMicco et al. 2008; Richter/Koch 2009) zeigen. So scheint es nur eine Frage der Zeit ist, bis weitere große Unternehmen SNS einsetzen werden, um die Zusammenarbeit ihrer Mitarbeiter effektiv und effizient zu unterstützen.

Danksagung

Wir danken der Firma Accenture, ganz besonders unseren Interviewpartnern, für die gute Zusammenarbeit.

Literaturverzeichnis

Acquisti, A. & Gross, R. (2006). Imagined Communities: Awareness, Information Sharing, and Privacy on the Facebook. In: *Proceedings of 6th Workshop on Privacy Enhancing Technologies.* Cambridge, UK: Robinson College.

Back, A., Gronau, N. & Tochtermann, K. (2008). *Web 2.0 in der Unternehmenspraxis. Grundlagen, Fallstudien und Trends zum Einsatz von Social Software.* München: Oldenbourg.

Backstrom, L., Huttenlocher, D., Kleinberg, J. & Lan, X. (2006). Group formation in large social networks: Membership, growth and evolution. In: *Proceedings of KDD 2006.* Philadelphia, Pennsylvania: ACM Press.

Barnes, S. (2006). A privacy paradox: social networking in the United States. In: *First Monday*, 11 (9).

Bodendorf, F. (2006). *Daten- und Wissensmanagement.* Berlin: Springer.

Boyd, D. M. & Ellison, N. B. (2007). Social network sites: Definition, history, and scholar-ship. *Journal of Computer-Mediated Communication*, 13(1), Article 11.

Boyd, D. & Heer, J. (2006). Profiles as Conversation: Networked Identity Performance on Friendster. In: *Proceedings of 39th HICCS.* Los Alamitos, California: IEEE Press.

Bughin, J. & Manyika, J. (2007). *How businesses are using Web 2.0: A McKinsey Global Survey.* McKinsey Research.

Buhse, W. & Stamer, S. (2008). *Enterprise 2.0 - Die Kunst, loszulassen.* Berlin: Rhombos-Verlag.

DiMicco, J. M., Millen, D. R., Geyer, W., Dugan, C., Brownholtz, B. & Muller, M. (2008). Motivations for Social Networking at Work. In: *Proceedings of ACM CSCW 2008.* New York: ACM Press.

Dwyer, C. (2007). Digital Relationships in the 'MySpace' Generation: Results From a Qualitative Study. In: *Proceedings of 40th HICCS. Waikoloa*, Hawaii: IEEE Press.

Dwyer, C., Hiltz, S. R. and Passerini, K. (2007). Trust and Privacy Concern Within Social Networking Sites. A Comparison of Facebook and MySpace. In: *Proceedings of AMCIS 2007.* Keystone: ACM Press.

Eisenhardt, K. M. (1989). Building Theories from Case Study Research. *The Academy of Management Review*, 14 (4), S. 532-550.

Gross, R. & Acquisti, A. (2005). Information Revelation and Privacy in Online Social Networks. In: *Proceedings of WPES 2005.* Alexandria, Virginia: ACM Press. S. 71-80.

Johnson, A. N. (2008). Looking at, Looking up, or Keeping up with People? Motives and Uses of Facebook. In: *Proceeding of ACM CHI 2008.* Florence, Italy: ACM Press.

Kapoor, N., Konstan, J., & Terveen, L. (2005). How Peer Photos Influence Member Participation in Online Communities. In: *Proceedings of ACM CHI 2005.* Portland, Oregon: ACM Press.

Koch, M. & Richter, A. (2008). *Enterprise 2.0 - Planung, Einführung und erfolgreicher Einsatz von Social Software in Unternehmen.* München: Oldenbourg.

Koch, M., Richter, A. & Schlosser, A. (2007). Produkte zum IT-gestützten Social Networking in Unternehmen. In: *Wirtschaftsinformatik*, 49 (6). S. 448–455

Komus, A. & Wauch, F. (2008). *Wikimanagement - Was Unternehmen von Social Software und Web 2.0 lernen können*. München: Oldenbourg.

Lampe, C., Ellison, N. & Steinfield, C. (2006). A face(book) in the crowd: social searching vs. social browsing. In: *Proceedings of ACM CSCW 2006*, 12 (4). Banff, Alberta: ACM Press.

Larsen, M. C. (2007). Understanding Social Networking: On Young People's Construction and Co-construction of Identity Online. In: *Proceedings Internet Research 8.0: Let's Play, Association of Internet Researchers*. Vancouver, British Columbia.

Schooley, C., Moore, C., Driver, E., Orlov, L. M., Ragsdale, J. & Fossner, L. (2005). Get Ready: The Millennials Are Coming! In: *Forrester Research: Changing Workforce series* (5).

North, K. (2005). *Wissensorientierte Unternehmensführung – Wertschöpfung durch Wissen*. 4. Aufl. Wiesbaden: Gabler Verlag.

Richter, A. & Koch, M. (2008). Funktionen von Social-Networking-Diensten. In: *Proceedings Multikonferenz Wirtschaftsinformatik 2008*, Teilkonferenz Kooperationssysteme. München.

Richter, A. & Koch, M. (2009). Der Einsatz von Social Networking Services im Unternehmen. In: *Proceedings Internationale Konferenz Wirtschaftsinformatik*. Wien.

Stutzman, F. (2006). An Evaluation of Identity-Sharing Behavior in Social Network Communities. *Journal of the International Digital Media and Arts Association*, 3 (1). S. 10-18.

Tong, S. T., Van Der Heide, B., Langwell, L. & Walther, J. B. (2008). Too much of a good thing? The relationship between number of friends and interpersonal impressions on Facebook. *Journal of Computer-Mediated Communication*, 13(3). S. 531-549.

Tufekci, Z. (2008). Grooming, Gossip, Facebook and Myspace: What Can We Learn About These Sites From Those Who Won't Assimilate? *Information, Communication, and Society*, 11(4). S. 544-564.

Valenzuela, S., Park, N., & Kee, K. F. (2008). Lessons from Facebook: The Effect of Social Network Sites on College Students' Social Capital. In: *Proceedings 9th International Symposium on Online Journalism*. Austin, Texas.

Yin, R. K. (2003). *Case study research - design and methods*. Thousand Oaks: Sage Publications.

Young O. G., Brown, E. G., Keitt, T. J., Owyang, J. K., Koplowitz, R. & Lo, H. (2008). *Global Enterprise Web 2.0 Market Forecast: 2007 To 2013*. Forrester Research.

Zorn, W. (2005). Über den unscharfen Gebrauch von Grundbegriffen in der Informatik. In: Knop, J., Haverkamp, W., Jessen, E. (Hrsg.): *Lecture Notes in Informatics: 19. DFN-Arbeitstagung über Kommunikationsnetze*. Bonn: Gesellschaft für Informatik. S. 13–37.

Kontaktinformationen

Alexander Richter

Forschungsgruppe Kooperationssysteme
Universität der Bundeswehr München
D- 85577 Neubiberg
Tel.: +49 (0) 89-6004-4406
E-Mail: alexander.richter@kooperationssysteme.de

H. Wandke, S. Kain & D. Struve (Hrsg.): Mensch & Computer 2009: Grenzenlos frei!?
München: Oldenbourg Verlag, 2009, S. 323-332

Was macht studiVZ attraktiv?

Waltraud Ilmberger, Theo Held, Martin Schrepp

Universität Heidelberg, SAP AG Walldorf

Zusammenfassung

Wir untersuchen, welche Qualitätsaspekte die Benutzerfreundlichkeit sozialer Software beeinflussen. Hierzu wurde eine explorative Online-Studie zu der Internetplattform studiVZ durchgeführt. Die Teilnehmer wurden dabei zu Dauer, Häufigkeit und Intensität ihrer Nutzung, sowie zu den vorzugsweise genutzten Funktionen im studiVZ befragt. Anschließend bewerteten sie die Nutzungsschnittstelle mit dem *User Experience Fragebogen* (Laugwitz, Schrepp & Held, 2006), der ein allgemeines Attraktivitätsurteil und mehrere pragmatische sowie hedonische Qualitätsaspekte erfasst. Die Ergebnisse zeigen, dass vorwiegend die Funktionen zur direkten Kontaktaufnahme genutzt werden. Den höchsten Einfluss auf die Attraktivität der Nutzungsschnittstelle hat das hedonische Qualitätsmerkmal „Stimulation". Dieser Einfluss steigt, je intensiver die Teilnehmer die Plattform nutzen.

1 Einleitung

Plattformen zur sozialen Kommunikation, wie z.B. Facebook oder studiVZ, erfreuen sich in den letzten Jahren offenbar einer zunehmenden Beliebtheit, insbesondere bei jüngeren Personen. Anwendungen dieses Typs werden auch als *Soziale (Networking-)Software* bezeichnet. Sie bieten Funktionen zum Finden und Verwalten von Informationen, zur Darstellung der eigenen Person und zur Pflege vorhandener und Aufnahme neuer Kontakte (Schmidt, 2006), wobei der letzte Aspekt eindeutig den inhaltlichen Schwerpunkt darstellt und die Networking-Software von Blogs, Wikis und Social Bookmarking abgrenzt.

Derzeit ist noch wenig darüber bekannt, nach welchen Faktoren die Benutzerfreundlichkeit und Attraktivität sozialer Software bewertet wird (eine Analyse relevanter Aspekte der Benutzerfreundlichkeit solcher Anwendungen findet sich z.B. in Preece, 2001). Wir wollen in diesem Beitrag den Einfluss verschiedener Qualitätsaspekte auf die Attraktivität der Nutzungsschnittstelle sozialer Software am Beispiel des studiVZ untersuchen. Insbesondere sind wir auch daran interessiert, wie dieser Einfluss mit Dauer und Häufigkeit der Nutzung zusammenhängt.

2 Fragestellungen

Wie bewerten Nutzer die Qualität bzw. Attraktivität einer Nutzungsschnittstelle? Neben den klassischen Qualitätsmerkmalen, wie z.B. Effizienz, Erlernbarkeit oder Effektivität (siehe z.B. Molich & Nielsen, 1990), wird in den letzten Jahren zunehmend auch der Einfluss von Aspekten wie Joy of use (Hatscher, 2001), Emotion (Norman, 2003), Ästhetik (Kurosu & Kashimura, 1995; Tractinsky, 1997; Hassenzahl, 2002; Lindgaard & Dudek, 2003; Lavie & Tractinsky, 2004) oder Farbgestaltung (Laugwitz, 2001) untersucht.

Wir nutzen in diesem Beitrag ein theoretisches Rahmenkonzept von Hassenzahl (2002), das zwischen pragmatischer Qualität, hedonischer Qualität und der Attraktivität einer Nutzungsschnittstelle unterscheidet. Pragmatische Qualität fokussiert auf aufgabengerichtete Aspekte des Designs, z.B. Effizienz oder Effektivität. Hedonische Qualität fokussiert auf nicht primär aufgabenbezogene Qualitätsaspekte, z.B. Originalität oder Stimulation. Attraktivität wird als eine globale Bewertung auf einer Zustimmungs-/Ablehnungsdimension aufgefasst.

Soziale Networking-Software, wie z.B. das studiVZ, dient naturgemäß eher zur Befriedigung sozialer Bedürfnisse und weniger zur Erreichung konkret vorgegebener Ziele oder Aufgaben. Daher sollten hedonische Qualitätsaspekte bei der Bewertung einer Nutzungsschnittstelle hier deutlich wichtiger sein als pragmatische Qualitätsaspekte.

Es stellt sich allerdings die Frage, ob sich der Einfluss der hedonischen bzw. pragmatischen Qualität auf die Attraktivität mit zunehmender Nutzungsdauer verändert und sich somit die Schwerpunkte einer Beurteilung verschieben. Eine mögliche Ursache für eine solche Verschiebung könnte sein, dass die hedonischen Aspekte der Software schnell zur „Gewohnheit" werden, während negative oder positive Aspekte des Interaktionsdesigns weiterhin auffallen. In einem solchen Fall würde sich der Einfluss hedonischer Qualitätsaspekte mit zunehmender Nutzungsdauer abschwächen, während der Einfluss pragmatischer Qualitätsaspekte mit zunehmender Nutzungsdauer ansteigt.

Ein weiterer interessanter Einflussfaktor, der untersucht werden soll, ist die Nutzungsintensität. Wie häufig eine Person eine soziale Software nutzt, hängt vermutlich stark davon ab, wie viel Freude bzw. Spaß sie bei der Nutzung empfindet. Hieraus ergibt sich die Frage, ob Vielnutzer einer sozialen Software einen höheren Wert auf hedonische Qualität legen als Gelegenheitsnutzer.

3 Durchführung der Online Studie zum studiVZ

Das studiVZ (Studentenverzeichnis) ist ein Web-basiertes soziales Netzwerk, ähnlich zu Facebook. Zielgruppe sind Studenten. Seit der Gründung 2005 ist die Nutzerzahl auf über 10 Millionen angewachsen. Mit 4,2 Milliarden Aufrufen pro Monat ist studiVZ seit März 2008 die am zweithäufigsten aufgerufene Seite im deutschsprachigen Raum[1]. Aufgrund dieser

[1] IVW-Ausweisung auf www.ivwonline.de, Stand November 2008

hohen Nutzerzahl und der zum Zeitpunkt der Studiendurchführung hohen Präsenz in den Medien, war studiVZ für unsere Untersuchung ein geeignetes Beispiel.

3.1 Teilnehmer

Die Teilnehmer wurden über zwei verschiedene Kanäle rekrutiert. Zum einen wurden E-Mails an mehrere große Verteiler verschickt. Zum anderen wurden Links auf die Studie auf Web-Seiten und in Diskussionsforen zum studiVZ platziert. Als Belohnung wurde unter den Teilnehmern ein Gutschein verlost.

Die Startseite des Experiments wurde 1339 mal aufgerufen. Die Daten von 722 Personen (44% männlich, 56% weiblich) waren vollständig (Drop Out Rate 46,1%) und konnten in die Auswertung einbezogen werden. Das Alter der Teilnehmer lag zwischen 15 und 51 Jahren (MW = 23,98, SD = 4,37). Die Stichprobe bestand zu 67,6% aus Studenten.

Tabelle 1 zeigt die Angaben der Teilnehmer zu Dauer, Häufigkeit und Intensität ihrer Nutzung von studiVZ.

Fragestellung	Antwortkategorie	Anzahl	Prozent
Nutzungsdauer Wie lange bist oder warst Du schon im studiVZ angemeldet?	< 3 Monate	36	2,9%
	3 – 12 Monate	157	21,7%
	> 1 Jahr	428	59,3%
	Keine Angabe	101	14%
Nutzungshäufigkeit Wie oft loggst Du Dich durchschnittlich bei studiVZ ein?	< 1 mal pro Woche	77	10,7%
	1 mal pro Woche	56	7,8%
	> 1 mal pro Woche	206	28,5%
	1 mal am Tag	170	23,5%
	> 1 mal am Tag	121	16,8%
	Keine Angabe	92	12,7%
Nutzungsintensität Wie viele Stunden bist Du pro Woche etwa im studiVZ?	< 1 Stunde	301	41,7%
	1 – 2 Stunden	189	26,2%
	2 – 5 Stunden	95	13,2%
	> 5 Stunden	40	5,5%
	Keine Angabe	97	13,4%

Tabelle 1: Angaben der Teilnehmer zur Dauer, Häufigkeit und Intensität der Nutzung

3.2 Verwendete Materialien

Zur Messung des Eindrucks der Teilnehmer in Bezug auf die Nutzungsschnittstelle des studiVZ wurde der User Experience Fragebogen (kurz UEQ) verwendet (Laugwitz, Schrepp & Held, 2006 bzw. Laugwitz, Held & Schrepp, 2008). Der Fragebogen besteht aus 26 Items, die in Form eines siebenstufigen semantischen Differentials dargestellt sind, z.B.

attraktiv ① ② ③ ④ ⑤ ⑥ ⑦ unattraktiv

Diese Items erfassen die Wahrnehmung einer Nutzungsschnittstelle in Bezug auf die pragmatischen Qualitätsaspekte *Durchschaubarkeit* (z.B. verwirrend – übersichtlich oder kompliziert - einfach), *Effizienz* (z.B. ineffizient – effizient oder überladen - aufgeräumt), *Vorhersagbarkeit* (z.B. unsicher – sicher oder unberechenbar - voraussagbar), die hedonischen Qualitätsaspekte *Stimulation* (z.B. langweilig – spannend oder uninteressant - interessant), *Originalität* (z.B. konventionell – originell oder herkömmlich - neuartig) sowie die Skala *Attraktivität* (z.B. schlecht – gut oder unattraktiv - attraktiv). Attraktivität wird durch 6 Items repräsentiert, die anderen Skalen durch jeweils 4 Items.

3.3 Ablauf der Studie

Die Startseite des Experiments enthielt eine allgemeine Begrüßung, Informationen zum Thema der Studie, zur voraussichtlichen Dauer (10-15 Minuten) und zur Belohnung für die Teilnahme. Es folgte eine Seite mit Fragen zu demographischen Daten und zur studiVZ-Nutzung (Dauer, Häufigkeit und Intensität). Das studiVZ bietet seinen Nutzern eine Reihe möglicher Funktionalitäten, z.B. das Versenden von Nachrichten oder Hochladen von Fotos. Die Teilnehmer wurden befragt, welche der 9 prominentesten Funktionen sie tatsächlich nutzen (die konkrete Frage lautete: *Was machst du üblicherweise im studiVZ?*).

Um sicherzustellen, dass die Bewertung der Benutzeroberfläche auf einem aktuellen Eindruck basiert, wurde den Teilnehmern ein typischer Bedienablauf im studiVZ vorgeführt. Hierzu wurden 4 typische Bedienabläufe (Nachricht schicken, neues Profilbild hoch laden, Person an anderer Universität suchen, Person auf die Ignorieren-Liste setzen) visualisiert, die jeweils aus 4-8 Screen-Shots bestanden. Jedem Teilnehmer wurde einer dieser Abläufe zufällig zugeordnet. Der Teilnehmer konnte durch Tastendruck durch die Screen-Shots blättern.

Nach der Visualisierung des Bedienablaufs folgten Instruktion und Items des User Experience Questionnaire (UEQ), anhand dessen die Teilnehmer die Nutzungsschnittstelle bewerten sollten.

Am Ende hatten die Teilnehmer noch die Möglichkeit, ihre E-Mail-Adresse anzugeben, um an der Verlosung eines Gutscheins über 20€ teilzunehmen. Auf der letzten Seite wurde den Versuchspersonen für die Teilnahme gedankt.

4 Ergebnisse

Bezüglich der Frage nach den meistgenutzten Funktionen dominiert klar die direkte Kontaktaufnahme (Nachricht senden, nach Personen suchen). Abbildung 1 zeigt die ermittelten Häufigkeiten.

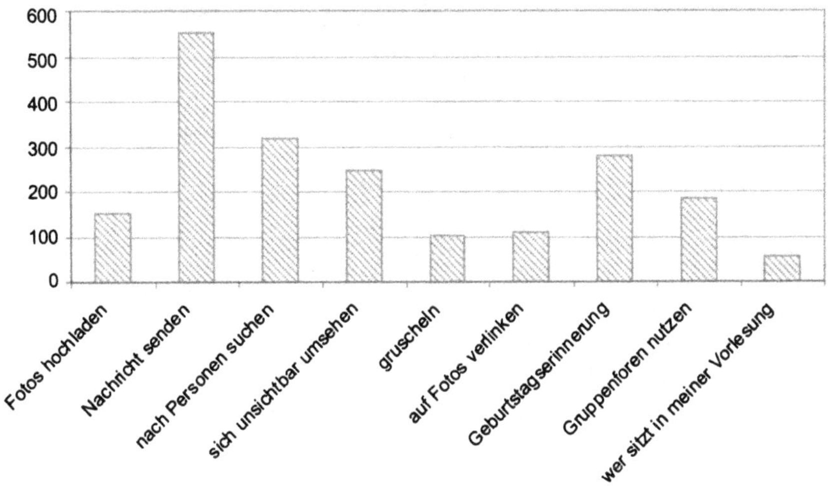

Abbildung 1: Häufigkeiten der Nutzung der Standardfunktionen in studiVZ

Die Mittelwerte und Standardabweichungen (in Klammern) der Skalen des UEQ über alle 722 Personen waren wie folgt: Attraktivität 4,28 (1,08), Durchschaubarkeit 5,35 (1,24), Effizienz 4,34 (1,09), Vorhersagbarkeit 4,79 (0,94), Originalität 3,34 (1,06), Stimulation 3,64 (1,05). D.h. bzgl. der Skalen zur pragmatischen Qualität waren die Teilnehmer eher zufrieden, während die Urteile zur hedonischen Qualität eher leicht negativ sind (der Wertebereich der Items reichte von 1 bis 7, d.h. bei neutraler Bewertung wäre ein Mittelwert von 4 zu erwarten).

Bzgl. der 4 verwendeten Szenarien gab es keinerlei signifikante Unterschiede bzgl. der Skalenwerte des UEQ. Deshalb wird hier und in den weiteren Auswertungen nicht weiter zwischen diesen Szenarien unterschieden.

Zur Überprüfung der Reliabilität der einzelnen Skalen des UEQ wurde Cronbach's Alpha pro Skala berechnet. Hierbei ergaben sich für die einzelnen Skalen folgende Werte: Attraktivität 0,90, Durchschaubarkeit 0,85, Effizienz 0,70, Vorhersagbarkeit 0,64, Originalität 0,77, Stimulation 0,80. Bis auf die Skala Vorhersagbarkeit weisen also alle Skalen eine ausreichende Reliabilität auf. Daher scheint die Skalenstruktur des UEQ unseren Datensatz ausreichend gut zu beschreiben.

Wie nach der Konstruktion des UEQ auch zu erwarten war, korreliert die Skala Attraktivität hoch mit den anderen Skalen. Weiterhin zeigen die beiden Skalen zur hedonischen Qualität und die drei Skalen zur pragmatischen Qualität jeweils hohe Interkorrelationen (siehe Tabelle 2).

UEQ Skalen	Attrakt-ivität.	Stimul-ation	Origina-lität	Effizienz	Durchschau-barkeit	Vorher-sehbarkeit
Attraktivität	1					
Stimulation	0,68**	1				
Originalität	0,38**	0,56**	1			
Effizienz	0,69**	0,47**	0,22**	1		
Durchschaubarkeit	0,64**	0,35**	0,06	0,70**	1	
Vorhersehbarkeit	0,61**	0,31**	-0,04	0,62**	0,65**	1

Anmerkung: * p < 0,05; ** p < 0,01; *** p < 0,001

Tabelle 2: Korrelationen zwischen den Skalen des User Experience Questionnaires

Um den Einfluss einzelner hedonischer und pragmatischer Aspekte auf die Attraktivität der Nutzungsschnittstelle zu ermitteln, wurde eine lineare Regression dieser Skalen auf die Attraktivität gerechnet. Die Ergebnisse dieser Analyse sind in Tabelle 2 gelistet.

UEQ Skalen	B	Std.fehler	Beta
(Konstante)	-0,68	0,134	
Stimulation	0,37	0,03	0,36***
Originalität	0,14	0,03	0,14***
Effizienz	0,19	0,03	0,19***
Durchschaubarkeit	0,19	0,03	0,22***
Vorhersehbarkeit	0,28	0,03	0,25***

Anmerkung: * p < 0,05; ** p < 0,01; *** p < 0,001

Tabelle 3: Regression der UEQ Skalen auf Attraktivität

Alle 5 Skalen haben also einen signifikanten Einfluss auf das Attraktivitätsurteil ($p < 0,05$). Den höchsten Einfluss hat dabei die Skala Stimulation, gefolgt von Vorhersagbarkeit und Durchschaubarkeit. Die Skala Originalität hat den geringsten Einfluss auf die Attraktivität.

Um den Einfluss der Nutzungsdauer zu untersuchen, wurden die Teilnehmer in die drei Gruppen *Nutzer seit weniger als 3 Monaten* (36 Teilnehmer), *Nutzer seit 3-12 Monaten* (157 Teilnehmer) und *Nutzer seit mehr als 12 Monaten* (428 Teilnehmer) unterteilt. Die Mittelwerte der UEQ Skalen (siehe Tabelle 3) zeigten dabei keinen signifikanten Unterschied zwischen diesen Gruppen. D.h. die Bewertung der Nutzungsschnittstelle bzgl. der einzelnen Qualitätsaspekte ist in allen drei Gruppen weitgehend identisch.

Nutzungsdauer	Attraktivität	Stimulation	Originalität	Effizienz	Durchschaubarkeit	Vorhersehbarkeit
< 3 Monate (N = 36)	4,39 (1,35)	3,85 (1,50)	3,93 (1,33)	4,63 (1,26)	5,30 (1,49)	4,80 (1,13)
3-12 Monate (N = 157)	4,19 (1,21)	3,51 (1,14)	3,30 (1,15)	4,27 (1,12)	5,33 (1,30)	4,72 (0,97)
> 12 Monate (N = 428)	4,33 (1,00)	3,69 (0,94)	3,33 (1,01)	4,36 (1,10)	5,40 (1,20)	4,82 (0,90)

Tabelle 4: Mittelwerte und Standardabweichungen (in Klammern) der UEQ Skalen.

Nun wurde pro Gruppe eine Regression der anderen Skalen des UEQ auf die Skala Attraktivität gerechnet. Die Ergebnisse sind in Tabelle 4 dargestellt.

UEQ Skalen	< 3 Monate			3-12 Monate			> 12 Monate		
	B	Std.fehler	Beta	B	Std.fehler	Beta	B	Std.fehler	Beta
(Konstante)	-0,05	0,52		-1,21	0,3		-0,63	0,19	
Stimulation	0,39	0,12	0,44**	0,32	0,06	0,30***	0,35	0,04	0,33***
Originalität	-0,01	0,10	-0,01	0,25	0,06	0,24***	0,13	0,03	0,13***
Effizienz	0,44	0,15	0,41**	0,18	0,07	0,16*	0,15	0,04	0,16***
Durchschaubarkeit	0,10	0,14	0,11	0,15	0,06	0,17*	0,24	0,03	0,29***
Vorhersehbarkeit	0,08	0,18	0,07	0,40	0,08	0,32***	0,26	0,04	0,24***

Anmerkung: * p < 0,05; ** p < 0,01; *** p < 0,001

Tabelle 5: Regression der UEQ Skalen auf Attraktivität getrennt nach Nutzungsdauer

Bzgl. des Einflusses der 5 Skalen auf die Attraktivität zeigten sich dabei deutliche Unterschiede. In der Gruppe der relativ neuen Nutzer sind nur Stimulation und Effizienz relevante Aspekte bei der Einschätzung der Attraktivität der Nutzungsschnittstelle. Beide Aspekte haben hier etwa den gleichen Einfluss. Für die beiden anderen Nutzergruppen tragen alle Aspekte signifikant zum Attraktivitätsurteil bei. Bei mittlerer Nutzungsdauer (3-12 Monate) sind dabei Vorhersehbarkeit und Stimulation die wichtigsten Aspekte. Für langjährige Nutzer sind Stimulation, Durchschaubarkeit und Vorhersagbarkeit die wichtigsten Aspekte.

Bei dieser Interpretation ist allerdings zu beachten, dass die drei Gruppen von stark unterschiedlicher Größe sind. Ein Einfluss der Gruppengröße auf die Höhe der Regressionsgewichte kann damit nicht sicher ausgeschlossen werden.

Die Bedeutung der Aspekte Durchschaubarkeit und Vorhersagbarkeit steigt also mit zunehmender Nutzungsdauer an. Für Effizienz gilt dies nicht. Dies lässt sich möglicherweise mit einer Verschiebung der Bedeutung innerhalb der pragmatischen Aspekte erklären. Zu Beginn der Nutzung einer sozialen Software werden verstärkt Daten zum Aufbau des eigenen Profils eingegeben, später ist der Aspekt der Dateneingabe etwas weniger wichtig. Dies könnte die verminderte Bedeutung der Effizienz bei höherer Nutzungsdauer erklären.

Um den Einfluss der Nutzungsintensität zu untersuchen, wurden aus den 722 Teilnehmern der Studie zwei Teilmengen extrahiert:

- *Wenignutzer*: Teilnehmer, die sich maximal einmal die Woche in studiVZ einloggen und es weniger als 2 Stunden pro Woche nutzen (132 Teilnehmer).
- *Vielnutzer*: Teilnehmer, die sich mehrmals die Woche oder mehrmals am Tag in studiVZ einloggen und es mehr als 2 Stunden pro Woche nutzen (134 Teilnehmer).

Abbildung 2 zeigt die Mittelwerte der Skalen des UEQ für diese beiden Gruppen.

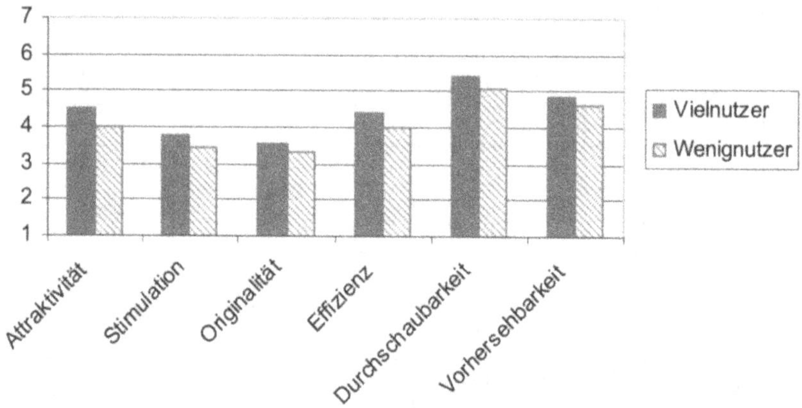

Abbildung 2: Skalenmittelwerte für Vielnutzer und Wenignutzer

Beide Gruppen unterscheiden sich nur geringfügig (die Unterschiede für Attraktivität, Effizienz, Durchschaubarkeit und Stimulation sind dabei für $p < 0,05$ signifikant), wobei Vielnutzer (wie zu erwarten) alle Skalen konsistent etwas besser bewerten als Wenignutzer.

Für beide Gruppen wurde nun eine Regression der anderen Skalen auf Attraktivität gerechnet (siehe Tabelle 5). Hier ergaben sich deutliche Unterschiede zwischen den Gruppen. Bei Wenignutzern hat Effizienz den stärksten Einfluss auf die Attraktivität. Bei Vielnutzen ist dieses Merkmal dagegen für die Einschätzung der Attraktivität völlig irrelevant. Generell fällt auf, dass bei Wenignutzern alle Skalen einen weitgehend gleichmäßigen Einfluss auf die Attraktivität besitzen. Bei Vielnutzern dominieren dagegen Stimulation und Durchschaubarkeit. Die Originalität scheint in beiden Fällen weniger wichtig zu sein.

UEQ Skala	Wenignutzer			Vielnutzer		
	B	Std.fehler	Beta	B	Std.fehler	Beta
(Konstante)	-0,86	0,31		-0,54	0,32	
Stimulation	0,23	0,06	0,24***	0,45	0,07	0,44***
Originalität	0,20	0,06	0,22**	0,12	0,06	0,13*
Effizienz	0,28	0,06	0,30***	0,06	0,07	0,06
Durchschaubarkeit	0,18	0,05	0,24***	0,29	0,06	0,33***
Vorhersehbarkeit	0,31	0,07	0,27***	0,23	0,08	0,19**

Anmerkung: * $p < 0{,}05$; ** $p < 0{,}01$; *** $p < 0{,}001$

Tabelle 6: Regression der UEQ Skalen auf Attraktivität (getrennt für Wenignutzer und Vielnutzer)

Bei Vielnutzern ist der Einfluss hedonischer Faktoren auf die Attraktivität also deutlich höher ausgeprägt als bei Wenignutzern. Bei Wenignutzern sind dagegen pragmatische Faktoren für das Attraktivitätsurteil eher bedeutsam als bei Vielnutzern.

5 Diskussion

Wir haben am Beispiel der Plattform studiVZ untersucht, welche Qualitätsaspekte für die Attraktivität der Benutzungsschnittstelle einer sozialen Software relevant sind. Die Ergebnisse zeigen, dass das hedonische Qualitätsmerkmal Stimulation den stärksten Einfluss auf die Beurteilung der Attraktivität hat. Dieser Einfluss steigt, je intensiver die Teilnehmer die Plattform nutzen.

Eine interessante Beobachtung ist, dass Nutzer, die erst sehr kurz im studiVZ sind oder eine eher geringe Intensität der Nutzung aufweisen, offenbar starken Wert auf Effizienz legen. Dieser Aspekt spielt dagegen bei langjährigen Nutzern oder sehr intensiven Nutzern offenbar keinerlei Rolle für die Attraktivitätsbewertung.

Dieses Ergebnis lässt sich über verschiedene Nutzungsmodi (Hassenzahl, Kekez & Burmester, 2002) dieser beiden Gruppen erklären. Nutzer mit geringer Nutzungsintensität würden nach dieser Erklärung eher zielgerichtet (Goal Mode) arbeiten, während intensive Nutzer eher nicht zielgerichtet und spielerisch (Activity Mode) mit der Nutzungsschnittstelle arbeiten. Vorhandene Ergebnisse zeigen, dass Nutzer im Activity Mode die Attraktivität einer Nutzungsschnittstelle vorwiegend nach hedonischen Aspekten beurteilen, während Nutzer im Goal Mode sowohl hedonische als auch pragmatische Aspekte in das Attraktivitätsurteil mit einbeziehen.

Literaturverzeichnis

Hassenzahl, M. (2002). The effect of perceived hedonic quality on product appealingness. *International Journal of Human-Computer Interaction, 13*, S. 479-497.

Hassenzahl, M., Kekez, R. & Burmester, M. (2002). The importance of a software's pragmatic quality depends on usage modes. In Luczak, H., Cakir, A.E., & Cakir, G. (Hrsg.): *Proceedings of the 6th international conference on Work With Display Units (WWDU 2002)*. Berlin: ERGONOMIC Institut für Arbeits- und Sozialforschung, S. 275-276.

Hatscher, M. (2001). Joy of use – Determinanten der Freude bei der Software-Nutzung. In Oberquelle, H., Oppermann, R. & Krause, J. (Hrsg.): *Mensch & Computer 2001: 1 Fachübergreifende Konferenz*. Stuttgart: B.G. Teubner, S. 445-446.

Kurosu, M. & Kashimura, K. (1995). Apparent usability vs. inherent usability. In: *CHI'95 Conference Companion*, S. 292 – 293.

Laugwitz, B., Held, T. & Schrepp, M. (2008). Construction and evaluation of a user experience questionnaire. In Holzinger, A. (Hrsg.): *USAB 2008*, LNCS 5298, S. 63-76.

Laugwitz, B., Schrepp, M. & Held, T. (2006). Konstruktion eines Fragebogens zur Messung der User Experience von Softwareprodukten. In Heinecke A.M. & Paul, H. (Hrsg.): *Mensch & Computer 2006 – Mensch und Computer im Strukturwandel.* Oldenbourg Verlag, S. 125 – 134.

Laugwitz (2001). *Experimentelle Untersuchung von Regeln der Ästhetik von Farbkombinationen und von Effekten auf den Benutzer bei ihrer Anwendung im Benutzungsoberflächendesign*. Berlin: dissertation.de - Verlag im Internet.

Lavie, T. & Tractinsky, N. (2004). Assessing dimensions of perceived visual aesthetics of web sites. *International Journal of Human-Computer Studies, 60*, S. 269-298.

Lindgaard, G. & Dudek, C. (2003). What is this evasive beast we call user satisfaction? *Interacting with Computers, 15*, S. 429-452.

Molich, R.; Nielsen, J. (1990): Improving a human-computer dialog: What Designers know about traditional interface design. *Communications of the ACM, 33*, S. 338-348.

Norman, D. (2003). *Emotional Design: Why We Love (Or Hate) Everyday Things.* Boulder, Colorado: Basic Books.

Preece, J. (2001) Sociability and usability: Twenty years of chatting online. *Behavior and Information Technology Journal, 20(5)*, S. 347-356.

Schmidt, J. (2006). Social Software: Onlinegestütztes Informations-, Identitäts- und Beziehungsmanagement. *Forschungsjournal Neue Soziale Bewegungen, Nr. 2.*

Tractinsky, N. (1997). Aesthetics and Apparent Usability: Empirical Assessing Cultural and Methodological Issues. In: *CHI'97 Electronic Publications*, Available online under http://www.acm.org/sigchi/chi97/proceedings/paper/nt.htm (last visited 10.2.2004).

Kontaktinformationen

Waltraud Ilmberger, E-Mail: waltraud.ilmberger@gmx.de

Dr. Theo Held, E-Mail: theo.held@sap.com

Dr. Martin Schrepp, E-Mail: martin.schrepp@sap.com

H. Wandke, S. Kain & D. Struve (Hrsg.): Mensch & Computer 2009: Grenzenlos frei!?
München: Oldenbourg Verlag, 2009, S. 333-342

Online blättern, dann kaufen? Zur Attraktivität von Online-Katalogen

Frank P. Schulte, Anja Thieme, Jenna Oste

Fachgebiet Allgemeine Psychologie: Kognition, Abteilung für Informatik und Angewandte Kognitionswissenschaften, Universität Duisburg-Essen

Zusammenfassung

Kataloge sind wichtige Transaktionsmittel und werden verstärkt im WWW eingesetzt. Selten werden dabei die verfügbaren interaktiven und dynamischen Gestaltungsmöglichkeiten genutzt. In einer experimentellen explorativen Online-Untersuchung werden drei innovative Online-Kataloge (Pageflip, Fisheye, Karussell) dem klassischen Online-Katalog gegenübergestellt. 193 Teilnehmer absolvierten unterschiedliche Suchaufgaben in jeweils einem der Kataloge. Danach wurde registriert, an wie viele Produkte sie sich erinnern konnten sowie der Katalog hinsichtlich seiner hedonischen und pragmatischen Qualität eingeschätzt. Die Ergebnisse zeigen, dass die innovativen Online-Kataloge der klassischen Online-Katalogform in ihren Möglichkeiten, die in ihnen enthaltenen Informationen zu transportieren und in ihrer pragmatischen Qualität nicht oder kaum nachstehen, aber - im Besonderen der Pageflip - als deutlich hedonischer eingeschätzt werden.

1 Einleitung

Produkt-Kataloge sind im Bereich des Direktabsatzes und der Direktwerbung ein zentrales Element des Produktmarketings: Sie fungieren nicht nur als Werbemittel, sondern schaffen zugleich die Basis für Verkaufstransaktionen, da sie auch als Bestellunterlage genutzt werden. Als ein solches Transaktionsmittel können Produkt-Kataloge die Kommunikation und darauf folgend einen möglichen Kaufvorgang zwischen Verkäufer und potentiellem Käufer unmittelbar anregen, während bei anderen, primär als Werbemittel eingesetzten Medien zusätzliche Schritte bis zum Verkauf notwendig sind (vgl. Pepels 2008). In den letzten Jahren kommen neben den Print-Katalogen verstärkt Online-Kataloge im WWW zum Einsatz. Diese scheinen klassischen Print-Katalogen in einigen Bereichen offensichtlich überlegen zu sein: Kostengünstig herzustellen, lassen sie sich on-the-fly aktualisieren, sind ubiquitär verfügbar und ermöglichen eine persönliche Ansprache der Kunden. Bei der Gestaltung solcher Online-Kataloge wird jedoch in vielen Fällen primär auf die Erfahrungen aus dem Offline-Printbereich zurückgegriffen; erst in jüngerer Vergangenheit sind häufiger Online-Kataloge im Web zu finden, die auch innovative Interaktionsmöglichkeiten und dynamische, multimediale Darstellungen nutzen. Hierbei sind insbesondere Pageflip-Kataloge zu nennen, in denen der Nutzer mittels einer Drag and Drop-Mausgeste umblättert, während ihm das Umblättern visuell zurückgemeldet wird (vgl. Schulte et al. im Druck); bislang seltener werden Karusselle eingesetzt (vgl. Nadamoto et al. 2001). Auffällig an solchen innovativen Online-Katalogen ist ihr hoher Grad an Interaktivität und Dynamik in Bedienung und Darbietung: Hierdurch werden möglicherweise Gedächtnisspuren gebildet, die reichhaltiger an perzeptuellen Details sind als dies bei einer statischen Darbietung der Inhalte in klassischen, linearen Katalogen möglich ist (vgl. auch Cowan 2005; Engle 2002). Die Abbildungen in solchen Katalogen können statt als statische Simultanstrukturen zu erscheinen als reichhaltigere dynamische Sukzessivstrukturen wahrgenommen und behalten werden. Die Nutzer können sich möglicherweise in einem solchen Fall besser an die Quelle ihrer Gedächtnisinhalte erinnern, weil ihnen mehr Abruf-Cues (etwa perzeptuelle Details, semantische Information, emotionale Reaktionen und kognitive Operationen) zur Verfügung stehen, die zum Zeitpunkt der Informationsaufnahme an der Enkodierung der Kataloginhalte beteiligt waren (Johnson et al. 1993).

Voraussetzung für den produktiven Einsatz eines innovativen Online-Katalog ist, dass dieser die in ihm enthaltenen Informationen zumindest genauso gut wie sein herkömmliches Pendant transportiert. Darüber hinaus muss er als Werbemittel in den Augen der Nutzer/innen mindestens ebenso zufriedenstellend wie attraktiv sein; und dies darf keinesfalls zu Lasten der Usability gehen (Norman 2002). Es scheint also notwendig, nicht nur die Gebrauchstauglichkeit solcher innovativen Online-Kataloge zu untersuchen sondern darüber hinaus auch die von den Nutzern/innen wahrgenommen Attraktivität. Nach Hassenzahl et al. (2001) kann ein interaktives System wie ein solcher Online-Katalog bei geeigneter Gestaltung als stimulierend wahrgenommen werden und so verstärkt die Aufmerksamkeit des Nutzers auf sich ziehen. Darüber hinaus werden interaktive Systeme, die sich durch Originalität und Exklusivität auszeichnen, als attraktiver wahrgenommen und bewertet. Die daraus resultierenden positiven emotionalen Konsequenzen, wie etwa Zufriedenheit oder Spaß bei der Verwendung ebenso wie mögliche Verhaltensreaktionen (etwa der Kauf des Produktes) können für den Einsatz interaktiver innovativer Onlinekataloge von zentraler Bedeutung sein. In der vorliegenden, explorativen Untersuchung wird auf experimentellem Wege betrachtet, ob es drei innovative Online-Kataloge im Vergleich zu einem traditionellen Online-Katalog schaffen, die in ihnen enthaltenen Produktinformationen zu transportieren, und wie ihre Attraktivität bewertet wird. Hierbei werden drei Kataloge ausgewählt, die so oder in ähnlicher Form schon im WWW eingesetzt wurden. Es werden die von den Nutzern wahrgenommenen pragmatischen und hedonischen Qualitäten der Kataloge erfasst (Hassenzahl et al. 2003) und überprüft, ob die verschiedenen Kataloge einen Einfluss auf das Behalten der gezeigten Produkte haben. Es werden vier Suchaufgaben gestellt, die ein intentionales Lernen der Kataloginhalte verhindern und ein extern valides Untersuchungsszenario generieren sollen. Es wird erwartet, dass alle Kataloge die in ihnen enthaltenen Produktinformationen in vergleichbarem Umfang transportieren, wenngleich die Navigationsdauer sich für die Kataloge aufgrund ihrer unterschiedlichen Interaktionsmöglichkeiten unterscheiden. Darüber hinaus wird angenommen, dass die innovativen Kataloge in Bezug auf ihre wahrgenommenen pragmatischen Qualitäten ebenso gut abschließen wie der herkömmliche Online-Katalog, während sie aufgrund ihrer höheren Interaktivität und Dynamik als hedonischer eingeschätzt werden.

2 Methode

2.1 Stichprobe

An dem Experiment, das als webbasiertes Experiment durchgeführt wurde (vgl. Skitka und Sargis 2006), nahmen insgesamt 193 Personen (92 männlich, 101 weiblich) im Alter von 16 bis 75 Jahren teil (Mittelwert: 27,45 Jahre, SD=10,08). Die Versuchsteilnehmer/innen wurden durch Einträge in verschiedenen Foren im Internet zur Teilnahme motiviert, es handelt sich somit um eine anfallende Stichprobe.

2.2 Versuchsmaterial

Die experimentelle Anordnung wurde mit der Software Lab.OR (Laboratorium für Online Research) von Heineken et al. (2003) realisiert. Es wurden insgesamt 30 verschiedene Produkte des täglichen Lebens ausgewählt (z. Bsp. Drucker, Haartrockner, Digitalkamera, Sonnenbrille) und mit einer Produktbeschreibung und einem Preis versehen.

2.3 Versuchsanordnung

Auf Basis des Versuchsmaterials wurden vier verschiedene Produktkataloge einer fiktiven Firma Meyer erstellt (Abbildung 1), in denen jeweils 30 Produkte in identischer Reihenfolge mit ihren Beschreibungen und Preisangaben vorhanden waren: In einem *Klassik-Katalog* waren die zusammengehörigen Produktbilder, -beschreibungen und Preise horizontal angeordnet sind, die verschiedenen Produkte untereinander. Im *Pageflip*, bei dem jeweils zwei Produktinformationen auf einer Doppelseite abgebildet sind, wurde mit Hilfe einer Maus-Drag-and-Drop-Geste umgeblättert, und der Umblättervorgang visuell zurückgemeldet. Der *Fisheye-Katalog* (Bederson 2000) hatte die Produktbilder in einer horizontalen Liste angeordnet; diese wurden durch Bewegung mit der Maus gescrollt. Wurde ein Produktbild mit der Maus berührt, so wurde dieses um 25 % und die beiden benachbarten Bilder um 18 % vergrößert. Der vierte Katalog war ein dreidimensionales *Karussell*, bei dem die Produktbilder auf einem Kreis angeordnet waren, und perspektivisch verkleinert und vergrößert dargestellt wurden. Durch Bewegung mit der Maus ließ sich der Produktkreis rotieren.

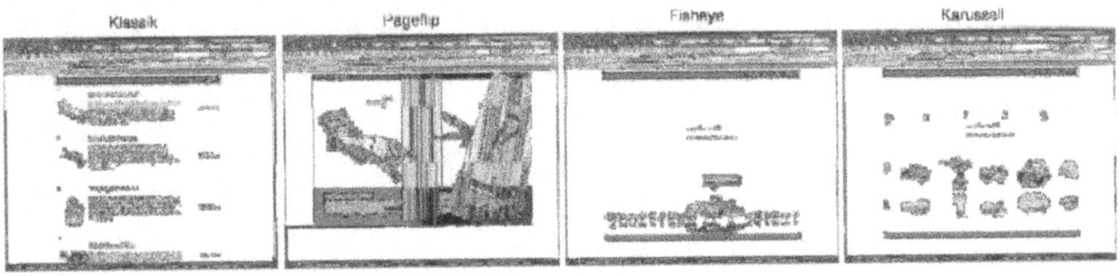

Abbildung 1: Die im Experiment genutzten Kataloge: Klassik, Pageflip, Fisheye und Karussell. In den letzten beiden musste auf die Produktbilder geklickt werden, um die Produktbeschreibung und den Preis angezeigt zu bekommen.

Beim Fisheye- und beim Karussell-Katalog werden bei Mausklick auf das Produktbild die anderen Produktbilder ausgeblendet, das Produktbild vergrößert, sowie die Produktbeschreibung und der Preis eingeblendet. Ein weiterer Mausklick auf das Produktbild blendet die anderen Produkte wieder ein.

2.4 Versuchsablauf

Die Teilnehmer/innen wurden zunächst aufgefordert, sich die Produkte in dem auf die Instruktion folgenden Katalog anzuschauen. Dabei wurde ihnen eine von vier verschiedenen Aufgaben gestellt: Eine einfache Produktsuche („Ist ein Basketball im Katalog enthalten?"), ein einfacher Produktvergleich („Welches Produkt ist das günstigste?"), eine komplexere Produktsuche („Welches Produkt ist in seiner Stückzahl limitiert?"), und ein komplexer Produktvergleich („Welches Produkt hat das beste Preis-Leistungsverhältnis?"). Im Anschluss an die Katalogdarbietung wurde die wahrgenommene hedonische und pragmatische Attraktivität des Kataloges mit dem AttrakDiff2 gemessen (Hassenzahl et al., 2003). Danach wurde mit Hilfe der Methode der Freien Reproduktion ermittelt, wie gut die Versuchsteilnehmer/innen die Produkte aus dem Katalog behalten haben: Innerhalb von drei Minuten waren die behaltenen Produkte in beliebiger Reihenfolge in ein Textfeld einzutragen.

2.5 Versuchsplan

Dem Experiment liegt ein zweifaktorieller Zufallsgruppenversuchsplan mit Faktor A: Katalog (A1: Klassik, A2: Pageflip, A3: Fisheye, A4: Karussell) und Faktor B: Aufgabentyp (B1: einfache Produktsuche, B2: einfacher Produktvergleich, B3: komplexe Produktsuche, B4: komplexer Produktvergleich) zugrunde. Gemessen werden die für die Navigation innerhalb eines Kataloges benötigte Zeit, die erinnerten Produkte sowie die hedonischen und die pragmatische Qualität des Kataloges.

3 Ergebnisse

Eine Analyse der registrierten Navigationszeiten zeigt, dass die Versuchsteilnehmer im Mittel zwischen 50 Sekunden (einfache Produktsuche im Karussell-Katalog) und 233 Sekunden (komplexe Produktsuche im Pageflip) mit der Navigation durch die Kataloge verbrachten. Im Mittel konnten sich die Versuchsteilnehmer/innen an zwischen 6,3 Objekte (Klassik und einfache Produktsuche) und 13,5 Objekte (Pageflip und komplexer Produktvergleich) erinnern (Tabelle 1).

Die Korrelation zwischen der Navigationszeit und der Behaltensleistung ist statistisch bedeutsam und beträgt r=.311 (p<.01). Eine zweifaktorielle MANOVA der Navigationszeiten mit dem Faktor A: Katalog und dem Faktor B: Aufgabe zeigt Haupteffekte des Katalogs (F (3,177) = 7.502, p<.001, Eta^2=0.113) und der Aufgabe (F (3,177) = 9.491, p<.001, Eta^2=0.139).

Katalog	**Aufgabe**	**Mittlere Navigationszeit**	**SD**	**Mittlere Behaltensleistung**	**SD**	**N**
Klassik	einfache Produktsuche	56,08	35,52	6,31	2,29	13
	einfacher Produktvergleich	70, 67	37,21	9,83	5,57	12
	komplexer Produktvergleich	138,25	102,51	11,50	3,00	12
	komplexe Produktsuche	162,92	122,80	10,25	4,83	12
	Gesamt	105,94	92,49	9,41	4,44	49
Pageflip	einfache Produktsuche	134,90	59,96	9,00	3,59	12
	einfacher Produktvergleich	128,94	75,46	9,17	3,01	12
	komplexer Produktvergleich	149,89	59,97	12,62	4,11	13
	komplexe Produktsuche	233,79	170,74	8,39	3,89	13
	Gesamt	163,08	109,36	9,82	3,96	50
Fisheye	einfache Produktsuche	58,13	34,01	8,92	4,81	12
	einfacher Produktvergleich	106,77	88,32	11,50	3,48	12
	komplexer Produktvergleich	125,12	56,52	10,44	4,04	9
	komplexe Produktsuche	92,57	87,40	8,58	5,09	12
	Gesamt	93,69	72,96	9,82	4,44	45
Karussell	einfache Produktsuche	49,16	36,29	7,93	4,48	14
	einfacher Produktvergleich	83,79	48,64	11,50	3,29	12
	komplexer Produktvergleich	118,84	47,77	11,64	4,03	11
	komplexe Produktsuche	128,55	89,45	10,50	3,78	12
	Gesamt	92,73	65,26	10,27	4,12	49
Gesamt	einfache Produktsuche	73,21	53,82	8,00	3,95	51
	einfacher Produktvergleich	97,54	67,40	10,50	3,98	48
	komplexer Produktvergleich	134,24	69,72	11,64	3,76	45
	komplexe Produktsuche	156,08	131,05	9,41	4,39	49
	Gesamt	114,53	91,27	9,83	4,22	193

Tabelle 1. Mittlere Navigationszeit (in Sekunden) und Behaltensleistung (in behaltenen Produkten) in Abhängigkeit von Katalog und Aufgabe (N=193)

Eine Wechselwirkung der beiden Faktoren liegt nicht vor. Einzelpaarvergleiche mit dem Scheffé-Test zeigen, dass sich in Bezug auf die Navigationsdauer der Pageflip von den anderen drei Katalogen unterscheidet, während sich bei den verschiedenen Aufgaben vor allen Dingen die einfache von der komplexen Produktsuche abhebt, während die Produktvergleiche zwischen den Produktsuchen liegen. Abbildung 2 zeigt die mittlere wahrgenommene Attraktivität der Kataloge auf den drei Subskalen des AttrakDiff2. Es ist zu erkennen, dass sich in Bezug auf die Skala *Pragmatische Qualität* der Klassik- und der Pageflip-Katalog sehr ähneln, während Fisheye und Karussell als weniger pragmatisch wahrgenommen werden. In der *Hedonischen Qualität – Stimulation* gibt es große Unterschiede zwischen Klassik- und Karussell-Katalog, während sich in der *Hedonischen Qualität – Identität* der Pageflip- und der Karussell-Katalog von Klassik- und Fisheye-Katalog abzusetzen scheinen.

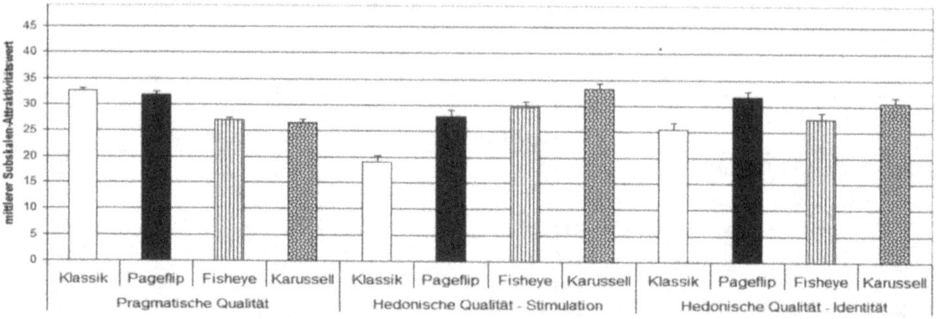

Abbildung 2: Die mittlere wahrgenommene Attraktivität der verschiedenen Online-Kataloge, getrennt nach den AttrakDiff2-Subskalen Pragmatische Qualität, Hedonische Qualität - Stimulation und Hedonische Qualität - Identität. Je höher der Wert, desto attraktiver wird der Katalog eingeschätzt (N=193, maximal kann je Subskala ein Wert von 49 erreicht werden, Fehlerbalken sind Standardabweichungen).

Die Varianzanalyse zeigt den Einfluss des Kataloges und der Aufgabe auf die Behaltensleistung und auf die Einschätzung der Attraktivität der Kataloge. Da die unterschiedlich langen Navigationszeiten möglicherweise einen systematischen Einfluss auf die Behaltensleistung (etwa „je länger ein Katalog betrachtet wird, desto mehr Produkte können erinnert werden") und auf die Attraktivität („je bekannter ein Katalog, desto attraktiver", vgl. auch Zajonc 1968; Bornstein 1989) haben könnten, wurde die Navigationsdauer als Kovariate mit einbezogen. Es zeigten sich Einflüsse der Navigationsdauer ($F(1,176) = 20.390$, $p<.001$, $Eta^2=0.104$) und der Aufgabe auf die Behaltensleistung ($F(3,176) = 5.711$, $p<.05$, $Eta^2=0.089$). Auf die Attraktivitätseinschätzungen hatten Aufgaben und Navigationsdauer keinen Einfluss, hier kam der Katalog zum Tragen: Er beeinflusste sowohl die wahrgenommene pragmatische Qualität ($F(3,176) = 7{,}091$, $p<.001$, $Eta^2=0.108$) als auch die hedonische Qualität - Stimulation ($F(3,176) = 29.070$, $p<.001$, $Eta^2=0.331$) und die hedonische Qualität - Identität ($F(3,176) = 8.351$, $p<.001$, $Eta^2=0.125$). Wechselwirkungen zwischen den Faktoren lagen nicht vor[1]. Einzelpaarvergleiche mit dem Scheffé-Test bestätigen, dass in Bezug auf die pragmatische Qualität Klassik- und Pageflip-Katalog zusammengehören, und sich von den zusammengehörenden Fisheye- und Karussell-Kataloge unterscheiden. Der Klassik-Katalog wird auch als deutlich weniger hedonisch-stimulierend wahrgenommen als der Pageflip, der wiederum dem Karussell unterlegen ist. Der Fisheye-Katalog liegt zwischen Pageflip- und Karussell-Katalog. In Bezug auf die hedonische Qualität – Identität liegt folgende Reihenfolge vor: Klassik-, dann Fisheye-, gefolgt von Karussell-Katalog und als

[1] Alle berichteten Analyse-Werte beziehen sich auf Analysen mit einem Signifikanzniveau von 5%. Da es sich bei den Hypothesen dieses Experimentes z.T. um Gleichheitshypothesen handelt, wurden die varianzanalytischen Auswertungen auch mit einem erhöhten Signifikanzniveau von 30% gerechnet, um auf Gleichheit zu testen. Die dann gefundenen Effekte sind mit den oben berichteten Effekten identisch.

höchster Wert der Pageflip-Katalog, wobei hier Klassik und Fisheye zusammengehören sowie Karussell und Pageflip.

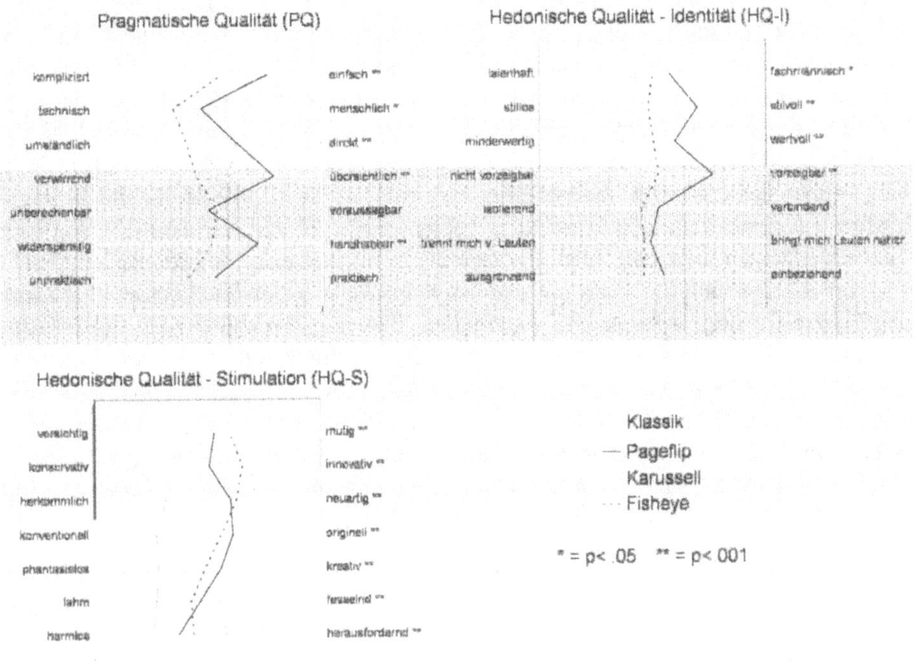

Abbildung 3: Die mittlere wahrgenommene Attraktivität der verschiedenen Kataloge, getrennt nach den AttrakDiff2-Skalen Pragmatische Qualität, Hedonische Qualität-Stimulation und Hedonische Qualität-Identität (N=193).

Betrachtet man die einzelnen Items der drei Subskalen des AttrakDiff2 (Abbildung 3), so fällt auf, dass einige Items kaum Unterschiede zwischen den Katalogen aufweisen (zum Beispiel „unberechenbar-berechenbar"). Dies zeigt sich auch in der varianzanalytischen Auswertung der Items in Abhängigkeit von Aufgabe und Katalog. Bei keinem Item ist ein Haupteffekt der Aufgabe zu finden, ein Haupteffekt des Katalogs tritt bei allen Items außer den in Abbildung 3 markierten Itempaaren auf, Wechselwirkungen sind nicht zu verzeichnen.

4 Diskussion

Die Ergebnisse des vorliegenden Experimentes wurden unter Bedingungen erhoben, die denen in der Realität der Benutzung von Online-Katalogen nahe zu kommen scheinen: Die Nutzer/innen betrachten die Kataloge mit der Absicht, nach bestimmten Produkten oder Informationen zu suchen. Dies wurde durch das Stellen unterschiedlich komplexer Suchaufgaben initiiert, wobei das Behalten der Produkte selber dabei inzidentell stattfindet (vgl.

Baddeley 1990). Dass sich diese verschiedenen Suchaufgaben auf die Navigationszeit im Katalog auswirken, ist erwartungskonform. Als Resultat korreliert die Behaltensleistung mit der Navigationszeit. Trotz ihres systematischen Einflusses auf die Navigationszeit scheint es allen drei innovativen Online-Katalogen gleichermaßen zu gelingen, die in ihnen enthaltenen Informationen zu transportieren: Es lassen sich erwartungskonform keine Unterschiede zwischen den innovativen Katalogen und dem Klassik-Katalog in Bezug auf die Behaltensleistung finden. So lässt sich vermuten, dass mögliche Ablenkung aufgrund einer neuartigen Bedienung durch erhöhte Aufmerksamkeit und Aktivierung kompensiert wird (vgl. Norman und Shallice 1984). In Bezug auf die wahrgenommene Attraktivität der innovativen Online-Katologe bietet sich ein etwas anderes Bild. So wird der Pageflip-Katalog ähnlich pragmatisch wie der Klassik-Katalog eingeschätzt, während Fisheye- und Karrussel-Katalog entgegen den Erwartungen hier schlechter abschneiden. Betrachtet man die hedonischen Qualitäten der Kataloge, so fällt auf, dass die innovativeren Kataloge deutlich besser abschneiden als der Klassik-Katalog, wenn es um Neuartigkeit, Interesse, Anregung geht. In der AttrakDiff2-Subskala *Stimulation* werden sie als mutiger, fesselnder, origineller und innovativer eingeschätzt. In der Subskala *Identität*, mit der erfasst wird, in welchem Maße die Kataloge es ermöglichen, das Selbst der Nutzer/innen zum Ausdruck zu bringen, indem sie eine gewünschte Identität kommunizieren, schließen sowohl der Karusell- als auch der Pageflip-Katalog sehr gut ab. Sie werden als stilvoll und vorzeigbar eingeschätzt, während besonders der Klassik-Katalog als minderwertig bezeichnet wird.

Zusammenfassend lässt sich sagen, dass die innovativen Online-Kataloge dem klassischen, an einer Liste orientierten Katalog in Wirksamkeit und Pragmatik kaum nachzustehen scheinen. Darüber hinaus wird im Besonderen der Pageflip-Katalog bezüglich der hedonischen Qualitäten deutlich positiver eingeschätzt. Der Umgang mit ihm scheint den Nutzer/innen Spaß zu machen, was einen nicht zu unterschätzenden Vorteil darstellt: Es könnte den Katalog zu einem attraktiven interaktiven System machen, das sowohl die pragmatischen als auch die hedonischen Bedürfnisse seiner Nutzer/innen erfüllt (Overbeeke et al. 2003). Ein Grund könnte sein, dass der Pageflip dem klassischen Print-Katalog in seiner praktischen Anmutung und Handhabung sehr nahe kommt - letztendlich ist er diesem in motorischer Bedienung und visuellem Ausdruck nachempfunden, und wird daher möglicherweise als einfach, handhabbar und übersichtlich eingeschätzt. Der Pageflip scheint ein Beispiel für ein von Norman (2004) eingefordertes „behavioral design" zu sein, da er einen intuitiven Aufforderungscharakter im Sinne einer „manual affordance" (Cooper et al. 2007) besitzt: Blättern im Pageflip-Katalog ist sofort intuitiv verständlich. Dies gilt mit deutlichen Abstrichen auch für Fisheye- und Karussell-Kataloge, die aber in bestimmten Teilaspekten der vom AttrakDiff2 gemessenen Attraktivität vergleichsweise schlecht abschneiden, und es daher nicht vielversprechend erscheinen lassen, sie in der hier erprobten Form als Kataloge einzusetzen. Der Klassik-Katalog scheint insgesamt zu handlungsorientiert, um die Ansprüche zu erfüllen, die das Werbe- und Transaktionsmittel „Katalog" stellt: Er ist zwar pragmatisch, aber zu wenig hedonisch.

Es bleibt abzuwarten, ob solche neuartigen interaktiven Systeme als Katalog bestehen können, oder ob es sich bei den hier berichteten Befunden um Neuartigkeitseffekte handelt, die mit der Zeit abklingen. Es ist jedoch auch möglich, dass eine längere Auseinandersetzung mit den innovativen Katalogen die ersten Eindrücke noch verfestigen - Studien, die die User

Experience über die Zeit protokollieren, scheinen hier angebracht (vgl. van Schaik und Ling 2008). Auch spielt sicherlich der Kataloginhalt eine Rolle, und nicht jeder Katalog wird für jeden Inhalt angemessen sein. Weitere Studien könnten zeigen, welche Aspekte interaktiver und dynamischer Kataloge in Abhängigkeit von Aufgabe und Kataloginhalt wie von den Nutzern beachtet werden und welche Handlungen diese nach sich ziehen. Daraus ließen sich dann Schlüsse für die systematische Gestaltung und Optimierung von Online-Katalogen ziehen, möglicherweise sogar formal beschreiben, sowie genaue Einsatztypologien entwickeln. Die vorliegenden Daten deuten zumindest an, dass wenn eine möglichst kurze Verweildauer im Katalog angestrebt ist, sich der Klassikkatalog anbietet; ist ein möglichst hedonischer Eindruck des Kataloges auf die Nutzer bei gleichzeitig ähnlicher Effektivität zumindest in Bezug auf eine Einbringen der Kataloginformationen in das Gedächtnis der Nutzer gewünscht, so könnte der Pageflip-Katalog als Beispiel für einen innovativen Online-Katalog mit in Erwägung gezogen werden.

Literaturverzeichnis

Bederson, B. B. (2000). Fisheye Menus. *UIST 2000, ACM Symposium on User Interface Software and Technology, CHI Letters, 2*(2), 217-225.

Bornstein, R.F. (1989) Exposure and affect: Overview and meta-analysis of research, 1968-1987. *Psychological Bulletin, 106*, 265-289.

Cooper, A., Reimann, R. & Cronin, D. (2007). *About Face 3: The Essentials of Interaction Design.* Indianapolis, IN: Wiley.

Cowan, N. (2005). Working-memory capacity limits in a theoretical context. In Izawa, C. & Ohta, N. (Hrsg.): *Human learning and memory: Advances in theory and application: The 4th Tsukuba International Conference on Memory*. Mahwah, NJ: Erlbaum,

Engle, R.W. (2002). Working memory capacity as executive attention. *Current Directions in Psychological Science, 11*, 19-23.

Hassenzahl, M., Beau, A., & Burmester, M. (2001). Engineering joy. *IEEE Software* (January-February, 2-8).

Hassenzahl, M., Burmester, M. & Koller, F. (2003). AttrakDiff: Ein Fragebogen zur Messung wahrgenommener hedonischer und pragmatischer Qualität. In Szwillus, G. & Ziegler, J. (Hrsg.): *Mensch & Computer 2003: Interaktion in Bewegung*. Stuttgart: B.G. Teubner, S. 187-196.

Heineken, E., Schulte, F.P. & Ollesch, H. (2003). Experimentalpsychologische Ausbildung im virtuellen Labor: Das Laboratorium für Online-Research (Lab.OR). In Krampen, G. & Zayer, H. (Hrsg.): *Psychologiedidaktik und Evaluation IV.* Bonn: Deutscher Psychologen Verlag, S. 7-22.

Johnson, M.K., Hashtroudi, S. & Lindsay, D.S. (1993). Source monitoring. *Psychological Bulletin 114,* 3-28.

Nadamoto, A., Kondo, H. & Tanaka, K. (2001). WebCarrousel: Restructuring Web Search Results for Passive Viewing in Mobile Environments. *Proceedings of the 7th International Conference on Database Systems for Advanced Applications*, 164-165.

Norman, D.A. & Shallice, T. (1986). Attention to action: Willed and automatic control of behaviour. In Davidson, R.J., Schwartz, G.E. & Shapiro, D. (Eds.): *Consciousness and self-regulation. Advances in research and theory.* New York: Plenum Press.

Norman, D. A. (2002). Emotion & design: Attraktive things work better. *Interactions: New Visions of Human-Computer Interaction, 9* (4), 36-42.

Norman, D.A. (2004). *Emotional design – Why we love (or hate) everyday things*. New York: Basic Books.

Schulte, F.P., Gall, S. & Heineken, E. (im Druck). Was bringt ein Pageflip in Online-Katalogen dem Produktmarketing? *I-Com.*

Overbeeke, K., Djajadiningrat, T., Hummels, C., Wensveen, S., & Frens, J. (2003). Let's make things engaging. In Blythe, M. A., Overbeeke, K., Monk, A. F., & Wright, P. C. (Eds.): *Funology. From Usability to Enjoyment.* London: Kluwer, S. 7-17.

Pepels, W. (2008). Produktkataloge und digitale Alternativen. In Pepels, W. (Hrsg.): *Vertriebsleiterhandbuch. Erfolge im Verkauf planen und steuern.* Düsseldorf: Symposion, S. 459-490.

Skitka, L. J., & Sargis, E. G. (2006). The Internet as psychological laboratory. *Annual Review of Psychology, 57*, 529 - 555.

van Schaik, P. & Ling, J. (2009). The role of context in perceptions of the aesthetics of web pages over time. *International Journal of Human Computer Studies, 67* (1), 79-89.

Zajonc, R. B. (1968). Attitudinal Effects of Mere Exposure. *Journal of Personality and Social Psychology, 9* (2), 1-27.

Kontaktinformationen

Frank P. Schulte

Fachgebiet Allgemeine Psychologie: Kognition
Fakultät für Ingenieurwissenschaften
Universität Duisburg-Essen
47048 Duisburg
Forsthausweg 2
Tel.: +49 (0) 203-379-2253
Fax: +49 (0) 203-379-1846
E-Mail: frank.schulte@uni-duisburg-essen.de

H. Wandke, S. Kain & D. Struve (Hrsg.): Mensch & Computer 2009: Grenzenlos frei!?
München: Oldenbourg Verlag, 2009, S. 343-352

Bessere User Experience – bessere mobile Internetanwendungen

Sibylle Buff, Jonas Loetscher

Zeix AG, Zürich

Zusammenfassung

Mobilen Internetdiensten wird enormes Wachstumspotenzial zugesprochen. Die Nutzung solcher Dienste mit dem Mobiltelefon ist in der Schweiz jedoch noch immer gering. Was sind die Gründe dafür? In einer explorativen User-Experience-Studie wurde der Frage mittels qualitativer Usability-Tests nachgegangen. Im Fokus der Studie stehen die fünf Dienste Mobile Payment, Mobile Ticketing, Mobile Couponing, Mobile Tagging und Location-based Services. Die Ergebnisse zeigen, dass die Nutzung dieser Dienste von verschiedenen Faktoren abhängt: vom Benutzer in seinem personalen, sozialen und situativen Kontext, von Technik und Handhabung des Geräts sowie den anfallenden Kosten, von Angebot und Bekanntheit der Content-Anbieter sowie der Art und Aufbereitung der Inhalte. Nur wenn alle Faktoren berücksichtigt werden, kann eine gute User Experience erzielt und ein Dienst erfolgreich werden.

1 Einleitung

Wir genießen in unserer westlichen Gesellschaft fast grenzenlose Mobilität und durch das Internet freien Zugang zu einer riesigen Menge an Informationen. Das Internet über Mobiltelefone zugänglich zu machen, ist ein logischer Entwicklungsschritt. Dies macht den Rummel um mobiles Internet durchaus nachvollziehbar. Doch nur rund 10 % der Mobiltelefonbesitzer in der Schweiz nutzen mobile Internetdienste[1] (Bundesamt für Kommunikation 2007). Weshalb ist das so?

Mit einer zweiteiligen User-Experience-Studie möchten wir diese Frage beantworten. Aufgrund unserer Erfahrungen aus der angewandten Usability-Forschung sowie aktueller Fachliteratur identifizierten wir verschiedene Faktoren, die das Nutzungsverhalten von mobilen Internetdiensten beeinflussen. Diese Faktoren können auf drei sich überschneidenden und

[1] Unter „mobilen Internetdiensten" werden hier auch Dienste verstanden, die keine reinen Internetanwendungen sind, z.B. Formen des Mobile Payment.

voneinander abhängigen Dimensionen abgebildet werden – je nachdem, ob sie eher den User, das Gerät oder die Inhalte betreffen. Im explorativen ersten Teil der Studie, den wir hier vorstellen, wurden diese Faktoren mit Usability-Tests überprüft. Dabei legten wir den Schwerpunkt nicht auf das „normale“ Surfen im mobilen Internet, sondern auf fünf mobile Internetdienste, die in der Schweiz vermehrt im Alltag anzutreffen sind und in den Medien aktuell diskutiert werden: Mobile Payment, Mobile Ticketing, Mobile Couponing, Mobile Tagging und Location-based Services (mehr dazu siehe unter 3 Untersuchung). In einem zweiten Teil der Studie werden zu einem späteren Zeitpunkt die für die mobile Internetnutzung eruierten Faktoren mittels einer repräsentativen Online-Umfrage quantitativ verifiziert.

2 Dimensionen mobiler Internetnutzung

Voraussetzung dafür, dass etwas gerne genutzt wird, ist eine gute Usability. Nach Nielsen (1993) versteht man darunter einfache Erlernbarkeit, Effizienz, gute Erinnerbarkeit, Fehlertoleranz und Zufriedenheit. Der Begriff „Usability“ ist aber zu eng gefasst, um das Thema Nutzung von mobilen Internetdiensten abzudecken. Nicht nur die Interaktion mit dem Gerät muss in Betracht gezogen werden, sondern auch der Benutzer mit all seinen Eigenheiten, seinem sozialen und beruflichen Umfeld. Darüber hinaus sind der situative Kontext und die angebotenen Dienste mit ihren Konditionen von Bedeutung, d.h. das Nutzungserlebnis als Ganzes, das als „User Experience“ bezeichnet wird.

Bei der Beurteilung der User Experience mobiler Internetdienste sind verschiedene Faktoren zu beachten, die auf drei Dimensionen abgebildet werden können: die User-Dimension, die Geräte-Dimension und die Content-Dimension. Diese Dimensionen sind nicht trennscharf, sondern sie überschneiden sich und sind stark voneinander abhängig. Die User Experience resultiert aus ihrem Zusammenspiel (siehe Abbildung 1).

2.1 User-Dimension

Die User-Dimension umfasst den Benutzer in seinem personalen, sozialen und situativen Kontext: sein Alter und Geschlecht, seine Erwartungen und Gewohnheiten, sein Know-how, seine Interessen, seine Datenschutz- und Sicherheitsbedürfnisse sowie seine berufliche Tätigkeit und sein soziales Umfeld. Hinzu kommt der situative Kontext, in dem sich der Benutzer gerade befindet: sein aktueller Aufenthaltsort, die zu erledigende Aufgabe, die Dringlichkeit, diese zu erledigen, sowie die zur Verfügung stehende Zeit.

Um mobile Internetdienste zu nutzen, muss man erst einmal wissen, dass es sie gibt und wie sie funktionieren. Außerdem muss man es sich zutrauen, sie zu nutzen. Gerade bei neuartigen Diensten besteht oft Erklärungsbedarf. Benutzerinnen und Benutzer aus verschiedenen Altersgruppen verwenden mobile Endgeräte unterschiedlich (vgl. BITKOM 2008). Benutzer bringen auch immer gewisse Vorstellungen und Erwartungen mit und haben ihre Gewohnheiten, die sie nur bedingt bereit sind zu ändern.

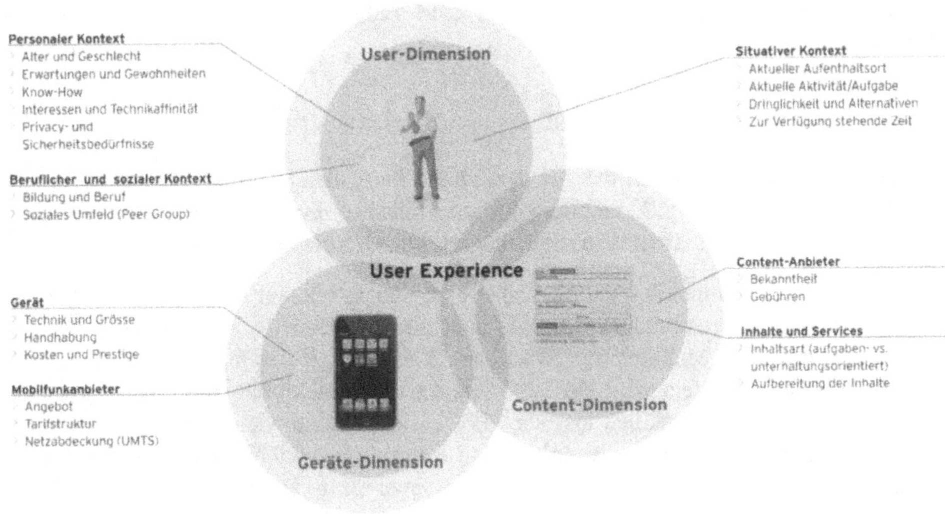

Abbildung 1: Dimensionen mobiler Internetnutzung

Bezüglich mobiler Internetdienste spielt zudem das Interesse eine große Rolle: technikaffine Personen stehen technologischen Neuerungen in der Regel offener gegenüber. Unterschiedliche Bedürfnisse bezüglich der Wahrung der Privatsphäre und individuelle Sicherheitsansprüche beeinflussen das Nutzungsverhalten ebenfalls (vgl. Sohn et al. 2008).

Auch das berufliche und soziale Umfeld sind bestimmend. Jemand, der geschäftlich unterwegs ist, wird eher mit dem Geschäftshandy die E-Mails abrufen. Schwärmen alle im Freundeskreis vom Surfen mit dem iPhone, kann dies ein Grund sein, sich auch eines zu kaufen.

Mobiles Internet wird immer in einem bestimmten situativen Kontext genutzt (vgl. Lee et al. 2005). In einigen Situationen können mobile Internetdienste nützlich sein, in anderen sind sie irrelevant oder ihre Nutzung ist nicht möglich. Zudem stehen dem Benutzer je nach Situation verschiedene Möglichkeiten offen, sein Informationsbedürfnis zu stillen, oder er kann die Befriedigung dieses Bedürfnisses auch auf später verschieben (vgl. Sohn et al. 2008).

2.2 Geräte-Dimension

Die Geräte-Dimension umfasst Technik, Größe und Handhabung des Geräts sowie die Kosten für die Anschaffung. Seitens des Mobilfunkanbieters spielen Angebot und Tarifstruktur sowie die vorhandene Netzabdeckung eine Rolle.

Die Anschaffung eines internetfähigen Mobiltelefons kann teuer und die Auswahl durch das Angebot des Mobilfunkanbieters beschränkt sein. Die Tarifstrukturen und Preise für die mobile Internetnutzung können ein Kriterium für die Wahl des Mobilfunkanbieters sein. Die auf dem Markt erhältlichen internetfähigen Mobiltelefone unterscheiden sich in der Handhabung beträchtlich und vermögen die unterschiedlichen Bedürfnisse besser oder schlechter abzudecken. Die wichtigsten Aspekte dabei sind Eingabeschnittstelle und Bildschirmauflösung.

2.3 Content-Dimension

Die Content-Dimension umfasst die Art der Inhalte (aufgaben- vs. unterhaltungsorientiert) sowie deren Aufbereitung (z.B. mobile-optimierte Inhalte), die Bekanntheit eines Content-Anbieters sowie die durch ihn erhobenen Gebühren für die Nutzung eines Dienstes.

Grundsätzlich muss ein mobiler Internetdienst erst einmal bekannt sein, damit er auch genutzt werden kann, und es braucht relevante und mobile-optimierte Inhalte. Theoretisch ist jede Website mit dem Mobiltelefon aufrufbar. Weil aber die wenigsten Seiten mobile-optimierte Inhalte aufweisen, wird ein Surf-Versuch mit dem Mobiltelefon meist „zu einer Reise mit der Zeitmaschine zurück ins Jahr 1998“, wie es Jakob Nielsen passend beschreibt (Nielsen 2009). Neue Darstellungstechniken und Interaktionsmöglichkeiten erleichtern zwar das Surfen, vermögen aber das Problem nur teilweise zu lösen. Darüber hinaus können auch Gebühren, die ein Anbieter zur Nutzung eines Dienstes verlangt, das Nutzungsverhalten beeinflussen.

3 Untersuchung

Mit dem Ziel, die Bedeutung der verschiedenen Faktoren bei der Nutzung von mobilen Internetdiensten zu überprüfen, testeten wir die tatsächliche User Experience mittels qualitativer Usability-Tests. Diese Methode eignet sich insbesondere, um

- Vorkenntnisse zu Markt und Produkten sowie Erwartungen an Anwendungen abzuklären
- Prädispositionen und mentale Modelle zu erfassen
- Informationsverhalten und Nutzungsgewohnheiten abzufragen
- das tatsächliche Verhalten zu erheben
- beobachtetes Verhalten zu erklären und Widersprüche zwischen Aussagen und Handeln aufzudecken.

Wir führten drei Usability-Tests mit unterschiedlichen Benutzergruppen durch. Uns interessierten die Gewohnheiten bezüglich Mobiltelefonnutzung im Allgemeinen, der Umgang mit mobilem Internet und die Bekanntheit der bestehenden mobilen Internetdienste in der Schweiz sowie deren Akzeptanz. Der erste Test untersuchte das Nutzungsverhalten von Senioren (3 Frauen und 3 Männer zwischen 65 und 78 Jahren), der zweite Test jenes von Benutzern mittleren Alters (2 Frauen und 5 Männer zwischen 20 und 65 Jahren), der dritte Test das Nutzungsverhalten von Jugendlichen (3 Mädchen und 3 Jungen zwischen 14 und 18 Jahren). Alle Testpersonen wurden zu ihren Vorkenntnissen, Erwartungen und Nutzungsgewohnheiten befragt. Danach führten sie in einer Testsituation anhand von realen Szenarien selbstständig mehrere Aufgaben mit dem Mobiltelefon aus, wobei wir sie beobachteten und gegebenenfalls nachfragten. Im Anschluss an den Test führten wir jeweils ein Nachinterview durch, um Verständnis und Gefallen abzufragen, Probleme während des Tests zu klären und eine Nützlichkeitsbeurteilung zu erhalten.

Abbildung 2: Testperson im Nachinterview eines Usability-Tests

In der Untersuchung legten wir den Fokus auf folgende fünf mobile Internetdienste:

- *Mobile Payment*: Bezahlvorgänge, bei denen mobile elektronische Kommunikationstechniken zur Initiierung, Autorisierung oder Durchführung der Zahlung eingesetzt werden (vgl. Wiedemann et al. 2008). Auf einem Parkplatz in Zürich können z.B. die Gebühren mit dem Mobiltelefon bezahlt werden.
- *Mobile Ticketing*: Ein Ticket für Kino, Konzert, Bahn etc. wird auf das Mobiltelefon gesendet. Dies bieten z.B. die Schweizerischen Bundesbahnen (SBB) an.
- *Mobile Couponing*: Kundenkarten, Rabattmarken (Bons) oder Treue-Coupons werden auf einem mobilen Endgerät gespeichert, statt dass der Benutzer sie in Papierform auf sich trägt (vgl. Wehmeyer & Müller-Lankenau 2005). Ein Versuch machte z.B. McDonalds in der Schweiz: Coupons wurden per SMS auf das Mobiltelefon gesendet.
- *Mobile Tagging*: Vorgang, bei dem mithilfe einer Kamera eines mobilen Endgerätes ein Barcode eingelesen wird. Meistens wird damit eine URL (Link) verschlüsselt, über die man direkt auf die entsprechende Website weitergeleitet wird. Die Zürcher Kantonalbank druckte 2008 z.B. einen Mobile Tag auf ein Werbeplakat, das sich an Jugendliche und Studenten richtete. Scannte man diesen ein, gelangte man direkt auf die entsprechende Website.
- *Location-based Services (LBS):* Mobile Dienste, die unter Zuhilfenahme von positions-, zeit- und personenabhängigen Daten dem Benutzer Informationen oder Dienste bereitstellen. Beim Schweizerischen Nationalpark kann z.B. ein GPS-fähiges Mobiltelefon als digitaler Wanderführer gemietet werden.

Während auf dem Schweizer Markt das Angebot noch dürftig ist, sind einige dieser mobilen Internetdienste in anderen Ländern schon etabliert: In Singapur haben gemäß dem „Worldwide Mobile Data Services Survey 2008" über 64 % der Mobiltelefonbesitzer schon einmal mobile Datendienste genutzt (Sharma & Felix 2008). In Japan ist das Bezahlen mit dem Mobiltelefon weit verbreitet und in den USA gibt es ein breites Mobile-Couponing-Angebot.

4 Ergebnisse

Die Ergebnisse aus den Usability-Tests ergeben ein ernüchterndes Bild: Neben Telefonieren und SMS-Versenden zeigten die Testpersonen kaum Bedarf an weiteren Nutzungsmöglichkeiten. Die Testpersonen, die das Internet mit ihrem Mobiltelefon nutzten, taten dies nur in einer beschränkten Anzahl von Anwendungsfällen. Die fünf mobilen Internetdienste Mobile Payment, Mobile Ticketing, Mobile Couponing, Mobile Tagging und Location-based Services waren weitgehend unbekannt.

4.1 User-Dimension

Von den insgesamt 19 Testpersonen nutzten fünf das Internet mit ihrem Mobiltelefon[2]. Die anderen Testpersonen zeigten ein mehr oder weniger diffuses Wissen über die vorhandenen Möglichkeiten. Erstaunlich ist, dass einige Nichtnutzer glaubten, dass man mit dem Mobiltelefon im Internet nur spezielle Handy-Seiten aufrufen könne. Generell wussten die jüngeren Testpersonen besser Bescheid, was ihr Gerät alles kann, als die Testpersonen über 65 Jahre. Interessant ist, dass die Jungen trotz Kenntnis der Funktionsvielfalt ihres Mobiltelefons diese nicht ausschöpfen. Die Senioren waren zwar etwas weniger experimentierfreudig als junge Menschen, aber auch sie probierten unter Anleitung gerne neue Sachen aus.

Die fünf Testpersonen, die mit ihren Mobiltelefonen mehrmals pro Woche das Internet nutzten, zeigten sehr einseitige Gewohnheiten. Eine Testperson nutzte das Internet mit dem Handy aus beruflichen Gründen. Die Hauptanwendungsfälle beschränkten sich in diesem Fall auf das Lesen und Schreiben von E-Mails sowie das Abrufen berufsrelevanter News. Zwei technisch versierte männliche Testpersonen um die 30 gaben als Hauptanwendungsfall an, ab und zu im Zug die News zu lesen, wenn keine Pendlerzeitung zur Verfügung steht. Einer der beiden liest zudem täglich seine privaten sowie geschäftlichen E-Mails. In seltenen Fällen besuchen die beiden zudem Facebook oder YouTube, laden einen Klingelton herunter oder fragen den Fahrplan ab. Ein 15-jähriger Schüler erklärte uns, dass er z.B. manchmal etwas in Wikipedia nachschaue, wenn er in der Schule keine Lust habe, den Computerraum aufzusuchen. Ein 70-jähriger Senior nutzt mobiles Internet, um die Schlagzeilen in der Zeitung zu lesen, die Börsenkurse abzurufen und manchmal um den Fahrplan abzufragen. Auf die Frage, warum sie denn nicht mehr mobile Dienste nutzen würden, antworteten diese Testpersonen, sie wüssten ganz einfach nicht wofür.

Zusammenfassend lässt sich sagen: Das Wissen darüber, welche Internetanwendungen es für das Handy gibt und wie sie funktionieren, war beschränkt. Der Benutzer wird hierbei alleine gelassen, da Anleitungen weitgehend fehlen. Erwartungsgemäß ist die mobile Internet-

---

[2] Für die Usability-Tests wurden bewusst auch Personen rekrutiert, die das Internet mit ihrem Mobiltelefon nutzen.

nutzung stark situations- und kontextabhängig. Nicht zeitkritische Aufgaben werden gern auf einen späteren Zeitpunkt verschoben, an dem ein Computer zur Verfügung steht.

4.2 Geräte-Dimension

Alle Testpersonen waren der Ansicht, ihr Gerät sei für die mobile Internetnutzung schwierig zu handhaben: der Bildschirm zu klein, das Tippen zu mühsam. Die Testpersonen, die mobiles Internet nutzten, hatten deswegen Favoriten gespeichert, damit sie die Seiten, die sie regelmäßig besuchten, ohne Tippen der URL öffnen konnten. Auch das Scrollen auf dem Mobiltelefon wurde durchgehend als störend empfunden. Zudem bemängelten insbesondere die Senioren die zu kleine Schrift und den teilweise schlechten Kontrast des Bildschirms, was die Lesbarkeit einschränke.

In der Kostenfrage ergaben sich erstaunliche Ergebnisse: Für keine der Testpersonen über 20 Jahren waren die Kosten der Hauptgrund, weshalb sie das Internet mit dem Handy nicht (öfter) nutzten. Vielmehr fehlten attraktive Anwendungsfälle. Eine Testperson hatte das Internet auch nicht genutzt, als es ihr einen Monat lang gratis zur Verfügung stand. Es zeigten sich jedoch Altersunterschiede: Die Jugendlichen waren deutlich kostensensitiver und nannten alle die hohen Kosten als Hauptgrund für die fehlende oder seltene Nutzung. Aber auch die Jugendlichen hatten wenig konkrete Vorstellungen darüber, wofür sie mobiles Internet einsetzen würden, wenn es billiger wäre. Interessant ist, dass keine einzige Testperson die genauen Tarife ihres Mobilfunkanbieters für die mobile Internetnutzung kannte – zum einen vermuteten sie einfach, dass es teuer ist, zum anderen waren ihnen die Angebote nicht verständlich.

Zusammenfassend lässt sich zur Geräte-Dimension sagen, dass die Kosten für die mobile Internetnutzung für berufstätige Benutzer nur sekundär eine Rolle spielen. Eine Kosten-Nutzen-Abwägung kann der Benutzer erst bei Anwendungsfällen machen, die er selber als sinnvoll betrachtet. Dazu benötigt er transparente Tarifstrukturen der Mobilfunkanbieter. Des Weiteren ist die Handhabung der Geräte für die mobile Internetnutzung suboptimal – insbesondere die Tastatur und das Lesen der Anzeige aufgrund der geringen Bildschirmgröße sowie der ungenügenden Kontraste.

4.3 Content-Dimension

Dass es mobile-optimierte Seiten für das Mobiltelefon gibt, wussten nicht einmal die fünf Testpersonen, die mobiles Internet nutzten. Die Reaktionen auf ein Beispiel einer mobile-optimierten Seite waren aber ausnahmslos positiv, insbesondere weil das lästige Scrollen entfiel und dadurch die gestellten Aufgaben sehr effizient erledigt werden konnten. Mobile Internetdienste wie Mobile Payment, Mobile Ticketing, Mobile Couponing, Mobile Tagging und Location-based Services sind wie gesagt in der Schweiz wenig verbreitet und dementsprechend wenig bekannt. Ob inhalts- oder aufgabenorientierte Inhalte eine größere Chance haben, ist nicht abschließend zu beurteilen. Dies hängt stark von den Bedürfnissen des Benutzers und dem jeweiligen situativen Kontext ab. Ob die Benutzer Gebühren für mobile Internetdienste bezahlen würden, hängt wiederum vom wahrgenommenen Nutzen ab.

Stellt ein Dienst einen klaren Mehrwert dar, konnten sich die Testpersonen auch vorstellen, dafür Nutzungsgebühren zu bezahlen.

Kurz zusammengefasst sind auf der Content-Seite sinnvolle und mobile-optimierte Inhalte gefordert, die dem Benutzer einen Mehrwert bringen.

4.4 Untersuchte mobile Internetdienste

Die einzelnen Dienste, die anhand real existierender Beispiele vorgestellt wurden, beurteilten die Testpersonen als durchaus interessant. Dies bedeutet aber nicht, dass sie die Dienste auch nutzen würden. Die Benutzer zeigten sich zufrieden mit den heute bestehenden Möglichkeiten und sahen meist keinen Mehrwert in den neuen mobilen Anwendungen.

- *Mobile Payment*: Dass das Mobiltelefon als Zahlungsmittel eingesetzt werden kann, wusste nur die Hälfte der Testpersonen. Mobile Bezahlmöglichkeiten wurden durchwegs als praktisch beurteilt. Die Parkgebühren mit dem Handy bezahlen würden die Testpersonen jedoch nur, wenn der situative Kontext keine Alternative bietet. „Kleingeld einwerfen ist doch schneller und bequemer“, sagte z.B. eine Testperson. In der Gruppe der Jugendlichen hatten drei Testpersonen schon einmal mobile Bezahldienste genutzt, damit aber schlechte Erfahrungen gemacht. Sie äußerten sich dementsprechend skeptisch.

- *Mobile Ticketing*: Dass man sich Tickets auf das Handy schicken lassen kann, wussten zwei Drittel der Testpersonen. Sie sahen in diesem Service den Vorteil, dass man das Ticket nicht mehr zu Hause vergessen oder verlieren kann, da man das Handy sowieso in der Tasche hat. Die Hälfte der Testpersonen war jedoch der Ansicht, im Grunde genommen reiche ihnen die Möglichkeit, das Ticket zu Hause auszudrucken. So erklärte eine Testperson: „Wenn ich das Ticket schon über das Internet bestelle, kann ich es ja gleich ausdrucken.“ Das Ticket auf dem Handy zu haben, löste auch Verunsicherung aus, weil die Testpersonen nicht genau wussten, wie es funktioniert und wie zuverlässig dieser Dienst ist. Eine Testperson hatte z.B. Bedenken, dass der Akku versagen und damit das Ticket verloren gehen könnte.

- *Mobile Couponing*: Keine der Testpersonen wusste, dass es Gutscheine auf dem Handy gibt. Diejenigen Testpersonen, die Papier-Coupons sammelten, konnten sich vorstellen, diese stattdessen auf dem Handy zu empfangen. Diejenigen Testpersonen, die sowieso keine Coupons sammelten, würden dies auch nicht tun, wenn ihnen die Coupons auf das Handy gesendet würden. Eine der Testpersonen brachte es wie folgt auf den Punkt: „Das Handy macht Coupons nicht attraktiver.“

- *Mobile Tagging*: Mobile Tagging erwies sich als der Dienst mit dem größten Spaßfaktor, aber auch mit dem größten Erklärungsbedarf. Sechs Testpersonen waren einem Mobile Tag schon einmal begegnet, konnten aber nicht erklären, wie es funktioniert. Befragt zu den bestehenden Anwendungsfällen befanden jedoch alle Testpersonen, dass sie das nicht nutzen würden: „Wenn mich etwas interessiert, kann ich das zu Hause im Internet nachschauen“, bemerkte eine Testperson. Vereinzelt äußerten die Testpersonen Sicherheitsbedenken, falls der Anbieter des Mobile Tag unbekannt ist oder unseriös wirkt. Im konkreten Fall des Werbeplakats der Zürcher Kantonalbank hätte keiner der Jugendlichen den auf dem Plakat aufgedruckten Barcode gescannt. Erstens, weil sie das Geld gekostet hätte, und zweitens, weil es ihnen ganz einfach peinlich gewesen wäre, sich mitten auf der Straße vor ein Plakat zu stellen und es zu „fotografieren".

- *Location-based Services*: Was Location-based Services sind, wusste erwartungsgemäß niemand. Die Meinungen zu den Nutzungsmöglichkeiten von solchen Services gingen auseinander. Einigkeit herrschte in der Frage, ob solche Informationen automatisch angezeigt bzw. auf Wunsch abrufbar sein sollten. Die Testpersonen wollten auf jeden Fall selber bestimmen können, wann ihnen Informationen angezeigt werden. Auch möchten sie gezielt angeben können, welche Informationen sie erhalten. Tendenziell skeptischer waren die Testpersonen gegenüber Services, die auf bestimmte Vergünstigungen oder Aktionen in Geschäften aufmerksam machen. Services, die Informationen zu Sehenswürdigkeiten liefern, stießen auf größere Akzeptanz. Je nach Qualität der Inhalte wären einige der Testpersonen auch bereit, dafür einen gewissen Betrag zu bezahlen.

5 Zusammenfassung und Ausblick

Die Ergebnisse des qualitativen Teils der Studie zeigen, dass eine gute User Experience von mobilen Internetdiensten nur erzielt werden kann, wenn mehrere voneinander abhängige Faktoren in Betracht gezogen werden. Damit ein Dienst erfolgreich wird, sind relevante Anwendungsfälle gefragt, die mit einem klaren Zusatznutzen den Benutzer von seinen Gewohnheiten abzubringen vermögen. Zeitkritische, einfache und schnelle Dienste haben mehr Potenzial. Keiner der fünf besprochenen mobilen Internetdienste erfüllt diese Voraussetzungen. Nicht zu unterschätzen ist das fehlende Wissen darüber, welche mobilen Internetdienste überhaupt existieren und wie sie funktionieren. Deshalb sind einfache und verständliche Anwendungen gefordert und falls nötig müssen diese bekannt gemacht und erklärt werden (User Education).

Zusammenfassend lässt sich sagen: Mobiles Internet macht (noch) keinen Spaß!

- Sinnvolle Anwendungsfälle fehlen weitgehend. Damit ein Dienst erfolgreich wird, muss für den Benutzer ein klarer Mehrwert vorhanden sein. Die Kosten spielen erst sekundär eine Rolle.
- Der Nutzen von mobilen Internetdiensten ist stark situations- und kontextabhängig. Ortsbezogene und zeitkritische Dienste scheinen das größte Potenzial zu haben.
- Mobiles Internet ist ein Trade-off zwischen Mobilität und Interaktionsmöglichkeiten. Dafür, wie das „große" Internet auf dem kleinen Handy-Bildschirm abgebildet werden soll, gibt es (noch) keine befriedigende Lösung. Deshalb sind mobile-optimierte Inhalte ein wichtiger Kompromiss.

Die Bedeutung der verschiedenen Faktoren bei der Nutzung von mobilen Internetdiensten (siehe Abbildung 1) wird in einem zweiten Teil der Studie mittels einer repräsentativen Online-Befragung quantitativ untersucht (Durchführung Sommer 2009).

Literaturverzeichnis

BITKOM (2008). *Top 10 der Handy-Funktionen* (Presseinformation vom 7.7.2008). URL: http://www.bitkom.de/de/presse/56204.aspx (Abruf 20.3.2009).

Bundesamt für Kommunikation (2007). *Studie betreffend die Nutzung von Mobilfunkdiensten*. URL: http://www.bakom.admin.ch/dokumentation/zahlen/00545/00722/00906/index.html?lang=de (Abruf 19.3.2009).

Lee, I., Kim, J. & Kim, J.(2005). Use Contexts for the Mobile Internet: A Longitudinal Study Monitoring Actual Use of Mobile Internet Services. *International Journal of Human-Computer Interaction*, 18(3), S. 269–292.

Nielsen, J. (2009). Mobile Web 2009 = Desktop Web 1998. *Jakob Nielsen's Alertbox*, February 17, 2009. URL: http://www.useit.com/alertbox/mobile-usability.html (Abruf 19.3.2009).

Nielsen, J. (1993). *Usability Engineering*. San Diego: Academic Press.

Sharma, R. S & Felix, L. S. (2008). *The Worldwide Mobile Data Services Study (WMDSS): 2008 Singapore Survey and Results*. URL: http://papers.ssrn.com/sol3/papers.cfm?abstract_id=1329873 (Abruf: 18.3.2009).

Sohn, T., Li, K. A., Griswold, W. G. & Hollan, J. D. (2008). A diary Study of Mobile Information Needs. *Proceedings of CHI 2008*, S. 433–442.

Wehmeyer, K. & Müller-Lankenau, C. (2005). Mobile Couponing: Measuring Consumers' Acceptance and Preferences with a Limit Conjoint Analysis. URL: http://domino.fov.uni-mb.si/proceedings (Abruf 27.5.2009).

Wiedemann, D., Goeke, L. & Pousttchi, K. (2008). *Ausgestaltung mobiler Bezahlverfahren – Ergebnisse der Studie MP3*. URL: http://www.wi-mobile.de/projekte-studien.0.html (Abruf 20.3.2009).

Kontaktinformationen

Sibylle Buff

Zeix AG
Agentur für Usability und User Education
Badener Straße 65
Postfach 2522
CH-8004 Zürich
Telefon: +41 (0) 44 247 78 78
E-Mail: sibylle.buff@zeix.com
Website: www.zeix.com

H. Wandke, S. Kain & D. Struve (Hrsg.): Mensch & Computer 2009: Grenzenlos frei!?
München: Oldenbourg Verlag, 2009, S. 353-362

Konsistenz und Effizienz durch User Interface Pattern – ein Praxisbericht

Sonja Auer, Anke Richter

Siemens AG

Zusammenfassung

Mit User Interface (UI) Pattern lassen sich bewährte User Interface Lösungen systematisch beschreiben und zugänglich machen. Eine spezifische Lösung für ein Produkt wird abstrahiert und für andere Produkte verfügbar gemacht. Der vorliegende Artikel beschreibt die Anwendung von UI Pattern in der Energieautomatisierung. Hier zeichnen sich Software-Applikationen durch eine hohe Komplexität und Heterogenität aus. Es wird gezeigt wie sich UI Pattern in den Produkt-Entwicklungsprozess integrieren. Eine Strukturierung der UI Pattern Bibliothek nach User Intentions ermöglicht die Zuordnung von abstrakten Benutzeraufgaben zur konkreten Darstellung auf dem User Interface. Bei der UI Konzeption kann somit ein schneller Überblick über relevante UI Pattern gewonnen werden. Die Wiederverwendung von UI Pattern steigert die Effizienz in der Konzeptionsphase und ermöglicht für die späteren Endanwender von Automatisierungssoftware eine hohe Konsistenz in der Bedienung.

1 UI Pattern in einer globalen Produktentwicklung

Wiederverwendbare Bausteine – sogenannte UI Pattern – leisten einen wichtigen Beitrag zur Verbesserung der Prozesse einer globalen Produktentwicklung. Bedienkonzepte können effizienter erstellt werden, weil auf vorhandenem Wissen aufgebaut wird. Die Bedienkonzepte verschiedener Produktfamilien können nach und nach vereinheitlicht werden. Somit kann eine hohe Konsistenz in der Bedienung erreicht werden. UI Pattern sind kein Selbstzweck. Die Kosten, die durch die Beschreibung und Pflege von UI Pattern entstehen, müssen in der Organisation zu einem sichtbaren Mehrwert führen. Dieser Praxisbericht gibt einen Überblick darüber, wie UI Pattern in der Softwareentwicklung bei Siemens Energy eingesetzt werden. Das konkrete Anwendungsfeld ist die Energieautomatisierung. Die Erkenntnisse lassen sich auch auf andere Anwendungsfelder übertragen.

Die Energieautomatisierung beschäftigt sich damit, Stromausfälle zu verhindern und die Versorgungssicherheit zu gewährleisten. Die Aufgaben reichen von der Kraftwerkseinsatzplanung und der Überwachung des Netzzustands bis zur Analyse von Störfällen. In diesem Anwendungsfeld ergeben sich verschiedene Herausforderungen an die Softwareentwicklung:

- Die Anwender haben vielfältige Aufgaben in einem hochkomplexen Umfeld zu erledigen; die Ausführung dieser Aufgaben findet in unterschiedlichen Kontexten statt z.B. in zentralen Leitwarten, im Back Office, in Call Centern oder direkt vor Ort im Feld bei den Umspannwerken;
- Es existiert eine große Anzahl und Heterogenität von Produkten, die teilweise über Jahrzehnte gewachsen sind und unterschiedliche Technologien verwenden (z.B. Web Applikationen, WinCC, qt, .Net);
- Die zunehmende Globalisierung erfordert, dass Entwickler in unterschiedlichen Zeitzonen organisiert werden müssen; Missverständnisse und Inkonsistenzen werden dadurch unvermeidbar; die Entwicklung benötigt Hilfsmittel, um Missverständnissen vorzubeugen.

Bereits erfolgreich umgesetzt wurde ein standardisierter Entwicklungsprozess, der Projekten klare Phasen und Meilensteine vorgibt. Hierdurch wird eine Grundqualität gesichert, jedoch wird noch keine konsistente Bedienung über verschiedene Produkte hinweg gewährleistet. An dieser Stelle ergibt sich der Ansatzpunkt für UI Pattern.

2 User Interface Pattern

Der Pattern Ansatz ist nicht neu. Er geht auf Christopher Alexander (1979) zurück, der als Begründer des Pattern Ansatzes gilt. Ziel war es, mit Pattern den Einwohnern bei der Gestaltung ihrer Lebensräume zu mehr Selbstbestimmung zu verhelfen. Ein Pattern beschreibt eine bewährte Lösung und gibt konkrete Hinweise, wann es einzusetzen ist (use when). Das grundsätzliche Konzept, Bausteine systematisch einzusetzen und wiederzuverwenden, wurde von der Softwareentwicklung aufgegriffen (Beck & Cunningham 1987, Gamma et al 1995, Buschmann 1996) und wird seitdem bei der Programmierung und der Entwicklung von Software-Architekturen eingesetzt.

Der Schritt liegt nahe, Pattern auch bei der konzeptionellen Entwicklung von Bedienoberflächen einzusetzen. Erstmalig übertragen Norman & Draper (1986) den Pattern Ansatz von Alexander auf das HCI Gebiet. Bekannter wurde das Thema User Interface Pattern 2001 mit der Veröffentlichung von Jan Borchers (2001) und durch die Website „Common Ground" von Jenifer Tidwell, welche eine der ersten UI Pattern Sammlungen im Internet war (Tidwell 1999). Später folgten dann weitere Sammlungen wie beispielsweise der Web-Design Katalog von Martijn van Welie (2008). Kürzlich veröffentlicht wurde die UI Pattern Sammlung von Infragistics (2009).

Im Wesentlichen können UI Pattern Bibliotheken zwei Gruppen zugeordnet werden:

Domänenübergreifende-generische Bibliotheken

Die eine Gruppe sind Sammlungen mit UI Pattern für unterschiedliche Domänen. Es werden keine direkten Abhängigkeiten zwischen Pattern aufgezeigt (Tidwell, Infragistics). Tidwell (2006) unterscheidet daher auch nicht in der konkreten Ausprägung eines Patterns auf dem

UI, beispielsweise fallen unter „Card Stack“ sowohl „Tab Cards“ als auch „Collapsible Panels“. Hier wird ein guter Überblick über verschiedene Darstellungsmöglichkeiten eines Patterns gegeben, aber kein Hinweis, welche Darstellung ein konkretes Problem am besten löst. Domänenübergreifende-generische Bibliotheken eignen sich, um sich Wissen über gute UI Lösungen anzueignen. Weniger gut eignen sich diese Sammlungen, wenn für eine spezifische Dömane eine bewährte Lösung gesucht wird.

Domänenspezifische Bibliotheken

Domänenspezifische UI Pattern Bibliotheken beschreiben UI Pattern für spezifische Anwendungsfelder. So bei Borchers (2001), Yahoo (Malone et al. 2005), SAP (Arend & Peters 2008) und Kunert (2006). Zur Lösung von komplexen Design-Herausforderungen innerhalb einer Domäne können eine Vielzahl an UI Pattern und UI Pattern-Kombinationen erforderlich sein (Deng et al. 2005). Ein systematisierter Zugang, bei dem die Zusammenhänge der einzelnen UI Pattern aufgezeigt werden, unterstützt einen effizienten und konsequenten Einsatz. Neben der hierarchischen Strukturierung und Abgrenzung einzelner UI Pattern untereinander kann der Zugang über konkrete domänespezifische Aufgaben (zum Beispiel „Patientenakte erstellen“ bei der Domäne Krankenhausinformationssystem) erleichtert werden. Einige UI Pattern Sammlungen bieten zudem Entscheidungsfilter (Greene et al. 2003), Querverweise oder verschiedene Suchzugänge als Einstieg zu den beschriebenen UI Pattern an.

Im Gegensatz zu generischen UI Pattern Bibliotheken lassen sich UI Pattern von domänenspezifischen Bibliotheken weniger gut auf andere Anwendungsfelder übertragen. Synergien, die sich durch den Austausch von UI Pattern zwischen Anwendungsdomänen ergeben, können nicht genutzt werden.

Wenn die Produkte sehr heterogen sind, wie bei Siemens Energy, ergibt sich zusätzlich die Schwierigkeit, dass UI Pattern, die ausschließlich anhand von typischen Aufgaben strukturiert und beschrieben werden, zu spezifisch sind und daher kaum auf andere Applikationen innerhalb der Domäne übertragen werden können. Für Siemens Energy wird deswegen eine domänenspezifische UI Pattern Bibliothek benötigt, deren Pattern-Beschreibungen abstrakt genug sind, um den Austausch zwischen Produkten zu ermöglichen, jedoch konkret genug sind, dass an spezifische Aufgaben innerhalb der Domäne angeknüpft werden kann.

3 User Interface Pattern in der Praxis

Seit zwei Jahren wird die UI Pattern Bibliothek für die Energieautomatisierung kontinuierlich aufgebaut und erweitert. Grundlage für die Identifikation waren acht unterschiedliche Produkte, Style Guides, Design Spezifikationen und Konzeptentwürfe. Bei der Analyse konnten verschiedene Lösungen für identische Fragestellungen identifiziert und vereinheitlicht werden. Schlussendlich wurden 135 UI Pattern in die UI Pattern Bibliothek aufgenommen, welche nach und nach beschrieben werden. Die UI Pattern Bibliothek wird über die interne Entwicklungs-Homepage für alle Kollegen aus Produktmanagement und Entwicklung zur Verfügung gestellt. Die Verwendung von UI Pattern wurde in die Prozessdokumentation und Schulungsunterlagen aufgenommen, um die Bibliothek in der Organisation zu etablieren.

Bei Siemens Energy ist die UI Pattern Bibliothek der zentrale Einstiegspunkt für die Konzeption und Ausgestaltung von User Interfaces. Die Bibliothek beinhaltet domänenspezifische Lösungen für die gesamte Produktpalette. Neben Beschreibungen der einzelnen Pattern wird in der Bibliothek auf vorhandene Dokumente wie Design Spezifikationen, Style Guides oder Reuse Komponenten verlinkt (Abb. 1). In Design Spezifikationen werden alle Screens und Abläufe für eine spezifische Applikation dokumentiert. In Style Guides können sich die Entwickler über Farben und Bemaßungen der einzelnen Controls informieren. Reuse Komponenten sind wieder verwendbare Bausteine für die Implementierung. Sie beinhalten vorgefertigten Code und ermöglichen eine effiziente Realisierung von User Interfaces. Reuse Komponenten, Design Spezifikationen und Style Guides unterstützen bei der Realisierung von UI Konzepten. Die UI Pattern Bibliothek unterstützt hauptsächlich bei der Konzeption von User Interfaces.

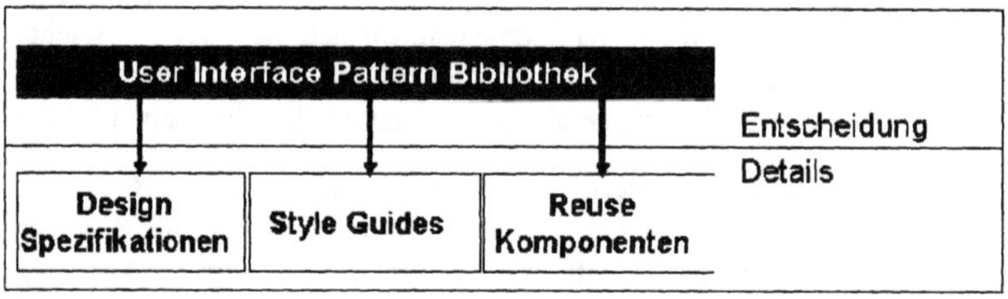

Abbildung 1: Die UI Pattern Bibliothek als zentraler Einstiegspunkt für die Konzeption und Ausgestaltung von UIs

3.1 User Intention Oriented Approach

Die Strukturierung der UI Pattern Bibliothek erfolgt nach sogenannten generischen User Intentions (Auer & Richter 2005). „User Intentions" sind generische Operationen auf hohem Abstraktionsniveau (Viewing, Changing View, Editing, Selecting, Doing/Executing). Zusätzlich verschaffen Unterstrukturierungen (Sub-Intentions) eine Orientierung, und zeigen anhand von „Use when" Kriterien auf, welche UI Pattern für die jeweils spezifische Fragestellung geeignet sind (Abb. 2). Eine dem „Viewing" zugeordnete Sub-Intention ist zum Beispiel „Attracting Attention". Mit weiteren Entscheidungskriterien wird dem Leser Hilfestellung gegeben, ob zum Beispiel „Attracting Attention" die richtige Wahl für seine Fragestellung ist, oder ob nicht eine andere Sub-Intention wie zum Beispiel „Computer Status Feedback" zutreffender ist. Das gleiche Prinzip wird auf der Lösungsebene („Thermometer", „Quality Codes" etc.) fortgeführt. Zusätzlich zu den „Use when" Kriterien werden die Lösungen anhand von „Do not use when" Kriterien voneinander abgegrenzt und auf alternative Lösungen verlinkt. Die Entscheidung, welche Lösung für einen spezifischen Anwendungsfall am besten geeignet ist, trifft der Nutzer der UI Pattern Bibliothek anhand dieser Kriterien selber.

Die Strukturierung nach generischen User Intentions ermöglicht einen problemorientierten Zugang zu den spezifischen UI Pattern. Die Anwender der Bibliothek erhalten einen schnellen Überblick über alle UI Pattern, die dasselbe Problem lösen. Der hohe Abstraktionsgrad ermöglicht die Übertragbarkeit eines UI Patterns auf andere, konkrete Aufgaben.

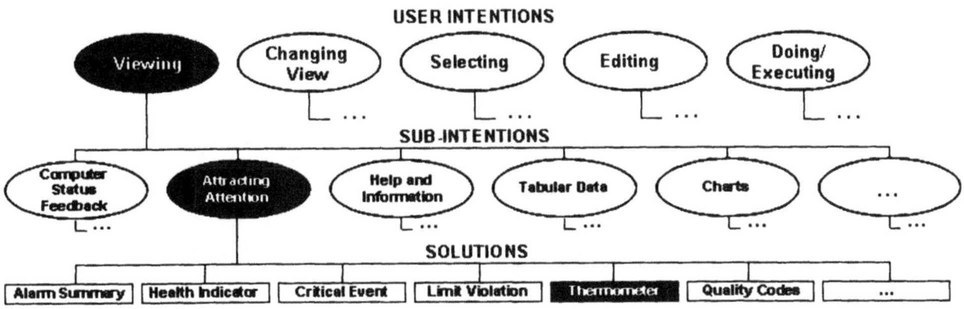

Abbildung 2: Struktur der UI Pattern Bibliothek

Das Beschreibungsformat basiert auf dem Format von Christopher Alexander (1979). Für den Einsatz bei Siemens Energy wurde das Format um die folgenden Punkte erweitert: Ansprechpartner („Owner“), Hyperlinks auf weiterführende Dokumente wie Style Guides oder Design Spezifikationen („Further Information“), die Anzeige, in welchen Applikationen das jeweilige UI Pattern bereits eingesetzt wird („Used in“), Beispiele aus verschiedenen Applikationen („Examples“), Usability Evaluationsergebnisse („Evaluation“), sowie eine Beurteilung darüber, wie etabliert das UI Pattern in der Organisation bereits ist („Maturity level“) (Abb.3).

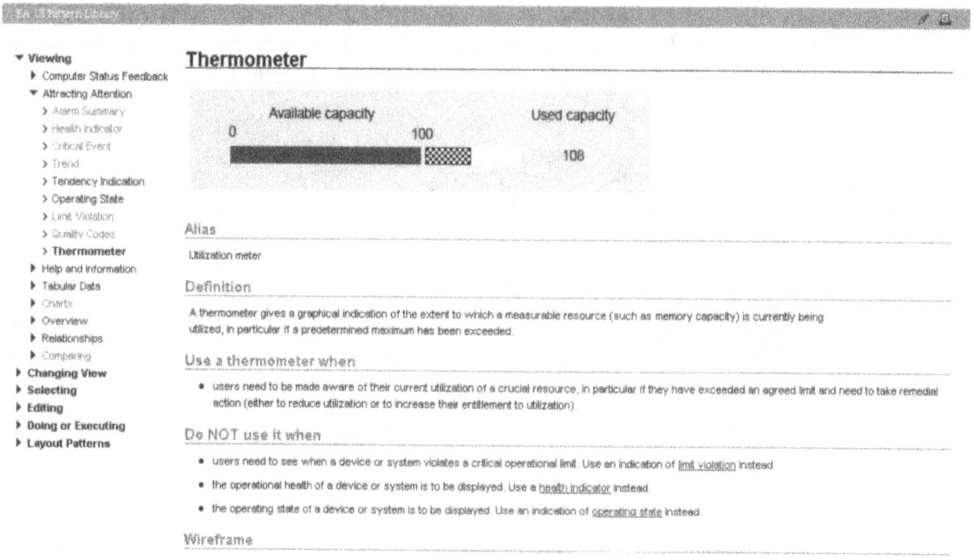

Abbildung 3: User Interface Pattern Bibliothek, Beispiel Thermometer

3.2 Integration in den Produkt-Entwicklungsprozess

Für eine erfolgreiche Umsetzung des UI Pattern Ansatzes ist es wichtig, dass die UI Pattern Aktivitäten unmittelbaren Einfluss auf den Produkt-Entwicklungsprozess und die darin stattfindenden Usability Aktivitäten haben. Wie in Abbildung 4 zu sehen ist, unterstützen die Usability Aktivitäten die Produktentwicklung bei der Energieautomatisierung in den verschiedenen Phasen.

Die Methodik orientiert sich am Usage-Centered Design Process von Constantine & Lockwood (1999). In der Phase der Anforderungsdefinition werden die für die Software relevanten Nutzergruppen und deren Hauptaufgaben identifiziert. Für jede Aufgabe wird beschrieben, was das System zur Verfügung stellen muss (System Responsibility) und welchen Zweck der Nutzer damit verfolgt (User Intentions). Die Beschreibung ist der Aufgaben ist abstrakt und lösungsfrei. Hierdurch wird die Konzentration auf die wesentlichen Bedürfnisse der Endanwender ermöglicht, die sich aus der Erfüllung der Aufgabe ergeben. Das Wissen über die Nutzergruppen und deren Aufgaben bildet die Grundlage für alle Diskussionen über den Funktionsumfang der Software. In der Phase der Anforderungsanalyse wird von den Hauptaufgaben systematisch ein Benutzungsmodell abgeleitet. Die Task Map bildet die zukünftigen Navigationskontexte für die Benutzer ab. Die Navigation Map visualisiert die Navigationswege zwischen den Navigationskontexten. Für jeden Navigationskontext wird betrachtet, welche Daten und Aktionen für die darin enthaltenen Aufgaben benötigt werden und wie diese zusammenhängen. Das Ergebnis ist ein Abstract Prototype, der die grundlegende Struktur des späteren User Interfaces zeigt. Von den Abstract Prototypes wird das zukünftige User Interface abgeleitet und auf Papier skizziert (Visual Prototype). In der Phase der Entwicklung werden diese Skizzen weiter konkretisiert und durch Style Guides angereichert. Es entsteht ein Low-Level Prototype, der die Bedienoberfläche und Interaktion der zukünftigen Software visualisiert.

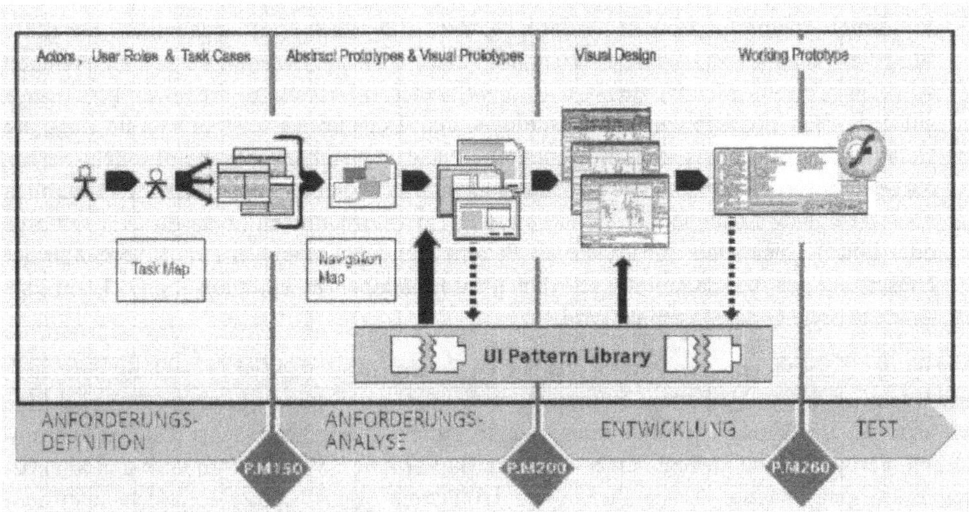

Abbildung 4: Integration in den Produkt-Entwicklungsprozess

Diese systematische Methodik bietet drei unmittelbare Anknüpfungspunkte für UI Pattern:

1. Zum einen wird der Schritt vom Abstract Prototype zum Visual Prototype (Wireframe) unterstützt, in dem eine erste Skizze des User Interfaces entsteht. Für diesen Schritt ist viel Erfahrung und Wissen über UI Konzepte notwendig sowie Kreativität gefragt. Die zentrale UI Pattern Bibliothek unterstützt diesen Schritt, indem sie Aufschluss über bereits vorhandene Konzepte gibt. Durch die abstrakte und lösungsfreie Beschreibung der Aufgaben in User Intentions (Aktionen) und System Responsibilities (Daten) kann von dem konkreten Anwendungskontext der Software (z.B. Fehleranalyse) abstrahiert werden auf allgemeingültige User Intentions (z.B. Information auswählen, Details anzeigen). Da sich die Struktur der UI Pattern Bibliothek ebenfalls an User Intentions orientiert, lassen sich die so identifizierten User Intentions aus der konkreten Aufgabe einfach mit vorhandenen UI Pattern abgleichen. Die Nutzer der UI Pattern Bibliothek erhalten einen direkten Zugang zu möglichen UI Lösungen. Anstatt mühsamer Recherchen durch Dokumentationen von anderen Projekten sind die relevanten Lösungen sofort zugänglich. Die Wireframes aus der UI Pattern Beschreibung lassen sich 1:1 auf die Papierskizzen der Visual Prototypes übertragen. Hierdurch ergibt sich ein großes Potential an Effizienzgewinn in der Konzeptionsphase und Konsistenz für die späteren UIs.
2. Ein weiterer Ansatzpunkt ergibt sich in der Umsetzung der Navigation Map. Die Hauptnavigationswege zwischen den einzelnen Screens (Clusters in der Task Map) müssen auf

dem User Interface adäquat umgesetzt werden. Auch hierfür bietet die UI Pattern Bibliothek Unterstützung an. Unter der Intention „Changing View“ sind beispielsweise alle verfügbaren UI Pattern zum Thema Navigation strukturiert aufbereitet. Auch hier entscheiden die „Use when“ Kriterien der einzelnen UI Pattern darüber, welches UI Pattern für den konkreten Anwendungsfall am besten geeignet ist.

3. Ein dritter Anknüpfungspunkt für die UI Pattern Bibliothek ergibt sich bei der Detaillierung der Bedienkonzeptskizzen. Wenn das Konzept schrittweise mit Details angereichert wird, muss entschieden werden, wie (d.h. mit welchen UI Pattern) die jeweiligen Details auf dem User Interface dargestellt werden sollen. Beispielsweise stellt sich im Zuge der Detaillierung oft heraus, dass Informationen nicht mehr übersichtlich auf einem Screen dargestellt werden können. Die UI Pattern Bibliothek bietet hier den passenden Überblick über verfügbare Lösungen zur Strukturierung der Informationen (z. B. durch Tab Cards oder Filter). Zusätzlich werden die UI Pattern von den Entwicklern als Referenz in der Umsetzung genutzt, da auf alle relevanten Informationen zu einer Lösung (z.B. auf vorhandene Style Guides) verlinkt wird.

Neben der Verwendung von Pattern aus der UI Pattern Bibliothek ist es wichtig, dass auch der Rückfluss in die UI Pattern Bibliothek stattfindet, damit neue Lösungen für zukünftige Projekte zur Verfügung gestellt werden. Die UI Pattern Bibliothek wächst dadurch kontinuierlich. Fertige Bedienkonzepte einer Software (in Form von Visual Prototypes und klickbaren Prototypen) werden hinsichtlich neuer UI Pattern von Usability Experten analysiert. Kriterium für die Aufnahme in die UI Pattern Bibliothek ist vor allem die Relevanz für andere Applikationen. Je mehr Applikationen von einem neuen UI Pattern profitieren können, desto schneller wird es verfügbar gemacht.

4 Effizienz, Konsistenz & Kosten

Durch den Einsatz der UI Pattern Bibliothek ergibt sich ein hoher Effizienzgewinn bei Siemens Energy. Vorhandenes Wissen wird strukturiert aufbereitet und für die Organisation unmittelbar nutzbar gemacht. Durch den Austausch von Konzepten zwischen Projekten wird ein hohes Synergiepotential erschlossen. Lösungen werden unkompliziert zwischen Projekten verschiedener organisatorischer Einheiten und verschiedenen Standorten ausgetauscht. Diskussionen können abgekürzt werden, da auf etablierte Konzepte verwiesen werden kann. Hierdurch verringert sich der Aufwand und es werden die Kosten für die Definition von Bedienkonzepten gesenkt.

Mit dem systematischen Austausch von UI Pattern wird zudem eine hohe Konsistenz in den Bedienoberflächen erreicht. Weltweite Entwicklungsstandorte sowie unterschiedliches Knowhow bzgl. User Interface Gestaltung und der Anwendungsdomäne Energieautomatisierung erschweren es, ein einheitliches Look & Feel für alle Applikationen umzusetzen. Statische Style Guides reichen nicht aus, um die vorhandenen Lösungen zu kommunizieren, da sie im Gegensatz zur beschriebenen UI Pattern Strukturierung keinen problemorientierten Zugang zu UI Lösungen bieten. Die strukturierte Aufbereitung der UI Pattern durch User

Intentions knüpft dagegen direkt an die Usability Ergebnisse (Nutzergruppen und deren Aufgaben) an und schafft eine Verbindlichkeit über den Einsatz existierender Lösungen. Eine hohe Konsistenz zwischen den Produkten hat sowohl für den späteren Anwender als auch für die Firma einen Mehrwert. Der Anwender kann sich schneller in einer für ihn neuen Software zurechtfinden. Damit können beispielsweise Fehleingaben verhindert werden. Die Firma Siemens erreicht eine hohe Wiedererkennung und Markenbindung beim Kunden.

Seit ihrer Einführung im Jahr 2007 hat sich die UI Pattern Bibliothek als hilfreiches Instrument bei der Produktentwicklung erwiesen. Nichtsdestoweniger gilt es verschiedene Herausforderungen zu bewältigen, um die UI Pattern in der Organisation noch effizienter nutzbar zu machen. Die kontinuierliche Beschreibung und projektübergreifende Reviews der UI Pattern sind notwendig, um ein gemeinsames Verständnis und Akzeptanz zu erzielen. Dadurch entstehen einmalig sehr hohe Kosten, weil viele interne Stakeholder in den Prozess eingebunden werden müssen. Um Kosten zu minimieren, muss dieser Prozess noch effizienter gestaltet werden.

Eine weitere Schwierigkeit liegt darin, die Verbindlichkeit in der Umsetzung der UI Pattern zu gewährleisten. Durch die Heterogenität und große Anzahl der Produkte ist es nicht möglich, jedes User Interface durch Usability Experten überprüfen zu lassen. Deshalb muss durch regelmäßige Schulungsangebote eine hohe Verbindlichkeit in der Umsetzung der UI Pattern erreicht werden. Zusätzlich müssen möglichst viele UI Pattern durch Reuse Komponenten ergänzt werden, um die Verwendung in der Entwicklung zu vereinfachen.

Zusammenfassend lässt sich festhalten, dass die Verwendung von UI Pattern und deren systematische Aufbereitung in einer zentralen UI Pattern Bibliothek für die Organisation sehr lohnenswert ist. Es ergibt sich ein Effizienzgewinn durch die Identifizierung von Synergien zwischen Produkten. Gleichzeitig wird durch UI Pattern ein Konsens über die Gestaltung von Bedienkonzepten geschaffen, welche zu einer höheren Konsistenz in den Produkten führt. Interne Stakeholders profitieren durch die UI Pattern Bibliothek von anderen Projekten und haben die Möglichkeit, wiederum ihre Lösungen einzubringen. Dieses gemeinsame Engagement bildet die Grundlage für die Umsetzung einer einheitlichen Bedienphilosophie in allen Produkten.

Literaturverzeichnis

Alexander, C. (1979). *The Timeless Way of Building.* New York, NY, USA: Oxford University Press.

Arend, U. & Peters, J. C. (2008). User Interface Konstrukte und Key Innovations in SAP Business ByDesign. In *Mensch und Computer 2008.* München: Oldenbourg, S. 111-116.

Auer, S. & Richter, A. (2005). The User Intention Oriented Approach to User Interface Patterns. In Workshop on User Interface Patterns. *Interact 2005.*

Beck, K. & Cunningham, W. (1987): Using Pattern Languages for Object-Oriented Programs. In Workshop on Specification and Design for Object-Oriented Programming. Technical Report CR-87-43, Tektronix, Inc. *OOPSLA'87.*

Borchers, J. (2001). *A Pattern Approach to Interaction Design.* Chichester, UK: John Wiley & Sons.

Buschmann, F., et al. (1996). *Pattern-Oriented Software Architecture Volume 1: A System of Patterns.* UK: John Wiley & Sons.

Constantine, L. & Lockwood, L. (1999). *Software for Use: A Practical Guide to the Models and Methods of Usage-Centered Design.* New York: ACM Press.

Deng, J. et al. (2005). Managing UI Pattern Collections. In *ACM International Conference Proceeding Series, Vol. 94*, New York, USA: ACM, S. 31-38.

Gamma, E. et al. (1995). *Design Patterns: Elements of Reusable Object-Oriented Software.* Amsterdam: Addison-Wesley.

Greene, S.L., et al. (2003). Tool-based Decision Support for Pattern Assisted Development. In *CHI 2003 workshop on HCI Patterns: Concept and Tools.* Fort Lauderdale,USA.

Infragistics (2009). *Infragistics Quince UX Patterns Explorer.* http://quince.infragistics.com

Kunert T. et al. (2006). Identifizierung von Interaction Design Patterns für neue Technologien. In Heinecke, A. M., Paul, H. (Hrsg.): *Mensch und Computer 2006: Mensch und Computer im Strukturwandel.* München: Oldenbourg, S.55-64.

Malone, E., et al. (2005). *Implementing a Pattern Library in the Real World: A Yahoo! Case Study.* http://www.boxesandarrows.com/view/implementing_a_pattern_library_in_the_real_world_a_yahoo_case_study

Norman, D.A. & Drapher, S.W. (1986) *User-Centered System Design: New Perspectives on Human-Computer Interaction.* Hillsdale, New Jersey: Lawrence Erlbaum Associates.

Tidwell, J. (1999). *Common Ground: A Pattern Language for Human-Computer Interface Design.* http://www.mit.edu/~jtidwell/interaction_patterns.html.

Tidwell, J. (2006). *Designing Interfaces.* Sebastopol, CA, USA: O'Reilly.

Van Welie, M. (2008). *Patterns in Interaction Design.* http://www.welie.com/patterns/

Kontaktinformationen

Sonja Auer
Siemens AG, Energy Sector
Sonja.Auer@siemens.com

Anke Richter
Siemens AG, Corporate Technology
A.Richter@siemens.com

H. Wandke, S. Kain & D. Struve (Hrsg.): Mensch & Computer 2009: Grenzenlos frei!?
München: Oldenbourg Verlag, 2009, S. 363-372

Musterbasiertes Usability Engineering am Beispiel eines Landkartenbrowsers

Markus Specker, Markus Düchting

Siemens AG, Siemens IT Solutions and Services, SIS D IEH C-LAB, Paderborn

Zusammenfassung

Musterbasierte Ansätze spielen in der Softwareentwicklung eine immer größere Rolle. Sie ermöglichen, Probleme mit Hilfe von wieder verwendbaren Konzepten zu analysieren und zu lösen. Zur Problemlösung hat sich das Konzept der Entwurfsmuster (*Design Patterns*) mittlerweile bewährt. Auch für die Analyse von Problemen existieren musterbasierte Konzepte (*Problem Frames*), die bisher weniger bekannt sind. In diesem Beitrag wird anhand des konkreten Beispiels der Konzeption eines interaktiven Landkartenbrowsers für eine Web 2.0-Plattform veranschaulicht, wie die musterbasierten Ansätze Problem Frames und MCI-Entwurfsmuster so miteinander kombiniert werden können, dass bereits während der Problemanalyse auf mögliche Lösungen in Form von Entwurfsmustern gestoßen werden kann und somit ein durchgehend musterbasierter Ansatz für das Usability-Engineering ermöglicht wird.

1 Einleitung und Motivation

In Entwurfsmustern werden Best Practices zur Lösung typischer und wiederkehrender Probleme beschrieben. Sie helfen dabei, gesammeltes Erfahrungswissen festzuhalten und bieten insbesondere Anfängern eine gute Möglichkeit, vom Erfahrungsschatz anderer zu profitieren. Im Gegensatz zu Komponenten können Entwurfsmuster immer und immer wieder *variiert* angewendet werden. Zu Style Guides (z. B. Apple 2007) unterscheiden sie sich durch ihre höhere Flexibilität und Unabhängigkeit von einer bestimmten Plattform. Ursprünglich für den Bereich des Städtebaus und der Architektur von (Alexander 1977) entwickelt, übertrugen (Beck & Cunningham 1987) die Idee der Entwurfsmuster auf die Software-Entwicklung. Mit (Gamma et al. 1995) wurde erstmals eine umfassende Sammlung verschiedener softwaretechnischer Entwurfsmuster geschaffen, welche auch heute noch von grundlegender Bedeutung ist. Im Laufe der Zeit erschienen eine Reihe verschiedener Sammlungen für weitere Einsatzbereiche. Im Bereich der Mensch-Computer-Interaktion (MCI) entstanden diverse Sammlungen, z. B. zur Gestaltung von User Interfaces, die sich allmählich weiter spezialisierten (Borchers 2001; Tidwell 2005; van Duyne et al. 2006; Welie 2008; Yahoo 2009).

Allerdings gehen die Entwurfsmustersammlungen in der Regel nur sehr begrenzt darauf ein, wie aus der Fülle der beschriebenen Entwurfsmuster in einer konkreten Problemsituation effizient das passende Entwurfsmuster gefunden werden kann. Zwar geht aus den Beschreibungstexten hervor, wofür das jeweilige Entwurfsmuster eingesetzt werden kann. Wenn man jedoch für ein aktuelles Problem passende Entwurfsmuster finden möchte, kann es sehr mühselig und langwierig sein, jedes Mal alle Beschreibungstexte zu sämtlichen Entwurfsmustern zu überprüfen, bis man geeignete Muster identifiziert hat. Der Erfolg stellt sich hierbei eher zufällig ein. Auch wenn in den bestehenden Sammlungen zum Teil auf andere Muster referenziert wird, werden die Kriterien für eine Mustersprache (*Pattern Language*) nicht immer erfüllt (vgl. Todd et al. 2004), was z. B. (Tidwell 2005, xiv) für ihre Sammlung bestätigt. Noch weniger findet man in den vorhandenen Sammlungen Hinweise, um *übergreifend* Entwurfsmuster aus verschiedenen Sammlungen kombinieren zu können. Stattdessen ähneln sich die Sammlungen inhaltlich zum Teil und wiederholen eher bekannte Konzepte, haben andererseits aber auch jeweils sehr unterschiedliche Granularitätsgrade, was deren Verbindung zusätzlich erschwert. Dabei könnten insbesondere neue Sammlungen hier einen echten Mehrwert bieten. Eine zusätzliche Hürde stellt dabei dar, dass die Muster in den verschiedenen Sammlungen sehr unterschiedlich aufgebaut sind. Mit PLML gibt es zwar Bemühungen (Fincher et al. 2003), die Beschreibungsstruktur auf ein XML-basiertes Format zu vereinheitlichen, dieses lässt den Autoren jedoch einerseits nach wie vor einen relativ großen Spielraum, da die meisten Textfelder freiwillig und frei formatierbar sind, und hat andererseits bei den bestehenden Sammlungen bisher kaum eine Verbreitung gefunden.

Ein anderer Aspekt ist, dass MCI-Entwurfsmuster bisher nicht fest im Softwareentwicklungsprozess verankert sind, obwohl ihre Berücksichtigung die Softwarequalität verbessern könnte. Daher stellt sich die Frage, ob sich das Konzept der MCI-Entwurfsmuster systematisch in den Softwareentwicklungsprozess integrieren lässt. Hierzu wird eine strukturierte Vorgehensweise benötigt, aus der hervorgeht, wie die Entwurfsmuster miteinander kombiniert werden können. Dieser Beitrag stellt anhand des praktischen Beispiels eines interaktiven Landkartenbrowsers einen musterbasierten Modellierungsansatz vor, in dem Problem Frames mit MCI-Entwurfsmustern kombiniert werden, um zu den modellierten Problemen passende Muster zu finden und so musterbasiertes Usability Engineering durchzuführen.

2 Fallbeispiel Landkartenbrowser

Im Rahmen des Projektes THESEUS[1] des Bundesministeriums für Wirtschaft und Technologie wird im Anwendungsfall ALEXANDRIA angestrebt, eine Web 2.0-Wissensplattform zu entwickeln, die die Veröffentlichung, Erstellung und Suche nach Inhalten durch eine intuitive Nutzung ermöglichen soll. In diesem Zusammenhang stehen Forschungsarbeiten zur einfachen und intuitiven Nutzbarkeit einer solchen Plattform im Vordergrund.

[1] Die dargestellten Forschungsarbeiten werden im Rahmen des THESEUS-Forschungsprogramms vom Bundesministerium für Wirtschaft und Technologie (BMWi) unter dem Förderkennzeichen 01MQ07014 gefördert.

Konkret wird an der Umsetzung einer Plattform zur Veröffentlichung von Artikeln, Bildern etc. zu historischen Ereignissen und Personen gearbeitet. In diesem Kontext entsteht unter anderem ein Konzept, das es ermöglichen soll, die Inhalte der Plattform über eine Landkarte darzustellen, um sie interaktiv zu explorieren und für den Nutzer zugänglich zu machen. Die geografische Darstellung der Inhalte der Plattform ALEXANDRIA soll ein exploratives „Durchstöbern" der verfügbaren Inhalte fördern und neue inhaltliche Beziehungen durch eine entsprechende Visualisierung für den Nutzer zugänglich machen. Des Weiteren soll diese Darstellung der Inhalte zu einer neuartigen User Experience führen, im Gegensatz zum Zugriff auf Inhalte durch eine SERP (Serach Engine Result Page) oder bspw. einer inhaltlichen Kategorisierung.

Für den Landkartenbrowser wurden folgende Aufgaben (*Tasks*) identifiziert, welche der Nutzer auf dieser Plattform durchführen kann (verkürzte Skizze):

1. Artikel und Bilder sollen interaktiv über die Landkarte exploriert werden können.
2. Inhalte sollen aus verschiedenen Blickrichtungen zugänglich gemacht werden.
3. Historische Grenzveränderungen sollen nachvollziehbar werden.
4. Die Landkarten sollen bei der Erstellung von Artikeln benutzt werden können.
5. Man soll beliebige Verknüpfungen über die Landkarte browsen können (z. B. Land X, Stadt Y → Welche Beziehungen liegen vor?).
6. Es sollen Darstellungstechniken von komplexen Zusammenhängen erarbeitet werden, z. B. Landkarten nach Größen wie Einkommen proportionalisieren.

Um unsere Vorgehensweise zu veranschaulichen, beschränkt sich dieser Beitrag auf die Realisierung der ersten Aufgabe.

3 Vorstellung der Vorgehensweise

Der Problem-Frames-Ansatz (Jackson 2001) dient dazu, Probleme musterbasiert zu analysieren und zu modellieren. Im Gegensatz zu anderen Problemanalyse-Ansätzen, wie z. B. UML-Use Cases, ist dieser Ansatz stringenter und strukturierter, sodass sich Problemsituationen insgesamt klarer darstellen lassen. Problem Frames ermöglichen es, die Komplexität von Problemen durch Problemzerlegung erheblich zu reduzieren und in Teilproblemen strukturiert darzustellen. Die Teilprobleme können sich überlagern, weswegen Jackson von einer Problemzerlegung durch *Projektion* spricht. Durch die Komplexitätsreduktion ist es relativ einfach möglich, die analysierten Probleme in den Entwurf zu überführen.

Der Problem Frames-Ansatz ist geleitet durch das Requirement-Engineering. Für jedes Requirement überlegt man sich den entsprechenden Problemzusammenhang. Ebenso wie andere Ansätze bieten auch Problem Frames die Möglichkeit, Probleme grafisch zu repräsentieren. (Jackson 2001) beschreibt fünf Basis-Problem-Frames welche durch Kombination miteinander erweitert und variiert werden können. Ein Problem Frame besteht aus wenigen

Basiselementen (siehe Abb. 3), die auf verschiedene Weise miteinander kombinierbar sind. Dieses ermöglicht eine insgesamt sehr flexible Handhabung der Probleme. Zu den Basiselementen im Problem Frame zählen *Domänen*, mit welchen Entitäten in einem Problem (ähnlich wie beim Entity-Relationship-Ansatz) beschrieben werden können (in Abb. 3 als Rechtecke im Diagramm dargestellt). Man unterscheidet zwischen verschiedenen Domänentypen. So wird beispielsweise die zu erstellende Anwendung durch zwei Längsstriche besonders markiert. Domänen sind durch Schnittstellen (*Interfaces*) miteinander verbunden (einfache Verbindungslinien zwischen den Domänen). An diesen werden die Gemeinsamkeiten, die die Domänen miteinander teilen, notiert (*gemeinsame Phänomene*). Jedes Problem Frame behandelt ein Teilproblem. Die Anforderungen innerhalb eines solchen Teilproblems werden in *Requirements* festgehalten (gestrichelte Ellipsen). Die Requirements beziehen sich auf bestimmte Domänen im Problem Frame, nach Jackson sind dieses *Referenzen* (gestrichelte ungerichtete Linien zwischen den Requirements und Domänen) oder *Einschränkungen* (gestrichelte gerichtete Linien zwischen den Requirements und Domänen).

Um (MCI-)Probleme mit Problem Frames zu modellieren, sind folgende Schritte erforderlich:

1. Am Anfang steht ein reales Problem, welches modelliert werden soll. Bei MCI-Problemen sollte zunächst eine Analyse des Nutzungskontextes durchgeführt werden. Danach wird das gesamte Problem in einem Kontextdiagramm (Abb. 2) dargestellt, welches alle Domänen sowie deren Beziehungen zueinander (Schnittstellen) enthält. An den Schnittstellen werden die gemeinsamen Phänomene notiert.

2. Das Kontextdiagramm bildet die Basis für die Zerlegung zu Problemdiagrammen, d. h. es wird analysiert nach darin enthaltenen Problem Frames. Auf diese Weise wird das ursprünglich komplexe Problem in kleine Teilprobleme zerlegt, welche sich einfacher lösen lassen als das Gesamtproblem. Für jedes Teilproblem wird angenommen, dass alle anderen Teilprobleme jeweils bereits gelöst sind, um die Abhängigkeiten innerhalb der Teilprobleme zu minimieren. Dieses Vorgehen ermöglicht eine strukturierte Problemanalyse. Als Ergebnis erhält man für jedes Teilproblem ein Problemdiagramm, welches eine konkrete Instanz eines abstrakten Problem Frames darstellt, instanziert durch die aktuelle Problembeschreibung.

3.1 Prinzipienanalyse in Entwurfsmustern

Jacksons Ansatz hat den Nachteil, dass in ihm nichtfunktionale Aspekte, wie etwa usabilityspezifische Zusammenhänge nicht berücksichtigt werden. Aus diesem Grunde ist für die Darstellung von MCI-Problemen mit Problem Frames eine weitere Modifikation erforderlich. Außerdem beschränkt sich Jacksons Ansatz lediglich auf die Problemdarstellung, erläutert jedoch nicht die Lösung der Probleme. Hier kommen die Entwurfsmuster ins Spiel.

Um in einer konkreten Problemsituation passende Entwurfsmuster anbieten zu können, muss zunächst geklärt werden, welche Faktoren zur Auswahl eines Entwurfsmusters führen. Hinweise dazu befinden sich im Beschreibungstext der Muster, aus dem hervorgeht, wann ein Entwurfsmuster nach Ansicht des jeweiligen Autors zum Einsatz kommen sollte. Zum anderen muss sich der User Interface (UI)-Designer des konkreten Nutzungskontextes, in welchem das Problem beschrieben ist, bewusst sein. Der Beschreibungstext eines in Frage kommenden Entwurfsmusters muss dem UI-Designer ermöglichen, zu entscheiden, ob das in Frage kommende Entwurfsmuster zu dem aktuellen Nutzungskontext passt oder nicht.

Eine Abstraktion der Entwurfsmusterbeschreibung hin zu vergleichbaren Faktoren, die beschreiben, in welchen Fällen das jeweilige Entwurfsmuster zum Einsatz kommt, hilft, um zu einer strukturierten Vorgehensweise zu gelangen. Solche Faktoren nennen wir *Entwurfsmusterprinzipien*. Abb. 1 links veranschaulicht unsere Vorgehensweise. Ähnlich wie (Smith & Williams 2002), welche ihre Performance-Muster als Umsetzung von einem oder mehrere Prinzipien beschreiben (S. 263), extrahieren wir Prinzipien aus MCI-Entwurfsmustern. Ein Beispiel hierfür ist das Prinzip „Focus on Context". Dieses wird angewandt, um zu gewährleisten, dass ein Nutzer einen Zusammenhang überhaupt wahrnehmen kann, weil die Interaktion dann dort stattfindet, wo der Nutzer gerade seinen Fokus hat. Dieses Prinzip ist z. B. in den Entwurfsmustern „Same Page Error Messages" und „Edit in Place" (Tidwell 2005, S.239, 249) enthalten. Die extrahierten Prinzipien aus den Entwurfsmustern integrieren wir in den Problem Frames-Ansatz. Durch die Referenz der Prinzipien zu den Entwurfsmustern können dann in einer aktuellen Problemsituation passende Lösungsmuster selektiert werden.

Nach (Beu 2003) setzt sich der Nutzungskontext aus den Komponenten *Nutzer*, *Nutzungsumgebung*, *Hard- und Software* sowie *Aufgabe* zusammen. Die den Entwurfsmustern zugrunde liegenden Prinzipien können diesen Nutzungskontextkomponenten entsprechend zugeordnet werden, z. B. kann das Prinzip „Focus on Context" dem Benutzer zugeordnet werden, da es sich auf dessen Eigenschaften (beschränkte Wahrnehmungsfähigkeit) bezieht. Für die Verknüpfung der Prinzipien mit Problem Frames kann dieser Zusammenhang ausgenutzt werden, denn eine Differenzierung der Prinzipien nach ihrem Nutzungskontext gibt Aufschluss darüber, an welcher Stelle im Problemdiagramm diese eingebettet werden können (siehe Abb. 1 rechts). So ist die Nutzungskontextkomponente *Aufgabe* den Requirements im Problem Frame zugeordnet, während die *Nutzungsumgebung* und der *Benutzer* den Domänen zugeteilt sind. Die Interaktion zwischen den Nutzungskontextelementen findet in den Problem Frames ihre Entsprechung bei den gemeinsamen Phänomenen.

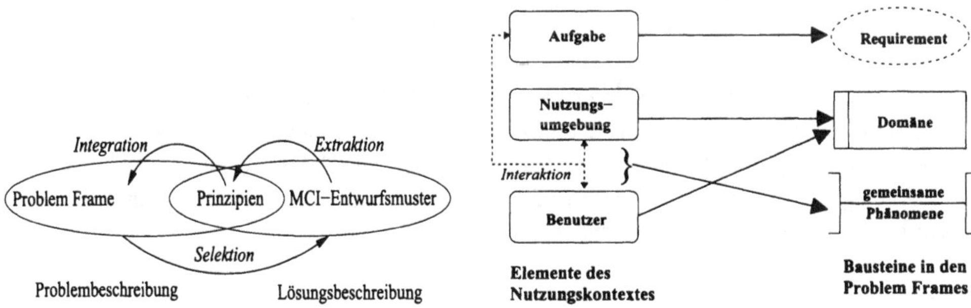

Abbildung 1: Links Verdeutlichung der Vorgehensweise zur Verknüpfung von Problem- und Lösungsmustern, rechts Mapping der Nutzungskontextelemente auf Elemente aus Problem Frames

3.1.1 Nutzungskontextanalyse

Für das Beispiel Landkartenbrowser haben wir zunächst eine Nutzungskontextanalyse durchgeführt (Tab. 1). Diese ist hilfreich, um die verschiedenen Aufgaben und Domänen innerhalb des Problems erfassen zu können und bildet die Grundlage für die Darstellung des Problems mit Hilfe eines Kontextdiagramms. In Tab. 1 wurde zunächst nur die erste Aufgabe aus der Beschreibung des Landkartenbrowsers berücksichtigt. Die Beschreibung der weiteren Aufgaben aus Kapitel 2 erfolgt analog.

Benutzer	*Aufgaben*	*Nutzungsumgebung*
Erfahrungsgrad „mittel" Kennt andere Webapplikationen, z.B. wikipedia und google knol. Keine besonderen Einschränkungen. Allgemein: Menschliche Aufnahmefähigkeit ist begrenzt → *Prinzip Reduktion der Komplexität*	Artikel und Bilder sollen interaktiv über die Landkarte explorierbar sein. → *Prinzip Informationsvisualisierung*	Soll auf einem normalen PC sowie auf einem Laptop lauffähig sein (Begrenzter Bildschirmplatz). → *Prinzip Platz sparen* Aktuelles grafisches OS (Windows, Mac OS und Linux). Web-Zugang vorhanden (DSL darf vorausgesetzt werden). Nutzergenerierte Artikel und Bilder (enthalten Bezüge zu Jahreszahlen, Personen, Städten, Ereignissen, …). Landkartenmaterial vorhanden.

Tabelle 1: Nutzungskontextanalyse (vgl. Beu 2003)

Aus der dargestellten Aufgabe lassen sich folgende Requirements ableiten:

[R1] Die Daten, welche exploriert werden können sollen, müssen auf der Landkarte sichtbar gemacht werden.

[R2] Der Nutzer braucht Interaktionsmöglichkeiten, um das Lesen von Artikeln und das Betrachten von Bildern zu ermöglichen.

Diese Requirements sind für die Überführung des Kontextdiagrammes in Problemdiagramme von Bedeutung, welche durch die Anwendung von Problem Frames entstehen.

3.1.2 Darstellung des Problems durch ein Kontextdiagramm

Abb. 2 stellt das Problem in einem Kontextdiagramm dar. Entstehen soll ein Landkartenbrowser, welcher mit den Domänen Landkarte, Artikel und Bilder, Display und GUI sowie Nutzer interagiert. An den jeweiligen Interfaces sind die Beziehungen beschrieben, welche in diesem Zusammenhang eine Rolle spielen.

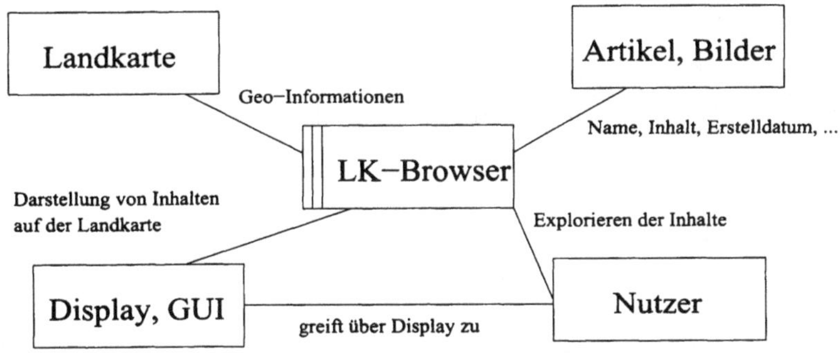

Abbildung 2: Kontextdiagramm zur Problemdarstellung

3.1.3 Problemmodellierung mittels Problem Frames

Nach der Problemmodellierung durch ein Kontextdiagramm erfolgt die Problemzerlegung durch Projektion in Problemdiagramme. Die Problemdiagramme sind dabei Instanzen von Jacksons Problem Frames. Abb. 3 zeigt das Teilproblem „Sichtbarmachen von Informationen auf der Landkarte“ `[R1]` als Instanz des Problem Frames *Information Display* (vgl. Jackson 2001, S.93). Da sowohl Artikel, Bilder und die Landkarte eine Form von Metadaten darstellen, wurden diese Domänen gemäß Jackson (2001) zu einer Metadomäne vereinigt.

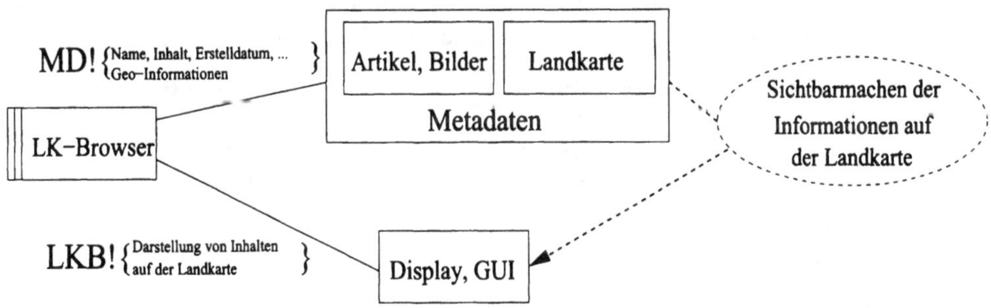

Abbildung 3: Darstellung des Requirements R1 als Problemdiagramm durch Mapping mit dem Problem Frame Information Display von Jackson (2001)

In Abb. 3 sind noch keine kontextrelevanten Informationen berücksichtigt. Dementsprechend können an dieser Stelle auch noch keine Angaben über den Einsatz von MCI-Entwurfsmustern gemacht werden. Um solche Angaben machen zu können, bedienen wir uns so genannter Beschreibungsreferenzen (*description references*), was uns ermöglicht, nutzungskontextbezogene Informationen in den Problem Frames-Ansatz zu integrieren und gleichzeitig in der Notation von (Jackson 2001, S. 209) zu bleiben. Diese werden durch durchgezogene Ellipsen an die die bereits bekannten Elemente gehängt.

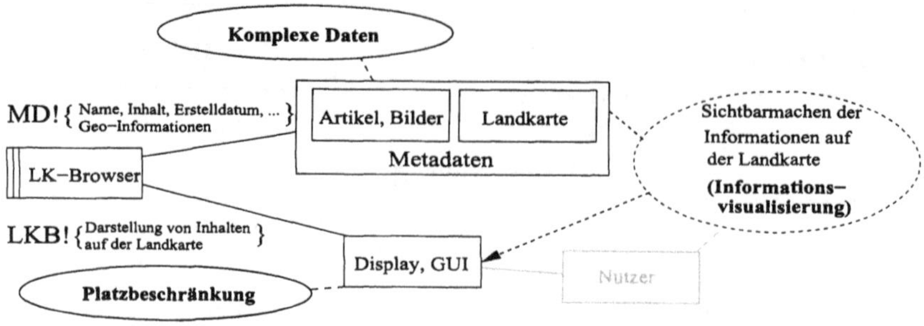

Abbildung 4: Modifiziertes Problemdiagramm zu Requirement R1 unter Berücksichtigung des Nutzungskontexts

Durch die Berücksichtigung des Nutzungskontextes (Tab 1.) in den Problem Frames können die Prinzipien, welche aus den Entwurfsmustern extrahiert wurden, unmittelbar in die Problemmodellierung einfließen. Im Beispiel von Abb. 4 sind die resultierenden Prinzipien: *Reduzierung der Komplexität*, *Platz sparen* und *Informationsvisualisierung*. Entsprechend sind solche Entwurfsmuster zur Lösung des Problems gefragt, die diese Prinzipien beinhalten. In Tab. 2 haben wir zu diesen Prinzipien in Frage kommende Entwurfsmuster aufgelistet. Sie stammen aus einer Prinzipienanalyse, welche wir zuvor für den Entwurfsmusterkatalog von Tidwell (2005) durchgeführt haben. Einige Entwurfsmuster enthalten gleichzeitig mehrere der gesuchten Prinzipien. Diese sind daher für die Problemlösung besonders relevant. Die Entwurfsmuster „Overview + Detail" und „Data Tips" enthalten alle drei Prinzipien, bei den „Dynamic Queries" und „Cascading Lists" gibt es je zwei Übereinstimmungen.

Prinzip Info.visualisierung	**Prinzip Platz sparen**	**Prinzip Komplexitätsred.**
Overview + Detail	One Window Drilldown	Wizard
Data Tips	Extras on Demand	***Overview + Detail***
Dynamic Queries	Clear Entry Points	Extras on Demand
Data Brushing	Hub and Spoke	Clear Entry Points
Local Zooming	Card Stack	Global Navigation
View Stripping	Closable Panels	Hub and Spoke
Sortable Table	Movable Panels	Pyramid
Cascading Lists	Liquid Layout	Modal Panel
Multi-Graph	***Overview + Detail***	Command History
Small Multiples	**Data Tips**	**Data Tips**
Treemap	New Item Row	*Dynamic Queries*
Alternative Views	*Cascading Lists*	Responsive Disclosure
Tree Table		Responsive Enabling
Deep Background		Button Groups
Few Hues, Many Values		Action Panel
Corner Treatments		Smart Menu Items

Tabelle 2: In Frage kommende Entwurfsmuster zur Lösung des Problems. Hervorgehoben: Muster, die mehrere der bedingt durch den Nutzungskontext geforderten Prinzipien enthalten

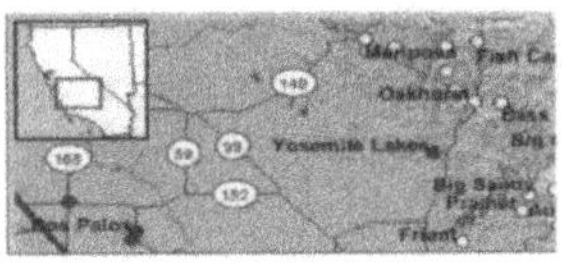

Overview plus Detail

Place an overview of the graphic next to a zoomed „detail view". As the user drags a viewport around the overview, show that part of the graphic in the detailed view.

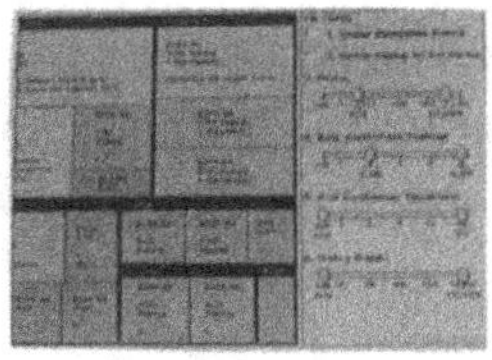

Dynamic Queries

Provide ways to filter the data immediatly and interactively. Employ easy to use boxes, to define which parts of the data set gets shown.

Data tips

As the mouse rolls over the point of interest on the graphic, put the data values for that point into a tooltip or some other floating window

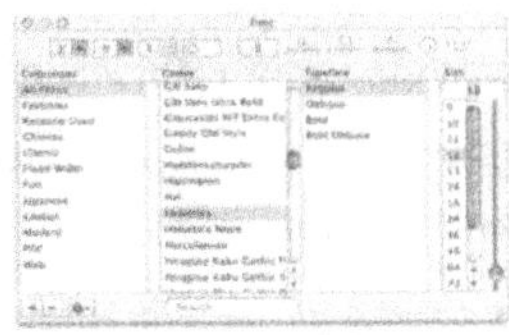

Cascading Lists

Express the hierarchy by showing selectable lists of the items in each hierarchy level. Selection of any items show that item's children next list.

Abbildung 5: In Frage in kommende Entwurfsmuster (aus Tidwell 2005)

Die gefundenen Entwurfsmuster (Abb. 5) dienen als Ausgangsbasis für die Entwicklung des Landkartenbrowsers. Entsprechend dieser Vorgehensweise lassen sich auch die anderen Aufgaben mit Problem Frames analysieren, um zu passenden Entwurfsmustern zu gelangen. Somit erzielt man eine musterbasierte Problemspezifizierung mittels Problem Frames und erhält gleichzeitig bereits in dieser frühen Phase mögliche Lösungsideen in Form von Entwurfsmustern unter Ausnutzung der darin enthaltenen Prinzipien. Durch die Konzentration auf mehrfach auftretende Prinzipien kann der Design Space passend eingeschränkt werden.

4 Zusammenfassung und Ausblick

Die Vorgehensweise in diesem Beitrag hat gezeigt, wie Problem Frames zur Problemanalyse von MCI-Problemen genutzt werden können. Es wurde dargestellt, wie die beiden Ansätze Problem Frames und MCI-Entwurfsmuster miteinander kombiniert werden können, um für die mittels Problem Frames analysierten Probleme auf Basis von Prinzipien passende Lösungsideen in Form von Entwurfsmustern zu finden. Durch den Einsatz von Entwurfsmustern bereits in der Problemanalyse können Designfragen frühzeitig und zielgerichtet erkannt und geklärt werden. Gleichzeitig hilft der Ansatz beim Aufbau einer übergreifenden Mustersprache, da über Prinzipien die Verbindung der Entwurfsmuster ausgenutzt werden. Außerdem leistet er einen Beitrag zur systematischen Verbesserung der Gebrauchstauglichkeit von Software, denn durch die Verwendung der MCI-Entwurfsmuster werden einerseits Best Practices angewandt, andererseits können durch die Prinzipienanalyse konkrete Beziehungen zu den entsprechenden Usability-Normen nachgewiesen werden (Specker & Wentzlaff 2007). Der Ansatz ist zu vielen Seiten flexibel. So ist es sowohl denkbar, dass der Ansatz mit Entwurfsmustern aus anderen Domänen ähnlich durchgeführt werden kann, als auch, dass andere Problemanalysetechniken als Problem Frames zum Einsatz kommen, wobei Problem Frames von Vornherein den Vorteil einer strukturierten Problemanalyse bieten. Ebenso können jederzeit neue Entwurfsmuster integriert werden, es ist lediglich notwendig, für diese eine entsprechende Prinzipienanalyse durchzuführen. Derzeit wird der Ansatz zur Komplettierung des Landkartenbrowsers verwendet. Des Weiteren wird geprüft, ob zur weiteren Einschränkung des Design Spaces künftig formale Methoden wie eine Clusteranalyse eingesetzt werden können, um auch bei einer umfangreichen Musterbasis präzise Lösungen zu liefern.

Literaturverzeichnis

Alexander, C., Ishikawa, S., Silverstein, M., Jacobson, M., Fiksdahl-King, I., Angel, S. (1977). *A Pattern Language*. New York: Oxford University Press.

Apple Computer Inc. (2007). *Apple Human Interface Guidelines*. http://developer.apple.com/ documentation/UserExperience/Conceptual/AppleHIGuidelines_, Zugriff am 26.05.2009.

Borchers, J. (2001). *A Pattern Approach to Interaction Design*. Chichester: John Wiley & Sons.

Beck, K. & Cunningham, W. (1987). *Using Pattern Languages for Object-Oriented Programs*. In: OOPSLA-87 Workshop on the Specification and Design for Object-Oriented Programming.

Beu, A. (2003). Analyse des Nutzungskontextes. In Machate, J., Burmester, M. (Hrsg.): *User Interface Tuning - Benutzungsschnittstellen menschlich gestalten*. Frankf.: Software&Support Verl. S. 68-83.

Duyne, van, D. K. ,Landay, J. A., Hong, J. I. (2006). *The Design of Sites*. Boston: Addison-Wesley.

Fincher, S., Finlay, J., Greene, S., Jones, L., Matchen, P., Thomas, J., Molina, P. J. (2003). Perspectives on HCI patterns: concepts and tools. In *CHI '03 extended abstracts on Human factors in computing systems*. New York: ACM Press.

Gamma, E., Helm, R., Johnson, R.E., Vlissides, J. (1995). *Design Patterns: Elements of Reusable Object-Oriented Software*. Boston: Addison-Wesley Professional.

Jackson, M. (2001). *Problem Frames. Analyzing and structuring software development problems*. Boston: Addison-Wesley.

Smith, C. U. & Williams, L. G. (2002). *Performance Solutions - A Practical Guide to Creating Responsive, Scalable Software*. New York: Addison-Wesley Professional.

Specker, M. & Wentzlaff, I. (2007). Exploring Usability Needs by Human Computer Interaction Patterns. In Winkler, M., Johnson, H., Palanque, P. (Eds.): *Tasks, Models and Diagrams for User Interface Design: 6th International Workshop*. Heidelberg, New York: Springer Verlag. S. 254-260.

Tidwell, J. (2005). *Designing Interfaces: Patterns for Effect. Interaction Design*. Sebastopol: O'Reilly.

Todd, E., Kemp, E., Phillips, C. (2004). What makes a good user interface pattern language? In CRPIT '04: *Proceedings of the fifth conference on Australasian user interface*. Austr. Comp. Sc. S. 91-100.

Welie, van M. (2008). *Patterns in Interaction Design*. http://www.welie.com, Zugriff am 26.05.2009.

Yahoo (2009). *Yahoo Design Pattern Library*. http://developer.yahoo.com/ypatterns, Zugriff am 26.05.2009.

Kontaktinformationen

{Markus.Specker | Markus.Duechting}@c-lab.de, Siemens AG, Siemens IT Solutions and Services (SIS), C-LAB, Fürstenallee 11, 33102 Paderborn, Tel.: +49 5251/60-6058

H. Wandke, S. Kain & D. Struve (Hrsg.): Mensch & Computer 2009: Grenzenlos frei!?
München: Oldenbourg Verlag, 2009, S. 373-382

Transfer komplexer Interaktionen von Desktop- zu Web-Anwendungen

Alexander Nolte, Michael Prilla

Informations- und Technikmanagement, Ruhr-Universität Bochum

Zusammenfassung

Im Zuge der immer stärkeren Ausbreitung von Anwendungen und Technologien im Bereich des Web 2.0 stellt sich die Frage, wie der Transfer komplexer Interaktionen von Desktop- zu Web-Anwendungen zu bewerkstelligen ist. Für die dazu notwendige Anpassung des Funktionsumfanges erarbeitet die vorliegende Analyse eine systematische Vorgehensweise am Beispiel eines Editors für Prozessdiagramme. Weiterhin werden Gestaltungshinweise abgeleitet, die sowohl die Erwartungen der Nutzer an die Funktionsweise einer Desktop-Anwendung als auch an das Medium Internet berücksichtigen. Die einschlägige Literatur beschäftigt sich häufig lediglich mit der Fragestellung, wie die Usability einer Webseite von den im Web 2.0 üblichen Möglichkeiten zur individuellen Gestaltung der Oberfläche beeinflusst wird. Die speziellen Erfordernisse bei der Übertragung komplexer Interaktionen von einer Desktop- in eine Web-Anwendung werden aus unserer Sicht nicht hinreichend betrachtet.

1 Einleitung

In den letzten Jahren haben sich Anwendungen und Technologien des Web 2.0 zur Kommunikation und Kooperation zwischen Nutzern des Internets etabliert. Neben den häufig genannten Vertretern des Web 2.0 (O'Reilly 2007) wie Wikis, Blogs oder Social Bookmarking werden zunehmend interaktive Anwendungen angeboten, die ursprünglich aus dem Desktop-Bereich stammen. Solche so genannten Applications on the Web (AoW) wie bspw. Google Docs & Spreadsheets[1] bieten Nutzern in einem Webbrowser umfangreiche Funktionen, die bis dato Desktop-Anwendungen vorbehalten waren, wobei Formen der textbasierten Bearbeitung im Vordergrund stehen. Grafikeditoren stellen zusätzlich komplexere Anforderungen aufgrund der nicht-linearen Anordnung von Elementen.

In der heutigen Diskussion des Web 2.0 stellen AoW im Vergleich zur Aufmerksamkeit gegenüber populäreren Vertretern wie Wikis und Blogs noch immer Randerscheinungen dar.

---

[1] http://docs.google.com

Gleichwohl sind sie typische Beispiele der mit dem Web 2.0 oftmals verbundenen Potentiale. So lösen sie die Trennung zwischen Konsumenten und Produzenten von Inhalten auf, erschließen neue Nutzergruppen für Anwendungstypen und ermöglichen eine Geräte- und statusunabhängige Zusammenarbeit von Akteuren über das Internet. Die Verbindung dieser Charakteristika mit Interaktionen, die Nutzer von Desktop-Anwendungen kennen, und die Überführung vorhandener Funktionalität in AoW sind daher Schlüssel zu einer erfolgreichen Nutzung interaktiver Anwendungen im Web.

Die Überführung von Anwendungen, die Nutzer aus dem Desktop-Bereich gewöhnt sind, in Anwendungen, die in einem Webbrowser bedient werden können, stellt eine Herausforderung an die Interaktions- und Oberflächengestaltung dar. Dies liegt nur zum Teil an den unterschiedlichen technischen Möglichkeiten von Desktop- und Web-Interaktionen. Die von uns durchgeführte Untersuchung hat gezeigt, dass auch die unterschiedlich gewachsenen Erwartungshaltungen den Transfer erschweren. AoW nehmen nach unseren Erkenntnissen in ihrer Umsetzung hier eine Position zwischen den Stühlen ein: Grundlegende Interaktionsmuster bspw. einer Textverarbeitung basieren auf Prinzipien der Desktop-Interaktion, müssen aber unter den Voraussetzungen und entsprechend der Erwartungshaltung von Nutzern im Web gestaltet werden. Gleichwohl finden sich derzeit keine uns bekannten Beiträge, die sich mit dem Transfer einer Desktop- in eine Web-Anwendung beschäftigen. Das Vorgehen bei einer solchen Aufgabe scheint also eher pragmatischen Rationalen zu unterliegen. Dies drückt sich zusätzlich in der voreiligen Annahme aus, dass AoW es auch ungeübten Nutzern erlauben sollen, komplexe Interaktion ohne vorherige Schulung auszuführen (McAfee 2006). Wir argumentieren, dass dazu eine systematische Reduktion des Funktionsumfanges sowie die Berücksichtigung der unterschiedlichen Erwartungshaltungen an eine Desktop-Anwendung im Vergleich zum Medium Internet erforderlich sind. Dieser Beitrag beschreibt das Vorgehen bei der Identifikation des benötigten Funktionsumfanges und unternimmt den Versuch Kriterien zu finden und Vorschläge zu entwickeln, den Problemen bezüglich der unterschiedlichen Erwartungshaltungen zu begegnen. Hierbei wird keine umfassende Transfermethode entwickelt – eine solche kann lediglich durch einen breit angelegten Vergleich mit zu diesem Beitrag ähnlichen Studien erstellt werden. Gleichwohl stellt der Beitrag Merkmale eines erfolgreichen Transfers vom Desktop in das Web 2.0 dar und kann daher als Ausgangsbasis für weitere Forschungs- und Entwicklungsvorhaben dienen.

Den Vorteil einer AoW gegenüber einer netzwerkfähigen Desktop-Anwendung sehen wir speziell in deren Mobilität. So ist es mit Hilfe einer AoW – unter Berücksichtigung einer entsprechenden technischen Umsetzung – möglich, jederzeit auf jedem browserfähigen Endgerät mit Zugang zum Internet deren Funktionen zu nutzen. Damit kann zusätzlich eine wesentliche Barriere zur Nutzung von Prozessmodellen abgebaut werden, welche – laut unserer Erfahrung in Forschung und Lehre – unter Anderem in der Verfügbarkeit von Tools bzw. Lizenzen für diese besteht. In dem konkreten Fall der Umsetzung eines Editors für Prozessdiagramme in eine AoW sehen wir insbesondere den Vorteil, mittels einer solchen AoW das kollaborative Modellieren unterstützen zu können. Dieses kann zeitlich wie räumlich synchron und asynchron erfolgen, sofern ein zuverlässiger Mechanismus zur Vermeidung von Synchronisationskonflikten vorgesehen ist.

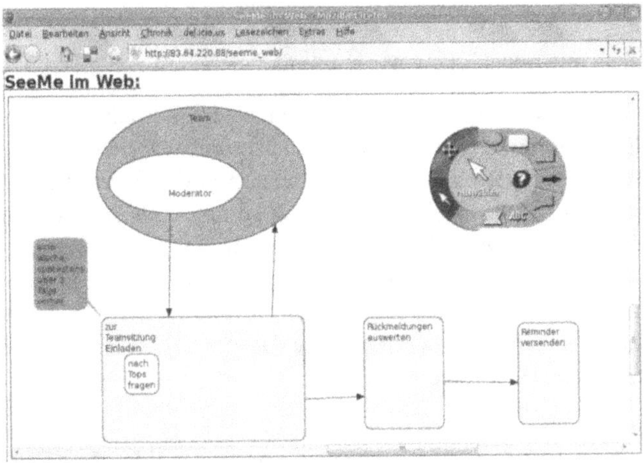

Abbildung 1: Modell innerhalb des SeeMe Webeditors (Cockpit rechts oben)

In den folgenden Abschnitten beschreiben wir zunächst allgemeine Gestaltungsprinzipien für Desktop- und Web-Anwendungen, und zeigen die unterschiedlichen Erwartungshaltungen an die Interaktion. Anschließend stellen wir Durchführung und Ergebnisse einer Fallstudie vor, deren Ziel es war, den Prototyp eines Webeditors zur Prozessmodellierung zu entwickeln und anschließend zu evaluieren. Dabei standen die Reduktion des Funktionsumfanges sowie deren gebrauchstaugliche Umsetzung im Vordergrund. Der darauf folgende Abschnitt vergleicht die gewonnenen Erkenntnisse mit der Umsetzung bestehender AoW und ordnet sie in den Kontext der aktuellen Forschung ein. Der Beitrag endet mit einer Zusammenfassung sowie einem Ausblick auf weitere Arbeiten im Bereich der Gebrauchstauglichkeit von AoW.

2 Anforderungen an die Usability von AoW

Es existieren verschiedene Kriterienkataloge zur Beurteilung der Usability von Desktop Anwendungen. Dazu gehören neben der eher methodischen ISO Richtlinie 9241 Teil 11 (DIN EN ISO 9241-11 1998) die entsprechenden „Grundsätze der Dialoggestaltung" (DIN EN ISO 9241-110 2006) und weitere Heuristiken (Nielsen 1994; Cockton et al. 2003). Alle beschreiben einheitlich die Erfüllung der Nutzererwartungen an die Anwendung als entscheidendes Kriterium. Darunter ist speziell die Möglichkeit der Nutzer zu verstehen, sich softwareübergreifend auf allgemein gültige Standards zu verlassen. Dazu zählt beispielsweise das Öffnen eines Kontextmenüs zu dem ausgewählten Bestandteil eines Dokuments bei Betätigung der rechten Maustaste.

Im Hinblick auf die Web-Usability fällt auf, dass das Design einer leicht verständlichen Navigation sowie die Umsetzung einer guten Suchfunktion im Zentrum des Interesses stehen (Galitz 2002). Dies ist der Tatsache geschuldet, dass Webseiten lediglich zur Darstellung und Verbreitung von Informationen dienten. Somit bestanden die einzigen zu designenden Abläufe innerhalb einer Webseite in der Zeit vor Web 2.0 in der effektiven und effizienten Exploration des Inhaltes mit Ausnahme von Funktionalitäten zum Ausfüllen von Formularen.

Zusätzlich spielt die Einsteiger-Freundlichkeit bei einer Webseite im Vergleich zu einer Desktop-Anwendung eine noch zentralere Rolle. Ist ein Nutzer nach der Installation einer Desktop Anwendung bereit, Zeit zu investieren, um deren Benutzung zu erlernen, fällt diese Zeit bei der Verwendung einer Webseite deutlich geringer aus, da die Nutzung ähnlicher Angebote im Web vergleichsweise leicht fällt (Nielsen 2000). Aus diesem Grund ist es erforderlich, die AoW so zu gestalten, dass ihre Nutzung sich selbst Einsteigern intuitiv erschließt. Somit ist im Hinblick auf ihre Umsetzung eine Reduktion des Funktionsumfanges erforderlich. Diese muss – wie in unserer Analyse dargestellt – systematisch bezogen auf den späteren Anwendungskontext erfolgen.

Auch die Erfüllung der Nutzererwartung erweist sich als nicht trivial, da die Erwartungen an die Interaktion mit einer Webseite sich von denen an eine Desktop Anwendung unterscheiden. Während beispielsweise das Öffnen eines verlinkten Inhaltes innerhalb einer Desktop-Anwendung durch einen Doppel-Klick erfolgt, bewirkt bei einer Webseite bereits ein einfacher Klick die entsprechende Aktion.

3 Fallstudie: Transfer eines Desktop-Editors für Prozessmodellierung in eine AoW

Unsere Untersuchung beschäftigte sich mit dem Transfer des SeeMe Desktop Editors[2] für die Modellierungsmethode SeeMe (Herrmann 2009) in eine AoW (siehe Abbildung 1). Der Analyse der Anforderungen liegt unserer Untersuchung folgendes Szenario zu Grunde:

Innerhalb einer Arbeitsgruppe, deren Mitglieder über Basiswissen bezüglich der Modellierungsmethode SeeMe verfügen, möchten die Mitglieder Aspekte eines Prozesses skizzieren. Diese sollen später zusammengeführt und gemeinsam weiterentwickelt werden. Dazu verwendet man den in Abbildung 1 dargestellten Webeditor. Anschließend gibt man die entsprechenden URLs an einen Moderator der Arbeitsgruppe weiter. Dieser fügt die Modell-Fragmente zusammen. Abschließend konsolidiert man den Entwurf in einem Workshop, um ein gemeinsames Modell zu erhalten – hierzu verwendet man eher einen Desktop-basierten Modell-Editor, der auch Funktionen enthält, mit denen man eine Ästhetisierung des Modells vornehmen kann – diese spielen in der Skizzierungsphase mit dem Web-Editor keine Rolle.

Zunächst wurde eine erste Erhebung durchgeführt, welche insbesondere die Identifikation der innerhalb des Szenarios benötigten Funktionen und somit eine Reduktion des Funktionsumfang zum Ziel hatte. In einer zweiten Phase wurde ein erster Prototyp hinsichtlich des in der ersten Phase festgestellten Funktionsumfanges evaluiert und anhand der gewonnenen Erkenntnisse weiterentwickelt. Die Ergebnisse der Untersuchung wurden weiterhin genutzt,

[2] http://www.imtm-iaw.rub.de/projekte/seeme/index.html

um eine gebrauchstaugliche Umsetzung speziell hinsichtlich der Einsteiger-Freundlichkeit zu ermöglichen. Dazu konnten Empfehlungen entwickelt werden, die sich allgemein auf die Optimierung der Einsteiger-Freundlichkeit bei AoW anwenden lassen.

Die folgenden Abschnitte beschreiben Aufbau und Verlauf der Studie, sowie die daraus abgeleiteten Erkenntnisse. Besonderes Augenmerk liegt dabei auf der eingesetzten Methode und der Umsetzung innerhalb unserer Untersuchung. Anschließend werden die gewonnenen Ansätze zur Optimierung der Einsteiger-Freundlichkeit vorgestellt und ein allgemeines Vorgehen beschrieben, um den Transfer einer Desktop-Anwendung in eine AoW zu erleichtern.

3.1 Der Untersuchungsgegenstand

Die Methode SeeMe ermöglicht die Darstellung sozio-technischer Arbeits- und Kommunikationsprozesse. Darunter ist die Kombination von menschlichen Akteuren in sozialen Systemen mit technischen Systemen zu verstehen, also beispielsweise die Organisation eines Arbeitsprozesses mittels eines technischen Systems, an dem mehrere Personen beteiligt sind. Die Methode wurde entwickelt, um die technische Entwicklung und das soziale System integriert betrachten zu können.

Als Grundlage für die Exploration diente der auf der Modellierungsmethode SeeMe basierende Desktop Editor. Ziel war es, eine Umgebung zu schaffen, die die gemeinsame Arbeit an einem Modell entsprechend des zuvor beschriebenen Szenarios ermöglicht, wobei besonderes Augenmerk auf einer der Aufgabe angemessenen Reduktion des Funktionsumfanges lag. Zusätzlich sollte eine Optimierung hinsichtlich der Einsteiger-Freundlichkeit stattfinden, wobei die Erwartungen der Nutzer an die Interaktion mit dem Desktop Editor zusammen mit denen an das Medium Internet betrachtet werden mussten.

3.2 Methodik

Zur Exploration des Desktop Editors vor der ersten – und des Webeditors vor der zweiten – Entwicklungsphase galt es zunächst eine geeignete Methode zu finden. Dabei stand die Frage im Vordergrund, wie es möglich ist, den Funktionsumfang des Desktop Editors so zu reduzieren, dass alle für das Szenario entscheidenden Funktionalitäten erfasst werden können. Dazu ist es von entscheidender Bedeutung, die Nutzer bei der Erstellung eines Modells zu beobachten. Während innerhalb eines Interviews häufig lediglich problematische Arbeitsabläufe zur Sprache kommen und alltägliche Funktionalitäten schlicht übersehen werden, bietet die Beobachtung der Nutzer einen weitestgehend vollständigen Überblick über die verwendeten Funktionen (Holtzblatt et al. 2005). Dazu hat sich als geeignete Methode – auch aufgrund der Möglichkeit zur konsistenten Weiterverarbeitung der während der Beobachtung gewonnenen Daten – Rapid Contextual Design (Holtzblatt et al. 2005) herausgestellt. Diese erfasst Daten in Form von Affinity Notes, welche zu Gruppen zusammengefasst und innerhalb eines Diagrammes dargestellt werden. Das entstandene Affinity Diagramm diente innerhalb unserer Untersuchung als Grundlage für die Softwareentwicklung und die Betrachtung der beschriebenen Erwartungskonflikte.

Während unserer Studie wurde die Methode in zwei Phasen mit insgesamt acht Teilnehmern eingesetzt. Während der ersten Phase wurden die Nutzer bei der Verwendung des Desktop Editors beobachtet. Dabei wurde anhand des zuvor beschriebenen Szenarios versucht, den erforderlichen Funktionsumfang des Webeditors festzulegen. In der zweiten Phase wurde der festgelegte Funktionsumfang mittels einer Beobachtung bei der Verwendung eines ersten Prototyps des Webeditors evaluiert. Weiterhin wurde der Umgang der Teilnehmer mit der Problematik der verschiedenen Erwartungshaltungen beobachtet.

Die Grundvoraussetzung zur Teilnahme an der Beobachtung bestand darin, dass den Nutzern die Modellierungsmethode SeeMe zumindest lesend vertraut war, um die Ergebnisse ausschließlich auf den Aspekt der Nutzung des Editors beziehen zu können. Die Auswahl der Teilnehmer fand zusätzlich im Hinblick auf die Frequenz ihrer Nutzung des Desktop Editors statt. Dabei wurde zwischen Vielnutzern (fester Bestandteil der täglichen Arbeit), Gelegenheitsnutzern (Einsatz in verschiedenen Kontexten) und Erstnutzern (keine vorherige Verwendung) unterschieden. Diese Unterscheidung stellt sicher, dass alle Nutzertypen berücksichtigt werden. Jede Rolle wurde von zwei Teilnehmern besetzt.

3.3 Ergebnisse der Studie

Ziel der Analyse war zunächst, gruppenübergreifend allen Aussagen der Teilnehmer gerecht zu werden. Um etwaige Konflikte auflösen zu können, wurde im Hinblick auf die Einstiegshürde den Aussagen der Erstnutzer höheres Gewicht beigemessen. Anhand der gewonnen Daten konnte ein Prototyp entwickelt werden, dessen Funktionsumfang auf das zuvor beschriebene Szenario zugeschnitten ist. Dieser Prototyp wurde anschließend speziell im Hinblick auf verschiedene Fragestellungen bezüglich des Interaktions-designs evaluiert. Einige besonders prägnante Fragestellungen werden im Folgenden beispielhaft beschrieben:

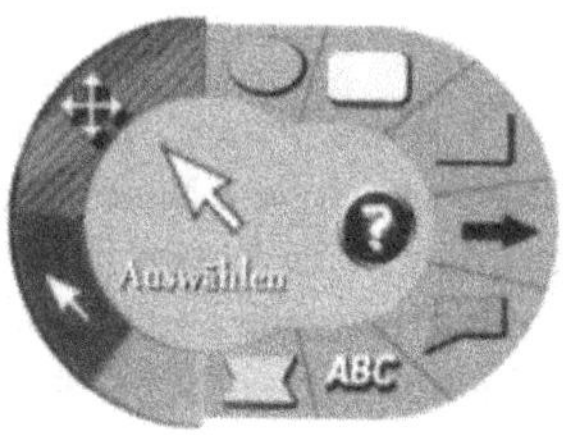

Abbildung 2: Darstellung der verfügbaren Funktionalitäten als Cockpit

Bei der Erstellung des Prototyps wurde der zur Verfügung stehende Funktionsumfang dem beschriebenen Szenario entsprechend angepasst. Dabei entstand das in Abbildung 2 dargestellte Cockpit. Seine Position kann von Nutzern selbst bestimmt werden, indem Sie es an der linken oberen Schaltfläche mit der linken Maustaste greifen, die Maus bewegen und die Taste an der gewünschten Position wieder loslassen. Diese Funktionsweise wurde ausgewählt, da sich die Nutzer sowohl gegen ein statisches Menü, als auch gegen ein sich am ausgewählten Element automatisch orientierenden Menü ausgesprochen haben. Während der Evaluation stellte sich das Cockpit als intuitiv bedienbar heraus. Besonders positiv bemerkten vor Allem Erstnutzer, dass ihnen jederzeit ein *vollständiger Überblick über alle zur Verfügung stehenden Funktionalitäten* gewährt wird. Daraus lässt sich ableiten, dass im Hinblick auf eine niedrige Einstiegshürde die Reduktion des Funktionsumfanges sowie eine übersichtliche Darstellung der zur Verfügung stehenden Funktionen hilfreich sind.

Im ersten Prototyp des Webeditors war die Interaktion zur Verbindung von Elemente durch sogenannte Relationen (Pfeile zwischen Elementen, siehe Abbildung 1) analog zur Desktop Anwendung gestaltet. Dabei wurde mittels eines einfachen Klicks jeweils ein Punkt gesetzt, während zum Abschluss der Relation ein Doppel-Klick erforderlich war. In der Evaluation stellte sich diese Form der Erstellung von Relationen als nicht intuitiv heraus. Die Nutzer äußerten vielmehr die Erwartung, dass Relationen sich durch das Drücken der Maustaste auf dem Startpunkt und das Loslassen derselben auf dem Endpunkt erzeugen lassen. Dabei merkten die Nutzer zusätzlich an, dass sie die Interaktionsform des *Doppel-Klicks* im Kontext einer Webseite als unüblich empfanden. Somit lässt sich feststellen, dass die Nutzer den Webeditor als Webseite wahrnahmen und ihm mit den entsprechenden Erwartungen an die Funktionsweise und Interaktionsmöglichkeiten einer Webseite begegneten.

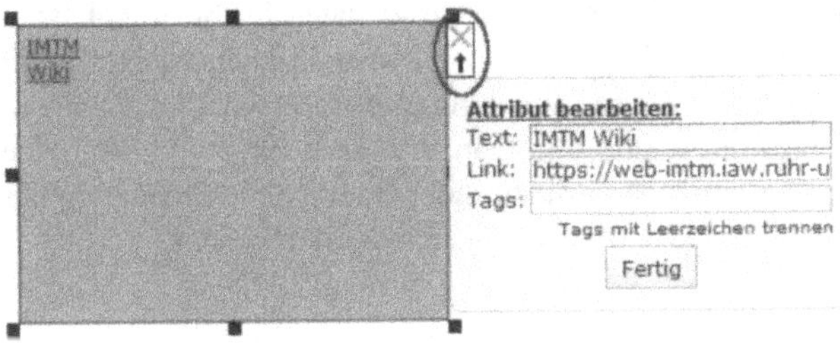

Abbildung 3: Menüanker mit Kontextmenü

Das Öffnen eines Kontextmenüs bezogen auf das im Fokus der Interaktion liegende Element erfolgte im ersten Prototyp des Webeditors über eine an dem entsprechenden Element angezeigte Interaktionsfläche (siehe Abbildung 3). Dieser Menüanker ersetzt die Interaktion des *Rechts-Klicks*, welche innerhalb der Desktop-Anwendung zum Öffnen eines Kontextmenüs verwendet wird. Während der Evaluation wurde diese Schaltfläche von allen Nutzern intuitiv verwendet. Sie fielen auf den Versuch der Rechts-Klick-Interaktion zurück, wenn der Menüanker aufgrund fehlerhaften Verhaltens des Webeditors nicht zum gewünschten Ergebnis führte. Daraus lässt sich ableiten, dass der Rechts-Klick in einer AoW nicht als Interaktionsform wahrgenommen wird, welche einen Effekt auf den dargestellten Inhalten auslöst.

3.4 Gestaltungsempfehlungen für den Transfer

Im Folgenden werden auf Basis der Ergebnisse unserer Studie Überlegungen beschrieben, die beim Transfer einer Desktop Anwendung in eine AoW berücksichtigt werden sollten. Dabei erheben wir aufgrund des nicht repräsentativen Charakters der Untersuchung keinen Anspruch auf Vollständigkeit. Vielmehr sind die Ergebnisse als Empfehlung zu verstehen, die einen ersten Vorschlag auf dem Weg zu einem allgemein gültigen Vorgehen darstellen.

Der Transfer einer Desktop Anwendung in eine gebrauchstaugliche AoW erfordert zunächst – wie in Kapitel 2 beschrieben – die Fokussierung auf einen Anwendungskontext, der an die Bedürfnisse von Erstnutzern angepasst ist. Diese müssen in die Lage versetzt werden, mit der AoW möglichst schnell möglichst viel zu erreichen. Ansonsten werden sie die AoW sehr schnell wieder verlassen und gegebenenfalls nach Alterativen suchen (Nielsen 2000). Die AoW ist also so zu gestalten, dass auch Nutzer ohne Vorkenntnisse verwertbare Ergebnisse erzielen können, die den Mehrwert der Anwendung für ihre Arbeit erkennen lassen. Dazu ist eine Reduktion des Funktionsumfanges auf die Kernfunktionalitäten der Desktop Anwendung erforderlich. Dies bedingt die Definition eines dem späteren Arbeitskontext angemessenen Szenarios, welches als Grundlage für eine entsprechende Anpassung des Funktionsumfanges dient. In unserem Fall wurde dazu der Funktionsumfang des Desktop Editors im Hinblick auf die Möglichkeit zum schnellen grafischen skizzieren von Modellen angepasst. Dazu entstand das in Abbildung 2 rechts dargestellte Menü. Dieses ist so gestaltet, dass es dem Nutzer jederzeit einen Überblick über alle verfügbaren Funktionalitäten bietet.

Anschließend ist es notwendig, die identifizierten Kernfunktionalitäten so zu gestalten, dass der Nutzer in der Lage ist, diese intuitiv zu verwenden. Die Oberfläche ist also so zu gestalten, dass die zur Verfügung stehenden Funktionalitäten leicht erreichbar und übersichtlich dargestellt sind. Weiterhin sind beim Design der Interaktionen die Nutzererwartungen an das Medium Internet zu berücksichtigen, was in unserer Untersuchung einen gänzlichen Verzicht auf die Interaktionsform des Recht- und Doppel-Klicks zur Folge hatte. Die entsprechenden Funktionalitäten wurden durch Modifikation der Interaktion (Erzeugung einer Relation) und die Einführung zusätzlicher Schaltflächen (Menüanker) abgedeckt.

4 Vergleich mit vorhandenen Ansätzen

Die uns bekannte einschlägige Literatur lässt Ansätze zum Transfer einer Desktop Anwendung in eine gebrauchstaugliche AoW gänzlich vermissen. So beschäftigen sich zwar verschiedene Ansätze mit den Auswirkungen des Phänomens Web 2.0 auf den Aspekt Usability, betrachten dabei jedoch weniger die speziellen Erfordernisse einer AoW. Vielmehr stehen die Auswirkungen der Möglichkeit zur Gestaltung der Oberfläche durch die Nutzer im Vordergrund. Diese erhöhen häufig lediglich die Komplexität der Interaktion ohne tatsächlich nützlich zu sein (Nielsen 2007). Weiterhin beeinträchtigen allzu weitreichende Gestaltungsmöglichkeiten der Oberfläche die Konsistenz der Darstellung (Dix & Cowen 2007). Daraus resultiert, dass dem Nutzer die zur Verfügung stehenden Interaktionsmöglichkeiten nicht mehr bewusst sind (Pilgrim 2008). Dadurch entsteht ein Konflikt zwischen den Erwartungen der Nutzer und der tatsächlichen Darstellung, was in einer kognitiven Überlastung mündet.

Die Anforderungen beim Transfer einer Desktop Anwendung in eine AoW werden jedoch hinsichtlich der benötigten Anpassung des Funktionsumfanges sowie der Lösung des Erwartungskonfliktes nicht betrachtet. Diese Aspekte konnten in unserer Analyse erforscht und es konnten erste Ergebnisse zur Lösung des Problem vorgestellt werden.

Im Vergleich der hier vorgestellten Arbeit zu anderen AoW wie beispielsweise Google Docs lässt sich zunächst feststellen, dass auch bei diesen eine Reduktion auf die Kernfunktionalitäten der jeweiligen Anwendung stattgefunden hat. Dabei stand offensichtlich – wie auch in unserer Untersuchung – eine Fokussierung auf unmittelbare Nutzbarkeit im Vordergrund.

Zusätzlich fällt auf, dass hinsichtlich der Erwartungen an eine Desktop Anwendung im Vergleich zu einer AoW kein konsistentes Interaktionsdesign erkennbar ist. Bei Google Docs kann innerhalb Dokumentenübersicht mittels eines einfachen Klicks das ausgewählte Dokument geöffnet werden. Eine Interaktion also, die im Web üblich und in einer Desktop Anwendung durch einen Doppel-Klick ausgelöst würde. Befindet man sich nun innerhalb des gewählten Dokumentes, so besteht die einzige Möglichkeit, ein Kontextmenü zu einem entsprechenden Element zu öffnen, darin, sich eines Rechts-Klicks zu bedienen. Eine Interaktion, die in einer Desktop Anwendung absolut gängig und im Web total unüblich ist. Komplett wird die Konfusion an der Stelle, wo das Öffnen eines Kontextmenüs innerhalb der Tabellenkalkulation anstandslos funktioniert, während in der Textverarbeitung lediglich das Kontextmenü des Browsers angezeigt wird.

5 Zusammenfassung und Ausblick

Im Zuge unserer Untersuchung konnte der Funktionsumfang des SeeMe Desktop Editors im Hinblick auf das in Kapitel 3 beschriebene Szenario angepasst werden. Weiterhin wurde beim Design der Oberfläche und Interaktionen der Erwartungskonflikt der Nutzer zwischen einer Desktop Anwendung und einer AoW berücksichtigt. Schließlich konnten Möglichkeiten beschrieben werden, die beim Transfer einer beliebigen Desktop Anwendung in eine AoW eine erwartungskonforme Umsetzung unterstützen. Aufgrund des explorativen Charakters unserer Untersuchung kann jedoch kein Anspruch auf Vollständigkeit erhoben werden.

Zukünftig wäre es interessant, den Einfluss von Vorerfahrungen der Nutzer auf seine Erwartungshaltung im Bezug auf die Interaktion mit einer AoW zu erforschen. Im Fokus der Betrachtung kann dabei speziell die Frage stehen, ob Vorerfahrungen mit anderen Webseiten oder Desktop Anwendungen – wie beispielsweise Textverarbeitungs-Software – die Erwartungen der Nutzer beeinflussen. Zusätzlich stellt sich die Frage, ob Nutzer beim Übergang zu Funktionalitäten des Web 2.0 bereit sind, ihre Erwartungen entsprechend anzupassen. Auch die Frage in wieweit die Integration einer AoW in eine umgebende Webseite Einfluss auf die Erwartungen der Nutzer ausübt, könnte sich als spannend erweisen, da die aktuell verbreiteten AoW sich als einziges Element innerhalb des Browser-Fensters präsentieren. So könnte beispielsweise die Integration des von uns entwickelten Webeditors in eine Wiki die Nutzerwahrnehmung und seine Erwartungen an die Interaktion massiv beeinflussen.

Literaturverzeichnis

Cockton, G., Lavery, D. & Woolrych, A. (2003). Inspection-based evaluations. In Jacko, J. A. & Sears, A. (Hrsg.): *The human-computer interaction handbook: Fundamentals, evolving technologies, and emerging applications*. London: Lawrence Erlbaum Associates, S. 1118-1138.

Dix, A. & Cowen, L. (2007). HCI 2.0? Usability meets Web 2.0. Beitrag zum Panel BCS HCI 2007

DIN EN ISO 9241-11 (1998). *Ergonomische Anforderungen für Bürotätigkeiten mit Bildschirmgeräten. Teil 11: Anforderungen an die Gebrauchstauglichkeit - Leitsätze.* Beuth, Berlin.

DIN EN ISO 9241-110 (2006). *Ergonomische Anforderungen für Bürotätigkeiten mit Bildschirmgeräten. Teil 110: Grundsätze der Dialoggestaltung.* Beuth, Berlin.

Galitz, W. O. (2002). *The Essential Guide to User Interface Design. Second Edition.* New York: Wiley Computer Publishing.

Herrmann, T. (2009). Systems Design with the Socio-Technical Walkthrough. In Brian Whitworth & Aldo de Moor (Hrsg.): *Handbook of Research on Socio-Technical Design and Social Networking Systems*, Hershey: Idea Group Publishing, S. 336-351.

Holtzblatt, K., Wendell, J. B. & Wood, S. (2005). *Rapid Contextual Design. A How-To Guide to Key Techniques for User-Centered Design.* San Francisco: Morgan Kaufmann Publishers.

McAfee, A. P. (2006). Enterprise 2.0: The Dawn of Emergent Collaboration. *MITSloan Management Review Spring 2006 Volume 47 No. 3*, S. 21-28.

Nielsen, J. (2000). *Designing Web Usability.* Indianapolis: New Riders Publishing

Nielsen, J. (1994). Enhancing the explanatory power of usability heuristics. In Adelson, B., Dumais, S. T. & Olson, J. S. (Eds.): *CHI '94: Proceedings of the SIGCHI conference on Human factors in computing systems.* New York: ACM Press, S. 152-158

Nielsen, J. (2007). Web 2.0 Can Be Dangerous. In *Jakob Nielsen's Alertbox* abgerufen am 03.03.2009. http://www.useit.com/alertbox/web-2.html

O'Reilly, T. (2007). What Is Web 2.0? Design Patterns and Business Models for the Next Generation of Software. *International Journal of Digital Economics 2007 65*, S. 17-37

Pilgrim, C. J. (2008). Improving the usability of web 2.0 applications. *HT '08: Proceedings of the nineteenth ACM conference on Hypertext and hypermedia.* New York: ACM Press, S. 239-240

Kontaktinformationen

Alexander Nolte

Informations- und Technikmanagement
Ruhr-Universität Bochum
D- 44780 Bochum
Universitätsstraße 150
Tel.: +49 (0)234 / 32-22045
E-Mail: nolte@iaw.rub.de

Michael Prilla

Informations- und Technikmanagement
Ruhr-Universität Bochum
D- 44780 Bochum
Universitätsstraße 150
Tel.: +49 (0)234 / 32-27735
E-Mail: prilla@iaw.rub.de

H. Wandke, S. Kain & D. Struve (Hrsg.): Mensch & Computer 2009: Grenzenlos frei!?
München: Oldenbourg Verlag, 2009, S. 383-392

Was verursacht den Zusammenhang zwischen Ästhetik und Usability?

Waltraud Ilmberger, Martin Schrepp, Theo Held

Universität Heidelberg, SAP AG Walldorf

Zusammenfassung

Wir untersuchen, welche kognitiven Prozesse des Benutzers für den Zusammenhang zwischen ästhetischem Eindruck und wahrgenommener Usability einer Nutzungsschnittstelle (siehe z.B. Kurosu & Kashimura 1995; Tractinsky 1997) verantwortlich sind. Norman (2003) erklärt die Beziehung zwischen Ästhetik und wahrgenommener Usability über einen vermittelnden Einfluss der Stimmung des Nutzers. Eine weitere mögliche Erklärung beruht auf dem bekannten "Was schön ist, ist auch gut"-Phänomen (Dion, Berscheid & Walster 1972; Dick, Dipankar & Gabriel 1990). Wir betrachten den Zusammenhang am Beispiel von Onlineshops. Die Ergebnisse sprechen eher für die Theorie von Norman, wobei die in bisherigen Studien berichteten hohen Korrelationen zwischen ästhetischem Eindruck und Usability nicht repliziert werden konnten. Ein weiteres Ergebnis war, dass die Daten eher auf einen "What is usable is beautiful"–Zusammenhang hinweisen als auf die entgegengesetzte Hypothese.

1 Einleitung

Wahrgenommene Attraktivität und Ästhetik von Softwareprodukten als wesentliche Determinanten einer holistischen „User-Experience" finden immer stärkere Berücksichtigung, wenn es darum geht, die Gebrauchstauglichkeit von Softwareprodukten zu untersuchen (Lindgaard & Dudek 2003). Diesen eher „hedonischen" Aspekten stehen die „pragmatischen" Eigenschaften wie zum Beispiel Effizienz und Effektivität gegenüber (Hassenzahl, 2001). Die naheliegende Frage ist, in welcher Beziehung hedonische und pragmatische Qualitäten einer Nutzungsschnittstelle zueinander stehen. Erste Untersuchungen zu dieser Thematik wurden z.B. von Kurosu & Kashimura (1995), Tractinsky (1997) und Tractinsky, Katz & Ikar (2000) durchgeführt. Die Ergebnisse der Untersuchungen unterstützen grundsätzlich die These „What is beautiful is usable", d.h. ästhetisch und attraktiv gestaltete Nutzungsoberflächen wirken sich positiv auf deren wahrgenommene Usability aus.

Während die oben genannten Studien auf die hedonischen und pragmatischen Aspekte von Bankautomaten fokussierten, konnte von Schrepp, Held & Laugwitz (2006) gezeigt werden, dass auch im Falle komplexer Business-Software hedonische Faktoren im Zusammenhang mit den vorhandenen pragmatischen Qualitäten eindeutig wirksam sind.

Es stellt sich nun die Frage, wie dieser inzwischen vielfach nachgewiesene Zusammenhang erklärt werden kann. Gegenstand dieser Arbeit ist die gezielte Untersuchung möglicher kognitiver Prozesse, die für die Beziehung zwischen wahrgenommener Ästhetik und wahrgenommener Usability verantwortlich sind. Wir werden zwei Erklärungsansätze diskutieren und daraus unsere experimentellen Hypothesen ableiten.

1.1 Einfluss des emotionalen Zustands

Norman (2003) postuliert, dass Emotionen einen Einfluss darauf haben, wie Nutzer mit Usability-Problemen umgehen und diese bewerten. Wenn man zudem annimmt, dass die ästhetische Qualität einer Nutzungsoberfläche den emotionalen Zustand eines Nutzers beeinflussen kann, ergibt sich der Zusammenhang zwischen Ästhetik und Usability.

Die Ergebnisse von Isen (2000) zeigen, dass ein positiver emotionaler Zustand der Flexibilität beim Problemlösen und kreativem Denken zuträglich ist. Ein negativer emotionaler Zustand begünstigt eher einen systematisch-analytischen Umgang mit Problemen (Schwarz, 2002). In Bezug auf den Umgang mit Nutzungsoberflächen bedeutet das, dass Nutzer in positivem emotionalen Zustand dazu neigen, auftretende Probleme durch geeignete Heuristiken zu umgehen. Ein negativer emotionaler Zustand führt eher dazu, dass speziell auf problematische Details fokussiert wird und eher das Problem an sich als dessen Bewältigung im Vordergrund steht.

1.2 Stereotypen und evaluative Konsistenz

Das aus der Sozialpsychologie bekannte Stereotyp "was schön ist, ist auch gut" (Dion, Berscheid & Walster 1972; Dick, Dipankar & Gabriel 1990), ist die Grundlage unseres zweiten Erklärungsansatzes. Untersuchungen in diesem Bereich haben gezeigt, dass (menschliche) Schönheit mit Eigenschaften wie sozialer Kompetenz oder intellektuellen Fähigkeiten in Zusammenhang gebracht wird. Aus der Marktforschung ist das Phänomen der evaluativen Konsistenz bekannt. Es geht hierbei um die Verhaltensweise, dass fehlende Produktinformationen aus der allgemeinen Bewertung einer Marke abgeleitet werden.

In Bezug auf die Beurteilung von Nutzungsschnittstellen könnte dies bedeuten, dass – insbesondere wenn ein Nutzer noch nicht mit einer Oberfläche interagiert hat – fehlende Informationen zur Usability aus bekannten Informationen zur wahrgenommenen Attraktivität und Ästhetik des Produkts hergeleitet werden.

1.3 Hypothesen

Die beiden Prozesse, die unserer Annahme nach den Zusammenhang zwischen wahrgenommener Ästhetik und wahrgenommener Usability bedingen könnten, schließen sich natürlich nicht gegenseitig aus. Es ist durchaus denkbar, dass beide Prozesse gemeinsam wirksam sind.

Wenn wir also annehmen, dass der postulierte Zusammenhang durch den emotionalen Zustand und die damit zusammenhängende Änderung des Problemlöseverhaltens des Nutzers beeinflusst wird, ergeben sich die folgenden Hypothesen:

- *Hypothese 1*: Die wahrgenommene Ästhetik einer Nutzungsoberfläche hat einen Einfluss auf den emotionalen Zustand bzw. die Stimmung des Nutzers.
- *Hypothese 2:* Der emotionale Zustand eines Nutzers beeinflusst die wahrgenommene Usability (im Detail bedeutet dies: (1) Nutzer in positiver Stimmung beurteilen die Usability eines Softwareprodukts besser als Nutzer in negativer Stimmung und (2) positiv gestimmte Nutzer berichten weniger Probleme mit einer Nutzungsoberfläche als negativ gestimmte Nutzer).

Gemäß diesen beiden Hypothesen würde also die Stimmung des Nutzers den Zusammenhang von wahrgenommener Ästhetik und wahrgenommener Usability vermitteln. Wenn aber unser zweites Erklärungsmodell relevant ist und die Nutzer eine Wahlheuristik im Sinne von „Was schön ist, ist auch gut benutzbar" anwenden, ergeben sich diese Hypothesen:

- *Hypothese 3*: Nutzer, die noch nicht mit einer Nutzungsoberfläche interagiert haben (also z.B. nur Screen-Shots oder Demonstrationen gesehen haben), beurteilen die Usability der Oberfläche hauptsächlich auf Basis der wahrgenommenen Ästhetik. Die Korrelation zwischen beurteilter hedonischer Qualität und pragmatischer Qualität ist hoch.
- *Hypothese 4*: Nutzer, die bereits mit einer Oberfläche interagiert haben, werden ihr Urteil bezüglich Usability auf Basis der erlebten Interaktion fällen. Die Korrelation zwischen beurteilter hedonischer Qualität und pragmatischer Qualität sollte niedriger ausfallen als in einer Bedingung ohne aktive Interaktion.

2 Methode

Um die beschriebenen Hypothesen zu testen, wurden Varianten eines Online-Shops konstruiert, die sich in Bezug auf ihre Bedienbarkeit und ästhetische Gestaltung unterschieden.

2.1 Teilnehmer

Am Experiment nahmen 72 Personen (51 weiblich, 21 männlich) teil. Das Alter der Teilnehmer variierte zwischen 19 und 31 Jahren (MW = 22,21). Fast alle Teilnehmer (N = 68) gaben an, schon einmal in einem Online-Shop eingekauft zu haben. Die meisten Teilnehmer (N = 61) gaben an, das Internet mehr als 5 Jahre zu nutzen.

2.2 Materialien

Mit Hilfe eines Programms zur Gestaltung von Online-Shops wurden 4 Varianten realisiert:

- Shop mit guter Bedienbarkeit und ästhetisch ansprechenden Farben

- Shop mit guter Bedienbarkeit und ästhetisch nicht ansprechenden Farben
- Shop mit schlechter Bedienbarkeit und ästhetisch ansprechenden Farben
- Shop mit schlechter Bedienbarkeit und ästhetisch nicht ansprechenden Farben

Zur Manipulation der Bedienbarkeit wurde in einem ersten Schritt mit Hilfe zweier Experten eine Variante mit guter Bedienbarkeit entworfen. In diese wurden dann typische Probleme eingebaut, um die Variante mit schlechter Bedienbarkeit zu erzeugen. Hierbei wurden unter anderem folgende Manipulationen vorgenommen:

- Der in der Vorlage deutlich visualisierte Einkaufswagen wurde durch ein Icon ersetzt und an einer ungewöhnlichen Stelle des Bildschirms positioniert.
- Die Funktion zur Produkt-Suche wurde aus der Benutzerschnittstelle entfernt.
- Für die Produktkategorien und Produkte wurden ungewöhnliche Namen vergeben (z.B. Transport statt Rucksäcke für die entsprechende Kategorie), was die Suche erschwerte.
- Die Effizienz des Bestellvorgangs wurde durch das Einfügen zusätzlicher Schritte manipuliert.

Die beiden Farbvarianten wurden in mehreren Pilotstudien ermittelt. In einer ersten Studie wurden 4 ästhetisch ansprechende Farbvarianten des Web-Shops erzeugt[1]. Die 18 Teilnehmer der ersten Pilotstudie führten dann einen vollständigen Paarvergleich bzgl. dieser 4 Varianten durch. Die Daten wurden über das BTL-Modell (Bradley & Terry 1952; Luce 1959) analysiert. Zwei Varianten wurden daraufhin verworfen.

Nun wurden 3 Varianten mit (angenommenen) unschönen Farben erzeugt. Es wurde darauf geachtet, dass sich die Farbkontraste von Text und Hintergrund dieser drei Varianten und der beiden verbliebenen Varianten aus der ersten Vorstudie nicht unterschieden (um zu vermeiden, dass sich neben der Manipulation des ästhetischen Eindrucks hier auch eine Verschlechterung der Benutzerfreundlichkeit ergibt).

Die 17 Teilnehmer der zweiten Pilotstudie führten dann einen vollständigen Paarvergleich der beiden verbleibenden Varianten aus Versuch 1 und den neu erzeugten schlechten Varianten durch, um die jeweils beste und schlechteste Variante zu identifizieren. Die BTL-Skalenwerte der besten Alternative (0,370) und schlechtesten Alternative (0,038) unterschieden sich um den Faktor 10. Da es sich um eine Verhältnisskala handelt, kann man schließen, dass die beste Variante etwa 10-mal so ästhetisch ist, wie die schlechteste Variante.

2.3 Verwendete Messinstrumente

Die Teilnehmer wurden nach ihrem Eindruck zum generellen visuellen Erscheinungsbild des Online-Shops und speziell zur Farbgestaltung befragt. Um den allgemeinen Eindruck der

---

[1] Als Basis für die Farbauswahl wurden 4 aus den 10 am höchsten bewerteten Farbschemas von Adobe® kuler (Online Plattform zur Erzeugung und Beurteilung von Farbkombinationen) gewählt.

Teilnehmer in Bezug auf den Online-Shop zu erfassen, wurde der User Experience Fragebogen (UEQ) verwendet (Laugwitz, Held & Schrepp 2008). Teilnehmer können über diesen Fragebogen eine Benutzerschnittstelle in Bezug auf die Dimensionen *Attraktivität*, *Effizienz*, *Vorhersagbarkeit*, *Durchschaubarkeit*, *Originalität* und *Stimulation* beurteilen. Der emotionale Zustand der Teilnehmer wurde über den Self-Assessment Manikin (SAM) (Bradley & Lang 1994) erhoben.

2.4 Versuchsablauf

Der Versuch fand in einem Labor des Psychologischen Instituts der Universität Heidelberg statt. Nach einer allgemeinen Instruktion mit Informationen zu Dauer und Ablauf des Experiments wurden demographische Angaben sowie Angaben zur Erfahrung der Teilnehmer in Bezug auf Internet und Online-Shops erhoben. Danach wurde der aktuelle emotionale Zustand der Teilnehmer mit Hilfe des Self Assessment Mannikin (SAM) ermittelt.

Die Teilnehmer wurden zufällig einer der 4 experimentellen Bedingungen zugeordnet, so dass auf jede Variante des Online-Shops 18 Teilnehmer entfielen. Dem Teilnehmer wurde in einem Video ein typischer Ablauf (Produkt finden und in den Einkaufskorb legen) im Shop vorgeführt. Danach beurteilte der Teilnehmer diesen Ablauf durch Ausfüllen des UEQ. Daraufhin bearbeiteten die Teilnehmer 5 typische Aufgaben direkt im Web-Shop. Die erste dieser Aufgaben war mit dem im Video gezeigten Ablauf identisch. Die Bearbeitung der 5 Aufgaben dauerte zwischen 3 und 11 Minuten (MW = 3,6 Min. für die beiden Varianten mit guter Bedienbarkeit und 5,83 Min. für die beiden Varianten mit schlechter Bedienbarkeit).

Nach Beendigung der 5 Aufgaben wurde erneut der emotionale Zustand mit Hilfe des SAM ermittelt. Danach wurde der Web-Shop erneut mit dem UEQ-Fragebogen beurteilt und die Teilnehmer wurden zu ihrem Eindruck bzgl. der Farbgestaltung des Web-Shops befragt. Danach sollten die Teilnehmer konkrete Benutzungsprobleme und Ideen zur Verbesserung der Interaktion nennen. Die Durchführungszeit betrug etwa 40 Minuten.

3 Ergebnisse

Die Manipulation der Farbgestaltung erwies sich als effektiv $t(70) = 6{,}99$; $p < 0{,}01$, da die Benutzeroberflächen mit der ansprechenden Farbgestaltung auch als signifikant ästhetischer bewertet wurden. Eine zweifaktorielle ANOVA mit den Faktoren Farb- und Usability-Bedingung zeigte außerdem, dass sich wie erwartet lediglich der Faktor Usability auf die Bearbeitungszeit der Aufgaben ausgewirkt hat $F(1{,}68) = 74{,}98$; $p < 0{,}01$.

3.1 Emotionaler Zustand des Nutzers als vermittelnde Variable

Zuerst wurde analysiert, ob die Teilnehmer in der farblich angenehmen Bedingung nach der Interaktion mit dem Onlineshop in einer besseren Stimmung waren (Hypothese 1). Es konnte eine Tendenz in die erwartete Richtung gezeigt werden, die jedoch kein signifikantes Niveau erreichte t(70) = 1,18; p > 0,05.

Eine zweifaktorielle Varianzanalyse ergab, dass die Valenzdimension des SAM sowohl einen signifikanten Effekt auf die Anzahl der berichteten Probleme F(4, 67) = 2,93; p < 0,05 als auch auf die Usability-Skalen des UEQ wie Durchschaubarkeit F(4, 71) = 4,47; p < 0,01, Effizienz F(4, 71) = 3,61; p < 0,05 und Vorhersehbarkeit F(4, 71) = 2,68; p < 0,05 hatte (Hypothese 2).

Je besser die Teilnehmer ihre Stimmungsvalenz beurteilten, desto besser bewerteten sie auch die Usability des Shops und umso weniger Probleme wurden berichtet. Während Hypothese 1 nicht bestätigt werden konnte, gibt es klare Hinweise für die zweite Hypothese.

Bei einer weiterführenden Auswertung mithilfe einer Mediatoranalyse wurde zur Integration der ersten beiden Hypothesen untersucht, ob der Zusammenhang zwischen wahrgenommener visueller Ästhetik und wahrgenommener Usability durch den vermittelnden Effekt der Stimmung des Nutzers zustande gekommen ist (siehe Abbildung 1). Dies konnte nicht bestätigt werden, da der Effekt kein signifikantes Niveau erreichte (Sobel z = 1,92; p > 0,05). Das vorliegende negative Ergebnis ist vor allem auf den geringen Zusammenhang zwischen visueller Ästhetik und Stimmung zurückzuführen.

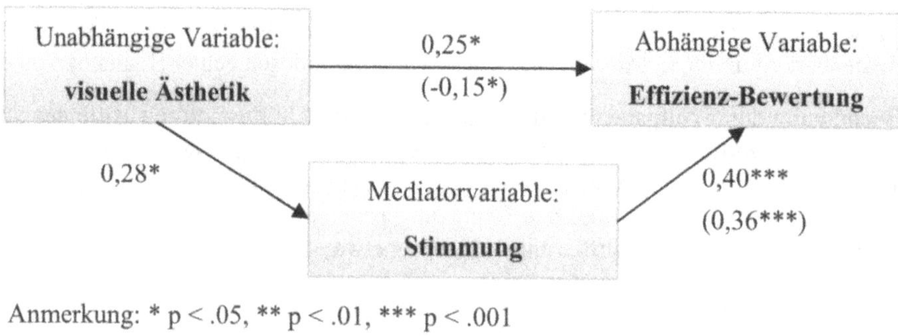

Abbildung 1: Stimmung als Mediator des Zusammenhangs zwischen visueller Ästhetik und Bewertung der Effizienz (Die Zahlen in der Grafik repräsentieren Korrelationen; in Klammern unter Einbezug des Mediators)

3.2 Bewertung aufgrund eines Stereotyps

Die Annahme, dass Nutzer nach einer kurzen und passiven Demonstration über wenig Informationen zur Usability des präsentierten Systems verfügen, wurde mithilfe einer zweifaktoriellen Varianzanalyse getestet. Zum ersten Messzeitpunkt (nach der Demonstration) ergaben sich keine Unterschiede in der Usability-Bewertung zwischen den Shops. Dies bestätigte sich bei allen der drei pragmatischen Skalen Effizienz F(1, 70) = 1,16; p > 0,05, Durchschaubarkeit F(1, 70) = 0,41; p > 0,05 und Vorhersagbarkeit F(1, 70) = 0,24; p > 0,05. Dementsprechend wäre es nicht überraschend, wenn die Nutzer eine Heuristik für die Bewertung der Usability verwenden würden.

Wenn das Stereotyp „what is beautiful is good“ für Benutzungsschnittstellen zutrifft, wären zum ersten Messzeitpunkt hohe Korrelationen zwischen hedonischen und pragmatischen Ratings zu erwarten (Hypothese 3). Zum zweiten Messzeitpunkt, also nach der tatsächlichen Interaktion mit dem System, sollte die tatsächliche Usability einen starken Einfluss auf die Usability-Bewertung ausüben. Deshalb sollten auch die pragmatischen und hedonischen Dimensionen weniger stark miteinander korrelieren als zum ersten Messzeitpunkt (Hypothese 4).

Vor der Interaktion mit dem Shop waren die Korrelationen zwischen den relevanten UEQ-Skalen eher gering (maximale Korrelation zwischen Effizienz und Stimulation bei r = 0,31, siehe auch Tabelle 1) und weit entfernt von dem Level das Kurosu & Kashimura (1995) und Tractinsky (1997) berichten. Dieses Ergebnis unterstützt Hypothese 3 nicht, ist aber zu erklären mit Befunden von Hassenzahl (2004), der mögliche Schwächen im Stimulusmaterial der letztgenannten Autoren diskutiert.

Zum zweiten Messzeitpunkt hatte die Usability-Bedingung einen signifikanten Einfluss auf alle entsprechenden Usability-Skalen (Durchschaubarkeit $F(1, 70) = 21{,}61$; $p < 0{,}01$, Effizienz $F(1, 70) = 17{,}94$; $p < 0{,}01$ and Vorhersagbarkeit $F(1, 70) = 18{,}90$; $p < 0{,}01$).

Der zweite Teil von Hypothese 4 konnte nicht bestätigt werden, da alle Korrelationen, entgegen unserer Annahme, anstiegen (maximale Korrelation zwischen Stimulation und Durchschaubarkeit bei r = 0,56, siehe Tabelle 2). Somit wurde die vierte Hypothese nur teilweise bestätigt. Das Muster der Korrelationen spricht nicht für die Verwendung einer „what is beautiful is good“-Heuristik.

	Durchschaubarkeit	Vorhersehbarkeit	Effizienz	Stimulation	Originalität
Durchschaubarkeit	1	0,396**	0,561**	0,145	-0,286*
Vorhersehbarkeit		1	0,410**	0,173	-0,128
Effizienz			1	0,310**	-0,027
Stimulation				1	0,418**
Originalität					1

* Signifikant mit $p < 0{,}05$, ** Signifikant mit $p < 0{,}01$

Tabelle 1: Korrelation der relevanten UEQ Skalen nach der Demonstration (1. Messzeitpunkt)

	Durchschaubarkeit	Vorhersehbarkeit	Effizienz	Stimulation	Originalität
Durchschaubarkeit	1	0,827**	0,828**	0,555**	0,165
Vorhersehbarkeit		1	0,731**	0,526**	0,148
Effizienz			1	0,463**	0,158
Stimulation				1	0,507**
Originalität					1

* Signifikant mit $p < 0{,}05$, ** Signifikant mit $p < 0{,}01$

Tabelle 2: Korrelation der relevanten UEQ Skalen nach der Interaktion (2. Messzeitpunkt)

Weitere Ergebnisse sprechen sogar eher für einen umgekehrten Prozess. Bei weiterführenden Auswertungen zeigten die Ergebnisse von Varianzanalysen, dass die Usability-Bedingung einen signifikanten Einfluss auf die Bewertungen der hedonischen Dimensionen des UEQ Stimulation $F(1, 70) = 13{,}39$; $p < 0{,}01$, und Originalität $F(1, 70) = 3{,}97$; $p < 0{,}05$ hatte. Außerdem ließ sich auch der Einfluss der Usability-Bedingung auf die mittlere Bewertung des gesamten visuellen Designs nachweisen $F(1, 69) = 5{,}09$; $p < 0{,}05$.

Zu beiden Messzeitpunkten war die Bewertung des visuellen Designs in der guten Usability-Bedingung besser $t(70) = 1{,}77$; $p < 0{,}05$ und $t(70) = 1{,}71$; $p < 0{,}05$ (beide einseitig). Zusätzlich sank die Bewertung in der schlechten Usability-Bedingung zwischen den beiden Messzeitpunkten ab und blieb in der guten Usability-Bedingung gleich $t(35) = 1{,}98$; $p < 0{,}05$ und $t(34) = 0{,}49$; $p < 0{,}05$ (beide einseitig).

4 Diskussion

Die berichtete Untersuchung war ein erster Schritt hin zur Beantwortung der Frage nach den kognitiven Prozessen, die dem Zusammenhang zwischen ästhetischen Eigenschaften und der erfahrenen Usability von Benutzeroberflächen zugrunde liegen.

Wir haben zwei prominente und etablierte Erklärungsansätze ausgewählt, um testbare Hypothesen abzuleiten. Gemäß den Ergebnissen aus unserem Experiment scheint die Annahme, dass Stimmung die wahrgenommene Usability beeinflusst, zu tragen. Wenn nun auch noch gegeben ist, dass die Stimmung des Nutzers durch ästhetische Qualitäten einer Benutzeroberfläche beeinflussbar ist, könnte dieses Ergebnis starke Implikationen haben. Während es nicht möglich scheint, schlechte Usability durch einen guten „Look“ zu kompensieren, ist es ziemlich wahrscheinlich, dass die Erfahrung einer guten Usability durch einen guten ästhetischen Eindruck noch verstärkt werden kann.

Der direkte Zusammenhang zwischen der Variation von ästhetischen Merkmalen einer Benutzeroberfläche und der wahrgenommenen Usability konnte durch die vorliegende Untersuchung nur teilweise aufgedeckt werden. Wir nehmen an, dass die Operationalisierung von Ästhetik hierbei ein Problem darstellen könnte, da die Farbdimension nicht alle Aspekte des Konstrukts abdecken kann.

Das Ergebnis der zwischen den Messzeitpunkten ansteigenden Korrelationen ist in einer Linie mit der Theorie, dass wahrgenommene Usability eines Systems die Wahrnehmung ästhetischer Dimensionen beeinflusst. Die Probanden würden demnach die Ästhetik des Shops nach der Interaktion auf Basis der wahrgenommenen Usability bewerten, was eher einem „what is good is beautiful“ -Zusammenhang anstatt der ursprünglich entgegengesetzt angenommenen Richtung entsprechen würde.

Eine zusätzliche Auswertung mit der Skala Attraktivität des UEQ als Mediatorvariable (siehe Abbildung 2) ergab ein hochsignifikantes Ergebnis $z = 4{,}26$; $p < 0{,}001$. Dies spricht für die Annahme, dass die visuelle Ästhetik einer Software einen Einfluss auf die globale Attraktivitätsbewertung hat. Die Attraktivitätsbewertung beeinflusst dann wiederum die Bewertung der Usability des Systems.

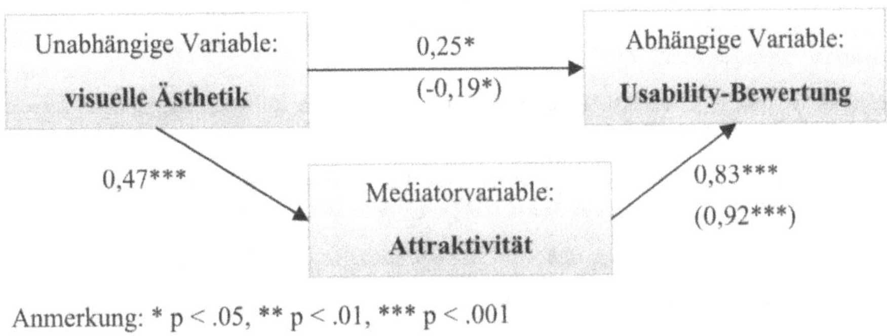

Abbildung 2: Attraktivität als Mediator des Zusammenhangs zwischen visueller Ästhetik und Usability-Bewertung (Die Zahlen in der Grafik repräsentieren Korrelationen; in Klammern unter Einbezug des Mediators)

Folgeuntersuchungen sollten sich auch dem Zusammenhang mit anderen ästhetischen Dimensionen widmen. Eine weiter führende Ausarbeitung sowohl des theoretischen Hintergrunds als auch des experimentellen Designs sollte im Fokus weiterer Arbeiten stehen.

Theoretisch interessant ist die Beobachtung, dass Usability einen Einfluss auf die Wahrnehmung ästhetischer Qualitäten haben könnte. Dies indiziert, dass der „what is good is beautiful"-Zusammenhang, der im Bereich der Gesichterwahrnehmung (Little, Burt & Perrett, 2006) gefunden wurde auch für die Usability-Forschung relevant sein könnte.

Literaturverzeichnis

Adobe Labs Kuler, http://kuler.adobe.com/

Bradley, M. & Lang, P. (1994). Measuring emotion: The Self-Assessment Manikin and the semantic differential. *Journal of Behavioral Therapy & Experimental Psychiatry, 1*, 49–59

Bradley, R. A. & Terry, M. E. (1952). Rank Analysis of Incomplete Block Designs: I. The Method of Paired Comparisons. *Biometrika, 39*, 324–345.

Dick, A., Dipankar C. & Gabriel, B. (1990). Memory-Based Inference During Consumer Choice. *Journal of Consumer Research, 17*, 82–93.

Dion, K. K., Berscheid, E. & Walster, E. (1972). What is beautiful is good. *Journal of Personality and Social Psychology, 24*, 285–290.

Hassenzahl, M. (2001). The effect of perceived hedonic quality on product appealingness. *International Journal of Human-Computer Interaction, 13*(4), 481–499.

Hassenzahl, M. (2004). The Interplay of Beauty, Goodness and Usability in Interactive Products. *Human-Computer Interaction, 19*, 319-349.

Isen, A. M. (2000). Positive affect and decision making. In Lewis, M., Haviland, J.M. (Hrsg.): *Handbook of emotions* (2nd edtion), New York: Guilford Press, S. 417–435.

Kurosu, M., & Kashimura, K. (1995). Apparent usability vs. inherent usability: experimental analysis of the determinants of the apparent usability. Denver, Colorado: *Conference Companion of human factors in computing systems*, S. 292–293.

Laugwitz, B., Held, T. & Schrepp, M. (2008). Construction and Evaluation of a User Experience Questionnaire. In Holzinger, A. (Hrsg.): *HCI and Usability for Education and Work, LNCS 5298*, Berlin, Heidelberg: Springer, S. 63–76.

Lindgaard, G. & Dudek, C. (2003). What is this evasive beast we call user satisfaction? *Interacting with Computers, 15*, 429–452.

Little, A. C., Burt, D. M., & Perrett, D. I. (2006). What is good is beautiful: Face preference reflects desired personality. *Personality and Individual Differences, 41(6),* 1107-1118.

Luce, R. D. (1959). *Individual Choice Behavior: A Theoretical Analysis.* New York: Wiley.

Norman, D. (2003). *Emotional Design: Why We Love (Or Hate) Everyday Things.* Boulder Colorado: Basic Books.

Schrepp, M., Held, T., Laugwitz, B. (2006). On the influence of hedonic quality on the attractiveness of user interfaces of business management software. *Interacting with Computers, 18*(5), 1055–1069.

Schwarz, N. (2002). Situated cognition and the wisdom of feelings. In Feldman-Barrett, L., Salovey, P. (Hrsg.): *The wisdom of feeling: Psychological processes in emotional intelligence*, New York: Guilford Press, S. 144–166.

Tractinsky, N. (1997). Aesthetics and Apparent Usability: Empirical Assessing Cultural and Methodological Issues. CHI'97 (http://www.acm.org/sigchi/chi97/proceedings/paper/nt.htm).

Tractinsky, N., Katz, A.S., Ikar, D. (2000). What is beautiful is usable. *Interacting with Computers, 13*, 127–145.

Kontaktinformationen

Waltraud Ilmberger: waltraud.ilmberger@gmx.de
Dr. Theo Held: theo.held@sap.com
Dr. Martin Schrepp: martin.schrepp@sap.com

H. Wandke, S. Kain & D. Struve (Hrsg.): Mensch & Computer 2009: Grenzenlos frei!?
München: Oldenbourg Verlag, 2009, S. 393-402

Eine Benutzerschnittstelle zur Visualisierung komplexer Diagramme

S. Müller, B. Schimmel, H. Reckter, P. Weinreich, S. Schulze, C. Geiger, R. Dumitrescu

Hochschule Harz, FH-Düsseldorf, HNI Paderborn

Zusammenfassung

Wir präsentieren das Design, die Implementierung und eine erste Evaluation einer skalierbaren Benutzungsschnittstelle für die Präsentation großer Visualisierungsmodelle eines komplexen mechatronischen Systems. Die hierarchische Struktur der Modelle wird mittels einer visuellen Notation dargestellt und besteht aus über 10000 Elementen. Eine effiziente Präsentation dieses komplexen Models wurde durch eine skalierbare Benutzungsschnittstelle realisiert, die auf einer großen Virtual Reality Wall mit hohen Auflösung (3860 x 2160) wiedergegeben wird. Wir sind überzeugt, dass diese Visualisierungsart kombiniert mit geeigneten Interaktionstechniken für die Selektion und Navigation die kognitive Belastung eines rezipierenden (passiven) Publikums reduziert und das Verständnis komplexer hierarchischer Strukturen unterstützt. Um diese Annahme zu prüfen arbeiten wir an einer Evaluierung, welche die traditionellen Visualisierungstechniken mit der neuen Präsentationsform vergleichen soll.

1 Einleitung

Skalierbare Benutzungsschnittstellen (engl.: Zoomable User Interfaces, ZUI[1]) organisieren Information im Raum und mittels Skalierung. Die Interaktion in ZUIs basiert hauptsächlich auf Zooming- und Panningtechniken, da diese Interaktionen als sehr intuitiv für das Explorieren komplexer Informationsräume erscheinen. Colin Ware beobachtete (Ware 2004), dass Benutzer im realen Leben typischerweise das Zoomen beim Betrachten von Informationen benutzen, indem sie ihre Körper bewegen und auf diese Weise ihren Blickpunkt meistens vorwärts oder rückwärts und selten seitwärts verändern. Das Panning wird erreicht indem der Kopf seitwärts oder nach oben/unten gedreht wird. Deswegen scheinen ZUIs eine intuitive und realitätsnahe Interaktionsweise direkt zu unterstützen. Die meisten ZUIs, die für Aufgaben der Informationsvisualisierung entwickelt wurden, orientieren sich an Shneidermans

[1] Wir verwenden im weiteren Verlauf die in der internationalen Forschung geläufige Abkürzung ZUI (für Zoomable User Interface), wenn wir die skalierbare Benutzungsschnittstelle meinen.

InfoVis Mantra „Overview, Zoom, Filter, Details on Demand“. Diese Herangehensweise wurde größtenteils für Benutzer entwickelt, die aktiv den Informationsraum explorieren. In unserem Forschungvorhaben interessieren wir uns hauptsächlich dafür, wie eine Gruppe passiver Personen eine komplexe Informationstruktur versteht. Unser Ansatz, den großen Informationsraum zu visualisieren, besteht aus zwei Aspekten: ein großer Leinwandaufbau mit einer 4 x HD Auflösung und der Verwendung typischer Zoominteraktionstechniken für Selektion und Navigation in den Diagrammen. Wir visualisieren ein Diagramm bestehend aus einer sehr hohen Anzahl an Elementen, die das mechatronische Model eines neuartigen Schienenfahrzeugs darstellen. Das 2D-Diagramm wird auf einer Virtual Reality Power Wall projiziert und einem Publikum durch einen Vortragenden interaktiv vorgeführt.

2 Grundlagen und verwandte Arbeiten

"The zooming interface paradigm can replace the browser, the desktop metaphor, and the traditional operating system..." (Raskin 2000) äußerte Raskin im Jahr 2000. Während das WIMP Paradigma die graphischen 2D Benutzungsschnittstellen der letzten 30 Jahre dominierte, erfordert die aktuelle Generation neuer Eingabegeräte mit sehr großen oder sehr kleine Multi-Screens, Multi-Touch, Multi-View oder mobilen 2D Endgeräten neue Interfaceparadigmen. ZUIs sind besonders geeignet wenn der Benutzer große Informationsräume visualisieren muss. ZUIs benutzen die Metapher einer unbegrenzten zweidimensionalen Ebene zur Repräsentation des Arbeitsbereiches des Benutzers und der Möglichkeit der beliebigen Detaildarstellung der Sichtbarkeitsebene. Dabei wird in der Anwendung die theoretische Unbegrenztheit der Detaildarstellung des Interfaceparadigmas zumeist durch technische oder konzeptuelle Begrenzungen eingeschränkt. Der Grad der Auflösung wird z. B. mittels der implementierten Zoom und Pan Interaktionstechniken sinnvoll limitiert, welche dem Benutzer dann eine intuitive Veränderung des visuellen Arbeitsbereiches ermöglicht. Weiterführende Interaktion wird durch semantisches Zoomen erreicht. Verschiedene Repräsentationen können auf diese Weise mit dem Grad des Zoomlevels verknüpft werden. Beispielsweise führt das Hineinzoomen in eine hierarchische Informationsstruktur (z.B. ein Systemmodel eines Fahrzeuges) zur Darstellung der enthaltenen Einzelelemente (z.B. des Motors des Fahrzeuges). Das erste ZUI System, Pad, wurde von Perlin und Fox entwickelt, die 1993 ihre Arbeit veröffentlichten (Perlin & Fox 1993). Das Pad System verkörperte einen einzigen verteilten Arbeitsbereich dessen Einzelelemente zu jeder Zeit sichtbar sein konnten. Semantisches Zoomen wurde dabei von Pad als neuartiges Konzept eingeführt und es benutzte zudem die Metapher der magischen Linse (Magic Lense), die gleichzeitig unterschiedliche Fokuspunkte mit deren jeweiliger Darstellung in einer einzelnen Anwendung verknüpft. Ein ZUI positioniert und skaliert Objekte in einer Ebene und der Benutzer interagiert mittels Zoom und Pan. Seit Pad nutzen ZUIs diese Techniken und postulieren, dass dieser Interaktionsansatz die kognitive Belastung der Benutzer beim Orientieren und Navigieren im Informationsraum reduziert. Furnas und Bederson arbeiteten an den formalen Aspekten von ZUIs und entwickelten eine Visualisierungstechnik mit der Bezeichung "space-scale diagrams" (Furnas & Bederson 1995). Diese repräsentieren eine räumliche Welt mit Ihren verschiedenen Vergrößerungen und erlauben die direkte Visualisierung und Analyse indem man direkt auf den unterschiedlichen Vergrößerungen arbeitet. Perlin und Meyer kombinierten ZUIs mit verschachtelten UI widgets und entwickelten das Konzept rekursiv verschachtelter Benutzerschnittstellen (Perlin & Meyer 1999). Hauptziel dieses Ansatzes war ein einfach zu navigierendes Interface mittels einer mehrschichtigen Steuerungsstruktur. Bederson entwickelte den bekanntesten Vertreter der ZUI Frameworks, das Jazz toolkit (Bederson et al 2000). Es baut auf den Ideen des Pad und seinem Nachfolger, Pad++, auf und ergänzt es um einen Szenengraphen der das Design nichttrivialer ZUIs deutlich erleichtert. Jazz ist in Java und Swing geschrieben und ermöglicht die Einbindung einer ZUI Komponente in eine beliebige Java-Anwendung. Ein Reihe von Anwendungen wurden mithilfe von Jazz und seinem Nachfolger Piccolo (Bederson et al. 2004) realisiert, wie z.B. der Bildbetrachter PhotoMesa, der dem Benutzer durch das Zoomen in die Verzeichnisstruktur zu den Bildern führt (Bederson 2001). Über das Konzept der treemaps wurde hierbei die Organisation der räumlichen Bilddarstellung automatisiert. PhotoMesa gilt als gutes Beispiel um die Vorteile von ZUIs zu demonstrieren. Weiterhin entwickelte Bederson CounterPoint, ein Präsentationwerkzeug, welches PowerPoint um neue ZUI Fähigkeiten erweitert, z. B. die Umsortierung von Folien oder die Präsentation auf mehreren Navigationspfaden. Mit CounterPoint kann eine einzelne Präsentation mit wenig Aufwand in Abhängigkeit von der verfügbaren Präsentationszeit oder der jeweiligen Zielgruppe genutzt werden (Good & Bederson 2002). Piccolo wurde außerdem verwendet um Mails als interaktive und zoombare Objekte abzubilden (Bederson et al. 2004). In Abhängigkeit der Detailtiefe wurde z. B. nur der Betreff, die Textnachricht mit den wichtigsten Begriffen oder der ganze Text angezeigt. Während viele ZUI Systeme auf domänenspezifischen Anwendungen fokussiert sind, ist ORRIL ein Framework welches das Design universeller ZUIs unterstützen soll. Die Entwicklung einer ZUI basiert hierbei auf einer notwendigen Menge von vier Elementen (Darstellung, Daten, Interaktion, Ergebnis) und ist ein komponentenbasierter Ansatz mit der Nutzung von Objekten, Bereichen, Relationen und Schnittstellenlogik als Grundobjekte jedes ZUI. Der Schwerpunkt von ORRIL ist „to make the data explicit in a zoomable information space while simultanously emphasizing the relationships between user actions and transforms of the data“ (Bennet & Cummins 2004). Die Autoren zeigten in ihren Arbeiten die Nutzung von ORRIL für einen ZUI Media Player. Frisch (Frisch et al. 2008) nutzte ZUIs zur Darstellung abstrakter Graphstrukturen, wie z.B. UML Diagramme. Er adressierte dabei die Problematik der Visualisierung der globalen Struktur eines komplexen UML Diagramms und den detaillierten Beziehungen zwischen individuellen Elementen. Kürzlich wurde von Jetter (Jetter et al. 2008) das ZOIL Interfaceparadigma vorgestellt. Dieser Ansatz versucht alle Arten von lokalen und entfernten Informationsobjekten mit ihren Funktionalitäten und gemeinsamen Beziehungen in einem gemeinsamen Arbeitsbereich zu kombinieren.

3 Anwendungsgebiet Mechatronik

Moderne Erzeugnisse des Maschinenbaus beruhen heute vielfach auf dem engen Zusammenwirken von Mechanik, Elektrotechnik/Elektronik, Regelungstechnik und Softwaretechnik, kurz Mechatronik genannt. Einsatz finden mechatronische Produkte beispielsweise in Autos, Werkzeugmaschinen oder Flugzeugen. Der Begriff Selbstoptimierung charakterisiert im Bereich Mechatronik eine Entwicklung hin zu Produkten mit inhärenter Teilintelligenz. Dies meint maschinenbauliche Systeme, die in der Lage sind, selbstständig und flexibel auf veränderte Betriebsbedingungen zu reagieren. Die Entwicklung solcher Systeme ist nur in interdisziplinären Teams möglich und erfordert neue Ansätze in der interaktiven Darstellung von Systemmodellen. Die Entwicklung selbstoptimierender Systeme kann grundsätzlich in zwei Phasen unterteilt werden: die domänenübergreifende Konzipierung und die domänenspezifische Konkretisierung. Während der Konzipierung werden die grundlegende Struktur, Funktions- und Verhaltensweise des Systems spezifiziert.

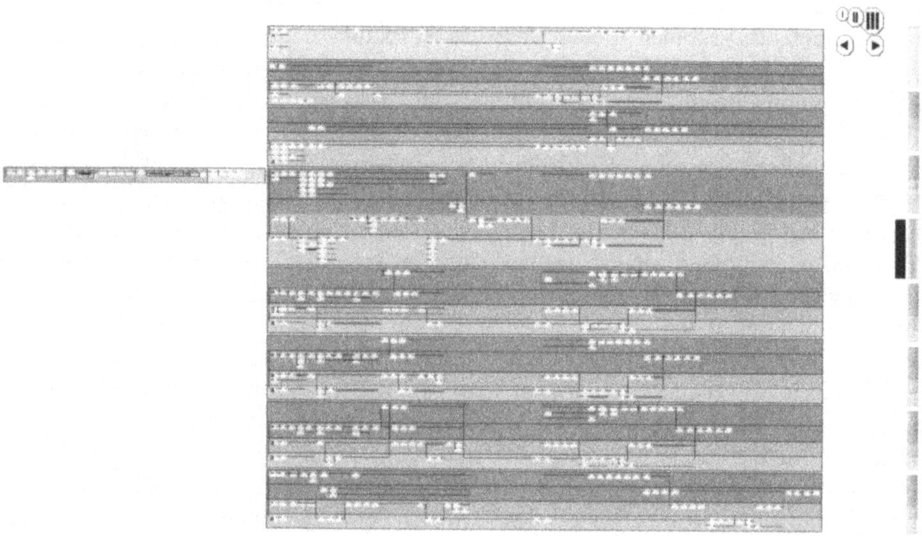

Abbildung 1: Ausschnitt des komplexen Systemmodells

Die interdisziplinäre Arbeit der Entwicklungsteams resultiert in einer komplexen hierarchischen Struktur, die von allen Beteiligten verstanden und weiter verarbeitet werden muss. Hieraus ergeben sich folgende Eigenschaften, die ein Visualisierungswerkzeug für die ganzheitliche Darstellung der Entwicklungstätigkeiten bieten muss: *Übersicht und Details:* Entwickler müssen ihre Arbeitsschritte und –ergebnisse mit den anderen Aktivitäten innerhalb des Entwicklungsprozesses abstimmen und Abhängigkeiten zwischen unterschiedlichen Prozessschritten erkennen sowie unabhängige Prozessschritte identifizieren. Dafür ist eine Übersicht über den gesamten Entwicklungsprozess zu visualisieren, die zugleich einen schnellen Zugang zu spezifischen und detaillierten Informationen einzelner Entwicklungsschritte und –objekte ermöglicht. *Suche, Filterung und Ergebnisse:* Die große Anzahl an Prozessschritten erfordert eine effiziente Suchmöglichkeit. Beliebige Elemente der Prozesse sollen per Filterfunktionen selektierbar sein, und die Ergebnisse müssen effizient dargestellt werden. *Interaktive Bedienung und Präsentation:* Die Kommunikation zwischen den Beteiligten wird am besten durch eine interaktive Visualisierung des gesamten Prozessmodels des zu entwickelnden Systems realisiert. Dem Benutzer muss es dabei möglich sein, effektiv und intuitiv durch das Prozessmodell zu navigieren und selektierte Elemente in jeglicher Detaillierungsstufe darzustellen. Des Weiteren sollte es möglich sein, eine Folge von benutzerdefinierten Sichten auf das Prozessmodell abzuspeichern und auf Abruf darzustellen. Wir betrachten als Anwendungsfall den vollständigen Entwicklungsprozess eines innovativen Bahntechniksystems mit dem Namen „Neue Bahntechnik RailCab“ als Anschauungsbeispiel. RailCab ist ein innovatives Bahnsystem, das als umfassende Versuchsanlage im Maßstab 1:2,5 realisiert ist. Das Modell der Entwicklung des RailCabs umfasst ca. 850 Prozessschritte und ungefähr 900 Entwicklungsobjekte mit über 10000 Diagrammelementen welche den Prozessablauf visualisieren. Abbildung 1 zeigt die visualisierte Konkretisierung des RailCabs inklusive Gesamtsystemprozess (oben) und einzelnen spezifischen Subprozessen bei niedrigster Abstraktionsstufe.

4 Visualisierungstechniken und Eingabegerät

Bisher wurden Visualisierungen des prototypischen RailCab Models präsentiert, indem ein sehr großer Papierbogen (2,5 m x 1,2 m) oder eine umfangreiche PowerPoint Präsentation genutzt wurden. Dieses Gestaltmodel ist daher ein geeigneter Testfall für eine Zoomable User Interface Applikation. Wir definierten einen Anwendungsfall für folgendes Präsentationsszenario: Eine Gruppe von 7 bis 20 teilnehmenden Personen bei einer Versammlung. Der Präsentierende illustriert die zentralen Ideen des Systemmodels durch die Verwendung von Zoom und Pan auf unterschiedlichen Detailstufen im Model. Nach der zehnminütigen Präsentation können die Anwesenden Fragen stellen, welche der Präsentierende interaktiv beantwortet, indem er durch das Model navigiert. Das vollständige Model war zu groß, um es auf einen VR Bildschirm (4.7m x 2.6 m, zu sehen im nächsten Abschnitt über den VR Aufbau) angemessen anzuzeigen. Deswegen wurde ein ZUI mit Zoom, Pan und Overview sowie animierten Übergängen zur beliebigen Modelpositionierung implementiert. Semantisches Zoomen mit verschiedenen Abstraktionsstufen wurde benutzt um die Komplexität der Diagramme während der Präsentation zu bewältigen. Das implementierte ZUI, zu sehen in Abbildung 1, zeigt Details des ausgewählten Diagramms. Farbige Scrollleisten bilden die maximale Größe in horizontale und vertikale Richtung ab und stellen einen interaktiven Überblick bereit. Die Position der Detailansicht des ZUIs kann einfach über die klassischen Zoom- und Panoperationen verändert werden sowie über die GUI Scrollleisten. Der Demonstrator verändert die Abstraktionsstufe des dargestellten Diagramms über das Ein- und Auszoomen mit dem Scrollrad oder mittels der GUI Elemente in der oberen rechten Ecke. Der Klick auf ein Diagrammelement zentriert und fokussiert dieses. Alternativ kann ein Fokusrechteck verwendet werden, um eine Gruppe von Elementen zu selektieren und zu fokussieren. Jede Interaktion, deren Resultat in einer Bewegung endet, wird automatisch mit korrekt berechneten Übergängen zwischen Abstraktionsstufen erzeugt und bildet somit ein semantisches Level of Detail. Ease-In und Ease-Out zu Beginn und am Ende jeder Animation reduzieren die kognitive Belastung der Zuhörer, während sie den schnellen Bewegungen durch das Diagramm folgen. Ein GUI-Dock im unteren Anzeigebereich kann ein- und bei Nichtbenutzung ausgeblendet werden, um das Wahrnehmungszentrum des Zuhörers auf das ZUI zu lenken. Für Filterungen beinhaltet das Dock verschiedene Filtertypen auf der unteren linken Seite. Der Klick auf ein Icon filtert alle Positionen im Diagramm, an denen der gewählte Elementtyp existiert. Es ist möglich durch die Resultate zu pannen und eines von ihnen zu selektieren. Das ZUI führt automatisch einen animierten Übergang zu dem selektierten Punkt durch und passt die Abstraktionsstufe an. Die Anwendung wurde um einen integrierten Storyboardmodus erweitert, der es ermöglicht eine definierte Bildfolge von Diagrammausschnitten zu zeigen. Das Storyboard besitzt zwei verschiedene Modi. Der Editiermodus ermöglicht es eine Sequenz von Positionen innerhalb des Diagramms festzulegen, die in einer linearen Reihenfolge angesteuert werden können. Der Demonstrator aktiviert diesen Modus durch einen Klick auf das entsprechende GUI Element im Dock. Der Benutzer kann nun zu der gewünschten Position im ZUI navigieren und einen "Screenshot" mit Parametern für Position und Abstraktionsstufen zu der Storyboardliste hinzufügen oder er löscht ein Bild aus der Sequenz. Im Präsentationsmodus kann der Präsentierende weiterhin frei durch den Informationsraum navigieren. Möchte der Präsentierende mit dem zuvor definierten Storyboard fortfahren, so braucht er lediglich die vorwärts/rückwärts Tasten benutzen und das System berechnet die animierten Übergänge zu dem nächsten/vorherigen Storyboardbild. Die Präsentation erfolgt auf einer großen VR-Wall. Insofern ist es notwendig, dass der Vortragende vor den Zuschauern steht und die Möglichkeit besitzt, auf Fragen zu antworten und diese durch das Zeigen auf beliebige Elemente des Diagramms verdeutlichen kann. Als geeignetes Eingabegerät wählten wir die kabelfreie, gyroskopische „Go Pro" Maus von Thompson. Unter Einbeziehung der fünf Mausknöpfe konnten alle Interaktionstechniken einschließlich der ZUI-View Navigation, der GUI Interaktion und auch die Dock Manipulation abgebildet werden. Das Systemmodell wurde von Maschinenbauern mit Microsoft Visio unter der Nutzung spezieller Formschablonen erstellt. Die Präsentationsengine importiert die XML-basierten Visio Daten und generiert automatisch ein geeignetes Layout für die VR-Wall/Bildschirm. Dabei wird u.a. ein semantisches LOD eingesetzt, d.h. Systemelemente werden in drei verschiedenen Komplexitätsstufen visualisiert (Abbildung 2). Das Layout wird in Echtzeit dargestellt und es ist möglich in eine 3D Ansicht zu wechseln, in der u.a. ein ‚Perspective View' als Visualisierungstechnik zum Einsatz kommt (Abbildung 3, unten links). Jedes Diagrammelement kann zudem mit anderen Interaktionen oder Elementen, wie ein Full-HD Bild, ein HD-Film oder auch ein Übergang zu einem anderen Diagrammelement verknüpft werden.

Wie in Abbildung 2 sichtbar, wurde eine Methode entwickelt, welche über das erwähnte semantische LOD hinausgeht. Dies bedingte die Anforderung, dass auf jeder Abstraktionsebene die Prozesselemente gleich groß sein müssen, damit beim horizontalen oder vertikalen Pan keine Proportionsveränderungen sichtbar sind. Dies wird gut deutlich zwischen den abstrakten Ebenen 1 und 2. Die Konstruktion (die rechten Pfeile) in Ebene 2 ist in ihrer vertikalen Ausdehnung wesentlich größer, als die Konzipierung (der linke Pfeil). Auf der ersten Ebene sind dagegen beide Prozesse gleich groß dargestellt. Das normale semantische ZUI würde eine längere z-Fahrt erzeugen, um in der Konstruktion den gleichen Detailgrad zu erreichen, wie in der Konzipierung. Als Folge wären keine Pans innerhalb der Ebene 2 im gleichen Detailgrad mehr gegeben. Zudem beginnt jede Konstruktion mit der gleichen Konzipierung, welche zur Optimierung der Narration im jeweiligen Detailgrad in allen Ebenen immer durch einen rein horizontalen Pan erreicht werden sollte. Die derzeitige Lösung besteht durch die automatische Verschiebung der Konzipierung auf die jeweilige y-Achse der gewählten Konstruktion. Um nicht parrallel zum Zoom eine Verschiebung der sichtbaren

Elemente anzuzeigen wird eine Überblendung zwischen den Ebenen durchgeführt. Dadurch wird die örtliche Verschiebung der Konzipierung ausgeglichen. Eine weitere Methode, die derzeit umgesetzt wird, gleicht zukünftig auch zeitliche Unterschiede der Fahrten der z-Achse durch eine Übergangsmatrix dergestalt aus, dass das Zoomen durch abstrakte ZUIs mit nicht proportionalen Detailelementen bei gleichem Detailgrad innerhalb der jeweiligen abstrakten Ebene möglich wird.

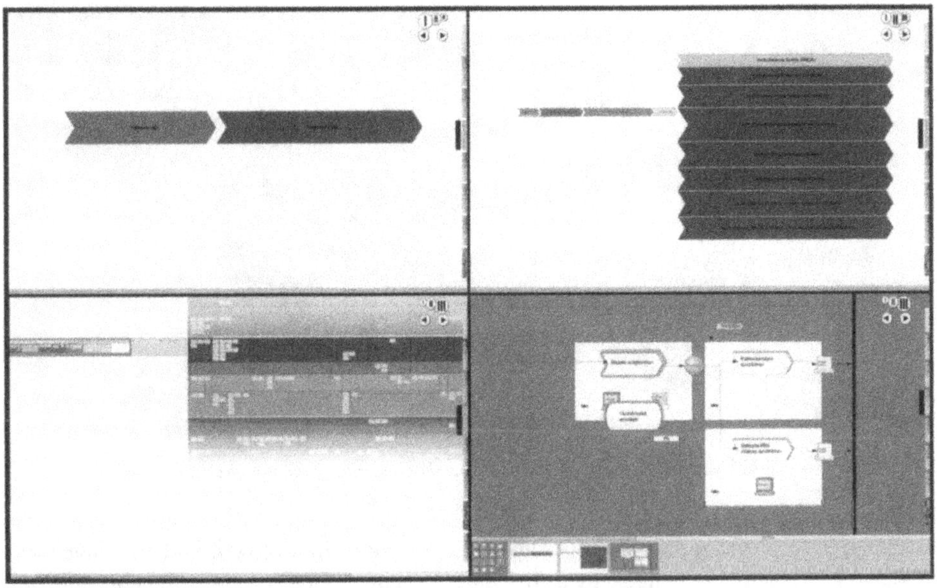

Abbildung 2: (von oben, jeweils links beginnend) – die drei abstrakten Ebenen des VR ZUI und selektierte Prozess-elemente in der Detailansicht in der dritten Abtraktionsebene mit geöffnetem Dock und drei Storyboardelementen

5 Informationsvisualisierung auf einer VR Wall

Die Darstellung des ZUI Prototyps erfolgt auf einem hochauflösenden stereofähigen Multi-Channel Projektionssystem, das aus vier Projektionsleinwänden besteht, bei denen die linke, rechte und die Bodenprojektion eine Auflösung von 1920 x 2160 Pixel bereitstellen, die mittlere Projektion eine Auflösung von 3840 x 2160 besitzt. Insgesamt bietet die VR Wall somit etwa 20 Millionen Pixel für die Projektionswände. Mit den 3840 x 2160 Pixeln, die für die ZUI auf der 4.7 m x 2.64 m großen mittleren Leinwand dargestellt werden, ergibt sich eine Pixelgröße von 1,2 mm x 1,2 mm. Für die Ausmaße der Leinwand bedeutet dies, dass ein Zuschauer ab einer Distanz von 5 Metern den gesamten mittleren Bildschirm bei optimaler Farbwahrnehmung betrachten kann. Vor der Projektionsleinwand ist ausreichend Platz um eine Gruppe von Zuschauern so zu positionieren, dass alle eine optimale Sicht haben.

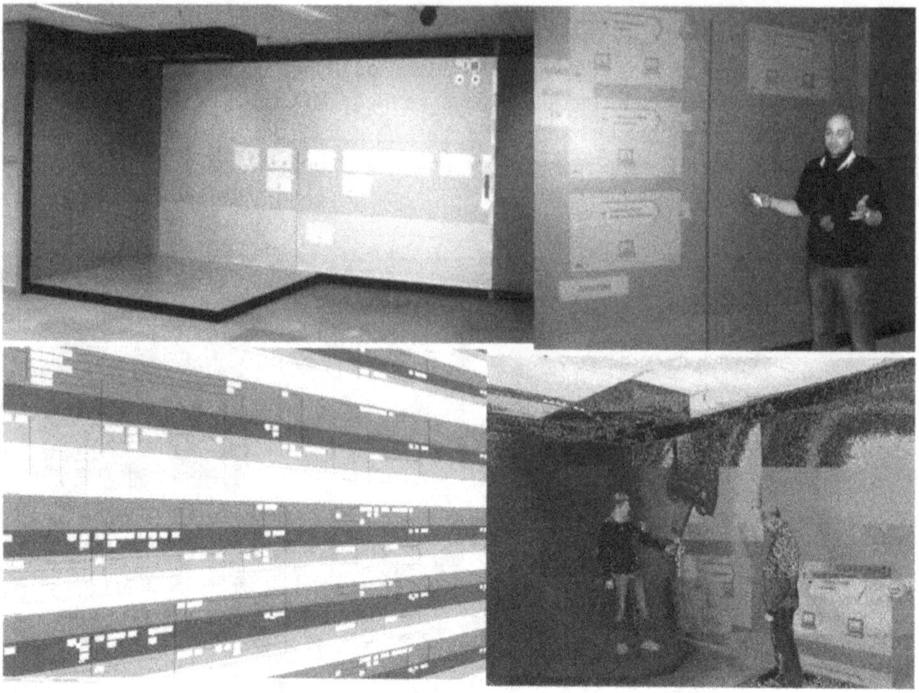

Abbildung 3: VR Wall Visualisierung, Präsentator, 3D-Darstellung, Kommunikation am Modell

Das Material der Projektionsleinwände bietet einen weiten Blickwinkel, was eine gute Farb- und Kontrastwiedergabe sicherstellt selbst unter wenig optimalen Blickwinkeln außerhalb des Zentrums. Daher ist es allen Benutzern möglich die gesamte Projektionsfläche zu überschauen und gleichzeitig die volle Auflösung des Systems zur Anzeige von grafischen Elementen innerhalb des ZUIs zu genießen. Dies ist besonders wichtig, wenn kleine Texte gelesen werden müssen oder kleine grafische Piktogramme im ZUI angezeigt werden. Ein Benutzer steht vor der Projektionswand und agiert als Präsentator für das Publikum.

6 Beispiel und Evaluierung

Aufgrund des prototypischen Zustandes unseres aktuellen Systems haben wir zurzeit nur eine vorläufige Evaluierung des VR-ZUI vorgenommen. Die durchgeführte Untersuchung dient nur zur Evaluation des Test Designs. Dabei erläuterte ein Präsentator das komplexe Systemmodell und benutzte alternativ die drei Visualisierungen Papierbogen, Powerpoint und ZUI. Das Publikum bestand aus Mechatronikstudenten kurz vor ihrem Studienabschluss. Der Präsentierende war bei jedem Vortrag die gleiche Person und erklärte das Model, indem er die verfügbaren Präsentationstechniken jeder Visualisierungsart benutzte. Nach jeder Präsentation wurden die Studierenden darum gebeten einen Fragebogen auszufüllen. Dieser beinhaltete einen kurzen Test mit Fragen über das Systemmodel und bewertete, ob die Probanden die technischen Inhalte der Präsentation verstanden hatten. Zusätzlich füllten die Studenten eine kurze qualitative Bewertung jedes Mediums durch, die Fragen bezüglich der Eignung zur Darstellung komplexer Informationen, dem Präsentationsstil des Lehrers und zu ihrer Meinung über die beste Art das Model darzustellen, beinhaltete. Es wurden 6 Gruppen zu je 2 Studenten (11m+1w, Mechatronik Bachelorstudenten, 23-35 Jahre) gebildet. Obwohl statistisch nicht aussagekräftig beobachteten wir, dass die Testergebnisse besser waren, wenn die Probanden zuvor an der ZUI Power Wall Präsentation teilgenommen hatten. Die qualitative Bewertung zeigte, dass die Probanden einige Probleme bei der ungewöhnlichen nicht linearen Präsentation mit animierten Übergängen hatten. Dennoch wurde die ZUI Power Wall Präsentation als das beste Medium bewertet und der Anteil an bereit gestellter Detailinformation war bedeutend höher als bei den anderen Präsentationsvarianten. Der Stil des Präsentierenden wurde gleichermaßen bei allen Varianten als gut bewertet. Basierend auf den vorliegenden Ergebnissen werden wir unser Experiment verfeinern und erweitern. Die vorliegenden Ergebnisse deuten an, dass selbst mit einem reduzierten Datensatz, wie er in diesem Test benutzt wurde, das neue Präsentationsmedium VR Wall genauso gut abschnitt wie die bereits weit verbreiteten Präsentationsformen PowerPoint und Papierbogen. Unter der Maßgabe, dass die VR Wall eingesetzt wird für komplexe hierarchische Informationsräume, erwarten wir die Bestätigung unserer Hypothese in zukünftigen Experimenten.

7 Zusammenfassung

Die Verwendung eines ZUIs und dazugehöriger Interaktionstechniken half uns einen Überblick über ein komplexes Systemmodel zu geben, zwischen verschiedenen Detailstufen mit semantischer Abstraktion zu zoomen und wichtige Elemente im Model zu filtern und aufzufinden. Zusätzliche Erweiterungen ermöglichen Zoomübergänge, die das klassische semantische ZUI bisher nicht abbildet. Ein Storyboardmodus erlaubt es einen linearen Präsentationspfad durch das gesamte Model festzulegen. Die Anwendung wurde für eine VR Wall implementiert und läuft in Echtzeit. Weiterhin haben wir ein Experiment entwickelt, um unsere Hypothese zu bestätigen, dass eine ZUI Interaktion Vorteile für das Präsentieren bereithält. Die zukünftige Arbeit wird die prototypische Implementation abschließen und einen vollständigen Benutzertest zur Evaluierung der Hypothese über die Benutzerfreundlichkeit von ZUIs bei komplexem Systemdesign durchführen.

Literaturverzeichnis

Bederson, B. B. (2001). *PhotoMesa: A Zoomable Image Browser Using Quantum Treemaps and Bubblemaps*. In Proceedings of User Interface Software and Technology (UIST 2001), ACM Press, pp. 71-80.

Bederson, B. B., Grosjean, J., & Meyer, J. (2004). *Toolkit Design for Interactive Structured Graphics*, IEEE Transactions on Software Engineering, 30 (8), pp. 535-546.

Bederson, B. B., Hollan, J. D., Perlin, K., Meyer, J., Bacon, D., & Furnas, G. W. (1996). *Pad++: A Zoomable Graphical Sketchpad for Exploring Alternate Interface Physics*. In Journal of Visual Languages and Computing, 7, pp. 3-31.

Bederson, B. B., Meyer, J., & Good, L. (2000). *Jazz: An Extensible Zoomable User Interface Graphics Toolkit in Java.* In Proceedings of User Interface Software and Technology (UIST 2000), ACM Press, pp. 171-180.

Bennet, M; Cummins, F. (2004). *ORRIL: A Simple Building Block Approach to Zoomable User Interfaces.* 8th Conf. on Information Visualisation, IV 2004

Bier, E., Stone, M., Pier, K., Buxton, W., & DeRose, T. (1993). *Toolglass and Magic Lenses:The See-Through Interface.* In Proceedings of Computer Graphics (SIGGRAPH 93), ACM Press, pp. 73-80.

Diep, E., Jacob, R.J.K. *Visualizing E-Mail with a Semantically Zoomable Interface*, Infovis 2004

Frisch, M., Dachselt, R., and Brückmann, T. 2008. *Towards seamless semantic zooming techniques for UML diagrams.* In Proceedings of the 4th ACM Symposium on Software Visualization (Ammersee, Germany, September SoftVis '08. ACM, New York, NY, 207-208.

Furnas, G. W. & Bederson, B. B. (1995). *Space-Scale Diagrams: Understanding Multiscale Interfaces.* In Proceedings of Human Factors in Computing Systems (CHI 95), ACM Press, pp. 234-241.

Good, L. & B. B. Bederson. *Zoomable user interfaces as a medium for slide show presentations.* Information Visualization (2002) 1, pp.35 – 49

Gundelsweiler, F & Memmel, T & Reiterer, H. *ZEUS - Zoomable Explorative User Interface for Searching and Object Presentation*, HCI International, Beijing, 2007

Hornbaek, K, Bederson, B. B., Plaisant, C. *Navigation Patterns and Usability of Zoomable User Interfaces with and without an Overview.* ACM Transactions on Computer-Human Interaction, Vol. 9, No 4, 2002

Jetter, H.-C., König, W. A, Gerken, J., Reiterer, H. ZOIL - *A Cross-Platform User Interface Paradigm for Personal Information Management.* PIM 2008, Personal Information Management, CHI 2008 Workshop, Florence, Italy.

Perlin, K., & Fox, D. (1993). *Pad: An Alternative Approach to the Computer Interface.* In Proceedings of Computer Graphics (SIGGRAPH 93), ACM Press, pp. 57-64.

Perlin, K., & Meyer, J. (1999). *Nested User Interface Components.* In Proceedings of User Interface Software and Technology (UIST 99), ACM Press,

Raskin, J. The Humane Interface. *New Directions for Designing Interactive Systems.* Addison-Wesley, 2000.

Ware, C. *Information Visualization: Perception for Design.* Morgan Kaufmann, 2004.

Kontaktinformationen

s.mueller@public-files.de

H. Wandke, S. Kain & D. Struve (Hrsg.): Mensch & Computer 2009: Grenzenlos frei!?
München: Oldenbourg Verlag, 2009, S. 403-412

Kann zu viel Nähe schaden? – Revisionen zum split-attention effect

Athanasios Mazarakis

FZI Forschungszentrum Informatik Karlsruhe

Zusammenfassung

Für das Lernen mit multimedialen Inhalten postuliert der split-attention effect, dass Lernergebnisse umso besser ausfallen, je höher die räumliche Nähe zwischen Text- und Bildelementen ist. Dieser Artikel zeigt, dass mittels künstlich erzeugter Verknüpfungen zwischen räumlich entfernten Texten und Bildern (entsprechend den neueren Faktoren der Wahrnehmungsorganisation), mindestens gleich gute Lernergebnisse erzielt werden können. Der negative Effekt hoher räumlicher Distanz zwischen Text und Bild kann somit auch anderweitig umgangen werden. Hierzu wurde eine Online-Untersuchung durchgeführt und die Daten von 869 Probanden bzgl. der Lern- und Transferleistung ausgewertet.

1 Einleitung

Es existieren zwei populäre und sehr ähnliche kognitive Theorien zum Lernen mit multimedialen Inhalten: die Cognitive Load Theory von Sweller, van Merriënboer und Paas (1998) und die Cognitive Theory of Multimedia Learning von Mayer (2005). Allerdings weisen beide Ansätze theoretische Schwächen auf wenn sie versuchen mit Effekten umzugehen, welche direkt aus den Theorien entstanden sind. Ein Beispiel hierfür ist der split-attention effect, welcher entsteht, wenn der Lernende seine Aufmerksamkeit zwischen verschiedenen Quellen aufteilen und dabei gleichzeitig die Inhalte dieser Quellen mental zusammenfügen muss. Sweller et al. (1998, 280) erklären die Entstehung des Effekts folgendermaßen: „Of considerable importance, the split-attention effect was obtained only when high element interactivity material was used, providing the first evidence of the importance of intrinsic, as well as extraneous, cognitive load.“ Es werden allerdings keine Beweise angeführt, sondern nur die daraus erfolgten Schlussfolgerungen als faktenbasierte Erkenntnisse ausgegeben. Einfache Behauptungen ohne Beweiskraft finden sich auch bei Mayer (2001, 81): „Students learn better when corresponding words and pictures are presented near rather than far from each other on the page or screen.“

2 Hintergrund: Die Cognitive Load Theory und die Cognitive Theory of Multimedia Learning

Beim Lernen mit multimedialen Inhalten werden in der Literatur unterschiedliche kognitive Belastungen diskutiert. So existieren nach der Cognitive Load Theory von Sweller (2005) bei der Beschäftigung mit multimedialen Inhalten drei unterschiedliche kognitive Belastungen, die sogenannten „loads“: Der intrinsic cognitive load, der extraneous cognitive load und der germane cognitive load. Diese drei Belastungen addieren sich zum cognitive load. Hierbei ist der extraneous cognitive load diejenige Belastung, welche durch ein unangepasstes Instruktionsdesign entsteht, wie zum Beispiel durch zusätzliche multimediale Elemente, welche die Aufmerksamkeit des Lernenden ablenken.

Der germane cognitive load hingegen ist relevant für das Erlernen von automatisierten Schemata, welche Sweller (2005) als Königsweg beim Lernen mit multimedialen Inhalten betrachtet. Für Schemakonstruktion und -automatisierung ist es wichtig unter anderem die limitierte Kapazität des Arbeitsgedächtnisses nach Baddeley (1997) zu beachten. Wenn diese Beschränkungen nicht beachtet und zum Beispiel durch zu viel Lernmaterial missachtet werden, dann bleibt die Effektivität der Lerninstruktion und damit das Lernergebnis selbst dem Zufall überlassen.

Der intrinsic cognitive load entsteht wiederum durch die natürliche Komplexität der zu verarbeitenden Informationen. Dabei spielt die Elementinteraktivität eine sehr wichtige Rolle. So existieren auf der einen Seite Elemente, welche unabhängig voneinander gelernt werden können und damit nur einen geringen cognitive load verursachen. Sweller (2003) spricht hierbei von low element interactivity material. Das Lernen von Fremdsprachevokabeln ist hierfür ein Beispiel, da Vokabeln einzeln und unabhängig voneinander gelernt werden können, ohne mit Verständnisproblemen konfrontiert zu werden.

Auf der anderen Seite gibt es Elemente, welche stark miteinander zusammenhängen, es existiert damit eine sehr hohe Elementinteraktivität. Hierbei entsteht ein hoher cognitive load, da die Informationen gleichzeitig verarbeitet werden müssen, um so ein hohes Verständnis beim Lernenden zu erreichen. Ein Beispiel dafür wäre die Syntax einer Fremdsprache, da hier alles gleichzeitig verarbeitet werden muss, um die Sprache adäquat zu beherrschen.

Neben der bereits vorgestellten Cognitive Load Theory, handelt es sich bei der Cognitive Theory of Multimedia Learning von Mayer und Moreno (2003) um die zweite prominente Lerntheorie im Multimediabereich. Die Theorie ist zur Cognitive Load Theory sehr ähnlich und wird an dieser Stelle aus Vollständigkeitsgründen erwähnt.

2.1 Der split-attention effect

In den bisher vorgestellten Theorien zum multimedialen Lernen ist der split-attention effect ein häufig untersuchter Effekt, auf welchen nun näher eingegangen wird. Ayres und Sweller (2005) definieren split-attention dann als gegeben, wenn der Lernende seine Aufmerksamkeit zwischen verschiedenen Quellen aufteilen und dabei gleichzeitig die Inhalte dieser Quellen mental zusammenfügen muss. Als Quellen kann man zum Beispiel einen Text und die gleichzeitige Darstellung einer Abbildung auf dem Computerbildschirm verstehen. Diese Quellen müssen sinnvolle Informationen enthalten, welche notwendig sind für den Lernenden, damit er das zu lernende Material versteht. Beim nun entstandenen split-attention effect wird die kognitive Belastung erhöht, speziell der extraneous cognitive load. Die Lösung des Problems liegt nun nach Ayres et al. (2005) darin, die Lerninhalte in einem integrierten Darbietungsformat zu präsentieren, wie in Abbildung 1 dargestellt.

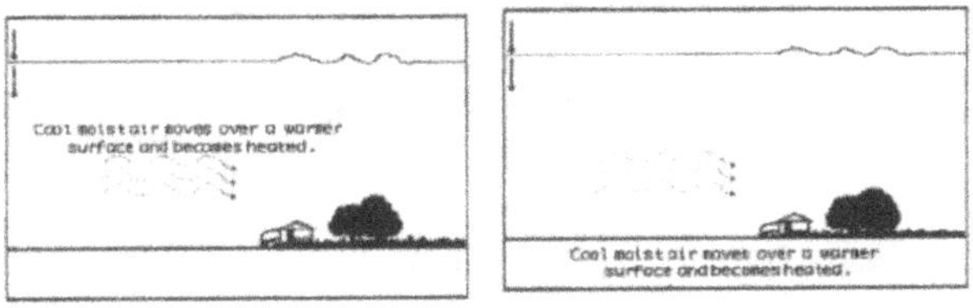

Abbildung 1: Integriertes (links) und separiertes (rechts) Material bei Experiment 1 von Moreno und Mayer (1999)

Abbildung 1 veranschaulicht das Material zu einem häufig benutzten Experiment zur Cognitive Theory of Multimedia Learning von Moreno und Mayer (1999). Das Bild zeigt dabei links das integrierte Darstellungsformat an. Der passende Text wird räumlich nah an die entsprechende Stelle in der bildhaften Darstellung platziert, was für den Lernerfolg förderlich sein soll. Rechts wird die separierte Darstellungsform präsentiert, der erklärende Text befindet sich räumlich entfernt am unteren Bildschirmrand, der Lernerfolg wird nach Moreno et al. (1999) behindert.

2.2 Neuere Faktoren der Wahrnehmungsorganisation

Um nun Alternativen zum bisherigen Vorgehen der räumlichen Nähe zu finden, werden kognitionspsychologische Erweiterungen in Betracht gezogen. So hat Palmer (1999) für den Bereich der Gestaltfaktoren drei weitere Faktoren hinzugefügt, welche auch wissenschaftsmethodischer Kritik standhalten. Es handelt sich dabei um den Faktor der gemeinsamen Region, den Faktor der Verbundenheit der Elemente und den Faktor der zeitlichen Synchronizität. Das Hauptaugenmerk wird in dieser Studie auf die beiden erstgenannten Faktoren gerichtet, welche Beck und Palmer (2002) in ihren Experimenten empirisch bestätigen. Aus Platzgründen wird in diesem Artikel nur der Faktor der gemeinsamen Region beschrieben.

Der Faktor der gemeinsamen Region besagt nach Palmer (1992), dass bei Konstanthaltung aller anderen Faktoren, unterschiedliche Elemente dann als Gruppe wahrgenommen werden, wenn diese innerhalb einer verbundenen, gleich gefärbten oder einheitlich strukturierten Fläche mit der gleichen eingeschlossen Kontur und Farbe eingebunden sind. Unter Konstanthaltung aller anderen Faktoren versteht Palmer (1992), dass nicht mehrere Gestaltprinzipien gleichzeitig wirken, die sogenannte „Ceteris-Paribus-Regel“. Ist dies jedoch der Fall, kann eine Vorhersage der Ergebnisse nicht mehr getroffen werden, da die Wechselwirkungen weder mess-, noch kontrollierbar sind.

Ein Beispiel für den Faktor der gemeinsamen Region wird in Abbildung 2 gezeigt. Es wird deutlich, dass die Nähe der einzelnen Punkte nicht mehr entscheidend ist für die wahrgenommene Gruppierung. Die Punkte innerhalb einer Ellipse sind zwar weiter entfernt als die zwei angrenzenden Punkte in zwei angrenzenden Ellipsen. Trotzdem werden diese Punkte nicht nach dem Gesetz der Nähe von Wertheimer (1923) als zusammenhängend betrachtet, sondern nur die Punkte innerhalb der Ellipsen.

Abbildung 2: Beispiel von Palmer (1992) für den Faktor der gemeinsamen Region

2.3 Fragestellung und Hypothese

Aus den Arbeiten von Mayer (2001), sowie von Moreno et al. (1999), wird folgende Erkenntnis festgestellt: Text und bildhafte Darstellung sollten am Computerbildschirm so nah wie nur möglich gruppiert sein, da es ansonsten zu signifikanten Leistungseinbußen kommt.

In diesem Artikel wird dagegen argumentiert, dass für den split-attention effect nicht nur die räumliche Nähe zwischen den Elementen Text und bildhafter Darstellung wichtig ist, sondern dass auch eine künstlich hergestellte Beziehung zwischen Text und bildhafter Darstellung zu mindestens gleich guten Lernergebnissen bei den Probanden führt. Folgende Hypothesen werden deswegen untersucht:

1. Die verknüpften Darstellungsformate mit den neuen Faktoren der Wahrnehmungsorganisation nach Palmer (1999) führen nicht zu signifikant schlechteren Leistungen (Lern- und Transferleistung), als das integrierte Darstellungsformat.
2. Personen mit weniger domänenspezifischen Vorwissen profitieren nach Mayer (1997) signifikant mehr als Personen mit hohem domänemspezifischen Vorwissen und produzieren somit mehr und kreativere Lösungsvorschläge bei den Transferaufgaben.
3. Die Animation ohne beschreibenden Text schneidet als Kontrollbedingung gegenüber allen anderen Versuchsbedingungen signifikant schlechter ab, die Animation ist damit nicht selbsterklärend.

3 Die Studie

In diesem Abschnitt folgt die Vorstellung der Feldstudie, einer im Internet realisierten Online-Untersuchung, in der die Probanden Lern- und Transferaufgaben zum meteorologischen Phänomen „Die Entstehung von Blitzen" zu lösen hatten. Diese gliederte sich in drei aufeinanderfolgende Phasen. In Phase eins mussten die Probanden zuerst ihr meteorologisches Vorwissen einschätzen. Dieses Vorgehen ist analog zum Experiment von Moreno et al. (1999). Abbildung 3 zeigt hierbei die verwendeten Fragen.

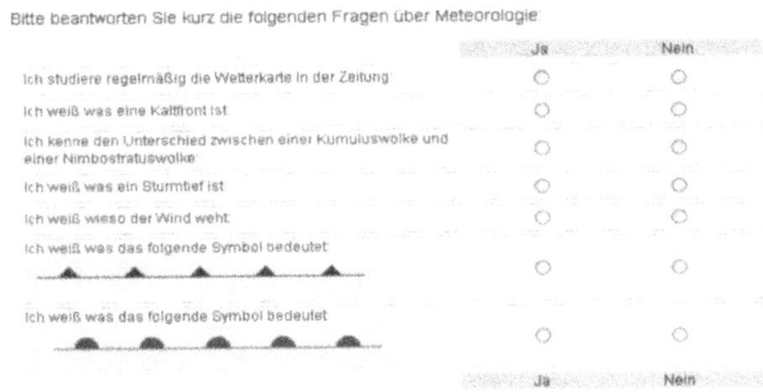

Abbildung 3: Darstellung der sieben Fragen ,die vor der Durchführung des Experiments dargeboten wurden

Danach wurden die Probanden in der zweiten Phase zufällig einer von sechs Versuchsbedingungen zugewiesen, in der eine dreiminütige Animation zur Entstehung von Blitzen dargestellt wurde. Die Animation war entsprechend zum Material von Moreno et al. (1999) nicht farbig gehalten. Zwar konnte bereits Treisman (1980) nachweisen, dass eine farbige Darstellung von Vorteil bei Wiedererkennungs- und Lernprozessen ist. Um jedoch eine nicht eindeutig interpretierbare Wechselwirkung zwischen farbiger Darstellung und den neueren Faktoren der Wahrnehmungsorganisation zu verursachen, wurde bewusst auf eine farbige Animation verzichtet.

Die Versuchsbedingungen stellten eine Verknüpfung zwischen dem split-attention effect und den neueren Faktoren der Wahrnehmungsorganisation her, beziehungsweise untersuchten den split-attention effect an sich. Die Versuchsbedingungen unterscheiden sich dabei in zwei Merkmalen: Einerseits in der räumlichen Nähe vom Text zur passenden Abbildung und andererseits im verwendeten Faktor der Wahrnehmungsorganisation. Durch die Kombination der Varianten dieser zwei Merkmale sind die folgenden sechs Versuchsbedingungen entstanden:

- Die integrierte Versuchsbedingung mit räumlich nah platziertem Text (IT)
- Die integrierte Versuchsbedingung mit gemeinsamer Region (ITCR)
- Die Kontrollbedingung ohne beschreibenden Text (KG)
- Die separierte Versuchsbedingung mit räumlich fern platziertem Text (ST)
- Die separierte Versuchsbedingung mit gemeinsamer Region (STCR)
- Die separierte Versuchsbedingung mit verbundenen Elementen (STEC)

Anzumerken ist, dass bei der Darbietung des Materials wie zum Beispiel auch bei Moreno et al. (1999) keinerlei Rahmen vorhanden waren. Daher konnte die gemeinsame Region durch einen Rahmen dargestellt werden. Aus Platzgründen wird nur eine stark verkleinerte und zusammengefasste Abbildung dargestellt. Abbildung 4 stellt die Versuchsbedingungen STCR (oben links), STEC (oben rechts), ITCR (unten links) und IT (unten rechts) dar.

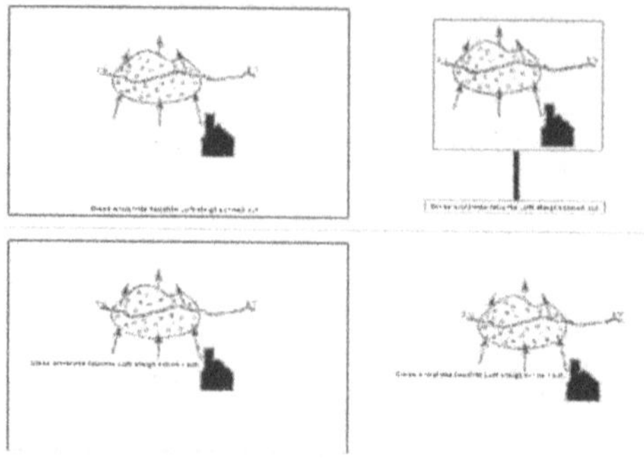

Abbildung 4: Verwendete Animation im Experiment zur Entstehung von Blitzen. Es handelt sich hierbei um die Versuchsbedingungen STCR (oben links), STEC (oben rechts), ITCR (unten links) und IT (unten rechts).

Zum Abschluss beantworteten die Probanden in Phase drei unter Zeitdruck fünf offene Fragen zur gesehenen Animation. Die Fragen lauteten im Einzelnen:

Frage 1: Bitte erläutern Sie wie ein Blitz entsteht.

Frage 2: Was könnten Sie tun, um die Intensität des Blitzes zu verringern?

Frage 3: Stellen Sie sich vor, Sie sehen Wolken am Himmel aber keine Blitze. Wieso?

Frage 4: Was hat die Lufttemperatur mit dem Blitz zu tun?

Frage 5: Was verursacht den Blitz?

Die erste Frage war hierbei die Lernfrage, die Fragen 2 bis 5 die Transferfragen. Für jede richtige Antwort wurde ein Punkt vergeben, falsche Antworten wurden nicht gezählt. Bei der Lernfrage konnten insgesamt 19 Punkte erreicht werden, jeder Teilaspekt wurde anhand des Auswertungsmanuals mit einem Punkt bewertet. Bei den Transferfragen sah das Auswertungsmanual keine Maximalpunktzahl vor, jede akzeptable Antwort wurde honoriert.

4 Ergebnisse

Die Stichprobe beinhaltete 869 Probanden, wobei hiervon 452 Personen männlichen Geschlechts waren und 417 Teilnehmer weiblich. Die Probanden waren durchschnittlich 25 Jahre alt, mit einer Standardabweichung von 7 Jahren. Der studentische Anteil lag bei 63%. Im folgenden Abschnitt werden die Ergebnisse der einfaktoriellen Varianzanalysen präsentiert. Diese sind aufgeteilt nach der Lernleistung und der Transferleistung.

4.1 Ergebnisse für die Lernleistung

	IT	ITCR	KG	ST	STCR	STEC
IT	----	.52	**99.92*** **	.01	*.24*	*.25*
ITCR	----	----	**95.43*** **	*.66*	1.91	*1.52*
KG	----	----	----	**131.20*** **	**130.61*** **	**116.46*** **
ST	----	----	----	----	.21	.25
STCR	----	----	----	----	----	.02
STEC	----	----	----	----	----	----

*** $p < 0.001$; Kursive Werte sind aufgrund der Ceteris-Paribus-Regel nicht eindeutig interpretierbar.

Tabelle 1: F-Werte der Versuchsbedingungsvergleiche für die Lernleistung

Tabelle 1 bestätigt die erste Hypothese, dass die integrierte Versuchsbedingung (IT) den drei verknüpften Versuchsbedingungen (ITCR, STCR und STEC) nicht signifikant überlegen war. Die Lernleistung ergibt sich an dieser Stelle aus der Beantwortung der ersten Frage.

4.2 Ergebnisse für die Transferleistung

	IT	ITCR	KG	ST	STCR	STEC
IT	----	.01	**9.43** **	.74	*.32*	*.24*
ITCR	----	----	**10.80*** **	*.91*	.42	*.33*
KG	----	----	----	**5.17***	**9.82** **	**6.80** **
ST	----	----	----	----	.26	.13
STCR	----	----	----	----	----	.01
STEC	----	----	----	----	----	----

* $p < 0.05$; ** $p < 0.01$; *** $p < 0.001$; Kursive Werte sind aufgrund der Ceteris-Paribus-Regel nicht eindeutig interpretierbar.

Tabelle 2: F-Werte der Versuchsbedingungsvergleiche für die Transferleistung

Aus Tabelle 2 wird ersichtlich, dass auch die Transferleistung in den verknüpften Versuchsbedingungen nicht signifikant schlechter war als in der integrierten Versuchsbedingung, die erste Hypothese wird vollständig bestätigt. Zusätzlich war die Kontrollgruppe ohne beschreibenden Text sowohl in der Lern-, als auch in der Transferleistung signifikant schlechter, die dritte Hypothese wurde dadurch ebenfalls bestätigt, die Animation ist nicht selbsterklärend. Abschließend zeigte sich ein positiver Trend für die neueren Faktoren der Wahrnehmungsorganisation, da die Ergebnisse in den verknüpften Versuchsbedingungen besser waren als in der separierten Versuchsbedingung. Die Transferleistung ergibt sich an dieser Stelle aus der Summenpunktzahl der Fragen zwei bis fünf.

4.3 Ergebnisse für die zweite Hypothese

Nach Mayer (1997) sollten Lernende mit geringem Vorwissen besonders stark von der Umgehung der negativen Aspekte des split-attention effect profitieren können. In der durchgeführten Studie bestand die Novizengruppe aus 484 Personen (ca. 55% der Gesamtstichprobe), welche beim vorher selbsteingeschätzten Vorwissen sechs oder weniger Punkte erzielt hatten. Diese Punktezahl wurde aus der Summe der bejahten Antworten aus Abbildung 4 und einer Selbsteinschätzung auf einer 5-Punkte Skala gebildet.

Zur Absicherung der zweiten Hypothese wurden zwei Varianzanalysen gerechnet mit der Gruppenzugehörigkeit (Novizen vs. Experten) als unabhängige Variable und mit der jeweiligen Lern- oder Transferleistung als abhängige Variablen. Die durchgeführten Varianzanalysen zur Lernleistung und zur Transferleistung führten zu nicht signifikanten Ergebnissen mit $F_L(1,867) = 1.47$, $p < 0.3$, beziehungsweise $F_T(1,867) = 1.30$, $p < 0.3$. Die Nullhypothese wurde beibehalten, es gab keine signifikanten Unterschiede zwischen den beiden Gruppen.

5 Diskussion und Ausblick

Das Ziel des vorliegenden Artikels war es, für den split-attention effect zusätzliche wissenschaftliche Lösungsansätze empirisch zu testen. Die bisher verwendete Möglichkeit der räumlichen Nähe beim Wissenserwerb und –transfer von multimedialen Inhalten wurde kognitionspsychologisch um die neueren Faktoren der Wahrnehmungsorganisation von Palmer (1999) erweitert, im Detail durch den Faktor der Verbundenheit der Elemente und den Faktor der gemeinsamen Region. Dieses Vorgehen war bisher noch nicht wissenschaftlich überprüft worden.

Die erste Hypothese bezüglich der Gleichwertigkeit der verknüpften Versuchsbedingungen und der integrierten Versuchsbedingung konnte bestätigt werden. Eine artifizielle Verknüpfung der Elemente Text und Bild führte nicht zu signifikant schlechteren Ergebnissen, als eine räumlich nahe Darstellung dieser Elemente, die Versuchspersonen hatten also nicht signifikant weniger gelernt als in der integrierten Versuchsbedingung.

Für den Wissenserwerb und –transfer war die Animation ohne beschreibenden Text nicht ausreichend gewesen. Die dritte Hypothese wurde damit untermauert, die Animation war also nicht selbsterklärend. Die Ergebnisse von Mayer (1997), wonach Novizen besonders von den integrierten Formaten profitieren sollten, konnten in der vorliegenden Studie nicht verifiziert werden. Die zweite Hypothese wurde damit verworfen.

Generell hinterfragbar ist, ob man mit fünf Fragen zu einem Problem wie z.B. einem meteorologischen Phänomen, eine gewünschte Generalisierbarkeit der Ergebnisse erreichen kann. Dieser Punkt ist durchaus kritisch zu betrachten, allerdings nicht Teil dieser Arbeit gewesen. Stattdessen wurde Versuchsmaterial verwendet, welches besonders oft und erfolgreich verwendet wurde und welches auch von Mayer (2001) gut dokumentiert wurde. Ob und wie weit wirklich valide und generalisierte Ergebnisse in der Vergangenheit erzielt wurden, ist ein anderes Themengebiet, welches durchaus weiter erforscht werden sollte. Mit der vorliegenden Studie wurde nur ein sehr geringer Teil dieser möglichen Fragestellung bearbeitet.

Die vorliegende Studie ist gemessen an der Stichprobengröße wohl die bisher größte, was die Forschung um den split-attention effect angeht. Die Versuchspersonenzahlen der 37 Studien in der Metaanalyse von Ginns (2006) zu diesem Effekt, lagen meist im zweistelligen Bereich, manchmal auch im sehr niedrigen dreistelligen Probandenbereich. Zusätzlich zeigt die Arbeit von Ginns auch, dass die im vorliegenden Artikel alleinige Beschäftigung mit dem split-attention effect ein eng begrenztes Feld anspricht, dieses aber in der Forschung zum multimedialen Lernen auch die mit Abstand meiste Aufmerksamkeit bekommt.

Von den vorliegenden Ergebnissen kann sowohl der Praktiker beim Design von multimedialen Lernprogrammen, als auch der Theoretiker durch einen zusätzlichen Blickwinkel bei der Betrachtung der Cognitive Load Theory und ihrer Effekte, profitieren. Der Nutzen für zukünftige multimedial gestaltete Lernprogramme liegt darin, dass man nicht mehr um jeden Preis versuchen muss, Text und Bild so nah wie nur möglich zusammen zu platzieren, sondern zum Beispiel durch die Bildung einer einfacher zu bewerkstelligenden gemeinsamen Region an dieser Stelle zeitliche und monetäre Ressourcen sparen kann. Die Wissenschaft wiederum hat die Möglichkeit, sich nun stärker mit den Ergebnissen aus der Kognitionspsychologie zu beschäftigen, um weitere alternative Erklärungsmöglichkeiten für die vorhandenen Effekte der Cognitive Load Theory zu entwickeln.

Sowohl die Ergebnisse der vorliegenden Studie, als auch die Ergebnisse der verwandten Arbeiten von Michas und Berry (2000), sowie von Bodemer et al. (2004), lassen generell Zweifel an der oft zitierten Allgemeingültigkeit des split-attention effect aufkommen. Es muss aber ergänzend hinzugefügt werden, dass die beiden eben genannten Arbeiten nicht das Ziel hatten den Effekt zu hinterfragen, sondern nur durch das Nichtauffinden des Effekts in diese Richtung interpretiert werden können.

Zusammenfassend kann man festhalten, dass der split-attention effect nicht allgemeingültig replizierbar ist und die Wissenschaft für die Zukunft die relevanten Nebenbedingungen für das Auftreten dieses Effekts herausarbeiten muss. Die neueren Faktoren der Wahrnehmungsorganisation hingegen haben ihr Debüt in der Forschung um die Cognitive Load Theory aufgrund der Bestätigung der ersten Hypothese erfolgreich bestanden, und sollten in diesem Zusammenhang weitergehend untersucht und angewendet werden.

Literaturverzeichnis

Ayres, P., & Sweller, J. (2005). The split-attention-principle in multimedia learning. In R. E. Mayer (Ed.), *The Cambridge Handbook of Multimedia Learning* (pp. 135-146). New York, NY: Cambridge University Press.

Baddeley, A. D. (1997). *Human memory: Theory and practice* (Rev. ed.). Hove: Psychology Press.

Beck, D. M., & Palmer, S. E. (2002). Top-down influences on perceptual grouping. *Journal of Experimental Psychology: Human Perception and Performance, 28,* 1071-1084.

Bodemer, D., Plötzner, R., Feuerlein, I., & Spada, H. (2004). The active integration of information during learning with dynamic and interactive visualisations. *Learning and Instruction, 14,* 325-341.

Ginns, P. (2006). A meta-analysis of the spatial contiguity and the temporal contiguity effects. *Learning and Instruction, 16,* 511-525.

Mayer, R. E. (1997). Multimedia Learning: Are we asking the right questions? *Educational Psychologist, 32,* 1-19.

Mayer, R. E. (2001). *Multimedia Learning.* New York: Cambridge University Press.

Mayer, R. E. (2005). Cognitive theory of multimedia learning. In R. E. Mayer (Ed.), *The Cambridge Handbook of Multimedia Learning* (pp. 31-48). New York, NY: Cambridge University Press.

Mayer, R. E., & Moreno, R. (2003). Nine ways to reduce cognitive load in multimedia learning. *Educational Psychologist, 38,* 43-52.

Michas, I. C., & Berry, D. C. (2000). Learning a procedural task: Effectiveness of multimedia presentations. *Applied Cognitive Psychology, 14,* 555-575.

Moreno, R., & Mayer, R. E. (1999). Cognitive principles of multimedia learning: The role of modality and contiguity. *Journal of Educational Psychology, 91,* 358-368.

Palmer, S. E. (1992). Common region: A new principle of perceptual grouping. *Cognitive Psychology, 24,* 436-447.

Palmer, S. E. (1999). *Vision science: Photons to phenomology.* Cambridge, MA: MIT Press.

Sweller, J. (2003). Evolution of human cognitive architecture. *The Psychology of Learning and Motivation, 43,* 215-266.

Sweller, J. (2005). Implications of cognitive load theory for multimedia learning. In R. E. Mayer (Ed.), *The Cambridge Handbook of Multimedia Learning* (pp. 19-30). New York, NY: Cambridge University Press.

Sweller, J., van Merriënboer, J. J. G., & Paas, F. G. W. C. (1998). Cognitive architecture and instructional design. *Educational Psychology Review, 10,* 251-296.

Treisman, A. M., & Gelade, G. (1980). A feature-integration theory of attention. *Cognitive Psychology, 12,* 97-136.

Wertheimer, M. (1923). Untersuchungen zur Lehre von der Gestalt II. *Psychologische Forschung, 4,* 301-350.

Kontaktinformationen

Athanasios Mazarakis

Forschungszentrum Informatik Karlsruhe
E-Mail: mazarakis@fzi.de

Systemdemonstrationen

H. Wandke, S. Kain & D. Struve (Hrsg.): Mensch & Computer 2009: Grenzenlos frei!?
München: Oldenbourg Verlag, 2009, S. 415-418

Semantisch unterstütze Informations-extraktion aus Dokumentenmengen

Philipp Heim, Timo Stegemann, Steffen Lohmann, Jürgen Ziegler

Interaktive Systeme, Universität Duisburg-Essen

Zusammenfassung

Die Informationssuche in einer Vielzahl von Dokumentenquellen und die Extraktion relevanter Inhalte ist im digitalen Zeitalter eine weit verbreitete Aufgabe. Dieser Beitrag beschreibt ein System, dass alle Teilaktivitäten der textbasierten Informationsextraktion durchgängig unterstützt. Besondere Kennzeichen des Systems sind die semantische Erweiterung von Suchtermen, die Dokumenten-übergreifende Visualisierung von Fundstellen und die einfache Extraktion und Klassifizierung von Textstellen, die sich anschließend strukturiert weiterverarbeiten lassen.

1 Einleitung

Eine häufige Aufgabe moderner Wissensarbeiter besteht im Zusammentragen von Informationen aus unterschiedlichen Quellen. Oft sind die benötigten Informationen über mehrere Dokumente verteilt und innerhalb der Dokumente in andere Inhalte eingebettet. Dies erschwert die manuelle Extraktion von Informationen, da viel Zeit benötigt wird, um alle Dokumente zu durchsuchen. Eine Alternative bieten hier vollautomatische Extraktionsverfahren, deren Ergebnisse jedoch in vielen Fällen unvollständig oder fehlerhaft sind, da sie die Semantik natürlicher Sprache zumeist nicht in ausreichendem Maße erkennen (Over & Liggett 2002). Ein weiteres Problem ist, dass die automatische Informationsextraktion meist nur wenig transparent gestaltet ist, so dass für den Nutzer unklar bleibt, auf welche Weise die Dokumente durchsucht und ob wirklich alle relevanten Informationen extrahiert wurden.

Vielversprechender sind in diesem Zusammenhang Ansätze, die die Informationssuche durch semi-automatische Verfahren unterstützen, beispielsweise im Bereich der semantischen Suche (Wie et al. 2008). Allgemein lässt sich jedoch ein Mangel an durchgängigen Lösungen feststellen, die den Nutzer von der Formulierung der Suchanfrage über die Visualisierung der Fundstellen bis zur Extraktion relevanter Informationen unterstützen. Das in diesem Beitrag vorgestellte System zielt auf eine solche durchgängige Lösung ab und bietet darüber hinaus semantische Unterstützung bei der Formulierung von Suchanfragen.

2 Systembeschreibung

Das System ist in Adobe AIR[1] implementiert. Zur Erweiterung von Suchanfragen nutzt es Web-Services des Projektes Deutscher Wortschatz (PDW 2007). Die Web Services werden ausschließlich für die semantische Erweiterung der Suchanfragen eingesetzt. Die Aufbereitung der Dokumente und die Suche in diesen finden lokal auf dem Computer statt, auf dem das System installiert ist. Somit wird verhindert, dass beispielsweise unternehmenskritische Textinformationen nach außen gelangen.

Entsprechend den Teilaktivitäten bei der Informationsextraktion gliedert sich die Benutzeroberfläche des Systems in drei Bereiche (s. Abb. 1): Der linke Bereich dient der semantisch unterstützen Erstellung von Suchanfragen (A), im Hauptbereich werden die Suchergebnisse in ihrem Kontext dargestellt (B) und der untere Bereich zeigt die extrahierten Informationen (C). Im Folgenden werden die drei Bereiche ausführlicher beschrieben.

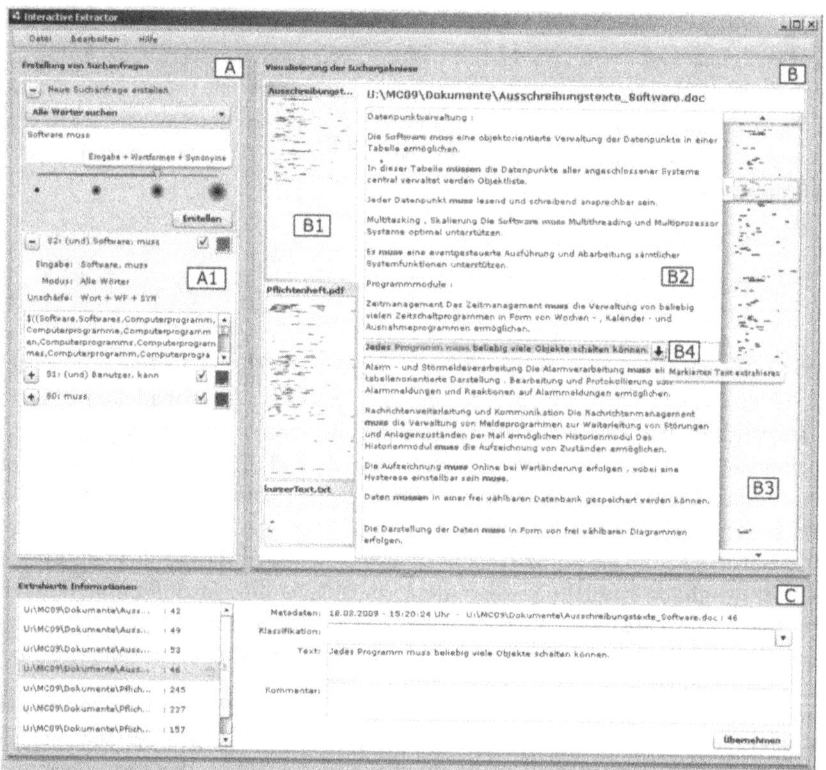

Abbildung 1: Benutzeroberfläche des Systems

[1] Adobe Air: http://www.adobe.com/de/products/air

2.1 Semantisch unterstützte Erstellung von Suchanfragen

Nachdem der Nutzer mehrere Dokumente ausgewählt hat, die er durchsuchen möchte, unterstützt ihn das System bei der Erstellung von Suchanfragen. Eine Suchanfrage wird dabei vom Nutzer zunächst wie üblich in einem oder mehreren Wörtern formuliert. Anschließend kann die Suchanfrage in drei Stufen semantisch erweitert werden.

Die erste Stufe berücksichtigt zusätzlich zu den eingegebenen Suchwörtern alle ihre Wortformen. Hierdurch werden auch Suchergebnisse gefunden, die nicht exakt der eingegebenen Wortform entsprechen. In der zweiten Stufe werden darüber hinaus alle Synonyme der Suchwörter und deren Wortformen bei der Suche berücksichtigt. Die dritte Stufe bezieht neben Synonymen zusätzlich Unterbegriffe aus einem Thesaurus ein, so dass auch spezifischere Varianten der Suchwörter gefunden werden können.

Die gewünschte Stufe der semantischen Erweiterung kann der Nutzer über einen Schieberegler selbst bestimmen (Abb. 1, A). Die Unschärfe der Suche nimmt durch Einbeziehung weiterer Wortformen, Synonyme und Begriffsklassen zu. Für den Nutzer bleibt dennoch jederzeit ersichtlich, welche Wörter und Wortformen in die Suchanfrage eingegangen sind, da die resultierende Liste von Suchtermen nach ihrer Erstellung in einem Textfeld angezeigt wird (A1). Falls der Nutzer möchte, kann er die Liste selbst anpassen, indem er einzelne Wörter entfernt oder weitere ergänzt. Der Benutzer kann zudem die Visualisierung der Fundstellen zu einzelnen Suchanfragen ein- und ausschalten sowie deren farbliche Repräsentation nach Belieben verändern.

2.2 Visualisierung von Suchergebnissen

Die Fundorte der Suchanfragen sind in den Dokumenten in der jeweiligen Farbe gekennzeichnet. Über die vertikal angeordneten Miniaturansichten (B1) erhält der Nutzer, ähnlich wie im System TileBars (Hearst 1995), einen Gesamtüberblick über die Fundstellen in allen Dokumenten. Die Höhe der Miniaturansichten repräsentiert den Umfang der Dokumente. Wählt der Nutzer ein Dokument aus, wird es mit den markierten Fundstellen in der Detailansicht dargestellt (B2).

Wie üblich kann über den Schieberegler des Scrollbalkens der angezeigte Ausschnitt des Dokuments verändert werden. Um die Navigation zu den Fundstellen zu erleichtern, werden diese zusätzlich auch im Scrollbalken angezeigt (B3). Der Bereich des Scrollbalkens, der innerhalb des Schiebereglers liegt, entspricht dabei dem in der Detailansicht dargestellten Ausschnitt des Dokuments.

2.3 Extraktion und Klassifikation von Textstellen

Findet der Nutzer relevante Textstellen, kann er diese auf einfache Weise aus dem jeweiligen Dokument extrahieren und beliebig klassifizieren. Sobald er eine Textstelle in der Detailansicht markiert, wird eine Schaltfläche eingeblendet (B4), mittels der er diese kopieren kann. Da bei der Textaufbereitung eine Satzsegmentierung durchgeführt wird, lassen sich ganze Sätze besonders einfach extrahieren. Die Textinformation wird zusammen mit weiteren Metadaten wie dem Dokumentenpfad, dem Fundort, dem aktuellen Datum und der Uhrzeit in die Sammlung extrahierter Informationen in den unteren Bereich (C) übernommen. Dort kann der Nutzer die extrahierten Informationen klassifizieren und anschließend strukturiert als XML-Datei exportieren.

3 Fazit

Das vorgestellte System bietet eine durchgängige Unterstützung für alle Teilaktivitäten bei der textbasierten Informationsextraktion aus Dokumentenmengen. Insbesondere zeichnet sich das System durch die folgenden Funktionalitäten aus:

- Eine graduelle, semantische Anreicherung von Suchanfragen in drei verschiedenen Intensitätsstufen, die vom Nutzer kontrolliert werden.
- Die gleichzeitige Visualisierung von Fundstellen in mehreren Dokumenten und von verschiedenen Suchanfragen.
- Eine schnelle und einfache Extraktion und Klassifikation von relevanten Textteilen zusammen mit einer Rückverfolgbarkeit zu den jeweiligen Fundorten.

In ersten Anwendungsfällen wurde das System grundsätzlich als hilfreich bewertet. Die allgemeine Form der semantischen Sucherweiterung liefert allerdings bisher noch sehr breite und wenig fachbezogene Unterstützung. Hier ist noch eine Anpassung des verwendeten Wortschatzes auf die jeweilige Domäne bzw. den Unternehmenskontext notwendig.

Literaturverzeichnis

Hearst, M. (1995). *TileBars: Visualization of Term Distribution Information in Full Text Information Access*. In Proceedings of CHI'95, S. 59-66.

Over, P. & Liggett, W. (2002). *Introduction to DUC-2002: an Intrinsic Evaluation of Generic News Text Summarization Systems*. In Proceedings of the Workshop on Automatic Summarization (DUC 2002).

Projekt Deutscher Wortschatz (2007). Universität Leipzig. http://wortschatz.uni-leipzig.de/.

Wei, W., Barnaghi, P.& Bargiela, A. (2008). Search with Meanings: An Overview of Semantic Search Systems. *International Journal of Communications of SIWN, 3*, S. 76-82.

Kontaktinformationen

Philipp Heim, Timo Stegemann, Steffen Lohmann, Jürgen Ziegler

E-Mail: {philipp.heim | timo.stegemann | steffen.lohmann | juergen.ziegler}@uni-due.de

H. Wandke, S. Kain & D. Struve (Hrsg.): Mensch & Computer 2009: Grenzenlos frei!?
München: Oldenbourg Verlag, 2009, S. 419-422

Der 'Joy-of-Use'-Button

Robert Schleicher, Sandra Trösterer

Deutsche Telekom Laboratories / Fachgebiet Mensch-Maschine-Systeme, TU Berlin

Zusammenfassung

Wir stellen ein Werkzeug zur ad-hoc-Bewertung von Joy-of-Use-Erlebnissen bei der Arbeit am PC vor. Das unter Microsoft Windows XP im Hintergrund laufende Programm erfasst zusammen mit einem Screenshot der aktuell bedienten Anwendung eine Kurzbewertung des erlebten positiven Gefühls auf einer fünfstufigen Skala. Im erweiterten Modus ist die Markierung relevanter Bildschirm-Bereiche und eine Freitextbeschreibung des konkreten Erlebnisses möglich. Das Programm inklusive Quellcode ist frei verfügbar.

1 Einleitung

Seit die Nutzerzufriedenheit zunehmend in den Fokus der Usability-Forschung tritt, wird dieser Aspekt der Benutzung von Software mit einer Vielzahl von Begriffen zu umreißen versucht, sei es *emotional design* (Norman 2004), *hedonische* bzw. *non-instrumentelle Qualität* des Produkts (Hassenzahl 2004; Thüring & Mahlke 2007) oder auf Nutzerseite allgemein als *user experience* bis hin zur vorrangigen Betonung des positiven Erlebnisses als *Joy-of-Use* (Jetter 2006). Der Vielfalt an Schlagworten und (theoretischen) Konzepten steht eine recht überschaubare Menge an Messinstrumenten zu ihrer empirischen Erfassung gegenüber. Am meisten verwendet werden vermutlich das Software Usability Measurement Inventory (Kirakowski & Corbett 1993) und der AttrakDiff-Fragebogen (Hassenzahl et al. 2003) sowie aus der Emotionspsychologie das Self-Assessment Manikin (Bradley & Lang 1994). Diese Situation bildete den Ausgangspunkt für zwei interdisziplinäre Studienprojekte, die an der TU Berlin im Sommer- und Wintersemester 2008/2009 durchgeführt wurden.

2 Fragestellung und Vorgehen

Ziel der Studienprojekte war die Exploration und Entwicklung zusätzlicher Messinstrumente zur Erfassung positiver Momente in der Mensch-Maschine-Interaktion. Physiologische Maße waren dabei explizit ausgeschlossen, da ihre Anwendung zumeist auf Laborsituationen beschränkt ist (Partala et al. 2006) bzw. neben der Verfügbarkeit entsprechender Sensoren profunde Kenntnisse der Psychophysiologie und Signalverarbeitung voraussetzt.

2.1 Studienprojekt 1: Entwurf des Messinstruments

Um eine bessere Vorstellung von dem Konstrukt 'Joy-of-Use' (JoU) zu bekommen, waren alle 12 Teilnehmer zu Beginn des Projektes angehalten, für einen Zeitraum von einem Monat in einer Art Tagebuch zu notieren, wann ihnen der Gebrauch von Software oder Unterhaltungselektronik Spaß gemacht hatte, welcher Aspekt der Benutzung genau dieses Spaßerlebnis hervorgerufen hatte, und warum. Insgesamt wurden so 157 JoU-Erlebnisse ermittelt. Diese wurden im nächsten Schritt auf gemeinsame Merkmale hin untersucht, wobei sich insgesamt 10 typische Komponenten ergaben. Exemplarisch seien hier zwei aufgeführt[1], in Klammern jeweils ein zugehöriger Tagebucheintrag: *Übersichtlichkeit/Aggregation von Informationen* ("Exposé-Funktion im Mac OS erlaubt eine Übersicht aller geöffneten Fenster im Kleinformat") oder *Individualisierbarkeit* ("Benutzung von Funktionstasten am Handy"). Bei der Auswertung wurde deutlich, dass JoU nicht nur als länger anhaltende Motivation, sich genauer mit einem (neuen) System auseinanderzusetzen, auftritt, was von Blythe & Hassenzahl (2004) als 'Freude' bezeichnet wird, sondern oftmals auch bei bereits weniger intensiven und unspektakulären Interaktionsmomenten anzutreffen ist, etwa der oben genannten Benutzung von einmal festgelegten Funktionstasten. Um diese kurzzeitigen Momente zu erfassen, wurden die eingangs genannten Fragebögen, die im Anschluss an eine längere Interaktion vorgelegt werden, als möglicherweise nicht ausreichend angesehen. Alternativ wurde daher der Einsatz eines kurz zu betätigenden 'Joy-of-Use-Buttons' vorgeschlagen, den der Nutzer in dem Moment drücken kann, in dem er bei der Softwarenutzung JoU empfindet. Mit dessen Umsetzung befasste sich das zweite Projekt.

2.2 Studienprojekt 2: Umsetzung des Joy-of-Use-Buttons

Ausgehend von den Beobachtungen der vorherigen Gruppe wurden zunächst zentrale Merkmale des zu implementierenden Joy-of-Use-Buttons spezifiziert:

- eindeutiger Fokus auf das Erleben eines positiven Moments: es soll verhindert werden, dass sich das Bewertungsinstrument zu einem 'elektronischer Meckerkasten' entwickelt
- schnelle und einfache Anwendung, um den aktuellen Arbeitsfluss möglichst wenig zu unterbrechen: ideal wären bis zu zwei Klicks
- minimal zu erhebende Daten: grobe Quantifizierung des Spaß-Erlebnisses auf einer Skala sowie Screenshot der aktuell bedienten Anwendung. Außerdem die Möglichkeit, das Erlebnis bei Bedarf zusätzlich zu beschreiben
- Weiterverarbeitbarkeit der erhobenen Daten: Speicherung im csv-Format (ASCII comma seperated values)

[1] Die vollständige Liste ist auf Anfrage bei den Autoren verfügbar.

Aufgrund dieser Anforderungen wurde beschlossen, den JoU-Button als im Hintergrund laufende Anwendung, die aus dem Systemtray (Bereich neben der Uhr in der Taskleiste) heraus mittels Maus oder Tastaturkürzel aktiviert werden kann, umzusetzen. Die Implementierung erfolgte zunächst für das nach Einschätzung der Autoren nach wie vor am weitesten verbreitete Betriebssystem Microsoft Windows XP in der Programmiersprache C#. Der Quellcode sowie eine aktuelle Programmversion sind online frei verfügbar[2]. Abbildung 1 zeigt die Oberfläche des JoU-Buttons, nachdem er aus dem Systemtray aktiviert wurde.

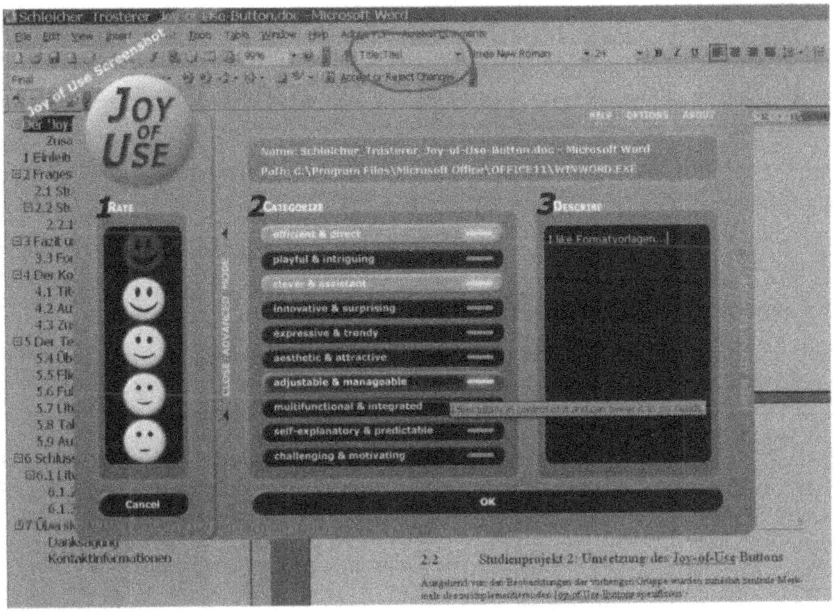

Abbildung 1: Oberfläche des Joy-of-Use-Buttons im erweiterten Modus. Im einfachen Modus ist lediglich die Bewertungsskala mit Smilies (1) zu sehen. Im erweiterten Modus können noch typische Merkmale von Joy-of-Use-Erlebnissen ausgewählt (2) sowie im Freitextfeld (3) zusätzliche Informationen angegeben werden. Im Hintergrund der Screenshot der momentan aktiven Anwendung, in dem der Benutzer mit der Maus Areas of Interest markieren kann, wie hier um das Pulldown-Menü der Fomatierungsstile in Microsoft Word.

3 Fazit

In seiner vorliegenden Form bietet sich der JoU-Button zur Selbstbeobachtung sowie dem Einsatz in Usability-Test an. Auf die Implementierung einer automatischen Aktivierung innerhalb bestimmter Zeitintervalle wurde bewusst verzichtet, um den Benutzer nicht im Arbeitsfluss zu unterbrechen und die Messung von JoU-Momenten selbst zum Ärgernis zu machen. Da der Quellcode aber ebenfalls frei verfügbar ist, lässt sich der Button problemlos um eine solche Funktionalität erweitern, ähnlich wie die zur Auswahl angebotenen typischen

[2] http://www.tu-berlin.de/index.php?id=53724

Merkmale von JoU-Erlebnissen ((2) in Abbildung 1) nicht endgültig, sondern beliebig anpassbar sind. Alle erhobenen Daten werden aus Datenschutzgründen nur lokal gespeichert. Wer Interesse hat, sie zu weiteren Analysen zur Verfügung zu stellen, kann sie allerdings gerne an die Adresse joyofuse@qu.tlabs.tu-berlin.de schicken.

Danksagung

Wir danken den Teilnehmern der beiden Studentenprojekte für ihre Mitarbeit.

Literaturverzeichnis

Blythe, M. A. & Hassenzahl, M. (2004). The Semantics of Fun: Differentiating Enjoyable Experiences. In M. A. Blythe, K. Overbeeke, A. F. Monk & P. C. Wright (Eds.), *Funology. From Usability to Enjoyment* (pp. 91-100). Dordrecht: Kluwer Academic Publishers.

Bradley, M. M. & Lang, P. J. (1994). Measuring emotion: the Self-Assessment Manikin and the Semantic Differential. *Journal of Behavior Therapy and Experimental Psychiatry, 25*(1), 49-59.

Hassenzahl, M. (2004). The Thing and I: Understanding the Relationship Between User and Product. In M. A. Blythe, K. Overbeeke, A. F. Monk & P. C. Wright (Eds.), *Funology. From Usability to Enjoyment* (pp. 31-42). Dordrecht: Kluwer Academic Publishers.

Hassenzahl, M., Burmester, M. & Koller, F. (2003). AttrakDiff: Ein Fragebogen zur Messung wahrgenommener hedonischer und pragmatischer Qualität. In G. Szwillus & J. Ziegler (Eds.), *Mensch & Computer 2003. Interaktion in Bewegung* (pp. 187-196). Stuttgart: Teubner.

Jetter, H.-C. (2006). Die MCI im Wandel: User Experience als die zentrale Herausforderung? In A. M. Heinecke & H. Paul (Eds.), *Mensch & Computer 2006: Mensch und Computer im StrukturWandel* (pp. 65-72). München: Oldenbourg Verlag.

Kirakowski, J. & Corbett, M. (1993). SUMI: The Software Usability Measurement Inventory. *British Journal of Educational Technology, 24*(3), 210-212.

Norman, D. A. (2004). *Emotional design: why we love (or hate) everyday things.* New York City: Basic Books.

Partala, T., Surakka, V. & Vanhala, T. (2006). Real-time estimation of emotional experiences from facial expressions. *Interacting with Computers, 18*(2), 208-226.

Thüring, M. & Mahlke, S. (2007). Usability, aesthetics and emotions in human–technology interaction. *International Journal Of Psychology, 42*(4), 253–264.

Kontaktinformationen

Robert Schleicher, E-Mail: robert.schleicher@tu-berlin

Sandra Trösterer, E-Mail: sandra.troesterer@mms.tu-berlin.de

H. Wandke, S. Kain & D. Struve (Hrsg.): Mensch & Computer 2009: Grenzenlos frei!?
München: Oldenbourg Verlag, 2009, S. 423-426

„inBath“ – assistive Badumgebung

A. Dogangün, T. Haverkamp, M. Munstermann, G. Stockmanns, E. Naroska

Fraunhofer Institut für Mikroelektronische Schaltungen und Systeme (IMS)

Zusammenfassung

Das „inBath“ als Gesamtlösung stellt ein intelligentes Mehrgenerationen-Badezimmer dar, das den jeweiligen Benutzer – abhängig von Altersstufe und Bedürfnissen – mittels angepasster Senorik und Aktorik unterstützt. In der jetzigen Ausbaustufe fungiert das Badezimmer primär als Assistenzsystem für ältere Nutzer. Mit Hilfe entsprechender Sensorik werden einzelne Aktivitäten (Handlungsabläufe) bei der täglichen Körperpflege erfasst, protokolliert und ausgewertet. Darauf basierend stellt das System kontextsensitiv Erinnerungshilfen zur Durchführung der Körperpflege bereit. Ziel dieser Entwicklung ist die Autonomie der Bewohner zu erhöhen und ihnen ein (längeres) selbstbestimmtes Leben in ihrer heimischen Umgebung zu ermöglichen. Dokumentation, Assistenz, Barrierefreiheit in Kombination mit Multimediafunktionen decken dabei eine Vielzahl der Bedürfnisse und Anforderungen der ganzen Familie ab.

1 Einleitung

Der demographische Wandel erfordert die Entwicklung neuer Konzepte zur Pflege und Betreuung älterer Menschen. Mit zunehmendem Alter nimmt die Krankheitswahrscheinlichkeit und Multimorbidität (lat. Mehrfacherkrankung) zu (Kripke 2000). Zudem wird mit steigender Lebenserwartung die Anzahl der an Demenz erkrankten Senioren in den folgenden Jahren zunehmen (Mayer & Baltes 1996). Der Krankheitsverlauf kann jedoch durch medikamentöse und psychologisch orientierte Therapien verzögert werden (Lämmer et al. 2000, Krämer 2000). Der Alterungsprozess hat nicht nur Einfluss auf kognitive, sondern auch motorische Fähigkeiten. Bis zu einem gewissen Grad lassen sich diese nachlassenden Fähigkeiten durch Assistenzsysteme kompensieren. Eine Herausforderung liegt darin, den Unterstützungsbedarf rechtzeitig zu erkennen und entsprechende Assistenzsysteme festzulegen. In Zusammenarbeit mit Pflegepersonal und -fachleuten wurde das Konzept einer assistiven Badumgebung „inBath“ erstellt und derzeit partiell umgesetzt. Nach einer Bedarfsanalyse sollen Assistenzkomponenten ausgewählt, personalisiert und dem Nutzer zur Verfügung gestellt werden. In einem iterativen Verfahren wird der Erweiterungsbedarf geprüft und Assistenzfunktionen werden entsprechend angepasst. Auch der Einsatz in Pflegeeinrichtungen, Seniorenwohnanlagen und in Hotels ist angedacht.

2 Stand der Wissenschaft

Im Gegensatz zur klassischen Sensorfusion (Hall 1992), bei der sich das Verhalten des zugrunde liegenden physikalischen Systems über die Zeit nicht verändert, muss eine intelligente Umgebung sich auf ständig variierende Bedingungen einstellen. Eine solche intelligente Umgebung wurde auch in der Pflegeeinrichtung Elite Care´s Oatfield Estates Cluster in Oregon (Stanford 2002) geschaffen. Zur Pflegeoptimierung wurden unterschiedliche Technologien und Sensoren, wie beispielsweise RFID, Bewegungsmelder etc., eingesetzt und mittels Datenfusion das Verhalten der Bewohner erfasst und ausgewertet. Im Badezimmer sind jedoch abgesehen von Lokalisationskomponenten keine speziellen Sensoren und Aktoren zum Einsatz gekommen. Daher sind die Möglichkeiten dieses Systems im Badezimmer assistiv zu wirken, eingeschränkt. Weiterhin geben Orwat et al. (2008) einen Überblick über bestehende Systeme im Bereich pervasive computing in der Pflege. Die Autoren identifizieren einen erheblichen Forschungs- und Entwicklungsbedarf in diesem Bereich insbesondere in Form klinischer Studien, sozioökologischer Analysen und Nutzerstudien.

3 Adaptive Unterstützung im Bad

Das „inBath“ ist als ein barrierefreies Mehrgenerationen-Badezimmer konzipiert. Es soll sich individuell an die Bewohner anpassen und an geeigneter Stelle (Zeit und Ort) Informationen und/oder Hilfestellungen geben. Die Idee ist, z. B. aus der ontologischen Beschreibung eines bestimmten Krankheitsbildes auf Bedürfnisse und Fähigkeiten zu schließen. Weiter soll das Badezimmer selbstständig das Verhalten des Bewohners erlernen und ihm darauf basierend individuelle Hilfen anbieten. Um die Entwicklungskosten des Systems niedrig zu halten, soll möglichst auf kommerziell verfügbare Komponenten, wie Armaturen, Sensoren etc., zurückgegriffen werden. Zudem wird angestrebt, die Eingewöhnungsphase für den Bewohner so gering wie möglich zu halten. Dies ist besonders für dementiell erkrankte Patienten wichtig.

Derzeit besteht der inBath-Demonstrator aus zwei Modulen, einem Dusch-WC und einem Waschtisch mit berührungsempfindlichen Spiegel (Touchspiegel). Dieser wurde als zentrale Informationsschnittstelle realisiert. Das System soll im „Normalfall“ lediglich als „moderne Multimedia- und Informationszentrale“ dienen. Eingreifen soll es nur, wenn in der ihm bekannten Routine Aktionen fehlen oder der Benutzer explizit eine Erinnerungshilfe wünscht.

3.1 Visuelle Reize zur Erinnerungshilfe

Der Einsatz von unterschiedlichen visuellen, akustischen, olfaktorischen, taktil-haptischen oder vibratorischen Reizen bei Demenzpatienten wird beim Snoezelen[1] bereits eingesetzt

1 Das Wort Snoezelen (ausgesprochen „snuzelen“) ist eine Neuschöpfung aus den niederländischen Begriffen„snuffelen“ (= schnüffeln) und „doezelen“ (= dösen) (Mertens 2006). Die Methode verbindet sinnliche Aktivierung und Entspannung insbesondere bei geistig eingeschränkten sowie demenzkranken Menschen.

und von Mertens (2004) und Weert (2004) als angenehm und stimulierend beschrieben. Beim inBath-Konzept werden visuelle Reize in Form von Lichtquellen an unterschiedlichen Orten zur Orientierung eingesetzt. Beleuchtete Piktogramme am Spiegel dienen als Erinnerungshilfen: wenn bsw. in der täglichen Routine nach dem Händewaschen immer das Zähneputzen erfolgt und diese Aktion nach einer vorher festgelegten Zeitdauer nicht eintritt, beleuchtet das System das Fach der elektrischen Zahnbürste. Wird diese nicht entnommen, so blinkt nach einer gewissen Zeit ein Symbol auf dem Spiegel auf. Anschließend leitet eine Bildsequenz durch den optimalen Reinigungsprozess. Eine weitaus wichtigere Unterstützung bietet das System bei der Medikamenteneinnahme. Zu einer vordefinierten Zeit wird der Medikamentenschrank beleuchtet und zeitgleich das Medikamentensymbol auf dem Spiegel angezeigt. Öffnet man den Medikamentenschrank, zeigt das System an, welches Medikament wie oft eingenommen werden soll. Die eingesetzten Medikamentenboxen registriert die Öffnung und quittiert die erfolgte Aktion mit dem Aufleuchten einer LED. In der nächsten Generation werden die Medikamentenboxen die Information direkt an das System übertragen.

4 Ausblick

Derzeit werden Konzepte zur Integration weiterer Module für das inBath entwickelt: In den Boden vor dem Spiegel wird ein Sensorsystem eingebaut, welches Gewicht, Atmung und Herzschlag detektieren kann. Auch ist es denkbar, über dieses Sensorsystem das Gleichgewicht und damit die Standsicherheit des Bewohners zu analysieren. Gerade bei Morbus Parkinson[2] verschlechtert sich die Standqualität mit fortschreitender Krankheit rapide. Aber auch bei den Demenzerkrankungen oder anderen neurologischen Störungen ist eine Störung des Bewegungsapparates deutlich zu erkennen.

Potential zur Weiterentwicklung bietet die Toilette: mit ihr sollen zusätzlich zu den bereits umgesetzten Assistenzfunktionen Urin- und Stuhlproben automatisch entnommen und analysiert werden. Besonders im Bereich der Medikamentenkontrolle sind vielfältige Erweiterungen möglich. Das System soll z.B. selbstständig Bedarfsmedikamente bereitstellen, Insulineinheiten berechnen, aber auch Fremden, nicht autorisierten Personen, den Zugang zu den Medikamenten verweigern.

5 Zusammenfassung

Das intelligente Badezimmer inBath ist eine Systemlösung zur Unterstützung der täglichen hygienischen Pflege. Durch die intelligente Kombination existierender Technologien werden für Senioren oder behinderte Menschen Erinnerungshilfen zur täglichen Körperpflege bereitgestellt. Parallel können bei Bedarf automatisiert Pflegeabläufe analysiert und dokumentiert

2 Morbus Parkinson ist eine langsam fortschreitende neurologische Erkrankung. Sie zählt zu den degenerativen Erkrankungen. Die Hauptsymptome sind Muskelstarre, Muskelzittern, verlangsamte Bewegungen (bis zur Bewegungslosigkeit) und Standunsicherheit.

werden. So soll die Autonomie der Bewohner erhöht und ihnen ein (längeres) Leben in ihrer heimischen Umgebung ermöglicht werden. Das inBath ist zudem für einen Mehrgenerationenhaushalt konzipiert und bietet neben der Pflegeprotokollierung, der Pflegeassistenz und der Barrierefreiheit auch Info- und Entertainment-Funktionen für die ganze Familie.

Acknowledgment

Gefördert im Rahmen der Internen Programme der FhG, Fördernummer Attract 692018

Literaturverzeichnis

Boustani, M. et al. (2003). *Screening for dementia in primary care: a summary of the evidence for the U.S. Preventive Services Task Force*. Ann Intern Med

Hall, D. L. (1992). *Mathematical Techniques in Multi-sensor Data Fusion*. Norwood, MA: Artech House, Inc.

Happe, S. (2007). *Kapitel Demenzen. Enzyklopädie der Schlafmedizin*. Berlin: Springer Verlag

Krämer, G. (2000). *Alzheimer Krankheit -Antworten auf die häufigsten Fragen. Reihe TRIAS ärztlicher Rat*. Georg Thieme Verlag.

Kripke, D. (2000). *Chronic hypnotic use: deadly risk, doubtful benefit*. Sleep Medicine. Reviews 4. S. 5-20.

Lämmler, G. et al. (2003). *Demenz*. In E. Steinhagen-Thiessen und B. Hanke (Hrsg.): Neurogeriatrie auf einen Blick, Blackwell-Verlag

Mayer, K. U., Baltes, P. B. (Hrsg.) (1996). *Die Berliner Altersstudie. 2. Auflage (1998)*. Berlin: Akademie Verlag.

Mertens, K. (2004). *Snoezelen – Eine Einführung in die Praxis*. Verlag modernes lernen. Dortmund. 2. Aufl.

Mertens, K. (2006): *Definition Snoezelen*. In Brockhaus Enzyklopädie. Band 25. Leipzig 21. Aufl.

Orwat, C. et al. (2008). *Towards Pervasive Computing in Health Care – A Literature Review*. BMC Medical Informatics and Decision Making

Vince Stanford (2002). *Using Pervasive Computing to Deliver Elder Care*. In IEEE Pervasive Computing - Reaching for Weiser's Vision. Vol 1. Number 1. pp. 10-13

Weert, J.C.M. van (2004). *Multi-Sensory Stimulation in 24-hour dementia care*. http://www.nivel.nl.

Kontaktinformationen

Aysegül Dogangün

E-Mail: ayseguel.doganguen@ims.fraunhofer.de

H. Wandke, S. Kain & D. Struve (Hrsg.): Mensch & Computer 2009: Grenzenlos frei!?
München: Oldenbourg Verlag, 2009, S. 427-430

Campus-3D – Visualisierung georeferenzierter Inhalte eines HIS

Christian Meyer[1], Jens Heydekorn[2], Martin Christof Kindsmüller[1], Michael Herczeg[1]

[1]Institut für Multimediale und Interaktive Systeme; Universität zu Lübeck
[2]Institut für Simulation und Graphik; Otto-von-Guericke-Universität Magdeburg

Zusammenfassung

Campus-3D ist eine webbasierte Komponente, die ein bestehendes Hochschulinformationssystem (HIS) um die Visualisierung georeferenzierbarer Information ergänzt. Campus-3D dient dazu, Information zum Campus, zu den sich darauf befindlichen Gebäuden, sowie weitere Information, die Benutzer über den Campus und den Betrieb benötigen, darzustellen. Zusätzlich zu den in einem klassischen HIS vorliegenden textuellen Beschreibungen werden in Campus-3D Georeferenzen dreidimensional visualisiert. Die Visualisierung wird interaktiv über den Suchdialog in Position und Darstellung angepasst und ermöglicht den Benutzern auf diese Weise eine räumliche Orientierung in den Suchergebnissen.

1 Einleitung

Klassische Hochschulinformationssysteme (HIS), wie z. B. UnivIS (Röttenbach 2005) bieten Benutzern textliche Information zu Personen, Instituten, Gebäuden und Räumen, welche wiederum Adressangaben umfassen können. Da diese Systeme i. d. R. viele Freiheiten bei der Dateneingabe lassen, ist die verfügbare Information oft unvollständig und uneinheitlich. Campus-Lagepläne liegen meist in gedruckter Form vor. Da diese häufig zusätzlich über das WWW abgerufen werden können, werden oft Kopien in verschiedenen Versionen erzeugt. Dies führt zu ähnlichen Probleme wie im HIS: Angaben können unvollständig und uneinheitlich sein. Ein Vorteil dieser Pläne ist, dass die Gebäude und deren Lage, aufgrund der stilisierten Darstellung, schnell zu erkennen sind. Andererseits bewirkt die Stilisierung, dass für die Orientierung wichtige Details verloren gehen und der Wiedererkennungswert gering ist.

Zur elektronischen Darstellung von Orientierungskarten werden bislang Systeme wie Map24 (2009) oder Microsoft Virtual Earth (2009) eingesetzt. Diese Systeme bieten unter anderem Suchfunktionen, dreidimensionale Darstellung von Gebäuden und visuelle Details durch Luft- oder Satellitenaufnahmen. Andere realisierten ausschließlich virtuelle Umgebungen (Larmore et al. 2005, Raufi et al. 2008). Allerdings besteht keine Möglichkeit, eine direkte

Verknüpfung eines HIS mit genannten Systemen in der Granularität des betrachteten Informationsraumes herzustellen (Hagedorn & Döllner 2007). Die unvollständige und uneinheitliche Informationspräsentation sowie die nicht vorhandene Verknüpfung zwischen textlicher und visueller Information dokumentieren den Bedarf für eine verbindende Komponente.

2 Konzeption und Nutzung

Die Grundlage für die Erweiterung eines HIS um georeferenzierbare Information bildet eine Modellierung von Aufgaben, Nutzeranforderungen und Nutzungskontexten in Form von Use-Cases. Für alle Use-Cases ist ein zentrales Informationssystem vorteilhaft, um eine effektive und effiziente Suche über den ganzen zur Verfügung stehenden Datenraum zu gewährleisten. Die gewählte Client-Server-Architektur besteht aus dem Visualisierungsfrontend GeoNavigator und aus einem Server (GeoServer), der sowohl die textuellen Daten als auch die 3D-Modelle verwaltet. Dieser verfügt über eine Anbindung an das bestehende HIS, wodurch eine redundante Datenhaltung vermieden wird.

Das Frontend GeoNavigator ist als javabasierter Rich-Client realisiert, der über Java-Web-Start-Technologie ausgeliefert wird. Die Benutzungsschnittstelle bietet Suchfunktionen und eine dreidimensionale Visualisierung des Campus. Abhängig vom Suchkontext erhält ein Benutzer sowohl textuelle Information aus dem HIS, als auch eine angepasste 3D-Visualisierung. Innerhalb dieser werden dem Suchergebnis entsprechend Gebäude und Räume farblich hervorgehoben. Der virtuelle Beobachtungsstandpunkt („Kamera“) wird so gewählt, dass der Benutzer die Objekte möglichst optimal betrachten kann. Für eine individuelle Betrachtung des Ergebnisses sowie zur Exploration des Campus hat der Benutzer die Möglichkeit, innerhalb der Visualisierung mit Hilfe der Maus (*drag*, *wheel-scroll*) oder der Tastatur (Pfeiltasten) sowie über Schaltflächen zu navigieren. Die folgenden beiden Use-Cases illustrieren zentrale Eigenschaften und Anforderungen des Systems.

Use-Case 1: Ein Besucher betritt den Campus und sucht nach einer Person. Hierzu steht am Haupteingang ein Computerterminal zur Verfügung, durch das er auf das HIS zugreifen kann. Durch eine festgelegte Kameraposition des Standortes erhält der Benutzer eine dreidimensionale Übersicht entsprechend zur momentanen Position (Abb. 1). Die Ergebnisliste einer Suche enthält sowohl textuelle Information, als auch eine Visualisierung des Gebäudes samt des oder der mit der gesuchten Person assoziierten Raumes oder Räume (Abb. 2).

Use-Case 2: Eine Person nutzt ihren Laptop und sucht im HIS nach einem Mitarbeiter. Innerhalb der Suchergebnisliste erhält sie eine Visualisierung der Lage des Gebäudes in dem sich das Büro befindet sowie der Lage des Büros innerhalb des Gebäudes (Abb. 2).

Der Wechsel von Sichtpositionen findet in Form einer Kamerafahrt statt, um die Orientierung des Benutzers zu erhalten. In Bezug auf den Use-Case 1 bedeutet dies, dass der Benutzer eine Kamerafahrt von seinem Standort aus zum gesuchten Raum erhält. Für Gebäude mit mehreren Eingängen können verschiedene Kamerapositionen (Abb. 3a & b) gewählt werden.

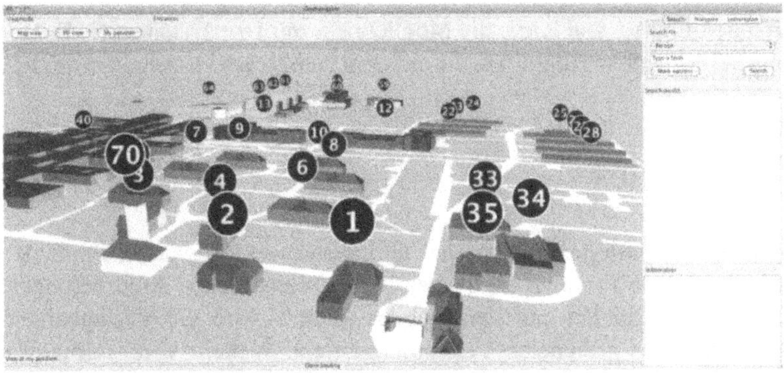

Abbildung 1: Erscheinungsbild des GeoNavigators. Die Visualisierung stellt eine 3D-Ansicht des Campus dar.

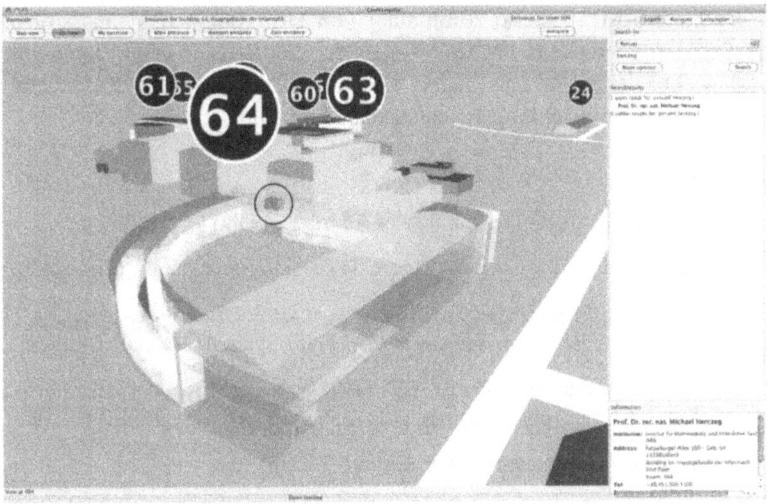

Abbildung 2: GeoNavigator nach der Suche nach einer Person. Das Büro ist durch einen Kreis gekennzeichnet.

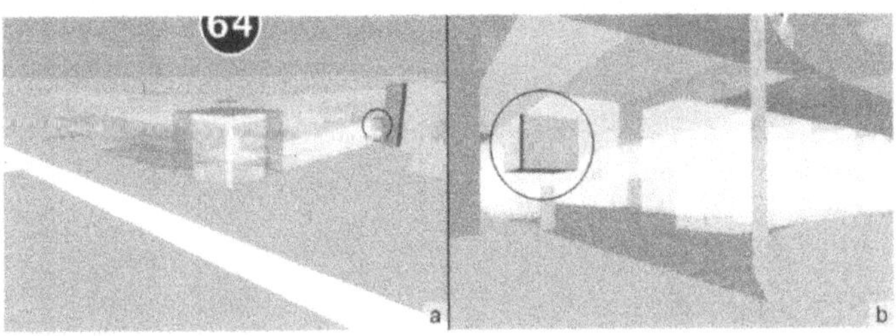

Abbildung 3: Darstellung zweier Ansichten auf einen Raum eines Gebäudes

Über die vorgestellten Nutzungsmöglichkeiten hinaus können vom GeoNavigator erzeugte Bilder und damit assoziierte Textinformation in andere webbasierte Systeme eingebunden werden und über Hyperlinks auf das Campus-3D-System zurück verweisen. Des Weiteren besteht durch den Einsatz von KML die Möglichkeit, mit Drittsystemen (z. B. Google Earth 2009) auf die 3D-Modelle zuzugreifen, die auf dem GeoServer vorgehalten werden.

3 Ausblick

Der in einem nutzerzentrierten Prozess auf Grundlage von Aufgaben-, Benutzer und Kontextanalysen entworfene Prototyp erfüllt bereits die wesentlichen Anforderungen und wird derzeit evaluiert. Im Hinblick auf den mobilen Einsatz wird die Verfügbarkeit einer für PDAs und Smartphones geeigneten Version angestrebt. Weitere Verbesserungsmöglichkeiten liegen im Bereich der Lokalisierung für verschiedene Sprachversionen sowie bei der Integration eines virtuellen Treffpunkts mit Chatsystem. Hierbei könnten Personen Avatare nutzen, um ähnlich wie bei Campus Hamburg (2009) miteinander zu kommunizieren. Über die bereits erwähnte KML-basierte Anbindung von Drittsystemen hinaus soll das System über offene Standards (wie z.B. vCard, iCalender, GeoURL ICBM) Daten mit mobilen, desktop- bzw. webbasierten Anwendungen, wie Kontaktdatenbanken, Kalendern, Navigationssystemen etc. in beiden Richtungen austauschen können.

Literaturverzeichnis

Google Earth (2009). http://earth.google.com (letzter Abruf: 5.3.2009).

Campus Hamburg (2009). http://www.buerox.3dvisio.de/Campus/ (letzter Abruf: 5.3.2009).

Hagedorn, B. & Döllner J. (2007). *High-Level Web Service for 3D Building Information Visualization and Analysis.* Proc. of the Int. Symp. on Advances in Geographic Information Systems, ACM, 1-8.

Larmore, R., Knaus, M., Dascalu, S. & Harris, F.C. (2005). *Virtual environment for on-campus orientation.* Proc. of the Int. Symp. on Collaborative Technologies and Systems, IEEE, 259-266.

MAP24 (2009). http://www.map24.com (letzter Abruf: 5.3.2009).

Microsoft Virtual Earth (2009). http://maps.live.de/ (letzter Abruf: 5.3.2009).

Raufi, B., Dika, Z., Ismaili, F., Zenuni, X. & Memishi, B. (2008). *Virtualizing a campus: a SEEU case study.* In Proceedings of International Conference on Digital Interactive Media in Entertainment and Arts. ACM, 215-218.

Röttenbach (2005). *UnivIS – Benutzerhandbuch.* Buckenhof: Config Informationstechnik e.G.

Kontaktinformationen

Martin Christof Kindsmüller

E-Mail: mck@imis.uni-luebeck.de

H. Wandke, S. Kain & D. Struve (Hrsg.): Mensch & Computer 2009: Grenzenlos frei!?
München: Oldenbourg Verlag, 2009, S. 431-434

Fassets: Ein webbasiertes Präsentationssystem für den Lehr-Lern-Kontext

Martin Christof Kindsmüller, Jan Krüger, Michael Herczeg

Institut für Multimediale und Interaktive Systeme; Universität zu Lübeck

Zusammenfassung

Das hier vorgestellte System *Fassets* kombiniert Vorteile bewährter template-basierter Desktop-Präsentationssysteme mit den Vorteilen webbasierter Ansätze. Die Grundlage bildet die Modellierung aller Visualisierungselemente, wie beispielsweise Skripte, Grafiken, Multimediadateien, Artikel oder URLs in Form so genannter Assets. Als leistungsfähige Informationsstruktur für den aufgabenoptimierten Zugriff auf die im System verwalteten Assets wird eine Facettenklassifikation genutzt. Das System wurde als erweiterbare Software-Architektur realisiert, die eine einfache Informationsaufnahme aus verschiedensten Quellen (z. B. Datei-Uploads, Anbindung an Legacy-Systeme) ermöglicht. Die Umsetzung erfolgt in einem agilen, nutzerzentrierten Entwicklungsprozess. Als technische Basis wird das Web-Application-Framework Ruby on Rails verwendet.

1 Einleitung und Stand der Technik

Die computerunterstützte visuelle Präsentation wird gegenwärtig als eines der wichtigsten Instrumente bei der Wissensvermittlung angesehen. Pötzsch und Schettler (2006) zeigen, dass ein erheblicher Teil der in Vorträgen dargestellten Information in Form von computerunterstützten Visualisierungen kommuniziert wird, weshalb diese von den Autoren als paradigmatisches Kommunikationsinstrument der so genannten Wissensgesellschaft angesehen wird. Ähnlich wie Präsentationen in einem kommerziellen Kontext wird heute ein Großteil der Vorlesungen an Hochschulen von computergestützten Visualisierungen begleitet.

Das vorliegende System *Fassets* ist der Prototyp eines erweiterbaren, webbasierten Autoren- und Präsentationswerkzeugs für Visualisierungen im Lehr-Lern-Kontext, das zusätzlich Komponenten zur Verwaltung und Distribution dieser Inhalte bereitstellt. Visualisierungen bestehen üblicherweise aus einer sequentiellen Folge von bildschirmfüllenden „Folien", die synchron zu einem Vortrag mit Hilfe eines Datenprojektors dargeboten werden. „Folien" bestehen aus einer Anordnung von digitalen Medien wie Texte, Fotografien, Grafiken, Diagrammen sowie Audio- und Video-Inhalten. Jedes dieser Elemente, aber auch die komplette Visualisierung für beispielsweise eine Vorlesung („Foliensatz") wird als Asset aufgefasst. Assets werden nach Jacobsen et al. (2005) als: (1) digitale Dateien plus Nutzungsrechte und (2) digitale Dateien plus Metadaten definiert. Beide Teildefinitionen sind notwendig: Ohne Nutzungsrecht darf ein als wertvoll erkanntes Asset nicht genutzt werden. Ein Nutzungsrecht hingegen kann nur ausgeübt werden, wenn ein Asset, aufgrund einer adäquaten Auszeichnung mit Metadaten, gefunden und als werthaltig erkannt werden kann.

„PowerPoint-Präsentation" wird in einigen Bereichen bereits als synonym zu mediengestütztem Vortrag gesehen (Pötzsch & Schettler 2006), was zweifelsohne der Marktdurchdringung des Microsoft Office Pakets geschuldet ist. Vergleichbare Produkte anderer Hersteller sind OpenOffice Impress oder Apple Keynote. Die Aufgabenabdeckung dieser desktopbasierten Systeme beschränkt sich zumeist auf die Produktion und Präsentation dieser Visualisierungen. Die Verwaltung der Assets, die bei deren Produktion Verwendung finden, obliegt i. d. R. nicht der Anwendung selbst, sondern erfolgt mit Mitteln des Betriebssystems. Zur Distribution der Visualisierungen sind separate Systeme (wie beispielsweise HTTP-, WebDAV-, FTP-Server etc.) notwendig.

Neben diesen desktopbasierten Anwendungen zu Visualisierungsgestaltung existieren einige webbasierte Ansätze (z. B. das XMendeL-System, vergleiche Hartwig et al. 2003), die gegenüber desktopbasierten Systemen insbesondere Stärken in den Bereichen Verwaltung und Distribution aufweisen. Darüber hinaus können diese Systeme i. d. R. plattformunabhängig und kollaborativ eingesetzt werden. So kann im Lehr-Lern-Kontext ein webbasiertes System als zentrales Repository für das gesamte Lehrmaterial genutzt werden. „Foliensätze" sind so stets online und aktuell. Sie können ohne zusätzliche Anwendung direkt im Browser editiert werden. Vorraussetzung hierfür sind: (1) eine Informationsstruktur, mit der umfangreiche Bestände von verschiedenartigen Assets verwaltet und durchsucht werden können, und (2) ein Editierwerkzeug, mit dem die Assets aufgabengerecht zu Visualisierungen zusammengestellt werden können. Insbesondere der zweite Punkt wird von desktopbasierten Systemen gut, von webbasierten Systemen bislang jedoch nur unzureichend unterstützt (Krüger 2008). Beim System *Fassets* sollen Vorteile beider Systemklassen vereint werden.

2 Konzeption und Implementierung

Im Folgenden werden Architektur und Benutzungsschnittstelle (UI) des Systems dargestellt, das auf Basis eines agilen, nutzerzentrierten Entwicklungsprozesses konzipiert und realisiert wurde. In klassischen desktopbasierten Visualisierungssystemen setzt die Informationsstruktur auf der Ebene eines einzelnen Dokuments an. Die Verwaltung der Präsentationen und der Assets, die für die Produktion der Präsentationen genutzt werden, findet außerhalb der Anwendung statt. Die bislang verfügbaren webbasierten Lösungen beruhen auf hierarchischen Strukturen. Da diese den Erfordernissen im Lehr-Lern-Kontext oft nur unzureichend gerecht werden (Krüger 2008), ist eine attribut-orientierte Ansicht der Informationsstruktur, mit Attributen wie Semester, Fach, Lehrveranstaltung oder Autor sinnvoll. Da diese Attribute in keiner natürlichen Hierarchie zueinander stehen, wurde als Informationsstruktur eine Facettenklassifikation (Garfield 1984) eingesetzt (Abb. 1).

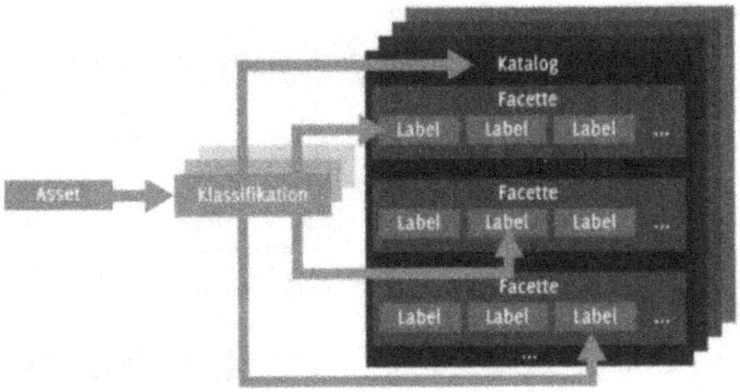

Abbildung 1: Über Klassifikationen wird ein Asset mit einem Katalog und den Labels der jeweiligen Katalog-Facetten assoziiert. Ein Katalog bildet eine unabhängige Facettenklassifikation.

Fassets ist als Web-Applikation konzipiert. Der Benutzer interagiert mit dem System über einen Web-Browser, der als Benutzungsschnittstelle von Fassets die Eingaben des Benutzers als HTTP-Requests an den Web-Server schickt. Dieser reicht die Anfragen an einen Applikations-Server weiter, auf dem die Anwendung ausgeführt wird. Die Struktur der Anwendung basiert auf dem MVC-Architekturmuster (*Model, View, Controller*, Thomas & Heinemeier Hansson 2007). Das API von Fassets realisiert die Prinzipien des REST-Architekturstils (*Representational State Transfer*), d. h., jede Entität, auf die Benutzer zugreifen können, bildet eine Ressource der Anwendung. Hinter einer Ressource steht ein Verbund aus MVC-Komponenten.

Für die Realisierung von Fassets wird das Web-Application-Framework Ruby On Rails eingesetzt. Rails-Anwendungen sind konsequent nach dem MVC-Architekturmuster strukturiert, wobei sich die Modellebene durch eine Datenbankabstraktionsschicht mit integriertem OR-Mapping (*Object Relational*) auszeichnet. Um Nutzer beim Erstellen und Editieren von Visualisierungen aufgabengerecht zu unterstützen wird das jQuery-Framework eingesetzt. jQuery unterstützt asynchrone Server-Kommunikation (AJAX), Event-Handling, Animation und Interaktionsmethoden wie Drag & Drop, wovon im Rahmen von *Fassets* stark Gebrauch gemacht wird. Die dynamischen Komponenten der Benutzungsschnittstelle bilden – neben Struktur und Inhalt (HTML) sowie Gestaltung (CSS) – eine unabhängige Verhaltensschicht.

3 Demonstration typischer Use-Cases

Da Editierwerkzeuge in webbasierten Systemen oft als defizitär angesehen werden, konzentriert sich die Darstellung im Folgenden auf die diesbezüglichen Use-Cases. Abb. 2(a) demonstriert, wie ein Bild vom Tray auf einen Slot-Editor gezogen wird. Der Slot-Editor für den Slot „*right*" wird zur Eingabe von Textinhalt eingesetzt. Der Text wurde mit der Markup-Sprache von Fasset ausgezeichnet. Im Beispiel wird eine geschachtelte Liste und ein Link verwendet. Abb. 2(b) zeigt die Präsentationsansicht der gleichen Folie.

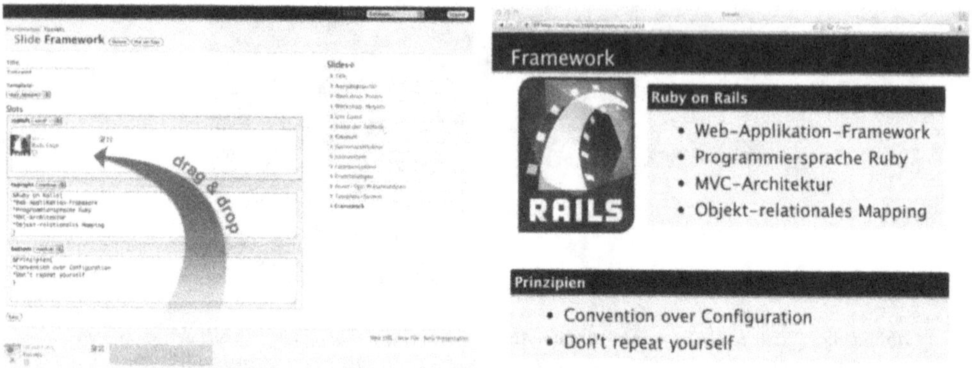

a) b)

Abbildung 2: (a) Drag&Drop-Interaktion zum Einfügen eines Bildes in den Slot einer Folie (Pfeil nachträglich eingefügt). (b) Präsentationsansicht der Folie. Das Template der Folie, ordnet die beiden Slots nebeneinander an. Per JavaScript wird die Größe des Browserfensters überwacht und die Ausrichtung der Slot-Inhalte sichergestellt.

Literaturverzeichnis

Garfield, E. (1984). A Tribute to S.R. Ranganathan, the Father Library Science. Part 2. Contribution to Indian and International Library Science. *Essays of an Information Scientist 7*, S. 45-49.

Hartwig, R., Herczeg, M. & Hadley, L. (2003). XMendeL – A web-based semantic Web Tool for e-Learning Production Processes. Proceedings of the ICCE 2003. Hong Kong: ACCE, S. 556-563.

Jacobsen, J., Schlenker, T. & Edwards, L. (2005). *Implementing a Digital Asset Management System. For Animation, Computer Games, and Web Development.* Boston, MA: Focal Press.

Krüger (2008). *Fassets: Entwicklung eines webbasierten Asset-Management- und Präsentationssystems für den Lehr-Lern-Kontext.* Unveröffentlichte Bachelorarbeit am Institut für Multimediale und Interaktive Systeme der Universität zu Lübeck.

Pötzsch, F. S. & Schnettler, B. (2006). Bürokraten des Wissens? Denkstile computerunterstützter visueller Präsentationen. In: Gebhard, W. & Hitzler, R. (Hrsg.): *Nomaden, Flaneure, Vagabunden. Wissensformen und Denkstile der Gegenwart.* Wiesbaden: Verlag f. Sozialwissenschaften, S. 186-203.

Thomas, D. & Heinemeier Hansson, D. (2007). *Agile Web Development with Rails, 2nd Edition.* Raleigh, NC: Pragmatic Bookshelf.

Kontaktinformationen

Martin Christof Kindsmüller
E-Mail: mck@imis.uni-luebeck.de

Design-Präsentation

H. Wandke, S. Kain & D. Struve (Hrsg.): Mensch & Computer 2009: Grenzenlos frei!?
München: Oldenbourg Verlag, 2009, S. 437-442

Virtuell räumliche Strukturmodelle. Eine neue Interface-Designmethodik

Philipp Anhegger

Dipl. Produkt Designer

Zusammenfassung

Mit der Gestaltungsheuristik der „virtuell räumlichen Strukturmodelle“ wird eine neuartige Designmethodik für Nutzer-zentrierte Mensch-Maschine-Schnittstellen vorgestellt. In diesem Beitrag wird das Konzept erläutert, in einen thematischen Kontext eingeordnet und anhand von drei Umsetzungsbeispielen illustriert. Konzeptioneller Kern des Interface Designs auf der Grundlage von Strukturmodellen ist die anwendungsspezifische Entwicklung einer kognitiv ergonomischen, modellhaften Darstellung der Systemprozesse eines elektronischen Gerätes durch virtuell räumliche, kinetische Bedienmodelle. Das Design des „Tangible Interface“ resultiert schließlich aus der kongruenten Überführung der virtuell räumlichen Struktur und Logik in die physische, haptisch erfahrbare Anwendungsschnittstelle.

1 Einführung

Grafische User Interfaces, ursprünglich für universelle PCs entwickelt und mit ihnen weltweit verbreitet, bestimmen das Bild von Mensch-Maschine-Schnittstellen – selbst bei aktuellen Kompaktgeräten wie Handys oder PDAs. Hier stößt das konventionelle GUI-Konzept jedoch an eine ergonomische Grenze: die Datenorganisation in der vorgegebenen Ordner-Hierarchie wird mit kleiner werdenden Displays immer unzweckmäßiger. In Anwendungen, die eine grafische Darstellung mit hohem Flächenbedarf entbehren können (vergl. Windows, OS X, etc.), insbesondere bei Handheld-Geräten, bieten sich Möglichkeiten für neue, kognitiv ergonomische Bedienmodelle. Bei den drei hier vorgestellten Projekten aus dem Consumer-Bereich, alle verknüpft mit Unterhaltungsmedien, sind mitunter große Datenmengen übersichtlich zu verwalten, wobei die Bedienung der Gerätefunktionen recht einfach ist. Dabei behält der Nutzer trotz des kleinen „Bildausschnitts“ für die Systemrückmeldung die Orientierung, da er die zugrunde liegende einfache Struktur intuitiv mental abbilden kann. Die Innovation des Konzeptes besteht im Kern darin, nicht mehr Aspekte der Wirklichkeit in die Virtualität zu überführen, sondern den umgekehrten Weg zu gehen: in der Virtualität zu gestalten im Hinblick auf eine konsistente Überführung in die Wirklichkeit.

2 Konzept und Gestaltung

Viele Anwendungen, die früher Abspielgerät und Medien bedurften, lassen sich heute im PC oder in Handhelds zusammenführen. Dabei „entmaterialisieren" sich z.B. Plattenspieler und Schallplatte, so dass sie sich in der Virtualität nicht mehr voneinander trennen lassen. In dieser Situation sind beim Tangible-Interface-Design zwei Aspekte zu definieren: Welcher ist der schnellste, intuitiv erfassbare Zugang zu den gewünschten Funktionen, Daten und Informationen? Welche neue Identität, welches visuell, akustisch und haptisch attraktive Produkt, kurz: welche neue physische Repräsentanz sollen die virtuellen Geräte bekommen?

Kern des Gestaltungs- und Bedienkonzeptes ist das virtuell räumliche Strukturmodell, das zunächst abstrakt im Hinblick auf das Funktionsspektrum der Anwendung entworfen wird. Dieses Modell bildet die Gestaltungsgrundlage für die weitere Entwicklung der Bedienschnittstelle. Es wird eine anwendungsspezifische, virtuell räumliche Systemarchitektur entworfen, quasi ein simuliertes Innenleben des Gerätes, das intuitiv erfassbar und über ein kleineres Display ausschnittweise einsehbar ist. Einem elektronischen, bzw. „virtuellen" Gerät wird damit ein einfach durchschaubares, modellhaftes Funktionsprinzip zurückgegeben.

2.1 Warum?

Die Begründung, warum diese Designmethodik vorteilhafte Ergebnisse erwarten lässt, liegt auf mehreren Ebenen. Gerne wird im Interface-Design Bezug genommen auf alte analoge Geräte und deren allgemein voraussetzbare mentale Modelle[1]. Mit neuen Nutzergenerationen werden diese Bezüge jedoch obsolet. Für innovative, neue Geräte ist es naheliegender, auch das Anwendungsmodell neu zu entwickeln. Kinetische Modelle mit wenigen, klar definierten Bewegungsachsen schränken die Anwendungsmöglichkeiten durch Vereinfachung in positiver Weise ein. Hervorzuheben ist speziell im Bereich Unterhaltungselektronik, dass das Bedienkonzept einer Produktfamilie oder eines Herstellers bei variierenden Produktgrößen und bei unterschiedlichem Funktionsumfang identisch bleibt. Außerdem ist es geeignet für eine mobile und verteilte Nutzung, da die optimale Bedienung ortsunabhängig gewährleistet ist, und die Bedienmodelle unabhängig von der Geräteart funktionieren, da sie nicht auf schon bestehende mentale Modelle verweisen.

2.2 Arbeitshypothese: mentaler Modellbaukasten

Virtuell räumliche Strukturmodelle sind konzipiert auf Grundlage der kognitiven Struktur Mentaler Modelle, einer Form des analogen Wissensmodells (Aebli 1988, Steiner 1988), das

[1] Beispielsweise gibt es bei Tonstudio-Software den Verweis auf Bandmaschinen, Effektgeräte und Mischpulte (Steinberg Media Technologies GmbH 2009) oder bei CNC-Drehbänken die Bedienstruktur der analogen Maschine (Hartmann 1995).

der rechten Hirnhälfte zugeordnet wird[2]. Das Konzept der Strukturmodelle entspricht dem von Hartmann (1995) klassifizierten „kinetischen mentalen Modell". Es beschreibt die kognitive Abbildung räumlicher Modelle mit kontinuierlichen Zeitverläufen. Beim Interface-Design mit Strukturmodellen wird nach Hartmanns Taxonomie mentaler Modelle das konventionelle „begriffliche, metalinguistische (bzw. hierarchische) Modell" [3] um die Aspekte Zeitskalierung, Raumskalierung, sequenzielle Modellierung und Kinetik erweitert. Konzeptuelle Nähe weist die Designmethodik zu Stephan Dutkes (2005) Ausführungen zur Software-Ergonomie auf. Die hier vorgestellte Hypothese stützt sich auf wahrnehmungspsychologische Grundlagen: bereits wenige Monate alte Babys entwickeln beispielsweise ein Verständnis für räumliche Relationen, die sie kognitiv abbilden können. Sie nehmen bereits in diesem Alter an, dass Objekte, die aus ihrem sichtbaren Bereich hinaus geschoben wurden, dennoch existieren. Wenig später beginnen sie, Verständnis für Ursache-Wirkungs-Relationen zu entwickeln (Goswami 2001). Dieses in der Kognition früh angelegte naive Physik-Verständnis soll hier für die Anwendung von tangible Interfaces genutzt werden.

Ziel der Bedienlogik mit Strukturmodellen ist es, den Anwender bei der Entwicklung seines mentalen Modells der Systemprozesse effizient zu unterstützen. Die kognitive Repräsentation der Gerätefunktionen, der Daten- und Informationsverwaltung wird entlang der virtuell räumlichen Ordnungsstruktur aufgebaut. Mit der Vorstellung dieser neuen Design-Methodik wird die Hypothese aufgestellt, dass sich durch die Gestaltung der Anwendungsschnittstelle gewissermaßen „Bauanleitungen" für kinetische mentale Modelle liefern lassen. Der Nutzer übernimmt die Vorgaben für seine kognitive Simulation der Systemprozesse, um intuitiv Systemzustände des Gerätes erkennen, interpretieren und vorausplanen zu können. Durch die räumliche Struktur ist eine gute mentale Simulierbarkeit der Systemabläufe bei der Gerätebedienung gewährleistet. Basiert das Strukturmodell beispielsweise auf rotationssymmetrischen Körpern, wird einerseits subjektive Sicherheit bei der Orientierung vermittelt: dreht man den Rotationskörper einmal um 360° weiß man, alles gesehen zu haben. Andererseits können die virtuellen Rotationsachsen in physische Drehregler überführt werden. Die Ergonomie der Anwendungsschnittstelle zeichnet sich so durch eine natürliche, intuitive Bedienung und gute sensomotorische Umsetzung aus.

Die Designmethodik basiert auf dem Verständnis einer Mensch-Maschine-Schnittstelle als Anwendungs-„Gerät". Dieses wird als Werk- (und) oder Spielzeug entwickelt, je nachdem ob ein externes Handlungsziel als Nutzungsmotivation vorliegt, oder ob dieses explizit gestaltet wurde. Als Produkt-Beispiele mit konzeptueller Verwandtschaft können Arbeiten wie die „Kognitiv kompatible CNC-Drehmaschine" (Hartmann 1995) genannt werden, das „Lichtschalter-Panel mit Zimmergrundriss" (Norman 1990), „iFlip", ein 3D-Interface Konzept für Fahrer-Informations-Systeme (Broy et al. 2006), aber auch das Interface von „BeoSound 5" (Bang & Olufsen a/s 2009).

---

[2] Dem gegenüber steht das "begriffliche Wissen", das die Grundlage bildet für sprachgebundenes Denken und sprachliche Kommunikation in der linken Gehirnhälfte (Sperry 1969).

[3] Beispielsweise eine Schaltfläche mit Bezeichnung „Ordner XY / Datei YZ"

2.3 Die virtuell räumlichen Strukturmodelle

Die Grundformen der Strukturmodelle lassen sich in statische und dynamische Modelle einteilen, die jeweils wiederum zwei- oder dreidimensional sein können. Bei statischen Modellen wird mit dem Interface entlang ein bis drei Achsen durch die fest verortete virtuelle Struktur navigiert. Ein Beispiel hierfür sind Landkarten-ähnliche Strukturen, auf einer oder mehreren Ebenen. Dynamische Modelle werden durch Schalter und Regler am Interface erschlossen. Sie können ein bis drei Bewegungsachsen haben und als Wählscheiben, Zylinder, Würfel etc. geformt sein. Die beschriebenen Grundformen lassen sich auch kombinieren. Die Entwicklung eines „geeigneten" Strukturmodells erfolgt entlang folgender vier Parameter: Funktionsstruktur, Datenstruktur, (Kognitive) Ergonomie und Produktform (Design und Produktion).

3 Umsetzung und Anwendungsbeispiele

Die Designmethodik der Strukturmodelle lässt sich in vielen Mensch-Maschine-Schnittstellen anwenden und verspricht neuartige Produktformen. Als Anwendungsbereiche sind Konsumgüter denkbar aber auch Investitionsgüter wie CNC-gesteuerte Fräs-, oder Drehmaschinen, Katalogsysteme, Medizintechnik und Autofahrerinformationssysteme. In den folgenden Abbildungen werden drei Umsetzungsbeispiele gezeigt.

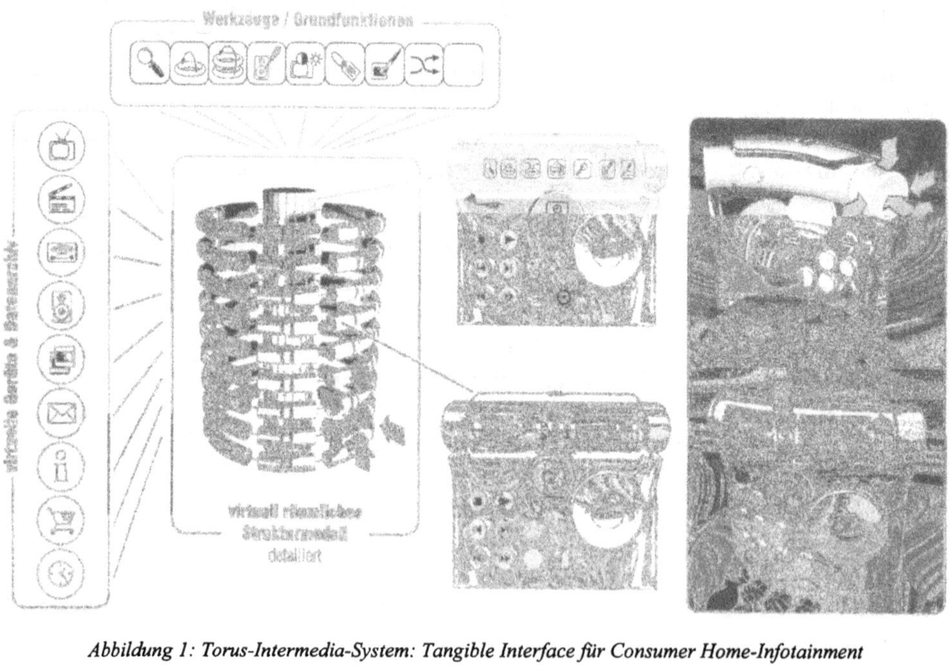

Abbildung 1: Torus-Intermedia-System: Tangible Interface für Consumer Home-Infotainment

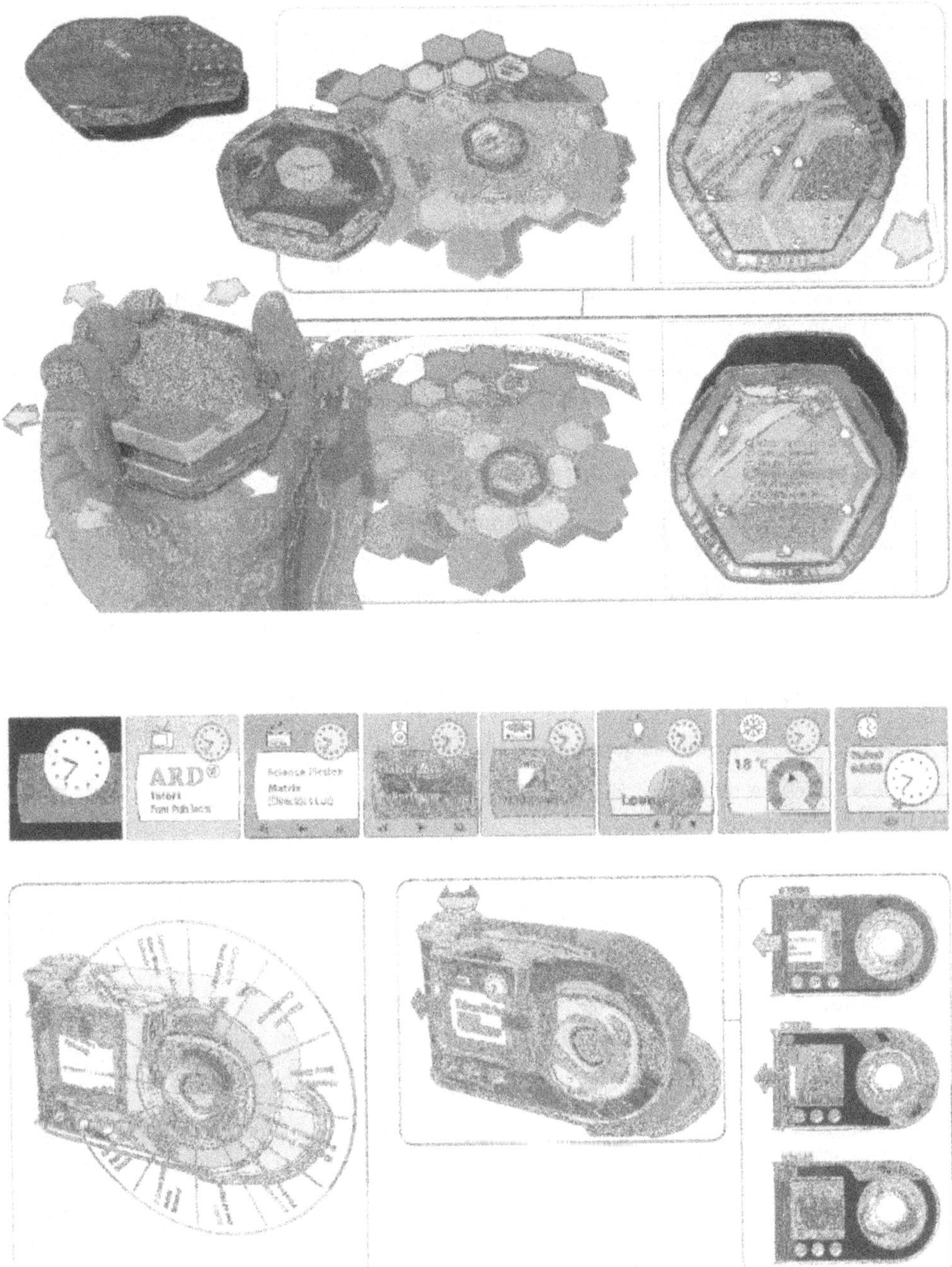

Abbildung 3: „Dial"-Bedienschnittstelle für Zimmertechnik im Hotel. Oben: virtuelle Geräte, links: Wählscheibe, rechts: Rollband

Literaturverzeichnis

Aebli, H. (1988). Begriffliches Denken. In H. Mandl & H. Spada (Hrsg.) (S. 227-246). Wissenspsychologie. München: Psychologie Verlags Union.

Anhegger, P. (2002). Torus Intermedia System. In: Verein Deutscher Ingenieure (Hrsg.). Useware 2002. VDI-Berichte 1678. Düsseldorf: VDI-Verlag. S. 211-216

Bang & Olufsen a/s (2009). www.beosound5.com/Default.aspx?lang=en

Broy, V., Althoff, F. & Klinker, G. (2006). iFlip: A Metaphor for In-vehicle Information Systems. Proceedings of the Conference on Advanced Visual Interfaces (AVI), Venice, Italy, May 23 - 26, 2006. wwwnavab.in.tum.de/Chair/PublicationDetail?pub=broyv2006iflip

Dutke, S. (1994). Mentale Modelle. Konstrukte des Wissens und Verstehens. Kognitionspsychologische Grundlagen für die Software-Ergonomie. Gelsenkirchen: Inst. Arbeit und Technik.

Geberzahn, W.O. (2002). Virtueller Ring. Anwendungsschnittstelle auf Gestaltungsgrundlage eines mentalen Modells. Design Report. 09/2002. (S. 38)

Goswami, U. (2001). So denken Kinder. Einführung in die Psychologie der kognitiven Entwicklung. Bern: Hans Huber. (S. 61 ff)

Hartmann, E.A. (1995). Eine Methodik zur Gestaltung kognitiv kompatibler Mensch-Maschine Schnittstellen, angewandt am Beispiel der Steuerung einer CNC-Drehmaschine. Aachen: Aachener Reihe Mensch und Technik, 12

Norman, D.A. (1990). The Design of Everyday Things. New York: Doubleday. (S. 97f)

Seel, N.M. (1991). Weltwissen und mentale Modelle. Göttingen: Hogrefe

Sperry, R.W. (1969). A Modified Concept of Consciousness, Psychological Review, 76, (S. 532-536)

Steinberg Media Technologies GmbH www.steinberg.net/de/products/musicproduction/cubase5_product.html

Steiner, G. (1988). Analoge Repräsentation. In H. Mandl & H. Spada (Hrsg.) (S. 99-120). Wissenspsychologie. München: Psychologie Verlags Union.

Kontaktinformationen

Philipp Anhegger

Diplom Produkt Designer
www.mentalermodellbaukasten.de
E-Mail: mail@anhegger.de
philipp.anhegger@transformhaus.de

H. Wandke, S. Kain & D. Struve (Hrsg.): Mensch & Computer 2009: Grenzenlos frei!?
München: Oldenbourg Verlag, 2009, S. 443-448

skizzup.de – ein digitales Whiteboard im Sinne des Web 2.0

Arne Berger

Technische Universität Chemnitz

Zusammenfassung

Mit skizzup.de wird eine webbasierte Anwendung vorgestellt, die als digitales Whiteboard dazu dient, am Rechner Skizzen zu erstellen und diese mit anderen zu teilen. Die Besonderheit ist, dass auch in Form von Skizzen kommentiert wird. skizzup.de fördert dadurch das visuelle Denken und versetzt Anwender in die Lage, direkt und ohne Umwege visuell miteinander zu kommunizieren.

1 Einleitung

Weblogs haben sich in den letzten Jahren auch in Deutschland – zunächst als typisch amerikanisch und narzistisch belächelt – zu einer ernst zu nehmenden Informationsquelle entwickelt, welche die klassischen Medien zunehmend vor sich hertreiben. Die logische Weiterentwicklung der Weblogs sind die Video-Blogs. Beide Blog-Varianten leben von einem Diskurs zwischen Blogger und Auditorium. Die Thesen der Blogger stellen sich online der Gemeinschaft und können unterstützt oder auch widerlegt werden. Zwischen dem klassischen, textbasierten Weblog und dem audiovisuellen Video-Blog könnte konzeptuell der Skizzen-Blog liegen. Tatsächlich finden sich auch verschiedene Blogs, welche sich selbst als Skizzen-Blog bezeichnen. Beispiele dafür sind der aufwändig gestaltete *Sketch Blog* von Rob Sheridan (www.rob-sheridan.com/sketchblog/) oder Kristen McCabes *Sketch Blog* (www.kristens-sketchblog.blogspot.com). Beide nutzen die Technologie von http://www.blogger.com, welche sie zu einem medialen Bruch zwingt: Der Diskurs findet weiterhin in Textform statt. Die Skizzen selbst können nicht modifiziert werden. Die dem Blog inhärente Weiterentwicklung einer Idee wird so nur unzureichend unterstützt. Während http://www.blogger.com nur textlichen Diskurs unterstützt, erlauben andere Systeme (z. B.: http://www.mdc.tu-dresden.de/skizzenblog/) (Raff 2008) auch dem Auditorium das Hochladen eigener Bilder. Aber hier ist ein Diskurs noch weniger möglich, da einfach nur eine Reihe von Bildern auf der Website erscheinen, die aber in keiner Weise aufeinander Bezug nehmen. Die Idee des Blog wird hierbei konterkariert. Das hier vorgestellte System stellt erstmals eine vollständige Lösung für einen Skizzen-Blog vor. Im Blog können Skizzen online gezeichnet werden und offline erstelltes Bildmaterial kann hochgeladen werden. Diese Skizzen können vom Auditorium anschließend modifiziert werden. Die Modifizierungen selbst können über Reiter (Tabs) ein und ausgeblendet werden, so dass jederzeit jeder Diskussionsstand rekonstruiert werden kann. Damit können Skizzen ohne modale Brüche als Blog eingesetzt werden.

2 Skizzen

Ich bin Designer, ich habe immer ein Skizzenbuch dabei und was mir merkenswert erscheint, halte ich darin fest. Sie sind vielleicht Informatiker, sitzen mit Kollegen in der Cafeteria und benutzen eine Serviette, um schnell einen Flowchart oder ein Gantt-Diagramm zu entwerfen. Nach dem Mittag nimmt ihr Kollege die Skizze als Gedankenstütze einfach mit. Oder sie sitzen vielleicht mit Freunden im Café und möchten den Weg zum Kino erklären. Sie greifen zu Stift und Papier um eine einfache Karte zu zeichnen und geben diese mit auf den Weg. Skizzen auf Papier sind ideal und beliebt, um einfache Ideen festzuhalten und zu kommunizieren. Skizzen sagen oft mehr als viele Worte und basieren doch meist auf einer simplen Formbibliothek. Die Formen, die benötigt werden, um eine visuelle Problemlösung zu entwickeln, sind einfach, aber wirkungsvoll, auch komplexe Probleme darzustellen und damit bei Erkenntnis und Problemlösung zu helfen.

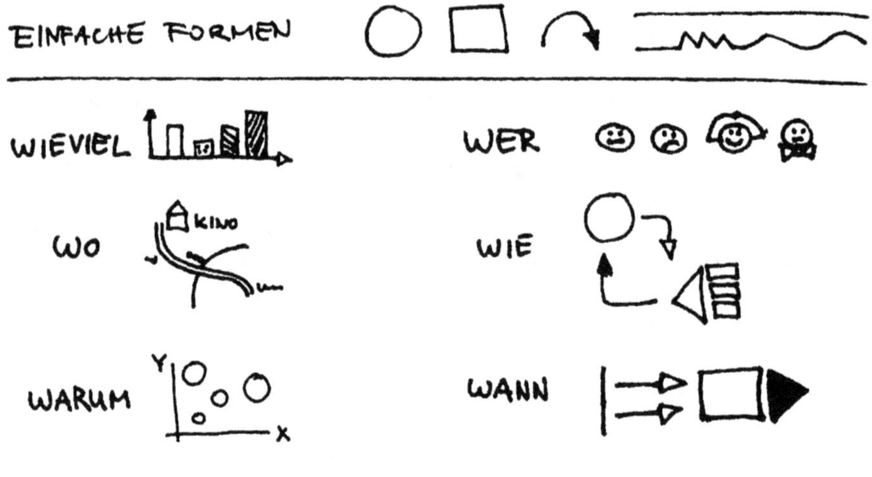

Abbildung 1: Formensprache und Frage/Antwort-Framework

Für all diese Zeichnungen muss man kein Künstler sein. „Jeder mit einem Stift und einem Fetzen Papier kann visuelles Denken nutzen, um sich durch komplexe Geschäftsideen zu arbeiten.“ (Roam 2008). Dass diese Theorie relevant ist, beweisen die unzähligen Workshops und Bücher zum visuellen Problemlösen, die Roam unter anderem für Unternehmen wie Google oder eBay erfolgreich anbietet. Auch im Rahmen dieser Arbeit durchgeführte qualitative Interviews zeigen eine hohe Zahl möglicher Anwendungsfälle im analogen Leben von Anwendern jeder Profession.

2.1 Austauschen und Weiterentwickeln von Skizzen

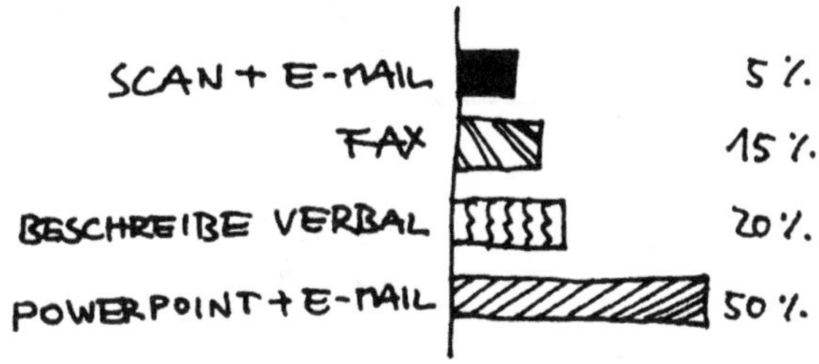

Abbildung 2: Wie kommunizieren Sie visuelle beschreibbare Probleme?

Es ist der nächste logische Schritt, die Erkenntnisse des visuellen Denkprozesses mit ortsfernen Kollaborateuren teilen und diskutieren zu wollen. Aktuell benötigt man dafür Post und Geduld oder Scanner und E-Mail. Wir befragten 20 Anwender aus zwei potentiellen Nutzergruppen, um Wünsche und Anregungen zu berücksichtigen, die Werkzeuge des visuellen Denkprozesses optimal ins Digitale zu übertragen. Die Hälfte der der befragten Anwender sind Informatiker, die anderen Interfacedesigner. Die meisten Nutzer haben sich einen eigenen Workflow erarbeitet, um über Distanz visuell erklärbare Probleme zu diskutieren. Die meisten davon sind bemerkenswert umständlich und beinhalten mehrere modale Brüche.

Die bevorzugte Benutzung von Powerpoint/Keynote und E-Mail haben wir in ausgewählten qualitativen Interviews näher beleuchtet. Nutzer erklären übereinstimmend, dass sie ihre Skizzen direkt am Rechner erstellen, da der Weg über Scanner oder Digitalkamera zu umständlich ist. Zudem ist das Präsentationsprogramm oftmals das einzige installierte Programm, das einem Zeichenprogramm nahe kommt. Außerdem sind Nutzer mit diesem Programm und seiner einfachen Formensprache, sowie der Kommunikation über E-Mail bestens vertraut. Allein deshalb werden täglich tausende Powerpoint-Dokumente versendet, nur um visuelle Probleme zu diskutieren. (Tufte 2006) Für das instantane, visuelle Denken und den zeitnahen Austausch mit Anderen ist diese Lösung eigentlich unpraktikabel. skizzup.de ist unser Angebot an alle Nutzer, Ideen digital zu teilen und zu diskutieren.

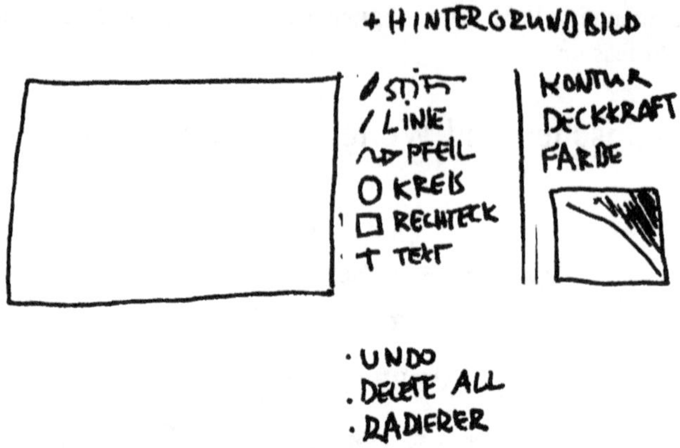

Abbildung 3: Zeichenfläche und alle Werkzeuge

Ausgehend von der Erwartungshaltung an ein Skizzenprogramm sollte es eine feste Zeichenfläche und Werkzeuge geben. Um modale Brüche zwischen Präsentationsprogramm, E-Mail-Programm und Drucker zu vermeiden, ist skizzup.de eine Internetanwendung im Geiste des Web 2.0. Jeder Anwender kann eine Skizze mit grundlegenden Zeichenwerkzeugen wie Freihandstift, Linie, Pfeil, Rechteck und Kreis in beliebiger Farbe, Füllung und Kontur erstellen. Darüber hinaus können Titel, Name des Anwenders und zusätzlicher Beschreibungstext hinzugefügt werden. Um bereits vorliegende Skizzen zu kommentieren, ist es möglich, bereits erstellte Bilder per Upload einzufügen.

Abbildung 4: Zeichenfläche mit Titel, Reiter mit Kommentaren

Nach dem Speichern der Skizze besteht für alle anderen Anwender die Möglichkeit, diese erste Skizze mit den gleichen Werkzeugen zu kommentieren und ebenso mit Kommentartext, Titel und Name des Anwenders zu versehen. Kommentare werden jeweils als Reiter zum Original hinzugefügt. So ist es möglich, zwischen Kommentaren und der Originalskizze jeweils mit genau einem Mausklick zu wechseln. Es benötigt zudem nicht mehr als einen Webbrowser, um Skizzen erstellen und diskutieren zu können.

3 Evaluation

Der häufigste Anwendungsfall der beiden untersuchten Nutzergruppen aus der ersten Evaluationsrunde ist es, Änderungsvorschläge für eine bestehende Softwareoberfläche visuell zu diskutieren.

Anhand dieses Beispielszenarios wurde mit Papierprototypen in der think-aloud-Methode die erste Version der Benutzeroberfläche mit jeweils sechs Probanden aus den beiden Nutzergruppen evaluiert. Aufgabe für die Nutzer war es, die Anordnung von Bedienelementen eines bestehendes Softwareproduktes anhand eines Bildschirmfotos zu optimieren. Dies erschien deshalb besonders günstig, weil dies eine gewohnt alltägliche Arbeit der Nutzer ist.

Für die Evaluation wurde bewusst offen gelassen, ob mit Kommentaren nur die Originalskizze kommentiert werden kann, oder auch jeweils jeder Kommentar. Die Erwartungshaltung der Nutzer war übereinstimmend von textbasierten Weblogs geprägt, weshalb verschachtelte Kommentare, ähnlich eines Forums, für die Umsetzung ausgeschlossen werden konnten.

Die reduzierte Werkzeugmenge wurde von mehr als zwei Drittel aller Nutzer als positiv eingeschätzt, insbesondere, um das Tool von professionellen Zeichenwerkzeugen abzugrenzen und um „gleich loslegen zu können", wie sich eine Nutzerin ausdrückte. Den Hinweis von vier Probanden, ein Werkzeug mit vorgefertigtem Pfeilende zu integrieren, haben wir dennoch für die Umsetzung aufgegriffen, um die Geste des Zeigens, die bei der Diskussion analoger Skizzen häufig angewendet wird, besser im Digitalen zu verorten.

Die Reaktionen auf den angebotenen, an einem Farbkreis orientierten, Farbwähler waren gemischt. Etwa die Hälfte der Nutzer präferierte den Farbkreis, in dem theoretisch alle Farben in allen Mischformen wählbar sind, während die andere Hälfte der Nutzer festgelegte Farbpaletten bevorzugt. Böte man Farbpaletten an, müsste man möglicherweise auch nutzerdefinierte Paletten zulassen, die das Tool unnötig verkomplizieren, weshalb eine weitere Evaluation der Akzeptanz des richtigen Farbwählers im laufenden Betrieb erfolgen wird und bis dahin der Farbkreis implementiert wurde.

Probleme bereitete es einige Probanden, dass die Bedienelemente für „Rückgängig" und „Hintergrundbild hochladen" in der Werkzeugleiste integriert waren. Diese sind im finalen Entwurf außerhalb von Zeichenfläche und Werkzeugleiste und damit unverwechselbarer und präsenter untergebracht worden. Die eigentlich nur für den Papierprototyp doppelt codierten Symbole (Beispiel: *Icon eines Stiftes + Beschreibung: Stift)* gefiel besonders den Nutzern gut, die selten mit Zeichenprogrammen arbeiten, weshalb die Symbole auch in der finalen Version derart doppelt codiert sind.

4 Ausblick

In der anschließenden Evaluation eines funktionierenden Prototyps mit sechs Anwendern aus den vorherigen Nutzergruppen wurden Hinweise für zukünftige Versionen gesammelt. Anwender wünschen sich die Integration weiterer Medien und Kommunikationswege wie Audiokommentare und direkter Chat zur Diskussion. Ebenso scheint es sinnvoll, eine einzelne Skizze inklusive ihrer laufenden Kommentare direkt im eigenen Blog zu integrieren – ähnlich wie Videos aus Videoplattformen direkt im eigenen Blog angezeigt und verknüpft werden können.

Literaturverzeichnis

Buxton, W. (2007). *Sketching User Experiences*, Morgan Kaufmann

Reynolds, G. (2008). *Presentation Zen.* Amsterdam: Addison-Wesley Longman

Roam, D. (2008). *The Back of the Napkin.* Kindle Book

Lai, X. (2007): *Pro State in Flames* (nicht mehr online: 1. Februar 2009)

Tufte, E. (2006). *The cognitive style of powerpoint.* Graphics Press

Wastlhuber, J. (2001). *Cointel* in: Programm, European Media Art Festival, Osnabrück

www.queeky.de (besucht 1. Februar 2009)

www.kottke.org (besucht 1. Februar 2009)

kristens-sketchblog.blogspot.com (besucht 1. Februar 2009)

www.skizzenblog.net (besucht 1. Februar 2009)

www.rob-sheridan.com/sketchblog (besucht 1. Februar 2009)

Kontaktinformationen

Arne Berger

Technische Universität Chemnitz
Professur Medieninformatik
Straße der Nationen 62
09107 Chemnitz
arne.berger@informatik.tu-chemnitz.de

H. Wandke, S. Kain & D. Struve (Hrsg.): Mensch & Computer 2009: Grenzenlos frei!?
München: Oldenbourg Verlag, 2009, S. 449-454

What wii can do. Mobile Adaptive Interfaces Based on Movements

Steffi Hußlein

Studenten: Julia Boden, Anne Beuchel, Anja Freigang, Benjamin Rösner, Gero Wendt
Interface Design, Dessau Department of Design, Anhalt University of Applied Sciences

Zusammenfassung

Experimentelle Prototypen zu gestenbasierten und bewegungsorientierten Interaktionsformaten wurden in der Disziplin Interface Design, Dessau Department of Design im Bauhaus, der HS Anhalt zu folgenden Fragestellungen entwickelt: Ermöglichen physikalische, natürliche Benutzerschnittstellen einen leichteren Zugang zu Informationen durch intuitive Logik und Erfahrbarkeit? Welche Bewegung passt zu welchem raumgreifenden Interaktionsformat? Wie lassen sich komplexe Informationssysteme einfach und benutzbar gestalten? Wie interagieren Anwender ohne Zuhilfenahme der Sprache mit „unsichtbaren" Befehlen? Unser Ergebnis: die Qualität der Lösungen liegt vor allem in der Entwicklung und Verfügbarmachung von Handlungsspielräumen für den Nutzer.

1 Steuern und Regeln vs. Bedienen und Benutzen

Die bekannte „Urmaus" von Douglas Engelbart aus dem Jahr 1968, ein prototypischer Holzkasten mit einem oben angebrachten Knopf und zwei Rädern an der Seite, ist ein einfacher X-Y-Achsen-Positionsanzeiger, um ein Bildschirmsystem steuern zu können. Es vergingen noch Jahrzehnte, bis einfache und intuitive Gesture Actions wie „touch, shake, pinch or flick" (www.apple.com/pr/library/2007/06/28iphone.html) in der breiten Masse Anwendung fanden. Hiroshi Ishii vom MIT (http://tangible.media.mit.edu) beschreibt 1997 die Verknüpfung digitaler Informationen mit physikalischen Objekten, den Tangible User Interfaces. 2006 zeigt Jeff Han seinen berührungsgesteuerten Bildschirm, TED Ideas worth spreading, und weist damit deutlich auf den grundlegenden Unterschied zwischen dem eindimensionalen Mauszeiger und einer mehrfingerigen Bedienung komplexer 2D und 3D Interfaces hin (http://www.cs.nyu.edu/~jhan/ftirtouch/). Das Smartphone schließlich ist ein mobiles personalisiertes Metaobjekt und seit Juni 2007 für den Massenmarkt etabliert. Die Funktionalitäten der Ein- und Ausgabe über Gesture Actions werden von Benutzern schnell erkannt, adaptiert, wiederverwendet und in direkte Interaktionen umgesetzt.. Pranav Mistry (www.pranavmistry.com/projects/sixthsense) befasst sich in dem sehr interessanten Projekt

„Genius behind Sixth Sence" mit neuen Interaktionsformaten, die ihre direkte Umwelt mit einbeziehen. Die Qualität all dieser Lösungen liegt in der Wahl der passenden Schnittstelle für bewegungsorientierte Interaktion, aber vor allem in der Entwicklung und Verfügbarmachung von Handlungsspielräumen für den Nutzer. Das zeigt, dass kein Verlangen nach mehr vordergründiger Technik besteht, sondern Sehnsucht nach selbstverständlicher Navigation von komplexen Informationstools. Es zeigt, dass bewegungsorientierte Steuerung von der breiten Masse als intuitiv zu bedienend angenommen wird (Hußlein et al. 2007).

In unserer Designpräsentation können wir unsere mobilen adaptiven bewegungsgesteuerten Interaktionsszenarien mithilfe der Wii Remote auf dem kürzesten Weg mit Soft- und Hardware verbinden: Ihre Bewegungs-, Beschleunigungs- und Lagesensoren registrieren Position und Bewegung des Nutzers im Raum und setzen diese Informationen in entsprechende Bewegungen von Objekten auf dem Bildschirm um. Wir legen also sinnhafte Szenarien und Handlungsspielräume fest, definieren dafür notwendige Bewegungsmuster (Pattern) und entwickeln daraus in einem experimentellen integrativen Designprozess für Soft- und Hardware intuitive Interaktionsformate.

2 Open Source und Interactive Prototyping

Die weltweit vernetzte Open Source Community ermöglicht den Zugang zu Applikationen, um sie für Interface Designer direkt nutzbar zu machen, z.B. durch API Schnittstellen oder Portale und Foren mit User Generated Content. *Johnny Chung Lee* von der Universität in Pittsburgh (http://johnnylee.net/projects/wii/) stellt seine Scripte und Entwicklungen frei im Internet zur Verfügung, die Grundlage ist dabei die Wii Remote, deren Schnittstelle dank *Uwe Schmidt* für Interface Designer leicht anzusprechen ist (http://www.uweschmidt.org). Ebenso beispielhaft: die *NUI Group* überlässt der Community ihre Scripte, um neue Anwendungen auf ihrer technischen Basis zu entwickeln (http://nuigroup.com). Die offene Partizipation an Forschungsergebnissen von Ingenieuren, Informatikern und Designern ermöglicht die Konzentration auf prototypische Gestaltung von Interaktion, und die Veröffentlichung von Lösungsansätzen zu Bedienkonzepten mit wenig finanziellem und zeitlichem Aufwand. Das Prinzip von Prototyping ist, schnell Anwendungsbeispiele für interaktive Systeme zu gestalten und interaktive Konzepte exemplarisch benutzbar zu machen um herauszufinden, was im nächsten Schritt verbessert werden muss. Es können Ausschnitte aus der Gesamthandlung erstellt werden, die einen Ausblick auf die Qualität des Szenarios ermöglichen. Der Fortschritt im Designprozessverlauf wird über die Art und Weise des Prototyping entscheiden: Paper- Video- und Interaktionsdesign-Prototypen sind ressourcensparende Methoden, die in unterschiedlichen Stadien des Designprozesses entwickelt werden. Prototyping ist also mehr ein Mittel zur Lösungsfindung während des Designprozesses, als eines zur Fixierung von Interface Design Entwicklung. Der Prozess basiert auf iterativem Vorgehen in der Ausformulierung von Hard- und Software auf gleichem Niveau mit der Entwicklung von Interaktionslogiken und ästhetischen Ausarbeitungen.

3 Designstudien zu raumgreifenden Interaktionsformaten

Bei unseren Studentenarbeiten (http://www.berlinerring.com/wii) wird exemplarisch gezeigt, welches Potential in der synchronen ganzheitlichen Entwicklung, der Fähigkeit zur technischen Umsetzung und der analytischen Fähigkeit, Bewegungsabläufe in Interaktionsmuster (http://designpatterns.name) zur Ein- und Ausgabe von Befehlen umzusetzen, steckt. Der Grad an physischer und bewegungsorientierter Interaktion erweitert das intuitive Verständnis für die Ein- und Ausgabe. Lernen oder Erkennen von komplexen Bewegungen oder Gesten ist für ein User Interface keine triviale Aufgabe, daher mussten die gestalteten Anwendungen auf einfachen Gesten und Bewegungen für die Bedienung basieren. Dem Prototypenbau ging kein generelles Klassifizierungsmodell für Gesten oder zielgerichtete Bewegungen vorweg. Die Studenten konnten ihre Ideen frei in prototypische Szenarien umsetzen. Bewegungen wurden im Prozess analysiert und kategorisiert. Die Studenten konzentrierten sich auf Designkonzepte, die es dem Benutzer erlauben, das interaktive System auf einfache Art und Weise mittels Bewegungen oder Gesten zu nutzen. Tangible Interfaces wurden entwickelt, in denen auch Mobiles eingebettet sind. Der User lernt die Interaktion aus physischen Bewegungsabläufen, er bewegt sich frei im Raum, er benutzt bestimmte Gesten oder Bewegungen zur Interaktion. Er spürt die Interaktion mit dem System, die durch dynamische Bewegungen des Benutzers und dem graphischen Feedback der Schnittstelle charakterisiert ist. Das Feedback der ausgeführten Aktion, das auch semantische Information vermittelt, unterstützt den Benutzer bei seiner Anwendung.

3.1 Electronic Balance – Musicplayer

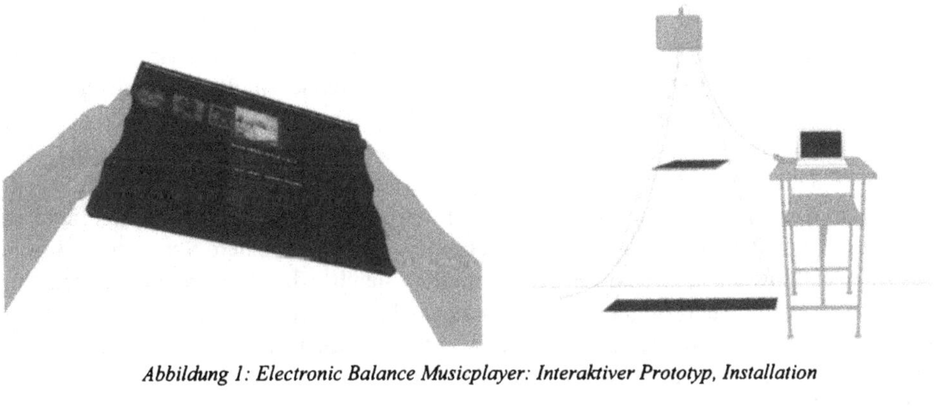

Abbildung 1: Electronic Balance Musicplayer: Interaktiver Prototyp, Installation

Der Electronic Balance Musicplayer ist ein durch Bewegung bedienbares Musikabspielgerät. Die Navigation erfolgt durch Ankippen des Boards in horizontaler oder vertikaler Richtung, sowie durch einen Button. Es wurde entschieden, einen Hardware Schalter zu integrieren um einen Nullpunkt zu schaffen, da der Balance Musicplayer frei im Raum bewegbar ist. Die

Bewegungsabläufe des Konzeptes: Durch Betätigen des Buttons und gleichzeitiges Kippen des Boards nach links oder rechts kann sich der Benutzer durch eine horizontal angelegte Albenauswahl bewegen. Loslassen des Buttons wählt ein Album an, die Songtitel werden jetzt in vertikaler Anordnung aufgelistet. Kippen des Boards nach vorn oder hinten ermöglicht die Navigation durch die eingeblendeten Songtitel. Beim erneuten Betätigen des Buttons wird das Album entfernt und eine neue Auswahl ist möglich. Für die Probanden war schnell und intuitiv ersichtlich, auf welche Weise sie den Prototypen bewegen mussten, um einen Musiktitel zu hören.

3.2 Interaktive Zeitung

Abbildung 2: Interaktive Zeitung: Interaktiver Prototyp, Videoprototyp

Der Frühstückstisch steht voll mit Honig-, Marmeladen- und Sirupgläsern, Tellern, Tassen und Butterdosen. Kein Platz für die Tageszeitung? Doch - indem der Frühstückstisch eine interaktive Oberfläche bekommt, auf die jeden Morgen die aktuelle Tageszeitung hochgeladen werden kann. Das Konzept sieht einen Auswahlkreis vor, der die aktuellen Artikel zu bestimmten Tagesthemen beinhaltet. Sie lassen sich öffnen, lesen, dem Frühstückspartner mit einem interaktiven Stift hinüber schieben und archivieren. Vor- und Nachteile der Nutzung und Handhabbarkeit interaktiver oder analoger Zeitschriften gegenüberzustellen, war Teil der Entwicklung des Prototypen. So können die Farbe, Größe, Typografie der Schrift zum besseren Lesen angepasst werden. Viel weitergehende Überlegungen stecken aber in diesen Features: 1. Die automatische Übersetzung von Artikeln in andere Sprachen. 2. Uninteressante Artikel lassen sich "wegwerfen" indem man sie über den Tischrand hinausschiebt. Diese Handlung kann rückgängig gemacht werden, da der Artikel zwar aus der Ansicht, nicht aber aus der Hauptnavigation genommen wurde. 3. Artikel sind nicht auf einer speziellen Papierseite mit Seitenzahl abgedruckt, sondern durch ein Farbmanagement kategorisiert, und so einem Ressort (Feuilleton, Sport, Wirtschaft) zugeordnet.

3.3 Interactive City Map

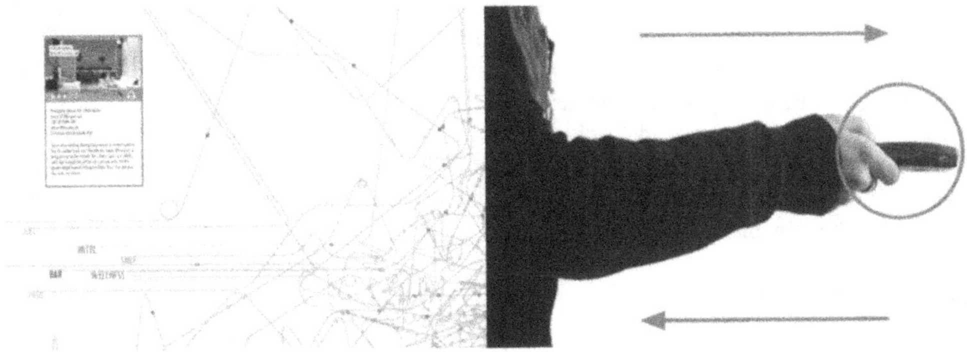

Abbildung 3: Interactive City Map, Screendesign im öffentlichen Raum, Steuerung mit dem Mobile

Interactive City Map ist ein Stadtplan, der durch klare und einfache Bewegungen bedient werden kann. Interaktion, Handlung, Steuerung und Abruf von Informationen werden durch horizontale und vertikale Bewegung mit dem Mobile ausgelöst. Interactive City Map enthält eine Zoomfunktion: Innerhalb einer gezoomten Fläche werden Informationen aus neun Kategorien (z.B. Essen, Einkaufen) in Form von Punkten dargestellt, die mit einem Cursor angesteuert werden können. Durch ein weiteres Projekt „Steuerung mit der Brille" hat sich herausgestellt, dass die Zoom-Interaktion eine eindeutige Bewegung ist, die von den Probanden meistens sofort erkannt und nach einer kurze Lernphase angewendet wurde. Nach vorne gehen oder das Mobile nach vorne bewegen löst das Zoom In aus, das Zurücknehmen des Mobiles mit dem Arm oder das Zurückgehen das Zoom-Out.

3.4 Gestenbasierte Bildbearbeitung

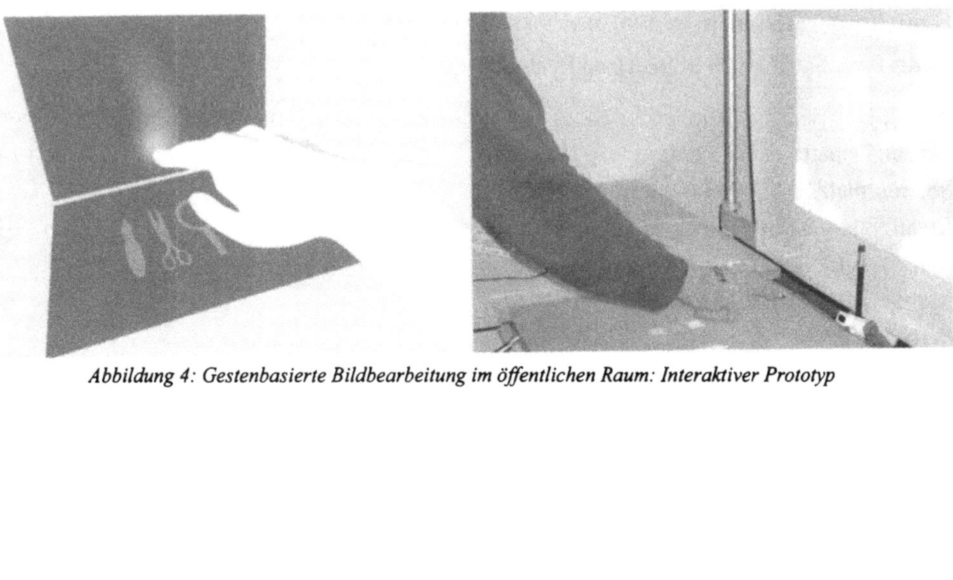

Abbildung 4: Gestenbasierte Bildbearbeitung im öffentlichen Raum: Interaktiver Prototyp

In jedem Drogeriemarkt stehen inzwischen Stationen, mit deren Hilfe Fotos von der Digitalkamera heruntergeladen, bearbeitet und ausgedruckt werden können. Für gewöhnlich werden diese Automaten per Maus, Tastatur oder Touchscreen bedient, sind für jedermann zugänglich und unterliegen einem hohen Verschleiß. Im vorliegenden Projekt wurde daher ein berührungsfreies Bedienkonzept für den öffentlichen Raum entwickelt. Besondere Herausforderung dabei war, die Vor- und Nachteile der räumlichen Positionierung mit dem Zeigefinger der Hand zu evaluieren, da sich der Handlungskontext gegenüber der bisherigen 2-dimensionalen Steuerung erheblich verändert hat. Im Spiel mit diesen Herausforderungen wurden in diesem Projekt einfache Menüpunkte einer Bildbearbeitungssoftware berührungslos in die dritte Dimension überführt.

Literaturverzeichnis

Grau, L., Hußlein, S. & Laux, R. (2008). IF :: THEN :: ELSE in *Form+Zweck „Tangibility of the Digital – die Fühlbarkeit des Digitalen“ 02.2008,* S.33-37.

Han, J. *http://www.cs.nyu.edu/~jhan/ftirtouch*

Hußlein, S., Mohs, C., Israel, J.H., Kindsmüller M.C & Naumann A. (2007). Intuitive Benutzung von User Interfaces: ein Schlagwort im Design – aber auch ein Treffer?. *Designreport 11*, S. 16-18.

Hußlein, S. *http://designpatterns.name*

Ishii, H. *http://tangible.media.mit.edu*

Lee, J. *http://johnnylee.net/projects/wii*

Mistry, P. *www.pranavmistry.com/projects/sixthsense*

NUI Group *http://nuigroup.com*

Schmidt, U. *http://www.uweschmidt.org*

Smartphone *http://www.apple.com/pr/library/2007/06/28iphone.html*

what can wii do *http://www.berlinerring.com/wii*

Kontaktinformationen

Vertr. Prof. Steffi Hußlein Interface Design

Anhalt University of Applied Sciences
Dessau Department of Design
Seminarplatz 2a | D-06846 Dessau
Email: husslein@design.hs-anhalt.de
Fon: +49 (0) 340 5197 1738
Mobile: +49 (0) 170 481 69 86
Web: http://www.design.hs-anhalt.de

H. Wandke, S. Kain & D. Struve (Hrsg.): Mensch & Computer 2009: Grenzenlos frei!?
München: Oldenbourg Verlag, 2009, S. 455-460

Verteiltes Design Thinking mit teleBoard

Raja Gumienny, Oliver Böckmann, Christian Willems,
Matthias Quasthoff, Lutz Gericke, Christoph Meinel

Hasso Plattner Institut für Softwaresystemtechnik GmbH, Potsdam

Zusammenfassung

TeleBoard ermöglicht kollaboratives, kreatives Arbeiten in Teams an verschiedenen Standorten. Dabei werden digitale Haftnotizen, Zeichnen am Whiteboard, Manipulieren von Whiteboard-Objekten und eine Videoübertragung der beteiligten Personen unterstützt. Die Design-Präsentation ist als verteilte Design Thinking Session konzipiert in der das Whiteboard-System vorgestellt wird und gleichzeitig der Prozess und die Methoden des Design Thinking demonstriert werden.

1 Einleitung

Derzeit gewinnt Design Thinking als Methodik zum erfinderischen Entwickeln weltweit an Bedeutung. Unsere global vernetzte Welt mit internationalen Forschungsprojekten und global agierenden Unternehmen benötigt Systeme, die verteilte Teams und Arbeitsumgebungen unterstützen. Die Arbeitsmethoden beim Design Thinking stellen dabei besondere Herausforderungen an diese Systeme, da sie durch starke Interaktivität und vorwiegend analoge Werkzeuge geprägt sind.

TeleBoard wurde zur Unterstützung von verteilten Design Thinking Teams konzipiert und wird kontinuierlich weiterentwickelt. Die Anwendungsmöglichkeiten des Whiteboard-Systems einschließlich der integrierten Komponenten sollen anschaulich demonstriert und von Konferenzteilnehmern getestet werden.

2 TeleBoard – visueller Interaktionsplatz

In diesem Abschnitt werden Herausforderungen, Eigenschaften und Funktionen des Whiteboard-Systems beschrieben. Dabei sind wir von den folgenden Basis-Anforderungen an das System ausgegangen und haben diese realisiert:

- Jede Aktion (z.B. Verschieben einer Notiz, Erstellen einer Zeichnung) eines Team-Mitgliedes am Whiteboard wird umgehend an allen verteilten Orten sichtbar,
- Ein aktiver simultaner Zugriff auf Whiteboard-Objekte aller (einschließlich der verteilten) Teilnehmer ist jederzeit möglich,
- Die Arbeit am System soll der Whiteboard-Metapher weitestgehend folgen und somit auch für Computer-unerfahrene Nutzer intuitiv nutzbar sein,
- Sinnvolle methodische Erweiterungen des Design Thinking Whiteboards, die sich durch den Einsatz digitaler Technik ergeben, werden aufgenommen. Dazu gehören z.B. die Whiteboard-Historie, das Verschieben und Vergrößern von Zeichnungen oder das Ändern der Farbe einer Haftnotiz.

2.1 Unterstützung von gestenreicher Interaktion

Die Gruppenarbeit am Whiteboard ist durch gestenreiche Interaktionen der Teilnehmer in Verbindung mit Objekten am Whiteboard gekennzeichnet. Hierzu gehören:

- Zeigen auf ein bestimmtes oder eine Gruppe von Notizen, Fotos, Zeichnungen
- Augenkontakt mit Teammitgliedern
- Angedeutete Aktionen in der Luft vor dem Whiteboard

Durch die Kombination einer Videoübertragung mit dem Whiteboard wird eine gestenreiche Kommunikation über Standorte hinweg ermöglicht (vgl. Abbildung 1).

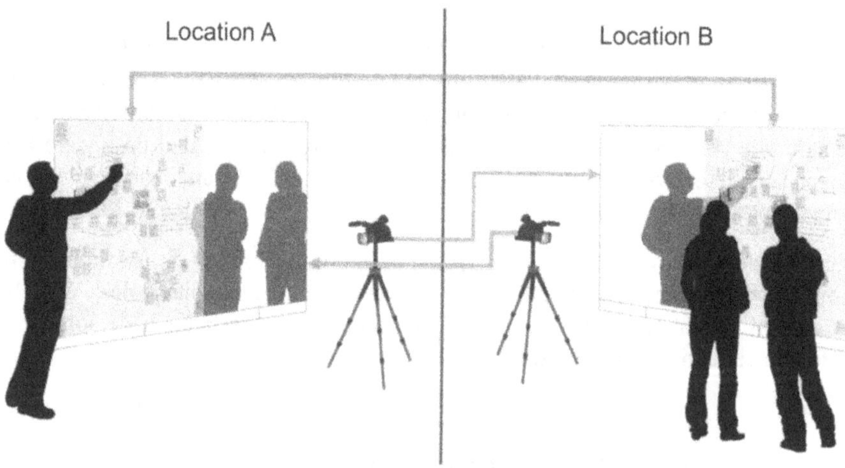

Abbildung 1: Setup des teleBoard zwischen zwei Standorten

2.2 Digitale Haftnotizen zur gemeinsamen visuellen Ideenstrukturierung

Haftnotizen („Post-Its") kommen während der Projektarbeit zum Einsatz, um Informationen visuell für das Team festzuhalten. Dazu werden wenige Worte oder eine kleine Handzeichnung auf einem Haftnotizzettel festgehalten und auf einem Whiteboard platziert. In Brainstorming-Sitzungen und beim Storytelling kommen diese Haftnotizen verstärkt zum Einsatz.

TeleBoard unterstützt unterschiedliche Möglichkeiten, digitale Haftnotizen zu erstellen. Das Erstellen der Haftnotizen kann dabei nicht nur direkt am Whiteboard erfolgen, sondern auch dezentral bei den einzelnen Teammitgliedern. Das erhöht den Gedankenfluss, weil die Teammitglieder zunächst jede spontane Idee notieren können, ohne direkt abwägen zu müssen, ob diese dem Team präsentiert werden kann oder nicht. Ungewöhnliche Gedanken und Ideen, die sehr wertvoll sein können, entstehen zum Teil erst unter dieser Voraussetzung.

Mit teleBoard können Haftnotizen mit verschiedenen externen Geräten erstellt werden, um den Anwendern die Freiheit zu geben, ihr präferiertes Eingabemedium zu wählen. Mögliche Eingabemedien sind mobile Endgeräte, auf denen Notizen mittels Touch- oder Stiftschnittstelle eingegeben werden, z.B. Smartphones, Tablet-PCs, Digital-Pens[1] oder Grafiktabletts. Falls derartige Geräte nicht verfügbar sind, können Notizen mittels einer Tastatur am PC oder direkt am Whiteboard erstellt werden.

In ersten Nutzertests mit Anwendern der Design Thinking Methode wurde deutlich, wie wichtig die freie Wahl des Mediums für die Erstellung von Haftnotizen ist: manche Nutzer sind begeistert von der Möglichkeit eine Notiz auf einem Tablet-PC zu erstellen, anderen Nutzern ist es sehr wichtig weiterhin mit Stift und Papier schreiben und zeichnen zu können.

Abbildung 2: Einsatz von Haftnotizen während der Projektarbeit an der HPI School of Design Thinking

[1]Elektronischer Stift zur Aufzeichnung und Speicherung von handschriftlichen Notizen. Diese Notizen können direkt oder anschließend mit Hilfe eines USB Adapters übertragen werden.

Die Haftnotizen werden – über das visuelle Festhalten von Erkenntnissen und Ideen hinaus – ebenfalls zu deren Strukturierung verwendet. Dabei werden zusammengehörige Informationsobjekte zu Gruppen, in so genannten Clustern, geordnet (vgl. Abbildung 2).

Das Verschieben der Haftnotizen ist durch Ziehen mit dem Finger implementiert, Cluster können durch Einkreisen der Notizen definiert werden und werden anschließend vom Whiteboard visuell hervorgehoben. Daraufhin lassen sich – als Mehrwert zum analogen Whiteboard – ganze Cluster verschieben und Zoomen. Außerdem ist auch die Größe der Arbeitsfläche des digitalen Whiteboard anpassbar. Die Anzeige ist für unterschiedliche Endgeräte optimiert, d.h. an einem interaktiven Whiteboard ähneln die Eingabeformen analogen Whiteboards, an einem Computer gibt es ein Menü mit Funktionen die mit der Maus ausgewählt werden können und auf mobilen Endgeräten ist die Anzeige auf kleine Displays angepasst.

Abbildung 3 zeigt den beispielhaften Whiteboard-Inhalt der aktuell implementierten Version von teleBoard.

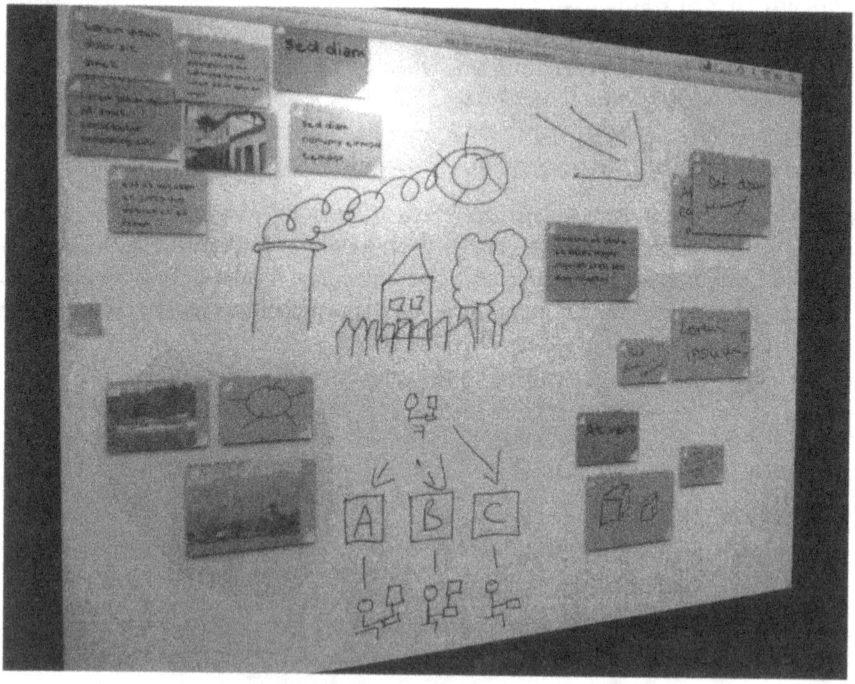

Abbildung 3: teleBoard (hier ohne Videoübertragung) mit digitalen Haftnotizen, Zeichnungen und Clustern

2.3 Teamverständnis der Ideen erhöhen durch Handzeichnungen

Mit einfachen Strichzeichnungen am Whiteboard (vgl. Abb. 3) lassen sich Ideen effizient kommunizieren. Mit Stiften und einem Wischer kann die Zeichnung – und somit die Idee im Team – weiterentwickelt werden.

TeleBoard unterstützt einfache Handzeichnungen und erkennt zusammengehörige Pfade als eine Zeichnung. Dadurch wird das Verschieben und Zoomen der Zeichnung vereinfacht.

2.4 Aufwertung der Whiteboard-Aktivitäten durch Integration von Multimedia

Im Rahmen der Design-Thinking-Aktivität werden viele unterschiedliche Artefakte zur Analyse gesammelt und erstellt. Dazu gehören unter anderem:

- Videos von Interviews und Beobachtungen,
- Audioaufnahmen von Interviews,
- Fotos von Personen, Umgebungen, Produkten, u.v.m.,
- Webseiten, Buchseiten, Zeitschriftenausrisse, u.v.m.

Die meisten dieser Informationen werden in digitaler Form erstellt und werden für die analoge Arbeit am Whiteboard ausgedruckt. Am teleBoard lassen sich diese digitalen Medien bequem importieren und verwenden. Das System ist so konzipiert, dass man direkt an der Whiteboard Anwendung arbeiten kann: die von Kameras und anderen Geräten übertragenen Dateien werden in den Ecken des digitalen Whiteboards als Stapel bereitgestellt. Ein Anwender kann nun diese Stapel auffächern und die Objekte auf dem Whiteboard positionieren.

3 Design Thinking Live

Um teleBoard möglichst anschaulich zu präsentieren, beinhaltet die Präsentation eine Design Thinking Session, in der ein verteiltes Team eine Fragestellung bearbeitet. Während der Session werden verschiedene Anwendungsfälle zur Benutzung des Systems interaktiv und über Standorte hinweg demonstriert. Dabei soll das Publikum bei der Präsentation sowohl einen Einblick in das Whiteboard-System als auch in die Methoden des Design Thinking erhalten.

3.1 Geplanter Ablauf

Die Auswahl und Länge der Aktivitäten kann je nach verfügbarer Zeit variiert werden. Der hier vorgeschlagene Ablauf ist nur der erste Teil eines Design Thinking Projektes und lässt sich ausweiten oder in einer zweiten Präsentation im Laufe der Konferenz fortsetzen.

- Vorbesprechung der Aufgabe mittels Video-Kollaboration, dabei soll ein Face-to-face Gefühl vermittelt werden,
- Recherche, Interviews und Beobachtungen finden meist außerhalb der eigentlichen Arbeitsräume statt und werden daher in der Präsentation übersprungen. Im nächsten Schritt werden die Recherche-Ergebnisse zusammengetragen und präsentiert,
- Vorstellen der Interviewergebnisse durch Storytelling, dabei Erstellen von Haftnotizen,
- Übertragen von Recherche Artefakten auf das Whiteboard (z.B. Video, Audio, Bilder),
- Inhaltliche Gruppierung der Notizen, Anordnen der Notizen in Cluster, Kennzeichnung der Cluster,
- Zeichnen eines Frameworks zur Synthese der Forschungsergebnisse, d.h. gemeinschaftliches Handzeichnen des Frameworks.

4 Schlusswort

Wir sind überzeugt, dass diese Design-Präsentation anschaulich zeigt, dass kollaboratives kreatives Arbeiten auch über geografische Grenzen hinweg möglich ist. Dabei werden viele Gebrauchsmuster aus der analogen Welt übernommen und durch digitale Funktionen erweitert, sofern sie die Nutzer unterstützen und einen Mehrwert bieten. Die Gestik bleibt als wichtiges Kommunikationsinstrument durch die teleBoard-Videoübertragung erhalten.

Der aktuelle Stand des teleBoard Prototypen ist außerdem auf der Website des Projekts D-Tools 2.0 im Rahmen des HPI – Stanford Design Thinking Research Programs zu sehen: http://www.hpi.uni-potsdam.de/forschung/design_thinking/projekte/d_tools_20/videos.html

Kontaktinformationen

Prof. Dr. Christoph Meinel

Hasso Plattner Institut für Softwaresystemtechnik GmbH, Potsdam
E-Mail: meinel@hpi.uni-potsdam.de

Poster

H. Wandke, S. Kain & D. Struve (Hrsg.): Mensch & Computer 2009: Grenzenlos frei!?
München: Oldenbourg Verlag, 2009, S. 463-466

CoLocScribe: Selektive Informationsfreigabe in einem Media Space

Tom Gross, Christoph Beckmann

Fakultät Medien, Bauhaus-Universität Weimar

Zusammenfassung

In diesem Beitrag berichten wir über eine informelle explorative Studie des Informationsfreigabeverhaltens in Abhängigkeit der Anwesenheit anderer Personen. Dazu stellen wir den CoLocScribe Media Space vor, der wie traditionelle Media Spaces eine permanente Videoverbindung zwischen zwei entfernten Räumen herstellt, aber auch die Erfassung, selektive Freigabe und Präsentation von Informationen ermöglicht. Aus der Studie konnten drei Typen von Freigabeverhalten abgeleitet werden.

1 Einleitung

Ubiquitäre Umgebungen haben das Ziel, Benutzerinteraktion durch implizite Eingaben zu unterstützen — das heißt, es werden über Sensoren kontinuierlich Daten über Räume und Benutzer erfasst, um situativ angemessen die Raumsituation anzupassen und Informationen zu präsentieren (Weiser 1993). Die Daten und Informationen sind häufig personenbezogen. Daher fordern Bellotti und Sellen zum Schutz der Privatsphäre in ubiquitären Umgebungen Mechanismen für Feedback, also Rückkoppelungen über die erfassten Daten und deren Verwendungszweck, und Control, also Beeinflussung der Erfassung und Verwendung (1993, S. 80): *„Control: Empowering people to stipulate what information they project and who can get hold of it. Feedback: Informing people when and what information about them is being captured and to whom the information is being made available."*

In diesem Beitrag untersuchen wir das Informationsfreigabeverhalten von Benutzerinnen und Benutzern in ubiquitären Umgebungen in Abhängigkeit von virtuell oder real anwesender Personen mit dem Ziel, adäquate Privatsphärenvoreinstellungen abzuleiten. Dazu stellen wir zunächst mit CoLocScribe einen ubiquitären Media Space vor, der nicht nur eine permanente Videoverbindung zwischen zwei entfernten Räumen herstellt, sondern auch die ubiquitäre Erfassung von Daten, selektive Freigabe persönlicher Informationen und Präsentation im öffentlichen Raum ermöglicht. Wir berichten darauf aufbauend über eine explorative Studie des Informationsfreigabeverhaltens von CoLocScribe-Benutzerinnen und -Benutzern.

2 CoLocScribe Konzept und Implementation

CoLocScribe (Co-Located and Remote Publish and Subscribe) ist ein Media Space, der Daten von Benutzerinnen und Benutzern an verschiedenen Orten sammelt und auf großen Wandbildschirmen präsentiert. Die Präsentationen bieten Informationen über den jeweiligen Benutzer sowie über Teamkollegen und erleichtern dadurch die gemeinsame Orientierung im Team (Gross & Koch 2007). Dabei können die Benutzerinnen und Benutzer selbst festlegen, welche Informationen präsentiert werden sollen.

Zu diesem Zweck bietet CoLocScribe die folgende Funktionalität: eine permanente *Videoverbindung* zwischen zwei räumlich getrennten Arbeitsräumen; eine umfangreiche Palette von *Sensoren* zur Erfassung von Daten in der realen (z.B.: Bewegung, Geräusche) und der elektronischen Welt (z.B.: Email-Kommunikation, Kalendereinträge) und eine wechselseitige *Präsentation* von Informationen aus beiden Arbeitsräumen. Abbildung 1 zeigt exemplarisch einen CoLocScribe-Wandbildschirm mit wechselseitigen Informationen auf der linken Seite, einem Raumplan des entfernten Arbeitsraumes in der Mitte sowie einem Videobild des entfernten Arbeitsraumes auf der rechten oberen und einem Kontroll-Videobild des lokalen Arbeitsraumes auf der rechten unteren Seite.

Abbildung 1: CoLocScribe-Wandbildschirm mit Informationen über den lokalen und entfernten Arbeitsraum

Der CoLocScribe Media Space besteht aus Hardware für die beiden großen Wandbildschirme sowie zwei Videokameras. Er besteht aus Software, welche die zwei Arbeitsräume, die Bildschirme sowie die Kameras verbinden: der *CoLocScribeConfigurator* erlaubt die Konfiguration des Erfassungsverhaltens für alle Daten; der *CoLocScribePresenter* bereitet die gesammelten Daten auf und präsentiert die Informationen und die Live-Video-Streams auf den Bildschirmen (weitere technische Details siehe (Gross & Beckmann 2009)).

3 CoLocScribe Studie

In einer explorativen Studie wurde CoLocScribe in zwei studentischen Arbeitsräumen in zwei Gebäuden installiert und jeweils ein großer Wandbildschirm so angebracht, dass er von allen Arbeitsbereichen im Raum aus gesehen werden konnte. Die Benutzerinnen und Benutzer konnten die Fenster auf den Bildschirmen beliebig anordnen. Zusätzlich konnten sie die Freigabe von Informationen aus persönlichen Quellen konfigurieren. Basierend auf früheren Erfahrungen mit sensorbasierten Umgebungen wurden die folgenden *vier Informationsquellen* angeboten: Einträge in Kalendern, Aktualisierungen in gemeinsamen Dateiablagen, Eingänge von Emails sowie Angaben zur aktuell gespielten Musik. Sobald eine dieser Quellen freigegeben wird, werden die daraus erfassten Daten verarbeitet und im Media Space präsentiert. Zur Vereinfachung der Freigabe wurden den Benutzerinnen und Benutzern *drei Granularitäten* pro Quelle angeboten: keine Daten; aggregierte Daten (z.B.: nur die Anzahl von Kalendereinträgen) sowie detaillierte Daten (z.B.: volle Informationen über Ort und Zeitraum eines Termins). Die gesammelten Daten werden dann aufbereitet und synchron und symmetrisch auf beiden Bildschirmen dargestellt — das heißt die Benutzerinnen und Benutzer erhalten Informationen über andere, aber auch Feedback und periphere Darstellung der eigenen freigegebenen Daten.

Die explorative Studie wurde mit einer Teilnehmerin und acht Teilnehmern durchgeführt, die zwischen 23 und 31 Jahre alt waren und für die Studie freiwillig rekrutiert werden konnten. Sie verwendeten CoLocScribe in der beschriebenen Konfiguration täglich eine Woche lang. Während dieser Zeit traten in den Arbeitsräumen drei typische Arbeitssituationen auf: *Projektarbeit* als die Zusammenarbeit an gemeinsamen Artefakten (z.B.: Programmieren und Dokumentieren im gemeinsamen Projekt); *Vortragsvorbereitung* als das Erstellen von Materialien für die Projektsitzung (z.B.: Anfertigen und Austauschen von Folien; und *Projektsitzung* als die wöchentliche Zusammenkunft des Teams (z.B.: Präsentieren und Diskutieren des Arbeitsstandes mit Kollegen und Projektverantwortlichen). Die Projektarbeit erfolgte raumübergreifend und primär von Montag bis Mittwoch und am Freitag, die Vortragsvorbereitung am Mittwoch und die Projektsitzung am Donnerstag fanden lokal statt.

Es wurden In-Situ-Interviews zum Freigabeverhalten durchgeführt (Lamnek 1993). Dazu wurde ein Leitfaden mit 51 Fragen, welche in fünf Abschnitte unterteilt wurden, entworfen. Die Interviews wurden aufgezeichnet, transkribiert und analysiert. Die vielseitigen Freigabeverhaltensweisen, welche festgestellt wurden, konnten in *drei Typen* von Freigabeverhalten der Teilnehmerinnen und Teilnehmer zusammengefasst werden:

- *Anbieter* gaben Informationen großzügig frei, auch mit einer großen Detaillierung
- *Abwäger* überlegten für sich lange, gründlich und fair die Vor- und Nachteile der Informationsfreigabe und des -erhaltes
- *Absahner* waren darauf bedacht, mehr Informationen zu erhalten als sie selbst freigaben.

Insgesamt wurde überwiegend das Verhalten des Abwägers festgestellt, gefolgt vom Verhalten des Absahners.

4 Diskussion

Die CoLocScribe-Studie ist explorativ und der hier gegebene Rahmen erlaubt keine detaillierte Darstellung der Resultate sowie der Konzepte und Implementation des Media Space. Nichtsdestotrotz können in dieser Studie vielseitige Freigabeverhaltensweisen festgestellt werden, die in bisherigen Arbeiten zu Privatsphäre in ubiquitären Umgebungen (siehe insb. Bellotti & Sellen 1993; Langheinrich 2001; Palen & Dourish 2003) nur eingeschränkt betrachtet wurden. Basierend auf den identifizieren drei Typen von Freigabeverhalten werden aktuell Voreinstellungen konzipiert, welche adäquate Kompromisse zwischen der nötigen Datenerfassung und gewünschten Privatsphäre abbilden.

Literaturverzeichnis

Bellotti, V. and Sellen, A. (1993). Design for Privacy in Ubiquitous Computing Environments. In *Proceedings of the Third European Conference on Computer-Supported Cooperative Work - ECSCW'93*. Dortrecht, NL: Kluwer Academic Publishers. S. 77-92.

Gross, T. and Beckmann, C. (2009). Advanced Publish and Subscribe for Distributed Sensor-Based Infrastructures: The CoLocScribe Cooperative Media Space. In *Proceedings of the Seventeenth Euromicro Conference on Parallel, Distributed, and Network-Based Processing - PDP 2009.* Los Alamitos, CA: IEEE Computer Society Press. S. 333-340.

Gross, T. and Koch, M. (2007). *Computer-Supported Cooperative Work.* München: Oldenbourg.

Lamnek, S. (1993). *Qualitative Sozialforschung*. Weinheim: Beltz.

Langheinrich, M. (2001). Privacy by Design - Principles of Privacy-Aware Ubiquitous Systems. In *Proceedings for the Third International Conference on Ubiquitous Computing - UbiComp 2001.* Heidelberg: Springer. S. 273-291.

Palen, L. and Dourish, P. (2003). Unpacking 'Privacy' for a Networked World. In *Proceedings of the Conference on Human Factors in Computing Systems - CHI 2003.* N.Y.:ACM. S. 129-136.

Weiser, M. (1993). Some Computer Science Issues in Ubiquitous Computing. *Communications of the ACM 36, 7*, Juli. S. 75-84.

Danksagung

Die Autoren möchten Prof. Ziemann für wertvolle Anregungen zur qualitativen Studie sowie allen CML-Mitgliedern für ihre Unterstützung sowie den Gutachtern für wertvolle Kommentare danken.

Kontaktinformationen

Prof. Dr. Tom Gross

E-Mail: tom.gross(at)medien.uni-weimar.de
Telefon: 03643/58-3733

H. Wandke, S. Kain & D. Struve (Hrsg.): Mensch & Computer 2009: Grenzenlos frei!?
München: Oldenbourg Verlag, 2009, S. 467-470

Ansatz zum Nutzungserleben im soziotechnischen Arbeitskontext

Beate Eilermann[1], Hartmut Wandke[2], Bernd Rudow[3]

Volkswagen AG Wolfsburg[1], Humboldt-Universität zu Berlin[2],
M4-Institut an der Hochschule Merseburg[3]

Zusammenfassung

Das Modell zum Nutzungserleben (user experience) im soziotechnischen Arbeitskontext versucht, die bisher weitgehend getrennten Konzepte Nutzungserleben, soziotechnisches System und Technology Acceptance zusammenzuführen. Es erfolgte eine explorative Untersuchung des Modells mit Hilfe einer Interviewstudie in vier Werken eines internationalen Automobilunternehmens. Als Ergebnis dieser Studie wurden Handlungsfelder identifiziert, die Auswirkungen auf das Nutzungserleben im Arbeitskontext haben können.

1 Einleitung

Im heutigen Arbeitsalltag sind Arbeitsplätze ohne technische Unterstützung speziell in der Industrie nicht mehr vorstellbar. Stand anfangs bei der Entwicklung von IT-Systemen die Funktionalität im Vordergrund, so hat sich in den letzten Jahren der Fokus auf Nutzerbeteiligung, Gebrauchstauglichkeit (Nielsen 1993) bis hin zum Nutzungserleben erweitert. Das Verständnis des Nutzungserlebens wird geprägt von Erkenntnissen aus dem Consumer Bereich und dem Web-Design. Unterschiedliche Ansätze heben die Bedeutung von praktischen und hedonischen Qualitäten für die Wahrnehmung und subjektive Bewertung von interaktiven Systemen hervor (Hassenzahl 2003).

Im Kontext der Arbeitsorganisation ist das Erleben von interaktiven Systemen stark geprägt vom Wechselspiel zwischen Mensch, Technik und Organisation. In diesem Zusammenhang kann von auch von einem soziotechnischen System gesprochen werden. Unter diesem wird eine organisierte Menge von Mensch und Technik verstanden, die in bestimmter Weise strukturiert ein spezifisches Ergebnis produziert (Ulich 2005). Zentraler Ausgangspunkt für Analysen zum Nutzungserleben im arbeitsorganisatorischen Anwendungsbezug ist die nähere Betrachtung der Arbeitsaufgabe, die z.B. durch ein IT-System unterstützt werden soll.

Auch wenn in der industriellen Arbeitspraxis versucht wird, z.B. durch anwendungsnahe IT-Entwicklungsprozesse, Systeme besser an die Nutzerbedürfnisse anzupassen, sind diese doch immer noch stark von technischen Gesichtspunkten geprägt und weniger von der soziotechnischen Perspektive der Benutzer. So beschreibt Hassenzahl (2003) bereits die unterschiedliche Sichtweise und Schwerpunktsetzung eines Entwicklers und eines Nutzers. Aspekte, wie die spezielle Erwartungshaltung der Nutzer an ein IT-System und die besonderen Anforderungen, die sich aus dem Arbeitskontext, z.B. in der Automobilindustrie ergeben, finden bei vielen Überlegungen zu wenig Beachtung.

2 Erweiterter Modellansatz zum Nutzungserleben

Bereits 1989 setzte Davis auf Grundlage des Technology Acceptance Model (TAM) die wahrgenommene Nützlichkeit und wahrgenommene einfache Bedienung eines Produktes in Bezug zur Nutzerabsicht und zum Nutzerverhalten. Die empirischen Befunde zum TAM sind beeindruckend, da das Modell die Hälfte der Varianz hinsichtlich der Nutzerabsicht, ein neues System oder Produkt anzunehmen oder abzulehnen, erklären kann. Viele Erweiterungen und Kombinationen des Modells wurden in den letzten Jahren entwickelt. Auch in der Forschung zum Nutzungserleben findet das TAM seine Anwendung.

In dem integrativen Modell von Mahlke (2008) wird davon ausgegangen, dass die Wahrnehmung und letztlich auch die Bewertung zu zwei übergeordneten Bewertungsdimensionen zusammengefasst werden kann. Wie bereits Davis (1989) untersuchte, sind aufgabenbezogene, pragmatische Qualitäten für den Nutzer von Bedeutung. In diese Kategorie fallen z. B. die wahrgenommene Bedienbarkeit und die Nützlichkeit eines Produktes. Andererseits nehmen aber auch nichtaufgabenbezogene, hedonische Qualitäten eine wichtige Rolle hinsichtlich des Nutzungserlebens ein. Zu dieser Kategorie können ausgehend von Hassenzahl (2003) die Identifikation und Stimulation gezählt werden.

Der erweiterte Modellansatz (Abbildung 1) beinhaltet sowohl die effektive und effiziente Erreichung von Zielen (aufgabenbezogene), als auch Erlebensqualitäten wie Stimulation und Identifikation (nichtaufgabenbezogene Qualitäten). Im Mittelpunkt aller Untersuchungen, Neu- und Weiterentwicklungen soll der Nutzer stehen, der das informationstechnische System im Zusammenhang seiner sozialen, technischen, organisatorischen und wirtschaftlichen Gesichtspunkte erlebt und subjektiv bewertet.

Um das Nutzungserleben im Arbeitskontext verstehen zu können, sollten die Rahmenbedingungen, wie Arbeitsumgebung, Kommunikationsstrukturen etc., mit in die Analyse einbezogen werden. Denn das komplexe soziale und technische Gebilde wirkt auf die aufgaben- und nichtaufgabenbezogenen Erlebensqualitäten, als auch auf das IT-Gesamtsystem. Unter diesem werden das technische System im engeren Sinne, die Informationsqualität und der Service verstanden. Das IT-Gesamtsystem wird hinsichtlich der aufgabenbezogenen und nichtaufgabenbezogenen Qualitäten vom Nutzer wahrgenommen und bewertet. Die Konsequenzen des Erlebens und Bewertens äußern sich im Nutzungsverhalten und in der Zufriedenheit mit dem Gesamtsystem.

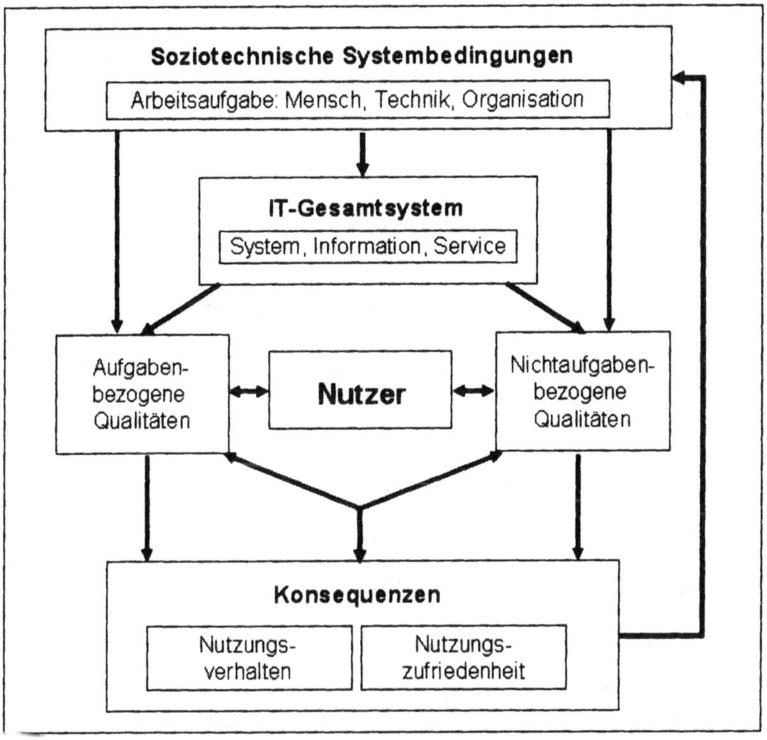

Abbildung 1: Erweiterter Modellansatz zum Nutzungserleben im Arbeitskontext

Mit der soziotechnischen Ausrichtung wird die Basis für eine ganzheitliche Optimierung von Arbeitstätigkeiten und Arbeitsstrukturen geschaffen. Der erweiterte Ansatz Mensch-Technik-Organisation zielt auf eine gemeinsame Optimierung der Mitarbeiterqualifikation, des Technikeinsatzes und der Organisationsgestaltung ab.

3 Ergebnisse der Interviewstudie

In einer Interviewstudie (Rudow 2009) anlässlich der Einführung eines IT-Systems wird die Einführung und Anwendung einer Neuentwicklung näher untersucht. Über einen Zeitraum von sechs Monaten wurden teilstrukturierte Interviews mit Nutzern aus den direkten und indirekten Produktionsbereichen (N=33) in vier Werken durchgeführt. Die nachfolgenden Ausführungen geben die Sicht der Befragten in stark verdichteter Form wieder.

Die Studie zeigte, dass die Nutzer das neue IT-System als ein nützliches Arbeitsmittel einschätzen. Die Zufriedenheit und die Identifikation sind bei den Nutzern hoch. Belastung, Frustration und Ärger wird nicht direkt auf das IT-System bezogen, sondern auf die Rahmenbedingungen, wie z. B. Netzwerkperformance.

Ferner zeigte die Studie, dass nicht Usability-Probleme an sich die Einführung und Anwendung des neuen IT-Systems erschweren, sondern vielmehr Defizite im Bereich der Einbettung in die Arbeitsorganisation vorherrschen. Die Erkenntnisse der Interviewstudie wurden zu Handlungsfeldern verdichtet, die im Zusammenhang mit Nutzungserleben betrachtet werden sollten:

- Potenziellem Nutzer sollten ausreichend Informationen zur Einführung des IT-Systems und zur Nutzung im arbeitsorganisatorischen Kontext vorliegen.
- Qualifikation der Nutzer hinsichtlich EDV- und Systemkenntnissen sowie fachlicher Kompetenz sind der Arbeitsaufgabe entsprechend zu fördern.
- Überzeugung des potenziellen Nutzers, dass das IT-System für die Arbeitsaufgabe gebraucht wird, sollte unterstützt werden.
- Mehraufwand durch System-Umstellung auf das neue IT-System wird im Arbeitsalltag häufig nur in Kauf genommen, wenn es aktiv eingefordert wird.
- Nutzer sollte die Bedienbarkeit des IT-Systems als einfach und logisch empfinden.
- Datenqualität und Informationsmenge im IT-System sollte den Nutzer überzeugen.
- IT-Service und -Support sollte den Nutzer bei Problemen umfassend unterstützt.

Die beschriebenen Handlungsfelder spiegeln eine Vielzahl der hypothetischen Dimensionen des theoretischen Modells zum Nutzungserleben im Arbeitskontext (Abbildung 1) wider. Um die bis jetzt noch hypothetischen Dimensionen des Modells zu belegen, wird in den nächsten Schritten eine empirische Validierung in Form einer Fragebogenerhebung vorgenommen. Das Ergebnis der weiterführenden Arbeiten soll ein Evaluationskonzept sein, das es ermöglicht, Nutzungserleben im Arbeitskontext gezielter gestalten zu können.

Literaturverzeichnis

Davis, F (1989). Perceived usefulness, perceived ease of use and user acceptance of information technology. *MIS Quarterly*. 13, S. 319-339.

Hassenzahl, M. (2003). The thing and I: Understanding the relationship between user and product. In M. Blythe, C. Overbeeke, A. F. Monk, & P. C. Wright (Eds.), *Funology: From Usability to Enjoyment*. Dordrecht: Kluwer Academic Publishers, S. 31-42.

Mahlke, S. (2008). *User Experience of Interaction with Technical Systems*. Internet: http://opus.kobv.de/tuberlin/volltexte/2008/1783/ Entnommen: 02.03.09.

Nielsen, J. (1993) *Usability engineering*. London: AP Professional Ltd.

Rudow, B (2009). *Interview-Leitfaden BEFAS-Nutzer*. Unveröffentlichter Leitfaden.

Ulich, E. (2005). *Arbeitspsychologie*. Zürich: vdf Hochschulverlag.

Kontaktinformationen

beate.eilermann@volkswagen.de

H. Wandke, S. Kain & D. Struve (Hrsg.): Mensch & Computer 2009: Grenzenlos frei!?
München: Oldenbourg Verlag, 2009, S. 471-474

Lernprozesse an der Schlaumäuse-Lernumgebung im Kindergarten

Manfred Pils

Institut für Datenverarbeitung in den Sozial- und Wirtschaftswissenschaften, JKU Linz

Zusammenfassung

Die Entwicklung und Förderung der Sprachkompetenz im Kindergarten ist Gegenstand dieses Beitrages. E-Learning, kombiniert mit dem Konzept des erforschenden Lernens, zeigt sich als erfolgreiche Alternative bzw. Ergänzung zu herkömmlichen Formen der Sprachförderung. Hiefür bietet sich der Einsatz der Schlaumäuse-Lernumgebung an. Wesentlich ist dabei, dass Lerntempo und Lernfelder vom Kind frei und individuell bestimmt werden können. In einem Forschungsprojekt mit 94 Kindern werden die Lernprozesse der Kinder an dieser Lernumgebung über einen längeren Zeitraum dokumentiert und einer Analyse unterzogen, um Hinweise auf eventuell erforderliche Anpassungen beim Einsatz der Lernumgebung und der Gestaltung der Rahmenbedingungen zu erhalten.

1 Einleitung und Problemstellung

Die an der TU Berlin von Kochan und Schröter entwickelte Schlaumäuse-Lernumgebung und das damit verbundene Konzept des erforschenden Lernens kommen in den deutschsprachigen Ländern in zunehmenden Ausmaß in Kindergärten und auch in den beiden ersten Schulstufen zum Einsatz. Obwohl Ergebnisse von Studien (vgl. Kochan & Schröter 2006, Mayr & Pils 2008) vorliegen, die positive Auswirkungen in Richtung Sprachkompetenz bescheinigen, stellt sich die Frage nach dem Verlauf der Lernprozesse der Kinder, da der Erwerb und die Entwicklung von Sprachkompetenz einen längeren Zeitraum in Anspruch nehmen. Es wird von der Hypothese ausgegangen, dass trotz der vorbereiteten Lernumgebung die Progression der Lernprozesse jeweils individuell in den einzelnen Lernfeldern, Gruppen und Altersgruppen verläuft. Es gilt, Hinweise auf die auf den Lernprozess wirkenden Variablen sowie auf die Erfolgsfaktoren des Einsatzes der Lernumgebung im Rahmen eines Blended-Learning-Konzeptes zu erhalten.

2 Gang der Untersuchung

Seit dem Jahre 2008 wird in Kooperation mit österreichischen Kindergärten eine Schlaumäuse-Studie über einen längeren Zeitraum hinweg durchgeführt, die methodisch auf der Beobachtung der beteiligten Kinder sowie auf Software-Monitoring beruht. In der vorliegenden Studie werden in regelmäßigen Abständen die Fortschritte bei der Bewältigung von detaillierten Lerneinheiten inhaltlich und zeitlich erfasst und einer Analyse unterzogen. Für die Datenermittlung gelangt u. a. das Betreuer-Tool der Schlaumäuse-Software zum Einsatz. Bei der Untersuchung im Zeitraum Oktober 2008 bis Mai 2009 mit insgesamt 94 Kindern in 4 Kindergarten-Gruppen mit je einer Lernstation wurden folgende Lernfelder einbezogen: Mündlicher Sprachgebrauch (mit den Lerninhalten *Alltagssprache* und *Fachwortschatz*); Lautbewusstsein / Phonologisches Bewusstsein (mit den Lerninhalten *Silben*, *Reime*, *Wortbausteine*, *Phoneme* und *Minimalpaare*); Lesen (mit den Lerninhalten *Wortebene* und *Satzebene*); Schreiben (mit dem Lerninhalt *Freies Schreiben*) sowie Rechtschreiben. Tatsächlich nutzten nur 42 der 94 Kinder die Lernumgebung.

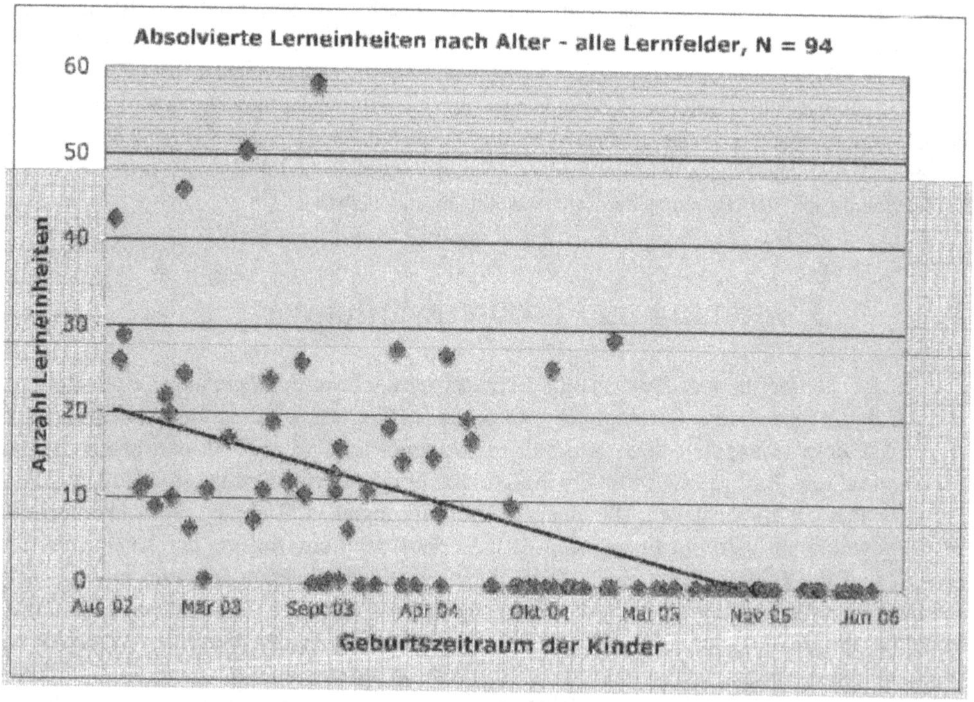

Abbildung 1: Absolvierte Lerneinheiten nach Alter (N=94) anhand des Anteils absolvierter Lerneinheiten (mit Trendlinie)

Für den Ablauf der Studie wird insbesondere auf folgende Prinzipien geachtet: Es erfolgt keine Aufteilung der Lernfelder und -einheiten in die Bereiche Kindergarten und Schule. Die Alltagssituation für die Kinder wird beibehalten, so dass keine Labor- oder Testsituation entsteht. Es besteht Freiwilligkeit der Nutzung der Lernumgebung. Durch Anwesenheit vertrauter Personen soll Sicherheit signalisiert werden. Die Nutzung der Lernumgebung erfolgt in eigenen räumlichen Bereichen. Andere Kinder können durch Beobachtung oder auch durch Mitwirkung die Lernumgebung jederzeit direkt oder indirekt (mit)nutzen.

3 Ergebnisse

Es liegen Ergebnisse zur Nutzung der Lernumgebung über die am häufigsten von den Kindern ausgewählten Lernfelder sowie über das Lerntempo vor. Abb. 1 zeigt die unterschiedliche Nutzung durch die Kinder mit deutlichem Einfluss des Alters als Variable. An der Nulllinie sind die Altersverteilung der Nicht-Benutzer sowie auch Kinder mit absolvierten Lerneinheiten bereits ab dem Alter von 4 Jahren zu erkennen. Von den die Lernumgebung Nutzenden wird mit hoher Priorität das Lernfeld *Mündlicher Sprachgebrauch* mit dem Lerninhalt *Alltagssprache* gewählt. Mit deutlichem Abstand folgen *Lesen auf Satzebene* sowie *Mündlicher Sprachgebrauch* mit dem *Fachwortschatz*. An letzter Stelle findet sich das *Rechtschreiben*. Die Mitgliedschaft in einer Kindergarten-Gruppe selbst erweist sich als eine wesentliche Variable, die die Nutzung der Lernumgebung stark mitbestimmt (vgl. Abb. 2).

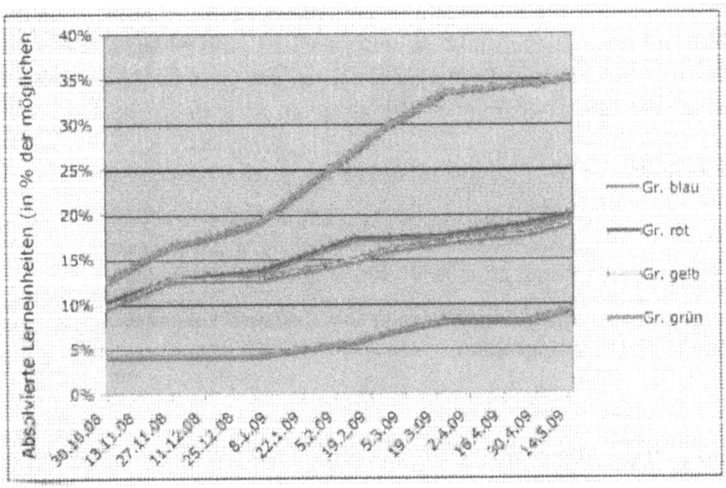

Abbildung 2: Verlauf der Lernprozesse der die Lernumgebung nutzenden Kinder (N=42) anhand des Anteils absolvierter Lerneinheiten, getrennt nach Gruppen

Aufgrund der bisherigen Ergebnisse der Untersuchung entsteht der Eindruck, dass die Lernprozesse unerwartet langsam verlaufen. Beobachtet man jedoch die tatsächliche Lernsituation der Kinder an den und im Umfeld der Lernstationen, so zeigt sich, dass sich die Kinder häufig in Gruppen in unmittelbarer Nähe aufhalten, und somit die Lernumgebung indirekt (im Hintergrund als Beobachter/innen, Mitwirkende oder helfend) nutzen. Zudem stehen bei einem Blended-Learning-Konzept die unterschiedlichen Lern- und Spielangebote in ständiger Konkurrenz zu einander, was die Nutzung der Lernumgebung begrenzt. Wirkungen in Richtung Steigerung der Sprachkompetenz bestehen in der verstärkten Kommunikation der Kinder untereinander über Themen, Begriffe und Sounds, die jeweils von der Lernumgebung angeboten bzw. angeregt werden. Es muss daher davon ausgegangen werden, dass sich Lernfortschritte in den einzelnen Lernfeldern der Erfassung durch das Monitoring-Tool teilweise entziehen. Dennoch ist die Schlaumäuse-Lernumgebung auch in ihrer Funktion als Motor der Kommunikation als wesentlich für die Lernfortschritte im Bereich der Sprachkompetenz anzusehen. Obwohl die Lernprozesse der einzelnen Kinder bezüglich erstmaliger Nutzung, Lernfelder und Geschwindigkeit unterschiedlich verlaufen, lassen sich charakteristische Lerntypen unterscheiden. Ein Lern-Controlling, z. B. mit Vergleichen der individuellen Positionen der Sprachkompetenz zwischen den Kindern, ist denkbar.

4 Konsequenzen und weitere Vorgehensweise

Es ist davon auszugehen, dass auch weitere, individuell wirkende Variable die Lernprozesse beeinflussen, die sich dem Einfluss der Bildungsinstitution entziehen, wie Begabung bzw. Hochbegabung (z. B. besondere Leistungen in einer Domäne), Anzahl der Geschwister, Nutzung von Lernumgebungen zu Hause. Als Folgerung für die weitere Vorgehensweise im Projekt wurde entschieden, die Beobachtung und Analyse der Lernprozesse in den kommenden Jahren fortzusetzen, um Hinweise auf erforderliche Anpassungen und Erfolgsfaktoren für den Einsatz der Schlaumäuse-Lernumgebung, bei der Gestaltung der Rahmenbedingungen sowie für gezielte Impulssetzung der Pädagogen zu erhalten.

Literaturverzeichnis

Kochan, B. & Schröter, E. (2006). *Abschlussbericht über die wissenschaftliche Projektbegleitung zur Bildungsinitiative von Microsoft Deutschland und Partnern „Schlaumäuse – Kinder entdecken Sprache"*, ComputerLernWerkstatt an der Technischen Universität Berlin.

Mayr, D. & Pils, M. (2008). Wie erfolgreich ist die Schlaumäuse-Lernumgebung? In Herczeg, M. und Kindsmüller, M. C. (Hrsg.): *Mensch & Computer 2008: Viel mehr Interaktion*. München: Oldenburg Verlag, S. 433 – 436.

Kontaktinformationen

Univ. Prof. Dr. Manfred Pils

Institut für Datenverarbeitung in den Sozial- und Wirtschaftswissenschaften
Johannes Kepler Universität Linz
Altenberger Straße 69, A-4040 Linz
Tel.: +43 732-2468 9346
E-Mail: manfred.pils@jku.at

H. Wandke, S. Kain & D. Struve (Hrsg.): Mensch & Computer 2009: Grenzenlos frei!?
München: Oldenbourg Verlag, 2009, S. 475-478

Flashlight: Online Erfassung von Mausbewegungen

Annika S. Boldt[1], Michael Schulte-Mecklenbeck[2], Ryan O. Murphy[3]

Humboldt-Universität zu Berlin[1], University of Bergen[2], ETH Zürich[3]

Zusammenfassung

Für die Usability-Forschung sind oftmals nicht nur die Zeiten interessant, die für die Bewältigung von Aufgaben benötigt wurden, sondern auch die Wege, auf denen diese Lösungen zustande kamen. Da die Erfassung von Blickbewegungen jedoch aufwendig und teuer ist, wird oft stattdessen die Bewegung der Maus registriert. Hier wird mit der Covering-Methode Flashlight der Umgang mit einer Suchmaske einer Versuchspersonendatenbank untersucht, bei der der Grad der Komplexität experimentell variiert wurde. Flashlight eignet sich sowohl zur Testung als auch Generierung von Hypothesen.

1 Einleitung

Die Interaktion mit Software ist ein dynamischer Prozess, daher reicht es in der Usability-Forschung oftmals nicht aus, nur die zur Lösung von Aufgaben benötigte Zeit zu betrachten, sondern auch die Wege, auf denen diese zustande gekommen sind. Für die Erfassung solcher Prozesse eignet sich vor allem die Blickbewegungsmessung. Diese ist jedoch sehr teuer und zeitaufwendig, weshalb im hier vorgestellten Ansatz nur der Anspruch erhoben wird, außerhalb des Labors und online über das Internet Daten zu erfassen.

In den letzten Jahren wurde die Bewegung der Maus zu einer wichtigen abhängigen Variable. Problematisch ist jedoch, dass sich Blick- und Mausbewegungen nicht eins zu eins aufeinander abbilden lassen. Eine Lösung bieten die so genannten Covering-Methoden mit der Grundidee der ortsbasierten Aufmerksamkeit (Posner et al. 1980). Dort werden die Teile der Seite verdeckt, die sich aktuell nicht im Fokus der Blick- bzw. Mausposition befinden. Beispiele sind Mouselab (Willemsen & Johnson 2006), der Restricted Focus Viewer (Bednarik & Tukiainen 2005), die Lorem-Ipsum-Covering-Methode (Kain et al. 2006) und das 2007 entwickelte Flashlight.

2 Flashlight

Bei dieser Methode wird angenommen, dass Maus-Bewegungen üblicherweise mit den Blickbewegungen übereinstimmen und Orte von Interesse kennzeichnen. Diese werden zuvor als „Areas of Interest" (AIO) definiert.

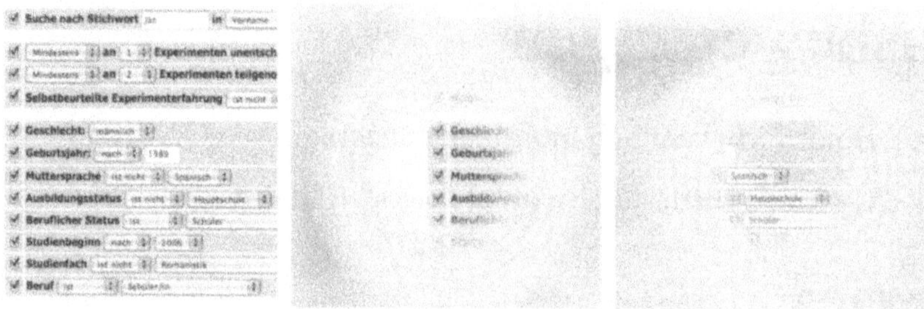

Abbildung 1: Beispiel für Flashlight: links der unverzerrte Stimulus und rechts wie ihn der Teilnehmer sieht

Wie aus Abbildung 1 hervorgeht, ist jeweils nur der Teil des Screenshots sichtbar, über dem sich die Maus befindet. Der restliche Teil wird graduell bis zur Unleserlichkeit verzerrt. Flashlight erhebt mit einer Auflösung von etwa 10 Hz die Anzahl und Dauer der Maus-Fixationen pro AOI. Außerdem können Übergangswahrscheinlichkeiten und Heatmaps[1] errechnet werden. Flashlight basiert auf HTML, Javascript, PHP und MySQL. Voraussetzungen sind daher grundlegende Programmierkenntnisse und Webspace. Die Versuchsperson benötigt einen Javascript-fähigen Browser. Das Open Source-Programm und MATLAB-Auswertungsscripts stehen unter http://taschenlampe.sourceforge.net kostenlos zur Verfügung.

Flashlight wurde bereits mit Blickbewegungsmessung verglichen und eine gute Übereinstimmung beider Methoden festgestellt, sofern die Stimuli maximal acht AOIs enthielten. Flashlight ist dabei in der Analyse von Entscheidungsprozessen eingesetzt worden, hier soll nun eine mögliche Eignung für die Usability-Domäne getestet werden.

3 Methoden

Untersuchungsobjekt der Evaluation ist die Online-Versuchspersonendatenbank PESA[2], die seit 2007 an der Humboldt-Universität zu Berlin genutzt wird. Ein Workshop zu PESA im Frühjahr 2008 offenbarte zahlreiche Mängel, zum Teil im Usability-Bereich. Daher wurde die Suchmaske für Versuchsleiter als Evaluationsobjekt ausgewählt. Probleme hierbei sind

---

1 Visualisierungen von häufig betrachteten Elementen auf dem Bildschirm

2 Psychologischer Experimental-Server Adlershof: http://web.psychologie.hu-berlin.de/pesa

die Unübersichtlichkeit und die Verwendung von Mengenoperatoren (<, >) statt sprachlicher Beschreibungen. Es wurde als Gegenentwurf eine weniger komplexe Maske erstellt.

Die Screenshots wurden mit unterschiedlichen Daten erstellt, um Lerneffekte auszuschließen, und mit einem Gauss-Filter verzerrt. Das Online-Experiment bestand nun aus einem Fragebogen zu demografischen Daten und 36 Screenshots. Die Teilnehmer wurden dabei gebeten, Fragen zur Maske zu beantworten. Sie sollten dazu mit der Maus die entscheidende Information suchen und beantworten, ob diese dort enthalten war oder nicht.

Verglichen wurde der Umgang mit der alten und der neuen Maske für jede Versuchsperson. Die abhängigen Variablen waren Verweilzeiten, Fehlerwerte, Anzahl der Maus-Fixationen und Anteil korrekter Fixationen. Wir nahmen bei der optimierten Suchmaske eine bessere Performanz in Bezug auf alle Variablen an. Außerdem erwarteten wir, dass die mit PESA bereits erfahrenen Probanden die Aufgaben besser und schneller lösen würden.

4 Ergebnisse

Die 27 Teilnehmer waren im Mittel 26,6 Jahre alt. 17 waren weiblich und 13 hatten bereits mit der Maske gearbeitet. Die Auswertung der Daten geschah über oben genannte MATLAB-Skripts. Dazu wurden 5 AOIs definiert. Anzahl der Fixationen[3] pro AOI wurden berechnet.

Die Hypothesen wurden mit Varianzanalysen getestet. Die Wechselwirkungseffekte wurden dabei nicht signifikant ($p = .379$ bis .930). Wir berichten hier nur die Ergebnisse der post hoc durchgeführten t-Tests.

Die Analysen zeigten, dass wie erwartet die Probanden weniger Zeit benötigten, um die Aufgabe mit der optimierten Maske zu lösen (7,1 vs. 8,7 Sekunden). Dieser Unterschied war signifikant ($p = .027$). Auch in den Fehlerraten lag dieser Effekt in der angenommenen Richtung vor (8,6 % bei der neuen Maske und 11,4 % bei der alten), allerdings wurde dieser Unterschied nicht signifikant ($p = .204$).

Wir erwarteten zudem eine geringere Anzahl an Maus-Fixationen für die optimierte Maske, da diese weniger komplex war. Tatsächlich fixierten die Probanden diese im Mittel 7,9 mal und die alte Maske 9,2 mal. Dieser Unterschied erweist sich im t-Test bei zweiseitiger Testung jedoch nur als tendentiell signifikant ($p = .081$).

Innerhalb dieser Maus-Fixationen wurde die Rate der Fixationen errechnet, die sich auf die AOIs beziehen, also die für die Aufgabenbewältigung relevanten Teile. Ein Mittelwertsunterschied zeigte sich ebenso: Während 46,5 % der Fixationen in der alten Maske auf die relevanten Bereiche gerichtet waren, waren es bei der optimierten Fassung 56,6 %. Dieser Unterschied ist statistisch signifikant ($p < .001$).

---

3 Als Fixation galt es, wenn sich die Maus in 300 ms nicht mehr als 20 Pixel bewegte.

Weitere Analysen zeigten, dass die erfahrenen PESA-User auf diesen Variablen ebenso bessere Ausprägungen besaßen. Diese Unterschiede wurden für alle Vergleiche außer den Fehlerwerten signifikant ($p = .002$ bis .036). Außerdem ermöglicht Flashlight neben der Hypothesentestung auch eine Analyse von Ausreißern. Mit Grafiken, die das genaue Fixationsmuster der Probanden abbilden, lassen sich diese gut analysieren.

5 Diskussion

Die Ergebnisse des Experiments zeigen, dass Flashlight sensitiv für den Unterschied zwischen den Masken ist. Ein Mehrwert im Vergleich zur bloßen Analyse von Fehlerzahlen besteht darin, dass gezeigt werden kann, wie sich der Anteil irrelevanter Maus-Fixationen zugunsten relevanter verschiebt. Anzumerken sei jedoch, dass die hier verwendeten Screenshots statisch sind. Eine mögliche Erweiterung für interaktive Seiten wäre wünschenswert. Auch sind Störvariablen bei Online-Testungen wesentlich schwerer zu kontrollieren, Hinweise hierzu gibt es bei Reips (2002).

Ein Vorteil von Flashlight ist jedoch, dass es günstig und flexibel zu handhaben ist. Auch kann eine Analyse von Ausreißern helfen, Hypothesen für die zukünftige Forschung und Anregungen für eine Verbesserung des Interfaces zu generieren. Abschließend ist also zu sagen, dass Flashlight eine gute und günstige Alternative zur konventionellen Blickbewegungsmessung darstellt. Für die Zukunft wäre ein direkter Vergleich mit konventioneller Blickbewegungsmessung angewandt in einer Usability-Testung wünschenswert.

Literaturverzeichnis

Bednarik, R. & Tukiainen, M. (2005). Effects of Display Blurring on the Behavior of Novices and Experts during Program Debugging. In Proceedings of CHI'05: *Extended abstracts of the ACM Conference on Human Factors in Computing Systems.* Portland: ACM Press. (S. 1204–1207).

Kain, S., Polkehn, K., Thüring, M. & Wandke, H. (2006). Lorem-Ipsum Covering as a method to measure attention allocation on websites - An altenative to Site-Covering? Poster presented at the *General Online Research 2006 (G.O.R. 06)*, Bielefeld.

Posner, M.I., Snyder, C.R.R. & Davidson, B.J. (1980). Attention and the detection of signals. *Journal of Experimental Psychology: General, 109,* 160-174.

Reips, U. D. (2002). Internet-Based Psychological Experimenting: Five Dos and five Don'ts. *Social Science Computer Review, 20*(3), 241-249.

Willemsen, M. C. & Johnson, E. J. (2006). *MouselabWEB: Monitoring information acquisition processes on the Web.* Retrieved March 23, 2009, from http://www.mouselabweb.org/

Kontaktinformationen

Annika S. Boldt: boldtann@hu-berlin.de

H. Wandke, S. Kain & D. Struve (Hrsg.): Mensch & Computer 2009: Grenzenlos frei!?
München: Oldenbourg Verlag, 2009, S. 479-482

PRIMIUnite: Gemeinsame Benutzerkennungen fürs Instant Messaging

Tom Gross, Mirko Fetter

Fakultät Medien, Bauhaus-Universität Weimar

Zusammenfassung

Instant Messaging Anwendungen ermöglichen den Austausch von Präsenz- und Verfügbarkeitsinformationen sowie das Abhalten von spontanen Online-Konversationen. In diesem Beitrag berichten wir über eine Befragung zum Verhalten von Anwendern, leiten daraus Anforderungen für die adäquate Unterstützung für gemeinsame Logins ab und präsentieren mit PRIMIUnite ein Konzept und eine Implementation zur eleganten gemeinsamen Nutzung von Instant Messaging Logins.

1 Einleitung

Die tatsächliche Verwendung von Software-Anwendungen durch die Benutzerinnen und Benutzer entspricht nicht immer den Vorstellungen der Gestalter der Anwendungen, ist aber in jedem Fall sehr informativ für die Verbesserung der Anwendung. Norman (2008) schreibt: „hacks and workarounds are truly revealing, both of needs and also of solutions".

Die Verwaltung von Benutzerkennungen, die Authentifizierung und die Online-Kommunikation sind gute Beispiele für solche Abweichungen. In der Regel sind Benutzerkennungen für Betriebssystem-Logins und Anwendungen für Einzelbenutzer konzipiert und ermöglichen diesen das Speichern, den Schutz und die Wiederverwendung von persönlichen Daten und Einstellungen. In der Realität entwickeln die Benutzerinnen und Benutzer jedoch häufig eigene Praktiken. So konnte nachgewiesen werden, dass in vielen Familien ein Computer mit einer einzigen Benutzerkennung gemeinsam von mehreren Familienmitgliedern verwendet wird (Frohlich & Kraut 2003). Auch werden aus verschiedenen Gründen sowohl privat als auch beruflich Email-Adressen gemeinsam verwendet (Muller & Gruen 2005).

In diesem Beitrag berichten wir über das Verhalten von Instant Messaging Anwendern. Daraus leiten wir Anforderungen für die adäquate Unterstützung für gemeinsame Logins ab. Wir präsentieren darauf aufbauend das Konzept und die Umsetzung von PRIMIUnite — einem Ansatz zur eleganten gemeinsamen Nutzung von Instant Messaging Logins.

2 Gemeinsame Kennungen im Instant Messaging

In semi-strukturierten Befragungen konnten wir interessante Erkenntnisse über die gemeinsame Verwendung von Benutzerkennungen in IM-Anwendungen erringen. Es wurden 17 Personen mit IM-Erfahrung aus unserer Universität rekrutiert, welche teilweise Dozenten und teilweise Studenten und zwischen 21 und 36 Jahre alt waren. Die Befragungen dauerten zwischen 10 und 18 Minuten, wurden aufgezeichnet und später transkribiert.

Die Teilnehmerinnen und Teilnehmer wurden befragt, ob und in welchen Situationen sie eine gemeinsame Verwendung von Benutzerkennungen im IM erlebten; welche Rolle sie in der jeweiligen Situation hatten; und wo sie jeweils die Ursachen für die gemeinsame Verwendung sahen. Wir konnten dabei drei Arten der gemeinsamen Verwendung identifizieren:

- *Geplante gemeinsame Verwendung*: zwei Benutzerinnen oder Benutzer verwenden eine gemeinsame Benutzerkennung über einen längeren Zeitraum, und ihre Kommunikationspartner wissen, welche Personen sich diese Benutzerkennung teilen
- *Ungeplante gemeinsame Verwendung*: ein Benutzer leiht sich vorübergehend von einem anderen Benutzer dessen Benutzerkennung, und der Kommunikationspartner weiß nicht, wer der Ausleiher ist
- *Unabsichtliche gemeinsame Verwendung*: ein Benutzer leiht sich von einem anderen Benutzer nur dessen Computer und erhält unaufgefordert, unabsichtlich und unwissentlich eine Nachricht

Bei der *geplanten* gemeinsamen Verwendung ist meist einer der beiden Benutzer aktiv am Computer und der Kommunikationspartner weiß in der Regel a priori nicht welcher. Da diese Verwendung oft in Familien oder Paaren vorkommt, wird der Verlust der Privatsphäre nur als geringes Problem gesehen (Fetter & Gross 2009). Als der Hauptgrund wurde die gemeinsame und dadurch vereinfachte Verwaltung von Kontakten und Kommunikationssträngen angegeben.

Bei der *ungeplanten* gemeinsamen Verwendung nützt der Ausleiher vorübergehend, entweder mit Zustimmung oder manchmal auch im Beisein des Verleihers dessen Benutzerkennung. Dieser Fall tritt häufig auf und meist in engen Beziehungen mit überlappenden Online-Kontakten. Als Fallbeispiele wurden Situationen genannt, wo der Ausleiher zu Besuch beim Verleiher ist oder wo der Ausleiher sich im Studentenarbeitsraum bereits ausgeloggt hatte und jeweils nur schnell eine Nachricht absetzen wollte. Die Gründe sind unterschiedlich und reichen vom Vermeiden des Aufwandes für ein zusätzliches Ein- und Ausloggen bis zum Vergessen des eigenen Passwortes aufgrund von Auto-Logins am eigenen Computer.

Bei der *unabsichtlichen* gemeinsamen Verwendung, schließlich, nützt der Ausleiher nicht aktiv die IM-Benutzerkennung des Verleihers, sondern nur dessen Computer-Benutzerkennung. Der Kommunikationspartner wähnt den Verleiher zu erreichen, weil dieser typischerweise im Hintergrund noch in die IM-Anwendung eingeloggt ist. Meist werden diese Situationen durch kurze Intervention des Ausleihers aufgeklärt. Diese Verwendung ist eher ein Versehen als eine Praxis und wird daher nicht weiter behandelt.

3 PRIMIUnite Konzept und Implementation

Die Konzeption von PRIMIUnite bietet komfortable Möglichkeiten zur *expliziten* geplanten und ungeplanten gemeinsamen Verwendung von IM-Kennungen. PRIMIUnite bietet gleichzeitig klare Informationen über die aktuelle Verwendung einer gemeinsamen Benutzerkennung und die damit verbundene Erreichbarkeit für die Kommunikationspartner.

In PRIMIUnite stehen Standard-Konfigurationen zur Auswahl: einfache Einzelbenutzerkennung, erweiterte Einzelbenutzerkennung mit vorübergehendem Gast, einfache Paarbenutzerkennung für zwei sowie erweiterte Paarbenutzerkennung für zwei mit vorübergehendem Gast. In allen Konfigurationen hat jede beteiligte Person eine eigene Online-Identität und einen eigenen Online-Status. Die Syntax ist dabei <Gast>@<Benutzer1>&<Benutzer2>.

Abbildung 1 zeigt PRIMIUnite in einem Szenario, in dem Fred und Tina eine einfache Paarkennung haben und aktuell gemeinsam auftreten — d.h. die Kommunikationspartner sehen, dass Fred und Tina gleichzeitig online sind (siehe die Icons im linken unteren Rand des linken Photos) und beide als Absender von Nachrichten aufscheinen (siehe das Prompt im Chatfenster des rechten Photos). Analog sehen Fred und Tina in ihrer Kontaktliste die Online-Stati der anderen (das linke Photo zeigt beispielsweise, dass der Einzelbenutzer Eik online ist, das Marco zu Gast bei Bobby ist, und dass Frank zu Gast bei Nina und Chris ist).

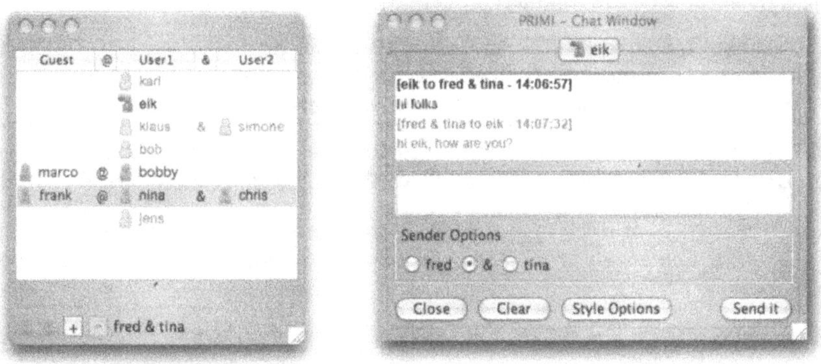

Abbildung 1: PRIMIUnite Bildschirmphoto mit einer Kontaktliste im linken Bild (Fred und Tina sind gemeinsam online und sehen ihre Online-Kontakte); und einem Chat-Fenster im rechten Bild (Fred und Tina sprechen mit Eik)

Permanente Benutzer des gemeinsamen Logins können jederzeit ihren Online-Status individuell ändern (über die Icons im linken unteren Rand des linken Photos können herkömmliche Stati wie Online, Available, usw. gewählt werden) und auch ihre Absenderinformation (über die Sender Options im rechten Photo können Fred, Tina oder durch das Et-Zeiten beide ausgewählt werden). Ein Gast kann jederzeit hinzugefügt werden (über das Plus-Zeichen im linken unteren Rand des linken Photos und Eingabe eines Namens), erhält bis zum Entfernen den Online-Status Available und scheint als Absender von Nachrichten auf.

Die PRIMIUnite Anwendung wurde in Java SE 1.5.0_13 auf Mac OS X 10.4.11 implementiert, basiert auf der PRIMI Plattform (Gross & Oemig 2005) und dem Extensible Messaging and Presence Protocol (XMPP).

4 Diskussion

In diesem Beitrag haben wir unsere Untersuchung zur gemeinsamen Verwendung von IM-Benutzerkennungen und PRIMIUnite vorgestellt. PRIMIUnite liefert einen Beitrag zur flexibleren Interaktion und Verbundenheit zwischen IM-Anwendern (Nardi et al. 2000). PRIMIUnite bietet in der aktuellen Konzeption Standard-Konfigurationen von maximal einem Gast und zwei permanenten Benutzern einer gemeinsamen Benutzerkennung — dies scheint entsprechend unserer ursprünglichen Untersuchung für die meisten Fälle ausreichend. Allerdings sollte dies durch eine zukünftige empirische Beobachtung von PRIMIUnite untersucht werden.

Literaturverzeichnis

Fetter, M. & Gross, T. (2009). Beyond the Dyad: Understanding Sharing in Instant Messaging. In *Conference on Human Factors in Computing Systems - CHI 2009*. N.Y.: ACM. S. 4243-4248.

Frohlich, D. & Kraut, R. (2003). The Social Context of Home Computing. In Harper, R. (Hrsg.). *Inside the Smart Home*. London, UK: Springer. S. 127-162.

Gross, T. & Oemig, C. (2005). PRIMI: An Open Platform for the Rapid and Easy Development of Instant Messaging Infrastructures. In *Conference on Software Engineering and Advanced Applications - SEAA 2005*. Los Alamitos, CA: IEEE Computer Society Press. S. 460-467.

Muller, M.J. & Gruen, D.M. (2005). Working Together Inside an Emailbox. In *European Conference on Computer-Supported Cooperative Work - ECSCW 2005*. London, UK: Springer. S. 103-122.

Nardi, B.A., Whittaker, S. & Bradner, E. (2000). Interaction and Outeraction: Instant Messaging in Action. In *ACM Conference on Computer-Supported Cooperative Work - CSCW 2000*. N.Y.: ACM. S. 79-88.

Norman, D.A. Workarounds and Hacks: The Leading Edge of Innovation. *ACM Interactions* 15, 4 (Juli/Aug. 2008). S. 47-48.

Danksagung

Wir danken allen CML-Mitgliedern (insb.Eik List, Jens Opolka und Thilo Paul-Stueve).

Kontaktinformationen

Prof. Dr. Tom Gross

E-Mail: tom.gross(at)medien.uni-weimar.de
Telefon: 03643/58-3733

H. Wandke, S. Kain & D. Struve (Hrsg.): Mensch & Computer 2009: Grenzenlos frei!?
München: Oldenbourg Verlag, 2009, S. 483-486

User activity display: competition or conversation?

Tina Deiml-Seibt, Larissa Pschetz, Boris Müller

Interaction Design Lab, University of Applied Sciences Potsdam

Abstract

Mechanisms to motivate user participation became a necessary strategy for the evolution and sustainability of many online systems. Nowadays, most of these mechanisms are based on user activity displays, which take, for example, the form of badges or ranking scores. In this paper we discuss the current use of activity displays as incentives for user participation, and present IntroText, an alternative conversational approach.

1 Introduction

Nowadays, systems are designed to encourage and, at the same time, profit from users' participation (O'Reilly 2005). Facing high competition, they are impelled to create a whole bunch of mechanisms in order to get users involved in their causes. Once previous studies have shown that user contributions to online systems can be most of the times considered as a way of getting noticed within a community (Hoisl 2007; Bryant 2005; Kollock 1999), or as a by-product of users' communication (O'Reilly 2005; Kollock 1999), displaying user activity became a common way of stimulating participation. The display of users' activity can take many forms. A clear difference can be noticed between systems whose communities are formed around a theme and systems whose argument is the social network itself, e.g. Facebook and Orkut. While the second tends to directly show single activities and updates within a social group - in order to incite others to perform the same actions - the first tends to translate activities into a ranking system, resulting in an explicit stratification where some users fill leadership roles and others do not.

In this paper we discuss ways of displaying user participation (Section 2), and present IntroText (Section 3), an activity display designed to enhance participation within a community of interest in the architectural domain. IntroText builds on the practice of status updating and aims to be an alternative for ranking models.

2 Activity displays

Though the ways of displaying user activity depends on the community, the architecture and the information presented by each system, some patterns and tendencies can be recognized. In communities formed around a theme, user activity levels are mostly displayed through ranking systems, which track the amount of contributions of each user (e.g. number of posts or comments) and/or allow other users to rate contributions (e.g. by giving stars). The scores are than translated into a ranking scheme, and profiles are classified within a pre-defined hierarchy. In this case, users would contribute in order to reach high hierarchical profiles, or to shape their behaviour according to what they consider as a good paradigm.

Nowadays, however, it is known that power law distributions tend to arise in any social system where many people express preferences among many options (Barabasi 2003; Huberman 2001). In power law distributions, the value for the Nth position is 1/N, which means that the gap between the first and the median position is enormous, and tends to grow as the size of the system increases. Thus, the tendency in ranking profiles is that very few users occupy high activity/popularity positions, while the great majority ends up struggling to reach leadership roles without success. In this way, such approach is likely to bring disappointment or be ignored after a certain period.

Another common way of displaying user activity is to award badges or titles that represent the nature of users' activity. Such mechanism requires contributions to happen in different ways (e.g. tagging, commenting, etc). The definition of profiles, based on these actions, leads users to recognize each other within the community, and motivate them to pursue and assume one of these profiles, which can be easily reached. However, if activities, and consequently roles, are not varied enough, other ways of coping with users' necessity of personalization might be necessary - once incentive mechanisms are effective as long as they allow users to identify others and position themselves according to the created social system.

Another way to stimulate participation is to divulge the activities of users within their social groups. Facebook, for instance, openly reports users' last activities through status messages in order to inspire others to perform the same activity. Another tendency is to allow users to post mood messages, where they publish current actions or feelings in order to indirectly keep in contact with friends, and personalize their profiles.

3 IntroText

IntroText was developed to improve users' participation in MACE [1] - a platform developed to improve access to different architectural repositories in Europe. The range of users' contri-

[1] http://portal.mace-project.eu [eContentplus - ECP 2005 EDU 038098]

butions in MACE is wide, including tagging, commenting, rating, adding location, external sources, etc. Besides viewing, any action carried out over a resource consequently links it to the user page - staying available as a bookmark. MACE is also a place to try different strategies for metadata creation and community studies. For this reason, users can agree with the tracking of their actions in the system at their register. Such data is used by IntroText to automatically generate statements, which are presented on users' profile pages portraying them within the system. Users' data - such as day last action, number of visits, days between registering and last action, etc.- is analyzed and used to define introductory sentences regarding three temporal levels: long-term, middle-term and last-visit behaviours. In the long-term level, general behaviour sentences are defined based on users' visit frequencies and time passed since last action. This data is interrelated and transformed in phrases such as: "eventually shows up", "is a continuous loyal visitor", "had fun for a day", etc. If recurrent actions are recognized, they are added to the phrase. For instance, if the main action is tagging, the system prints in the following: "who has made valuable contributions to the organization of contents". For the outline of mid-term and last-visit behaviour, IntroText analyzes action sequences such as entered search term, number of results viewed, time spent throughout the search, and/or the action performed on a viewed content (tagging, commenting, viewing). This data is translated into sentences that suggest the theme in which the user is currently involved, e.g. "A while ago, {*user name*} briefly labelled {*tagged resource*} with {*given tag*}", "Last time here, {*user name*} quickly found {*checked resource*} while searching for {*searched term*}" (see Figure 1).

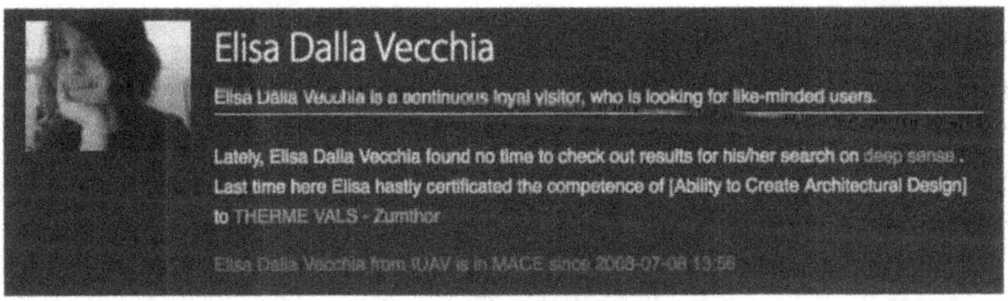

Figure 1: IntroText examples

Each temporal level presents a different set of possible sentences. At the moment, the long-term level includes 2 groups of sentences, with respectively 25 and 15 possibilities. The mid-term level counts with 3 groups of 5 possibilities and the last-visit level has 3 groups of 2, 4 and 6 possibilities. All together we have 67 sentences that allow for 2 250 000 different profile descriptions. Special attention was dedicated to sentences describing low activity levels. Among the sentences defined 34 describe very low levels of activity. In fact, the variety of sentences is even higher, once the mid-term and last-visit descriptions include tagged and searched terms, as well as viewed resources, which are likely to vary from one user to another, even if the same sentence structure is presented. With IntroText, it is possible to know which themes users have been recently and/or constantly interested, and for how long. The general description (long-term) hints the amount and kind of resources that can be found at each profile page. Adjectives like quickly, intensely or cautious are used to form a perception of the users' current mood. Latest search terms, ratings, comments, tags or added resources inform about users' research topics, the way they perform research, or the preferred actions and contents. IntroText inspires curiosity without being frustrating, because no goals or competition levels are to be achieved.

4 IntroText implementation

IntroText has been implemented on the February 2009 as the first step of a wider community experiment. During its first month of implementation we identified the highest amount of visits to profile pages, which almost tripled the previous average. We assume that users returned to the system to check their own profile pages, and the profile of their acquitances. Additionally, a substantial increase of activity in page views and searches was observed. Three weeks after the implementation of IntroText, a 3 questions questionnaire was carried out to evaluate general acceptance and privacy concerns - 16% of questionnaires were returned. From these, 87,5% evaluated the feature as great or amusing, only 16,6% did not support the communication of most performed actions, and 29,2% disapproved the display of most entered search terms. Such preliminary results point out to the potential of a non-competitive approach to influence behaviours within a community of interest. In order to improve results, however, additional community features must be improved or implemented in the portal, such as ways of contacting users and enhanced access to users' profile pages.

References

Barabasi A.-L. (2003). *Linked: How Everything Is Connected to Everything Else and What It Means for Business, Science, and Everyday Life.* Cambridge MA:Plume Publishers.

Bryant S. L., Forte A. & Bruckman A. (2005). *Becoming wikipedian: transformation of participation in a collaborative online encyclopedia.* Proceedings of the 2005 international ACM SIGGROUP conference on Supporting group work, S.1–10.

Hoisl B., Aigner W. & Miksch S. (2007). *Online Communities and Social Computing* . In Lecture Notes in Computer Science [Volume 4564/2007]. Berlin/Heidelberg: Springer, S. 362–371.

Huberman B. A. (2001). *The Laws of the Web: Patterns in the Ecology of Information.* Cambridge: The Mit Press.

Kollock P. (1999). *Communities in Cyberspace.* New York: Routledge. S. 220–239.

O'Reilly T. (2005). *What is web 2.0: Design patterns and business models for the next generation of software.*

Contact

Tina Deiml-Seibt

E-Mail: deiml@fh-potsdam.de

H. Wandke, S. Kain, & D. Struve (Hrsg.): Mensch & Computer 2009: Grenzenlos frei!?
München: Oldenbourg Verlag, 2009, S. 487-490

Beeinflusst Ästhetik die Performanz bei Suchaufgaben im Web?

Meinald T. Thielsch , Desislava Nikolaeva, Günther Kebeck

Psychologisches Institut I und IV, Westfälische Wilhelms-Universität Münster

Zusammenfassung

Kann eine ästhetische Gestaltung einer Website unter bestimmten Bedingungen eine positive, kompensatorische Wirkung auf Usability-Probleme haben? Dies vermuten in einer experimentellen Studie Moshagen Musch und Göritz (in press), was in dem vorliegenden Beitrag gezielt repliziert werden soll. Hierbei zeigt sich erwartungsgemäß die Akkuratheit der Suchergebnisse von der Ästhetik unbeeinflusst. Der erwartete kompensatorische Effekt hinsichtlich der zeitlichen Performanz erreicht aber nicht das Signifikanzniveau; als mögliche Gründe werden Effektgröße und Intensität der gestalterischen Variation diskutiert.

1 Einleitung

Das Verhältnis zwischen Usability und Ästhetik ist seit über zehn Jahren Gegenstand vieler Forschungsarbeiten (siehe bspw. Hassenzahl, 2004; Thielsch, 2008). Aus Sicht von Tractinsky und Hassenzahl (2005) überschneiden sich die Konstrukte; die komplexe Interaktion von Usability und Ästhetik gilt aber bis heute als nicht geklärt. In verschiedenen Forschungsarbeiten wie beispielsweise bei van der Heijden (2004) finden sich hohe Korrelationen zwischen Usability- und Ästhetik-Urteilen. Dies wird meist als ein Halo-Effekt der allgemeinen positiven Wahrnehmung der Nutzer auf die Zufriedenheit und Akzeptanz des Systems interpretiert, der sich entsprechend auf die Usability auswirkt. Nach Hartmann, Sutcliffe und De Angeli (2007) könnte dieser positive Eindruck im World Wide Web sogar schlechte Usability und schlechte Inhalte kompensieren. In verschiedenen experimentellen Arbeiten findet sich der vermutete Halo-Effekt bei der Untersuchung von Websites nicht (zum Überblick siehe Thielsch, 2008) – was bleibt ist jedoch die Idee einer kompensatorischen Beziehung zwischen Usability und Ästhetik.

Als erste experimentelle Arbeit in diesem Kontext ist die Untersuchung von Moshagen und Kollegen (in press) zu nennen: In einem 2 x 2-Gruppendesign mit N = 257 Probanden wurde Ästhetik (gering versus hoch) sowie Usability (schlecht versus gut) auf einer Website mit medizinischen Informationen manipuliert. Bei der Ästhetik-Variation wurden Überschriften und Navigation entweder in einem gelborangen oder in einem unangenehm grünen Farbton gehalten. Als Ergebnis des Experiments zeigt sich, dass Ästhetik keinen Einfluss auf die Akkuratheit der Aufgabenbeantwortung hat, sehr wohl aber auf die Bearbeitungsgeschwindigkeit: In der Bedingung schlechte Usability (verschlechterte Navigationsmöglichkeiten) hatte eine hohe Ästhetik einen signifikant positiven Effekt auf die Bearbeitungsgeschwindigkeit. Hohe Ästhetik kompensierte also Usability-Probleme. Dieses Ergebnis steht im Widerspruch zu der gängigen Annahme, dass Ästhetik der Performanz schadet oder nur dann wirken kann, wenn ein Mindestmaß an Usability vorhanden ist. Das Ziel des vorliegenden Beitrags ist eine Replikation der Ergebnisse von Moshagen und Kollegen. Entsprechend lautet die Hypothese, dass unter der Bedingung eingeschränkter Usability ästhetische Gestaltung keinen Effekt auf die Akkuratheit einer Aufgabenbearbeitung hat, sehr wohl aber die Bearbeitungszeit durch gute Ästhetik verkürzt wird.

2 Methode

Die Fragestellung wurde im Rahmen eines 2 x 2 x 2 Designs untersucht, wobei die Ästhetik, Usability und Inhalt von Websites manipuliert wurden. N = 383 Probanden wurden zufällig auf die Bedingungen zugeteilt, unter diesen befanden sich 226 Frauen und 157 Männer. Das Alter liegt im Mittel bei 33.87 Jahren (*SD* = 3.37) und reicht von 26 bis 41 Jahren. Die Befragten haben eine durchschnittliche Interneterfahrung von 9.36 Jahren (*SD* = 5.63) und surfen pro Woche im Schnitt 15.64 Stunden aktiv im World Wide Web (*SD* = 12.76). Für den vorliegenden Beitrag wurden nur Wirkungen der Ästhetik- und Usability-Variationen betrachtet und zusätzlichen Analysen unterzogen, die vollständige Untersuchung ist bei Nikolaeva (2009) dokumentiert. Auf die Inhaltsmanipulation wird an dieser Stelle nicht eingegangen, da sie nicht Gegenstand der vorliegenden Auswertung ist.

Die Gestaltung des Stimulusmaterials und der Aufgabe unterschieden sich von der Arbeit von Moshagen et al. (in press), die Operationalisierung von Usability und Ästhetik war aber an diese angelehnt, gleiches galt für die Erfassung der Performanz bei einer Suchaufgabe. Die Versuchsteilnehmer mussten bestimmte Begriffe auf der Testwebsite finden, unter der Bedingung der eingeschränkten Usability brauchten die User mindestens vier Klicks bis sie die gewünschten Informationen erreicht hatten. Die Operationalisierung der Performanz der Probanden erfolgte durch die Erfassung der für die Ausführung der Suchaufgaben benötigten Zeit sowie der Korrektheit der Lösung.

3 Ergebnisse

Betrachtet man zunächst die Akkuratheit der Lösungen, so ergibt sich der zu erwartende Effekt der Usability: Bei hoher Usability machen die Versuchsteilnehmer signifikant weniger Fehler ($F = 23.05$, $df = 1$, $p < .001$, $\eta^2 = .06$). Die schon von Moshagen und Kollegen beschriebene geringe Auswirkung der Ästhetik zeigt sich auch hier: Diese hat keinen signifikanten Einfluss ($F = .27$, $df = 1$, $p = .60$, $\eta^2 = .001$), was sich auch direkt aus den prozentualen Fehlerhäufigkeiten ablesen lässt (siehe Tabelle 1).

	Usability		Ästhetik	
	gering	hoch	gering	hoch
Richtige Antworten in %	64.3	85.9	77.6	74.2
Falsche Antworten in %	35.7	14.1	22.4	25.8

Tabelle 1: Fehlerhäufigkeit in Abhängigkeit zu Usability und Ästhetik

Im zweiten Schritt soll nun die Performanz betrachtet werden, die anhand der Antwortzeit erfasst wird. Um Vergleichbarkeit mit den Ergebnissen von Moshagen et al. (in press) sicher zu stellen, werden nur Probanden berücksichtigt, die die Suchaufgaben richtig beantwortet und einen Manipulation Check erfolgreich absolviert haben. In dieser Auswertung zeigt sich wieder ein zu erwartender Effekt der Usability ($F = 5.47$, $df = 1$, $p < .05$, $\eta^2 = .03$), auf der besser zu bedienenden Website sind die Versuchspersonen schneller. Es findet sich jedoch kein genereller Effekt der Ästhetik ($F = .17$, $df = 1$, $p = .68$, $\eta^2 = .001$). Die von Moshagen et al. vermutete Wirkung der Ästhetik unter der Bedingung eingeschränkter Usability zeigt sich zwar deskriptiv mit einem Unterschied von rund 20 Sekunden in der Beantwortungszeit (siehe Tabelle 2), allerdings erreicht dieser Effekt bei verbliebenen N = 68 Probanden in den beiden Vergleichsgruppen nicht das Signifikanzniveau ($F = 2.23$, $df = 1$, $p = .14$, $\eta^2 = .03$).

	Usability	
	gering	hoch
Ästhetik gering	91	47
Ästhetik hoch	71	58

Tabelle 2: Bearbeitungsdauer in Sekunden in Abhängigkeit zu Usability und Ästhetik

4 Diskussion

Die Veränderung der Benutzbarkeit der Websites führt wie erwartet zu einer Verschlechterung der Leistung. Ebenso zeigt sich, wie von Moshagen et al. (in press) gefunden, kein Effekt der ästhetischen Gestaltung auf die Akkuratheit der Aufgabenbeantwortung. Der vermutete kompensatorische Effekt von Ästhetik unter der Bedingung eingeschränkter Usability ist aber nur in der Tendenz zu finden und wird nicht statistisch signifikant. Im Gegensatz zu den Ergebnissen von Moshagen et al. (in press) beobachtet man damit in der vorliegenden Auswertung keine signifikante Interaktion von Ästhetik und Usability. Hierfür sind zwei Erklärungen denkbar: Inhaltlich kann angenommen werden, dass der von Moshagen et al. (in press) beobachtete Kompensationseffekt der Ästhetik auf Usability eine eher kleine Effektgröße hat und damit relativ große Stichproben notwendig sind, um diesen sicher zu identifizieren. Selbst die in der Untersuchung vorliegenden Wirkungen der Usability-Manipulation weisen eher kleine als mittlere Effektgrößen auf. Die gefundene Zeitdifferenz von zwanzig Sekunden zwischen den beiden Ästhetik-Bedingungen bei eingeschränkter Usability spricht aber für die Existenz des Kompensationseffekts.

Die bisher geringen Effektgrößen sowohl bei Usability als auch besonders bei Ästhetik führen zur zweiten wahrscheinlichen Erklärung, die in der Intensität der Variation der Versuchswebsites liegt: Die Veränderung nur einzelner Farben oder Navigationselemente in den bisherigen Studien ist eine relativ eng umgrenzte und isolierte Beeinflussung einzelner Faktoren des Designs einer Website. Eine gemeinsame Veränderung der Form von Gestaltelementen, typografischer oder weiterer visueller Elemente mit dem Ergebnis stärker differierender Websites könnte die beobachteten Effekte vergrößern und würde die Gegebenheiten im Web dennoch treffend abbilden. Dies soll auch der Ansatz weiterer Studien sein: Mit deutlich unterschiedlich gestalteten Websites soll der Zusammenhang zwischen Usability und Ästhetik hinsichtlich der kompensatorischen Effekte und anderer Moderatorvariablen näher geklärt werden.

Literaturverzeichnis

Hassenzahl, M. (2004). The interplay of beauty, goodness, and usability in interactive products. *Human Computer Interaction, 19*, 319-349.

Hartmann, J., Sutcliffe, A. & De Angeli, A. (2007). Investigating attractiveness in web user interfaces. In *CHI2007 Proceedings of the sigchi conference on human factors in computing systems* (S. 387-396). New York: ACM Press.

Moshagen, M., Musch, J. & Göritz, A. S. (in press). A blessing, not a curse: Experimental evidence for beneficial effects of visual aesthetics on performance. *Ergonomics*.

Nikolaeva, D. (2009). *Wahrnehmung von Ästhetik, Usability und Inhalt von Websites und deren Beziehung zum Userverhalten im Web.* Unveröffentlichte Diplomarbeit, Westfälische Wilhelms-Universität Münster, Münster.

Thielsch, M. T. (2008). *Ästhetik von Websites: Wahrnehmung von Ästhetik und deren Beziehung zu Inhalt, Usability und Persönlichkeitsmerkmalen.* Münster: MV Wissenschaft.

Tractinsky, N., & Hassenzahl, M. (2005). Arguing for aesthetics in human-computer interaction. *i-com, 3/2005*, 66-68.

van der Heijden, H. (2004). User Acceptance of Hedonic Information Systems. *MIS Quarterly 28(4),* 695-704.

Kontaktinformationen

Dr. Meinald T. Thielsch

E-Mail: thielsch@uni-muenster.de
URL: http://www.meinald.de

H. Wandke, S. Kain, & D. Struve (Hrsg.): Mensch & Computer 2009: Grenzenlos frei!?
München: Oldenbourg Verlag, 2009, S. 491-494

Integrale Sicherheit – Erweiterung des Mensch-Maschine Regelkreises

Claudia Kratzsch, Heidi Krömker

Audi AG, Technische Universität Ilmenau

Zusammenfassung

Der Beitrag beschreibt den Ansatz der Integralen Fahrzeugsicherheit und wie sich dieser auf den Mensch-Maschine Regelkreis auswirkt. Durch den Wandel der Fahrzeugsicherheit zur Integralen Sicherheit wird der Einbezug des Faktors Mensch in den gesamten Prozess der Fahrzeugsicherheit verstärkt. Daraus ergeben sich neue Anforderungen an ein Mensch-Maschine System. Dieser Artikel leitet ein Fahrer-Fahrzeug-Umfeld-Aufgabe Modell ab, welches über die traditionelle Sicht hinausgeht, in der das Fahrzeug als Werkzeug beschrieben wird. Vielmehr übernimmt das Fahrzeug durch erweiterte, transparente Intelligenz Fähigkeiten vom Fahrer und setzt diese situationsabhängig um.

1 Ansatz der Integralen Sicherheit

Auf Grund des erweiterten Ziels der Fahrzeugsicherheit, Unfälle durch Warnungen an den Fahrer zu vermeiden bzw. Unfallschwere durch Vorkonditionierung der Systeme (z.B. Prefill der Bremsen) zu mindern, erweitert sich der Ansatz der Fahrzeugsicherheit zur Integralen Sicherheit (Widmann, 2008).

Abbildung 1 stellt die Zeitleiste der Integralen Sicherheit dar.

Die Integrale Sicherheit ist in vier Hauptbereiche segmentiert – Konditionssicherheit, aktive Sicherheit, passive Sicherheit, sowie Retten und Bergen. Der Bereich Konditionssicherheit beinhaltet Komfortsysteme, welche in normalen Fahrzuständen den Fahrer informieren. Der zweite Part bezeichnet die aktive Sicherheit. Diese beschreibt Fahrerassistenzsysteme, die den Fahrer in kritischen Fahrsituationen warnen (z.B. Bremsassistent) bzw. in instabilen Fahrsituationen unterstützen (z.B. Electronic Stability Control System). Der Bereich der passiven Sicherheit beinhaltet Pre-Crash- und Rückhaltesysteme, die in Fahrsituationen „Crash unvermeidbar“ und „Crash“ ausgelöst werden. Der vierte Part Retten und Bergen unterstützt Fahrer durch die Aktivierung von Notruf-/Hilfesystemen in Situationen nach einem Unfall.

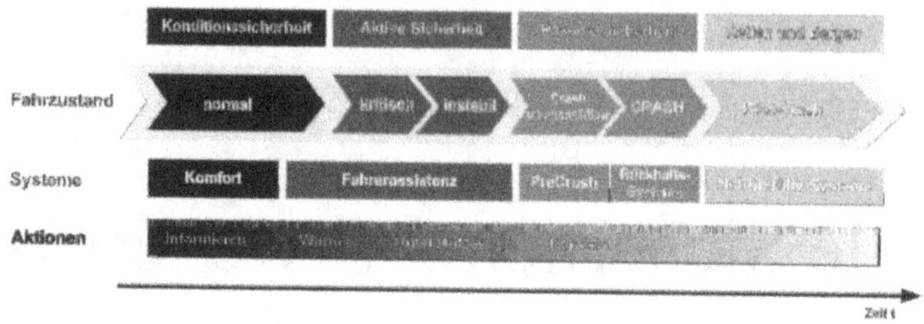

Abbildung 1: Zeitleiste der Integralen Fahrzeugsicherheit

2 Forschungsfragen

Es kann festgehalten werden, dass es einige Ansätze zu dem Mensch-Maschine Regelkreis gibt. Diese Regelkreise werden auch bereits seit vielen Jahren auf dem Themengebiet Fahrzeug angewendet (Bubb 2001). Dabei wird traditionell von dem Fahrzeug als Werkzeug ausgegangen, d.h. dem Fahrer wird eine Aufgabe gestellt. Zur Erfüllung der Fahraufgabe bedient sich der Fahrer dem Fahrzeug als Werkzeug, in dem er primäre Stellglieder (Lenkrad, Gas-, Bremspedal) verwendet. Bezieht man nun den gesamten Ansatz der Integralen Sicherheit in den Regelkreis mit ein, ergeben sich folgende Fragestellungen, die untersucht wurden:

- Welche Anforderungen resultieren aus dem Ansatz der Integralen Fahrzeugsicherheit an den Mensch-Maschine Regelkreis?
- Welches Modell im Fahrer-Fahrzeug-Umfeld Kontext leitet sich aus den Anforderungen ab?

3 Erweiterung des Fahrer-Fahrzeug Regelsystems

Legte man traditionell in den Anfängen der Fahrzeugsicherheit Systeme zum besseren Insassenschutz aus, ergeben sich heute neue Anforderungen durch das erweiterte Ziel Unfälle zu vermeiden und zu mindern (siehe Kapitel 1):

- Beeinflussung der Aufgabe, des Fahrers und des Fahrzeuges durch das Umfeld
- Wahrnehmung des Umfeldes durch den Fahrer und das Fahrzeug
- Variable Aufgabenverteilung auf den Fahrer und das Fahrzeug
- situationsabhängige Autonomie des Fahrzeuges (intelligentes, transparentes Werkzeug)

Aus den neuen gegebenen Anforderungen kann in dem Artikel das in Abbildung 2 gezeigte Modell als Fahrer-Fahrzeug-Umfeld Regelsystem abgeleitet werden.

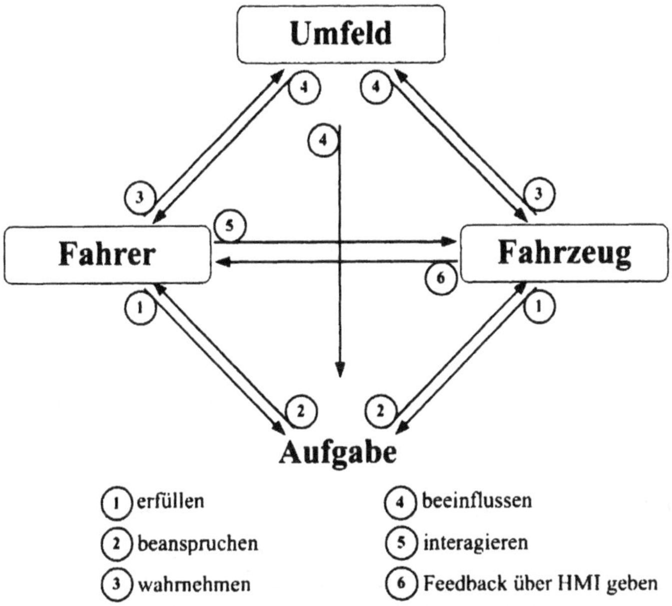

Abbildung 2: Fahrer-Fahrzeug-Umfeld Modell

Die Abbildung verdeutlicht, dass sich die zwei Hauptkomponenten Fahrer und Fahrzeug die Aufgaben zur Fahrzeugführung teilen. Bislang ging man von dem Ansatz aus, dass der Fahrer eine Aufgabe lösen muss und sich dazu dem Fahrzeug als Werkzeug bedient. Durch die Integrale Fahrzeugsicherheit wurde nun erreicht, dass auch das Fahrzeug „fühlen", „sehen", „hören" und „sprechen" lernt. Durch die neuen „Sinnesorgane" des Fahrzeuges kann das Umfeld wahrgenommen werden und der Fahrer in kritischen bzw. instabilen Phasen bis hin zum Crash unterstützt werden. Die Aufgabenteilung von Fahrer und Fahrzeug ist dabei abhängig, in welchem Fahrzustand sich das Fahrzeug befindet. Je näher das Fahrzeug zu dem Fahrzustand „Crash" kommt, desto mehr Verantwortung wird vom Fahrzeug übernommen (Abbildung 3).

Bei der Aufgabenverteilung darf der Fahrer allerdings niemals aus der Verantwortung der Fahrzeugführung genommen werden (ECE 1968). Er wird in seiner Handlung unterstützt. Die kontinuierliche Aufmerksamkeit des Fahrers für die Verkehrssituation darf dabei ebenso nicht negativ beeinflusst werden (DIN EN ISO 15005).

Es wird deutlich, dass das Regelsystem verschiedene situationsabhängige Teilregelkreise umfasst, die sich in Abhängigkeit vom Fahrzustand verändern. Abbildung 3 zeigt die kontextsensitive Aufgabenverteilung und die damit verbundenen Auswirkungen auf das Regelsystem.

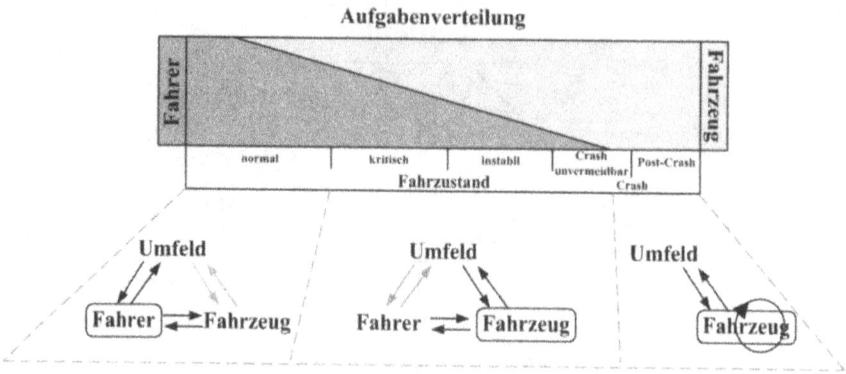

Abbildung 3: Fahrzustandsabhängige Aufgabenverteilung zwischen Fahrer und Fahrzeug

4 Zusammenfassung und Ausblick

Der Ansatz der Integralen Fahrzeugsicherheit zeigt, dass sich neue Anforderungen an ein Mensch-Maschine Regelsystem ergeben. In Abhängigkeit des Fahrzustandes erfolgt eine Aufgabenverteilung zwischen Fahrer und Fahrzeug. Dabei ist allerdings zu beachten, dass der Fahrer zu jeder Zeit die Rolle der Fahrzeugführung dem Automobil abnehmen kann.

Das Fahrer-Fahrzeug-Umfeld Regelsystem dient als Grundlage für weitere technische Untersuchungen (z.B. Fahrzeug-Fahrzeug Kommunikation) der Integralen Sicherheit.

Literaturverzeichnis

Bubb, H. (2001). Haptik im Kraftfahrzeug. In Jürgensohn, Th. und Timpe, K.-P. (Hrsg.): *Kraftfahrzeugführung*. Berlin, Heidelberg: Springer Verlag. [S. 155-175]

DIN EN ISO 15005 (2002). *Straßenfahrzeuge - Ergonomische Aspekte von Fahrerinformations- und assistenzsystemen - Grundsätze und Prüfverfahren des Dialogmanagements*. Beuth, Berlin.

Economic Commision for Europe (1968). *Vienna Convention On Road Traffic*. Vienna. Internet 2009-03-04 (www.unece.org/trans/conventn/crt1968e.pdf)

Widmann, U. (2008). Herausforderungen Integrale Sicherheit. In ATZlive: *Karosseriebautage 2008 Hamburg*. Wiesbaden: Vieweg Technology Forum.

Kontaktinformationen

Claudia Kratzsch

AUDI AG, I/EK-543, D- 85045 Ingolstadt
Tel.: +49 (0) 841-89-573225
E-Mail: claudia.kratzsch@audi.de

H. Wandke, S. Kain & D. Struve (Hrsg.): Mensch & Computer 2009: Grenzenlos frei!?
München: Oldenbourg Verlag, 2009, S. 495-498

Evaluation multimodaler Systeme: Ist das Ganze die Summe seiner Teile?

Ina Wechsung[1], Klaus-Peter Engelbrecht[1], Julia Seebode[2], Stefan Schaffer[2], Florian Metze[3], Sebastian Möller[1]

Deutsche Telekom Laboratories, TU Berlin[1]; Graduiertenkollegs prometei, TU Berlin[2]; interACT center, Carnegie Mellon University[3]

Zusammenfassung

Multimodale Systeme stellen dem Nutzer mehrere Kommunikationskanäle zur Verfügung. Bei der Evaluation müssen daher sowohl die einzelnen Modalitäten als auch deren Kombination in Betracht gezogen werden. Dieser Beitrag untersucht, ob, und wenn ja, wie Bewertungen für einzelne Modalitäten mit der Bewertung des Gesamtsystems zusammenhängen. Dazu wurde ein Raummanagement- und Informationssystem in zwei unimodalen und einer multimodalen Version getestet. Multiple lineare Regressionen zeigten, dass hinsichtlich Gesamt- und Globalurteilen die Bewertungen einzelner Modalitäten sehr gute Prädiktoren für die Bewertungen des Gesamtsystems sind. Für einzelne Faktoren waren die Vorhersagen allerdings weniger genau.

1 Einleitung

Da menschliche Kommunikation von Natur aus typischerweise multimodal ist, wird erwartet, dass auch multimodale Systeme vorteilhaftere Interaktionen ermöglichen (Chen 2006). Durch das Angebot mehrere Kommunikationskanäle könne, so die Annahme, auf unterschiedliche kognitive Ressourcen zurückgegriffen werden. Dies sollte die menschliche Informationsverarbeitung unterstützen (Wickens 2002). Doch zeigt der aktuelle Forschungsstand, dass das Hinzufügen einer Modalität nicht zwangsläufig zu einer Verbesserung führt (Oviatt 1999). Mehr Freiheitsgrade in der Interaktion können auch in einer höheren, kognitiven Belastung resultieren (Schomaker et al. 1995). Zudem sind Interferenzen bzw. Synchronisierungsprobleme zwischen den Modalitäten möglich (Schnotz, Bannert, & Seufert 2002). Die Evaluation multimodaler Schnittstellen ist daher ein komplexes Problem. Berücksichtigt werden müssen die einzelnen Modalitäten sowie deren Kombinationen. Etablierte Evaluationsmethoden beschränken sich üblicherweise auf unimodale Systeme und sind somit zur Bewertung multimodaler Systeme nicht ohne Einschränkungen geeignet. Ferner ist die Gewichtung und Kombination der Bewertungen einzelner Modalitäten zu einem Gesamturteil schwierig (Beringer et al. 2002). In dieser Studie wurde daher untersucht ob und wenn ja, inwieweit Bewertungen unimodaler Systemversionen mit dem Gesamturteil der multimodalen Systemversion zusammenhängen.

2 Methode

36 deutschsprachige Personen (17 männlich, 19 weiblich) im Alter zwischen 21 und 39 Jahren nahmen an der Studie teil. Keiner der Probanden besaß Erfahrung mit dem System. Getestet wurde ein Raummanagement- und Informationssystem, das über eine grafische Nutzeroberfläche mit Touchinput, Sprachinput oder einer Kombination von beiden gesteuert werden kann. Die Probanden bearbeiteten 6 Aufgaben mit dem System: Navigation, Suchen, Anzeigen und Buchen von Räumen, Anzeigen von Veranstaltungen und Suchen von Mitarbeitern. Der Test lief in 3 Blöcken ab. Zunächst wurden die Probanden gebeten, die Aufgaben mit einer vorgegebenen Modalität zu bearbeiten und anschließend die Interaktion zu bewerten. Dies wurde für die jeweils andere Modalität wiederholt. Die Reihenfolge der unimodalen Testblöcke wurde variiert. Danach wurden die Aufgaben ein weiteres Mal präsentiert. Die Probanden konnten diesmal die Modalität zur Aufgabenbearbeitung frei wählen. Auch eine Kombination der Modalitäten war möglich. Wieder erfolgte eine Bewertung des absolvierten Testblocks. Bewertungen der 3 Systemversionen wurden über den AttrakDiff-Fragebogen (Hassenzahl, Burmester, & Koller 2003) erfasst. Zudem wurde eine Gesamtskala basierend auf den Mittelwerten aller 28 Items gebildet. Für den multimodalen Testblock wurde annotiert, welche Modalität von den Teilnehmern gewählt wurde. Basierend darauf wurden die Prozentsätze der Modalitätennutzung berechnet.

3 Ergebnisse

Bewertungen der unterschiedlichen Systemversionen: Auf allen AttrakDiff Skalen zeigten sich Unterschiede zwischen den 3 Versionen: Auf der Skala *Pragmatische-Qualität* (PQ) wurde die Version mit Touchsteuerung am besten und die mit Sprachsteuerung am schlechtesten bewertet ($F(2;66)=93{,}79$; $p=.000$; part.$Eta^2=.740$). Auf beiden hedonischen Skalen erhielt die multimodale Version die besten Bewertungen. Hinsichtlich der Skala *Hedonische Qualität-Stimulation* (HQ-S /($F(2;68)=12{,}84$; $p=.000$; part.$Eta^2=.274$) erhielt die Version mit Sprachsteuerung die schlechteste Beurteilung, auf der Skala *Hedonische Qualität–Identität* (HQ-I /$F(1{,}65;\ 55{,}99)=15{,}35$; $p=.000$; part.$Eta^2=.311$) dagegen die Version mit Touchsteuerung. Bezüglich der globalen Skala des AttrakDiff, der Skala *Attraktivität* (ATT), waren die schlechtesten Bewertungen für die Version mit Sprachsteuerung und die besten für die Version mit Touchsteuerung zu beobachten ($F(1{,}51;\ 51{,}22)=47{,}53$; $p=.000$; part.$Eta^2=.583$). Auf der Gesamtskala erhielt die Version mit Sprachsteuerung schlechtere Bewertungen als die beiden anderen Versionen ($F(2;66)=38{,}38$; $p=.000$; part.$Eta^2=.538$).

Zusammenhang zwischen Beurteilungen unimodaler Systemversionen und Beurteilungen des multimodalen Systems. Für jede Skala wurde eine multiple lineare Regression berechnet. Die

Beurteilungen der unimodalen Versionen dienten dabei als Prädiktorvariablen, die Beurteilungen des multimodalen Systems als Zielvariable. Die Ergebnisse zeigen, dass für die Skala *ATT* sowie für die Gesamtskala die Beurteilungen der unimodalen Versionen sehr gute Prädiktoren für die Beurteilung des multimodalen Systems sind. Für beide Skalen waren die Beta-Gewichte für die Beurteilungen der Version mit Touchsteuerung höher als die der Version mit Sprachsteuerung. Dies entspricht den Nutzungsdaten des multimodalen Systems: Die Touchsteuerung wurde weitaus häufiger genutzt. Ein größerer Einfluss der Bewertungen der Touchsteuerung auf die Bewertungen des multimodalen Systems ist daher plausibel. Für die drei anderen Skalen (*HQ-I, HQ-S, PQ*) lag die Varianzaufklärung zwischen 61 und 69 Prozent. Für beide hedonische Skalen waren die Beta-Gewichte der Regressionsgleichungen dabei höher für die Bewertungen des Systems mit Sprachsteuerung. Demnach hatte hier, entgegen der Nutzungsdaten, die Bewertung des Systems mit Sprachsteuerung einen größeren Einfluss auf die Bewertung des multimodalen Systems als die Bewertung der Version mit Touchsteuerung.

Skala	Touch				Sprache				R^2	RMSE	F (df)
	B	SE B	β	t (df)	B	SE B	β	t (df)			
Gesamt	.805	.112	.566	0.21* (32)	.680	.098	.546	6.91* (32)	.829	.370	74.94* (2,31)
ATT	.845	.094	.684	9.02* (32)	.478	.087	.419	5.52* (32)	.837	.411	81.99* (2,32)
PQ	.797	.174	.537	4.57* (31)	.468	.130	.421	3.59* (31)	.628	.703	26.19* (2,31)
HQ-S	.689	.134	.521	5.13* (32)	.633	.119	.536	5.31* (32)	.693	.508	36.05* (2,32)
HQ-I	.282	.106	.331	2.66* (32)	.661	.144	.572	4.60* (32)	.612	.527	25.24* (2,32)

*Tabelle 1: Ergebnisse der multiplen linearen Regression auf Basis aller Daten (*p<.01)*

Zur Überprüfung von Overfitting-Effekten wurde eine 10fache Kreuzvalidierung durchgeführt. Für die Skalen *Attraktivität* sowie für die Gesamtskala zeigten sich die Modelle stabil. Für die anderen Skalen ergaben sich größere Overfitting-Effekte. Abgesehen von der Skala *PQ* zeigten sich demnach die Modelle, die konsistent mit der tatsächlichen Modalitätennutzung waren, als zuverlässiger.

	Gesamt	ATT	PQ	HQ-S	HQ-I
R^2	.799	.805	.539	.607	.391
RMSE	.384	.431	.754	.572	.615

Tabelle 2: Ergebnisse der multiplen linearen Regression nach 10facher Kreuzvalidierung

4 Diskussion und Schlussfolgerungen

Zielstellung dieses Beitrags war es den Zusammenhang zwischen subjektiven Bewertungen für unimodale Systemversionen und multimodaler Systemversion zu untersuchen. Es zeigte sich, dass Gesamt- und Globalbewertungen der einzelnen Modalitäten gute Prädiktoren für die Bewertungen des multimodalen Systems sind. Weiterhin war zu beobachten, dass für die stabilen Vorhersagen, die Modalität, die während der Interaktion mit dem Gesamtsystem häufiger genutzt wird, von höherem Einfluss auf die Bewertungen für das Gesamtsystem ist.

Zudem konnte übereinstimmend mit Oviatt (1999) gezeigt werden, dass das bloße Hinzufügen einer Modalität nicht zwangsläufig zur Verbesserung eines Systems führt. Für diese Untersuchung bedeutet dies, dass das Ganze (multimodale Version) tatsächlich der Summe seiner einzelnen Teile (unimodale Versionen) entspricht. Allerdings gilt diese Schlussfolgerung nicht für spezifischere Qualitätsfaktoren (hedonische und pragmatische Qualitäten). Hier waren stabile Vorhersagen der Urteile für die multimodale Version auf Basis der Bewertungen der unimodalen Versionen nicht möglich. Weiterhin ist anzumerken, dass diese Studie nur Ergebnisse eines Fragebogens berücksichtigt. Es ist demnach offen, ob ähnliche Ergebnisse auch für andere Fragebögen oder Performanzdaten zu beobachten sind. Außerdem ist unklar, inwieweit das getestete System und das Testdesign die Ergebnisse beeinflusst haben. So waren bei der multimodalen Systemversion Interferenzen zwischen den einzelnen Modalitäten möglich (z.B. reagierte der Spracherkenner manchmal auf nicht an das System gerichtete Sprache). Außerdem wurde die multimodale Version immer am Ende getestet. Möglicherweise versuchten die Teilnehmer konsistent zu urteilen, in dem sie ihre Bewertungen für die unimodalen Versionen zur Bewertung des Gesamtsystems aufaddierten. In einer Anschlussuntersuchung soll deshalb die Reihenfolge der Systemversionen geändert werden.

Literaturverzeichnis

Beringer, N., Kartal, U., Louka, K., Schiel, F., & Türk, U. (2002). PROMISE: A Procedure for Multimodal Interactive System Evaluation. In *Proceedings of the Workshop Multimodal Resources and Multimodal Systems Evaluation*, S. 77-80.

Chen, F. (2006). *Designing Human Interface in Speech Technology*. New York: Springer.

Hassenzahl, M., Burmester, M. & Koller, F. (2003). AttrakDiff: Ein Fragebogen zur Messung wahrgenommener hedonischer und pragmatischer Qualität. In: Ziegler, J. & Szwillus, G. (Hrsg.): *Mensch & Computer 2003, Interaktion in Bewegung*. Stuttgart: B.G. Teubner. S. 187-196.

Oviatt, S. (1999). Ten myths of multimodal interaction. *Communications of the ACM, 42*(11), 576-583.

Schnotz, W., Bannert, M. & Seufert, T. (2002). Towards an integrative view of text and picture comprehension: Visualization effects on the construction of mental models. In Otero, J., Graesser A. & Leon, J. (Hrsg.): *The Psychology of Science Text Comprehension*. Mahwah: Erlbaum, S. 385-416.

Schomaker, L., Nijtmans, J., Camurri, A., Lavagetto, F., Morasso, P., Benoît, C., Guiard-Marigny, T., Le Goff, B., Robert-Ribes, J., Adjoudani, A., Defée, I., Münch, S., Hartung, K., & Blauert, J. (1995). *A Taxonomy of Multimodal Interaction in the Human Information Processing System*. Nijmegen: NICI.

Wickens, C. (2002). Multiple resources and performance prediction. *Theoretical Issues in Ergonomics Science, 3*, 159-177.

Kontaktinformationen

ina.wechsung@telekom.de

H. Wandke, S. Kain & D. Struve (Hrsg.): Mensch & Computer 2009: Grenzenlos frei!?
München: Oldenbourg Verlag, 2009, S. 499-502

Mobil50+ - Innovative NFC- und IT-basierte Dienstleistungen für mobiles Leben und Aktivität mit 50+

Philip Koene, Felix Köbler, Jan Marco Leimeister, Helmut Krcmar

Fakultät für Informatik, Technische Universität München

Zusammenfassung

Der demographische Wandel bietet Chancen zur Erschließung neuer Absatzmärkte für neue, bedarfsgerechte Dienstleistungen für die Generation 50+. Die Technologie der Near-Field-Communication (NFC), also das Auslesen von RFID-Tags mit dem Mobiltelefon ermöglicht dabei mobile Dienstleistungen, die den Bedürfnissen der älteren Zielgruppe gerecht werden. Im Folgenden soll ein Konzept zur strukturierten und systematischen Erhebung von Use-Cases, angelehnt an das Sieben-Schichten-Modell der kollaborativen Zusammenarbeit von de Vreede und Briggs (2005), vorgestellt werden, mit dem neue, NFC-basierte Dienstleistungen für die Generation 50+ gefunden werden sollen.

1 Ausgangssituation

Im Zuge des demographischen Wandels wird die Bevölkerungszahl in Deutschland von heute 82 Millionen auf knapp 69 Millionen im Jahr 2050 abnehmen. Über 30% der Bevölkerung werden dann 65 Jahre oder älter sein (Eisenmenger et al. 2006). Durch diese zunehmende Alterung der Gesellschaft wird der Bedarf nach Unterstützungsleistungen im Alltag drastisch steigen. Die mit dem demographischen Wandel einhergehende Veränderung der Haushaltstrukturen wird außerdem eine stärkere soziale Isolation der älteren Generationen nach sich ziehen.

Der demographische Wandel bietet jedoch auch Chancen zur Erschließung neuer Absatzmärkte, da die Pro-Kopf-Kaufkraft der Generation 50+ deutlich höher ist als bei der Gruppe der Unter-50-jährigen (GfK 2005). Diese finanzstarke Zielgruppe bietet demnach Wachstumspotentiale für neue Dienstleistungen. Um diese Potentiale zu heben, also um bezahlbare und bedarfsgerechte Dienstleistungen für die Generation 50+ zu schaffen, ist jedoch professionelle Dienstleistungsfacharbeit und die Einbindung von IT-Infrastruktur notwendig. Im Zuge dessen unterstützt das Forschungsprojekt Mobil50+ die Entwicklung, Vermarktung und

Nutzung von bedarfsgerechten Dienstleistungen für die Generation 50+ durch die Einbindung mobiler Kommunikationstechnologien wie beispielsweise Near Field Communication (NFC).

2 Near Field Communication

Die mobile Telekommunikation birgt theoretisch vielfältige Möglichkeiten für ältere Menschen, um ihre altersbedingten körperlichen Einschränkungen zu überwinden, und dadurch ihre Lebensqualität zu erhöhen. Ein zuverlässiger mobiler Kommunikationskanal ermöglicht beispielsweise die schnelle Anforderung von Hilfeleistungen und erhöht somit die Sicherheit und Autonomie der älteren Nutzer (Abascal & Civit 2001). Studien zeigen jedoch, dass der Besitz von Mobiltelefonen bei Personen über 50 Jahren drastisch abnimmt (Hassan & Nasir 2008). Dieser Umstand wird gemeinhin mit schlechtem Interaktionsdesign bei den mobilen Endgeräten, und einer Vernachlässigung der speziellen Bedürfnisse und Einschränkungen der älteren Zielgruppe bei der Entwicklung mobiler Anwendungen begründet (Abascal & Civit 2001). Die Technologie der Near-Field-Communication, also das Auslesen von RFID-Tags mit dem Mobiltelefon ermöglicht mobile Dienstleistungen, die diesen Bedürfnissen gerecht werden. NFC erlaubt dabei eine direkte Interaktion zwischen dem mobilen Endgerät und der realen Welt durch die Modalität der Berührung. Erste Studien zeigen, dass diese natürliche Interaktion von älteren Menschen leichter erlernt und vollzogen werden kann (Häikiö et al. 2007). Das folgende, einfache Anwendungsfallbeispiel soll verdeutlichen, wie Dienstleistungen aussehen können, die auf dieser Interaktions-Modalität beruhen.

Energie-Bilanz-Coach mit NFC-Unterstützung: Bisherige Produkte für ältere Personen in diesem Bereich benötigen die manuelle Eingabe von konsumierten Nahrungsmitteln zur Errechnung der Energiebilanz. Dies kann durch ein einfaches, mit RFID-Tags ausgestattetes Poster mit Nahrungsmitteln und Mengenangaben deutlich vereinfacht werden. Der Benutzer berührt einfach mit seinem NFC-fähigen Mobiltelefon die jeweiligen Nahrungsmittel auf dem Poster, und eine web-basierte Anwendung errechnet ihm seine Energiebilanz.

Im Folgenden möchten wir unsere Strategie vorstellen, wie wir mit Hilfe des Collaboration Engineering weitere, erfolgversprechende Use-Cases generieren wollen, um diese im Rahmen des BMBF-geförderten Forschungsprojektes Mobil50+ in einem ersten Schritt zu entwickeln, anschließend zu evaluieren und letztendlich bis zur Marktreife weiterzuentwickeln.

3 Collaboration Engineering

Um eine strukturierte und systematische Erhebung der Anwendungsfälle sicherzustellen, wurde ein Konzept entwickelt, welches auf dem *Collaboration Engineering* Ansatz von de Vreede und Briggs (2005) basiert. In Anlehnung an das Open Systems Interconnection Reference Model (OSI Reference Model) beschreiben die Autoren ein Sieben-Schichten-Modell der kollaborativen Zusammenarbeit (siehe Abbildung 1). Dieses Referenzmodell setzt sich aus folgenden Schichten zusammen: *Goals, Deliverables, Activities, Pattern of Collaboration, Design Pattern (ThinkLets), Scripts* und *Technologies.*

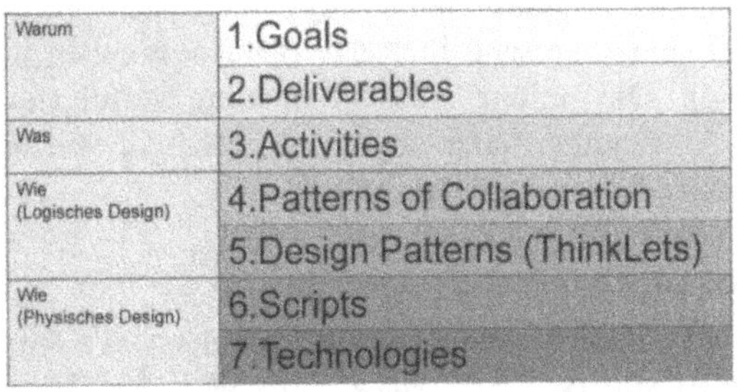

Abbildung 1: Sieben-Schichten-Modell der kollaborativen Zusammenarbeit (nach de Vreede & Briggs 2005)

Die Operationalisierung des theoretischen Ansatzes von de Vreede und Briggs (2005) für die Generierung von Anwendungsfällen wurde am Lehrstuhl für Wirtschaftsinformatik der Technischen Universität München entwickelt und soll in Zusammenarbeit mit dem Generation Research Program der Ludwig-Maximilians-Universität ausgeführt, erprobt und weiterentwickelt werden. Das Konzept lehnt sich an den Erkenntnissen über Grundlagen zur partizipativen Gestaltung (*participatory design*) aus der Computer-Supported Cooperative Work (CSCW) Literatur (Greenbaum & Kyng 1991) an, welche „Bedingungen exploriert, unter denen am besten Systeme gestaltet und eingeführt werden können" (Gross & Koch 2007, 40). Die nachfolgende Ausführung beschreibt exemplarisch die Schichten des vorgestellten Modells und fokusiert dabei auf die Generierung von potentiellen und problemlösenden Use-Cases - die Initialphase eines jeden generischen kollaborativen Prozesses (in Anlehnung an de Vreede und Briggs 2005). Im Detail wird das *FreeBrainstorm Design Pattern (ThinkLets)* vorgestellt.

Das übergeordnete Ziel (*Goal*) einer Sitzung ist die Generierung von teilnehmerspezifischen Use-Cases, die einer Rangordnung unterliegen und durch eine Vorfelderhebung von individuellen Zielen der Teilnehmer bereinigt sind. Das Ergebnis (*Deliverable*) einer Sitzung ist die Dokumentation und Evaluation aller generierten Use-Cases in digitaler Form. In der *Activities*-Schicht wird zunächst ein Grundverständnis über die Problematik, die technischen Möglichkeiten und den Lösungsraum bei den Teilnehmern geschaffen. Anschließend werden zur Generierung multipler Anwendungsfälle *Generation* oder *Reduction-ThinkLets*, wie beispielsweise das *FreeBrainstorm Design Pattern (ThinkLet)* operationalisiert, welches nach de Vreede und Briggs (2005), wie folgt definiert ist:

Participants brainstorm in parallel on a single or multiple sub-topics. After each contribution, participants randomly swap contribution sheets. Participants can only see the contributions on the page they are working on, after swapping they are able to see the contributions on the next page that is received.

Die Operationalisierung der gewählten Design Patterns (ThinkLets) zur partizipativen Generierung von Use-Cases basiert auf dem Einsatz einer *GroupSystems ThinkTank* Software (*scripts* und *technologies*), die auf multiplen und vernetzten Laptops installiert ist.

4 Aussicht

Das vorgestellte Konzept zur strukturierten und systematischen Erhebung von Use-Cases soll in mehreren Sitzungen mit unterschiedlichsten Benutzergruppen ausgeführt, erprobt und weiterentwickelt werden, Die weitere Konzeptionierung verfolgt das Ziel, ein generische forschungsorientierte Anwendungsfallerhebung zu gestalten, welche eine Übertragbarkeit auf andere Forschungsprojekte ermöglichen soll.

Literaturverzeichnis

Abascal, J.; Civit, A. (2001). Universal access to mobile telephony as a way to enhance the autonomy of elderly people. In ACM (Hrsg.): *Proceedings of the 2001 EC/NSF workshop on Universal accessibility of ubiquitous computing: providing for the elderly.* New York,USA: ACM. S. 93-99.

Eisenmenger, M.; Pötzsch, O.; Sommer, B. (2006). *Bevölkerung Deutschlands bis 2050–11. koordinierte Bevölkerungsvorausberechnung.* Wiesbaden: Statistisches Bundesamt.

GfK (2005). *Jüngere Wohlhabende leben im Süden Deutschlands, Altersspezifische Kaufkraft aus der GfK-Kaufkraftstudie.* Nürnberg: GfK GmbH.

Greenbaum, J.; Kyng, M. (1991). Situated Design. In Greenbaum, J.; Kyng, M., (Hrsg.): *Design at Work: Cooperative Design of Computer Systems.* Hillsdale, NJ, USA: Lawrence Erlbaum Associates Inc. S. 1-24.

Gross, T.; Koch, M. (2007). *Computer-supported Cooperative work.* München: Oldenbourg Wissenschaftsverlag.

Häikiö, J.; Wallin, A.; Isomursu, M.; Ailisto, H.; Matinmikko, T.; Huomo, T. (2007). Touch-based user interface for elderly users. In ACM (Hrsg.): *Proceedings of the 9th international conference on Human computer interaction with mobile devices and services.* New York,USA: ACM. S. 289-296.

Hassan, H.; Nasir, M.H.N.M. (2008). The use of mobile phones by older adults: a Malaysian study. *SIGACCESS Access. Comput.*, (92), S. 11-16.

de Vreede, G.; Briggs, R. (2005). Collaboration Engineering: Designing Repeatable Processes for High-Value Collaborative Tasks. In IEEE Computer Society (Hrsg.): *System Sciences, 2005. HICSS '05. Proceedings of the 38th Annual Hawaii International Conference on System Sciences.* Washington,USA: IEEE Computer Society. S. 17c.

Kontaktinformationen

Philip Koene, Felix Köbler

Lehrstuhl für Wirtschaftsinformatik, TU München
Tel.: +49(0)89-289-{19592(Koene)|19582(Köbler)}
Fax: +49(0)89-289-19533
E-Mail: {philip.koene|felix.koebler|leimeister|krcmar}@in.tum.de

Autoren

Autoren

www.ingramcontent.com/pod-product-compliance
Lightning Source LLC
LaVergne TN
LVHW080746300926
849162LV00008BA/1768